Empreintes littéraires 2de

Livre unique

Sous la coordination de

Estelle MARIE PROVOST
Professeur agrégée de Lettres modernes
Lycée Pierre de Fermat, Toulouse

Astrid CHAMAHIAN-BACHELLERIE
Professeur agrégée de Lettres modernes
Collège Roquepertuse, Velaux

Coralie DOUX-POUGET
Professeur certifiée de Lettres modernes
Lycée Corot, Douai

Sandrine NUNEZ
Professeur agrégée de Lettres classiques
Collège Roquepertuse, Velaux
Coordination du chapitre « Roman »

Anne PIERRE
Professeur certifiée de Lettres classiques
Lycée Georges Cuvier, Montbéliard

Myriam ZABER
Professeur agrégée de Lettres modernes
Lycée Teilhard de Chardin, St Maur des Fossés

Les auteurs et les éditions Magnard remercient vivement Sylviane Charpenel (lycée Edgar Quinet, Bourg-en-Bresse), Marie Dethurens (lycée Fustel de Coulanges, Strasbourg), Élise Jaillet (lycée Baudelaire, Roubaix) et Barbara Jouveaux (lycée Élie Cartan, La Tour du Pin) pour leur relecture et leurs suggestions, ainsi que tous les enseignants qui ont participé aux études menées sur ce manuel.

MAGNARD
www.magnard.fr

SOMMAIRE

PARTIE I Lecture

Le roman et la nouvelle au XIXe siècle : réalisme et naturalisme

La tragédie et la comédie au XVIIe siècle : le classicisme

CHAPITRE 3 La poésie du XIXe au XXe siècle : du romantisme au surréalisme

▸ *Quels sentiments la poésie romantique exprime-t-elle ?*
▸ *Comment le lyrisme personnel prend-il une dimension universelle ?*

Genres et formes de l'argumentation : XVIIe et XVIIIe siècles

Séquence 4 Les Lumières : plaidoyers pour la liberté d'expression ... 368

► *Comment les auteurs défendent-ils la liberté de pensée et la liberté d'expression ?*
► *Comment l'éloquence peut-elle servir la liberté ?*

Séquence 5 Voyages des Lumières

► *Comment les voyages des Lumières, réels ou fictifs, montrent-ils les progrès de l'humanité mais aussi ses dérives ?*
► *Comment dénoncent-ils l'horreur de l'esclavage et de la colonisation ?*

Au fil du manuel…

PARTIE II Étude de la langue

PARTIE III Outils d'analyse

CHAPITRE 6 La littérature d'idées

CHAPITRE 7 La lecture d'image

PARTIE IV Méthodes vers le Bac

CHAPITRE 1 L'écriture d'invention

CHAPITRE 2 Le commentaire

CHAPITRE 3 La dissertation

CHAPITRE 4 L'oral

PARTIE I

Lectures

▸▸ **Sir William Orpen,** *Grace lisant à Howth Bay*, début du XXe siècle, huile sur toile (45,8 × 50,8 cm),collection privée.

CHAPITRE 1

Le roman et la nouvelle au XIXe s. : réalisme et naturalisme

►►► **Gustave Caillebotte,** *Les Raboteurs de parquet* (détail), huile sur toile (102 × 146,5 cm), 1875, musée d'Orsay, Paris.

REPÈRES HISTORIQUES • UN SIÈCLE DE MUTATIONS POLITIQUES, SOCIALES ET SCIENTIFIQUES

1804 | 1810 | 1820 | 1830 | 1840 | 1850

POLITIQUE — *Empire : Napoléon Ier* ; *Restauration* ; *Monarchie de Juillet* ; *IIe Rép.*

- 1807 bataille d'Eylau
- 1815 bataille de Waterloo
- 1848 révolution de février

SOCIÉTÉ

- 1839 1er daguerréotype
- 1848 suffrage universel (masculin)

CULTURE

- 1830 *Le Rouge et le Noir* de **Stendhal** (1783-1842)
- 1835 *Les Types français* de **Daumier** (1808-1879)
- 1844 *Le Colonel Chabert* de **Balzac** (1799-1850)

Jean Béraud, *Une soirée* (détail), 1878, huile sur toile (65,5 × 116 cm), musée d'Orsay, Paris.

L'INSTABILITÉ POLITIQUE

• Le siècle s'ouvre avec **l'Empire de Napoléon Ier** (1804-1815) et ses guerres de conquête (bataille d'Eylau ► p. 60), mais la défaite de Waterloo (► p. 76) sonne le retour de la monarchie : c'est la période de **la Restauration** (Louis XVIII de 1815 à 1824 ; Charles X jusqu'à la révolution de 1830).

• Le soulèvement du peuple parisien aspirant à plus de libertés aboutit en **1830** à la **Monarchie de Juillet**, avec à sa tête un roi-citoyen, Louis-Philippe. Ce régime est sans cesse ébranlé par les revendications de la bourgeoisie (classe qui monte en puissance grâce au développement des banques, des entreprises, l'entrée de la France dans le capitalisme), les révoltes des ouvriers et les agitations républicaines.

• Ces revendications mènent aux **révolutions de 1848** (février et juin), entraînant l'exil du roi (saccage du Palais des Tuileries ► p. 88) et la proclamation de **la IIe République** (1848-1851) avec pour président élu Louis-Napoléon Bonaparte, neveu de Napoléon Ier.

• Après un coup d'État (décembre 1851), Louis-Napoléon Bonaparte instaure **le Second Empire** (1852-1870) et devient **Napoléon III** : c'est le retour à l'ordre, à la censure (procès contre *Madame Bovary* de Flaubert en 1857, jugé contraire à la morale), à la répression. Cette période est aussi marquée par la révolution industrielle et l'augmentation massive du nombre d'ouvriers.

Ouverture du boulevard Henri-IV, perspective tracée par Haussmann entre la colonne de la Bastille et le dôme du Panthéon, 1877.

LA RÉVOLUTION INDUSTRIELLE

• L'industrialisation de la société, essentiellement agraire jusque-là, a d'importantes répercussions sur l'économie et l'environnement :

– le perfectionnement de la métallurgie permet le développement du chemin de fer, la construction de ponts métalliques et d'édifices modernes comme les pavillons Baltard à Paris (► p. 128). De nombreuses découvertes (usage massif de la machine à vapeur, électricité, etc.) voient le jour.

– de grands magasins naissent à Paris, dont les techniques de vente créent de nouveaux besoins (► p. 120).

1860	1870	1880	1890	1900	1910

Second Empire — ***IIIe République***

- 1851 coup d'État de Louis-Napoléon Bonaparte
- 1870 guerre contre la Prusse
- 1871 commune de Paris
- 1894 affaire Dreyfuss

- 1852 1er grand magasin *Le Bon Marché*
- 1859 Darwin, *De l'origine des espèces*
- 1865 Claude Bernard, *Introduction à la médecine expérimentale*
- 1885 1er vaccin antirabique de Pasteur
- 1900 exposition universelle

- 1855 *L'Atelier du peintre* de **Courbet** (1819-1877)
- 1857 *Madame Bovary* de **Flaubert** (1821-1880)
- 1863 *Olympia* de **Manet** (1832-1883)
- 1877 *La Gare Saint-Lazare* de **Monet** (1840-1926)
- 1877 *L'Assommoir* de **Zola** (1840-1902)
- 1885 *Bel-Ami* de **Maupassant** (1850-1893)

– une politique de grands travaux est menée par le préfet **Haussmann** à Paris pour édifier une capitale moderne et régler les problèmes de densité de population, de trafic, d'hygiène et de sécurité : destruction des rues sinueuses, construction de larges boulevards rectilignes (► p. 122), de grandes places dégagées et d'immeubles « haussmanniens » uniformes (5 à 6 étages, façades alignées) équipés en gaz, eau et égouts.

• Le progrès devient une valeur essentielle.

www.lienmini.fr/magnard-el2-001

Sur le site du *Figaro*, recherchez l'article « Comment Haussmann a rebâti Paris » et renseignez-vous sur l'œuvre d'Haussmann.

LES MUTATIONS SOCIALES

Avec la chute de l'Ancien Régime, la société française a profondément changé. Malgré la création d'une noblesse d'Empire sous Napoléon Ier et la Restauration de la monarchie, l'essor du capitalisme fait émerger **une société de classes.** Si **la bourgeoisie** détient le capital, les ouvriers – et en particulier **les prolétaires** – fragilisés par l'exode rural dû à la révolution industrielle, connaissent des conditions de vie et de travail souvent difficiles, sans protection juridique ou sociale contre l'exploitation des puissants (lois tardives et peu respectées : interdiction du travail des enfants en 1841, droit de grève en 1864, autorisation de former des syndicats en 1884). Les révoltes se multiplient (► p. 90) et les idées socialistes se propagent.

Jules Adler, *La Grève au Creusot*, 1899, huile sur toile (231 × 302 cm), Écomusée du Creusot.

LES DÉCOUVERTES SCIENTIFIQUES

• Au XVIIIe siècle commence un vaste travail d'identification et de classification des espèces. Dans *L'Origine des espèces* (1859), **Darwin** montre que les espèces évoluent : terme d'une longue transformation des êtres vivants, l'homme se distingue de l'animal par une simple différence de degré, qui révolutionne le statut et la place de l'homme dans la nature (la « bête humaine » de Zola ► p. 104).

• Au XIXe siècle, la confiance dans les sciences grandit. Sous l'impulsion d'**Auguste Comte** (*Cours de philosophie positive*, 1830-1842), se développe **un esprit positiviste** qui prétend que la science peut tout expliquer. Dans l'*Introduction à l'étude de la médecine expérimentale* (1865), le biologiste **Claude Bernard** adopte cette démarche expérimentale, ouvrant ainsi la médecine à la recherche. L'aspect scientifique et expérimental de la méthode influence à des degrés divers la démarche des écrivains, de Balzac à Zola (► p. 99 et 103).

• Les sciences explorent le psychisme (les « tares » comme l'alcoolisme, les maladies mentales, la criminalité...), l'hérédité, dessinant une nouvelle approche de l'homme, qui inspire les écrivains (Zola ► p. 103).

Questions

1. Quels contrastes constatez-vous entre le tableau de Jean Béraud et celui de Jules Adler ?
2. Quels aspects de la société du XIXe siècle ces tableaux soulignent-ils ?

LE CHOIX DE LA RUPTURE

• Au XIXe siècle, des peintres rompent avec les méthodes et les sujets imposés par les professeurs de l'Académie de peinture : la plupart d'entre eux voient leurs œuvres refusées au « Salon », lieu d'exposition de l'époque, par le jury de l'Académie. En réaction émerge un « Salon des refusés », marquant la naissance d'une modernité en peinture, en opposition au goût officiel.

• Les peintres de l'école de Barbizon, **Corot** (*Souvenir de Mortefontaine,* 1864) et **Millet** (*Les Glaneuses,* 1857 ► p. 26 ; *L'Angélus*, 1859), ainsi que les peintres du réalisme et de l'impressionnisme renouvellent la peinture et scandalisent car ils préfèrent peindre la réalité de leur époque plutôt que de représenter des sujets mythologiques ou historiques.

www.lienmini.fr/magnard-el2-002

Sur le site du musée Fabre, lisez le dossier consacré à L'École de Barbizon.

LES MAÎTRES DU RÉALISME PICTURAL

• **Courbet** (1819-1877) est le premier à revendiquer le terme « réaliste » : pour lui, la peinture est « un art vivant, essentiellement concret, représentant des choses réelles et existantes », comme le dur monde du travail (*Les Casseurs de pierres,* 1849). Il détourne le grand format réservé à la peinture d'histoire pour décrire un événement ordinaire ou sa propre histoire (► Dossier histoire des arts, p. 92). Courbet est alors surnommé le « peintre du laid ».

Gustave Courbet,
Les Casseurs de pierres, 1849,
huile sur toile
(156 × 259 cm),
détruite en 1945.

• Proposé au Salon de 1863, *Le Déjeuner sur l'herbe* de **Manet** (1832-1883) (► Dossier histoire des arts, p. 49) fait scandale et rejoint le nouveau Salon des refusés où les bourgeois vont s'esclaffer. Cette femme nue, entre des hommes habillés, est vue comme une prostituée. La technique employée choque aussi : Manet laisse beaucoup de zones dans un flou voulu. Comme pour l'*Olympia* plus tard (1865) (► Dossier histoire des arts, p. 50) qualifiée de « gorille femelle », ce qui choque alors, ce n'est pas le nu mais son traitement, hors de tout contexte mythologique idéalisant.

www.lienmini.fr/magnard-el2-003

Sur le site du musée d'Orsay, consultez le « Catalogue des œuvres ». Cherchez le tableau de Courbet *Un enterrement à Ornans*. Pourquoi cette œuvre a-t-elle pu choquer ?

Gustave Caillebotte, *Le Pont de l'Europe*, 1876,huile sur toile (124 × 180 cm), musée du Petit Palais, Genève.

Questions
Quels aspects (sujet, manière de peindre) des tableaux de Courbet et de Caillebotte sont en rupture avec la peinture académique ?

- **Caillebotte** (1848-1894) est proche d'eux dans le choix de ses sujets tirés du monde contemporain (*Le Pont de l'Europe* ou *Les Raboteurs de parquet,* 1875 ► p. 18) ; si sa technique (netteté du dessin) est académique, ses points de vue font penser à la photographie suscitant dans un premier temps l'incompréhension de Zola (► p. 119).
- **Degas** (1834-1917) a, quant à lui, un univers très personnel ; il s'intéresse surtout aux champs de courses ou aux danseuses de ballets. Il peint aussi des femmes nues ou dénudées, à la toilette, tout comme **Toulouse-Lautrec** (1864-1901) qui, lui, est fasciné par le monde des cafés, des exclus et des prostituées.

Edgar Degas (1834-1917), *Petite danseuse de quatorze ans*, dite *Grande danseuse habillée*, 1881, bronze patiné (98 x 35,2 x 24,5 cm), musée d'Orsay, Paris.

L'IMPRESSIONNISME : UNE RÉVOLUTION VISUELLE

- Les impressionnistes peignent également des sujets modernes, mais leur technique est originale : ils mettent en valeur les effets de lumière et de couleur au détriment de l'exactitude du dessin, chère à l'Académie. Le terme « impressionnisme » vient du célèbre tableau *Impression, soleil levant* peint par **Monet** (1840-1926), qui est d'ailleurs le peintre principal de ce mouvement. Cherchant à saisir l'instant et les variations de lumière et de couleur, il se consacre à des séries : *La Gare Saint-Lazare* (► Dossier histoire des arts, p. 114) et *La Cathédrale de Rouen* sont ainsi représentées à différents moments de la journée et de l'année. À partir de 1883, il s'installe à Giverny où il s'inspire de son jardin pour peindre ses *Nymphéas*.
- **Pissarro** (1830-1903 ► p. 112-113) et **Sisley** (1839-1899) sont deux autres peintres inspirés par les paysages. **Renoir** (1841-1919) aime les sujets voluptueux ; la sensualité des corps habillés ou dénudés est mise en valeur par les palpitations de la lumière qui peut se faire tournoyante, tout comme dans le *Moulin de la Galette* (1876) ou *Le Déjeuner des canotiers* (1881).

Claude Monet, *Les Nymphéas*, 1908, huile sur toile (diam. 90 cm), musée municipal A.-G. Poulain, Vernon.

LE MOUVEMENT RÉALISTE : DÉCRIRE LA RÉALITÉ TELLE QU'ELLE EST

Les origines du réalisme

• Dans l'Antiquité, les philosophes grecs Platon et Aristote utilisent le terme *mimèsis* (imitation) pour désigner, en peinture ou en littérature, une représentation de la réalité qui copie la nature.

• Ce n'est qu'au XIXe siècle que le terme « réalisme » définit un mouvement littéraire. En 1856 paraît la revue *Réalisme*. Un groupe d'auteurs (**Champfleury, Duranty, les Goncourt,** etc.) s'empare du mot pour exprimer une tendance du roman depuis 1830 à rendre compte de la réalité telle qu'elle existe, à être « une reproduction exacte, complète, sincère du milieu social de l'époque où l'on vit ».

Les caractéristiques de la littérature réaliste

• La littérature réaliste veut décrire son époque (*Le Rouge et le Noir* de Stendhal a pour sous-titre *Chronique de 1830*), en présenter les transformations économiques et sociales (*Le Père Goriot* de Balzac met en scène le pouvoir de l'argent sous la Restauration). Ce cadre contemporain évoque des lieux, des personnalités ou des événements réels (bataille de Waterloo dans *La Chartreuse de Parme* ► p. 76). Les réalistes explorent :

– la vie quotidienne et ses rites (noces, enterrement), la banalité du quotidien (**Flaubert** peint l'ennui d'une petite bourgeoise dans *Madame Bovary*), les hommes et les femmes au travail ;

– le langage du peuple, la misère populaire ;

– les différents milieux, les vices et les mesquineries humaines : Balzac explore le monde de l'aristocratie parisienne ► p. 62-63 comme celui des malfrats (Vautrin ► p. 98).

Gustave Flaubert, dessin d'**Eugène Giraud,** paru dans *Les soirées du livre*, 1860, BnF, Paris.

Balzac et *La Comédie humaine*

• *La Comédie humaine* (► p. 72) est une vaste fresque (une centaine de titres) qui couvre un demi-siècle (1799-1850), explore tous les milieux et de nombreuses régions de France.

• Balzac donne vie à 2 000 personnages fictifs, qui, fait original, circulent d'un roman à l'autre à partir du *Père Goriot* (1835) : Rastignac, pauvre mais ambitieux dans *Le Père Goriot* (► p. 82), réapparaît dans *Les Illusions perdues, La Peau de chagrin,* etc.

Balzac, caricature de **Nadar,** lithographie, XIXe siècle.

LE MOUVEMENT NATURALISTE : L'AMBITION SCIENTIFIQUE DU ROMAN

En 1868, dans la préface à la deuxième édition de *Thérèse Raquin*, **Zola** emploie le mot « naturalisme » pour la première fois. Un nouveau mouvement, héritier direct du réalisme, naît. De 1878 à 1885, autour de Zola, à Médan, **Huysmans, Maupassant, Daudet, Vallès,** etc. se retrouvent pour discuter des sujets à traiter, des récentes découvertes de la science et des conséquences sur le roman.

Les manifestes réalistes

• Revue *Le Réalisme,* Duranty, 1856.
• *Préface au Réalisme*, Champfleury, 1857.

Les principes du naturalisme

• Le romancier doit se faire **observateur, le plus objectif** possible. Ainsi avant de rédiger son œuvre, Zola consigne de nombreuses informations dans ses « Carnets d'enquête » : il prend des notes, esquisse des croquis sur le terrain (les lieux dans *L'Assommoir* ► p. 118), lit des livres de spécialistes (sur l'identité des criminels pour *La Bête humaine* ► p. 104).

• La littérature est **une science** qui obéit à certaines lois : le roman devient pour Zola le laboratoire où expérimenter comment un **individu subit le double impact de son milieu et de son hérédité.**

• La vie du peuple reste le sujet de prédilection des auteurs : Maupassant met en scène des paysans normands (► p. 26), Zola décrit les conditions de travail des mineurs (*Germinal* ► p. 90), les frères Goncourt racontent l'histoire d'une domestique (*Germinie Lacerteux* ► p. 49).

• Si la forme narrative reste privilégiée, quelques tentatives théâtrales méritent d'être notées (Zola adapte au théâtre son roman *Thérèse Raquin*). Contre le drame romantique jugé trop invraisemblable, le théâtre naturaliste veut représenter des « tranches de vie », dans le décor le plus réaliste possible ; mais il lassera vite le public.

Zola et *Les Rougon-Macquart*

• Immense fresque de 20 volumes, *Les Rougon Macquart* sont l'histoire d'une famille pendant le Second Empire (1852-1870) et des différents milieux dans lesquels elle se déploie : monde ouvrier dans *Germinal* (1885), bourgeoisie dans *La Curée* (1872), etc.

• Zola étudie plusieurs générations. De l'ancêtre, Adélaïde Fouque (qui sombre dans la folie), sont issues deux branches : celle, légitime, de son union avec Rougon (paysan) et celle de sa relation, à la mort de son mari, avec Macquart (malfrat alcoolique). Chaque individu hérite des tares de ses parents et transmet ses propres déficiences aux générations suivantes.

Portrait d'Émile Zola, illustration de **Gill** parue dans *L'Éclipse*, le 16 avril 1876.

Questions

1. Quels aspects de la démarche de Zola la caricature se plaît-elle à souligner ?
2. À partir des titres composant *Les Rougon-Macquart*, dressez la liste des milieux que cette œuvre met en scène.

Les manifestes naturalistes

• *Les Soirées de Médan*, 1880.
• *Le Roman expérimental*, Zola, 1880.
• Préface à *Pierre et Jean*, Maupassant, 1888 (► p. 137).

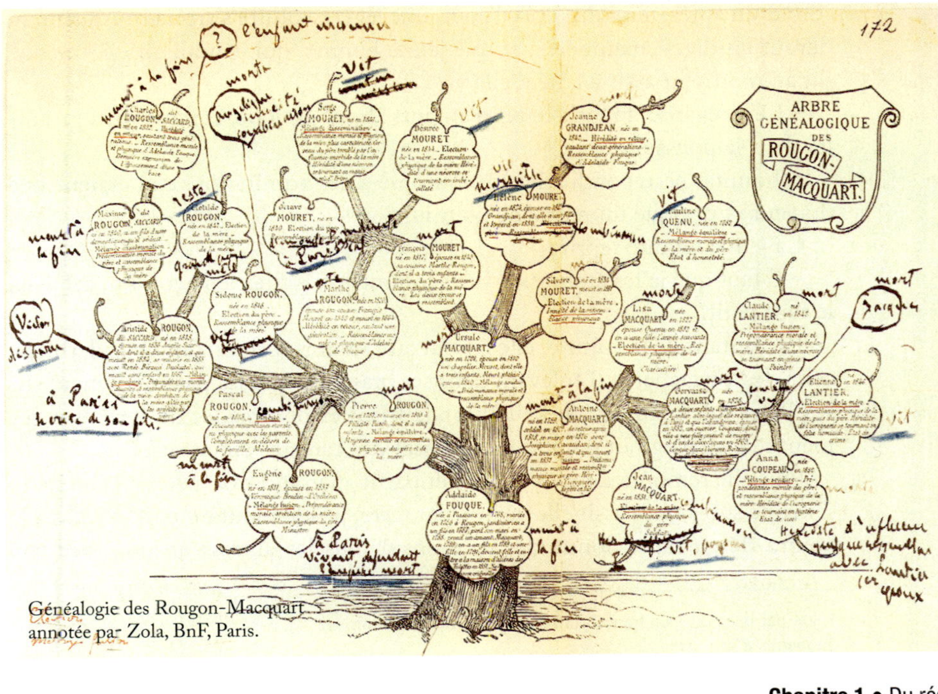

Généalogie des Rougon-Macquart annotée par Zola, BnF, Paris.

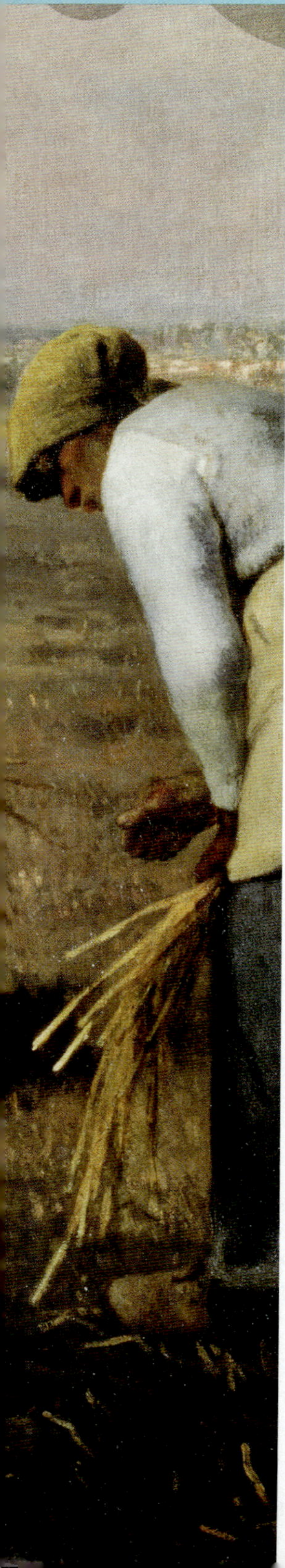

TEXTE 1

Guy de Maupassant, *Aux champs* (1882)

À Octave Mirbeau[1]

Les deux chaumières étaient côte à côte, au pied d'une colline, proches d'une petite ville de bains. Les deux paysans besognaient dur sur la terre inféconde pour élever tous leurs petits. Chaque ménage en avait quatre. Devant les deux portes voisines, toute la marmaille grouillait du matin au soir. Les deux aînés avaient six ans et les deux cadets quinze mois environ ; les mariages et, ensuite les naissances, s'étaient produits à peu près simultanément dans l'une et l'autre maison.

Les deux mères distinguaient à peine leurs produits dans le tas ; et les deux pères confondaient tout à fait. Les huit noms dansaient dans leur tête, se mêlaient sans cesse ; et, quand il fallait en appeler un, les hommes souvent en criaient trois avant d'arriver au véritable.

La première des deux demeures, en venant de la station d'eaux de Rolleport, était occupée par les Tuvache, qui avaient trois filles et un garçon ; l'autre masure abritait les Vallin, qui avaient une fille et trois garçons.

Tout cela vivait péniblement de soupe, de pomme de terre et de grand air. À sept heures, le matin, puis à midi, puis à six heures, le soir, les ménagères réunissaient leurs mioches pour donner la pâtée, comme des gardeurs d'oies assemblent leurs bêtes. Les enfants étaient assis, par rang d'âge, devant la table en bois, vernie par cinquante ans d'usage. Le dernier moutard avait à peine la bouche au niveau de la planche. On posait devant eux l'assiette creuse pleine de pain molli dans l'eau où avaient cuit les pommes de terre, un demi-chou et trois oignons ; et toute la lignée mangeait jusqu'à plus faim. La mère empâtait elle-même le petit. Un peu de viande au pot-au-feu, le dimanche, était une fête pour tous, et le père, ce jour-là, s'attardait au repas en répétant : « Je m'y ferais bien tous les jours. »

Par un après-midi du mois d'août, une légère voiture s'arrêta brusquement devant les deux chaumières, et une jeune femme, qui conduisait elle-même, dit au monsieur assis à côté d'elle :

– Oh ! regarde, Henri, ce tas d'enfants ! Sont-ils jolis, comme ça, à grouiller dans la poussière.

L'homme ne répondit rien, accoutumé à ces admirations qui étaient une douleur et presque un reproche pour lui.

La jeune femme reprit :

– Il faut que je les embrasse ! Oh ! comme je voudrais en avoir un, celui-là, le tout petit.

Et, sautant de la voiture, elle courut aux enfants, prit un des deux derniers, celui des Tuvache, et, l'enlevant dans ses bras, elle le baisa passionnément sur ses joues sales, sur ses cheveux blonds frisés et pommadés de terre, sur ses menottes qu'il agitait pour se débarrasser des caresses ennuyeuses.

Puis elle remonta dans sa voiture et partit au grand trot. Mais elle revint la semaine suivante, s'assit elle-même par terre, prit le moutard dans ses bras, le bourra de gâteaux, donna des bonbons à tous les autres ; et joua avec eux

1. journaliste et écrivain français (1848-1917), auteur, notamment du *Journal d'une femme de chambre*.

►►► **Jean-François Millet**, *Les Glaneuses* (détail), 1857, huile sur toile (83,5 × 110 cm), musée d'Orsay, Paris.

▸ Biographie p. 554

comme une gamine, tandis que son mari attendait patiemment dans sa frêle voiture.

Elle revint encore, fit connaissance avec les parents, reparut tous les jours, les poches pleines de friandises et de sous.

Elle s'appelait Mme Henri d'Hubières.

Un matin, en arrivant, son mari descendit avec elle ; et, sans s'arrêter aux mioches, qui la connaissaient bien maintenant, elle pénétra dans la demeure des paysans.

Ils étaient là, en train de fendre du bois pour la soupe ; ils se redressèrent tout surpris, donnèrent des chaises et attendirent. Alors la jeune femme, d'une voix entrecoupée, tremblante commença :

– Mes braves gens, je viens vous trouver parce que je voudrais bien… je voudrais bien emmener avec moi votre… votre petit garçon…

Les campagnards, stupéfaits et sans idée, ne répondirent pas.

Elle reprit haleine et continua.

– Nous n'avons pas d'enfants ; nous sommes seuls, mon mari et moi… Nous le garderions… voulez-vous ?

La paysanne commençait à comprendre. Elle demanda :

– Vous voulez nous prend'e Charlot ? Ah ben non, pour sûr.

Alors M. d'Hubières intervint :

– Ma femme s'est mal expliquée. Nous voulons l'adopter, mais il reviendra vous voir. S'il tourne bien, comme tout porte à le croire, il sera notre héritier. Si nous avions, par hasard, des enfants, il partagerait également avec eux. Mais s'il ne répondait pas à nos soins, nous lui donnerions, à sa majorité, une somme de vingt mille francs, qui sera immédiatement déposée en son nom chez un notaire. Et, comme on a aussi pensé à vous, on vous servira jusqu'à votre mort, une rente de cent francs par mois. Avez-vous bien compris ?

La fermière s'était levée, toute furieuse.

– Vous voulez que j'vous vendions Charlot ? Ah ! mais non ; c'est pas des choses qu'on d'mande à une mère çà ! Ah ! mais non ! Ce serait abomination.

L'homme ne disait rien, grave et réfléchi ; mais il approuvait sa femme d'un mouvement continu de la tête.

Mme d'Hubières, éperdue, se mit à pleurer, et, se tournant vers son mari, avec une voix pleine de sanglots, une voix d'enfant dont tous les désirs ordinaires sont satisfaits, elle balbutia :

– Ils ne veulent pas, Henri, ils ne veulent pas !

Alors ils firent une dernière tentative.

– Mais, mes amis, songez à l'avenir de votre enfant, à son bonheur, à…

La paysanne, exaspérée, lui coupa la parole :

– C'est tout vu, c'est tout entendu, c'est tout réfléchi… Allez-vous-en, et pi, que j'vous revoie point par ici. C'est-i permis d'vouloir prendre un éfant comme ça !

Alors Mme d'Hubières, en sortant, s'avisa qu'ils étaient deux tout-petits, et elle demanda à travers ses larmes, avec une ténacité de femme volontaire et gâtée, qui ne veut jamais attendre :

– Mais l'autre petit n'est pas à vous ?

Camille Corot, *Cour d'une maison de paysans aux environs de Paris*, vers 1865, huile sur toile (46 × 56 cm), musée d'Orsay, Paris.

Le père Tuvache répondit :

– Non, c'est aux voisins ; vous pouvez y aller si vous voulez.

Et il rentra dans sa maison, où retentissait la voix indignée de sa femme.

Les Vallin étaient à table, en train de manger avec lenteur des tranches de pain qu'ils frottaient parcimonieusement[2] avec un peu de beurre piqué au couteau, dans une assiette entre eux deux.

M. d'Hubières recommença ses propositions, mais avec plus d'insinuations, de précautions oratoires, d'astuce.

Les deux ruraux hochaient la tête en signe de refus ; mais quand ils apprirent qu'ils auraient cent francs par mois, ils se considérèrent, se consultant de l'œil, très ébranlés.

Ils gardèrent longtemps le silence, torturés, hésitants. La femme enfin demanda :

– Qué qu't'en dis, l'homme ?

Il prononça d'un ton sentencieux :

– J'dis qu'c'est point méprisable.

Alors Mme d'Hubières, qui tremblait d'angoisse, leur parla de l'avenir du petit, de son bonheur, et de tout l'argent qu'il pourrait leur donner plus tard.

Le paysan demanda :

– C'te rente de douze cents francs, ce s'ra promis d'vant l'notaire ?

M. d'Hubières répondit :

– Mais certainement, dès demain.

La fermière, qui méditait, reprit :

– Cent francs par mois, c'est point suffisant pour nous priver du p'tit ; ça travaillera dans quéqu'z'ans c't'éfant ; i nous faut cent vingt francs.

Mme d'Hubières trépignant d'impatience, les accorda tout de suite ; et, comme elle voulait enlever l'enfant, elle donna cent francs en cadeau pendant que son mari faisait un écrit. Le maire et un voisin, appelés aussitôt, servirent de témoins complaisants[3].

Et la jeune femme, radieuse, emporta le marmot hurlant, comme on emporte un bibelot désiré d'un magasin.

Les Tuvache sur leur porte, le regardaient partir muets, sévères, regrettant peut-être leur refus.

On n'entendit plus du tout parler du petit Jean Vallin. Les parents, chaque mois, allaient toucher leurs cent vingt francs chez le notaire ; et ils étaient fâchés avec leurs voisins parce que la mère Tuvache les agonisait d'ignominies[4], répétant sans cesse de porte en porte qu'il fallait être dénaturé pour vendre son enfant, que c'était une horreur, une saleté, une corromperie[5].

Et parfois elle prenait en ses bras son Charlot avec ostentation[6], lui criant, comme s'il eût compris :

– J't'ai pas vendu, mé, j't'ai pas vendu, mon p'tiot. J'vends pas m's éfants, mé. J'sieus pas riche, mais vends pas m's éfants.

Et, pendant des années et encore des années, ce fut ainsi chaque jour des allusions grossières qui étaient vociférées devant la porte, de façon à entrer dans la maison voisine. La mère Tuvache avait fini par se croire supérieure à toute la contrée parce qu'elle n'avait pas vendu Charlot. Et ceux qui parlaient d'elle disaient :

2. en petite quantité.
3. arrangeants.
4. couvrir de honte.
5. déformation de « corruption ».
6. de manière théâtrale.

► Biographie p. 554

– J'sais ben que c'était engageant, c'est égal, elle s'a conduite comme une bonne mère.

On la citait ; et Charlot, qui prenait dix-huit ans, élevé dans cette idée qu'on lui répétait sans répit, se jugeait lui-même supérieur à ses camarades, parce qu'on ne l'avait pas vendu.

Les Vallin vivotaient à leur aise, grâce à la pension. La fureur inapaisable des Tuvache, restés misérables, venait de là.

Leur fils aîné partit au service. Le second mourut ; Charlot resta seul à peiner avec le vieux père pour nourrir la mère et deux autres sœurs cadettes qu'il avait.

Il prenait vingt et un ans, quand, un matin, une brillante voiture s'arrêta devant les deux chaumières. Un jeune monsieur, avec une chaîne de montre en or, descendit, donnant la main à une vieille dame en cheveux blancs. La vieille dame lui dit :

– C'est là, mon enfant, à la seconde maison.

Et il entra comme chez lui dans la masure des Vallin.

La vieille mère lavait ses tabliers ; le père, infirme, sommeillait près de l'âtre. Tous deux levèrent la tête, et le jeune homme dit :

– Bonjour, papa ; bonjour maman.

Ils se dressèrent, effarés. La paysanne laissa tomber d'émoi son savon dans son eau et balbutia :

– C'est-i té, m'n éfant ? C'est-i té, m'n éfant ?

Il la prit dans ses bras et l'embrassa, en répétant : « Bonjour, maman ». Tandis que le vieux, tout tremblant, disait, de son ton calme qu'il ne perdait jamais : « Te v'là-t'i revenu, Jean ? ». Comme s'il l'avait vu un mois auparavant.

Et, quand ils se furent reconnus, les parents voulurent tout de suite sortir le fieu[7] dans le pays pour le montrer. On le conduisit chez le maire, chez l'adjoint, chez le curé, chez l'instituteur.

Charlot, debout sur le seuil de sa chaumière, le regardait passer.

Le soir, au souper il dit aux vieux :

– Faut-i qu'vous ayez été sots pour laisser prendre le p'tit aux Vallin !

Sa mère répondit obstinément :

– J'voulions point vendre not'éfant !

Le père ne disait rien.

Le fils reprit :

– C'est-i pas malheureux d'être sacrifié comme ça !

Alors le père Tuvache articula d'un ton coléreux :

– Vas-tu pas nous r'procher d't'avoir gardé ?

Et le jeune homme, brutalement :

– Oui, j'vous le r'proche, que vous n'êtes que des niants[8]. Des parents comme vous, ça fait l'malheur des éfants. Qu'vous mériteriez que j'vous quitte.

La bonne femme pleurait dans son assiette. Elle gémit tout en avalant des cuillerées de soupe dont elle répandait la moitié :

– Tuez-vous donc pour élever d's éfants !

Alors le gars, rudement :

– J'aimerais mieux n'être point né que d'être c'que j'suis. Quand j'ai vu l'autre, tantôt, mon sang n'a fait qu'un tour. Je m'suis dit : « V'là c'que j'serais maintenant ! ».

7. déformation du mot « fils ».
8. déformation de « niais ».

Silvestro Lega, *La Visite à la nourrice* (détail), 1873, huile sur toile (56 × 93 cm), palais Pitti, Florence.

Il se leva.

– Tenez, j'sens bien que je ferai mieux de n'pas rester ici, parce que j'vous le reprocherais du matin au soir, et que j'vous ferais une vie d'misère. Ça, voyez-vous, j'vous l'pardonnerai jamais !

Les deux vieux se taisaient, atterrés, larmoyants.

Il reprit :

– Non, c't'idée-là, ce serait trop dur. J'aime mieux m'en aller chercher ma vie aut'part !

Il ouvrit la porte. Un bruit de voix entra. Les Vallin festoyaient avec l'enfant revenu.

Alors Charlot tapa du pied et, se tournant vers ses parents, cria :

– Manants[9], va !

Et il disparut dans la nuit.

9. grossiers, sans éducation.

QU'EST-CE QU'UNE NOUVELLE ?

- La nouvelle connaît son essor au XIXe siècle ; Maupassant, Balzac, Flaubert, etc. rédigent, parallèlement à leur œuvre romanesque, de nombreuses nouvelles.
- Cette forme adaptée à la publication dans la presse, alors en pleine expansion, convient bien à l'époque : « Nous sommes de plus en plus pressés ; notre esprit veut des plaisirs rapides ou de l'émotion en brèves secousses : il nous faut du roman abrégé [...] » (Jules Lemaître, critique littéraire).
- La nouvelle explore principalement deux voies : le réalisme et le fantastique.
- L'action est resserrée sur un événement, une courte période. Les personnages sont peu nombreux et leur psychologie (portraits souvent stéréotypés) est moins complexe que dans le roman.
- La fin est souvent inattendue : c'est la chute de la nouvelle.

Questions

La composition de la nouvelle

1. Quel est le schéma narratif ? ► Histoire et récit, p. 472

2. Étudiez les rythmes du récit : comparez temps du récit et temps de l'histoire ; repérez les étapes (scènes, sommaires, ellipses). ► Structure d'un récit, p. 471

3. Quel type de discours domine ? Quelle focalisation ? À votre avis, pourquoi ? ► Narrateur et focalisations, p. 470

Les personnages

4. Quels aspects de la vie des paysans les paragraphes d'ouverture mettent-ils en valeur ?

5. Que remarquez-vous dans la représentation des deux familles dans cette même ouverture ?

6. Quel registre Maupassant emploie-t-il dans cette ouverture ? Quel regard le narrateur porte-t-il sur les paysans ? ► Les registres littéraires, p. 460

7. Repérez et analysez tous les marqueurs sociaux (langage, attitudes…) qui distinguent les paysans des aristocrates.

8. Quels traits de caractère peut-on attribuer à Mme d'Hubières à partir de ses paroles et de son comportement ? Quels sont ceux de son époux ?

9. Quelles valeurs chaque couple défend-il ? Quels traits de caractères dominants se dessinent ? Quel est le rôle de l'homme et de la femme dans chaque couple ?

Les enjeux de la nouvelle

10. Pourquoi le dénouement, et particulièrement la dernière phrase, est-il cruel ?

11. Pour qui le lecteur prend-il parti ? Sa position change-t-elle en cours de lecture ? Comment ?

12. Dans cette nouvelle, est-ce la naissance ou l'éducation qui façonne les hommes ?

Synthèse Montrez quelle vision de la société se dégage de cette nouvelle.

CINÉMA • OLIVIER SCHATZKY, *AUX CHAMPS* (2007)

Réalisation : Olivier Schatzky
Scénario, adaptations et dialogues : Pierre Leccia d'après Guy de Maupassant
Interprétation : Mère Tuvache : Marianne Basler ; Charlot Tuvache : Guillaume Gouix ; Mère Vallin : Anne Benoit ; Père Tuvache : Jean-Louis Coulloc'h
Distribution : France Télévisions Distribution

Le téléfilm reprend la trame de la nouvelle de Maupassant (▶ p. 26*) en faisant des ajouts. Dans la première scène, Charlot découvre le corps sans vie de sa mère au bord d'un marais. Il est accusé par son père de l'avoir tuée. Arrêté, il raconte son histoire aux brigadiers dans un long* flash-back*: sa mère, Marie, qui n'a pas voulu le « vendre » aux d'Hubières, couple fortuné en mal d'enfant, n'a pas les moyens de faire soigner son fils Gaston, tuberculeux; Madeleine Vallin, qui a accepté l'argent proposé par le couple, va trouver son ancienne amie.*

Photogramme 1. 00 : 34 : 19
La mère Vallin à l'arrière-plan s'approche.
Chanson des lavandières :
« Madeleine et son bas de laine… est une mè sans cœur qui s'appelle Vallin, qu'a vendu son Jean pour un peu d'argent, est une femme sans cœur qui s'appelle Vallin, qu'a vendu Jeannot… »

Photogramme 2. 00 : 34 : 48
MADELEINE. – Je te veux point de mal, j't'ai point voulu de mal, jamais. C'est pour tè, pour ton Gaston, mène-le, on lui fera des soins.
MARIE. – Je veux rien de tè, je ne veux rien d'une mère qu'a vendu son enfant comme on vend son veau.
MADELEINE. – Dis point ça, la mè. J'ai tellement mal qu'il y a des jours où j'aimerais crever ; ces sous, ils m'ont peut-être coûté mon Jeannot, mais ils peuvent sauver ton Gaston.

Photogramme 3. 00 : 34 : 54
MARIE. – Ma famille et puis mè, on veut rien de tel… plutôt crever, la Vallin, que d'prendre queque chose de tè !

Photogramme 4. 00 : 35 : 10
Des cloches sonnent au loin. Choc de la terre jetée sur le caveau.

Questions

1. Montrez que la mère Vallin est exclue de la communauté des femmes (1).
2. En quoi le cadrage, la posture et l'expressivité de son visage suggèrent-ils son humanité (2) ?
3. Quels procédés (profondeur de champ, échelle de plan) expriment l'entêtement de la mère Tuvache (3) ?
4. Pour qui le spectateur prend-il finalement parti ? Justifiez votre point de vue (4).

Charlot est tombé amoureux de Marguerite, une jeune aristocrate à laquelle il a rendu service. Le pays fête avec fierté le retour de Jeannot Vallin devenu Jean d'Hubières et réhabilite la mère Vallin, qui fut « protectrice et bienveillante » selon les mots du maire ; les futures épousailles de Jean et de Marguerite sont ensuite annoncées. Charlot qui assiste à la scène, s'enfuit, une bouteille à la main, et de retour chez lui s'en prend à ses parents.

Photogramme 1. 00: 52: 43 (plan de 3 secondes)
CHARLOT. – J'aimerais mieux être point né qu'être ce que je sieu, quand j'ai vu l'autre, j'ai compris, voilà ce que je serais, voilà ce que je serais maintenant, si j'avions eu de bons parents.

Photogramme 2. 00: 52: 50 (plan de 5 secondes)
CHARLOT. – Je f'rai mieux de ne pas rester ici parce que je vous le reprocherai du matin jusqu'au soir, ça vous ferait une vie de misères.

Les photogrammes 2 et 3 sont extraits d'une succession de gros plans sur les visages de Charlot et de sa mère.

Photogramme 3. 00: 52: 55 (plan de 2 secondes)
CHARLOT. – Je préfère encore cracher ma vie autre part. Manants, va !

Photogramme 4. 00: 53: 11 (plan de 14 secondes)
MARIE TUVACHE. – T'en va pas mon bésot ! Tout ce que j'ai fait, je l'ai fait parc'que, parc'que t'es mon bésot.
CHARLOT. – T'as tout raté, la mè. Tu comprends ça : t'as tout raté. J'veux plus vous voir !

Après le départ de leur fils, Marie reproche à son époux d'avoir causé leur malheur en laissant entrer quinze ans plus tôt les d'Hubières chez eux.

Photogramme 5. 00: 53: 53 (plan de 3 secondes)
PÈRE TUVACHE. – Arrête la mè ! Arrête ! Tais-toi ! Tais-toi !
La mère sort à son tour, le père, désespéré, s'accoude sur la table.

Photogramme 6. 00: 54: 30 (plan de 10 secondes)
Clapotement de l'eau. On entend au loin la chanson des lavandières (**photogramme 1 ► p. 31**).

Photogramme 7. 00: 54: 46 (plan de 10 secondes)

Photogramme 8. 00: 55: 15 (plan de 16 secondes)
Musique de Chopin (nocturne n° 1 opus 9).
Voix off de Charlot : « Voilà toute l'histoire de Charlot Tuvache, un bésot que ses parents n'avaient pas voulu vendre ».

Questions

Prolongements

Cherchez quelles œuvres réalistes et naturalistes – de Balzac, Zola, Maupassant ou Flaubert – Baslé et Schatzky ont adaptées pour le petit ou le grand écran.

Photogramme 1

1. Quels éléments montrent la pauvreté de la famille ?

2. D'après la position de chaque personnage, dites qui domine au cours de ce dialogue.

Photogramme 2

3. Quels sentiments lit-on sur le visage de Charlot ? Quel plan permet de les mettre en valeur ?

Photogramme 3

4. Quel cadrage succède au photogramme 2 ? Quel en est l'intérêt ?

5. Observez la durée des plans 2 et 3 : quel rythme leur succession crée-t-elle ?

Photogramme 4

6. Comment la durée du plan et l'attitude de Marie traduisent-elles les sentiments de la mère ?

Photogramme 5

7. Montrez que le cadrage fait écho au plan précédent. Que souligne ce rapprochement ?

Photogramme 6

8. Qu'entend-on hors-champ ? Où se trouve donc la mère ?

9. Observez la physionomie de la mère : quels changements constatez-vous ? Commentez le choix du cadrage.

10. Que suggère la reprise de la chanson ?

Photogramme 7

11. Observez la durée des plans 6 et 7 et commentez.

Photogramme 8

12. Où et quand se passe cette scène ?

13. Pourquoi et dans quel but Charlot est-il emmené ?

14. Pourquoi, selon vous, ses paroles sont-elles en *voix off* ?

De la nouvelle (► p. 26) au téléfilm

15. Par quel événement le film commence-t-il et se termine-t-il ? Quel aspect du destin des Tuvache est ainsi souligné ?

16. Parmi les ajouts du réalisateur, relevez ceux qui soulignent l'humanité de la mère Vallin.

17. Quels ajouts du téléfilm insistent sur la fureur jalouse et obstinée de la mère Tuvache ?

18. En quoi le sort des Tuvache est-il plus cruel dans le téléfilm ?

TEXTE 1

Stendhal, *Le Rouge et le Noir* (1830)

► Biographie p. 556

Jeune homme d'origine modeste, Julien Sorel est engagé au début du roman comme précepteur des enfants du maire, M. de Rênal. Comme il ne semble pas laisser Mme de Rênal insensible, il s'est fixé comme défi de prendre sa main au cours d'une soirée où elle a invité sa meilleure amie, Mme Derville.

On s'assit enfin, Mme de Rênal à côté de Julien, et Mme Derville près de son amie. Préoccupé de ce qu'il allait tenter, Julien ne trouvait rien à dire. La conversation languissait.

« Serai-je aussi tremblant et malheureux au premier duel qui me viendra ? » se dit Julien, car il avait trop de méfiance et de lui et des autres, pour ne pas voir l'état de son âme.

Dans sa mortelle angoisse, tous les dangers lui eussent semblé préférables. Que de fois ne désira-t-il pas voir survenir à Mme de Rênal quelque affaire qui l'obligeât de rentrer à la maison et de quitter le jardin ! La violence que Julien était obligé de se faire était trop forte pour que sa voix ne fût pas profondément altérée ; bientôt la voix de Mme de Rênal devint tremblante aussi, mais Julien ne s'en aperçut point. L'affreux combat que le devoir livrait à la timidité était trop pénible, pour qu'il fût en état de rien observer hors lui-même. Neuf heures trois quarts venaient de sonner à l'horloge du château, sans qu'il eût encore rien osé. Julien, indigné de sa lâcheté, se dit : « Au moment précis où dix heures sonneront, j'exécuterai ce que, pendant toute la journée, je me suis promis de faire ce soir, ou je monterai chez moi me brûler la cervelle ».

Après un dernier moment d'attente et d'anxiété, pendant lequel l'excès de l'émotion mettait Julien comme hors de lui, dix heures sonnèrent à l'horloge qui était au-dessus de sa tête. Chaque coup de cette cloche fatale retentissait dans sa poitrine, et y causait comme un mouvement physique.

Enfin, comme le dernier coup de dix heures retentissait encore, il étendit la main, et prit celle de Mme de Rênal, qui la retira aussitôt. Julien, sans trop savoir ce qu'il faisait, la saisit de nouveau. Quoique bien ému lui-même, il fut frappé de la froideur glaciale de la main qu'il prenait ; il la serrait avec une force convulsive ; on fit un dernier effort pour la lui ôter, mais enfin cette main lui resta.

Son âme fut inondée de bonheur, non qu'il aimât Mme de Rênal, mais un affreux supplice venait de cesser. Pour que Mme Derville ne s'aperçût de rien, il se crut obligé de parler ; sa voix alors était éclatante et forte. Celle de Mme de Rênal, au contraire, trahissait tant d'émotion, que son amie la crut malade et lui proposa de rentrer. Julien sentit le danger : « Si Mme de Rênal rentre au salon, je vais retomber dans la position affreuse où j'ai passé la journée. J'ai tenu cette main trop peu de temps pour que cela compte comme un avantage qui m'est acquis. »

Au moment où Mme Derville renouvelait la proposition de rentrer au salon, Julien serra fortement la main qu'on lui abandonnait.

Mme de Rênal, qui se levait déjà, se rassit en disant, d'une voix mourante :

– Je me sens, à la vérité, un peu malade, mais le grand air me fait du bien.

►►► **Pierre Auguste Renoir,** *La Danse à la ville* (détail), 1883, huile sur toile (180 × 90 cm), musée d'Orsay, Paris.

Ces mots confirmèrent le bonheur de Julien, qui, dans ce moment, était extrême : il parla, il oublia de feindre, il parut l'homme le plus aimable aux deux amies qui l'écoutaient. [...]

Minuit était sonné depuis longtemps ; il fallut enfin quitter le jardin : on se sépara. Mme de Rênal, transportée du bonheur d'aimer, était tellement ignorante, qu'elle ne se faisait presque aucun reproche. Le bonheur lui ôtait le sommeil. Un sommeil de plomb s'empara de Julien, mortellement fatigué des combats que, toute la journée, la timidité et l'orgueil s'étaient livrés dans son cœur.

Le lendemain on le réveilla à cinq heures ; et, ce qui eût été cruel pour Mme de Rênal si elle l'eût su, à peine lui donna-t-il une pensée. Il avait fait *son devoir, et un devoir héroïque*. Rempli de bonheur par ce sentiment, il s'enferma à clef dans sa chambre, et se livra avec un plaisir tout nouveau à la lecture des exploits de son héros[1].

1. il s'agit de Napoléon Ier.

Auguste Rodin, *La Cathédrale*, 1908, sculpture en pierre (H. 64 cm ; L. 29,5 cm ; P. 31,8 cm), musée Rodin, Paris.

▲ **Auguste Rodin** (1840-1917) consacra beaucoup de temps à travailler les mains et leur pouvoir d'expression. Le poète Rilke, admirateur du sculpteur, déclara : « Il y a dans l'œuvre de Rodin des mains, de petites mains autonomes qui, sans faire partie d'aucun corps, sont vivantes ».

Lecture d'image

1. Observez la position des doigts, le contact entre les deux mains : comment le sculpteur suggère-t-il le mouvement ?
2. Selon vous, s'agit-il de mains d'homme ou de femme ? Que symbolisent-elles ?

Questions

Grammaire

Quel mode identifiez-vous dans : « Ce qui eût été cruel [...] si elle l'eût su » (l. 49-50) ? Justifiez l'emploi de ce mode. Trouvez d'autres emplois de ce mode verbal dans le texte.

► **Modes, temps et valeurs, p. 439**

L'expression des sentiments

1. À travers quel(s) regard(s) cette scène est-elle vue ?
► **Narrateur et focalisations, p. 470**
2. Quels sentiments successifs Julien éprouve-t-il dans ce texte ? Sont-ils ceux attendus dans une scène de séduction ?
3. Mme de Rênal semble-t-elle sensible aux démarches de Julien ?

Un défi héroïque

4. Montrez que le défi que s'est lancé Julien est présenté comme une véritable épreuve héroïque.
5. Qu'est-ce que Julien prétend faire s'il ne réussit pas son défi ? Que fait-il une fois le défi réussi ?
6. En quoi le personnage de Julien semble-t-il emporté par son imagination ? Montrez que le narrateur présente le personnage avec une distance ironique.

Synthèse Montrez que cette scène réécrit avec humour la scène de séduction traditionnelle.

Vers le bac S'entraîner au commentaire

Dans un paragraphe argumenté, montrez que, dans cette scène, Julien, qui vénère Napoléon, ressemble plus à un combattant qu'à un amoureux.

► **Construire un paragraphe de commentaire, p. 529**

ÉCHO ROMANTIQUE

Victor Hugo, *L'Homme qui rit* (1869)

► Biographie p. 554

CONTEXTE

Les écrivains romantiques, dont Victor Hugo est l'un des illustres représentants, admirent l'œuvre de Shakespeare. S'inspirant de *Roméo et Juliette*, le romancier imagine, en contrepoint d'une société corrompue et violente, un amour absolu et idéalisé entre deux jeunes gens. La mort unira aussi leur destin.

Gwynplaine est un garçon défiguré, dont la bouche, lacérée au cours de son enfance, lui donne une expression grimaçante, d'où son surnom : « l'homme qui rit ». Rejeté par tous, il trouve l'amour en Déa, belle jeune fille aveugle, avec laquelle il a été élevé. En grandissant, ils sont tombés amoureux l'un de l'autre.

Un prodigieux besoin l'un de l'autre était au fond de leur amour. Gwynplaine sauvait Dea, Dea sauvait Gwynplaine. Rencontre de misères produisant l'adhérence. Embrassement d'engloutis dans le gouffre. Rien de plus étroit, rien de plus désespéré, rien de plus exquis.

Gwynplaine avait une pensée :

– Que serais-je sans elle !

Dea avait une pensée :

– Que serais-je sans lui ?

Ces deux exils aboutissaient à une patrie ; ces deux fatalités incurables, le stigmate de Gwynplaine, la cécité de Dea, opéraient leur jonction dans le contentement. Ils se suffisaient, ils n'imaginaient rien au-delà d'eux-mêmes ; se parler était un délice, s'approcher était une béatitude ; à force d'intuition réciproque, ils en étaient venus à l'unité de rêverie ; ils pensaient à deux la même pensée. Quand Gwynplaine marchait, Dea croyait entendre un pas d'apothéose[1]. Ils se serraient l'un contre l'autre dans une sorte de clair-obscur sidéral plein de parfums, de lueurs, de musiques, d'architectures lumineuses, de songes ; ils s'appartenaient ; ils se savaient ensemble à jamais dans la même joie et dans la même extase ; et rien n'était étrange comme cette construction d'un éden par deux damnés[2].

Ils étaient inexprimablement heureux.

Avec leur enfer ils avaient fait du ciel ; telle est votre puissance, amour !

Dea entendait rire Gwynplaine. Et Gwynplaine voyait Dea sourire.

Ainsi la félicité[3] idéale était trouvée, la joie parfaite de la vie était réalisée, le mystérieux problème du bonheur était résolu. Et par qui ? par deux misérables.

Pour Gwynplaine Dea était la splendeur. Pour Dea Gwynplaine était la présence.

La présence, profond mystère qui divinise l'invisible et d'où résulte cet autre mystère, la confiance. Il n'y a dans les religions que cela d'irréductible. Mais cet irréductible suffit. On ne voit pas l'immense être nécessaire ; on le sent.

Gwynplaine était la religion de Dea.

Parfois, éperdue d'amour, elle se mettait à genoux devant lui, sorte de belle prêtresse adorant un gnome de pagode[4], épanoui.

1. en Grèce et à Rome dans l'Antiquité, admission d'un mortel parmi les dieux, divinisation.
2. condamnés aux peines de l'enfer.
3. bonheur.
4. temple en l'honneur d'une divinité dans certains pays d'Extrême-Orient.

Eugène Delacroix, *Roméo et Juliette*, 1845, huile sur toile (51 × 50,2 cm), collection privée.

L'Homme qui rit, film de **Jean-Pierre Améris**, 2012.

Figurez-vous l'abîme, et au milieu de l'abîme une oasis de clarté, et dans cette oasis ces deux êtres hors de la vie, s'éblouissant.

Pas de pureté comparable à ces amours. Dea ignorait ce que c'était qu'un baiser, bien que peut-être elle le désirât; car la cécité, surtout d'une femme, a ses rêves, et, quoique tremblante devant les approches de l'inconnu, ne les hait pas toutes. Quant à Gwynplaine, la jeunesse frissonnante le rendait pensif; plus il se sentait ivre, plus il était timide; il eût pu tout oser avec cette compagne de son premier âge, avec cette ignorante de la faute comme de la lumière, avec cette aveugle qui voyait une chose, c'est qu'elle l'adorait. Mais il eût cru voler ce qu'elle lui eût donné; il se résignait avec une mélancolie satisfaite à aimer angéliquement, et le sentiment de sa difformité se résolvait en une pudeur auguste.

Ces heureux habitaient l'idéal. Ils y étaient époux à distance comme les sphères. Ils échangeaient dans le bleu l'effluve[5] profonde qui dans l'infini est l'attraction et sur la terre le sexe. Ils se donnaient des baisers d'âme.

5. émanation invisible.

Questions

1. L'amour de Gwynplaine et de Déa est-il ordinaire ?
2. En quoi la construction de la deuxième phrase suggère-t-elle la complémentarité des deux amoureux ? Quels autres procédés y contribuent aussi ?
3. À qui s'adresse le narrateur (l. 38) ? Qui est donc témoin de cette union ?
► Narrateur et focalisations, p. 470
4. La relation de Gwynplaine et Déa est-elle charnelle ou platonique ? Est-ce une vision réaliste de l'amour ?
5. Repérez les images du malheur et de l'abîme : comment les personnages échappent-ils à leur destin malheureux ?
6. Pourquoi l'amour de Gwynplaine et de Déa semble-t-il sacré ?
7. Commentez l'image « des baisers d'âme » (l. 52). En quoi illustre-t-elle bien la nature de la relation entre Gwynplaine et Déa ?
► Les figures de style, p. 466

Synthèse Quelle image de ce couple le lecteur compose-t-il au fil de sa lecture ?

Vers le bac S'entraîner à la dissertation

Au cinéma ou dans les livres, préférez-vous les histoires qui montrent l'amour réel avec ses imperfections et ses errements, ou celles qui font rêver en décrivant des sentiments hors du commun ? Rédigez trois arguments illustrés d'exemples pour étayer la thèse choisie.
► Construire un paragraphe de dissertation, p. 540

Gustave Flaubert, *Madame Bovary* (1857)

► Biographie p. 533

⊕ CONTEXTE
Au XIXe siècle, le mariage ne repose pas forcément sur l'amour. Il doit avant tout apporter prestige social et ressources financières. La sexualité est surtout orientée vers la reproduction, les époux peuvent faire chambre à part et pratiquer l'abstinence pour limiter les naissances. Si l'épouse doit rester vertueuse, son mari dispose d'une plus grande liberté dans ce domaine.

Charles, médecin, et Emma sont mariés et parents de la petite Berthe. Emma a, peu après la naissance de sa fille, commencé une relation adultère avec Rodolphe, avec lequel elle projette de s'enfuir. Les époux rêvent séparément de leur avenir.

Quand il rentrait au milieu de la nuit, il n'osait pas la réveiller. La veilleuse de porcelaine arrondissait au plafond une clarté tremblante, et les rideaux fermés du petit berceau faisaient comme une hutte blanche qui se bombait dans l'ombre, au bord du lit. Charles les regardait. Il croyait entendre l'haleine légère de son enfant. Elle allait grandir maintenant ; chaque saison, vite, amènerait un progrès. Il la voyait déjà revenant de l'école à la tombée du jour, toute rieuse, avec sa brassière tachée d'encre, et portant au bras son panier ; puis il faudrait la mettre en pension, cela coûterait beaucoup ; comment faire ? Alors il réfléchissait. Il pensait à louer une petite ferme aux environs, et qu'il surveillerait lui-même, tous les matins, en allant voir ses malades. Il en économiserait le revenu, il le placerait à la caisse d'épargne ; ensuite il achèterait des actions, quelque part, n'importe où ; d'ailleurs la clientèle augmenterait ; il y comptait, car il voulait que Berthe fût bien élevée, qu'elle eût des talents, qu'elle apprît le piano. Ah ! qu'elle serait jolie, plus tard, à quinze ans, quand, ressemblant à sa mère, elle porterait, comme elle, dans l'été, de grands chapeaux de paille ! on les prendrait de loin pour les deux sœurs. Il se la figurait travaillant le soir auprès d'eux, sous la lumière de la lampe ; elle lui broderait des pantoufles ; elle s'occuperait du ménage ; elle emplirait toute la maison de sa gentillesse et de sa gaieté. Enfin, ils songeraient à son établissement : on lui trouverait quelque brave garçon ayant un état solide ; il la rendrait heureuse ; cela durerait toujours.

Emma ne dormait pas, elle faisait semblant d'être endormie ; et, tandis qu'il s'assoupissait à ses côtés, elle se réveillait en d'autres rêves.

Au galop de quatre chevaux, elle était emportée depuis huit jours vers un pays nouveau, d'où ils ne reviendraient plus. Ils

Carl Holsoe, *Femme assise à une table regardant par une fenêtre*, 1re moitié du XXe siècle, huile sur toile (78,7 × 72,7 cm), collection privée.

allaient, ils allaient, les bras enlacés, sans parler. Souvent, du haut d'une montagne, ils apercevaient tout à coup quelque cité splendide avec des dômes, des ponts, des navires, des forêts de citronniers et des cathédrales de marbre blanc, dont les clochers aigus portaient des nids de cigognes. On marchait au pas, à cause des grandes dalles, et il y avait par terre des bouquets de fleurs que vous offraient des femmes habillées en corset rouge. On entendait sonner des cloches, hennir les mulets, avec le murmure des guitares et le bruit des fontaines, dont la vapeur s'envolant rafraîchissait des tas de fruits, disposés en pyramides au pied des statues pâles, qui souriaient sous les jets d'eau. Et puis ils arrivaient, un soir, dans un village de pêcheurs, où des filets bruns séchaient au vent, le long de la falaise et des cabanes. C'est là qu'ils s'arrêtaient pour vivre ; ils habiteraient une maison basse, à toit plat, ombragée d'un palmier, au fond d'un golfe, au bord de la mer. Ils se promèneraient en gondole, ils se balanceraient en hamac ; et leur existence serait facile et large comme leurs vêtements de soie, toute chaude et étoilée comme les nuits douces qu'ils contempleraient. Cependant, sur l'immensité de cet avenir qu'elle se faisait apparaître, rien de particulier ne surgissait ; les jours, tous magnifiques, se ressemblaient comme des flots ; et cela se balançait à l'horizon, infini, harmonieux, bleuâtre et couvert de soleil. Mais l'enfant se mettait à tousser dans son berceau, ou bien Bovary ronflait plus fort, et Emma ne s'endormait que le matin, quand l'aube blanchissait les carreaux et que déjà le petit Justin, sur la place, ouvrait les auvents de la pharmacie.

Questions

Le point de vue du narrateur

1. Selon quel point de vue est rédigé ce passage ? Comment ce point de vue est-il construit ?

► **Narrateur et focalisations, p. 470**

2. Interprétez cette construction : que symbolise-t-elle ?

3. Étudiez, dans le comportement des époux, les éléments qui les séparent.

Deux idées du bonheur

4. Étudiez la vision du bonheur selon la rêverie de Charles : quelles sont ses préoccupations, les valeurs auxquelles il est attaché ?

5. Étudiez la vision du bonheur selon Emma : quels éléments dominent sa rêverie ? Qui le pronom « on » (l. 34 à 36) désigne-t-il ? Relevez quelques clichés romantiques.

6. Comparez le style (champs lexicaux, registres, rythme des phrases…) employé par Flaubert dans le 1er et le 3e paragraphes. Pourquoi peut-on dire qu'il contribue à mettre en évidence les différences entre les rêveries de Charles et d'Emma ?

Synthèse En vous appuyant sur vos réponses aux questions précédentes, présentez les deux visions de l'amour que propose ce texte.

Figures de style

Montrez, en vous appuyant sur les figures de style utilisées et le lexique, que le narrateur prend une certaine distance – ironique – par rapport aux deux visions du bonheur.

Vers le bac S'entraîner au sujet d'invention

À la manière de Flaubert, rédigez la rêverie d'un personnage qui exprime sa propre vision du bonheur (en focalisation interne à la 3e personne).

► **Imiter un style, transposer un texte et le poursuivre, p. 516**

TEXTE ÉCHO

Ernest Pinard, *Réquisitoire* (1857)

CONTEXTE
Le procureur impérial E. Pinard instruit le dossier contre *Madame Bovary*. Il fait retirer de la vente les *Mystères du peuple* d'Eugène Sue, accusés d'attaquer l'autorité. Six poèmes des *Fleurs du Mal* de Charles Baudelaire sont supprimés. Ces procès sont révélateurs de l'ordre moral qui règne sous le Second Empire et du poids de la censure.

Madame Bovary *paraît en feuilleton dans* La Revue de Paris *avec des coupes dont Flaubert se plaint; le roman est pourtant attaqué en justice pour « outrage à la morale publique et religieuse et aux bonnes mœurs ». Le romancier est finalement acquitté.*

On nous dira comme objection générale : mais, après tout, le roman est moral au fond, puisque l'adultère est puni[1] ?

À cette objection, deux réponses : je suppose l'œuvre morale, par hypothèse, une conclusion morale ne pourrait pas amnistier[2] les détails lascifs[3] qui peuvent s'y trouver. Et puis je dis : l'œuvre au fond n'est pas morale.

Je dis, messieurs, que des détails lascifs ne peuvent pas être couverts par une conclusion morale, sinon on pourrait raconter toutes les orgies imaginables, décrire toutes les turpitudes[4] d'une femme publique, en la faisant mourir sur un grabat[5] à l'hôpital. Il serait permis d'étudier et de montrer toutes ses poses lascives ! Ce serait aller contre toutes les règles du bon sens. Ce serait placer le poison à la portée de tous et le remède à la portée d'un bien petit nombre, s'il y avait un remède. Qui est-ce qui lit le roman de M. Flaubert ? Sont-ce des hommes qui s'occupent d'économie politique ou sociale ? Non ! Les pages légères de *Madame Bovary* tombent en des mains plus légères, dans des mains de jeunes filles, quelquefois de femmes mariées. Eh bien ! lorsque l'imagination aura été séduite, lorsque cette séduction sera descendue jusqu'au cœur, lorsque le cœur aura parlé aux sens, est-ce que vous croyez qu'un raisonnement bien froid sera bien fort contre cette séduction des sens et du sentiment ? Et puis, il ne faut pas que l'homme se drape trop dans sa force et dans sa vertu, l'homme porte les instincts d'en bas et les idées d'en haut, et, chez tous, la vertu n'est que la conséquence d'un effort, bien souvent pénible. Les peintures lascives ont généralement plus d'influence que les froids raisonnements. Voilà ce que je réponds à cette théorie, voilà ma première réponse, mais j'en ai une seconde.

Je soutiens que le roman de *Madame Bovary*, envisagé au point de vue philosophique, n'est point moral. Sans doute madame Bovary meurt empoisonnée ; elle a beaucoup souffert, c'est vrai ; mais elle meurt à son heure et à son jour, mais elle meurt, non parce qu'elle est adultère, mais parce qu'elle l'a voulu ; elle meurt dans tout le prestige de sa jeunesse et de sa beauté ; elle meurt après avoir eu deux amants, laissant un mari qui l'aime, qui l'adore, qui trouvera le portrait de Rodolphe, qui trouvera ses lettres et celles de Léon, qui lira les lettres d'une femme deux fois adultère, et qui, après cela, l'aimera encore davantage au-delà du tombeau. Qui peut condamner cette femme dans le livre ? Personne. Telle est la conclusion. Il n'y a pas dans le livre un personnage qui puisse la condamner. Si vous y trouvez un personnage sage, si vous y trouvez un seul principe en vertu duquel l'adultère soit stigmatisé, j'ai tort. Donc, si, dans tout le livre, il n'y a pas un personnage qui puisse lui faire courber la tête, s'il n'y a pas une idée, une ligne en vertu de laquelle l'adultère soit flétri, c'est moi qui ai raison, le livre est immoral ! […] une seule personne a raison, règne, domine : c'est Emma Bovary. […]

1. après deux relations adultères avec Rodolphe puis Léon, Emma, criblée de dettes, s'empoisonne à l'arsenic et meurt, victime d'une terrible et longue agonie.
2. pardonner.
3. sensuels.
4. déshonneur.
5. lit misérable.

Cette morale[6] stigmatise la littérature réaliste, non pas parce qu'elle peint les passions : la haine, la vengeance, l'amour ; le monde ne vit que là-dessus, et l'art doit les peindre ; mais quand elle les peint sans frein, sans mesure. L'art sans règle n'est plus l'art ; c'est comme une femme qui quitterait tout vêtement. Imposer à l'art l'unique règle de la décence publique, ce n'est pas l'asservir, mais l'honorer. On ne grandit qu'avec une règle. Voilà, messieurs, les principes que nous professons, voilà une doctrine que nous défendons avec conscience.

6. morale chrétienne.

Isabelle Huppert dans *Madame Bovary*, film de **Claude Chabrol**, 1991.

Vocabulaire

De quel nom latin les termes « mœurs », « morale » et « immoral » sont-ils issus ?
Quelle est la différence entre « amoral » et « immoral » ?
Quel adjectif, selon E. Pinard, conviendrait au roman de Flaubert ?

Questions

1. Quelle est la fonction de chaque paragraphe dans l'argumentation ? Montrez que la construction est rigoureuse.
2. Reformulez les différents arguments employés par le procureur Pinard contre le roman dans les trois premiers paragraphes. Sont-ils recevables ? Pourquoi ? Que révèlent-ils de la vision morale du Second Empire ?

► Les types d'arguments, p. 493

3. Expliquez ce que la morale chrétienne reproche, selon Ernest Pinard, à la littérature réaliste.
4. Quelle conception de l'art le procureur développe-t-il dans le dernier paragraphe ?
5. Quels procédés d'écriture donnent de la force à cette argumentation ?

► L'argumentation directe, p. 488

TEXTE 3

Guy de Maupassant, *Une vie* (1883)

► Biographie p. 554

⊕ CONTEXTE
Facultative jusqu'en 1882, l'instruction des filles est souvent confiée aux couvents. Peu soucieuse de développer leur esprit ou de les préparer aux réalités de l'amour, l'Église veut former des épouses dociles, aptes aux tâches domestiques. Ces dernières doivent, bien entendu, être vierges le jour des noces. Le Code Napoléon (1807) a entériné l'infériorité juridique de la femme.

Fille d'un baron, Jeanne est sortie du couvent à dix-sept ans et vit en Normandie avec ses parents. « L'âme virginale et nourrie de rêves », elle vient d'épouser Julien, vicomte de Lamare, jeune homme séduisant et désargenté. Avant la nuit de noces, son père lui rappelle pudiquement qu'elle appartient dorénavant tout entière à son mari… Alors que Jeanne s'est couchée, Julien vient la rejoindre dans son lit.

Elle fit un soubresaut comme pour se jeter à terre lorsque glissa vivement contre sa jambe une autre jambe froide et velue ; et, la figure dans ses mains, éperdue, prête à crier de peur et d'effarement, elle se blottit tout au fond du lit.

Aussitôt, il la prit en ses bras, bien qu'elle lui tournât le dos, et il baisait voracement son cou, les dentelles flottantes de sa coiffure de nuit et le col brodé de sa chemise.

Elle ne remuait pas, raidie dans une horrible anxiété, sentant une main forte qui cherchait sa poitrine cachée entre ses coudes. Elle haletait bouleversée sous cet attouchement brutal ; et elle avait surtout envie de se sauver, de courir par la maison, de s'enfermer quelque part, loin de cet homme.

Il ne bougeait plus. Elle recevait sa chaleur dans son dos. Alors son effroi s'apaisa encore et elle pensa brusquement qu'elle n'aurait qu'à se retourner pour l'embrasser.

À la fin, il parut s'impatienter, et d'une voix attristée : « Vous ne voulez donc point être ma petite femme ? » Elle murmura à travers ses doigts : « Est-ce que je ne le suis pas ? » Il répondit avec une nuance de mauvaise humeur : « Mais non, ma chère, voyons, ne vous moquez pas de moi. »

Elle se sentit toute remuée par le ton mécontent de sa voix ; et elle se tourna tout à coup vers lui pour lui demander pardon.

Il la saisit à bras-le-corps, rageusement, comme affamé d'elle ; et il parcourait de baisers rapides, de baisers mordants, de baisers fous, toute sa face et le haut de sa gorge, l'étourdissant de caresses. Elle avait ouvert les mains et restait inerte sous ses efforts, ne sachant plus ce qu'elle faisait, ce qu'il faisait, dans un trouble de pensée qui ne lui laissait rien comprendre. […]

Sans se soucier des réactions de sa femme, Julien parvient à ses fins.

Que se passa-t-il ensuite ? Elle n'en eut guère le souvenir, car elle avait perdu la tête[1] ; il lui sembla seulement qu'il lui jetait sur les lèvres une grêle de petits baisers reconnaissants.

1. elle avait l'esprit égaré.

Edgar Degas, *Le Viol*, 1869, huile sur toile (32 × 45 cm), Museum of Art, Philadelphie.

Puis il dut lui parler et elle dut lui répondre. Puis il fit d'autres tentatives qu'elle repoussa avec épouvante; et comme elle se débattait, elle rencontra sur sa poitrine ce poil épais qu'elle avait déjà senti sur sa jambe, et elle se recula de saisissement.

Las enfin de la solliciter sans succès, il demeura immobile sur le dos.

Alors elle songea; elle se dit, désespérée jusqu'au fond de son âme, dans la désillusion d'une ivresse rêvée si différente, d'une chère attente détruite, d'une félicité crevée: « Voilà donc ce qu'il appelle être sa femme; c'est cela! c'est cela! »

Et elle resta longtemps ainsi, désolée[2], l'œil errant sur les tapisseries du mur, sur la vieille légende d'amour[3] qui enveloppait sa chambre.

Mais, comme Julien ne parlait plus, ne remuait plus, elle tourna lentement son regard vers lui, et elle s'aperçut qu'il dormait! Il dormait, la bouche entrouverte, le visage calme! Il dormait!

Elle ne le pouvait croire, se sentant indignée, plus outragée par ce sommeil que par sa brutalité, traitée comme la première venue. Pouvait-il dormir une nuit pareille? Ce qui s'était passé entre eux n'avait donc pour lui rien de surprenant? Oh! elle eût mieux aimé être frappée, violentée encore, meurtrie de caresses odieuses jusqu'à perdre connaissance.

2. affligée, éplorée (sens étymologique fort).
3. légende antique qui raconte l'amour absolu et éternel de deux jeunes Babyloniens, Pyrame et Thisbé.

Questions

Vocabulaire

Relevez dans le texte tous les termes qui appartiennent au lexique de la peur et indiquez le sens précis de chacun. Quelle conclusion en tirez-vous sur le travail lexical de l'auteur?

Le jeu des points de vue

1. De quel point de vue la scène est-elle racontée? Quel en est l'intérêt?
► Narrateur et focalisations, p. 470
2. Que sait-on de ce que pense et ressent Julien au cours de cette nuit?
3. Analysez la peur qui s'empare de Jeanne durant cette nuit. Déterminez-en la cause en commentant l'attitude de la jeune femme aux lignes 15 à 19. Montrez que la jeune mariée ne semble pas du tout préparée aux réalités de la nuit de noces.

Une cruelle désillusion

4. Relevez les termes qui caractérisent le comportement de Julien: comment pourriez-vous qualifier son attitude? Que laisse entendre la dernière interrogation de Jeanne?
5. Sur quels détails triviaux voire crus le narrateur insiste-t-il? Dans quelle intention?
6. Repérez la succession d'oxymores qui expriment la désillusion de Jeanne et commentez-les. Quel élément de la chambre symbolise ironiquement cette désillusion?
► Les figures de style, p. 466
7. Expliquez la colère finale de Jeanne. Par quels procédés est-elle mise en valeur?
8. À quoi ressemble, au fond, pour Jeanne cette nuit de noces?

Synthèse Montrez que la nuit de noces est à l'opposé des attentes de Jeanne, qu'elle constitue un désenchantement.

Vers le bac S'entraîner à la dissertation

À partir des exemples de cet extrait, rédigez un paragraphe pour montrer que les écrivains réalistes refusent d'idéaliser les moments de bonheur supposé.

► Construire un paragraphe de dissertation, p. 540

Émile Zola, *L'Assommoir* (1877)

► Biographie p. 556

CONTEXTE
Le réalisme a la volonté de faire entendre la langue du peuple. Dans la préface de *L'Assommoir*, Zola croit voir dans l'emploi de ce langage populaire la raison du scandale suscité par son roman : « On s'est fâché contre les mots. Mon crime est d'avoir eu la curiosité littéraire de ramasser et de couler dans un moule très travaillé la langue du peuple. Ah ! la forme, là est le grand crime ! »

Devenu alcoolique, Coupeau a ruiné sa femme Gervaise, qui tenait une blanchisserie. À la fin du roman, Gervaise cherche son mari qui doit rapporter sa paie : elle le trouve en train de boire avec son ami Mes-Bottes.

Gervaise posa la main sur l'épaule de Coupeau, au moment où il sortait de la *Petite-Civette*.

« Dis donc, j'attends, moi… J'ai faim[1]. C'est tout ce que tu paies ? »

Mais il lui riva son clou[2] de la belle façon.

« T'as faim, mange ton poing !… Et garde l'autre pour demain ! » […]

« Tu veux donc que je vole ? » murmura-t-elle d'une voix sourde.

Mes-Bottes se caressait le menton d'un air conciliant.

« Non, ça, c'est défendu, dit-il. Mais quand une femme sait se retourner… »

Et Coupeau l'interrompit pour crier bravo ! Oui, une femme devait savoir se retourner. Mais la sienne avait toujours été une guimbarde[3], un tas. Ce serait sa faute, s'ils crevaient sur la paille. Puis, il retomba dans son admiration devant Mes-Bottes. Était-il assez suiffard[4], l'animal ! Un vrai propriétaire ; du linge blanc et des escarpins un peu chouettes ! Fichtre ! ce n'était pas de la ripopée[5] ! En voilà un au moins dont la bourgeoise menait bien la barque[6] !

Les deux hommes descendaient vers le boulevard extérieur. Gervaise les suivait. Au bout d'un silence, elle reprit, derrière Coupeau :

« J'ai faim, tu sais… J'ai compté sur toi. Faut me trouver quelque chose à claquer. »

Il ne répondit pas, et elle répéta sur un ton navrant d'agonie :

« Alors, c'est tout ce que tu paies ?

– Mais, nom de Dieu ! puisque je n'ai rien ! gueula-t-il, en se retournant furieusement. Lâche-moi, n'est-ce pas ? ou je cogne ! »

Il levait déjà le poing. Elle recula et parut prendre une décision.

« Va, je te laisse, je trouverai bien un homme. »

Du coup, le zingueur[7] rigola. Il affectait de prendre la chose en blague, il la poussait, sans en avoir l'air. Par exemple, c'était une riche idée ! Le soir, aux lumières, elle pouvait encore faire des conquêtes. Si elle levait un homme, il lui recommandait le restaurant du *Capucin*, où il y avait des petits cabinets dans lesquels on mangeait parfaitement. Et, comme elle s'en allait sur le boulevard extérieur, blême et farouche, il lui cria encore :

« Écoute donc, rapporte-moi du dessert, moi j'aime les gâteaux… Et, si ton monsieur est bien nippé, demande-lui un vieux paletot[8], j'en ferai mon beurre. »

Gervaise, poursuivie par ce bagou[9] infernal, marchait vite. Puis, elle se trouva seule au milieu de la foule, elle ralentit le pas. Elle était bien résolue. Entre voler et faire ça, elle aimait mieux faire ça, parce qu'au moins elle ne causerait du tort à personne. Elle n'allait jamais disposer que de son bien. Sans doute, ce n'était guère propre, mais le propre et le pas propre se brouillaient dans sa caboche, à cette heure ; quand on crève de faim, on ne cause pas tant philosophie, on mange le pain qui se présente. Elle était remontée jusqu'à la chaussée Clignancourt. La nuit n'en finissait plus d'arriver. Alors, en attendant, elle suivit les boulevards, comme une dame qui prend l'air avant de rentrer pour la soupe.

1. elle n'a pas mangé depuis plusieurs jours.
2. il lui cloua le bec.
3. sens propre : vieille automobile ; sens figuré : femme laide.
4. élégant, chic.
5. mélange de restes de vins.
6. Mes-Bottes vient d'épouser une femme riche.
7. Coupeau était couvreur de toits.
8. manteau, veste.
9. flot de paroles pour convaincre ou tromper.

Henri de Toulouse-Lautrec, *À la Mie*, 1891, huile sur toile (53 x 67,9 cm), Museum of Fine Arts, Boston.

Questions

Vocabulaire

Relevez dans le texte dix termes ou expressions argotiques et trouvez un synonyme dans un niveau de langue courant et/ou soutenu. Comparez les deux versions ainsi obtenues.

Misère sociale, misère conjugale

1. Quelles solutions cyniques Coupeau propose-t-il à sa femme pour apaiser sa faim ? Comment entend-il lui-même profiter de la situation ?
2. Quels reproches injustes et humiliants adresse-t-il à Gervaise ? Quelle menace physique fait-il peser sur elle ?
3. Comment le narrateur rend-il le parler populaire des personnages et montre-t-il la vulgarité de langage de Coupeau (discours rapporté, niveau de langue) ?
4. Quelle est la cause probable de l'agressivité et de la cruauté de Coupeau ? Justifiez votre réponse.

Un destin tragique

5. Quels arguments Gervaise avance-t-elle pour justifier le recours à la prostitution ? Par quel type de discours nous sont-ils restitués ? Quel effet ce choix produit-il ?

► Les discours rapportés, p. 478

6. Expliquez le sens de la comparaison aux lignes 41-42 : qu'éprouve Gervaise ?

► Les figures de style, p. 466

7. Pourquoi l'absence de solution enferme-t-elle Gervaise dans un rôle tragique ?

► Les registres littéraires, p. 460

Synthèse Montrez que l'alcoolisme de Coupeau fait voler en éclats son couple et fait de Gervaise une victime tragique.

Vers le bac S'entraîner au sujet d'invention

Gervaise rentre finalement chez elle et, pour sauver son couple, tente, mais en vain, de persuader Coupeau d'arrêter de boire. Rédigez en une à deux pages leur dialogue dans lequel vous pouvez insérer quelques expressions populaires.

► Imiter un style, transposer un texte et le poursuivre, p. 516

TEXTE 5

Émile Zola, *Nana* (1880)

► Biographie p. 556

CONTEXTE
Sous le Second Empire apparaît la demi-mondaine, courtisane richement entretenue et entourée d'une cour d'artistes et d'hommes politiques. Zola en fait un personnage représentatif du climat des festivités permanentes orchestrées par Napoléon III, offrant ainsi la satire cinglante d'une haute société dépravée, à l'origine de l'écroulement du régime en 1870.

*Fille de Gervaise et de Coupeau (*L'Assommoir ► p. 44 et 116*), Nana est une demi-mondaine dont les charmes affolent les plus hauts dignitaires du Second Empire. Croqueuse d'hommes et de leur fortune, elle sème la désolation au sein des familles. C'est le cas de Muffat, chambellan de l'Empereur, homme marié d'une grande piété, mais passionnément amoureux d'elle au point de lui sacrifier son honneur et sa fortune.*

Il en arrivait maintenant à une passion exclusive, une de ces passions d'hommes qui n'ont pas eu de jeunesse. Il aimait Nana avec un besoin de la savoir à lui seul, de l'entendre, de la toucher, d'être dans son haleine. C'était une tendresse élargie au-delà des sens, jusqu'au sentiment pur, une affection inquiète, jalouse du passé, rêvant parfois de rédemption[1], de pardon reçu, tous deux agenouillés devant Dieu le Père. Chaque jour, la religion le reprenait davantage. Il pratiquait de nouveau, se confessait et communiait, sans cesse combattu, doublant de ses remords les joies du péché et de la pénitence. Puis, son directeur[2] lui ayant permis d'user sa passion, il s'était fait une habitude de cette damnation quotidienne, qu'il rachetait par des élans de foi, pleins d'une humilité dévote. Très naïvement, il offrait au ciel, comme une souffrance expiatrice, l'abominable tourment dont il souffrait. Ce tourment grandissait encore, il montait son calvaire de croyant, de cœur grave et profond, tombé dans la sensualité enragée d'une fille[3]. Et ce dont il agonisait surtout, c'était des continuelles infidélités de cette femme, ne pouvant se faire au partage, ne comprenant pas ses caprices imbéciles. Lui, souhaitait un amour éternel, toujours le même. Cependant, elle avait juré, et il la payait pour ça. Mais il la sentait menteuse, incapable de se garder, se donnant aux amis, aux passants, en bonne bête née pour vivre sans chemise.

Un matin qu'il vit sortir Foucarmont[4] de chez elle, à une heure singulière, il lui fit une scène. Du coup, elle se fâcha, fatiguée de sa jalousie. Déjà, plusieurs fois, elle s'était montrée gentille. Ainsi, le soir où il l'avait surprise avec Georges, elle était revenue la première, avouant ses torts, le comblant de caresses et de mots aimables, pour lui faire avaler ça. Mais, à la fin, il l'assommait avec son entêtement à ne pas comprendre les femmes ; et elle fut brutale.

« Eh bien, oui, j'ai couché avec Foucarmont. Après ?... Hein ? ça te défrise, mon petit mufe[5] ! »

C'était la première fois qu'elle lui jetait « mon petit mufe » à la figure. Il restait suffoqué par la carrure de son aveu ; et, comme il serrait les poings, elle marcha vers lui, le regarda en face.

« En voilà assez, hein ?... Si ça ne te convient pas, tu vas me faire le plaisir de sortir... Je ne veux pas que tu cries chez moi... Mets bien dans ta caboche que j'entends être libre. Quand un homme me plaît, je couche avec. Parfaitement, c'est comme ça... Et il faut te décider tout de suite ; oui ou non, tu peux sortir. »

Elle était allée ouvrir la porte. Il ne sortit pas. Maintenant, c'était sa façon de l'attacher davantage ; pour un rien, à la moindre querelle, elle lui mettait le marché en main, avec des réflexions abominables. Ah bien ! elle trouverait toujours mieux que lui, elle avait l'embarras du choix ; on ramassait des hommes

1. rachat du genre humain par le Christ, salut de l'âme.
2. directeur de conscience, prêtre qui donne des conseils.
3. prostituée.
4. officier de marine que Nana abandonnera, après l'avoir ruiné.
5. surnom donné par Nana à Muffat.

dehors, tant qu'on en voulait, et des hommes moins godiches, dont le sang bouillait dans les veines. Il baissait la tête, il attendait des heures plus douces, lorsqu'elle avait un besoin d'argent; alors, elle se faisait caressante; et il oubliait, une nuit de tendresse compensait les tortures de toute la semaine.

Édouard Manet, *Nana* (portrait de l'actrice Henriette Hauser se maquillant devant un miroir), 1877, huile sur toile (150 × 116 cm), Kunsthalle, Hambourg.

Questions

Deux visions antagonistes

1. Quelle forme d'amour Muffat recherche-t-il ? Relevez les citations qui l'expriment. Quelle catégorie de personnages a en général de telles aspirations ? Pourquoi cet amour pour Nana est-il ridicule ?
2. Relevez dans le 1er paragraphe le champ lexical de la religion. À quelle figure religieuse et à quel épisode biblique sa situation renvoie-t-elle ? Expliquez le rapprochement.
3. Par quelle métaphore le narrateur explique-t-il l'infidélité de Nana ? Analysez-la.
4. À quel argument Nana recourt-elle pour justifier son infidélité ?

Les rapports de classe

5. À quel mot fait penser le surnom que Nana donne à Muffat ? Commentez l'association.
6. Quelles humiliations Nana fait-elle subir au comte ?
7. Comment l'origine sociale et familiale de Nana peut-elle expliquer ce besoin de dominer ?

Synthèse Montrez comment le couple formé par Nana et Muffat remet en question les relations entre les hommes et les femmes et le rapport de classes.

Vocabulaire

Recherchez l'étymologie commune à « humilité » (l. 11) et « humiliation ». Comment éclaire-t-elle le personnage de Muffat ? Indiquez cinq autres mots de la même famille.

Vers le bac S'entraîner au commentaire

À travers cet extrait, Zola pointe certains dérèglements de la société du Second Empire : trouvez deux axes de commentaire illustrant le but de l'écrivain et élaborez le plan détaillé.

► Élaborer un plan détaillé, p. 525

HISTOIRE DES ARTS • LA PEINTURE RÉALISTE : UN REFUS DE L'IDÉALISATION FÉMININE

1 L'HÉRITAGE DE L'ANTIQUITÉ : LE CORPS IDÉALISÉ

• Le corps nu est très souvent représenté dans la Grèce antique. Plus souvent masculin que féminin, il évolue vers des poses souples et naturelles grâce au *contrapposto* et au mouvement des bras, poses qui hantent l'art occidental. Les corps sont idéalisés et la matière, souvent le marbre blanc, met en relief douceur des courbes et aspect lisse.

• Dès la Renaissance, l'étude de l'anatomie (par l'imitation des œuvres de l'Antiquité, le modèle vivant, et la dissection) fait partie de la formation des peintres et des sculpteurs. L'art antique et la mythologie sont une source d'inspiration essentielle.

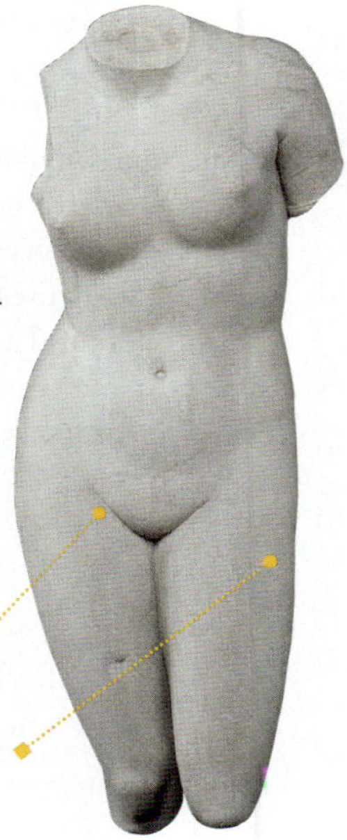

Torse dit de « L'Aphrodite de Cnide », IIe siècle ap. J.-C., sculpture en marbre de Paros, musée du Louvre, Paris.

2 DU CORPS IDÉALISÉ AU CORPS RÉEL : RÉALISME CONTRE ACADÉMISME

Jean-Auguste-Dominique Ingres, *La Source*, 1856, huile sur toile (163 × 80 cm), musée d'Orsay, Paris.

Gustave Courbet, *La Source*, 1868, huile sur toile (128 × 97 cm), musée d'Orsay, Paris.

Questions

1. Relevez tous les éléments du tableau d'Ingres qui sont inspirés de la statuaire grecque tant dans le décor que dans le corps représenté.
2. Comment Courbet refuse-t-il cet héritage ? Relevez notamment les détails réalistes dans sa représentation du corps et du décor.

3 LE « SCANDALE RÉALISTE »

Émile Zola, « Édouard Manet », 1867

Le *Déjeuner sur l'herbe* est la plus grande toile d'Édouard Manet, celle où il a réalisé le rêve que font tous les peintres : mettre des figures de grandeur naturelle dans un paysage. [...] Cette femme nue a scandalisé le public, qui n'a vu qu'elle dans la toile. Bon Dieu ! quelle indécence : une femme sans le moindre voile entre deux hommes habillés ! Cela ne s'était jamais vu. [...] Ce qu'il faut voir dans le tableau, ce n'est pas un déjeuner sur l'herbe, c'est le paysage entier, avec ses vigueurs et ses finesses [...] ; c'est cette chair ferme modelée à grands pans de lumière, ces étoffes souples et fortes, et surtout cette délicieuse silhouette de femme en chemise qui fait dans le fond, une adorable tache blanche au milieu des feuilles vertes, c'est enfin cet ensemble vaste, plein d'air, ce coin de la nature rendu avec une simplicité si juste, toute cette page admirable dans laquelle un artiste a mis tous les éléments particuliers et rares qui étaient en lui.

Edouard Manet, *Le Déjeuner sur l'herbe*, 1863, huile sur toile (208 × 264,5 cm), musée d'Orsay, Paris.

Question

1. En vous aidant du texte de Zola et après avoir relevé tous les éléments de rupture de ce tableau, imaginez un dialogue entre un défenseur du tableau de Manet et un partisan de l'académisme.

Jules et Edmond de Goncourt, *Germinie Lacerteux*, 1865

Alcool fort à base de plantes, l'absinthe connut un vif succès au XIXe siècle, mais accusée d'aliéner la classe ouvrière, elle est interdite en 1915. Germinie, domestique victime de déboires amoureux, est une grande consommatrice de « la fée verte ».

Dans la torture de cette vie, où elle souffrait mort et passion, Germinie, cherchant à étourdir les horreurs de sa pensée, était revenue au verre qu'elle avait pris un matin des mains d'Adèle[1] et qui lui avait donné une journée d'oubli. De ce jour, elle avait bu. [...]

D'abord, elle avait eu besoin, pour boire, d'entraînement, de société, du choc des verres, de l'excitation de la parole, de la chaleur des défis ; puis bientôt elle était arrivée à boire seule. C'est alors qu'elle avait bu dans le verre à demi plein, remonté sous son tablier et caché dans un recoin de la cuisine ; qu'elle avait bu solitairement et désespérément ces mélanges de vin blanc et d'eau-de-vie qu'elle avalait coup sur coup jusqu'à ce qu'elle y eût trouvé ce dont elle avait soif : le sommeil. Car ce qu'elle voulait ce n'était point la fièvre de tête, le trouble heureux, la folie vivante, le rêve éveillé et délirant de l'ivresse ; ce qu'il lui fallait, ce qu'elle demandait, c'était le noir bonheur du sommeil, d'un sommeil sans mémoire et sans rêve, d'un sommeil de plomb tombant sur elle comme un coup d'assommoir sur la tête d'un bœuf : et elle le trouvait dans ces liqueurs mêlées qui la foudroyaient et lui couchaient la face sur la toile cirée de la table de cuisine.

1. camarade de Germinie.

Edgar Degas, *L'Absinthe*, 1875, huile sur toile (92 × 68 cm), musée d'Orsay, Paris.

Questions

2. Dans quelles circonstances Germinie se met-elle à boire ? Quel changement s'ensuit ?
3. Analysez les éléments du tableau de Degas qui contribuent à suggérer la profonde solitude du personnage. En quoi le texte et le tableau vous semblent-ils complémentaires ?

4 *L'OLYMPIA* DE MANET : UNE TRADITION TRANSGRESSÉE

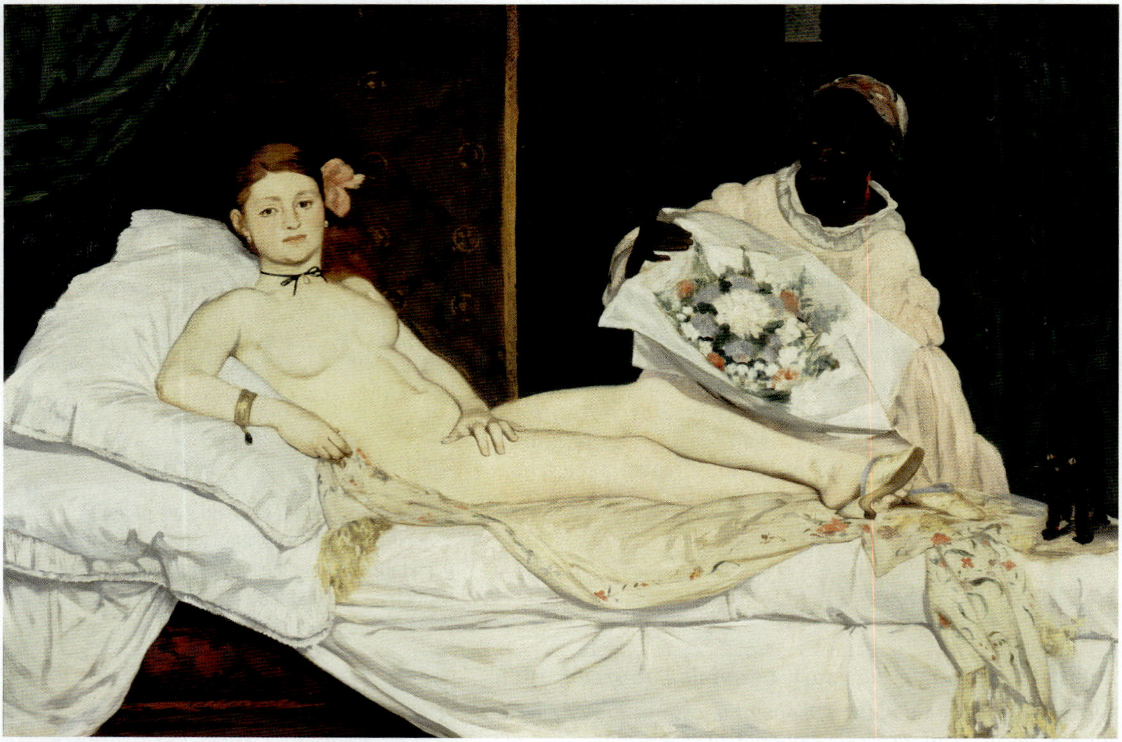

Édouard Manet, *Olympia*, huile sur toile (130,5 × 190 cm), 1863, musée d'Orsay, Paris.

▲ Peint en 1863, *Olympia* représente Victorine Meurent, actrice et modèle qui posa souvent pour Manet. Initialement destiné au Salon des refusés (accueillant les œuvres rejetées par le Salon officiel) qui se tient pour la 1re fois à Paris en 1863 à l'initiative de Napoléon III, le tableau de Manet est finalement exposé au Salon officiel en 1865. Il fait immédiatement scandale et provoque des ricanements. Le Salon des refusés illustre l'émergence, à cette époque, d'une modernité en peinture qui s'oppose au goût officiel et à l'académisme.

Questions

1. Citez les éléments de 1er plan et de 2d plan.
2. Décrivez la composition du tableau par ses lignes.
3. Quelles couleurs dominent ? Commentez ce choix. Quels sont les effets produits ?
4. Décrivez la pose, le visage et l'expression d'Olympia.
5. Commentez la présence du bouquet apporté par la servante : quelle peut être sa provenance ? Que peut-on en conclure quant à la « profession » d'Olympia ? Quels autres détails vont dans ce sens ?

Le Titien, *La Vénus d'Urbin*, 1538, huile sur toile (119 × 165 cm), galerie des Offices, Florence.

▲ Ce tableau illustre la tradition transgressée par Manet. Peint entre 1538 et 1539, il renferme plusieurs symboles, notamment le coffre sur lequel deux servantes sont penchées : il peut être considéré comme coffre de mariage destiné à recueillir les éléments du trousseau de la future mariée.

Prolongements

- Retrouvez dans les pages précédentes le tableau de Manet directement inspiré par un personnage de Zola proche d'Olympia.
- Faites des recherches sur la création du Salon des refusés. Quelle est l'œuvre de Manet qui y a rencontré un succès de scandale ?
- Dans quel roman Zola fait-il écho à cet événement artistique ? De quel peintre s'inspire-t-il pour brosser le portrait de son héros ?

De Titien à Manet

1. Comparez les titres des tableaux de Manet et du Titien. Comment celui de Manet rompt-il avec la tradition ? Que suggère-t-il ?
2. Quels éléments du tableau peint par Titien Manet reprend-il ? Quels éléments modifie-t-il ? Quels éléments élimine-t-il ? Commentez ces choix.
3. Comparez le choix des couleurs dans les deux tableaux.
4. Montrez que Titien veut peindre la sensualité tandis que Manet cherche à provoquer.

Synthèse Face à la critique, Zola prend la défense de Manet :
« Lorsque nos artistes nous donnent des Vénus, ils corrigent la nature, ils mentent. Édouard Manet s'est demandé pourquoi mentir, pourquoi ne pas dire la vérité ; il nous a fait connaître Olympia, cette fille de nos jours, que vous rencontrez sur les trottoirs et qui serre ses maigres épaules dans un mince châle de laine déteinte. »

L'Événement illustré, 10 mai 1868.

En vous appuyant sur la lecture du tableau, rédigez un paragraphe soulignant la pertinence du jugement de Zola.

PERSPECTIVES EUROPÉENNES

Fédor Dostoïevski, *Crime et Châtiment* (1866)

CONTEXTE
Dostoïevski (1821-1881) est l'un des romanciers russes majeurs du XIXe siècle. Après une jeunesse tourmentée (mort de ses parents, épilepsie, dettes contractées au jeu) et une vie d'errance en Europe, il est enfin reconnu dans son pays après la publication de *Crime et Châtiment* (1866) et de *L'Idiot* (1868).

Raskolnikov déambule dans Saint-Pétersbourg, torturé à l'idée que sa sœur accepte un riche parti pour lui permettre de poursuivre ses études. En voyant qu'un homme suit une jeune fille ivre, il se jette sur lui puis expose la situation au sergent qui est intervenu.

« Tenez, regardez, complètement soûle, elle marchait sur le boulevard ; allez savoir qui c'est, mais, visiblement, elle n'est pas du métier. Le plus probable, c'est qu'on l'aura fait boire, on l'aura abusée… la première fois… vous comprenez ? et puis on vous l'a jetée dehors. Regardez comme la robe est déchirée, regardez comme elle est mise : c'est quelqu'un qui a dû l'habiller, ce n'est pas elle qui s'est habillée toute seule, et les mains qui l'auront habillée, elles ne savaient pas y faire, ce sont des mains d'homme. Ça se voit. […] Lui[1] aussi, il l'avait remarquée, tout de suite, là, soûle comme elle était, complètement inconsciente et, en ce moment, il meurt d'envie de l'approcher, de la prendre – vu l'état où elle est – et de l'emmener, je ne sais où… J'en suis sûr que c'est ça ; là, croyez-moi, je ne me trompe pas. »

Mais la jeune fille refuse toute aide. Raskolnikov tient alors des propos incohérents, puis s'assied, seul, sur le banc.

« La pauvre fillette ! dit-il, regardant l'angle déserté du banc. Elle reviendra à elle, elle va pleurer un peu, et puis sa mère qui l'apprendra… D'abord, ça sera les coups, et puis le fouet, ça fera mal et ça fera honte, je parie, et elle la chassera… Et si elle ne la chasse pas, eh bien, quand même, les Daria Frantzévna[2] vont quand même flairer la chose, et, ma fillette, elle va commencer à valser, de-ci de-là… Après, tout de suite, l'hôpital (c'est toujours comme ça chez celles qui vivent chez leur mère très honnête et qui se dévergondent en douce), bon, et, là… et puis encore, retour à l'hôpital… le vin… les tavernes… et encore l'hôpital… et, d'ici deux trois ans – une invalide, et, toute sa longueur de vie, ce sera dix-neuf ou même dix-huit ans… […] C'est normal, à ce qu'ils disent. Un pourcentage, il paraît qui doit partir chaque année… je ne sais où… au diable, sans doute, pour rafraîchir les autres, ne pas déranger. Le pourcentage ! Splendides, ces mots qu'ils peuvent avoir : ils sont si apaisants, si scientifiques. Ils disent : le pourcentage, et donc, sans doute, pas la peine de s'inquiéter. Mais s'il y avait un autre mot, là… ça serait, sans doute, plus inquiétant… »

Traduction d'André Markowicz, 2002, © Babel / Actes Sud.

1. l'homme qui l'a suivie.
2. femme dirigeant une maison de prostitution.

Questions

Un destin pathétique

1. Quelles épreuves la jeune fille a-t-elle subies et risque-t-elle d'endurer ? Quelles seront les prochaines étapes de sa déchéance ?
2. Comment l'étudiant cherche-t-il à souligner l'exactitude de ses hypothèses et prédictions ?

Une société complaisante

3. Reformulez l'argument de ceux qui justifient un tel sort. Désignés par « ils » (l. 21), qui sont-ils ?
4. Quelle critique visant le pouvoir du langage Raskolnikov émet-il ?

Synthèse Montrez que les jeunes filles pauvres sont des proies sans protection.

August Strindberg, *Mademoiselle Julie* (1888)

CONTEXTE
Strindberg (1849-1912) est un écrivain et auteur dramatique suédois. Sa première période créatrice se déroule sous l'influence du naturalisme avec un roman, *La Chambre rouge* (1879), et trois pièces : *Père* (1887), *Mademoiselle Julie*, une tragédie naturaliste, et *Les Créanciers* (1888).

Davide Dalmani (Jean) et Tove Dahlberg (Julie) dans *Mademoiselle Julie* d'August Strindberg, pièce mise en scène par **Luc Bondy** au festival d'Aix-en-Provence en 2005.

En l'absence de son père, le comte, Julie provoque Jean, le maître d'hôtel, qu'elle retrouve dans la cuisine.

MADEMOISELLE. – [...] Je fais un rêve qui revient de temps en temps et que je me rappelle en ce moment... je suis grimpée sur un pilier et je ne vois aucune possibilité de descendre ; j'ai le vertige lorsque je baisse les yeux, mais il faut que je descende, seulement, je n'ai pas le courage de me lancer en bas ; je n'arrive pas à me maintenir, et j'ai envie de pouvoir tomber ; mais je ne tombe pas ; et tout de même, je ne connaîtrai pas de calme que je ne sois arrivée en bas ! pas de repos avant d'être parvenue en bas, sur le sol, et si j'arrive sur le sol, je voudrais descendre sous terre... Avez-vous ressenti quelque chose comme cela ?

JEAN. – Non ! Je rêve, d'ordinaire, que je suis étendu sous un arbre élevé, dans une sombre forêt. Je veux monter, monter à la cime et regarder autour de moi le passage lumineux où le soleil brille, dévaliser le nid là-haut où se trouvent les œufs d'or. Et je grimpe, je grimpe. [...]

MADEMOISELLE. – Faites voir ce que vous avez dans l'œil ! [...] ; asseyez-vous, je vais vous soigner ! (*Le prend par le bras et l'assoit ; lui saisit la tête et la renverse ; de la pointe de son mouchoir, elle cherche à enlever le grain de poussière*) Restez tranquille !... (*Lui donne une tape sur la main*) Eh bien, veut-il obéir !... Ma parole, il tremble, ce grand fort gaillard ! (*Lui tâte le biceps*) Avec des bras pareils !

JEAN, *ton d'avertissement.* – Mademoiselle Julie !

(*Kristin*[1] *s'est réveillée, elle s'en va ivre de sommeil, vers la droite se coucher*)

MADEMOISELLE. – Oui, Monsieur Jean.

JEAN. – Attention ! Je ne suis qu'un homme[2] !

MADEMOISELLE. – Veut-il rester tranquille !... Voilà ! C'est parti ! Baisez-moi la main et remerciez-moi !

JEAN, *se lève.* – Mademoiselle Julie ! Écoutez-moi !... Kristin est partie se coucher maintenant !... Voulez-vous m'écouter !

MADEMOISELLE. – Baisez-moi la main d'abord !

JEAN. – Écoutez-moi !

MADEMOISELLE. – Baisez-moi la main d'abord !

[...] (*Jean s'avance hardiment et veut la prendre par la taille pour l'embrasser*)

MADEMOISELLE, *lui administre une gifle.* – Vous n'avez pas honte !

Traduction de Régis Boyer, 1997, © Flammarion, coll. « GF ».

1. Kristin est promise à Jean.
2. en français dans le texte.

Questions

1. Que nous apprennent les didascalies ?
2. Liez le rêve de chaque personnage à son statut social : que recherchent-ils ?
3. Comment le dialogue suggère-t-il la distance sociale qui les sépare ?
4. Pourquoi Julie est-elle persuadée de maîtriser la situation ?

Albert Camus, *L'Étranger* (1942)

CONTEXTE
Camus (1913-1960), né en Algérie, est romancier, dramaturge et essayiste. Durant la Seconde Guerre mondiale, il est journaliste militant pour la Résistance. Son œuvre, couronnée en 1957 par le prix Nobel, est fondée sur la conscience que l'homme est comme un étranger face à un monde et à une existence dont il ne saisit plus le sens. Seule la révolte et l'action permettent d'en combattre l'absurdité.

Meursault, héros et narrateur de L'Étranger *vit à Alger. Le roman s'ouvre sur la mort de sa mère, qu'il enterre sans verser une larme, et se poursuit en évoquant la vie de Meursault entre son travail de bureau, quelques amis et Marie, jeune femme avec qui il entretient une liaison.*

Le soir, Marie est venue me chercher et m'a demandé si je voulais me marier avec elle. J'ai dit que cela m'était égal et que nous pourrions le faire si elle le voulait. Elle a voulu savoir alors si je l'aimais. J'ai répondu comme je l'avais déjà fait une fois, que cela ne signifiait rien mais que sans doute je ne l'aimais pas. « Pourquoi m'épouser alors ? » a-t-elle dit. Je lui ai expliqué que cela n'avait aucune importance et que si elle le désirait, nous pouvions nous marier. D'ailleurs, c'était elle qui le demandait et moi je me contentais de dire oui. Elle a observé alors que le mariage était une chose grave. J'ai répondu : « Non ». Elle s'est tue un moment et elle m'a regardé en silence. Puis elle a parlé. Elle voulait simplement savoir si j'aurais accepté la même proposition venant d'une autre femme, à qui je serais attaché de la même façon. J'ai dit : « Naturellement. » Elle s'est demandé alors si elle m'aimait et moi, je ne pouvais rien savoir sur ce point. Après un autre moment de silence, elle a murmuré que j'étais bizarre, qu'elle m'aimait sans doute à cause de cela mais que peut-être un jour je la dégoûterais pour les mêmes raisons. Comme je me taisais, n'ayant rien à ajouter, elle m'a pris le bras en souriant et elle a déclaré qu'elle voulait se marier avec moi. J'ai répondu que nous le ferions dès qu'elle le voudrait.

Karl Schmidt Rottluff, *Double portrait, l'artiste et son épouse*, 1921, aquarelle et crayon, Sprengel Museum, Hanovre.

Questions

1. Repérez le sujet des verbes de volonté, l'auteur des questions : quel rôle Marie a-t-elle dans le couple ?
2. Quelle valeur est, selon Marie, indissociable du mariage (l. 3 et 12) ? Est-ce une conception conventionnelle ?
3. Expliquez sa décision finale.
4. Quel verbe Meursault emploie-t-il pour « se marier » ? Commentez sa conception du mariage.
5. Montrez, à l'aide de relevés, que Meursault est passif et indifférent (« étranger ») aux enjeux cruciaux de l'existence.
6. En quoi les réactions et le langage de Meursault traduisent-ils néanmoins son honnêteté ?

Synthèse Montrez que cette demande en mariage est « étrange » et atypique.

Marguerite Duras, *L'Amant* (1984)

CONTEXTE
Marguerite Duras (1914-1996), dont l'œuvre renouvelle le genre romanesque, obtient le prix Goncourt en 1984 pour *L'Amant*, roman autobiographique qui se déroule en Indochine à l'époque coloniale. La narratrice, jeune Française de 15 ans, dont la famille est accablée de dettes, a fait la connaissance d'un Chinois, trentenaire très riche qui, à la sortie du lycée de Saïgon, l'emmène en limousine dans sa garçonnière.

L'Amant, film de **Jean-Jacques Annaud,** 1992.

Elle est sans sentiment très défini, sans haine, sans répugnance non plus, alors est-ce sans doute là déjà du désir. Elle en est ignorante. Elle a consenti à venir dès qu'il le lui a demandé la veille au soir. Elle est là où il faut qu'elle soit, déplacée là. Elle éprouve une légère peur. Il semblerait en effet que cela doive correspondre non seulement à ce qu'elle attend, mais à ce qui devrait arriver précisément dans son cas à elle. Elle est très attentive à l'extérieur des choses, à la lumière, au vacarme de la ville dans laquelle la chambre est immergée. Lui, il tremble. Il la regarde tout d'abord comme s'il attendait qu'elle parle, mais elle ne parle pas. Alors il ne bouge pas non plus, il ne la déshabille pas, il dit qu'il l'aime comme un fou, il le dit tout bas. Puis il se tait. Elle ne lui répond pas. Elle pourrait répondre qu'elle ne l'aime pas. Elle ne dit rien. Tout à coup elle sait, là, à l'instant, elle sait qu'il ne la connaît pas, qu'il ne la connaîtra jamais, qu'il n'a pas les moyens de connaître tant de perversité. Et de faire tant et tant de détours pour l'attraper, lui il ne pourra jamais. C'est à elle à savoir. Elle sait. À partir de son ignorance à lui, elle sait tout à coup : il lui plaisait déjà sur le bac[1]. Il lui plaît, la chose ne dépendait que d'elle seule.

Elle lui dit : je préférerais que vous ne m'aimiez pas. Même si vous m'aimez je voudrais que vous fassiez comme d'habitude avec les femmes. Il la regarde comme épouvanté, il demande : c'est ce que vous voulez ? Elle dit que oui. Il a commencé à souffrir là, dans la chambre, pour la première fois, il ne ment plus sur ce point. Il lui dit que déjà il sait qu'elle ne l'aimera jamais. Elle le laisse dire. D'abord elle dit qu'elle ne sait pas. Puis elle le laisse dire.

Il dit qu'il est seul, atrocement seul avec cet amour qu'il a pour elle. Elle lui dit qu'elle aussi elle est seule. Elle ne dit pas avec quoi. Il dit : vous m'avez suivi jusqu'ici comme vous auriez suivi n'importe qui. Elle répond qu'elle ne peut pas savoir, qu'elle n'a encore jamais suivi personne dans une chambre. Elle lui dit qu'elle ne veut pas qu'il lui parle, que ce qu'elle veut c'est qu'il fasse comme d'habitude il fait avec les femmes qu'il emmène dans sa garçonnière.

1. bateau à fond plat permettant de traverser le fleuve Mékong.

Questions

Vocabulaire
Remplacez les verbes « dire » et « faire » du texte par des synonymes adéquats, tous différents. Quel est l'effet produit par rapport au texte de Marguerite Duras ?

1. Analysez ce que le Chinois et la jeune fille éprouvent l'un pour l'autre. En quoi y a-t-il déséquilibre ?
2. En vous appuyant sur les champs lexicaux, analysez la part d'ignorance et de savoir de chaque personnage.
3. Comment la jeune fille veut-elle être traitée ? Pourquoi ?
4. À partir des lignes 12-13, montrez, en vous aidant des pronoms et des verbes, que c'est elle qui a l'initiative.

Synthèse Montrez que ce texte renouvelle la « scène d'initiation » (rôle de la jeune femme, lieu, contexte…).

VOCABULAIRE LE RÉEL ET LE VRAI

1 SYNONYMES

Les termes de la colonne de gauche expriment différents degrés de proximité avec le réel et la vérité. Reliez chacun à ses synonymes de la 2e colonne.

1. vrai	a. idéal
2. vraisemblable	b. chimérique
3. douteux	c. irréel
4. illusoire	d. indéniable
	e. possible
	f. fictif
	g. trompeur
	h. plausible
	i. indubitable
	j. incertain
	k. discutable
	l. sujet à caution
	m. véridique
	n. authentique
	o. certain
	p. imaginaire
	q. incontestable
	r. probable

2 CHASSER L'INTRUS

Remplacez les mots en italique par un des synonymes proposés. Puis trouvez l'intrus.
altérer – provocateur – contrefaire – trompeur – imitateur – hypocrisie.

a. C'est un *fauteur de troubles*, il trouve toujours le moyen de semer la zizanie.
b. Son raisonnement est complexe et nuancé, il serait difficile de le résumer sans le *fausser*.
c. Il a *falsifié* sa voix pour n'être pas reconnu au téléphone.
d. Par des serments *fallacieux*, il a réussi à séduire une riche héritière.
e. Ce matin encore il répétait ses serments en ma présence : quelle *fausseté* !
f. C'est un *faussaire* très habile qui trompe les plus grands spécialistes de Rembrandt.

3 DE L'ADJECTIF AU VERBE

Complétez les phrases suivantes avec le verbe de même famille que l'adjectif qualificatif en gras.

a. **Indiscutable** : qu'on ne peut...
b. **Indéniable** : qu'on ne peut...
c. **Irréfutable** : qu'on ne peut...
d. **Incontestable** : qu'on ne peut...
e. **Incertain** : qu'on ne peut...
f. **Indubitable** : dont on ne peut...
g. **Crédible** : qu'on peut...
h. **Fiable** : à quoi/qui on peut se...
i. **Authentique** : que l'on peut...

4 DE L'ADJECTIF AU NOM

Complétez les phrases suivantes par le nom de même famille que l'adjectif qualificatif en gras.

a. Il reste **dubitatif** devant le prétexte invoqué : il a des....
b. Ce témoignage est **vrai** : on ne peut douter de sa....
c. Il est **certain** d'avoir vu cet homme ce jour-là : il ne manque pas de....
d. Il est **probable** qu'il vienne : les... de sa venue sont grandes.
e. Ses rêves sont **chimériques** : il poursuit des....
f. Sa description est **objective** : elle est conforme à l'... dont il est question.
g. Son jugement est **subjectif** : il fait intervenir les sentiments et préférences du... qui s'exprime.

5 DEVINETTES

a. Vous savez ce qu'est une *fable*. Mais que signifie *fabuler* ? Qu'est-ce qu'un *affabulateur* ?
b. Une *preuve* apporte des certitudes. Quel est l'adjectif qui correspond à ce nom ? Comment qualifier un témoignage qui permet de prouver un fait ?
c. Des rêves sont dits *chimériques* quand ils sont irréalisables. Mais qu'est-ce que la *chimère* de la mythologie ?
d. Tout le monde sait ce que *rêver* signifie, mais qui connaît l'adjectif utilisé pour désigner ce qui relève du rêve ?
e. Un *illusionniste* est ainsi nommé car, par son art de la magie, il crée des illusions. Comment expliquer la formation du mot *prestidigitateur* ?
f. Une personne est *crédible* quand elle est fiable, qu'on peut lui faire confiance. Quel adjectif de même famille qualifie celle qui croit tout et n'importe quoi ?

EXPRESSION ÉCRITE

Sujet

En réemployant le plus de mots possible de cette page, imaginez le dialogue de deux amis face à une toile signée Picasso : l'un est persuadé qu'il s'agit d'un faux, l'autre qu'il est face au tableau du maître.

SYNTHÈSE LE REFUS DE L'IDÉALISATION

Les écrivains réalistes et naturalistes veulent reproduire la vie, telle qu'elle est : cette ambition de « tout voir et [de] tout peindre » (Zola, L'Œuvre*, 1886) tourne le dos à l'idéalisation classique et romantique et introduit en littérature, sans souci de bienséance, tous les sujets, personnages ou langages.*

1 DES SUJETS SANS TABOU

Banalité de la vie

Les écrivains s'inspirent des sujets les plus banals de la vie quotidienne : ennui de la vie conjugale en province pour Emma (Flaubert, *Madame Bovary* ► p. 38), alcoolisme de Coupeau (Zola, *L'Assommoir* ► p. 44). Réduit à un désir d'ascension sociale chez Julien (Stendhal, *Le Rouge et le Noir* ► p. 34) ou à une pulsion chez Thérèse et Laurent (Zola, *Thérèse Raquin* ► **Séquence 5, p. 100**), l'amour est démythifié.

Importance accordée au corps

Proche de la figure du médecin, l'écrivain accorde une large place au corps : faim de Gervaise (Zola, *L'Assommoir* ► p. 44), sexualité (Zola, *Nana* ► p. 46).

Refus de la bienséance morale

Ce parti-pris de tout aborder, y compris les sujets immoraux, suscite scandales et attaques en justice (procès contre *Madame Bovary* ► p. 40).

2 L'ENTRÉE DES « BASSES CLASSES »

Les frères Goncourt et Zola font du peuple et des « basses classes » des personnages à part entière : ouvriers (Coupeau dans *L'Assommoir* ► p. 44), prostituées (Zola, *Nana* ► p. 46).

3 DES PERSONNAGES ORDINAIRES

Des personnages médiocres

Issus de l'humanité ordinaire, ils sont dotés d'un physique commun et ne sont pas exempts de défauts : égoïsme de Julien (Stendhal, *Le Rouge et le Noir* ► p. 34), volonté de Nana d'humilier l'autre (Zola, *Nana* ► p. 46). La femme est désacralisée (perversité de Nana, Jeanne réduite au statut d'objet dans *Une vie* ► p. 42). Ces personnages médiocres sombrent parfois dans la passivité.

Désillusions et échecs

Ils vivent désillusions et échecs amoureux (Emma dans *Madame Bovary* ► p. 38, Jeanne dans *Une vie* ► p. 42) jusqu'à la déchéance (prostitution de Gervaise dans *L'Assommoir* ► p. 44, soumission avilissante de Muffat dans *Nana* ► p. 46). Déterminés par leur tempérament, leur hérédité (Gervaise et Nana sont issues d'une lignée d'ivrognes), leur milieu social (misère de Gervaise) et les circonstances, les personnages de Zola connaissent un destin souvent tragique.

4 LE PARLER VRAI

- La focalisation interne et le discours indirect libre restituent l'intériorité du personnage.

Ex. : Les clichés romantiques, aux antipodes de la réalité, emplissent les rêveries romanesques d'Emma. ► p. 38

- L'écriture de la sensation restitue la perception sensorielle des personnages, offrant une représentation directe, loin de toute forme d'idéal.

Ex. : effroi de Jeanne au contact du corps velu de son mari. ► p. 42

- Le parler populaire fait entendre, dans sa spontanéité et son immédiateté, la voix du peuple avec son lexique, sa syntaxe spécifique et sa verdeur.

Ex. : parler argotique et cru de Gervaise et Coupeau. ► p. 44

- Il peut même contaminer la voix du narrateur.

TEXTE 1

Balzac, *Le Colonel Chabert* (1844)

Avec Chabert, Balzac crée un personnage original, celui d'un homme déclaré mort sous Napoléon, et qui tente de retrouver son nom, sa femme, sa place sous la Restauration. Le roman s'inspire donc aussi du monde réel et de l'Histoire : la Restauration, retour de la monarchie, veut faire totalement oublier l'Empire.
L'action du Colonel Chabert *débute en 1819. Un étrange client s'est présenté plusieurs fois à l'étude de Maître Derville. Il affirme être le colonel Chabert que tout le monde croyait mort lors de la bataille d'Eylau (1807) menée par Napoléon. La nuit venue, le vieil homme réapparaît et rencontre enfin Derville.*

Quelques instants après, Derville rentra, mis en costume de bal ; son Maître-clerc lui ouvrit la porte, et se remit à achever le classement des dossiers. Le jeune avoué demeura pendant un moment stupéfait en entrevoyant dans le clair-obscur le singulier client qui l'attendait. Le colonel Chabert était aussi parfaitement immobile que peut l'être une figure en cire de ce cabinet de Curtius[1] où Godeschal[2] avait voulu mener ses camarades. Cette immobilité n'aurait peut-être pas été un sujet d'étonnement, si elle n'eût complété le spectacle surnaturel que présentait l'ensemble du personnage. Le vieux soldat était sec et maigre. Son front, volontairement caché sous les cheveux de sa perruque lisse, lui donnait quelque chose de mystérieux. Ses yeux paraissaient couverts d'une taie[3] transparente : vous eussiez dit de la nacre sale dont les reflets bleuâtres chatoyaient à la lueur des bougies. Le visage pâle, livide, et en lame de couteau, s'il est permis d'emprunter cette expression vulgaire, semblait mort. Le cou était serré par une mauvaise cravate de soie noire. L'ombre cachait si bien le corps à partir de la ligne brune que décrivait ce haillon, qu'un homme d'imagination aurait pu prendre cette vieille tête pour quelque silhouette due au hasard, ou pour un portrait de Rembrandt[4], sans cadre. Les bords du chapeau qui couvrait le front du vieillard projetaient un sillon noir sur le haut du visage. Cet effet bizarre, quoique naturel, faisait ressortir, par la brusquerie du contraste, les rides blanches, les sinuosités froides, le sentiment décoloré de cette physionomie cadavéreuse. Enfin l'absence de tout mouvement dans le corps, de toute chaleur dans le regard, s'accordait avec une certaine expression de démence triste, avec les dégradants symptômes par lesquels se caractérise l'idiotisme, pour faire de cette figure je ne sais quoi de funeste qu'aucune parole humaine ne pourrait exprimer. Mais un observateur, et surtout un avoué[5], aurait trouvé de plus en cet homme foudroyé les signes d'une douleur profonde, les indices d'une misère qui avait dégradé ce visage, comme les gouttes d'eau tombées du ciel sur un beau marbre l'ont à la longue défiguré. Un médecin, un auteur, un magistrat eussent pressenti tout un drame à l'aspect de cette sublime horreur dont le moindre mérite était de ressembler à ces fantaisies que les peintres s'amusent à dessiner au bas de leurs pierres lithographiques[6] en causant avec leurs amis.

En voyant l'avoué, l'inconnu tressaillit par un mouvement convulsif semblable à celui qui échappe aux poètes quand un bruit inattendu vient les

▸▸▸ Gérard Depardieu dans *Le Colonel Chabert*, film d'**Yves Angelo**, 1994.

► Biographie p. 552

détourner d'une féconde rêverie, au milieu du silence et de la nuit. Le vieillard se découvrit promptement et se leva pour saluer le jeune homme; le cuir qui garnissait l'intérieur de son chapeau étant sans doute fort gras, sa perruque y resta collée sans qu'il s'en aperçût, et laissa voir à nu son crâne horriblement mutilé par une cicatrice transversale qui prenait à l'occiput[7] et venait mourir à l'œil droit, en formant partout une grosse couture saillante. L'enlèvement soudain de cette perruque sale, que le pauvre homme portait pour cacher sa blessure, ne donna nulle envie de rire aux deux gens de loi, tant ce crâne fendu était épouvantable à voir.

1. sorte de musée où étaient exposées des figures de cire.
2. un clerc employé par Derville.
3. un voile.
4. peintre hollandais (1606-1669).
5. conseiller juridique et financier représentant un client : il s'agit de Derville.
6. pierre gravée servant à l'impression d'un dessin (procédé introduit en France sous la Restauration).
7. nuque.

Théodore Géricault, *Portrait d'homme dit le Vendéen*, début du XIXe siècle, huile sur toile (81 × 64 cm), musée du Louvre.

Questions

Un portrait réaliste

1. Identifiez les étapes de la description. Montrez que la progression se fait de manière très précise.
2. Faites des recherches sur la technique du peintre Rembrandt mentionné à la ligne 17. Par quels procédés Balzac se rapproche-t-il de sa démarche qui vise au parfait réalisme de ses portraits ?
3. Comment la dégradation (physique, sociale et mentale) de Chabert est-elle soulignée ?

Du réel au surnaturel

4. Quel est le point de vue adopté ? Quels termes mettent en relief la réaction et les sentiments de l'observateur ? Le lecteur est-il invité à les partager ?

► Narrateur et focalisations, p. 470

5. Dans quel cadre temporel l'apparition de Chabert se produit-elle ? Comment le narrateur en joue-t-il pour susciter l'angoisse ?

► Les registres littéraires, p. 460

6. De quelles façons le narrateur insiste-t-il sur la dimension surnaturelle du personnage de Chabert ? Pourquoi l'immobilité est-elle autant soulignée? Analysez en particulier le lexique et les figures de style.
7. Quelle figure de style employée aux lignes 29-30 résume bien ce portrait de Chabert ? Justifiez.

Synthèse Montrez que le portrait de Chabert est double, à la fois réaliste et mystérieux, créant de forts effets d'attentes pour le lecteur.

Grammaire

Relevez les différents temps verbaux de l'indicatif et précisez leur rôle dans ce récit de l'apparition de Chabert.

► Modes, temps et valeurs, p. 438

Balzac, *Le Colonel Chabert* • Un monde de cadavres

Œuvre intégrale

CONTEXTE

Le mort-vivant est un personnage fréquent dans le roman gothique ou le roman noir (► p. 287). Revenant d'entre les morts et fantôme d'un monde révolu, celui de l'empire napoléonien, Chabert s'inscrit dans la veine de ce genre de roman, alors très à la mode.

Blessé à Eylau en 1807, Chabert est déclaré mort. Il confie l'histoire de sa survie à Derville dans l'espoir que l'avoué l'aide à retrouver sa vie et son nom.

« Lorsque je revins à moi, monsieur, j'étais dans une position et dans une atmosphère dont je ne vous donnerais pas une idée en vous entretenant jusqu'à demain. Le peu d'air que je respirais était méphitique[1]. Je voulus me mouvoir, et ne trouvai point d'espace. En ouvrant les yeux, je ne vis rien. La rareté de l'air fut l'accident le plus menaçant, et qui m'éclaira le plus vivement sur ma position. Je compris que là où j'étais, l'air ne se renouvelait point, et que j'allais mourir. Cette pensée m'ôta le sentiment de la douleur inexprimable par laquelle j'avais été réveillé. Mes oreilles tintèrent violemment. J'entendis, ou crus entendre, je ne veux rien affirmer, des gémissements poussés par le monde de cadavres au milieu duquel je gisais. Quoique la mémoire de ces mouvements soit bien ténébreuse, quoique mes souvenirs soient bien confus, malgré les impressions de souffrances encore plus profondes que je devais éprouver et qui ont brouillé mes idées, il y a des nuits où je crois encore entendre ces soupirs étouffés ! Mais il y a eu quelque chose de plus horrible que les cris, un silence que je n'ai jamais retrouvé nulle part, le vrai silence du tombeau. Enfin, en levant les mains, en tâtant les morts, je reconnus un vide entre ma tête et le fumier humain supérieur. Je pus donc mesurer l'espace qui m'avait été laissé par un hasard dont la cause m'était inconnue. Il paraît, grâce à l'insouciance ou à la précipitation avec laquelle on nous avait jetés pêle-mêle, que deux morts s'étaient croisés au-dessus de moi de manière à décrire un angle semblable à celui de deux cartes mises l'une contre l'autre par un enfant qui pose les fondements d'un château. En furetant avec promptitude, car il ne fallait pas flâner, je rencontrai fort heureusement un bras qui ne tenait à rien, le bras d'un Hercule ! un bon os auquel je dus mon salut. Sans ce secours inespéré, je périssais ! Mais, avec une rage que vous devez concevoir, je me mis à travailler les cadavres qui me séparaient de la couche de terre sans doute jetée sur nous, je dis nous, comme s'il y eût eu des vivants ! J'y allais ferme, monsieur, car me voici ! Mais je ne sais pas aujourd'hui comment j'ai pu parvenir à percer la couverture de chair qui mettait une barrière entre la vie et moi. Vous me direz que j'avais trois bras ! Ce levier, dont je me servais avec habileté, me procurait toujours un peu de l'air qui se trouvait entre les cadavres que je déplaçais, et je ménageais mes aspirations. Enfin je vis le jour, mais à travers la neige, monsieur ! En ce moment, je m'aperçus que j'avais la tête ouverte. »

1. qui a une odeur répugnante et toxique.

Questions

1. Relevez les perceptions sensorielles du colonel enseveli : quelle est l'impression créée ? ► Les registres littéraires, p. 460
2. Repérez le type de phrase dominant dans les lignes 23 à 31 : quel aspect de la survie de Chabert souligne-t-il ?
3. Commentez la métaphore utilisée par Chabert pour décrire sa délivrance (l. 28).
4. Les explications de sa survie (position physique, état psychologique) sont-elles vraisemblables ?
5. Étudiez les procédés (modalisateurs, répétitions) qui témoignent de la sincérité du récit de Chabert.
6. Les incertitudes du récit et son caractère miraculeux affaiblissent-ils l'argumentation de Chabert ? ► Narrateur et focalisation, p. 470

Synthèse Montrez que cette résurrection est à la fois spectaculaire et vraisemblable.

TEXTE ÉCHO

Edgar Allan Poe, *Derniers contes* (1887)

Arthur Rackham, illustration du conte « L'ensevelissement prématuré » parue en 1935.

CONTEXTE

La peur universelle d'être enterré vivant atteint son apogée au XIXe siècle : les savants se penchent sur le problème de la mort apparente, qui fait l'objet de débats enflammés au Sénat. Pour satisfaire un public en quête de sensations fortes, les écrivains (A. Dumas, É. Zola, etc.) imaginent à leur tour la situation de personnages vivants coincés dans leur tombe.

Sujet à de fréquentes crises de catalepsie (dont les symptômes ressemblent à ceux d'un décès), le narrateur est terrifié à l'idée d'être déclaré mort et enterré vivant lors d'un accès. Sortant d'un état léthargique, il reprend progressivement conscience.

« L'ensevelissement prématuré »

Je ne me sentais pas le courage de me mouvoir. Je n'osais pas faire l'effort nécessaire pour me rendre compte de ma destinée ; et cependant il y avait quelque chose dans mon cœur qui me murmurait que *c'était vrai*. Le désespoir – un désespoir tel qu'aucune autre espèce de misère n'en peut inspirer à un être humain – le désespoir seul me poussa après une longue irrésolution à soulever les lourdes paupières de mes yeux. Je les soulevai. Il faisait noir – tout noir. Je reconnus que l'accès était passé. Je reconnus que ma crise était depuis longtemps terminée. Je reconnus que j'avais maintenant recouvré l'usage de mes facultés visuelles. – Et cependant il faisait noir – tout noir – l'intense et complète obscurité de la nuit qui ne finit jamais.

J'essayai de crier, mes lèvres et ma langue desséchées se murent convulsivement à la fois dans cet effort ; – mais aucune voix ne sortit des cavernes de mes poumons, qui, oppressées comme sous le poids d'une montagne, s'ouvraient et palpitaient avec le cœur, à chacune de mes pénibles et haletantes aspirations.

Le mouvement de mes mâchoires dans l'effort que je fis pour crier me montra qu'elles étaient liées, comme on le fait d'ordinaire pour les morts. Je sentis aussi que j'étais couché sur quelque chose de dur, et qu'une substance analogue comprimait rigoureusement mes flancs. Jusque-là je n'avais pas osé remuer aucun de mes membres ; – mais alors je levai violemment mes bras, qui étaient restés étendus les poignets croisés. Ils heurtèrent une substance solide, une paroi de bois, qui s'étendait au-dessus de ma personne, et n'était pas séparée de ma face de plus de six pouces. Je ne pouvais plus en douter, je reposais bel et bien dans un cercueil.

Traduction de Félix Rabbe.

Questions

1. En vous appuyant sur la fin de l'extrait explicitez ce que sous-entend le narrateur par « *c'était vrai* » (l. 6).
2. Quels indices matériels préparent la déduction finale du narrateur ? Commentez leur ordre. Quels procédés expriment l'intime conviction du narrateur ?
3. À l'aide du lexique, des répétitions et des comparaisons employés, étudiez le sort tragique du personnage.
4. Quel point de vue le narrateur adopte-t-il ? Quels éléments du texte et du titre peuvent faire supposer que le narrateur se trompe ? Dans quel registre cette ambiguïté inscrit-elle le récit ? ► Les registres littéraires, p. 460
5. Comparez cet extrait avec celui du *Colonel Chabert* (► p. 60).

Prolongement

Lisez la fin de la nouvelle de Poe : le narrateur était-il bien enterré dans un cercueil ?

Balzac, *Le Colonel Chabert* • Chez la comtesse

▸ Biographie p. 552

CONTEXTE
Dans la *Comédie humaine*, Balzac étudie différents milieux. Il montre ainsi l'univers de la noblesse. Sous la Restauration, période de retour de la monarchie, coexistent deux sortes de noblesse : la noblesse d'Empire, héritage de Napoléon et désormais en disgrâce, et la noblesse d'Ancien Régime qui retrouve son prestige et sa puissance à la faveur du retour du roi.

Après avoir reçu des preuves de l'identité de son client, Derville se rend chez Mme Chabert, l'une de ses clientes. La comtesse d'Empire, devenue très riche grâce à la succession de Chabert, a épousé le comte Ferraud, homme peu fortuné mais qui fait partie de la noblesse d'Ancien Régime.

« Écoutez, madame, un mot suffira pour vous rendre sérieuse. Le comte Chabert existe.

– Est-ce en disant de semblables bouffonneries que vous voulez me rendre sérieuse ? » dit-elle en partant d'un éclat de rire.

Mais la comtesse fut tout à coup domptée par l'étrange lucidité du regard fixe par lequel Derville l'interrogeait en paraissant lire au fond de son âme.

« Madame, répondit-il avec une gravité froide et perçante, vous ignorez l'étendue des dangers qui vous menacent. Je ne vous parlerai pas de l'incontestable authenticité des pièces, ni de la certitude des preuves qui attestent l'existence du comte Chabert. Je ne suis pas homme à me charger d'une mauvaise cause, vous le savez. Si vous vous opposez à notre inscription en faux contre l'acte de décès, vous perdrez ce premier procès, et cette question résolue en notre faveur nous fait gagner toutes les autres.

– De quoi prétendez-vous donc me parler ?

– Ni du colonel, ni de vous. Je ne vous parlerai pas non plus des mémoires[1] que pourraient faire des avocats spirituels, armés des faits curieux de cette cause, et du parti qu'ils tireraient des lettres que vous avez reçues de votre premier mari avant la célébration de votre mariage avec votre second.

– Cela est faux ! dit-elle avec toute la violence d'une petite-maîtresse[2]. Je n'ai jamais reçu de lettre du comte Chabert [...].

« Hé ! bien donc, à nous deux », se dit-il à lui-même en imaginant à l'instant un piège pour lui démontrer sa faiblesse.

– La preuve de la remise de la première lettre existe, madame, reprit-il à haute voix, elle contenait des valeurs[3]...

– Oh ! pour des valeurs, elle n'en contenait pas.

– Vous avez donc reçu cette première lettre, reprit Derville en souriant. Vous êtes déjà prise dans le premier piège que vous tend un avoué, et vous croyez pouvoir lutter avec la justice... »

La comtesse rougit, pâlit, se cacha la figure dans les mains. Puis, elle secoua sa honte, et reprit avec le sang-froid naturel à ces sortes de femmes : [...] « Mais, monsieur, dit la comtesse impatientée de la manière dont Derville la tournait et retournait sur le gril, en admettant que votre monsieur Chabert existe, les tribunaux maintiendront mon second mariage à cause des enfants, et j'en serai quitte pour rendre deux cent vingt-cinq mille francs à monsieur Chabert.

– Madame, nous ne savons pas de quel côté les tribunaux verront la question sentimentale. Si, d'une part, nous avons une mère et ses enfants, nous avons de l'autre un homme accablé de malheurs, vieilli par vous, par vos refus. Où trouvera-t-il une femme ? Puis, les juges peuvent-ils heurter la loi ? Votre mariage avec le colonel a pour lui le droit, la priorité. Mais si vous êtes représentée sous d'odieuses couleurs, vous pourriez avoir un adversaire auquel vous ne vous attendez pas. Là, madame, est ce danger dont je voudrais vous préserver.

– Un nouvel adversaire ! dit-elle, qui ?

1. exposé des faits.
2. jeune élégante aux manières ridiculement prétentieuses.
3. lettres de change.

Tout en s'inspirant fidèlement des personnages et de l'intrigue du roman, l'adaptation d'Yves Angelo imagine quelques scènes inédites. Le comte intervient plusieurs fois, alors qu'il n'apparaît pas dans le roman. Yves Angelo montre le milieu de la noblesse sous la Restauration. Pendant que la comtesse écoute un concert donné dans son salon, le comte (debout au premier plan) cherche des appuis pour devenir pair de France.

André Dussolier dans *Le Colonel Chabert*, film d'**Yves Angelo**, 1994.

– Monsieur le comte Ferraud, madame.

– Monsieur Ferraud a pour moi un trop vif attachement, et, pour la mère de ses enfants, un trop grand respect…

– Ne parlez pas de ces niaiseries-là, dit Derville en l'interrompant, à des avoués habitués à lire au fond des cœurs. En ce moment monsieur Ferraud n'a pas la moindre envie de rompre votre mariage et je suis persuadé qu'il vous adore ; mais si quelqu'un venait lui dire que son mariage peut être annulé, que sa femme sera traduite en criminelle au ban de l'opinion publique…

– Il me défendrait ! monsieur.

– Non, madame.

– Quelle raison aurait-il de m'abandonner, monsieur ?

– Mais celle d'épouser la fille unique d'un pair de France, dont la pairie[4] lui serait transmise par ordonnance du Roi… »

La comtesse pâlit.

« Nous y sommes ! se dit en lui-même Derville. Bien, je te tiens, l'affaire du pauvre colonel est gagnée. »

4. la pairie est une assemblée prestigieuse qui, sous la Restauration participait à l'élaboration des lois. Ses membres (pairs) transmettaient leur titre par héritage.

Questions

Grammaire

Relevez dans ce texte deux propositions subordonnées introduites par « si » et donnez leur fonction. En quoi participent-elles à l'argumentation de Derville ?

La comédie humaine

1. Par quel stratagème Derville prouve-t-il que la comtesse a reçu les lettres de Chabert ?
2. Identifiez et commentez la focalisation employée par le narrateur pour montrer l'intelligence de l'avoué.
► Narrateur et focalisations, p. 470
3. Comme dans une comédie, montrez que chacun joue un rôle. Par quels procédés le narrateur souligne-t-il cette manipulation ?

L'étude d'un milieu

4. Quels détails réalistes sont donnés sur le fonctionnement de la justice ?
5. Quelle est l'ambition du comte Ferraud ? Expliquez pourquoi il pourrait ne pas soutenir sa femme.
6. Quels éléments plaident en faveur de Chabert ? de la comtesse ?

Synthèse Montrez que cette scène est révélatrice du regard critique de Balzac sur la société.

Vers le bac S'entraîner au commentaire

Montrez en deux ou trois paragraphes que le titre de l'œuvre de Balzac, *La Comédie humaine*, s'applique bien à cette scène. ► Construire un paragraphe de commentaire, p. 529

Balzac, *Le Colonel Chabert* • La transaction

▸ Biographie p. 552

CONTEXTE
Balzac décrit sans détours les relations conjugales. La *Comédie humaine* comportait une partie « Étude de mœurs » et une sous-partie « Scènes de la vie privée », à laquelle appartient *Le Colonel Chabert*. Balzac y étudie les relations entre époux, le rôle de l'argent, les petites manipulations.

Dessin de **Charles Huard** et gravure de **Pierre Gusman**, « La comtesse Ferraud, née Rose Chapotel, dans *Le Colonel Chabert* », vers 1910-1915, maison de Balzac, Paris.

La comtesse, qui n'a pas encore revu Chabert, se rend à l'étude de Maître Derville. Pour éviter que la comtesse ne découvre que son ex-époux est devenu quasi-méconnaissable, Derville a placé les époux dans deux pièces différentes.

Derville avait consigné le colonel dans la chambre à coucher, quand la comtesse se présenta.

– Madame, lui dit-il, ne sachant pas s'il vous serait agréable de voir M. le comte Chabert, je vous ai séparés. Si cependant vous désiriez…

– Monsieur, c'est une attention dont je vous remercie.

– J'ai préparé la minute d'un acte dont les conditions pourront être discutées par vous et par monsieur Chabert, séance tenante. J'irai alternativement de vous à lui, pour vous présenter, à l'un et à l'autre, vos raisons respectives.

– Voyons, monsieur, dit la comtesse en laissant échapper un geste d'impatience.

Derville lut.

« Entre les soussignés,

« Monsieur Hyacinthe, *dit Chabert*, comte, maréchal-de-camp et grand-officier de la Légion-d'Honneur[1], demeurant à Paris, rue du Petit-Banquier, d'une part ;

« Et la dame Rose Chapotel, épouse de monsieur le comte Chabert, ci-dessus nommé, née…

– Passez, dit-elle, laissons les préambules, arrivons aux conditions.

– Madame, dit l'avoué, le préambule explique succinctement la position dans laquelle vous vous trouvez l'un et l'autre. Puis, par l'article premier, vous reconnaissez, en présence de trois témoins, qui sont deux notaires et le nourrisseur chez lequel a demeuré votre mari, auxquels j'ai confié sous le secret votre affaire, et qui garderont le plus profond silence ; vous reconnaissez, dis-je, que l'individu désigné dans les actes joints au sous-seing[2], mais dont l'état se trouve d'ailleurs établi par un acte de notoriété préparé chez Alexandre Crottat, votre notaire, est le comte Chabert, votre premier époux. Par l'article second, le comte Chabert, dans l'intérêt de votre bonheur, s'engage à ne faire usage de ses droits que dans les cas prévus par l'acte lui-même. – Et ces cas, dit Derville en faisant une sorte de parenthèse, ne sont autres que la non-exécution des clauses de cette convention secrète. De son coté, reprit-il, monsieur Chabert consent à poursuivre de gré à gré avec vous un jugement qui annulera son acte de décès et prononcera la dissolution[3] de son mariage.

– Ça ne me convient pas du tout, dit la comtesse étonnée, je ne veux pas de procès. Vous savez pourquoi.

– Par l'article trois, dit l'avoué en continuant avec un flegme imperturbable, vous vous engagez à constituer au nom d'Hyacinthe, comte Chabert, une rente viagère[4] de vingt-quatre mille francs, inscrite sur le grand-livre de la dette publique, mais dont le capital vous sera dévolu à sa mort…

– Mais c'est beaucoup trop cher, dit la comtesse.

– Pouvez-vous transiger[5] à meilleur marché ?

– Peut-être.

– Que voulez-vous donc, madame ?

– Je veux, je ne veux pas de procès, je veux…

– Qu'il reste mort, dit vivement Derville en l'interrompant.

1. la Légion-d'Honneur fut instituée en 1802 par Napoléon. Elle récompense ici les mérites militaires de Chabert.
2. acte réalisé entre des particuliers, sans l'intervention d'un officier public.
3. annulation légale du mariage.
4. somme allouée chaque année.
5. négocier, trouver un accord par des concessions réciproques.

– Monsieur, dit la comtesse, s'il faut vingt-quatre mille livres de rente, nous plaiderons…

– Oui, nous plaiderons, s'écria d'une voix sourde le colonel qui ouvrit la porte et apparut tout à coup devant sa femme, en tenant une main dans son gilet et l'autre étendue vers le parquet, geste auquel le souvenir de son aventure donnait une horrible énergie.

– C'est lui, se dit en elle-même la comtesse.

– Trop cher ! reprit le vieux soldat. Je vous ai donné près d'un million, et vous marchandez mon malheur. Hé ! bien, je vous veux maintenant vous et votre fortune. Nous sommes communs en biens, notre mariage n'a pas cessé…

– Mais monsieur n'est pas le colonel Chabert, s'écria la comtesse en feignant la surprise.

– Ah ! dit le vieillard d'un ton profondément ironique, voulez-vous des preuves ? Je vous ai prise au Palais-Royal[6]… »

Eugène Delacroix, *Étude d'après un des Caprices de Goya* (détail), 1re moitié du XIXe siècle, musée Eugène Delacroix, Paris.

La comtesse pâlit. En la voyant pâlir sous son rouge, le vieux soldat, touché de la vive souffrance qu'il imposait à une femme jadis aimée avec ardeur, s'arrêta ; mais il en reçut un regard si venimeux qu'il reprit tout à coup : – Vous étiez chez la…

– De grâce, monsieur, dit la comtesse à l'avoué, trouvez bon que je quitte la place. Je ne suis pas venue ici pour entendre de semblables horreurs.

Elle se leva et sortit. Derville s'élança dans l'Étude. La comtesse avait trouvé des ailes et s'était comme envolée.

6. allusion à une maison de prostitution.

Questions

Vocabulaire

Cherchez l'étymologie du mot « transiger » (l. 40). Trouvez des mots de la même famille. Pourquoi l'idée même de transiger est-elle contraire aux valeurs qu'incarne Chabert ?

Un cas juridique

1. Relevez le lexique et les tournures syntaxiques propres au milieu juridique. Quel effet leur emploi produit-il ?
2. Pourquoi la comtesse change-t-elle d'avis ? Quels sont les deux désirs contradictoires qui l'animent ? Par quels procédés son dilemme est-il souligné ?

Une scène de la vie privée

3. Quels sentiments successifs Chabert éprouve-t-il face à sa femme ?
4. En quoi cette scène revêt-elle une dimension théâtrale (mouvements, gestes, etc.) ?
5. Quel est le point de vue utilisé dans le texte ? Que nous apprend-il sur l'honnêteté des époux dans les lignes 59 à 69 ?

► Narrateur et focalisations, p. 470

6. Quel secret Chabert révèle-t-il ? Quel est le rapport de force entre les époux à la fin de la scène ?

Synthèse Balzac avait envisagé comme titres : *La Comtesse à deux maris, La Transaction, Le Comte Chabert.* Lequel de ces titres vous paraît le plus pertinent ?

Vers le bac S'entraîner au sujet d'invention

Par la suite, la comtesse enjôle Chabert pour l'amener à taire son identité sans contrepartie d'argent. Dans un récit au passé, rédigez le dialogue (paroles de la comtesse, réaction de Chabert).

► Imiter un style, transposer un texte et le poursuivre, p. 516

ÉCHO DE L'ANTIQUITÉ

Homère, *Odyssée* (VIIIe s. av. J.-C)

John William Waterhouse, *Pénélope et les prétendants*, 1912, huile sur toile (131 x 191 cm), Aberdeen Art Gallery, Écosse.

CONTEXTE
Dans l'*Odyssée* d'Homère, Pénélope est un personnage d'épouse fidèle. Elle patiente vingt ans, repousse les prétendants, attendant le retour d'Ulysse de Troie. À son arrivée, Ulysse se présente sous l'apparence d'un mendiant, défie et bat les prétendants avant de révéler son identité. Pénélope, méfiante, le met à l'épreuve avant de le reconnaître.

Pénélope a demandé de dresser le lit d'Ulysse hors de la chambre conjugale.

Elle parlait ainsi pour éprouver son mari : mais Ulysse eut un sursaut et dit à sa fidèle compagne : « Femme, tu viens de prononcer là un mot qui m'a blessé au cœur. Qui donc a déplacé mon lit ? [...] Il a, dans sa structure, quelque chose de très particulier, ce lit curieusement fait ; c'est moi qui l'ai construit, non un autre. Dans l'enceinte de la cour avait poussé le rejeton d'un olivier aux longues feuilles : il était dru et verdoyant, gros comme une colonne. Tout autour je traçai notre chambre et la bâtis en blocs étroitement serrés ; je la couvris d'un bon toit et mis des portes de bois plein, fortement ajustées. Ensuite, je coupai la frondaison de l'olivier aux longues feuilles ; taillant le tronc depuis la racine, je m'appliquai à le bien équarrir[1], l'alignai au cordeau[2] et le façonnai en pied de lit [...]. Mais je voudrais savoir, femme, si ce lit est encore à sa place ou si quelque homme, pour le porter ailleurs, a coupé l'olivier à sa base. »

Il dit et elle sentit défaillir ses genoux et son cœur ; elle avait reconnu l'exactitude évidente de la description faite par Ulysse : en pleurant, elle courut droit à lui, jeta ses bras au cou d'Ulysse et, lui baisant le front, elle disait [...] :

« Maintenant que tu m'as fourni d'irréfutables preuves, en décrivant ce lit que seuls nous connaissions, toi et moi, avec une seule suivante, Actoris, que mon père m'avait donnée, lorsque je vins ici, et qui gardait les portes de notre chambre aux solides murailles, tu me convaincs et mon cœur se rend, si rebelle qu'il soit. »

Elle dit, et par ces mots excita en lui un besoin de larmes, plus vif encore. Il sanglotait, tenant sa femme chère à son cœur, sa compagne fidèle.

1. tailler.
2. petite corde que l'on tend entre deux points pour avoir une ligne droite.

Questions

1. Grâce à quels éléments du discours d'Ulysse la reconnaissance s'opère-t-elle ?
2. Quels détails (verbes, adjectifs) dans le récit de la construction du lit montrent son caractère remarquable ?
3. En quoi cet objet possède-t-il une forte dimension symbolique ?
4. Quels sentiments successifs Ulysse éprouve-t-il ? Montrez que cette scène est riche en émotions.
5. Décrivez les qualités et le comportement de chaque époux. En quoi forment-ils un couple uni ?

Synthèse Montrez que cette scène de reconnaissance est d'une grande intensité dramatique.

ÉCHO DU XXe SIÈCLE

Andreï Makine, *Le Testament français* (1995)

CONTEXTE
Makine (né en 1957) est un écrivain francophone d'origine russe. Dans *Le Testament français*, Charlotte Lemonnier, grand-mère d'origine française émigrée en Russie, raconte à son petit-fils les souvenirs de sa vie et son amour pour une France lointaine et mythique. Le roman d'inspiration autobiographique obtint les prix Goncourt, Goncourt des Lycéens et Médicis.

En Russie, lors de la Seconde Guerre mondiale, Charlotte reçoit du front deux avis de décès de son mari. Ces annonces, qui lui laissent croire à une erreur, lui redonnent espoir.

Par un soir tiède de septembre, elle sortit de la maison et marcha dans la rue déserte. Avant la nuit, elle voulait cueillir, aux abords de la steppe, quelques tiges d'aneth sauvage pour ses salaisons. C'est sur le chemin du retour qu'elle le vit… […]

Elle leva les yeux et le vit. Il marchait à sa rencontre, il était encore loin, au fond de la rue. Si Charlotte l'avait accueilli au seuil de la pièce, s'il avait ouvert la porte et était entré, comme elle imaginait cela depuis si longtemps, comme faisaient tous les soldats en revenant de la guerre, dans la vie ou dans les films, alors elle aurait sans doute poussé un cri, se serait jetée vers lui en s'agrippant à son baudrier, aurait pleuré…

Mais il apparut très loin, se laissant reconnaître peu à peu, laissant à sa femme le temps d'apprivoiser cette rue rendue méconnaissable par la silhouette d'un homme dont elle remarquait déjà le sourire indécis. Ils ne coururent pas, n'échangèrent aucune parole, ne s'embrassèrent pas. Ils croyaient avoir marché l'un vers l'autre pendant une éternité. […]

Elle se surprit à répondre à ses questions, à répondre sans y réfléchir (ils parlèrent du pain, des tickets de rationnement, de la vie à Saranza[1]), à lui proposer du thé, à sourire quand il disait qu'il faudrait « affûter tous les couteaux dans cette maison ». Mais en participant à cette première conversation encore hésitante, elle était ailleurs. Dans une absence profonde où résonnaient des paroles toutes différentes : « Cet homme aux cheveux courts et comme saupoudrés de craie est mon mari. Je ne l'ai pas vu depuis quatre ans. On l'a enterré deux fois – dans la bataille de Moscou[2] d'abord, puis en Ukraine. Il est là, il est revenu. Je devrais pleurer de joie. Je devrais… Il a les cheveux tout gris… ». Elle devinait que lui aussi était loin de cette conversation sur les tickets de rationnement. Il était revenu quand les feux de la Victoire s'étaient depuis longtemps éteints. La vie reprenait son cours quotidien. Il revenait trop tard. Comme un homme distrait qui, invité au déjeuner, se présente à l'heure du dîner, en surprenant la maîtresse de maison en train de dire ses adieux aux derniers convives attardés.

1. petite ville de province qui s'étend sur les deux rives de la Volga.
2. combats autour de Moscou pour le contrôle de la ville entre 1941 et 1942.

Youri Ilyich Repin, *Route d'hiver*, 1931, huile sur bois, Memorial Museum Penates, Repino (Russie).

Questions

1. Analyser comment ces retrouvailles sont mises en scène (lieu, mouvements des personnages).
2. De quel personnage partage-t-on le point de vue ? Quel est l'effet ainsi produit ?
3. Comment la distance entre les personnages est-elle soulignée (l. 16-35) ? En quoi la formule : « Il revenait trop tard » (l. 31) est-elle tragique ?

CINÉMA • YVES ANGELO, *LE COLONEL CHABERT* (1994)

Réalisation : Yves Angelo
Adaptation : Jean Cosmos et Yves Angelo
Dialogues : Jean Cosmos
Interprétation : le colonel Chabert : Gérard Depardieu ; la comtesse Ferraud : Fanny Ardant ; Derville : Fabrice Luchini
Décor : Bernard Vezat
Société de production : Studio Canal

Le film d'Yves Angelo reste souvent fidèle au texte de Balzac, reprenant parfois les mots mêmes du romancier. Voici la séquence correspondant à la scène de la transaction (▸ **p. 64***).*

1 LA SCÈNE DE LA TRANSACTION

Photogramme 1. 1 : 03 : 30
Derville. – L'autre proposition met un terme à toute l'affaire par le versement... le versement d'une somme forfaitaire et définitive de 420 000 francs.

Photogramme 2. 1 : 05 : 22
La comtesse. – C'est stupide ! 420 000 francs, c'est stupide ! C'est beaucoup trop cher. Vous vous rendez compte de ce que représente une telle somme.

Photogramme 3. 1 : 06 : 08
Chabert. – Alors madame, nous plaiderons ! Je dirai comment je vous ai laissé plus d'un million ! Plus d'un million ! Et comment vous marchandez mon retour à la vie.

Photogramme 4. 1 : 06 : 10

Photogramme 5. 1 : 06 : 17
La comtesse. – Cet homme n'est pas le colonel Chabert.

Photogramme 6. 1 : 06 : 41
Chaeert. – Je donnerai des preuves de notre intimité, les marques secrètes sur ton corps. Ah, tu veux du tribunal ? Moi aussi !

2 TÊTE À TÊTE ENTRE ÉPOUX

Chabert quitte l'étude de Maître Derville bouleversé par la violence de ce face à face. Aucune parole, aucune musique n'accompagnent les photogrammes.

Photogramme 7. 1: 08: 26

Photogramme 8. 1: 08: 32

Photogramme 9. 1: 08: 40

Photogramme 10. 1: 08: 44

Questions

Photogrammes 1 à 6

1. Observez le photogramme 1 et repérez les jeux de symétrie et de profondeur. Quel est le but de cette mise en scène ? Quel rôle Derville joue-t-il ?
2. Quel personnage est exclu progressivement des plans 3 à 6 ? Expliquez pourquoi le réalisateur a fait ce choix.
3. Quel type de plan permet de souligner les émotions de la comtesse ? Que peut-on lire sur son visage dans le photogramme 2 ? Et dans le photogramme 5 ? A-t-elle reconnu Chabert ?
4. Comparez les photogrammes 1 et 6 et montrez que cette séquence passe de la séparation à l'affrontement.
5. Comment les jeux de caméra, le cadrage et les plans rendent-ils compte de la montée en puissance de la tension entre les deux époux ?

Photogrammes 7 à 10

6. Dans le photogramme 7, quelle importance revêt le regard de Chabert ? Que permet de mettre en avant le choix d'une contre-plongée ?
7. Quels changements dans le cadrage relevez-vous entre le photogramme 7 et le photogramme 8 ? Quel est l'effet produit ?
8. Quel détail dans le photogramme 9 permet de deviner ce qu'a vu Chabert ? Que traduit l'expression de son visage ?
9. Dans le photogramme 10, pourquoi le réalisateur recourt-il au contrechamp ?
10. Quel intérêt dramatique le choix du gros plan dans les photogrammes 9 et 10 présente-t-il?

Balzac, *Le Colonel Chabert* • La déchéance de Chabert

CONTEXTE

Balzac donne l'illusion de représenter la société. Les lieux réels, comme Bicêtre, se mêlent à l'histoire fictive de Chabert. Des liens se créent d'une œuvre à l'autre : Derville évoque des cas observés dans son étude qui ne sont autres que des intrigues des romans de Balzac. Le romancier conçoit *La Comédie humaine* comme une unité où se rencontrent son imaginaire et la société.

Chabert a compris les manipulations de sa femme et a abandonné toute action en justice. Des années ont passé. Derville a pris sa retraite.

En 1840, vers la fin du mois de juin, Godeschal[1], alors avoué allait à Ris[2], en compagnie de Derville son prédécesseur. Lorsqu'ils parvinrent à l'avenue qui conduit de la grande route à Bicêtre[3], ils aperçurent sous un des ormes du chemin un de ces vieux pauvres chenus et cassés qui ont obtenu le bâton de maréchal des mendiants, en vivant à Bicêtre comme les femmes indigentes vivent à la Salpêtrière[4]. Cet homme, l'un des deux mille malheureux logés dans l'*Hospice de la Vieillesse*, était assis sur une borne et paraissait concentrer toute son intelligence dans une opération bien connue des invalides, et qui consiste à faire sécher au soleil le tabac de leurs mouchoirs, pour éviter de les blanchir, peut-être. Ce vieillard avait une physionomie attachante. Il était vêtu de cette robe de drap rougeâtre que l'Hospice accorde à ses hôtes, espèce de livrée horrible.

– Tenez, Derville, dit Godeschal à son compagnon de voyage, voyez donc ce vieux. Ne ressemble-t-il pas à ces grotesques[5] qui nous viennent d'Allemagne ? Et cela vit, et cela est heureux peut-être !

Derville prit son lorgnon, regarda le pauvre, laissa échapper un mouvement de surprise [...].

– Bonjour, colonel Chabert, lui dit Derville.

– Pas Chabert ! pas Chabert ! je me nomme Hyacinthe, répondit le vieillard. Je ne suis plus un homme, je suis le numéro 164, septième salle, ajouta-t-il en regardant Derville avec une anxiété peureuse, avec une crainte de vieillard et d'enfant. – Vous allez voir le condamné à mort ? dit-il après un moment de silence. Il n'est pas marié, lui ! Il est bien heureux.

– Pauvre homme, dit Godeschal. Voulez-vous de l'argent pour acheter du tabac ? »

Avec toute la naïveté d'un gamin de Paris, le colonel tendit avidement la main à chacun des deux inconnus qui lui donnèrent une pièce de vingt francs ; il les remercia par un regard stupide, en disant : – Braves troupiers ! Il se mit au port d'armes, feignit de les coucher en joue, et s'écria en souriant : – Feu des deux pièces ! vive Napoléon ! Et il décrivit en l'air avec sa canne une arabesque imaginaire. [...]

– Quelle destinée ! s'écria Derville. Sorti de l'hospice des *Enfants trouvés*[6], il revient mourir à l'*Hospice de la Vieillesse*, après avoir, dans l'intervalle, aidé Napoléon à conquérir l'Égypte et l'Europe. – Savez-vous, mon cher, reprit Derville après une pause, qu'il existe dans notre société trois hommes, le Prêtre, le Médecin et l'Homme de justice, qui ne peuvent pas estimer le monde ? Ils ont des robes noires, peut-être parce qu'ils portent le deuil de toutes les vertus, de toutes les illusions. Le plus malheureux des trois est l'avoué. Quand l'homme vient trouver le prêtre, il arrive poussé par le repentir, par le remords, par des croyances qui le rendent intéressant, qui le gran-

1. ancien clerc de Derville qui a racheté son étude.
2. commune au sud de Paris.
3. l'hôpital Bicêtre accueillait les vagabonds, mendiants, aliénés et les personnes âgées.
4. la Salpêtrière accueillait les femmes.
5. personnages caricaturaux ou fantastiques.
6. institution qui recueillait les enfants abandonnés.

Illustration d'une édition de 1867 du *Colonel Chabert* de Balzac.

► Biographie p. 552

dissent, et consolent l'âme du médiateur, dont la tâche ne va pas sans une sorte de jouissance : il purifie, il répare, et réconcilie. Mais, nous autres avoués, nous voyons se répéter les mêmes sentiments mauvais, rien ne les corrige, nos études sont des égouts qu'on ne peut pas curer. Combien de choses n'ai-je pas apprises en exerçant ma charge ! J'ai vu mourir un père dans un grenier, sans sou ni maille abandonné par deux filles auxquelles il avait donné quarante mille livres de rente[7] ! J'ai vu brûler des testaments. J'ai vu des mères dépouillant leurs enfants, des maris volant leurs femmes, des femmes tuant leurs maris en se servant de l'amour qu'elles leur inspiraient pour les rendre fous ou imbéciles, afin de vivre en paix avec un amant. J'ai vu des femmes donnant à l'enfant d'un premier lit des goûts qui devaient amener sa mort, afin d'enrichir l'enfant de l'amour. Je ne puis vous dire tout ce que j'ai vu, car j'ai vu des crimes contre lesquels la justice est impuissante. Enfin, toutes les horreurs que les romanciers croient inventer sont toujours au-dessous de la vérité. Vous allez connaître ces jolies choses-là, vous ; moi, je vais vivre à la campagne avec ma femme, Paris me fait horreur. »

Max Liebermann, *Asile à Amsterdam*, 1880, huile sur toile (87,5 × 61,4 cm), Staatsgalerie, Stuttgart.

7. il s'agit du père Goriot (► p. 82).

Questions

Grammaire

Étudiez les reprises nominales et pronominales qui permettent de désigner le vieil homme au début du texte (l. 4 à 16). Que disent-elles de l'état du colonel à la fin du roman ?

La déchéance de Chabert

1. Quels détails précisent l'apparence de Chabert ? Quels éléments suggèrent une déshumanisation, une perte de son identité ?
2. Sous quelle forme l'échange avec Chabert est-il reproduit ? Quel en est l'intérêt ? Que découvre-t-on sur l'état mental du personnage ?
   ► Les discours rapportés, p. 478
3. En quoi la destinée du personnage est-elle tragique ? Justifiez.
   ► Les registres littéraires, p. 460

Derville, double littéraire de Balzac

4. Quelle métaphore Derville utilise-t-il pour évoquer les études des avoués ? Quel est son effet ? Comment Derville exprime-t-il son désarroi ?
   ► Les figures de style, p. 466
5. Trois professions sont citées dans le texte comme témoins des vices des hommes. Retrouvez-les. Laquelle des trois est la plus touchée par le comportement des hommes ?
6. En quoi peut-on dire que Derville est le double littéraire de Balzac ?

Synthèse Montrez que l'image finale qui est donnée de Chabert est celle d'un héros de roman pathétique et misérable.

Vers le bac S'entraîner à la dissertation

Quelle(s) image(s) de la justice Balzac nous donne-t-il à voir dans ce roman ? En vous appuyant sur les extraits de la séquence, donnez le plan détaillé de votre réponse.

► Élaborer un plan détaillé, p. 538

TEXTE 6

Balzac, Avant-propos à *La Comédie humaine* (1842)

► Biographie p. 552

CONTEXTE

La Comédie humaine comporte plus d'une centaine de récits dont 95 romans, plus de 2500 personnages répartis en trois grands ensembles : *Études de mœurs, analytiques, philosophiques*. Balzac propose d'abord d'observer le comportement des hommes (*Études de mœurs*) puis d'analyser leurs causes (*Études Analytiques*) enfin de mettre au jour les motivations profondes des hommes (*Études Philosophiques*).

Dans l'Avant-propos de la Comédie humaine, *Balzac explique la méthode novatrice de son projet et définit son rôle.* La Comédie humaine *sera à l'image de la société, peuplée de personnages variés.*

L'idée première de *La Comédie humaine* fut d'abord chez moi comme un rêve, comme un de ces projets impossibles que l'on caresse et qu'on laisse s'envoler ; une chimère qui sourit, qui montre son visage de femme et qui déploie aussitôt ses ailes en remontant dans un ciel fantastique. Mais la chimère, comme beaucoup de chimères, se change en réalité, elle a ses commandements et sa tyrannie auxquels il faut céder.

Cette idée vint d'une comparaison entre l'Humanité et l'Animalité. […]

La Société ne fait-elle pas de l'homme, suivant les milieux où son action se déploie, autant d'hommes différents qu'il y a de variétés en zoologie ? Les différences entre un soldat, un ouvrier, un administrateur, un avocat, un oisif, un savant, un homme d'État, un commerçant, un marin, un poète, un pauvre, un prêtre, sont, quoique plus difficiles à saisir, aussi considérables que celles qui distinguent le loup, le lion, l'âne, le corbeau, le requin, le veau marin, la brebis, etc. Il a donc existé, il existera donc de tout temps des Espèces Sociales comme il y a des Espèces Zoologiques. Si Buffon[1] a fait un magnifique ouvrage en essayant de représenter dans un livre l'ensemble de la zoologie, n'y avait-il pas une œuvre de ce genre à faire pour la Société ? […]

Mais comment rendre intéressant le drame à trois ou quatre mille personnages que présente une Société ? comment plaire à la fois au poète, au philosophe et aux masses qui veulent la poésie et la philosophie sous de saisissantes images ? […]

Le hasard est le plus grand romancier du monde : pour être fécond, il n'y a qu'à l'étudier. La Société française allait être l'historien, je ne devais être que le secrétaire. En dressant l'inventaire des vices et des vertus, en rassemblant les principaux faits des passions, en peignant les caractères, en choisissant les événements principaux de la Société, en composant des types par la réunion des traits de plusieurs caractères homogènes, peut-être pouvais-je arriver à écrire l'histoire oubliée par tant d'historiens, celle des mœurs.

1. scientifique français, auteur de *L'Histoire naturelle* en 36 volumes (1749-1789).

Grandville, *Balzac trône au milieu des personnages de ses romans*, 1re moitié du XIXe siècle, encre sur papier, maison de Balzac, Paris.

Questions

1. Aux lignes 1 à 6, quels termes Balzac utilise-t-il pour décrire son projet ? Pourquoi insiste-t-il sur le mot « chimère » ? Appuyez-vous sur la définition précise de ce terme.
2. À quel type de scientifique Balzac se compare-t-il ? Pourquoi ?
3. Que veut-il étudier dans ses romans ?
4. Qu'est-ce qu'un « type » selon l'auteur ?
5. Dans le dernier paragraphe, Balzac s'assigne deux rôles, l'un modeste, l'autre plus ambitieux : expliquez-les.

Synthèse Expliquez en quoi le travail du romancier, selon Balzac, ne relève pas seulement de la fiction, mais avant tout de l'étude de la société.

L'ÉCRIVAIN AU TRAVAIL • BALZAC ET *LA COMÉDIE HUMAINE*

Dossier

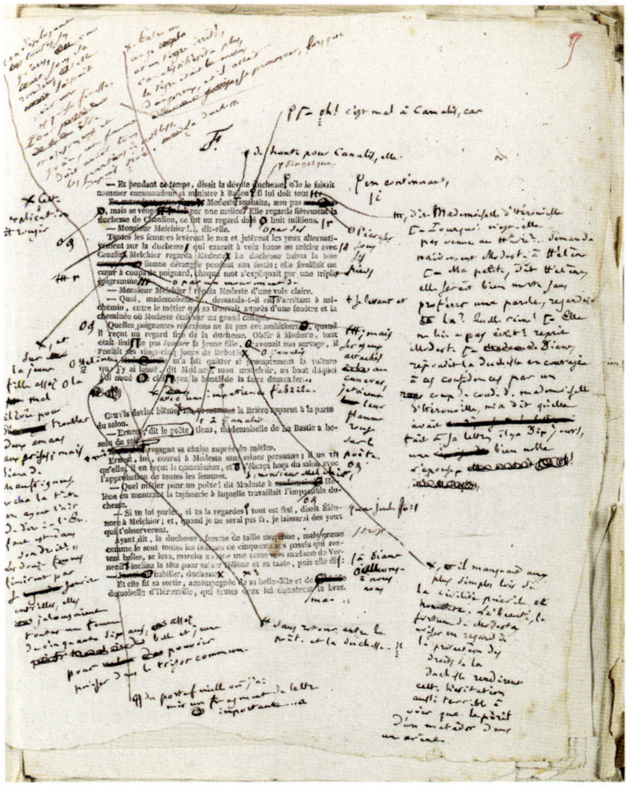

Honoré de Balzac, *Modeste Mignon*, épreuves et placards avec additions et corrections autographes de l'auteur, Bibliothèque de l'Institut de France.

Balzac rédigeait à la plume son manuscrit, puis il l'envoyait chez l'éditeur qui le mettait en page. Cet exemplaire est appelé « épreuves ». Les placards sont les premières épreuves, le texte y figure sur une colonne. Balzac collait les placards sur de larges pages pouvant accueillir ses modifications. ▶

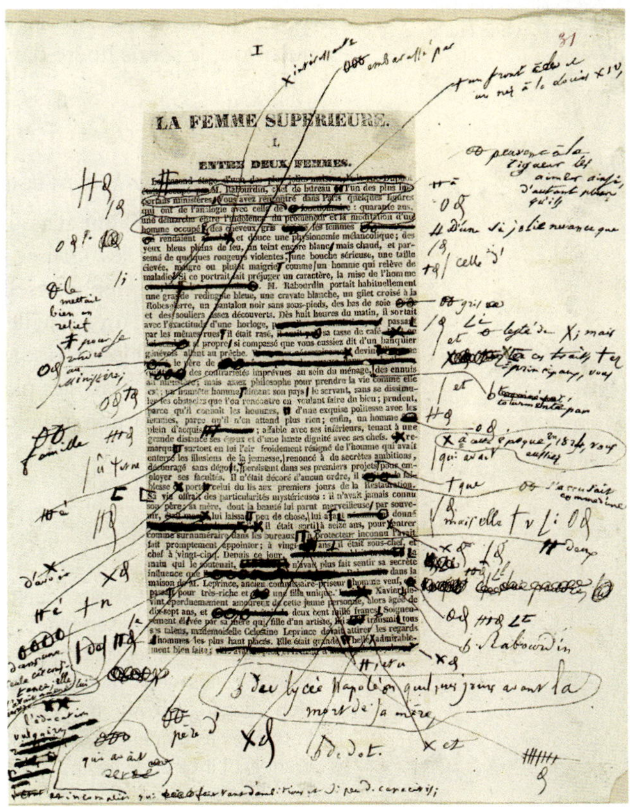

LA FEMME SUPÉRIEURE.

I.

ENTRE DEUX FEMMES.

Honoré de Balzac, *La Femme supérieure*, épreuve avec additions et corrections autographes, BnF.

« M. de Balzac envoie aussitôt deux cents feuillets crayonnés en cinq nuits de fièvre.[...] C'était une ébauche, un chaos, une apocalypse, [...]. L'imprimerie pâlit. Le délai est bref, l'écriture inouïe. On transforme le monstre, on le traduit à peu près en signes connus.[...] On le porte à l'auteur. L'auteur renvoie les deux premières épreuves collées sur d'énormes feuilles, des affiches, des paravents ! [...] L'apparence de ces feuilles est monstrueuse. De chaque signe, de chaque mot imprimé part un trait de plume qui rayonne et serpente [...], et s'épanouit à l'extrémité en pluie lumineuse de phrases, d'épithètes et de substantifs soulignés, croisés, mêlés, raturés, superposés. »

Témoignage d'un journaliste du Figaro, cité par Antoine Albalat, *Le Travail du style*, 1903.

Questions

1. De quel type de travail de l'écrivain ces deux épreuves témoignent-elles ?
2. Par quels procédés le journaliste évoque-t-il l'aspect des épreuves ? Justifiez les choix opérés et analysez l'effet produit.

PERSPECTIVES

Le retour du personnage de Derville dans *La Comédie humaine*

CONTEXTE
Chaque roman de la *Comédie humaine* peut se lire indépendamment, mais Balzac fait revenir certains personnages dans plusieurs œuvres. C'est une innovation de l'écrivain, utilisée pour la première fois dans *Le Père Goriot*, avec le personnage de Rastignac qui figurait déjà dans *La Peau de Chagrin* en 1831.

Balzac, *Gobseck* (1840)

Derville raconte à des amis, la vicomtesse de Grandlieu et son frère, comment, tout juste diplômé en Droit, il achète son étude grâce à un usurier, Gobseck.

Moi, le septième enfant d'un petit bourgeois de Noyon[1], je ne possédais pas une obole, et ne connaissais dans le monde d'autre capitaliste que le papa Gobseck. Une pensée ambitieuse, et je ne sais quelle lueur d'espoir me prêtèrent le courage d'aller le trouver. [...] « Hé bien, me dit-il de sa petite voix flûtée, votre patron vend son étude. – Comment savez-vous cela ? Il n'en a encore parlé qu'à moi. » Les lèvres du vieillard se tirèrent vers les coins de sa bouche absolument comme des rideaux, et ce sourire muet fut accompagné d'un regard froid. [...] Il fit un geste comme pour me dire : Parlez. « Je sais qu'il est fort difficile de vous émouvoir. Aussi ne perdrai-je pas mon éloquence à essayer de vous peindre la situation d'un clerc[2] sans le sou, qui n'espère qu'en vous, et n'a dans le monde d'autre cœur que le vôtre dans lequel il puisse trouver l'intelligence de son avenir. Laissons le cœur. Les affaires se font comme des affaires, et non comme des romans, avec de la sensiblerie. Voici le fait. L'étude de mon patron rapporte annuellement entre ses mains une vingtaine de mille francs ; mais je crois qu'entre les miennes elle en vaudra quarante. Il veut la vendre cinquante mille écus. Je sens là, dis-je en me frappant le front, que si vous pouviez me prêter la somme nécessaire à cette acquisition, je serais libéré dans dix ans. »

1. petite ville de l'Oise.
2. employé d'une étude d'avoué.

Balzac, *La Maison Nucingen* (1837)

Derville est devenu un homme de loi réputé comme le rappelle Blondet, un journaliste :

« À Paris [...] l'avoué n'a que deux nuances : il y a l'avoué honnête homme qui demeure dans les termes de la loi, pousse les procès, ne court pas les affaires, ne néglige rien, conseille ses clients avec loyauté, les fait transiger sur les points douteux, un Derville, enfin. Puis il y a l'avoué famélique à qui tout est bon pourvu que les frais soient assurés ; qui ferait battre, non pas des montagnes, il les vend, mais des planètes ; qui se charge du triomphe d'un coquin sur un honnête homme, quand par hasard l'honnête homme ne s'est pas mis en règle. »

Questions

1. D'après les deux extraits, quelles sont les puissances qui semblent régir le monde de *La Comédie humaine* ?
2. Identifiez les deux niveaux d'énonciation dans l'extrait de *Gobseck* et l'époque à laquelle chacun renvoie. Quel est l'intérêt de ce choix ?
3. Dans l'extrait de *La Maison Nucingen*, comment Blondet présente-t-il les deux catégories d'avoué de manière à mettre en valeur les qualités de Derville ?

Synthèse Expliquez en quoi le retour des personnages les fait finalement ressembler à des personnes réelles.

SYNTHÈSE LA REPRÉSENTATION RÉALISTE DANS *LE COLONEL CHABERT*

Avec La Comédie humaine, *Balzac conçoit un projet colossal: expliquer la réalité historique et sociale de son temps.* Le Colonel Chabert, *publié en 1844 dans sa version définitive, se classe dans les «Études de mœurs», partie dédiée à l'observation systématique des milieux sociaux.*

1 LA CLASSIFICATION EN «TYPES» SOCIAUX

Une démarche scientifique

Adoptant la démarche scientifique du naturaliste Buffon (auteur d'une classification des êtres vivants), Balzac veut recenser la diversité des caractères humains et expliquer leurs rapports sociaux: il définit des «types» (Chabert est le type du soldat napoléonien ► p. 60) et montre les interactions entre l'homme et son milieu (fidèle à l'Empire, Chabert est rejeté par la société de la Restauration ► p. 65).

Une démarche analytique

Balzac commence par observer les mœurs puis étudie leurs causes.
Ex.: Balzac décrit l'ambition des époux Ferraud, puis il analyse leur relation conjugale: le comte a épousé une femme fortunée mais elle entrave son ascension sociale par sa naissance et ses liens avec l'Empire. ► p. 62

2 DU REFLET D'UNE ÉPOQUE AU REGARD CRITIQUE SUR LA SOCIÉTÉ

Un reflet de son époque

Balzac évoque le contexte historique de son époque (la bataille d'Eylau ► p. 60), se réfère à des lieux réels (la Chaussée d'Antin où réside la comtesse ► p. 62), décrit les phénomènes sociaux de son époque (déconsidération de la noblesse d'Empire ► p. 62) et n'hésite pas à faire d'un homme du peuple, né orphelin, le personnage principal et éponyme de son roman.
Par le foisonnement des images et le soin du détail (le portrait du colonel ► p. 58) les descriptions se rapprochent d'inventaires qui visent à épuiser le réel: à l'instar du photographe, Balzac veut «daguerréotyper une société» (Préface de *Splendeurs et misères des courtisanes*, 1845).

Un regard critique sur la société de la Restauration

Balzac ne devait être que «le secrétaire de la société», mais par l'intermédiaire du narrateur ou de Derville, son porte-parole (► p. 70), il juge la comédie que se donnent les hommes. Comédie des apparences, impuissance de la justice, rôle de l'argent: ce sont bien «les égouts» de l'humanité que nous montre l'écrivain.

3 LA CRÉATION D'UN «MONDE»

• Le principe du retour des personnages, leur évolution d'une œuvre à l'autre donnent l'illusion d'une existence réelle. Leur langage, parfois technique, imite celui de leur milieu (le langage juridique de Derville lors de la transaction ► p. 64). Les personnages font ainsi «concurrence à l'état civil» (Balzac, Avant-propos à la *Comédie-humaine*).
• Pour créer l'histoire de Chabert, Balzac s'inspire de témoignages réels (récits militaires) mais il subit aussi des influences littéraires: héritage de l'épopée antique (Chabert évoque Ulysse de retour dans sa patrie ► p. 66), vogue du roman noir à son époque (► p. 60).
• Balzac voulait être un observateur, il est bien plus que cela: innovant, poétique, créateur. Il façonne Chabert, ce personnage singulier et tragique: «J'ai maintes fois été étonné que la grande gloire de Balzac fût de passer pour un observateur; il m'avait toujours semblé que son principal mérite était d'être visionnaire, et visionnaire passionné» (Baudelaire, article «Théophile Gautier», 13 mars 1859, *L'Artiste*).

TEXTE 1

Stendhal, *La Chartreuse de Parme* (1839)

► Biographie p. 556

Héros de La Chartreuse de Parme, *Fabrice Del Dongo admire Napoléon Bonaparte. Quand il apprend que ce dernier, exilé sur l'île d'Elbe, est revenu au pouvoir, il quitte le duché de Parme pour prêter main-forte à l'empereur. À 17 ans, sans aucune expérience militaire, il rejoint les soldats napoléoniens à Waterloo où se livre la bataille contre les Anglais qui signe la défaite définitive de Napoléon, le 18 juin 1815.*

► Repères historiques, p. 20

Nous avouerons que notre héros était fort peu héros en ce moment. Toutefois la peur ne venait chez lui qu'en seconde ligne[1] ; il était surtout scandalisé de ce bruit qui lui faisait mal aux oreilles. L'escorte[2] prit le galop ; on traversait une grande pièce de terre labourée, située au-delà du canal, et ce champ était jonché de cadavres.

– Les habits rouges ! les habits rouges[3] ! criaient avec joie les hussards de l'escorte, et d'abord Fabrice ne comprenait pas ; enfin, il remarqua qu'en effet presque tous les cadavres étaient vêtus de rouge. Une circonstance lui donna un frisson d'horreur ; il remarqua que beaucoup de ces malheureux vivaient encore ; ils criaient évidemment pour demander du secours, et personne ne s'arrêtait pour leur en donner. Notre héros, fort humain, se donnait toutes les peines du monde pour que son cheval ne mît les pieds sur aucun habit rouge. L'escorte s'arrêta ; Fabrice, qui ne faisait pas assez d'attention à son devoir de soldat, galopait toujours en regardant un malheureux blessé.

– Veux-tu bien t'arrêter, blanc-bec ! lui cria le maréchal des logis. Fabrice s'aperçut qu'il était à vingt pas sur la droite en avant des généraux, et précisément du côté où ils regardaient avec leurs lorgnettes. En revenant se ranger à la queue des autres hussards restés à quelques pas en arrière, il vit le plus gros de ces généraux qui parlait à son voisin, général aussi, d'un air d'autorité et presque de réprimande ; il jurait. Fabrice ne put retenir sa curiosité ; et, malgré le conseil de ne point parler, à lui donné par son amie la geôlière, il arrangea une petite phrase bien française, bien correcte, et dit à son voisin :

– Quel est-il ce général qui *gourmande* son voisin ?

– Pardi, c'est le maréchal !

– Quel maréchal ?

– Le maréchal Ney[4], bêta ! Ah ça ! où as-tu servi jusqu'ici ?

Fabrice, quoique fort susceptible, ne songea point à se fâcher de l'injure ; il contemplait, perdu dans une admiration enfantine, ce fameux prince de la Moskova[4], le brave des braves.

Tout à coup on partit au grand galop. Quelques instants après, Fabrice vit, à vingt pas en avant, une terre labourée qui était remuée d'une façon singulière. Le fond des sillons était plein d'eau, et la terre fort humide, qui formait

1. en second plan.
2. il s'agit de l'escorte d'un groupe de généraux à laquelle Fabrice s'est joint par hasard.
3. uniforme des soldats anglais.
4. surnommé par Napoléon « le Brave des braves », il s'illustra pendant la campagne de Russie à Moskova (le 7 décembre 1812), ce qui lui valut son titre.

►►► **Jean-Auguste-Dominique Ingres**, *Portrait de François-Marius Granet* (détail), 1807, huile sur toile (74,5 × 62 cm), musée Granet, Aix-en-Provence.

Félix Philippoteaux, *Les Cuirassiers français chargent les carrés anglais, le 18 juin 1815*, 1874, huile sur toile, (99 × 155 cm), Victoria and Albert Museum, Londres.

la crête de ces sillons, volait en petits fragments noirs lancés à trois ou quatre pieds de haut. Fabrice remarqua en passant cet effet singulier ; puis sa pensée se remit à songer à la gloire du maréchal[5]. Il entendit un cri sec auprès de lui : c'étaient deux hussards qui tombaient atteints par des boulets ; et, lorsqu'il les regarda, ils étaient déjà à vingt pas de l'escorte. Ce qui lui sembla horrible, ce fut un cheval tout sanglant qui se débattait sur la terre labourée, en engageant ses pieds dans ses propres entrailles ; il voulait suivre les autres : le sang coulait dans la boue.

Ah ! m'y voilà donc enfin au feu ! se dit-il. J'ai vu le feu ! se répétait-il avec satisfaction. Me voici un vrai militaire. À ce moment, l'escorte allait ventre à terre, et notre héros comprit que c'étaient les boulets qui faisaient voler la terre de toutes parts. Il avait beau regarder du côté d'où venaient les boulets, il voyait la fumée blanche de la batterie à une distance énorme, et, au milieu du ronflement égal et continu produit par les coups de canon, il lui semblait entendre des décharges beaucoup plus voisines ; il n'y comprenait rien du tout.

5. il s'agit du maréchal Ney.

Questions

Vocabulaire

Les termes « guerre » et « belliqueux » (dont vous chercherez si besoin le sens dans le dictionnaire), ont des étymons différents. Indiquez-les et trouvez les mots français qui se rattachent à chacune des deux familles.

Le point de vue

1. Quelle focalisation est adoptée pour la narration ?
2. Qui est représenté par le pronom indéfini « on » (l. 3 et 30) ? Comment ce pronom participe-t-il à la construction du point de vue ?

▸ Narrateur et focalisations, p. 470

Fabrice dans la bataille

3. Commentez les deux occurrences du mot « héros » (l. 1 et 11) et leurs connotations à la 1re ligne.
4. Par quels sentiments successifs Fabrice est-il traversé tout au long du texte ?
5. Montrez que les préoccupations et réactions de Fabrice ne correspondent pas au comportement qui est attendu d'un soldat.
6. Étudiez les différents effets de décalages ironiques entre le déroulement de la bataille et les préoccupations de Fabrice.
7. Cette page vous semble-t-elle essentiellement destinée à ridiculiser Fabrice ? Justifiez votre réponse.

▸ Les registres littéraires, p. 460

Synthèse Montrez que le texte de Stendhal développe et éclaire la phrase qui ouvre l'extrait : « Nous avouerons que notre héros était fort peu héros en ce moment » (l. 1).

TEXTE ÉCHO

Victor Hugo, *Les Misérables* (1862)

► Biographie p. 554

CONTEXTE

Objet dès son vivant d'une véritable légende, Napoléon Bonaparte fascine par son destin, sa politique audacieuse, ses incessantes campagnes militaires : « Un homme […] qui a tout fait ! […] un homme qui pouvait tout faire, parce qu'il voulait tout » (Balzac). Napoléon inspire de nombreux auteurs : Chateaubriand, Hugo, Balzac, Stendhal (dont les héros sont souvent des admirateurs de l'empereur).

Victor Hugo consacre tout un livre des Misérables *à la bataille de Waterloo (le premier de la deuxième partie). Comme Stendhal (► p. 76), il met en scène la charge de la cavalerie française menée par le maréchal Ney contre l'infanterie anglaise.*

Ils étaient trois mille cinq cents[1]. Ils faisaient un front d'un quart de lieue. C'étaient des hommes géants sur des chevaux colosses. Ils étaient vingt-six escadrons ; et ils avaient derrière eux, pour les appuyer, la division de Lefebvre-Desnouettes[2], les cent six gendarmes d'élite, les chasseurs de la garde, onze cent quatre-vingt-dix-sept hommes, et les lanciers de la garde, huit cent quatre-vingts lances. Ils portaient le casque sans crins et la cuirasse de fer battu, avec les pistolets d'arçon dans les fontes et le long sabre-épée. […]

L'aide de camp Bernard leur porta l'ordre de l'empereur. Ney[3] tira son épée et prit la tête. Les escadrons énormes s'ébranlèrent.

Alors on vit un spectacle formidable.

Toute cette cavalerie, sabres levés, étendards et trompettes au vent, formée en colonne par division, descendit, d'un même mouvement et comme un seul homme, avec la précision d'un bélier de bronze qui ouvre une brèche, la colline de la Belle-Alliance, s'enfonça dans le fond redoutable où tant d'hommes déjà étaient tombés, y disparut dans la fumée, puis, sortant de cette ombre, reparut de l'autre côté du vallon, toujours compacte et serrée, montant au grand trot, à travers un nuage de mitraille crevant sur elle, l'épouvantable pente de boue du plateau de Mont-Saint-Jean. Ils montaient, graves, menaçants, imperturbables ; dans les intervalles de la mousqueterie et de l'artillerie, on entendait ce piétinement colossal. Étant deux divisions, ils étaient deux colonnes ; la division Wathier avait la droite, la division Delord avait la gauche. On croyait voir de loin s'allonger vers la crête du plateau deux immenses couleuvres d'acier. Cela traversa la bataille comme un prodige.

Rien de semblable ne s'était vu depuis la prise de la grande redoute[4] de la Moskowa[5] par la grosse cavalerie ; Murat[6] y manquait, mais Ney s'y retrouvait. Il semblait que cette masse était devenue monstre et n'eût qu'une âme. Chaque escadron ondulait et se gonflait comme un anneau du polype[7]. On les apercevait à travers une vaste fumée déchirée çà et là. Pêle-mêle de casques, de cris, de sabres, bondissements orageux des croupes des chevaux dans le canon et la fanfare, tumulte discipliné et terrible ; là-dessus les cuirasses, comme les écailles sur l'hydre[8].

1. il s'agit de la bataille de Waterloo.
2. général.
3. maréchal d'Empire.
4. le fort.
5. bataille de la Campagne de Russie de Napoléon (7 septembre 1812).
6. maréchal d'Empire.
7. monstre à tentacules, pieuvre.
8. serpent d'eau mythologique.

Questions

Deux points de vue

1. Comparez la focalisation dans les textes de Stendhal (► p. 76) et de Hugo. Commentez les effets obtenus.
2. Qui le pronom indéfini « on » (l. 20 et 22) représente-t-il dans le texte de Hugo ? Qu'en est-il dans le texte de Stendhal (► p. 76) ?

Une bataille, deux visions

(► p. 76 et 78)

3. Sur quels aspects de la bataille chaque texte insiste-t-il ?
4. Comparez les registres des deux textes.
► Les registres littéraires, p. 460
5. Quelles visions de la bataille et de l'armée ces deux textes proposent-ils ?

LECTURE D'IMAGE

Joseph Mallord William Turner, *Le Champ de bataille de Waterloo* (1817)

Joseph Mallord William Turner, *Le Champ de bataille de Waterloo*, 1817, aquarelle sur papier (28,8 × 40,5 cm), musée Fitzwilliam, Université de Cambridge, Royaume-Uni.

▲ En 1814, Napoléon Ier ne peut plus défendre les territoires conquis par son armée : sous la pression de l'Europe coalisée, il abdique et est envoyé en exil, mais l'année suivante, en reprenant illégalement le pouvoir en France (ce sont les Cent-Jours), il provoque la reprise de la guerre. La bataille de Waterloo (au sud de Bruxelles en Belgique) oppose une coalition composée d'Anglais, d'Allemands, de Néerlandais et de Prussiens à l'armée française emmenée par l'empereur. Le tableau de Philippoteaux (► p. 77) figure un épisode héroïque et décisif de la bataille : l'armée française, en attente de renforts, est attaquée par les Prussiens et le maréchal Ney, à la tête des cuirassiers (soldats de la cavalerie lourde), lance une charge contre les carrés d'infanterie anglais regroupés en avant du Mont-Saint-Jean. Turner choisit de représenter l'après-combat.

Questions

Le Champ de bataille de Waterloo de Turner

1. Examinez le premier plan de cette victoire anglaise et les lignes de force : qu'a choisi de mettre en valeur le peintre ? En quoi est-ce étonnant ?
2. Observez les couleurs, la luminosité et les mouvements du ciel : que suggèrent-ils ?
3. Pourquoi selon vous ce tableau fut-il mal reçu par les contemporains anglais de Turner ?

De Turner à Philippoteaux (► p. 77)

4. Observez le cadrage, la composition, les couleurs et la luminosité du tableau de Philippoteaux : quelle atmosphère se dégage de la bataille ? Qui le peintre célèbre-t-il ?
5. En quoi ces tableaux d'une même bataille proposent-ils deux visions antithétiques de la guerre ?

ÉCHO DU MOYEN ÂGE

Chrétien de Troyes, *Lancelot ou le Chevalier de la Charrette* (1176-1181)

CONTEXTE

Les romans de Chrétien de Troyes racontent les exploits des chevaliers de la Table Ronde (Lancelot, Gauvain, Yvain, Perceval, etc.) au service du roi Arthur en Bretagne et en Grande-Bretagne. Ces héros aux valeurs exemplaires (courage, loyauté, etc.) incarnent aussi un certain idéal courtois : vouant un culte à la dame de leurs pensées, ils n'hésitent pas à souffrir et à se surpasser pour mériter son amour (*fin'amor*).

Chevalier de la Table Ronde, Lancelot cherche à retrouver la reine Guenièvre dont il est secrètement épris et qui est retenue prisonnière par le félon Méléagant. Après de multiples épreuves, le chevalier et ses compagnons arrivent près d'un pont.

À l'entrée de ce pont effrayant, ils mettent pied à terre et regardent couler dru l'eau profonde, sombre et perfide, aux flots tumultueux. Elle est si terrifiante qu'on croirait voir le fleuve des Enfers, et elle a un tel débit qu'il n'est personne au monde qui, s'il tombait, ne serait englouti comme dans la mer salée. Quant au pont qui la traverse, il n'est pareil à nul autre et jamais sans doute il n'en exista ni n'en existera de semblable. Si l'on veut savoir la vérité, jamais pont ne parut si sinistre et tablier[1] plus détestable : ce pont qui traversait l'eau glacée était constitué d'une épée tranchante et bien fourbie[2]. Cette épée dure et solide mesurait bien la longueur de deux lances. Elle était fichée sur chaque rive du fleuve dans un grand billot[3] de bois. On ne pouvait pas craindre de chuter par suite de sa rupture ou de son fléchissement car elle était si bien forgée qu'elle pouvait supporter une grande charge. Ce spectacle attristait fort les deux compagnons du chevalier car ils pensaient voir, de plus, deux lions ou deux léopards enchaînés à un bloc de pierre à l'autre extrémité du pont. La vue de l'eau, du pont et des lions les met dans un tel effroi qu'ils en tremblent de peur.

« Sire, disent-ils, tirez les conclusions de la réalité qui s'offre à votre regard : vous ne pouvez faire autrement que de les accepter. Ce pont est mal charpenté et bien mauvaisement construit. Si vous ne faites pas maintenant demi-tour, vous vous en repentirez trop tard ! » [...]

1. plancher d'un pont.
2. au métal brillant et poli.
3. bloc de bois.

Enluminure d'**Evrard d'Espinques,** vers 1470.

Mais Lancelot refuse de suivre les conseils de ses compagnons.

Lui s'apprête du mieux qu'il le peut à traverser le gouffre et, chose étonnante, il ôte de ses pieds et de ses mains l'armure qui les recouvre ! Il n'arrivera pas indemne de l'autre côté ! Mais il s'est bien mieux tenu sur l'épée tranchante comme une faux[4], mains et pieds nus, que s'il avait gardé souliers, chausses[5] ou avant-pieds. Il ne s'inquiétait pas trop de se blesser les mains et les pieds car il préférait s'estropier plutôt que de tomber du pont et de prendre un bain forcé dans cette eau dont il n'aurait jamais réussi à se sortir. En souffrant le martyre qu'on lui avait préparé, il entreprend sa douloureuse traversée en se blessant les mains, les genoux et les pieds. Mais Amour qui le guide soigne ses coupures qui lui sont plus douces à supporter. En s'aidant des mains, des pieds et des genoux, il réussit enfin à parvenir à l'autre bout du pont. Alors il se rappelle des deux lions qu'il croyait y avoir vu lorsqu'il se trouvait sur l'autre rive ; il regarde attentivement : rien, pas même un lézard, pas la moindre bête dangereuse. Il lève la main à hauteur de ses yeux et regarde son anneau[6] : il a ainsi la preuve quand il n'aperçoit plus aucun des deux lions qu'il pensait avoir vus qu'il avait été victime d'un enchantement car il n'y avait là aucun être vivant.

Quand ils ont vu qu'il a réussi à traverser, ses compagnons, sur l'autre rive, acclament son exploit avec une joie débordante. Mais ils ignorent ce qu'il lui a coûté de douleur. Lui, cependant s'estimait heureux de n'avoir pas plus souffert. Tandis qu'avec sa chemise, il étanchait le sang de ses plaies, il vit droit devant lui un donjon si imposant que jamais de sa vie il n'en avait vu d'aussi puissamment fortifié : on ne pouvait imaginer une tour plus impressionnante.

4. instrument tranchant permettant de couper les herbes hautes.
5. vêtement masculin qui couvre le corps depuis la ceinture jusqu'aux pieds.
6. anneau magique donné par la fée Viviane qui a recueilli et élevé Lancelot.

Vocabulaire

- Lancelot souffre le « martyre » (l. 28) : cherchez l'étymologie de ce nom et faites le lien avec la situation du héros. Distinguez « martyre » et « martyr ».
- Quel adjectif, formé sur le nom « prouesse », peut caractériser Lancelot ici ?

Questions

Une épreuve insurmontable

1. Relevez les trois dangers qui menacent Lancelot.
2. Quels procédés sont employés dans les trois premières phrases pour souligner l'impossibilité de parvenir jusqu'au château (l. 1-6) ?

Un chevalier héroïque

3. De quelles qualités morales, intellectuelles et physiques Lancelot fait-il preuve en décidant de retirer son armure ?
4. À partir du 3e paragraphe, plusieurs mots évoquant l'exploit renvoient à une épreuve vécue par une figure du Nouveau Testament : relevez-les et justifiez cette comparaison.
5. Quelle figure de style désigne l'amour qu'éprouve Lancelot ? Commentez sa conception de l'amour.
► Les figures de style, p. 466
6. De quelle aide surnaturelle bénéficie-t-il ? Appartient-il à l'humanité ordinaire ?

Lecture d'image Quels éléments du texte retrouvez-vous ? Que cherche à mettre en valeur l'illustration médiévale ?

Synthèse Présentez les différentes qualités qui font de Lancelot un héros accompli et comparez son héroïsme avec celui de Fabrice (► p. 76).

Honoré de Balzac, *Le Père Goriot* (1835)

► Biographie p. 552

CONTEXTE

Le Père Goriot fait partie des romans d'apprentissage dans lesquels le héros, ici Rastignac, finit par ajuster ses idéaux aux contraintes de la société – celle parisienne de la Restauration gouvernée par l'argent, les titres nobiliaires et le paraître. Ceux qui, comme le père Goriot, n'adhèrent pas aux valeurs de société, préférant rester fidèles à eux-mêmes, en sont rejetés.

Le père Goriot a voué sa vie à ses filles, Anastasie et Delphine : après les avoir mariées à des aristocrates, il leur donne toute sa fortune pour satisfaire leurs caprices, et loge dans une pension misérable ; une ultime demande d'argent de leur part le met au désespoir et entraîne une crise d'apoplexie. Eugène de Rastignac – étudiant et voisin de Goriot – veille le mourant, attendant en vain la venue de ses filles. Après avoir vendu sa montre pour régler les frais de l'enterrement, il suit le convoi jusqu'à l'église Saint-Étienne-du-Mont. Il s'agit de la fin du roman.

Arrivé là, le corps fut présenté à une petite chapelle basse et sombre, autour de laquelle l'étudiant chercha vainement les deux filles du père Goriot ou leurs maris. [...] En attendant les deux prêtres, l'enfant de chœur et le bedeau[1], Rastignac serra la main de Christophe[2], sans pouvoir prononcer une parole.

[...] Les deux prêtres, l'enfant de chœur et le bedeau vinrent et donnèrent tout ce qu'on peut avoir pour soixante-dix francs dans une époque où la religion n'est pas assez riche pour prier gratis. Les gens du clergé chantèrent un psaume, le *Libera*, le *De profundis*[3]. Le service dura vingt minutes. Il n'y avait qu'une seule voiture de deuil pour un prêtre et un enfant de chœur, qui consentirent à recevoir avec eux Eugène et Christophe.

– Il n'y a point de suite, dit le prêtre, nous pourrons aller vite, afin de ne pas nous attarder, il est cinq heures et demie.

Cependant, au moment où le corps fut placé dans le corbillard, deux voitures armoriées[4], mais vides, celle du comte de Restaud et celle du baron de Nucingen[5], se présentèrent et suivirent le convoi jusqu'au Père-Lachaise. À six heures, le corps du père Goriot fut descendu dans sa fosse, autour de laquelle étaient les gens[6] de ses filles, qui disparurent avec le clergé aussitôt que fut dite la courte prière due au bonhomme pour l'argent de l'étudiant. Quand les deux fossoyeurs eurent jeté quelques pelletées de terre sur la bière pour la cacher, ils se relevèrent et l'un d'eux, s'adressant à Rastignac, lui demanda leur pourboire. Eugène fouilla dans sa poche et n'y trouva rien ; il fut forcé d'emprunter vingt sous à Christophe. Ce fait, si léger en lui-même, détermina chez Rastignac un accès d'horrible tristesse. Le jour tombait, un humide crépuscule agaçait les nerfs, il regarda la tombe et y ensevelit sa dernière larme de jeune homme, cette larme arrachée par les saintes émotions d'un cœur pur, une de ces larmes qui, de la terre où elles tombent, rejaillissent jusque dans les cieux. Il se croisa les bras, contempla les nuages, et le voyant ainsi, Christophe le quitta.

Rastignac, resté seul, fit quelques pas vers le haut du cimetière et vit Paris tortueusement[7] couché le long des deux rives de la Seine, où commençaient à briller les lumières. Ses yeux s'attachèrent presque avidement entre la colonne de la place Vendôme et le dôme des Invalides, là où vivait ce beau monde dans lequel il avait voulu pénétrer. Il lança sur cette ruche bourdonnant[8] un regard qui semblait par avance en pomper le miel, et dit ces mots grandioses : « À nous deux maintenant ! »

Et pour premier acte du défi qu'il portait à la Société, Rastignac alla dîner chez Mme de Nucingen[9].

1. employé laïc d'une église.
2. jeune garçon travaillant à la pension Vauquer.
3. prières pour les défunts.
4. ornées d'emblèmes propres à une famille noble.
5. maris des filles du père Goriot.
6. domestiques.
7. de façon sinueuse et, au sens figuré, de façon sournoise, hypocrite.
8. participe présent de « bourdonner ».
9. fille du père Goriot.

Questions

1. Relevez les étapes de l'évolution de Rastignac dans l'extrait : quel rôle joue-t-il auprès du père Goriot ? Quelles nouvelles valeurs semble-t-il adopter à la fin du roman ? Quel événement a provoqué son évolution ? Pourquoi ?
2. Où Rastignac se trouve-t-il à la fin du texte ? Commentez.
3. Relevez un commentaire du narrateur à propos de l'Église : quel regard porte-t-il sur cette institution ?
4. Quelles images sont données de la capitale et de la société parisienne sous la Restauration ?

► Les figures de style, p. 466

Synthèse Montrez que cet extrait est un moment clé dans la formation de Rastignac.

Le défi de Rastignac : « À nous deux, maintenant ! », gravure de **Laisné**, 1832.

Honoré Daumier, « Le Banquier », dessin publié dans *Le Charivari*, 1835.
Légende : « Le Banquier, appelé *capacité financière* parce qu'il n'est pas autre chose qu'un récipient, un coffre exclusivement propre aux finances. »

◄ Le développement dès le début du XIXe siècle des périodiques illustrés favorise la caricature (notamment *La Caricature* et *Le Charivari*). La caricature politique est censurée (loi de 1835). **Daumier** (1808-1879), publie des caricatures politiques qui lui valent ainsi procès, amendes et emprisonnements. Il se tourne donc vers la caricature de mœurs et dessine les séries comme *Les Bons Bourgeois* ou *Les Types français*.

Lecture d'image

1. Quel plan est utilisé pour représenter le banquier ? Quel est l'intérêt de ce choix ?
2. Relevez tous les signes extérieurs de richesse.
3. Quels adjectifs peut-on employer pour qualifier l'expression du visage du banquier ?

Synthèse Rédigez un paragraphe soulignant le rapport entre la caricature et sa légende.

www.lienmini.fr/magnard-el2-004
Cherchez, sur le site du musée du Louvre, le tableau de Jean-Auguste-Dominique Ingres intitulé *Louis François Bertin*. Quels éléments communs pouvez-vous remarquer entre le tableau d'Ingres et la caricature de Daumier ?

www.lienmini.fr/magnard-el2-005
Consultez le site de la BnF consacré à Daumier : sélectionnez l'une de ses caricatures et expliquez pourquoi elle a retenu votre attention.

Guy de Maupassant, *Bel-Ami* (1885)

► Biographie p. 554

⊕ CONTEXTE
L'importance grandissante des milieux financiers (« Enrichissez-vous par le travail et par l'épargne ! » aurait dit le ministre Guizot) inspire aux écrivains une nouvelle figure : celle de l'opportuniste. Balzac crée l'ambitieux Rastignac sous la Restauration (► p. 82). Dans la société fin de siècle, Bel-Ami, « affamé d'argent et privé de conscience », incarne l'arriviste absolu.

Fils de cabaretiers, sans argent ni travail, Georges Duroy connaît grâce aux femmes – ce qui lui vaut son surnom de Bel-Ami – une ascension sociale et journalistique fulgurante : après avoir séduit Mme de Marelle, bourgeoise bohème attachante, puis épousé une journaliste de talent, il conquiert le cœur de la femme de Walter, patron du puissant journal La Vie française *et, après son divorce, celui de leur fille Suzanne. Par peur du scandale, Walter cède sa fille à Georges – devenu entre-temps baron Du Roy de Cantel – et le nomme rédacteur en chef. À la fin du roman le mariage est célébré en grande pompe dans l'église de la Madeleine à Paris (église où ont lieu les sacrements des personnes célèbres).*

L'encens répandait une odeur fine de benjoin[1], et sur l'autel le sacrifice divin s'accomplissait ; l'Homme-Dieu[2], à l'appel de son prêtre, descendait sur la terre pour consacrer le triomphe du baron Georges Du Roy.

Bel-Ami, à genoux à côté de Suzanne, avait baissé le front. Il se sentait en ce moment presque croyant, presque religieux, plein de reconnaissance pour la divinité qui l'avait ainsi favorisé, qui le traitait avec ces égards. Et sans savoir au juste à qui il s'adressait, il la remerciait de son succès.

Lorsque l'office fut terminé, il se redressa, et donnant le bras à sa femme, il passa dans la sacristie[3]. Alors commença l'interminable défilé des assistants[4]. Georges, affolé de joie, se croyait un roi qu'un peuple venait acclamer. Il serrait des mains, balbutiait des mots qui ne signifiaient rien, saluait, répondait aux compliments : « Vous êtes bien aimable. »

Soudain il aperçut Mme de Marelle ; et le souvenir de tous les baisers qu'il lui avait donnés, qu'elle lui avait rendus, le souvenir de toutes leurs caresses, de ses gentillesses, du son de sa voix, du goût de ses lèvres, lui fit passer dans le sang le désir brusque de la reprendre. Elle était jolie, élégante, avec son air gamin et ses yeux vifs. Georges pensait : « Quelle charmante maîtresse, tout de même. »

Elle s'approcha un peu timide, un peu inquiète[5], et lui tendit la main. Il la reçut dans la sienne et la garda. Alors il sentit l'appel discret de ses doigts de femme, la douce pression qui pardonne et reprend. Et lui-même il la serrait, cette petite main, comme pour dire : « Je t'aime toujours, je suis à toi ! »

Leurs yeux se rencontrèrent, souriants, brillants, pleins d'amour. Elle murmura de sa voix gracieuse : « À bientôt, monsieur. »

Il répondit gaiement : « À bientôt, madame. »

Et elle s'éloigna.

D'autres personnes se poussaient. La foule coulait devant lui comme un fleuve. Enfin elle s'éclaircit. Les derniers assistants partirent. Georges reprit le bras de Suzanne pour retraverser l'église.

Elle était pleine de monde, car chacun avait regagné sa place, afin de les voir passer ensemble. Il allait lentement, d'un pas calme, la tête haute, les yeux fixés sur la grande baie ensoleillée de la porte. Il sentait sur sa peau courir de longs frissons, ces frissons froids que donnent les immenses bonheurs. Il ne voyait personne. Il ne pensait qu'à lui.

Lorsqu'il parvint sur le seuil, il aperçut la foule amassée, une foule noire, bruissante, venue là pour lui, pour lui Georges Du Roy. Le peuple de Paris le contemplait et l'enviait.

1. résine aromatique utilisée comme encens.
2. le Christ.
3. salle de l'église dans laquelle sont conservés les objets du culte.
4. ceux qui assistent à la cérémonie.
5. Du Roy a frappé sa maîtresse lors d'une querelle concernant son mariage avec Suzanne.

Holliday Grainger (Suzanne Walter), Robert Pattinson (Georges Duroy) et Christina Ricci (Mme de Marelle) dans *Bel-Ami*, film de **Declan Donnellan et Nick Ormerod**, 2012.

Puis, relevant les yeux, il découvrit là-bas, derrière la place de la Concorde, la Chambre des députés. Et il lui sembla qu'il allait faire un bond du portique de la Madeleine au portique du Palais-Bourbon[6].

Il descendit avec lenteur les marches du haut perron entre deux haies de spectateurs. Mais il ne les voyait point; sa pensée maintenant revenait en arrière, et devant ses yeux éblouis par l'éclatant soleil flottait l'image de Mme de Marelle rajustant en face de la glace les petits cheveux frisés de ses tempes, toujours défaits au sortir du lit.

6. siège des députés (actuelle Assemblée nationale).

Questions

Vocabulaire

Cherchez l'origine antique du mot « triomphe » (expliquez les circonstances et l'organisation de cette cérémonie). Puis montrez que le mariage de Bel-Ami est célébré comme un « triomphe » de l'Antiquité.

Le triomphe de Bel-Ami

1. Quelle focalisation prédomine dans l'extrait? Quel en est l'intérêt? Que sait-on des pensées et des sentiments des deux femmes?

► Narrateur et focalisations, p. 470

2. Étudiez le jeu des regards (ceux de la foule et de Georges). Quel trait de caractère de Georges ce jeu révèle-t-il? Quels sentiments la foule éprouve-t-elle envers lui? Quel rôle joue-t-elle dans cette scène?
3. Montrez que le mariage de Georges est d'abord une consécration personnelle.

Le cynisme du séducteur

4. Comparez la place qu'occupent dans la scène Suzanne et Mme de Marelle. Qu'en déduisez-vous?
5. Quels sentiments et pensées de Georges profanent le lieu sacré qu'est l'église?
6. Montrez que le narrateur conserve une distance ironique vis-à-vis du personnage éponyme.
7. Montrez que cet extrait fait la satire de la société de l'époque.

► Les registres littéraires, p. 460

Synthèse Montrez que Bel-Ami est un héros ambigu: héros triomphant selon la tradition romanesque, mais aussi un anti-héros, « graine de gredin » selon Maupassant.

Vers le bac S'entraîner au sujet d'invention

Un journaliste, passé à la concurrence et qui s'est brouillé avec son ancien ami Du Roy, a assisté à la cérémonie du mariage et en fait un compte-rendu féroce dans les colonnes de son journal. Rédigez cet article.

► Lire un sujet d'invention, p. 512

Émile Zola, *La Fortune des Rougon* (1871)

► Biographie p. 556

CONTEXTE
Après la révolution de 1848, Louis-Napoléon Bonaparte est élu président de la IIe République ; mais pour restaurer l'Empire, il organise un coup d'État le 2 décembre 1851. La résistance républicaine s'organise à Paris (barricades) et en province : partout elle est réprimée dans le sang. Le Second Empire dure jusqu'au 2 septembre 1870 (défaite des Français face aux Prussiens).

Premier volume du cycle des Rougon-Macquart, La Fortune des Rougon *se déroule à Plassans, ville imaginaire inspirée par Aix-en-Provence où Zola passa son enfance. Ce premier volume pose les bases de la généalogie des personnages du cycle. Il se déroule au moment du coup d'état de Napoléon III. Cette période de troubles permet à Pierre Rougon et à sa femme, Félicité, d'intriguer opportunément en faveur de l'Empire grâce aux conseils de leur fils Eugène (proche des organisateurs du coup d'État à Paris) et de conquérir la position sociale dont ils rêvent depuis trente ans ! Leur « salon jaune » devient le lieu de rassemblement des ennemis de la République et Pierre Rougon passe pour un héros en faisant tomber quelques républicains dans un piège sanglant. La scène clôt le roman.*

Et, chez les Rougon, le soir, au dessert, des rires montaient dans la buée de la table, toute chaude encore des débris du dîner. Enfin ils mordaient aux plaisirs des riches ! Leurs appétits, aiguisés par trente ans de désirs contenus, montraient des dents féroces. Ces grands inassouvis, ces fauves maigres, à peine lâchés de la veille dans les jouissances, acclamaient l'Empire naissant, le règne de la curée[1] ardente. Comme il avait relevé la fortune des Bonaparte, le coup d'État fondait la fortune des Rougon.

Pierre se mit debout, tendit son verre, en criant :

« Je bois au prince Louis, à l'empereur ! »

Ces messieurs, qui avaient noyé leur jalousie dans le champagne, se levèrent tous, trinquèrent avec des exclamations assourdissantes. Ce fut un beau spectacle. Les bourgeois de Plassans, Roudier, Granoux, Vuillet et les autres, pleuraient, s'embrassaient, sur le cadavre à peine refroidi de la République.

1. part de la proie que l'on donne aux chiens de la meute au cours d'une chasse. Au figuré : ruée.

René Prinet, *Le Balcon*, 1900, huile sur toile (186 × 156 cm), musée des Beaux-Arts, Caen.

Mais Sicardot eut une idée triomphante. Il prit, dans les cheveux de Félicité, un nœud de satin rose qu'elle s'était collé par gentillesse[2] au dessus de l'oreille droite, coupa un bout de satin avec son couteau à dessert, et vint le passer solennellement à la boutonnière[3] de Rougon. Celui-ci fit le modeste [...] :

« Non, je vous en prie, c'est trop tôt. Il faut attendre que le décret ait paru. »

« Sacrebleu, s'écria Sicardot, voulez-vous bien garder ça ! c'est un vieux soldat de Napoléon qui vous décore ! »

Tout le salon jaune éclata en applaudissements. Félicité se pâma. Granoux le muet, dans son enthousiasme, monta sur une chaise, en agitant sa serviette et en prononçant un discours qui se perdit au milieu du vacarme. Le salon jaune triomphait, délirait.

Mais le chiffon de satin rose, passé à la boutonnière de Pierre, n'était pas la seule tache rouge dans le triomphe des Rougon. Oublié sous le lit de la pièce voisine, se trouvait encore un soulier au talon sanglant[4]. Le cierge qui brûlait auprès de M. Peirotte[5], de l'autre côté de la rue, saignait dans l'ombre comme une blessure ouverte. Et, au loin, au fond de l'aire Saint-Mittre, sur la pierre tombale, une mare de sang se caillait[6].

2. coquetterie.
3. Eugène a promis à son père la Légion d'honneur.
4. Pierre a marché par inadvertance sur un des cadavres sanglants, fruits de ses manigances.
5. bourgeois tué lors du combat entre les insurgés républicains et les soldats. Rougon hérite de sa place de receveur.
6. allusion à la mort de Silvère, neveu de Rougon et républicain, exécuté.

Questions

Vocabulaire

Les termes « sanglant » (l. 27), « saignait » (l. 28), « sang » (l. 30) évoquent la violence de la répression : trouvez trois autres mots appartenant à cette famille étymologique et donnez-en la définition.

Le spectacle des convives

1. Relevez le champ lexical dominant le 1er paragraphe. Quelle figure de style construit-il ? Quelle vision des bourgeois rassemblés cette figure de style propose-t-elle ?
► Les figures de style, p. 466
2. Comment la grossièreté des protagonistes est-elle soulignée ? Étudiez leur comportement, leur langage.
► L'énonciation, p. 455
3. Montrez que l'« idée triomphante » (l. 14) de Sicardot résume la mentalité de ces bourgeois. Relevez l'antiphrase qui synthétise cette vulgarité générale.
4. Montrez que la vision de « la table » contenue dans la 1re phrase est symbolique, relevez toutes les allusions aux événements historiques qui, dans la suite du texte, font écho (sur le plan politique) à cette description de la table.

La symbolique des couleurs

5. Relevez le lexique des couleurs.
6. Étudiez la symbolique des couleurs dans ce passage.
7. Dégagez les différents registres et montrez le rôle qu'ils jouent dans le jugement du narrateur.
► Les registres littéraires, p. 460
8. Quels sentiments Zola veut-il faire éprouver au lecteur ?

Synthèse Étudiez la vision que ce dénouement donne des bourgeois et du régime politique qui se met en place.

Vers le bac S'entraîner à la dissertation

« Le premier homme qui passe est un héros suffisant », affirme Zola. Illustrez cette citation en un paragraphe à l'aide des exemples de ce texte, en insistant sur la médiocrité et la vulgarité des personnages présents. ► Construire un paragraphe de dissertation, p. 540

TEXTE 5

Gustave Flaubert, *L'Éducation sentimentale* (1869)

► Biographie p. 553

+ CONTEXTE
Méprisant envers « l'art engagé », Flaubert a souvent revendiqué l'indépendance absolue de l'art à l'égard de la politique. En évoquant dans *L'Éducation sentimentale* les révolutions de 1848, il rompt avec ce parti-pris. Ayant lui-même assisté à l'invasion des Tuileries par des Républicains de sa génération, il porte un regard sans concession sur le saccage artistique des révolutionnaires qui brisent tout sur leur passage.

Pendant les journées révolutionnaires de février 1848 – qui balaient la monarchie et instaurent la IIe République –, Frédéric Moreau, héros du roman, accompagné de son ami Hussonnet, assiste à Paris à l'invasion du palais des Tuileries, d'où le roi Louis-Philippe vient de s'enfuir.

Tout à coup *La Marseillaise* retentit. Hussonnet et Frédéric se penchèrent sur la rampe. C'était le peuple. Il se précipita dans l'escalier, en secouant à flots vertigineux des têtes nues, des casques, des bonnets rouges, des baïonnettes et des épaules, si impétueusement, que des gens disparaissaient dans cette masse grouillante qui montait toujours, comme un fleuve refoulé par une marée d'équinoxe, avec un long mugissement, sous une impulsion irrésistible. En haut, elle se répandit, et le chant tomba.

On n'entendait plus que les piétinements de tous les souliers, avec le clapotement des voix. La foule inoffensive se contentait de regarder. Mais, de temps à autre, un coude trop à l'étroit enfonçait une vitre ; ou bien un vase, une statuette déroulait d'une console, par terre. Les boiseries pressées craquaient. Tous les visages étaient rouges, la sueur en coulait à larges gouttes ; Hussonnet fit cette remarque :

– Les héros ne sentent pas bon !

– Ah ! vous êtes agaçant, reprit Frédéric.

Et poussés malgré eux, ils entrèrent dans un appartement où s'étendait, au plafond, un dais[1] de velours rouge. Sur le trône, en dessous, était assis un prolétaire à barbe noire, la chemise entr'ouverte, l'air hilare et stupide comme un magot[2]. D'autres gravissaient l'estrade pour s'asseoir à sa place.

– Quel mythe ! dit Hussonnet. Voilà le peuple souverain !

Le fauteuil fut enlevé à bout de bras, et traversa toute la salle en se balançant.

– Saprelotte[3] ! comme il chaloupe[4] ! Le vaisseau de l'État est ballotté sur une mer orageuse ! Cancane-t-il ! cancane-t-il[5] !

On l'avait approché d'une fenêtre, et, au milieu des sifflets, on le lança.

– Pauvre vieux ! dit Hussonnet, en le voyant tomber dans le jardin, où il fut repris vivement pour être promené ensuite jusqu'à la Bastille, et brûlé.

Alors, une joie frénétique éclata, comme si, à la place du trône, un avenir de bonheur illimité avait paru ; et le peuple, moins par vengeance que pour affirmer sa possession, brisa, lacéra les glaces et les rideaux, les lustres, les flambeaux, les tables, les chaises, les tabourets, tous les meubles, jusqu'à des albums de dessins, jusqu'à des corbeilles de tapisserie. Puisqu'on était victorieux, ne fallait-il pas s'amuser ! La canaille s'affubla ironiquement de dentelles et de cachemires. Des crépines[6] d'or s'enroulèrent aux manches des blouses, des chapeaux à plumes d'autruche ornaient la tête des forgerons, des rubans de la Légion d'honneur firent des ceintures aux prostituées. Chacun satisfaisait son caprice ; les uns dansaient, d'autres buvaient. Dans la chambre de la reine, une femme lustrait ses bandeaux[7] avec de la pommade ; derrière un paravent, deux amateurs jouaient aux cartes ; Hussonnet montra à Frédéric un individu qui fumait son brûle-gueule[8] accoudé sur un balcon ; et le délire redoublait son tintamarre continu des porcelaines brisées et des morceaux de cristal qui sonnaient, en rebondissant, comme des lames d'harmonica.

1. étoffe tendue.
2. macaque, singe.
3. ancien juron.
4. balance.
5. danser le cancan (danse populaire tapageuse).
6. dentelles et franges.
7. faisait briller ses cheveux.
8. pipe à tuyau très court.

Prise des Tuileries : la salle du trône, 1848, gravure sur bois colorisée.

Puis la fureur s'assombrit. Une curiosité obscène fit fouiller tous les cabinets, tous les recoins, ouvrir tous les tiroirs. Des galériens enfoncèrent leurs bras dans la couche des princesses, et se roulaient dessus par consolation de ne pouvoir les violer. D'autres, à figures plus sinistres, erraient silencieusement, cherchant à voler quelque chose ; mais la multitude était trop nombreuse. Par les baies des portes, on n'apercevait dans l'enfilade des appartements que la sombre masse du peuple entre les dorures, sous un nuage de poussière. Toutes les poitrines haletaient ; la chaleur de plus en plus devenait suffocante ; les deux amis, craignant d'être étouffés, sortirent.

Dans l'antichambre, debout sur un tas de vêtements, se tenait une fille publique[9], en statue de la Liberté, – immobile, les yeux grands ouverts, effrayante.

9. une prostituée.

Questions

1. Repérez les différentes étapes de l'invasion des Tuileries. Analysez au fur à mesure les motivations du peuple.
2. Quel regard chacun des deux amis porte-t-il sur l'événement ?
3. En analysant les métaphores et la symbolique des couleurs, montrez que le peuple acquiert une dimension épique.
► Les registres littéraires, p. 460
4. En l'absence du roi, quel objet symbolise l'adversaire des insurgés ? Montrez ce que le combat a de dérisoire.
5. Qui compose le peuple ? Pourquoi son comportement ressemble-t-il à celui d'un animal ?
6. Quel portrait critique le narrateur dresse-t-il du peuple révolutionnaire ?
► Narrateur et focalisations, p. 470

Synthèse Montrez que, tout en exaltant la dimension épique du peuple, Flaubert propose une vision distanciée, ironique et dégradée des révolutionnaires.

Prolongement
Cherchez la forme que les caricaturistes du XIXe siècle (C. Philipon, H. Daumier, Job) ont donnée au visage du roi Louis-Philippe. Quelle critique se dégage de leurs dessins ?

Vers le bac S'entraîner à la dissertation

Flaubert écrit : « L'auteur, dans son œuvre, doit être comme Dieu dans l'univers, présent partout et visible nulle part ». Rédigez un paragraphe argumentatif pour illustrer ce paradoxe en montrant que dans l'extrait étudié le narrateur semble absent, mais qu'il oriente néanmoins l'opinion des lecteurs sur l'invasion des Tuileries (par le biais de ses personnages, de modalisateurs, etc.).
► Construire un paragraphe de dissertation, p. 540

TEXTE 6

Émile Zola, *Germinal* (1885)

► Biographie p. 556

⊕ CONTEXTE
La loi Le Chapelier du 14 juin 1791 interdit aux ouvriers, aux paysans et aux artisans de s'organiser dans des corporations ou des coalitions. Les organisations ouvrières sont interdites. Les ouvriers ne peuvent ni se syndiquer ni faire grève. Le droit de grève ne sera reconnu qu'en 1864. En 1884, la loi Waldeck-Rousseau qui autorise les syndicats achève de faire disparaître la loi de 1791.

À Montsou (lieu fictif ressemblant aux villes minières du Nord de la France), les mineurs sont en grève depuis deux mois afin de protester contre les diminutions de salaires que la Compagnie des Mines leur a imposées. Affamés, exaspérés, ils veulent obliger les non-grévistes à se joindre à leur mouvement dans l'espoir de faire plier la Compagnie. Les bourgeois qui voient arriver le groupe se cachent dans une grange.

Le roulement de tonnerre approchait, la terre fut ébranlée, et Jeanlin[1] galopa le premier, soufflant dans sa corne.

« Prenez vos flacons, la sueur du peuple qui passe ! » murmura Négrel[2], qui, malgré ses convictions républicaines, aimait plaisanter la canaille avec les dames.

Mais son mot spirituel fut emporté dans l'ouragan des gestes et des cris. Les femmes avaient paru, près d'un millier de femmes, aux cheveux épars, dépeignés par la course, aux guenilles montrant la peau nue, des nudités de femelles lasses d'enfanter des meurt-de-faim. Quelques-unes tenaient leur petit entre les bras, le soulevaient, l'agitaient, ainsi qu'un drapeau de deuil et de vengeance. D'autres, plus jeunes, avec des gorges gonflées de guerrières, brandissaient des bâtons ; tandis que les vieilles, affreuses, hurlaient si fort, que les cordes de leurs cous décharnés semblaient se rompre. Et les hommes déboulèrent ensuite, deux mille furieux, des galibots, des haveurs, des raccommodeurs[3], une masse compacte qui roulait d'un seul bloc, serrée, confondue, au point qu'on ne distinguait ni les culottes déteintes, ni les tricots de laine en loques, effacés dans la même uniformité terreuse. Les yeux brûlaient, on voyait seulement les trous des bouches noires, chantant *La Marseillaise*, dont les strophes se perdaient en un mugissement confus, accompagné par le claquement des sabots sur la terre dure. Au-dessus des têtes, parmi le hérissement des barres de fer, une hache passa, portée toute droite ; et cette hache unique, qui était comme l'étendard de la bande, avait, dans le ciel clair, le profil aigu d'un couperet de guillotine.

« Quels visages atroces ! » balbutia Mme Hennebeau[4].

Négrel dit entre ses dents :

« Le diable m'emporte si j'en reconnais un seul ! D'où sortent-ils donc ces bandits-là ? »

1. fils des Maheu, famille de mineurs grévistes.
2. ingénieur de la Compagnie.
3. *galibots, haveurs* et *raccommodeurs* : des mineurs employés à des tâches diverses (manœuvrer les berlines, extraire la houille, entretenir les galeries).
4. épouse du directeur et maîtresse de Négrel.

Germinal, film de **Claude Berri**, 1993.

Et, en effet, la colère, la faim, ces deux mois de souffrance et cette débandade enragée au travers des fosses avaient allongé en mâchoires de bêtes fauves les faces placides des houilleurs de Montsou. À ce moment, le soleil se couchait, les derniers rayons, d'un pourpre sombre, ensanglantaient la plaine. Alors, la route sembla charrier du sang, les femmes, les hommes continuaient à galoper, saignant comme des bouchers en pleine tuerie.

« Oh ! superbe ! » dirent à mi-voix Lucie et Jeanne[5], remuées dans leur goût d'artiste par cette belle horreur.

Elles s'effrayaient pourtant, elles reculèrent près de Mme Hennebeau, qui s'était appuyée sur une auge. L'idée qu'il suffisait d'un regard, entre les planches de cette porte disjointe, pour qu'on les massacrât, la glaçait. Négrel se sentait blêmir, lui aussi, très brave d'ordinaire, saisi là d'une épouvante supérieure à sa volonté, une de ces épouvantes qui soufflent de l'inconnu. Dans le foin, Cécile[6] ne bougeait plus. Et les autres, malgré leur désir de détourner les yeux, ne le pouvaient pas, regardaient quand même.

C'était la vision rouge de la révolution qui les emporterait tous, fatalement, par une soirée sanglante de cette fin de siècle. Oui, un soir, le peuple lâché, débridé, galoperait ainsi sur les chemins ; et il ruissellerait du sang des bourgeois. Il promènerait des têtes, il sèmerait l'or des coffres éventrés. Les femmes hurleraient, les hommes auraient ces mâchoires de loups, ouvertes pour mordre. Oui, ce serait les mêmes guenilles, le même tonnerre de gros sabots, la même cohue effroyable, de peau sale, d'haleine empestée, balayant le vieux monde, sous leur poussée débordante de barbares. Des incendies flamberaient, on ne laisserait pas debout une pierre des villes, on retournerait à la vie sauvage dans les bois, après le grand rut[7], la grande ripaille[8], où les pauvres, en une nuit, efflanqueraient les femmes et videraient les caves des riches. Il n'y aurait plus rien, plus un sou des fortunes, plus un titre des situations acquises, jusqu'au jour où une nouvelle terre repousserait peut-être. Oui, c'étaient ces choses qui passaient sur la route, comme une force de la nature, et ils en recevaient le vent terrible au visage.

5. filles d'un des actionnaires de la mine.
6. fiancée de Négrel.
7. période d'activité sexuelle où les mammifères cherchent à s'accoupler. Ici, période de grande excitation.
8. repas abondant (familier).

Questions

Grammaire

Quel temps domine le dernier paragraphe ? Quelle est sa valeur ?

► Modes, temps et valeurs, p. 438

1. Le 1er paragraphe contient une métaphore concernant les manifestants : laquelle ? Relevez tous les termes qui filent cette métaphore à travers le texte. Quels sont les effets de cette figure de style ?
► Les figures de style, p. 466
2. Par quels procédés le paragraphe décrivant le flot des manifestants donne-t-il une impression de masse inquiétante ?
3. Étudiez les étapes des réactions des bourgeois. Que remarquez-vous ?
4. Montrez que la vision du dernier paragraphe est terrifiante.
5. Montrez que ce texte présente une dimension épique. Relevez les procédés qui permettent cette vision.
► Les registres littéraires , p. 460
6. Quel regard le narrateur porte-t-il sur le peuple ? Justifiez votre réponse.

Synthèse Cherchez le sens et les symboles du titre, *Germinal*, choisi par Zola pour son œuvre. Puis, rédigez un paragraphe expliquant comment l'extrait justifie ce titre.

HISTOIRE DES ARTS • UNE ŒUVRE « MANIFESTE » : *L'ATELIER DU PEINTRE* DE GUSTAVE COURBET

Dossier

LE CONTEXTE

L'Atelier, peint en 1855, est en rupture avec l'académisme* qui le précède. Destiné à l'Exposition universelle qui le refuse, il est rejeté par les critiques d'art qui forgent le goût du public. Courbet fait ériger un Pavillon du Réalisme en face de l'Exposition universelle, où il présente sa toile.

L'ŒUVRE

La toile, très grande, représente le peintre dans son atelier alors que les grands formats étaient traditionnellement réservés à des scènes historiques, religieuses ou mythologiques. Les personnages, grandeur nature, qui l'entourent, sont des gens du monde réel, que l'académisme juge indignes de figurer sur une œuvre d'art.
La palette est sombre et austère. Contrairement aux œuvres de la période précédente, sa facture n'est pas lisse, les touches de peinture sont visibles et le dessin manque de fini (en particulier dans le décor).

LA PORTÉE DE L'ŒUVRE

Courbet revendique son ambition : faire passer le monde réel avant les conventions artistiques. « C'est le monde qui vient se faire peindre chez moi », écrit Courbet.

Gustave Courbet, *L'Atelier du peintre*, 1855, huile sur toile (361 × 598 cm), musée d'Orsay, Paris.

Vocabulaire

Académisme : désigne le style traditionnel dispensé par l'Académie au XIXe. Les principes sont : la hiérarchie des genres et des formats, le choix de sujets nobles, la précision du dessin, la peinture en atelier plutôt qu'en plein air, l'imitation des Anciens et de la nature, etc. Le mot a pris une connotation péjorative face à l'art moderne.
Facture : écriture picturale, épaisseur de la pâte, répartition des empâtements.
Fini : qui est peint avec un soin recherché.

Questions

1. Quelle place Courbet s'est-il accordée sur sa toile ? Interprétez ce choix.
2. Comment la femme nue est-elle mise en valeur dans le tableau ? Pourquoi Courbet lui réserve-t-il un tel traitement ?
3. Répertoriez tous les sujets et personnages peints sur cette toile : déduisez-en l'ambition de ce peintre réaliste.
4. En vous aidant des éléments ci-dessus, récapitulez les grandes caractéristiques du mouvement réaliste en peinture.

Le mannequin qui sert de modèle au peintre représente l'académisme. Il est dans l'ombre.

Courbet est au centre de la toile, mêlé aux autres mortels, ancré dans la réalité.

L'enfant en sabots au premier plan est un mendiant ou un berger.

La femme nue, en pleine lumière, symbolise la Vérité.

Les personnages ont peu de consistance, chacun semble absorbé dans sa rêverie. Il n'y a pas d'action ou de communication véritable.

PERSPECTIVE DU XXIe SIÈCLE

François Bon, *Daewoo* (2004)

CONTEXTE

Touché par la crise de la sidérurgie, le groupe coréen Daewoo ferme ses usines lorraines en 2002-2003. En donnant la parole aux ouvrières licenciées, l'écrivain **François Bon** (né en 1953) compose un ouvrage entre fiction et documentaire, qui illustre la perte d'identité de l'ouvrier dans le monde impitoyable de la rentabilité : écrire devient le moyen de « faire face à l'effacement même ».

Des ouvrières de Daewoo licenciées participent, face à trois hommes fortunés, à une émission de télévision « La Vie comment c'est » *sur le thème « les riches et les pauvres ». L'une d'entre elles raconte à l'auteur le déroulement de l'émission, notamment le film réalisé dans chaque camp.*

« Faire à Auchan le plein d'essence de sa vieille Renault d'un côté, mettre la radio du bout du doigt dans une allemande de l'autre… Ça, c'était le hors-d'œuvre. Terrasse chez l'un, et nous la cour de l'usine, le matin quand tu prends le boulot […]. On s'attendait à des questions. Quelque part ça la fiche mal, non, cent cinquante ans après *Les Misérables*[1] (je dis ça parce qu'ils en ont parlé), et que rien n'a changé : d'un côté les joues proprement rasées, nés dans l'argent et bien décidés à y rester, et nous c'est les autres. […]

« On nous faisait parler de nos colères. Eux aussi, avaient leurs colères : du côté des bons sentiments, de la haine des dictateurs. Comme si les nôtres, de colères, qui concernaient nos patrons, le travail, et la façon dont on vit, c'était plus petit, ou égoïste. Et puis on le voyait bien : elle en avait déjà marre, la fille de l'émission. Manière de dire : voyez, elles sont dans le rôle, on ne peut rien en attendre que de prévu. Les types en face, quand ils parlaient de leur amour du sport, de leur corps en forme et bien entretenu, ça faisait nettement plus chouette.

« Au début, c'était les pauvres et les riches : maintenant, ça devenait les très pauvres contre les très riches.

« Les questions tombaient, minuscules, protectrices, insidieuses, je me sentais en sueur et je me disais : la sueur ne doit pas se voir, je pensais : les copines regardent, ma mère regarde, ce que je dois dire il faut que je le sorte. Au lieu de ça, des sourires, et des remarques sur nos envies de vacances : ils sont donc si naïfs, les palmiers qu'on s'imagine ? Nous, on venait pour parler d'une boîte qui ferme et de l'idiotie que c'est, quand du boulot il y en a, et qu'avoir du travail, c'est la première condition pour dire : je suis libre, mais c'est cela qu'on attendait de nous : rêvez de vos palmiers, et eux les types ils en sont blasés, tout est dans l'ordre normal du monde. […]

« Des trois, un seul était vraiment puant (et même, parfois, les deux autres, on aurait dit que ça les embêtait). Il avait de l'argent dans les fringues, il avait repris cet argent et le jouait dans je ne sais quelle bourse. – Il n'y a que ça qui compte, il disait. J'aime l'argent, il disait : c'est ce qu'ils voulaient, pour leur télé, une caricature ? Moi, je me suis demandé : d'où ils le sortent, leur ostrogoth, ils ont payé un acteur ou quoi ? On se méfie, de ces trucs-là. Je voyais bien que Josiane se rongeait. Je ne pouvais pas lui parler, ni lui faire de geste, j'ai appuyé du pied sur sa chaussure, elle s'est calmée. Je crois qu'elle n'attendait que ça, la fille de l'émission. Oui, on était les Daewoo, on avait occupé notre boîte, séquestré notre directeur (les questions, là-dessus : – Et ça fait quoi, quand on tient un homme, comme ça, rien que pour soi ?), oui notre boîte allait être liquidée, il faudrait se débrouiller avec le chômage pour élever nos gosses, et fini de dire à sa mère ou à ses proches – Cette semaine j'ai fait ceci, maintenant je suis cela.

1. roman de Victor Hugo (► p. 78) qui dénonce la grande misère des plus pauvres.

Metz, 16 septembre 1999. Salariés de l'usine Daewoo devant la préfecture.

Un des types nous expliquait qu'il fallait prendre le risque d'être mobile, aller s'installer à Nice ou en Allemagne, moi dans ma tête je souriais, c'était simple comme ça, la vie pour eux… Josiane disait que finalement on s'en fichait, nous, de l'argent, que manger du pain et ne payer que son loyer on s'en moquerait encore, que c'était plus grave, que c'était notre place, et la fierté de soi-même, la fille ne l'a même pas laissée finir sa phrase : elle annonçait ce qu'il y aurait la semaine suivante, des trucs de sexualité. Les trois types, on a compris qu'ils partaient au restaurant avec la fille de la télé […], mais on n'était pas invitées. »

Questions

1. Quel niveau de langue emploie la locutrice ? Quel est l'effet produit ?
2. Sur quels sujets l'animatrice interroge-t-elle les ouvrières ? Que suggère l'allusion aux *Misérables* (l. 5) ?
3. Sur quel sujet souhaitaient-elles témoigner ? En ont-elles la possibilité ?
4. À quelle(s) valeur(s) fondatrice(s) de leur identité sont-elles attachées ? Pourquoi ?
5. Quels éléments montrent que la présentatrice se sent appartenir au monde des riches ?

Synthèse En exergue de son livre, François Bon cite Rabelais : « il est bien vrai ce que l'on dit, que la moitié du monde ne sait comment l'autre vit. » Montrez que l'émission se contente d'opposer de façon caricaturale chaque camp, confortant ainsi les clichés sur la condition ouvrière.

TEXTE 1

Gustave Flaubert, *Madame Bovary* (1857)

► Biographie p. 553

Pour décrire le plus précisément possible les pathologies de ses personnages, Flaubert a consulté son père et son frère, chirurgiens réputés, et lu des traités de médecine : il suit très scrupuleusement Le Traité pratique du pied bot *(1839) du Dr Duval dont il reproduit les néologismes grecs (*stréphocatopodie, stréphendopodie, stréphexopodie, *etc.).*

Charles Bovary, officier de santé dans un bourg normand, est poussé à opérer le pied-bot d'Hippolyte, garçon d'écurie à l'auberge du Lion d'or. Emma, qui méprise le manque d'envergure de son mari, y voit le moyen d'accroître « sa réputation et sa fortune ».

Charles, sollicité par l'apothicaire et par elle[1], se laissa convaincre. Il fit venir de Rouen le volume du docteur Duval ; et, tous les soirs, se prenant la tête entre les mains, il s'enfonçait dans cette lecture.

Tandis qu'il étudiait les équins, les varus et les valgus[2], c'est-à-dire la stréphocatopodie, la stréphendopodie et la stréphexopodie (ou, pour parler mieux, les différentes dérivations du pied, soit en bas, en dedans ou en dehors), avec la stréphypopodie et la stréphanopodie (autrement dit torsion en dessous et redressement en haut), M. Homais[3] par toutes sortes de raisonnements, exhortait le garçon d'auberge à se faire opérer. [...]

Cependant, pour savoir quel tendon couper à Hippolyte, il fallait connaître d'abord quelle espèce de pied-bot[4] il avait.

Il avait un pied faisant avec la jambe une ligne presque droite, ce qui ne l'empêchait pas d'être tourné en dedans, de sorte que c'était un équin mêlé d'un peu de varus, ou bien un léger varus fortement accusé d'équin. Mais, avec cet équin, large en effet comme un pied de cheval, à peau rugueuse, à tendons secs, à gros orteils, et où les ongles noirs figuraient les clous d'un fer, le stréphopode[5], depuis le matin jusqu'à la nuit, galopait comme un cerf. On le voyait continuellement sur la place, sautiller tout autour des charrettes, en jetant en avant son support inégal. Il semblait même plus vigoureux de cette jambe-là que de l'autre. À force d'avoir servi, elle avait contracté comme des qualités morales de patience et d'énergie, et quand on lui donnait quelque gros ouvrage, il s'écorait[6] dessus, préférablement.

Or, puisque c'était un équin, il fallait couper le tendon d'Achille, quitte à s'en prendre plus tard au muscle tibial antérieur pour se débarrasser du varus ; car le médecin n'osait d'un seul coup risquer deux opérations, et même il tremblait déjà, dans la peur d'attaquer quelque région importante qu'il ne connaissait pas.

Ni Ambroise Paré[7], appliquant pour la première fois depuis Celse[7], après quinze siècles d'intervalle, la ligature immédiate d'une artère ; ni Dupuytren[7] allant ouvrir un abcès à travers une couche épaisse d'encéphale ; ni Gensoul[7], quand il fit la première ablation de maxillaire supérieure, n'avaient certes le cœur si palpitant, la main si frémissante, l'intellect aussi tendu que M. Bovary quand il approcha d'Hippolyte, son *ténotome*[8] entre les doigts. Et, comme

►►► **Valentin Lemot**, *Gustave Flaubert disséquant Madame Bovary* (détail), illustration parue dans *Parodie*, décembre 1869, BnF, Paris.

dans les hôpitaux[9], on voyait à côté, sur une table, un tas de charpie, des fils cirés, beaucoup de bandes, une pyramide de bandes, tout ce qu'il y avait de bandes chez l'apothicaire. C'était M. Homais qui avait organisé dès le matin tous ces préparatifs, autant pour éblouir la multitude que pour s'illusionner lui-même. Charles piqua la peau; on entendit un craquement sec. Le tendon était coupé, l'opération était finie. Hippolyte n'en revenait pas de surprise; il se penchait sur les mains de Bovary pour les couvrir de baisers.

– Allons, calme-toi, disait l'apothicaire, tu témoigneras plus tard ta reconnaissance envers ton bienfaiteur !

Et il descendit conter le résultat à cinq ou six curieux qui stationnaient dans la cour, et qui s'imaginaient qu'Hippolyte allait reparaître marchant droit. Puis Charles, ayant bouclé son malade dans le moteur mécanique[10], s'en retourna chez lui, où Emma, tout anxieuse, l'attendait sur la porte. Elle lui sauta au cou ; ils se mirent à table ; il mangea beaucoup ; et même il voulut, au dessert prendre une tasse de café, débauche qu'il ne se permettait que le dimanche lorsqu'il y avait du monde.

La soirée fut charmante, pleine de causerie, de rêves en commun. Ils parlèrent de leur fortune future, d'améliorations à introduire dans leur ménage; il voyait sa considération s'étendant, son bien-être s'augmentant, sa femme l'aimant toujours; et elle se trouvait heureuse de se rafraîchir dans un sentiment nouveau, plus sain, meilleur, enfin d'éprouver quelque tendresse pour ce pauvre garçon qui la chérissait.

1. il s'agit d'Emma.
2. noms latins des déformations du pied.
3. l'apothicaire.
4. déformation congénitale du pied.
5. personne atteinte d'un pied bot
6. s'appuyait (expression normande).
7. chirurgiens inventifs et audacieux.
8. instrument chirurgical servant à sectionner les tendons.
9. l'opération se pratique à l'auberge.
10. boîte fabriquée sur les plans de Bovary et qui immobilise le pied.

Questions

Vocabulaire

De quel nom latin provient « équin » (l. 13) ? Quelle est l'étymologie grecque du prénom Hippolyte ? Quels liens peut-on établir dans cet extrait entre le prénom, le métier, le comportement et la difformité du garçon ?

Un document à prétention scientifique

1. Quelles focalisations l'extrait adopte-t-il ? Quel est l'intérêt de cette diversité ?
► Narrateur et focalisations , p. 470
2. Aux lignes 1 à 24, le narrateur semble-t-il présent ? Justifiez.
3. Quels éléments apparentent cet extrait à une notice médicale sur le pied-bot ?

Un regard critique

4. Charles maîtrise-t-il la pathologie du pied-bot ? Justifiez votre réponse.
5. Pourquoi l'emploi de termes médicaux produit-il un effet comique ? Quelle vision de la médecine donnent-ils ?
► Les registres littéraires, p. 460
6. Analysez les réactions d'Emma et d'Hippolyte après l'intervention : quel nouveau regard portent-ils sur Charles ?
7. Étudiez les projets de Charles après l'opération : quelles figures de style et quel registre le narrateur emploie-t-il ? Dans quel but ?
► Les figures de style, p. 466
8. Comment le narrateur souligne-t-il la médiocrité persistante de l'officier de santé aux lignes 47 à 49 ?

Synthèse Montrez que cet extrait qui ressemble à un article médical critique aussi les prétentions du monde médical.

Vers le bac S'entraîner au sujet d'invention

D'après ce que laisse présager le texte, imaginez la suite post-opératoire, ses conséquences pour Hippolyte et Charles. Veillez à conserver les jeux de points de vue, le vocabulaire médical et le regard ironique du narrateur.

► Imiter un style, transposer un texte et le poursuivre, p. 516

Honoré de Balzac, *Le Père Goriot* (1835)

► Biographie p. 552

CONTEXTE
Comme d'autres personnages de *La Comédie humaine* (► p. 74), Vautrin apparaît dans *Le Père Goriot*, puis dans *Les Illusions perdues* (1836-1843) et *Splendeurs et misères des courtisanes* (1838-1847) où, sous l'identité d'un mystérieux homme d'église espagnol, l'abbé Carlos Herrera, il devient policier. Ces différentes apparitions donnent ainsi l'illusion de suivre le parcours d'une véritable personne.

Au début du roman, le narrateur fait le portrait des différents pensionnaires hébergés en 1819 par Mme Vauquer – dont la pension est située dans le Quartier latin à Paris. L'un d'eux, dénommé Vautrin et âgé d'une quarantaine d'années, se fait passer pour un ancien commerçant.

Il était un de ces gens dont le peuple dit : Voilà un fameux gaillard ! Il avait les épaules larges, le buste bien développé, les muscles apparents, des mains épaisses, carrées et fortement marquées aux phalanges par des bouquets de poils touffus et d'un roux ardent. Sa figure, rayée par des rides prématurées, offrait des signes de dureté que démentaient ses manières souples et liantes. Sa voix de basse-taille[1], en harmonie avec sa grosse gaieté, ne déplaisait point. Il était obligeant et rieur. Si quelque serrure allait mal, il l'avait bientôt démontée, rafistolée, huilée, limée, remontée, en disant : « Ça me connaît. » Il connaissait tout d'ailleurs, les vaisseaux, la mer, la France, l'étranger, les affaires, les hommes, les événements, les lois, les hôtels et les prisons. Si quelqu'un se plaignait par trop, il lui offrait aussitôt ses services. Il avait prêté plusieurs fois de l'argent à Mme Vauquer et à quelques pensionnaires ; mais ses obligés seraient morts plutôt que de ne pas le lui rendre, tant, malgré son air bonhomme, il imprimait de crainte par un certain regard profond et plein de résolution. À la manière dont il lançait un jet de salive, il annonçait un sang-froid imperturbable qui ne devait pas le faire reculer devant un crime pour sortir d'une position équivoque. Comme un juge sévère, son œil semblait aller au fond de toutes les questions, de toutes les consciences, de tous les sentiments. Ses mœurs consistaient à sortir après le déjeuner, à revenir pour dîner, à décamper pour toute la soirée, et à rentrer vers minuit, à l'aide d'un passe-partout que lui avait confié madame Vauquer. Lui seul jouissait de cette faveur. Mais aussi était-il au mieux avec la veuve, qu'il appelait maman en la saisissant par la taille, flatterie peu comprise ! La bonne femme croyait la chose encore facile, tandis que Vautrin seul avait les bras assez longs pour presser cette pesante circonférence. Un trait de son caractère était de payer généreusement quinze francs par mois pour le *gloria*[2] qu'il prenait au dessert. Des gens moins superficiels que ne l'étaient ces jeunes gens emportés par les tourbillons de la vie parisienne[3], ou ces vieillards indifférents[4] à ce qui ne les touchait pas directement, ne se seraient pas arrêtés à l'impression douteuse que leur causait Vautrin. Il savait ou devinait les affaires de ceux qui l'entouraient, tandis que nul ne pouvait pénétrer ni ses pensées ni ses occupations. Quoiqu'il eût jeté son apparente bonhomie, sa constante complaisance et sa gaieté comme une barrière entre les autres et lui, souvent il laissait percer l'épouvantable profondeur de son caractère. Souvent une boutade digne de Juvénal[5], et par laquelle il semblait se complaire à bafouer les lois, à fouetter la haute société, à la convaincre d'inconséquence avec elle-même, devait faire supposer qu'il gardait rancune à l'état social, et qu'il y avait au fond de sa vie un mystère soigneusement enfoui.

1. voix intermédiaire entre le baryton et la basse.
2. café mêlé d'eau-de-vie ou de rhum.
3. Rastignac.
4. le père Goriot.
5. poète latin (60-130 ap. J.-C.) qui dénonça violemment les vices de Rome dans ses *Satires*.

Quint, illustration de Vautrin pour *Le Père Goriot* de Balzac, 1922, lithographie couleur, maison de Balzac, Paris.

THÉORIES À PRÉTENTIONS SCIENTIFIQUES AU XIXe SIÈCLE

• S'inspirant de la démarche scientifique, Balzac étudie dans *La Comédie humaine* les « espèces sociales » à la manière d'un zoologiste. Pour composer le portrait de ses personnages, il s'est intéressé à diverses théories qui établissaient des liens entre physique et psychologie.

• Connue depuis l'Antiquité, mais érigée en science par Lavater (1741-1801), la physiognomonie considère que la physionomie d'une personne, les traits de son visage (saillie du menton, forme de la tête, etc.), donnent un aperçu de son caractère ou de sa personnalité.

• La phrénologie de Franz Joseph Gall (1758-1828) défend l'idée selon laquelle les bosses du crâne (la fameuse « bosse des maths » ou la prétendue « bosse du crime » située au-dessus de l'oreille) reflètent le caractère d'un individu. Animé par la volonté de tout expliquer de façon scientifique, Balzac fait allusion à ces théories pour décrire le père Goriot : « De jeunes étudiants en Médecine, ayant remarqué l'abaissement de sa lèvre inférieure et mesuré le sommet de son angle facial, le déclarèrent atteint de crétinisme […] ».

• Ces pseudos-sciences, adoptées par les esclavagistes et les Nazis pour prouver la supériorité des races blanche et aryenne, sont depuis largement discréditées.

Modèle représentant le système crânien de **Franz Joseph Gall,** réalisé par Guy Aîné.

Questions

Grammaire

Le portrait de Vautrin réunit des éléments contradictoires : relevez les expressions de l'opposition ou de la concession. Justifiez leur emploi dans le texte.

1. Dégagez les différentes étapes du portrait de Vautrin. Quelle focalisation le narrateur adopte-t-il pour nous présenter ce personnage ?
► Narrateur et focalisations, p. 470
2. Montrez que, conformément à la théorie de la physiognomonie, le narrateur déduit du physique de Vautrin certains traits de son caractère.
3. Relevez sous forme de deux colonnes les traits de caractère qu'affiche Vautrin et ceux qu'il tente de dissimuler. Comment parvient-il à ne pas éveiller de soupçons ? Quelle impression ce portrait produit-il sur le lecteur ?
4. Par quels procédés le savoir de Vautrin est-il mis en avant ? Après avoir analysé ses domaines de compétence et relu la dernière phrase, faites des suppositions sur son passé.
5. Quel rôle Vautrin se donne-t-il secrètement face à la société des hommes ?

Synthèse Montrez que Balzac dresse le portrait d'un personnage ambigu.

Vers le bac S'entraîner au commentaire

Le portrait de Vautrin révèle un personnage complexe et ambigu, qui pourrait être étudié selon deux axes. Développez au choix l'un de ces deux axes :

I. Un homme en apparence débonnaire.

II. Un personnage inquiétant.

Émile Zola, *Thérèse Raquin* (1867)

► Biographie p. 556

CONTEXTE
Dans la préface de *Thérèse Raquin*, Zola expose son approche expérimentale de la littérature : « J'ai voulu étudier des tempéraments et non des caractères [...]. Thérèse et Laurent sont des brutes humaines, rien de plus [...], mon but a été un but scientifique avant tout [...], j'ai tenté d'expliquer l'union étrange qui peut se produire entre deux tempéraments différents. »

Thérèse, jeune femme nerveuse et pleine de désirs inassouvis, a épousé son cousin Camille, jeune homme lymphatique qui vit chez sa mère. Elle fait la connaissance de Laurent, un ami d'enfance de son mari.

Un jeudi, en revenant de son bureau, Camille amena avec lui un grand gaillard, carré des épaules, qu'il poussa dans la boutique d'un geste familier.

– Mère, demanda-t-il à madame Raquin en le lui montrant, reconnais-tu ce monsieur-là ?

La vieille mercière regarda le grand gaillard, chercha dans ses souvenirs et ne trouva rien. Thérèse suivait cette scène d'un air placide.

– Comment ! reprit Camille, tu ne reconnais pas Laurent, le petit Laurent, le fils du père Laurent qui a de si beaux champs de blé du côté de Jeufosse ?... Tu ne te rappelles pas ?... J'allais à l'école avec lui [...].

Mme Raquin courut à ses casseroles. Thérèse, qui n'avait pas encore prononcé une parole, regardait le nouveau venu. Elle n'avait jamais vu un homme. Laurent, grand, fort, le visage frais, l'étonnait. Elle contemplait avec une sorte d'admiration son front bas, planté d'une rude chevelure noire, ses joues pleines, ses lèvres rouges, sa face régulière, d'une beauté sanguine. Elle arrêta un instant ses regards sur son cou ; ce cou était large et court, gras et puissant. Puis elle s'oublia à considérer les grosses mains qu'il tenait étalées sur ses genoux ; les doigts en étaient carrés ; le poing fermé devait être énorme et aurait pu assommer un bœuf. Laurent était un vrai fils de paysan, d'allure un peu lourde, le dos bombé, les mouvements lents et précis, l'air tranquille et entêté. On sentait sous ses vêtements des muscles ronds et développés, tout un corps d'une chair épaisse et ferme. Et Thérèse l'examinait avec curiosité, allant de ses poings à sa face, éprouvant de petits frissons lorsque ses yeux rencontraient son cou de taureau.

Camille étala ses volumes de Buffon[1] et ses livraisons à dix centimes, pour montrer à son ami qu'il travaillait, lui aussi. Puis, comme répondant à une question qu'il s'adressait depuis quelques instants :

– Mais, dit-il à Laurent, tu dois connaître ma femme ? Tu ne te rappelles pas cette petite cousine qui jouait avec nous, à Vernon ?

– J'ai parfaitement reconnu madame, répondit Laurent en regardant Thérèse en face.

Sous ce regard droit, qui semblait pénétrer en elle, la jeune femme éprouva une sorte de malaise. Elle eut un sourire forcé, et échangea quelques mots avec Laurent et son mari ; puis elle se hâta d'aller rejoindre sa tante. Elle souffrait.

On se mit à table. Dès le potage, Camille crut devoir s'occuper de son ami.

– Comment va ton père ? lui demanda-t-il.

– Mais je ne sais pas, répondit Laurent. Nous sommes brouillés [...] Comme il est continuellement en procès avec ses voisins, il m'a mis au collège, rêvant de trouver plus tard en moi un avocat qui lui gagnerait toutes ses causes... Oh ! le père Laurent n'a que des ambitions utiles ; il veut tirer parti même de ses folies.

1. naturaliste et écrivain français (1707-1788).

André Le Grand, *Deux têtes de bœufs et trois têtes d'hommes en relation avec le bœuf*, estampe (65 × 50 cm), vers 1810, musée du Louvre.

– Et tu n'as pas voulu être avocat ? dit Camille, de plus en plus étonné.

– Ma foi non, reprit son ami en riant… Pendant deux ans, j'ai fait semblant de suivre les cours, afin de toucher la pension de douze cents francs que mon père me servait. Je vivais avec un de mes camarades de collège, qui est peintre, et je m'étais mis à faire aussi de la peinture. Cela m'amusait ; le métier est drôle, pas fatigant. Nous fumions, nous blaguions tout le jour…

La famille Raquin ouvrait des yeux énormes.

– Par malheur, continua Laurent, cela ne pouvait durer. Le père a su que je lui contais des mensonges, il m'a retranché net mes cent francs par mois, en m'invitant à venir piocher la terre avec lui. J'ai essayé alors de peindre des tableaux de sainteté ; mauvais commerce… Comme j'ai vu clairement que j'allais mourir de faim, j'ai envoyé l'art à tous les diables et j'ai cherché un emploi… Le père mourra bien un de ces jours ; j'attends ça pour vivre sans rien faire.

Laurent parlait d'une voix tranquille. Il venait, en quelques mots, de conter une histoire caractéristique qui le peignait en entier. Au fond, c'était un paresseux, ayant des appétits sanguins, des désirs très arrêtés de jouissances faciles et durables. Ce grand corps puissant ne demandait qu'à ne rien faire, qu'à se vautrer dans une oisiveté et un assouvissement de toutes les heures.

Henri de Toulouse-Lautrec, *Le Jeune Routy au château de Céleyran*, 1882, huile sur toile (61 × 49,8 cm), Neue Pinakothek, Munich.

Questions

« Une brute humaine »

1. Que sait-on de l'apparence physique de Laurent ?
2. À quoi Laurent est-il comparé ? Sur quelle théorie à la mode Zola s'appuie-t-il (► p. 103) ? Relisez le dernier paragraphe : comment pourriez-vous qualifier le tempérament de Laurent ?
3. Quels traits de caractère les paroles de Laurent suggèrent-elles ? Pourquoi avoir privilégié les paroles rapportées au discours direct ?

► Les discours rapportés, p. 478

L'étude d'un désir

4. Thérèse parle-t-elle beaucoup dans ce passage ? Pourquoi ?
5. Quel point de vue est utilisé ? Relevez les citations qui montrent le trouble de Thérèse. ► Narrateur et focalisations, p. 470
6. Comment comprenez-vous la phrase : « Elle n'avait jamais vu un homme. » (l. 11-12) ? En quoi Laurent est-il différent du mari de Thérèse ?
7. Quel rôle Camille joue-t-il dans cette rencontre entre Laurent et Thérèse ?

Synthèse Montrez que la démarche scientifique de Zola cherche à décrire le vrai.

Vers le bac S'entraîner à la dissertation

Dans un paragraphe, démontrez que le romancier naturaliste procède à une expérience scientifique : il dote ses personnages d'un tempérament précis, les place dans un milieu déterminé et note les résultats. Vous illustrerez cet argument à l'aide de l'extrait de *Thérèse Raquin*.

► Construire un paragraphe de dissertation, p. 540

TEXTE ÉCHO

Ferragus, « La littérature putride » (1868)

CONTEXTE

Les critiques contre *Thérèse Raquin* furent nombreuses comme le rappelle Zola dans sa préface : « La critique a accueilli ce livre d'une voix brutale et indignée. Certaines gens vertueux, dans des journaux non moins vertueux, ont fait une grimace de dégoût. » L'écrivain se voit reprocher la peinture de tableaux obscènes et l'immoralité des amours de Thérèse et Laurent, d'abord amants puis meurtriers du mari de Thérèse.

« Ferragus » est le pseudonyme de Louis Ulbach, journaliste et écrivain. Le 23 janvier 1868, il publie dans Le Figaro *un article polémique intitulé « La Littérature putride » qui attaque violemment* Thérèse Raquin *de Zola. « Ma curiosité a glissé ces jours-ci dans une flaque de boue et de sang qui s'appelle* Thérèse Raquin *», écrit-il.*

Il s'est établi depuis quelques années une école monstrueuse de romanciers, qui prétend substituer l'éloquence du charnier à l'éloquence de la chair, qui fait appel aux curiosités les plus chirurgicales, qui groupe les pestiférés pour nous en faire admirer les marbrures, qui s'inspire directement du choléra, son maître, et qui fait jaillir le pus de la conscience.

Les dalles de la morgue ont remplacé le sopha de Crébillon[1] ; Manon Lescaut[2] est devenue une cuisinière sordide, quittant le graillon pour la boue des trottoirs, Faublas[3] a besoin d'assassiner et de voir pourrir ses victimes pour rêver d'amour ; ou bien, cravachant les dames du meilleur monde, lui qui n'a rien lu, il met les livres du marquis de Sade[4] en action.

Germinie Lacerteux, *Thérèse Raquin*, *La Comtesse de Chalis*[5], bien d'autres romans qui ne valent pas l'honneur d'être nommés (car je ne me dissimule pas que je fais une réclame à ceux-ci) vont prouver ce que j'avance.

Je ne mets pas en cause les intentions ; elles sont bonnes ; mais je tiens à démontrer que dans une époque à ce point blasée, pervertie, assoupie, malade, les volontés les meilleures se fourvoient et veulent corriger par des moyens qui corrompent. On cherche le succès pour avoir des auditeurs, et on met à sa porte des linges hideux en guise de drapeaux pour attirer les passants.

1. canapé et titre d'un conte libertin de Crébillon fils (1742).
2. héroïne éponyme d'un roman censuré de l'abbé Prévost (1731).
3. héros d'un roman libertin de Jean-Baptiste Louvet de Couvray (1787-1790).
4. écrivain libertin du XVIIIe siècle. Son nom a donné « sadisme ».
5. héroïne et titre d'un roman d'Ernest Feydeau (1867).

Questions

1. Sur quelle métaphore filée l'argumentation du premier paragraphe s'appuie-t-elle ? Commentez son efficacité.
► Les figures de style, p. 466
2. Quelle est la fonction des références littéraires du deuxième paragraphe dans l'argumentation ?
3. Identifiez les deux reproches énoncés dans le dernier paragraphe. Comment sont-ils mis en relief ?

L'ÉCRIVAIN AU TRAVAIL • *ZOLA ET L'AMBITION SCIENTIFIQUE*

GÉNÉALOGIE DES ROUGON-MACQUART

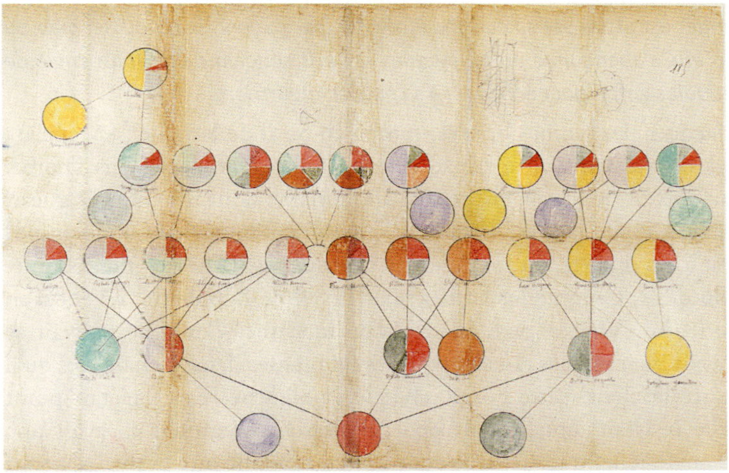

Émile Zola, *Répartition des influences héréditaires pour chaque personnage des Rougon-Macquart,* XIXe siècle, manuscrit, BnF.

Détail.

UNE DOCUMENTATION SCIENTIFIQUE

Pour chacun de ses romans, Zola consulte de nombreux ouvrages spécialisés : pour opérer une classification des différentes catégories de criminels dans *La Bête humaine*, il s'appuie sur les ouvrages de médecins qui expliquent les pulsions criminelles de façon physiologique (selon Cesare Lombroso, dans *L'Homme criminel* (1876), le criminel aurait un physique d'être primitif reconnaissable) voire génétique. Le titre même du roman est influencé par les travaux de Charles Darwin.

► Repères historiques, p. 20

LE POIDS DE L'HÉRÉDITÉ

Influencé par les travaux du Docteur Lucas, Zola veut démontrer le poids de l'hérédité dans l'histoire d'une famille, *Les Rougon-Macquart* : chaque individu hérite des tares de ses parents et peut transmettre ses propres déficiences aux générations suivantes.

► Repères littéraires p. 24

Ex. : Jacques, personnage de *La Bête humaine* ► p. 104 dont la mère et le grand-père sont alcooliques devient fou sous l'emprise de l'alcool.

L'INFLUENCE DU MILIEU

Dans le sillage des théories d'Hippolyte Taine et de Gabriel Tarde, il cherche à démontrer l'influence du milieu sur l'individu.

Ex. : la misère sociale à laquelle Gervaise, la mère de Jacques, est confrontée, fait pressentir une fin tragique dès l'*incipit* de *L'Assommoir* (► séquence 6, p. 116).

LA DÉMARCHE EXPÉRIMENTALE

S'inspirant de la démarche expérimentale du biologiste Claude Bernard, Zola expérimente dans son roman-laboratoire le double impact du milieu et de l'hérédité sur ses personnages et consigne les résultats. Dans le cas de criminels, certains hommes sont donc fortement prédisposés à commettre des crimes, ce qui entraîne un vaste débat sur la responsabilité du criminel et sa possible guérison.

Prolongement

Lisez un roman des *Rougon-Macquart* de votre choix : déterminez le poids de l'hérédité et l'influence du milieu sur le personnage principal.

Émile Zola,
La Bête humaine (1890)

► Biographie p. 556

CONTEXTE

Avec *La Bête humaine*, Zola souhaitait écrire « un roman du crime » : l'écrivain s'inspire de faits divers sanglants relatés dans les journaux à sensation de son époque et aussi des sinistres exploits de Jack l'Éventreur qui terrorise Londres en 1888. S'il a choqué ses contemporains, Zola voulait plaire à un public avide de frissons mais aussi expliquer comment un individu peut devenir un criminel.

Au cours d'une visite chez sa tante Phasie à la Croix-de-Maufras, le mécanicien Jacques Lantier est attiré par sa cousine Flore qui, par pudeur, le repousse, mais au moment où elle s'abandonne enfin, Jacques est pris soudain d'une folle envie de l'égorger et doit s'enfuir pour échapper à sa pulsion meurtrière…

Alors, Jacques, les jambes brisées, tomba au bord de la ligne[1], et il éclata en sanglots convulsifs, vautré sur le ventre, la face enfoncée dans l'herbe. Mon Dieu ! il était donc revenu, ce mal abominable dont il se croyait guéri ! Voilà qu'il avait voulu la tuer, cette fille ! Tuer une femme, tuer une femme ! cela sonnait à ses oreilles, du fond de sa jeunesse, avec la fièvre grandissante, affolante du désir. Comme les autres, sous l'éveil de la puberté, rêvent d'en posséder une, lui s'était enragé à l'idée d'en tuer une. Car il ne pouvait se mentir, il avait bien pris les ciseaux pour les lui planter dans la chair, dès qu'il l'avait vue, cette chair, cette gorge, chaude et blanche. Et ce n'était point parce qu'elle résistait, non ! c'était pour le plaisir, parce qu'il en avait une envie, une envie telle, que, s'il ne s'était pas cramponné aux herbes, il serait retourné là-bas, en galopant, pour l'égorger. Elle, mon Dieu ! cette Flore qu'il avait vue grandir, cette enfant sauvage dont il venait de se sentir aimé si profondément. Ses doigts tordus entrèrent dans la terre, ses sanglots lui déchirèrent la gorge, dans un râle d'effroyable désespoir.

Pourtant, il s'efforçait de se calmer, il aurait voulu comprendre. Qu'avait-il donc de différent, lorsqu'il se comparait aux autres ? Là-bas, à Plassans, dans sa jeunesse, souvent déjà il s'était questionné. Sa mère Gervaise, il est vrai, l'avait eu très jeune, à quinze ans et demi ; mais il n'arrivait que le second, elle entrait à peine dans sa quatorzième année, lorsqu'elle était accouchée du premier, Claude ; et aucun de ses deux frères, ni Claude, ni Étienne, né plus tard, ne semblait souffrir d'une mère si enfant et d'un père gamin comme elle, ce beau Lantier[2], dont le mauvais cœur devait coûter à Gervaise tant de larmes. Peut-être aussi ses frères avaient-ils chacun son mal, qu'ils n'avouaient pas, l'aîné[3] surtout qui se dévorait à vouloir être peintre, si rageusement, qu'on le disait à moitié fou de son génie. La famille n'était guère d'aplomb, beaucoup avaient une fêlure. Lui, à certaines heures, la sentait bien, cette fêlure héréditaire ; non pas qu'il fût d'une santé mauvaise, car l'appréhension et la honte de ses crises l'avaient seules maigri autrefois ; mais c'étaient, dans son être, de subites pertes d'équilibre, comme des cassures, des trous par lesquels son moi lui échappait, au milieu d'une sorte de grande fumée qui déformait tout. Il ne s'appartenait plus, il obéissait à ses muscles, à la bête enragée. Pourtant, il ne buvait pas, il se refusait même un petit verre d'eau-de-vie, ayant remarqué que la moindre goutte d'alcool le rendait fou. Et il en venait à penser qu'il payait pour les autres, les pères, les grands-pères, qui avaient bu, les générations d'ivrognes[4] dont il était le sang gâté, un lent empoisonnement, une sauvagerie qui le ramenait avec les loups mangeurs de femmes, au fond des bois[5].

[…] Puisqu'il ne les[6] connaissait pas, quelle fureur pouvait-il avoir contre elles ? car, chaque fois, c'était comme une soudaine crise de rage aveugle, une soif toujours renaissante de venger des offenses très anciennes, dont il aurait

1. la Croix-de-Maufras est située au bord de la ligne de chemin de fer.
2. Lantier abandonne Gervaise et leurs deux enfants, Claude et Étienne ; plus tard, il vit aux crochets du nouveau ménage que Gervaise forme avec Coupeau.
3. dans *L'Œuvre*, Claude se suicide.
4. sa mère Gervaise et son grand-père Antoine Macquart sont alcooliques.
5. dans *La Fortune des Rougon*, Antoine Macquart est un braconnier bestial qui bat Adélaïde, sa maîtresse, vit dans les bois et est accusé de manger les enfants.
6. les femmes qu'il a envie d'égorger.

La Bête humaine, film de **Jean Renoir,** 1938.

perdu l'exacte mémoire. Cela venait-il donc de si loin, du mal que les femmes avaient fait à sa race, de la rancune amassée de mâle en mâle, depuis la première tromperie au fond des cavernes ? Et il sentait aussi, dans son accès, une nécessité de bataille pour conquérir la femelle et la dompter, le besoin perverti de la jeter morte sur son dos, ainsi qu'une proie qu'on arrache aux autres, à jamais. Son crâne éclatait sous l'effort, il n'arrivait pas à se répondre, trop ignorant, pensait-il, le cerveau trop sourd, dans cette angoisse d'un homme poussé à des actes où sa volonté n'était pour rien, et dont la cause en lui avait disparu.

Vocabulaire

Recherchez le sens étymologique des termes « bête » et « animal ». Dressez une liste de mots appartenant à la famille étymologique de chacun d'eux. Précisez les connotations attachées à ces deux termes afin de mieux cerner le portrait de Jacques.

Prolongements

- Quel dieu de la mythologie gréco-latine dévore ses enfants ? Pourquoi ?
- Quel passage du texte renvoie implicitement à ce mythe ?

Questions

1. Qui est Jacques ? Quelle est sa place au sein de la famille des Rougon-Macquart ?
2. Quels moyens (focalisation, discours rapporté) le narrateur emploie-t-il pour faire connaître au lecteur les pensées de Jacques ? Indiquez les différentes étapes de son introspection.
► Narrateur et focalisations, p. 470
3. Quels sont les symptômes de son mal ? Dans quelles circonstances apparaît-il ?
4. En vous appuyant sur les procédés du texte (métaphore, champs lexicaux), montrez que cette folie transforme Jacques en « bête ».
5. Dans le deuxième paragraphe, quelle figure de style désigne le mal dont souffrent Jacques et sa famille ? Expliquez-la.
► Les figures de style, p. 466
6. Quelles sont, d'après Jacques, les deux causes à l'origine de son mal ?

Synthèse Montrez que le comportement meurtrier de Jacques est déterminé par une double hérédité.

Vers le bac Vers la dissertation

Écrivez un paragraphe pour montrer que Jacques est victime d'un véritable dédoublement de personnalité : il a la conscience d'un homme mais les pulsions d'une bête fauve.
► Construire un paragraphe de dissertation, p. 540

HISTOIRE DES ARTS • LA NAISSANCE DE LA PHOTOGRAPHIE AU XIXe SIÈCLE

Inventé dès le début du XIXe siècle, le procédé photographique dut être amélioré (stabilisation de l'image et réduction du temps de pose) pour devenir exploitable : il permet dès lors d'archiver (l'État fait photographier toutes les œuvres du patrimoine) et d'informer (les 1er reportages-photo apparaissent). Le photographe devient chroniqueur de l'Histoire, témoin des faits sociopolitiques (la guerre de Crimée, 1854-1856, et la guerre de Sécession, 1861-1865, sont couvertes). Cette invention permet aussi de saisir des moments intimes (évènements familiaux).

1 PHOTOGRAPHIE ET PORTRAIT SCIENTIFIQUE

L'époque, marquée par le positivisme d'Auguste Comte, a foi dans la science et dans sa capacité à résoudre tous les problèmes (► Repères historiques, p. 20).
En 1832, le marquage des prisonniers au fer rouge est interdit. **Bertillon** (1853-1914) chef de l'identité judiciaire à la préfecture de Paris, invente l'anthropométrie judiciaire, méthode d'identification des malfaiteurs dont les résultats sont consignés sur des fiches signalétiques. L'appareil photo joue donc un rôle clé dans la constitution de fichiers de criminels (cinq millions de fiches en 1893), puis dans l'identification de tous les individus à travers la carte d'identité.
La méthode considérée comme vexatoire ne survécut pas à son créateur, mais cette approche scientifique de l'enquête judiciaire impose sur le terrain un arsenal de règles et de pratiques fondamentales de la recherche criminelle moderne (photographie scientifique de la scène de crime, recherche systématique de traces et d'indices, etc.).

Apprentissage du système d'identification de **Bertillon**, Paris, 1883.

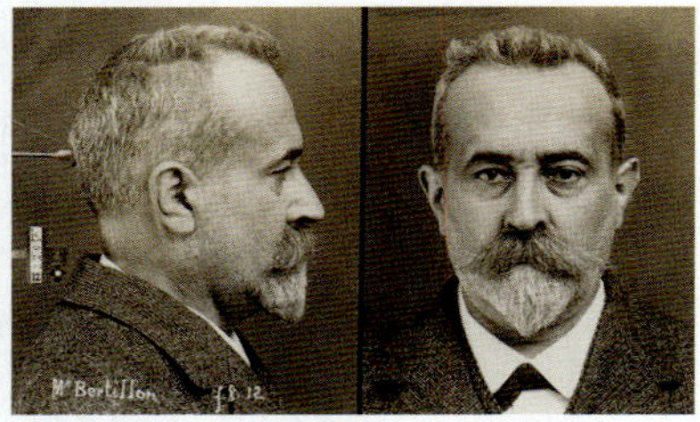

Alphonse Bertillon, créateur de l'anthropométrie judiciaire. Autoportrait signalétique obtenu selon sa méthode le 7 août 1912.

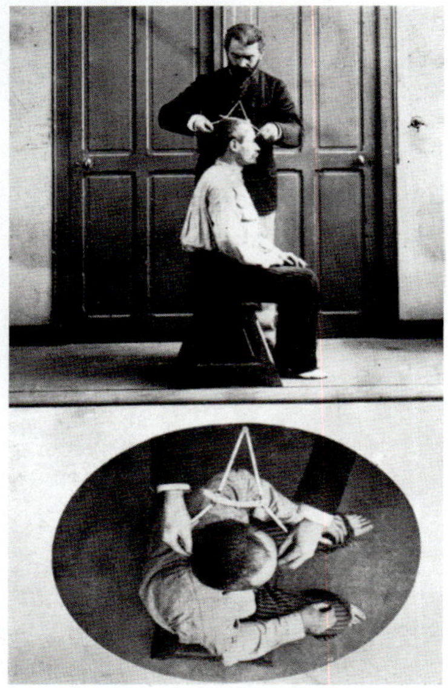

Système anthropométrique de **Bertillon**.
Mesure du crâne (diamètre longitudinal).

▲ À l'aide de la toise, du compas et d'autres instruments, Bertillon effectue onze mesures (mensurations de la tête, de la coudée, etc.) auxquelles il ajoute une description précise des traits du visage (forme du nez, de la mâchoire, des sourcils, etc.)
Il instaure une photographie anthropométrique qui se veut objective (mêmes conditions de pose, d'angle, de lumière, de distance et de hauteur pour tous les clichés) où les individus placés sur des chaises spéciales sont pris de face et de profil.

Questions

1. En vous appuyant sur les trois documents et la légende, expliquez en quoi la méthode de Bertillon se veut scientifique.
2. Pourquoi cette méthode a-t-elle pu paraître humiliante?

2 LE PORTRAIT PHOTOGRAPHIQUE : VÉRITABLE PHÉNOMÈNE DE SOCIÉTÉ

Le daguerréotype (mis au point par Louis Daguerre) est la première image qui est permanente (sur une surface en argent) et qui ne requiert pas des heures de pose. Une véritable « daguerréotypomanie » s'installe : chacun veut son portrait et collectionner ceux des autres.
La commercialisation des images de célébrités débute dès 1850. Baudelaire ironise : « La société immonde se rua comme un seul Narcisse pour contempler sa triviale image sur le métal ». (*Salon* de 1859)
Le portrait est un moyen de mettre en scène l'ascension sociale de ceux qui ne peuvent s'offrir un portrait peint. Les clients sont essentiellement bourgeois.

Balzac photographié par **Auguste Bisson.**

Questions

1. Observez le regard, la corpulence et la position de la main sur le daguerréotype de Balzac : que s traits de la personnalité de l'écrivain le photographe cherche-t-il à mettre en valeur ?
2. Quel objet est omniprésent sur la photographie de Zola ? Sur quel aspect de la méthode de travail (► p. 103) de l'écrivain Paul Nadar insiste-t-il ?

Prolongement

Cherchez qui est Nadar. En quoi son travail consiste-t-il ?

Zola photographié par **Paul Nadar.**

3 LA PHOTOGRAPHIE EN DÉBAT

Charles Baudelaire, *Salon*, 1859

Il faut donc que [la photographie] rentre dans son propre devoir, qui est d'être la servante des arts et des sciences [...] Qu'elle enrichisse rapidement l'album du voyageur et rende à ses yeux la précision qui manquerait à sa mémoire, qu'elle orne la bibliothèque du naturaliste, exagère les animaux microscopiques, fortifie même de quelques renseignements les hypothèses de l'astronomie ; qu'elle soit enfin le secrétaire et le garde-note de quiconque a besoin dans sa profession d'une absolue exactitude matérielle, jusque-là rien de mieux. Qu'elle sauve de l'oubli les ruines pendantes, les livres, les estampes et les manuscrits que le temps dévore, les choses précieuses dont la forme va disparaître et qui demandent une place dans les archives de notre mémoire, elle sera remerciée et applaudie. Mais s'il lui est possible d'empiéter sur le domaine de l'impalpable et de l'imaginaire, sur tout ce qui ne vaut que parce que l'homme y ajoute de son âme, alors malheur à nous !

Question

3. Êtes-vous d'accord avec la condamnation de la photographie par Baudelaire ? Organisez un débat au sein de la classe.

Prolongement

Choisissez une photographie d'un photographe du XXe siècle, Man Ray ou Cartier-Bresson : présentez-la à la classe en expliquant pourquoi vous leur accordez une valeur artistique.

PERSPECTIVE DU XXe SIÈCLE

Sigmund Freud, *Malaise dans la civilisation* (1929)

CONTEXTE
Freud (1856-1939) est le père de la psychanalyse. Il identifie trois « blessures narcissiques » dans la façon dont l'homme se perçoit. La Terre n'est pas le centre de l'univers (Copernic, XVIe siècle). L'Homme n'est que le terme d'une évolution des espèces (Darwin, XIXe siècle) et tout en possédant conscience de soi et raison, est soumis à des forces inconscientes et des « pulsions » qu'il ne maîtrise pas.

Bien que Zola (► p. 100 à 105) érige la médecine en modèle, certains critiques ont vu en lui un explorateur de l'inconscient qui montre avant Freud le rôle essentiel des pulsions de vie et de mort chez l'homme. Les deux hommes ont du reste assisté aux séances publiques du psychiatre Charcot. Dans l'extrait suivant, Freud développe le concept de pulsion de mort et s'oppose à la prétendue bonté de la nature humaine.

L'homme n'est point cet être débonnaire[1], au cœur assoiffé d'amour, dont on dit qu'il se défend quand on l'attaque, mais un être, au contraire, qui doit porter au compte de ses données instinctives une bonne somme d'agressivité. Pour lui, par conséquent, le prochain n'est pas seulement un auxiliaire et un objet sexuel possibles, mais aussi un objet de tentation. L'homme est, en effet, tenté de satisfaire son besoin d'agression aux dépens de son prochain, d'exploiter son travail sans dédommagements, de l'utiliser sexuellement sans son consentement, de s'approprier ses biens, de l'humilier, de lui infliger des souffrances, de le martyriser et de le tuer. *Homo homini lupus*[2] : qui aurait le courage, en face de tous les enseignements de la vie et de l'histoire, de s'inscrire en faux contre cet adage ? Dans certaines circonstances favorables [...], l'agressivité se manifeste aussi de façon spontanée, démasque sous l'homme la bête sauvage qui perd alors tout égard pour sa propre espèce. Quiconque évoquera dans sa mémoire les horreurs des grandes migrations des peuples, ou de l'invasion des Huns ; celles commises par les fameux Mongols de Gengis Khan ou de Tamerlan, ou celles que déclencha la prise de Jérusalem par les pieux croisés, sans oublier enfin celles de la dernière guerre mondiale, devra s'incliner devant notre conception et en reconnaître le bien-fondé.

Cette tendance à l'agression, que nous pouvons déceler en nous-mêmes et dont nous supposons à bon droit l'existence chez autrui, constitue le facteur principal de perturbation dans nos rapports avec notre prochain ; c'est elle qui impose à la civilisation tant d'efforts. Par suite de cette hostilité primaire qui dresse les hommes les uns contre les autres, la société civilisée est constamment menacée de ruine. L'intérêt du travail solidaire ne suffirait pas à la maintenir : les passions instinctives sont plus fortes que les intérêts rationnels. La civilisation doit tout mettre en œuvre pour limiter l'agressivité humaine [...] de là aussi cet idéal imposé d'aimer son prochain comme soi-même, idéal dont la justification véritable est précisément que rien n'est plus contraire à la nature humaine primitive.

Charles Le Brun, *Trois têtes d'hommes ressemblant à des loups* (détail), mine de plomb (20,5 × 28,5 cm), XVIIe siècle, musée du Louvre, Paris.

1. bon, doux.
2. « L'homme est un loup pour l'homme » (Plaute).

Questions

1. Quelle tendance du psychisme humain Freud souligne-t-il ? Montrez que le roman *La Bête humaine* (► p. 104-105) illustre cette thèse.
2. Quelle métaphore est employée pour désigner l'homme ? Commentez-la.
3. À quel problème la société est-elle confrontée ? Comment Freud justifie-t-il le commandement d'« aimer son prochain » ?

PERSPECTIVE DU XXIe SIÈCLE

Maylis de Kerangal, *Réparer les vivants* (2014)

CONTEXTE

Depuis la fin du XXe siècle, les séries télévisées médicales (*Urgences*, *Dr House*, *Grey's Anatomy*, etc.) rencontrent un grand succès : jouant sur le désir d'exorciser la peur de la mort, elles abordent avec plus ou moins de réalisme la vie quotidienne à l'hôpital, le langage médical, des sujets de société délicats (acharnement thérapeutique, etc.) et font des médecins qui sauvent des vies les héros humains des temps modernes.

Les parents du jeune Simon, victime d'un accident de la route, ont accepté que les organes sains de leur fils soient prélevés pour sauver des patients en attente de greffe. La fin du roman raconte la transplantation du cœur de Simon dans le corps de Claire, femme d'une cinquantaine d'années : le cœur suturé est prêt à recevoir le sang.

La tension remonte en flèche autour de la table, Harfang[1] déclare : ok, c'est bon, on va pouvoir remplir. C'est maintenant. Le remplissage est effectué au millilitre, il exige un débit hypercalibré, toute opération trop brutale déformerait le greffon[2] qui ne pourrait jamais plus retrouver sa forme initiale – les infirmières retiennent leur respiration, les anesthésistes sont aux aguets, le perfusionniste lui aussi transpire. […] Alors vient enfin le moment électrique. Virgilio[3] se saisit des palettes […] – et en cet instant, peut-être que Virgilio ramasse tout ce qu'il sait de prière et de superstition, peut-être qu'il supplie le Ciel ou au contraire qu'il ressaisit tout ce qui vient d'être accompli, la somme des actions et la somme des mots, la somme des espaces et des sentiments –, il appose soigneusement les palettes électriques de chaque côté du cœur, jette un œil sur l'écran de l'électrocardiogramme. On choque ? Feu ! Le cœur reçoit la décharge, le monde entier s'immobilise au-dessus de ce qui est maintenant le cœur de Claire. L'organe remue faiblement, deux, trois soubresauts, puis il se fige. Virgilio déglutit, Harfang a posé les mains sur le rebord du lit et Alice[4] est si blanche que l'anesthésiste, de peur qu'elle ne s'écroule, la tire par le bras pour qu'elle descende de l'estrade. Deuxième essai. On choque ?

– Feu !

Alors le cœur se contracte, un tressaillement, puis ce sont des secousses quasi imperceptibles, mais que l'on peut voir si l'on s'approche, ces faibles battements, et l'organe peu à peu recommence à pomper le sang dans le corps, et il reprend sa place, puis ce sont des pulsations régulières, étrangement rapides, qui bientôt forment rythme, et leur frappe évoque celle d'un cœur d'un embryon, cette saccade que l'on perçoit lors de la première échographie, et c'est bien la frappe, initiale qui se fait entendre, la première, celle qui signe l'aube.

1. chirurgien renommé, chargé de la transplantation.
2. organe greffé, ici le cœur.
3. assistant de Harfang qui a transporté le cœur prélevé.
4. jeune femme, membre de la famille Harfang.

René Magritte, *Le Sac à malice*, 1960, gouache sur papier (34,5 × 26 cm), Triton Foundation, Pays-Bas.

Questions

1. Quelles sont les deux dernières étapes de la transplantation ? Relevez les termes médicaux employés.
2. Quel effet produit ce descriptif scientifique détaillé ?
3. Que ressent l'équipe pendant l'intervention ? Comment le rythme des phrases en rend-il compte ? Comment le choc électrique est-il théâtralisé ?
4. Observez la longueur, la ponctuation et la gradation des mots de la dernière phrase : que suggèrent-elles ?
5. Étudiez les images de cette même phrase : à quoi ressemble cette « réparation » ? Pourquoi peut-on parler de célébration lyrique ?

► Les registres littéraires p. 460

Synthèse Montrez que le texte cherche à restituer le plus scientifiquement possible une transplantation cardiaque tout en se présentant comme un hymne lyrique à la vie.

SYNTHÈSE

LES PERSONNAGES DE ROMAN, DU XIXe AU XXe SIÈCLE

*Être **imaginaire** ou **historique** (le maréchal Ney dans* La Chartreuse de Parme *de Stendhal* ► p. 76*), singulier ou collectif («le peuple» dans* Germinal *de Zola* ► p. 90*), lieu ou objet, le personnage de roman peut revêtir de multiples visages.*

1 L'ILLUSION D'UNE EXISTENCE REÉLLE

Si le personnage est un «être de papier» (Paul Valéry), l'écrivain construit cet être fictif de façon à donner l'illusion de la réalité.

L'identité

L'état civil (nom, âge) lui donne vie. Son nom peut renseigner sur:
– son **origine sociale**;
Ex.: noblesse d'Eugène de Rastignac dans *Le Père Goriot* de Balzac. ► p. 82
– un **trait de caractère**;
Ex.: Le nom Vautrin, aux sonorités proches de «vautour», suggère un homme inquiétant dans *Le Père Goriot* de Balzac. ► p. 98
– sa place à l'intérieur d'**une lignée**, d'**une famille.**
Ex.: Nana, fille de Gervaise Macquart et de Coupeau dans *Nana* de Zola. ► p. 46

Le portrait

Placé dans un milieu donné, le personnage est doté de traits physiques, de vêtements, d'une voix et d'un passé qui informent sur sa psychologie et son milieu social. S'appuyant sur la physiognomonie et la phrénologie, théories pseudo-scientifiques en vogue à l'époque (► p. 99), Balzac établit chez ses personnages des relations entre l'aspect physique et le caractère.
Ex.: La dureté du regard, le sang-froid et les connaissances (serrurerie, prison) de Vautrin contrastent avec sa voix agréable et sa jovialité, laissant pressentir une certaine duplicité et un passé caché de malfrat dans *Le Père Goriot*. ► p. 98

La vie intérieure

Grâce à la focalisation interne, aux discours rapportés et au monologue intérieur, le lecteur pénètre dans une conscience: l'auteur crée l'illusion d'une vie intérieure.
Ex.: La focalisation interne permet au lecteur de suivre les sentiments successifs qu'éprouve Julien dans son combat pour saisir la main de madame de Rênal dans *Le Rouge et le Noir* de Stendhal. ► p. 34

2 LE PERSONNAGE: UN ÊTRE EN ÉVOLUTION

Son action

• Le personnage existe par son action et son interaction avec les autres personnages.
Force agissante (actant), il peut être:
– **sujet** ou **objet de l'action**;
– **destinateur** (celui qui initie l'action);
– **destinataire** (celui pour lequel l'action est accomplie);
– **adjuvant** (qui aide le sujet) ou **opposant.**
À l'intérieur de ce système de relations appelé «schéma actantiel», tout personnage occupe au moins l'une de ces six fonctions (► Structure d'un récit, p. 471).
Ex.: Dans *Thérèse Raquin* de Zola (► p. 100), Thérèse Raquin (sujet) est attirée par Laurent (objet); sa nature nerveuse et ses désirs inassouvis (destinateurs) la poussent à entamer une liaison. Dans cette entreprise dont elle est la bénéficiaire (destinataire), elle sera aidée par la nature sanguine de Laurent (adjuvant) mais devra déjouer la surveillance de son mari et de sa belle-mère (opposants).
• L'actant peut être un objet (l'os qui permet à Chabert de sortir de la fosse ► p. 60), une ville (Paris dans *Une page d'amour* ► p.112) ou une valeur (l'argent pour Saccard dans *La Curée* de Zola ► p. 122).

Son évolution

• **L'intrigue transforme le héros**: il découvre de nouveaux univers, adopte de nouvelles valeurs, apprend la vie.

Ex.: L'absence de morale de la société parisienne rend cynique Rastignac dans *Le Père Goriot* de Balzac. ► p. 98

• Dans l'œuvre de Balzac ou de Zola, le lecteur suit son évolution d'un roman à l'autre.

Ex.: La fille de Gervaise, Nana, qui fugue régulièrement pour échapper à la misère familiale dans *L'Assommoir*, est devenue une demi-mondaine très convoitée par les puissants du Second Empire dans le roman qui porte son nom. ► p. 46

• Zola cherche, à la manière d'un scientifique, à démontrer que l'existence de chaque membre de la famille des Rougon-Macquart est aussi **déterminée** par son **hérédité** ou son **tempérament** ainsi que par **les circonstances**.

Ex.: La pulsion meurtrière de Jacques qui s'explique par la «fêlure héréditaire» de la famille, est aggravée par l'absorption d'alcool et l'affolement amoureux (circonstances) dans *La Bête humaine* de Zola. ► p. 104

• Les écrivains réalistes et naturalistes soulignent **l'influence du milieu** sur l'évolution du personnage.

Ex.: Au début de *L'Assommoir* de Zola, la misère sociale et conjugale de Gervaise laisse pressentir son destin tragique. ► p. 116

3 LE PERSONNAGE, UN ÊTRE PORTEUR DE SENS

À travers ses personnages, l'auteur propose une certaine vision du monde et de l'homme.

Un représentant du monde

Reflet d'une époque, il permet à un auteur:

– d'analyser une situation sociale ou politique;

Ex.: Zola critique un régime à travers ses bourgeois arrivistes dans *La Fortune des Rougon*. ► p. 86;

– de révéler les conséquences des injustices sociales.

Ex.: Le peuple misérable en colère est une menace pour la classe dirigeante dans *Germinal* de Zola. ► p. 90

Un représentant de l'homme

• Le réalisme rompt avec la tradition, héritée de l'Antiquité, du héros doté de qualités physiques et morales exceptionnelles, à l'instar des demi-dieux de l'épopée comme Ulysse ou Énée.

Le personnage peut représenter une tendance (passivité de Frédéric devant les bouleversements politiques dans *L'Éducation sentimentale* de Flaubert ► p. 88) ou un défaut (l'arrivisme de Bel-Ami ► p. 84 et de Rastignac ► p. 82, prêts à tout pour réussir).

• Habité par une passion, il devient un type chez Balzac.

Ex.: Le colonel Chabert est le type du soldat fidèle à Napoléon et exclu de la société de la Restauration. ► séquence 3, p. 70

• Il peut même s'élever au rang de mythe qui interroge la condition humaine.

Ex.: Le bovarysme, forgé sur le nom de Madame Bovary, désigne un état d'insatisfaction sentimental et social et une fuite dans l'imaginaire et le romanesque. ► p. 38

4 LE PERSONNAGE AU XXe SIÈCLE: LA DÉCONSTRUCTION

Conflits mondiaux et découverte de l'inconscient ébranlent la représentation de l'homme: le personnage romanesque entre en crise. Plongé dans un monde absurde, où plus rien ne fait sens (indifférence de Meursault au mariage et à l'amour dans *L'Étranger* de Camus ► p. 54), contraint de rester dans l'anonymat (le Chinois dont le nom n'indique que l'origine ethnique dans *L'Amant* de Duras ► p. 55), il perd ses attributs traditionnels, et devient souvent «anti-héros».

TEXTE 1

Émile Zola, *Une page d'amour* (1878)

▸ Biographie p. 556

Les romans de Zola offrent une grande diversité de paysages parisiens. Une Page d'amour *propose cinq descriptions de Paris vu d'une fenêtre à des moments différents. Zola explique dans la préface : « dès ma vingtième année, j'avais rêvé d'écrire un roman dont Paris, avec l'océan de ses toitures, serait un personnage, quelque chose comme le chœur antique ».*

Veuve et mère de la petite Jeanne, Hélène doit rester alitée à la suite d'une blessure au genou. Elle est à sa fenêtre, allongée sur une chaise longue, et elle observe Paris.

Ce matin-là, Paris mettait une paresse souriante à s'éveiller. Une vapeur, qui suivait la vallée de la Seine, avait noyé les deux rives. C'était une buée légère, comme laiteuse, que le soleil peu à peu grandi éclairait. On ne distinguait rien de la ville, sous cette mousseline flottante, couleur du temps. Dans les creux, le nuage épaissi se fonçait d'une teinte bleuâtre, tandis que, sur de larges espaces, des transparences se faisaient, d'une finesse extrême, poussière dorée où l'on devinait l'enfoncement des rues ; et, plus haut, des dômes et des flèches déchiraient le brouillard, dressant leurs silhouettes grises, enveloppés encore des lambeaux de la brume qu'ils trouaient.

Jeanne observe à son tour Paris : fillette fragile, elle nourrit une passion exclusive pour sa mère, et a voulu l'empêcher, mais en vain, de se rendre à un rendez-vous amoureux. Jeanne s'est accoudée à la fenêtre ouverte alors que l'orage menace.

Sur Paris, une grande anxiété s'était faite, dans l'attente d'une nouvelle bourrasque. L'air obscurci avait un murmure, d'épais nuages planaient. Jeanne, à la fenêtre, toussa violemment ; mais elle se sentait comme vengée d'avoir froid, elle aurait voulu prendre du mal. Les mains contre la poitrine, elle sentait là grandir son malaise. C'était une angoisse, dans laquelle son corps s'abandonnait. Elle tremblait de peur, et n'osait plus se retourner, toute froide à l'idée de regarder encore dans la chambre. Quand on est petite, on n'a pas de force. Qu'était-ce donc, ce mal nouveau, dont la crise l'emplissait de honte et d'amère douceur ? […] Alors, défaillante, elle poussa un cri étouffé : « Maman ! Maman ! » sans qu'on pût savoir si elle appelait sa mère à son secours, ou si elle l'accusait de lui envoyer ce mal dont elle se mourait.

À ce moment, la tempête éclatait. Dans le silence lourd d'anxiété, au-dessus de la ville devenue noire, le vent hurla ; et l'on entendit le craquement prolongé de Paris, les persiennes qui battaient, les ardoises qui volaient, les tuyaux de cheminées et les gouttières qui rebondissaient sur le pavé des rues. Il y eut un calme de quelques secondes ; puis, un nouveau souffle passa, emplit l'horizon d'une haleine si colossale, que l'océan des toitures, ébranlé, sembla soulever ses vagues et disparut dans un tourbillon. Pendant un instant, ce fut le chaos. D'énormes nuages, élargis comme des taches d'encre, couraient au milieu de plus petits, dispersés et flottants, pareils à des haillons que le vent déchiquetait, et emportait fil à fil. Un instant, deux nuées s'attaquèrent, se brisèrent avec des éclats, qui semèrent de débris l'espace couleur de cuivre ; et chaque fois que l'ouragan sautait ainsi, soufflant de tous les points du ciel, il

▸▸▸ **Camille Pissarro**, *Le Boulevard Montmartre au printemps* (détail), 1897, huile sur toile (65 × 81 cm), Israël Museum, Jérusalem.

y avait en l'air un écrasement d'armées, un écroulement immense dont les décombres suspendus allaient écraser Paris. […]

Et, dès ce moment, les coups de pluie frappèrent la ville à toutes places ; on eût dit que le ciel se jetait sur la terre ; des rues s'abîmaient, coulant à fond et surnageant, dans des secousses dont la violence semblait annoncer la fin de la cité. Un grondement continu montait, la voix des ruisseaux grossis, le tonnerre des eaux se vidant aux égouts. Cependant au-dessus de Paris boueux, que ces giboulées salissaient du même ton jaune, les nuages s'effrangeaient, devenaient d'une pâleur livide, également épandue sans une fissure ni une tache. La pluie s'amincissait, raide et pointue ; et, quand une rafale soufflait encore, de grandes ondes moiraient les hachures grises, on entendait les gouttes obliques, presque horizontales, fouetter les murs avec un sifflement jusqu'à ce que, le vent tombé, elles redevinssent droites, piquant le sol dans un apaisement obstiné, du coteau de Passy[1] à la campagne plate de Charenton[2]. Alors, l'immense cité, comme détruite et morte à la suite d'une suprême convulsion, étendit son champ de pierres renversées, sous l'effacement du ciel.

Jeanne, affaissée à la fenêtre, avait de nouveau balbutié : « Maman ! Maman ! » et une immense fatigue la laissait toute faible, en face de Paris englouti.

1. quartier ouest de Paris rattaché à la capitale en 1860.
2. située au sud-est de Paris.

Camille Pissarro, *Le Boulevard Montmartre un matin d'hiver*, 1897, huile sur toile (65 × 81 cm), The Metropolitain Museum of Art, New-York.

Camille Pissarro, *Le Boulevard Montmartre le soir*, 1897, huile sur toile (53,3 × 64,8 cm), National Gallery, Londres.

▲ Zola est influencé par les impressionnistes qui créent des séries pour étudier les effets de la lumière sur les paysages. La luminosité de Paris change selon le temps ou le moment de la journée.

Questions

Grammaire

Aux lignes 1 à 9, relevez et nommez les différentes expansions des noms suivants : « vapeur », « buée », « mousseline » « poussière », « silhouettes ». Quel est leur effet sur la description du ciel de Paris ?

► Le groupe nominal p. 442

Une description esthétique (l. 1-9)

1. Quels détails de la description révèlent un souci de précision ?
2. Par quelles métaphores la brume et la lumière sont-elles décrites ?

► Les figures de style, p. 466

3. Quelles matières et quelles couleurs sont utilisées pour évoquer le ciel ?

Une description symbolique (l. 10-56)

4. Montrez que l'orage sur Paris est traité comme une lutte épique.
5. Par quels moyens Zola transforme-t-il l'orage en un tableau de fin du monde ? À quel épisode biblique fait-il allusion ?
6. Que ressent Jeanne pendant l'orage ? Quel lien peut-on établir avec le spectacle de Paris ?

Synthèse Montrez comment Paris se transforme sous la plume de l'écrivain.

Vers le bac S'entraîner au sujet d'invention

À la manière de Zola, proposez deux descriptions de votre ville, à deux moments différents (matin, soir, beau temps, tempête…) et qui tiennent compte de votre humeur (triste, gaie, etc.).

► Imiter un style, transposer un texte et le poursuivre, p. 516

Dossier

HISTOIRE DES ARTS • LE RENOUVEAU PICTURAL À L'ÈRE DE LA PHOTOGRAPHIE : L'IMPRESSIONNISME

Tournant le dos à l'art officiel, l'impressionnisme constitue un renouveau pictural. Privilégiant la lumière et la couleur, les peintres impressionnistes cherchèrent à saisir l'impression de l'instant. Leurs œuvres sont souvent décriées pour leurs sujets, jugés trop modernes, ou leur technique (flou pour rendre le moment fugace, absence d'embellissement). ► Repères artistiques, p. 22

SAISIR L'INSTANT

Procédé lié à la lumière et permettant de saisir l'instant, la photographie renouvelle le regard du peintre ainsi que sa palette et sa technique. Les impressionnistes deviennent les peintres des variations atmosphériques : ils restituent leur perception visuelle à l'aide de petites touches colorées et fragmentées.

Claude Monet, *La Gare Saint-Lazare*, 1877, huile sur toile (75 × 105 cm), musée d'Orsay, Paris.

▲ « Je me dis qu'il ne serait pas banal d'étudier à différentes heures du jour le même motif et de noter les effets de lumière qui modifiaient d'une façon si sensible, d'heure en heure, l'apparence et les colorations de l'édifice. »

Claude Monet.

Claude Monet, *La Gare Saint-Lazare*, 1877, huile sur toile (81,9 × 101 cm), Fogg Art Museum, Cambridge.

Émile Zola, *L'Œuvre*, 1886

Dans L'Œuvre, *Zola représente l'île de la Cité sous les yeux de Claude Lantier, personnage inspiré du peintre Cézanne.*

À toutes les heures, par tous les temps, la Cité se leva devant lui, entre les deux trouées du fleuve. Sous une tombée de neige tardive, il la vit fourrée d'hermine, au-dessus de l'eau couleur de boue, se détachant sur un ciel d'ardoise claire. Il la vit, aux premiers soleils, s'essuyer de l'hiver, retrouver une enfance, avec les pousses vertes des grands arbres du terre-plein. Il la vit, un jour de fin brouillard, se reculer, s'évaporer, légère et tremblante comme un palais des songes.

Question

Comment la peinture a-t-elle influencé l'écriture de Zola ?

Gustave Le Gray, *Vue de la Seine vers l'ouest depuis le Pont-neuf*, vers 1859, négatif sur verre au collodion, Bibliothèque historique de la ville de Paris, Paris.

Camille Pissarro, *La Seine et le Louvre*, 1903, huile sur toile (46 × 55 cm), musée d'Orsay, Paris.

Question

1. Observez la composition du tableau de Pissarro : pourquoi peut-on dire que la photographie a influencé le peintre ?

Représenter le mouvement et la vitesse

La vitesse est au cœur du XIXe siècle : tout s'accélère. Peintres et photographes veulent apprivoiser le mouvement. À l'aide de douze appareils qui se déclenchent successivement, la photographie décompose le mouvement et annonce le cinématographe. La photographie oriente la peinture vers des points de vue et des cadrages surprenants. La composition académique soucieuse d'équilibre et de symétrie est remise en question.

Étienne-Jules Marey, *Saut d'un homme*, 1892, chronophotographie.

Edgar Degas, *Trois études pour une ballerine*, vers 1885, technique mixte (39 × 63.8 cm), Asmolean Museum, Université d'Oxford, Royaume-Uni.

Edgar Degas, *La Répétition*, vers 1873-1878, huile sur toile (45,7 × 60 cm), Fogg Art Museum, Harvard Art Museum.

Questions

2. Observez la composition du tableau de Degas (place des personnages). Comment le peintre invite-t-il le spectateur à décentrer son regard ?
3. D'où vient la lumière dans le tableau ?
4. Comment le peintre suggère-t-il le mouvement ?

TEXTE 2

Émile Zola, *L'Assommoir* (1877)

► Biographie p. 556

CONTEXTE
Sous le Second Empire, la percée des boulevards (travaux d'Haussmann) et le contexte de spéculation accentuent les inégalités : chassé du centre désormais occupé par la bourgeoisie, le peuple reflue vers la périphérie dans des quartiers souvent misérables.
► Repères historiques, p. 20

*Il s'agit de l'*incipit *du roman : Gervaise Macquart, jeune Provençale, a suivi, avec ses deux enfants, son amant Lantier. Ils logent dans le quartier de la Goutte d'Or, au nord-est de Paris, en bordure de la capitale.*

Gervaise avait attendu Lantier jusqu'à deux heures du matin. Puis, toute frissonnante d'être restée en camisole[1] à l'air vif de la fenêtre, elle s'était assoupie, jetée en travers du lit, fiévreuse, les joues trempées de larmes. Depuis huit jours, au sortir du Veau à Deux Têtes, où ils mangeaient, il l'envoyait se coucher avec les enfants et ne reparaissait que tard dans la nuit, en racontant qu'il cherchait du travail. Ce soir-là, pendant qu'elle guettait son retour, elle croyait l'avoir vu entrer au bal du Grand-Balcon[2], dont les dix fenêtres flambantes éclairaient d'une nappe d'incendie la coulée noire des boulevards extérieurs[3] ; et, derrière lui, elle avait aperçu la petite Adèle, une brunisseuse[4] qui dînait à leur restaurant, marchant à cinq ou six pas, les mains ballantes comme si elle venait de lui quitter le bras pour ne pas passer ensemble sous la clarté crue des globes de la porte.

Quand Gervaise s'éveilla, vers cinq heures, raidie, les reins brisés, elle éclata en sanglots. Lantier n'était pas rentré. Pour la première fois, il découchait. Elle resta assise au bord du lit, sous le lambeau de perse[5] déteinte qui tombait de la flèche attachée au plafond par une ficelle. Et, lentement, de ses yeux voilés de larmes, elle faisait le tour de la misérable chambre garnie, meublée d'une commode de noyer dont un tiroir manquait, de trois chaises de paille et d'une petite table graisseuse, sur laquelle traînait un pot à eau ébréché. On avait ajouté, pour les enfants, un lit de fer qui barrait la commode et emplissait les deux tiers de la pièce. La malle de Gervaise et de Lantier, grande ouverte dans un coin, montrait ses flancs vides, un vieux chapeau d'homme tout au fond, enfoui sous des chemises et des chaussettes sales ; tandis que, le long des murs, sur le dossier des meubles, pendaient un châle troué, un pantalon mangé par la boue, les dernières nippes dont les marchands d'habits ne voulaient pas. Au milieu de la cheminée, entre deux flambeaux de zinc dépareillés, il y avait un paquet de reconnaissances du mont-de-piété[6], d'un rose tendre. C'était la belle chambre de l'hôtel, la chambre du premier, qui donnait sur le boulevard. [...]

L'hôtel se trouvait sur le boulevard de la Chapelle[7], à gauche de la barrière Poissonnière[8]. C'était une masure[9] de deux étages, peinte en rouge lie de vin jusqu'au second, avec des persiennes pourries par la pluie. Au-dessus d'une lanterne aux vitres étoilées, on parvenait à lire entre les deux fenêtres : *Hôtel Boncoeur, tenu par Marsoullier*, en grandes lettres jaunes, dont la moisissure du plâtre avait emporté des morceaux. Gervaise, que la lanterne gênait, se haussait, son mouchoir sur les lèvres. Elle regardait à droite, du côté du boulevard de Rochechouart, où des groupes de bouchers, devant les abattoirs, stationnaient en tabliers sanglants ; et le vent frais apportait une puanteur par moments, une odeur fauve de bêtes massacrées. Elle regardait à gauche, enfilant un long ruban d'avenue, s'arrêtant presque en face d'elle, à la masse blanche de l'hôpital de Lariboisière, alors en construction. Lentement, d'un bout à l'autre de l'horizon, elle suivait le mur de l'octroi[10], derrière lequel, la

1. veste de nuit légère.
2. lieu réel situé en haut du boulevard de la Chapelle.
3. situés au-delà du mur de l'octroi qui définit la limite de la capitale, quartier misérable et dangereux.
4. ouvrière qui polit le métal.
5. toile imprimée.
6. organisme de prêt d'argent en échange d'objets laissés en gage.
7. quartier très pauvre à l'époque.
8. porte d'entrée dans Paris (qui en compte 60).
9. petite habitation délabrée.
10. mur d'enceinte de la ville où est perçue une taxe d'entrée à chaque porte principale.

nuit, elle entendait parfois des cris d'assassinés ; et elle fouillait les angles écartés, les coins sombres, noirs d'humidité et d'ordure, avec la peur d'y découvrir le corps de Lantier, le ventre troué de coups de couteau. Quand elle levait les yeux, au-delà de cette muraille grise et interminable qui entourait la ville d'une bande de désert, elle apercevait une grande lueur, une poussière de soleil, pleine déjà du grondement matinal de Paris. Mais c'était toujours à la barrière Poissonnière qu'elle revenait, le cou tendu, s'étourdissant à voir couler, entre les deux pavillons trapus[11] de l'octroi, le flot ininterrompu d'hommes, de bêtes, de charrettes, qui descendait des hauteurs de Montmartre et de la Chapelle. Il y avait là un piétinement de troupeau, une foule que de brusques arrêts étalaient en mares sur la chaussée, un défilé sans fin d'ouvriers allant au travail, leurs outils sur le dos, leur pain sous le bras ; et la cohue s'engouffrait dans Paris où elle se noyait, continuellement.

Rue Champlain à Paris, 1858-1878, photographie de **Charles Marville** (détail), musée Carnavalet, Paris.

11. massifs.

Questions

Une description réaliste

1. À quel milieu social Gervaise appartient-elle ? Dans quelle situation personnelle se trouve-t-elle ?
2. Quelle focalisation est adoptée ? Comment la description s'organise-t-elle alors ?
   ► Narrateur et focalisations, p. 470
3. Relevez les noms de lieux : quel effet produisent-ils ?
4. Dans la description de la chambre et de l'hôtel, relevez tout ce qui suggère la saleté, l'insalubrité, l'usure et le manque.
5. Quel effet produisent la mention du rose tendre (l. 28) et le nom de l'hôtel (l. 33-34) ?

Un lieu symbolique

6. Dans le premier et le dernier paragraphes, quelles sont les couleurs dominantes ? Que connotent-elles ?
7. Montrez que l'horizon de Gervaise est cerné par la mort et la maladie. Que laisse pressentir l'*incipit* ?
   ► Les registres littéraires, p. 460
8. Relevez les métaphores qualifiant la foule d'ouvriers (l. 52-62) : que suggèrent-elles ?
   ► Les figures de style, p. 466

Synthèse Lisez l'extrait de la lettre adressée à Henri Céard (► p. 119) et montrez que l'*incipit* en est une illustration.

Grammaire

Quel temps verbal domine dans ce texte ? Indiquez-en la valeur et les effets produits dans l'extrait.

► Modes, temps et valeurs, p. 438

Vers le bac S'entraîner à la dissertation

Dans la préface de *L'Assommoir,* Zola affirme qu'il s'agit d'« une œuvre de vérité, le premier roman sur le peuple, qui ne mente pas et qui ait l'odeur du peuple ». À partir de l'extrait étudié, trouvez trois arguments qui pourraient étayer l'affirmation de Zola.

Dossier

L'ÉCRIVAIN AU TRAVAIL • ZOLA, L'ENQUÊTE AU PLUS PRÈS DU RÉEL

1 ZOLA ET LA RECHERCHE DOCUMENTAIRE

• Après avoir rédigé l'« Ébauche » (document préparatoire qui fixe thèmes et objectifs de chaque roman), Zola mène une enquête sur le terrain dont il consigne les résultats dans un carnet.

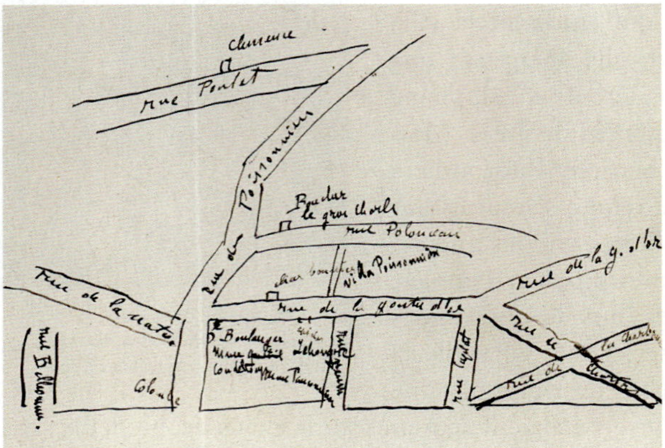

Croquis de **Zola** du quartier de la Goutte-d'Or, Paris, BnF, Département des manuscrits.

Question

1. Comparez le plan actuel de la Goutte-d'Or (noms des rues, etc.) et le croquis de Zola : que constatez-vous ?

Données cartographiques © 2015 Google.

• Pour *L'Assommoir*, Zola a déambulé dans le quartier populaire de la Goutte-d'Or, fait des croquis et pris huit pages de notes sur l'aspect des rues, leurs activités (restaurants sur les boulevards) et leur population (petits artisans et ouvriers dans des ateliers) ; il croise alors ces données avec une abondante documentation.

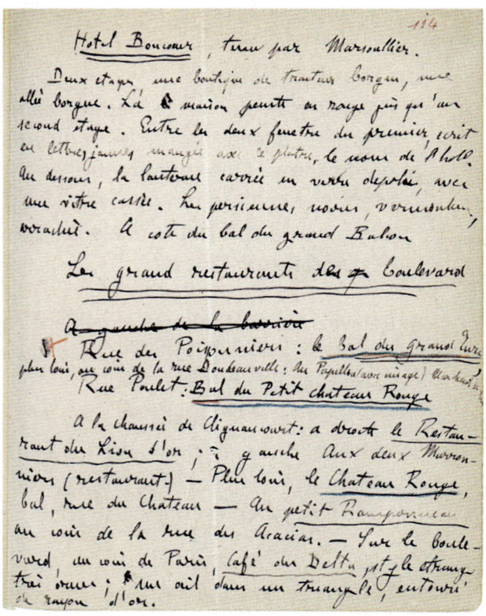

TRANSCRIPTION

[folio 114]
Hôtel Boncoeur, tenu par Marsoullier.
Deux étages, une boutique de traiteur borgne, une allée borgne. La maison peinte en rouge jusqu'au second étage. Entre les deux fenêtres du premier, écrit en lettres jaunes, mangées avec le plâtre, le nom de l'hôtel.
Au-dessous, la lanterne carrée en verre dépoli, avec une vitre cassée. Les persiennes noires, vermoulues, arrachées. À côté du bal du grand Balcon.
Les grands restaurants du boulevard

~~À gauche de la barrière~~
Rue des Poissonniers : le Bal du grand Turc.
Plus loin, au coin de la rue Doudeauville : Au papillon (avec image), marchand de vin.
Rue Poulet : Bal du Petit Château Rouge.

Questions

2. Quels détails consignés dans les notes semblent retenir l'attention de Zola ?
3. D'après les notes (folio 114) prises par Zola dans le quartier, relevez dans l'*incipit* de son roman (► p. 116) les détails réels qu'il a conservés.

2 ZOLA, CRITIQUE D'ART

Gustave Caillebotte, *Une rue de Paris par temps de pluie*, 1877, huile sur toile (212,2 × 276 cm), Art Institut, Chicago.

▲ Zola commence par être critique envers la peinture de Caillebotte. À propos des *Raboteurs de parquet* (1875), il écrit : « C'est une peinture tout à fait anti-artistique une peinture claire comme le verre, bourgeoise, à force d'exactitude. La photographie de la réalité, lorsqu'elle n'est pas rehaussée par l'empreinte originale du talent artistique, est une chose pitoyable » (Zola, *Lettres*, 1876).
Un an plus tard il révise néanmoins son jugement quand il évoque le tableau *Une rue de Paris par temps de pluie* (1877), qui « montre des passants, surtout un monsieur et une dame au premier plan qui sont d'une belle vérité » (Zola, *Notes parisiennes* du 19 avril 1877).

Zola, *Lettre à Henri Céard*, 22 mars 1885

« Nous mentons tous plus ou moins. [...] Je crois que je mens pour mon compte dans le sens de la vérité. J'ai l'hypertrophie du détail vrai, le saut dans les étoiles sur le tremplin de l'observation exacte. La vérité monte d'un coup d'aile jusqu'au symbole. »

Questions

1. Observez *Les Raboteurs de parquet* (► p. 18) : dites ce qui a pu heurter Zola.
2. Expliquez ce qu'apprécie Zola dans le tableau *Une rue de Paris par temps de pluie* (► ci-dessus) : en quoi le couple évoqué est-il d'une « belle vérité » ?
3. Quel paradoxe Zola énonce-t-il dans sa lettre à Henri Céard ?
4. Expliquez ce qu'entend Zola par « le saut dans les étoiles sur le tremplin de l'observation exacte ». Quel rôle accorde-t-il à l'observation du réel ?
5. Quel lien établissez-vous entre la « belle vérité » du tableau de Caillebotte et « la vérité [qui] monte d'un coup d'aile jusqu'au symbole » revendiquée dans la lettre ?

TEXTE 3

Émile Zola, *Au bonheur des dames* (1883)

► Biographie p. 556

CONTEXTE

Au cours du XIXe siècle, Paris voit l'apparition de grands magasins, qui modifient le paysage parisien et font apparaître une nouvelle classe, les employés. Des entrepreneurs visionnaires, qui instaurent de nouvelles techniques de vente comme les périodes de promotions, font rapidement fortune : Aristide Boucicaut développe *le Bon Marché* (1852), E. Cognac et M.L. Jay créent *La Samaritaine* (1870).

Mouret dirige le grand magasin Au Bonheur des Dames *situé dans le deuxième arrondissement de Paris. Il a progressivement agrandi son commerce, achetant les maisons voisines, gagnant sans cesse plus de clients. Dans cet extrait, il a organisé une vente de blanc et attiré la clientèle en promettant réductions et produits rares, comme l'étoffe « Matin Bonheur ».*

Lentement, la foule diminuait. Des volées de cloche, à une heure d'intervalle, avaient déjà sonné les deux premières tables[1] du soir ; la troisième allait être servie, et dans les rayons, peu à peu déserts, il ne restait que des clientes attardées, à qui leur rage de dépense faisait oublier l'heure. Du dehors, ne venaient plus que les roulements des derniers fiacres, au milieu de la voix empâtée de Paris, un ronflement d'ogre repu, digérant les toiles et les draps, les soies et les dentelles, dont on le gavait depuis le matin. À l'intérieur, sous le flamboiement des becs de gaz, qui, brûlant dans le crépuscule, avaient éclairé les secousses suprêmes de la vente, c'était comme un champ de bataille encore chaud du massacre des tissus. Les vendeurs, harassés de fatigue, campaient parmi la débâcle de leurs casiers et de leurs comptoirs, que paraissait avoir saccagés le souffle furieux d'un ouragan. On longeait avec peine les galeries du rez-de-chaussée, obstruées par la débandade des chaises ; il fallait enjamber, à la ganterie, une barricade de cartons, entassés autour de Mignot[2] ; aux lainages, on ne passait plus du tout, Liénard[2] sommeillait au-dessus d'une mer de pièces, où des piles restées debout, à moitié détruites, semblaient des maisons dont un fleuve débordé charrie les ruines ; et, plus loin, le blanc avait neigé à terre, on butait contre des banquises de serviettes, on marchait sur les flocons légers des mouchoirs. Mêmes ravages en haut, dans les rayons de l'entresol : les fourrures jonchaient les parquets, les confections s'amoncelaient comme des capotes de soldats mis hors de combat, les dentelles et la lingerie, dépliées, froissées, jetées au hasard, faisaient songer à un peuple de femmes qui se serait déshabillé là, dans le désordre d'un coup de désir ; tandis que, en bas, au fond de la maison, le service du départ, en pleine activité, dégorgeait toujours les paquets dont il éclatait et qu'emportaient les voitures, dernier branle de la machine surchauffée. Mais, à la soie surtout, les clientes s'étaient ruées en masse ; là, elles avaient fait place nette ; on y passait librement, le hall restait nu, tout le colossal approvisionnement du Paris-Bonheur[3] venait d'être déchiqueté, balayé, comme sous un vol de sauterelles dévorantes. Et, au milieu de ce vide, Hutin et Favier[2] feuilletaient leurs cahiers de débit, calculaient leur tant pour cent, essoufflés de la lutte. Favier s'était fait quinze francs, Hutin n'avait pu arriver qu'à treize, battu ce jour-là, enragé de sa mauvaise chance. Leurs yeux s'allumaient de la passion du gain, tout le magasin autour d'eux alignait également des chiffres et flambait d'une même fièvre, dans la gaieté brutale des soirs de carnage.

1. les employés mangent au réfectoire (trois services).
2. vendeurs.
3. soie dont le magasin a la propriété exclusive et qui remporte un grand succès auprès des clientes.

Le Nouvel Escalier du Bon marché, gravure parue dans *Le Monde illustré*, vers 1875, collection privée.

« *Le Bon Marché* en 1879 », musée Carnavalet, Paris.

– Eh bien ! Bourdoncle[4], cria Mouret, tremblez-vous encore ?

Il était revenu à son poste favori, en haut de l'escalier de l'entresol, contre la rampe ; et, devant le massacre d'étoffes qui s'étalait sous lui, il avait un rire victorieux. Ses craintes du matin, ce moment d'impardonnable faiblesse que personne ne connaîtrait jamais, le jetait à un besoin tapageur de triomphe. La campagne était donc définitivement gagnée, le petit commerce du quartier mis en pièces, le baron Hartmann[5] conquis, avec ses millions et ses terrains. Pendant qu'il regardait les caissiers penchés sur leurs registres, additionnant les longues colonnes de chiffres, pendant qu'il écoutait le petit bruit de l'or, tombant de leurs doigts dans les sébiles[6] de cuivre, il voyait déjà le *Bonheur des Dames* grandir démesurément, élargir son hall, prolonger ses galeries jusqu'à la rue du Dix-Décembre[7].

– Et maintenant, reprit-il, êtes-vous convaincu que la maison est trop petite ?… On aurait vendu le double.

4. adjoint de Mouret qui s'occupe de la surveillance générale du magasin.
5. financier à qui Mouret veut emprunter de l'argent.
6. petit récipient qui permet de recueillir de l'argent.
7. rue adjacente (actuelle rue du Quatre-Septembre près de l'Opéra Garnier).

Questions

Vocabulaire

Relevez les mots qui appartiennent au champ lexical du combat dans le texte. Que révèlent-ils ?

Une critique de la société de consommation

1. Au début du texte, repérez une personnification de Paris : commentez-la.
► Les figures de style, p. 466
2. Étudiez l'accumulation de détails concrets (l. 10-28). Montrez qu'elle mime le chaos.
3. Trouvez et analysez deux images évoquant l'état du magasin (l. 1 à 32).
4. Les clients sont-ils des victimes ou des agresseurs ? Quel regard est porté sur la société de consommation ?

Un personnage ambitieux

5. Quelle importance symbolique revêt la place où se tient Mouret ?
6. En quoi cette vente est-elle une victoire ? Quelle métaphore filée parcourt la fin du texte ?
7. Comment a-t-on accès aux pensées de Mouret ? Qu'éprouve-t-il ? Quel jugement le narrateur porte-t-il sur lui ?
► Narrateur et focalisations, p. 470

Synthèse Montrez comment l'extrait expose le triomphe des grands magasins.

Vers le bac S'entraîner au sujet d'invention

Écrivez un article dans un journal où vous décrivez l'ouverture des soldes et ce que vous inspire ce spectacle de la société de consommation. ► Lire un sujet d'invention, p. 512

Émile Zola, *La Curée* (1871)

► Biographie p. 556

CONTEXTE
« Roman de l'espace parisien » (Henri Mitterand, *L'Illusion réaliste de Balzac à Aragon*, 1994), *La Curée* évoque les travaux d'Haussmann et le contexte de spéculation qui accompagne la destruction de quartiers vétustes et l'expulsion de gens modestes pour bâtir des immeubles bourgeois. Les spéculateurs se ruent sur ces opportunités immobilières. Le titre du roman évoque la ruée des chiens de chasse sur la viande donnée en pâture.
► Repères historiques, p. 20

Aristide Saccard, qui s'appelle en réalité Aristide Rougon, a d'abord exercé des emplois modestes. Cherchant désormais à s'enrichir, il voit dans la rénovation de Paris l'occasion d'y parvenir. Il dîne avec son épouse Angèle, sur les hauteurs de Paris dans le quartier des Buttes Chaumont. Par la suite, la mort d'Angèle et le remariage de Saccard avec une femme fortunée lui permettront de réaliser ses projets.

Ce jour-là, ils dînèrent au sommet des buttes, dans un restaurant dont les fenêtres s'ouvraient sur Paris, sur cet océan de maisons aux toits bleuâtres, pareils à des flots pressés emplissant l'immense horizon. Leur table était placée devant une des fenêtres. Ce spectacle des toits de Paris égaya Saccard. Au dessert, il fit apporter une bouteille de bourgogne. Il souriait à l'espace, il était d'une galanterie inusitée. Et ses regards, amoureusement, redescendaient toujours sur cette mer vivante et pullulante, d'où sortait la voix profonde des foules. On était à l'automne ; la ville, sous le grand ciel pâle, s'alanguissait, d'un gris doux et tendre, piqué çà et là de verdures sombres, qui ressemblaient à de larges feuilles de nénuphars nageant sur un lac ; le soleil se couchait dans un nuage rouge, et, tandis que les fonds s'emplissaient d'une brume légère, une poussière d'or, une rosée d'or tombait sur la rive droite de la ville, du côté de la Madeleine et des Tuileries. C'était comme le coin enchanté d'une cité des *Mille et une Nuits*, aux arbres d'émeraude, aux toits de saphir, aux girouettes de rubis. Il vint un moment où le rayon qui glissait entre deux nuages fut si resplendissant, que les maisons semblèrent flamber et se fondre comme un lingot d'or dans un creuset[1].

- Oh ! vois, dit Saccard, avec un rire d'enfant, il pleut des pièces de vingt francs dans Paris !

Angèle se mit à rire à son tour, en accusant ces pièces-là de n'être pas faciles à ramasser. Mais son mari s'était levé, et, s'accoudant sur la rampe de la fenêtre :

- C'est la colonne Vendôme[2], n'est-ce pas, qui brille là-bas ?... Ici, plus à droite, voilà la Madeleine[3]... Un beau quartier, où il y a beaucoup à faire... Ah ! cette fois, tout va brûler ! Vois-tu ?... On dirait que le quartier bout dans l'alambic[4] de quelque chimiste.

Sa voix demeurait grave et émue. La comparaison qu'il avait trouvée parut le frapper beaucoup. Il avait bu du bourgogne, il s'oublia, il continua, étendant le bras pour montrer Paris à Angèle, qui s'était également accoudée à son côté :

- Oui, oui, j'ai bien dit, plus d'un quartier va fondre, et il restera de l'or aux doigts des gens qui chaufferont et remueront la cuve. Ce grand innocent de Paris ! vois donc comme il est immense et comme il s'endort doucement ! C'est bête, ces grandes villes ! Il ne se doute guère de l'armée de pioches qui l'attaquera un de ces beaux matins, et certains hôtels de la rue d'Anjou[5] ne reluiraient pas si fort sous le soleil couchant, s'ils savaient qu'ils n'ont plus que trois ou quatre ans à vivre.

Cet extrait renvoie à plusieurs mythes grecs (Danaé et Zeus transformé en pluie d'or, Jason et la Toison d'Or) ou épisodes célèbres de la Bible (David contre Goliath, Saint Georges terrassant le dragon).
▼

Ignace Fantin-Latour, *Danaé*, 1902, huile sur toile, musée La Piscine, Roubaix.

Angèle croyait que son mari plaisantait. Il avait parfois le goût de la plaisanterie colossale et inquiétante. Elle riait, mais avec un vague effroi, de voir ce petit homme se dresser au-dessus du géant couché à ses pieds, et lui montrer le poing, en pinçant ironiquement les lèvres.

– On a déjà commencé, continua-t-il. Mais ce n'est qu'une misère. Regarde là-bas, du côté des Halles, on a coupé Paris en quatre…

Et de sa main étendue, ouverte et tranchante comme un coutelas, il fit signe de séparer la ville en quatre parts.

– Tu veux parler de la rue de Rivoli[6] et du nouveau boulevard que l'on perce, demanda sa femme.

– Oui, la grande croisée de Paris, comme ils disent. Ils dégagent le Louvre et l'Hôtel de Ville[7]. Jeux d'enfants que cela ! C'est bon pour mettre le public en appétit… Quand le premier réseau[8] sera fini, alors commencera la grande danse. Le second réseau trouera la ville de toutes parts, pour rattacher les faubourgs au premier réseau. Les tronçons agoniseront dans le plâtre…

Charles Marville, *Percement de l'avenue de l'Opéra*, 1858-1878, photographie, musée Carnavalet, Paris.

1. pot résistant à la chaleur servant à la fusion ou à la combustion.
2. colonne de bronze qui commémore la bataille d'Austerlitz (1805).
3. l'église de la Madeleine.
4. appareil destiné à la distillation.
5. des hôtels particuliers de la rue d'Anjou seront détruits lors des travaux des boulevards Haussmann et Malesherbes.
6. la rue de Rivoli est prolongée avec une grande croisée au niveau du Châtelet.
7. monuments situés de part et d'autre de la rue de Rivoli.
8. le premier réseau comprend les grands axes est-ouest et nord-sud.

Questions

Une description hallucinée de Paris

1. Quels éléments ancrent la scène dans le Paris de l'époque ? Quelle focalisation est adoptée pour décrire le paysage parisien ?
► Narrateur et focalisations, p. 470
2. Commentez les différentes personnifications de Paris.
► Les figures de style, p. 466
3. Relevez et expliquez les images qui associent Paris à l'or et aux pierres précieuses. En quoi lui confèrent-elles une dimension mythique ? (voir la légende du tableau de Fantin-Latour ► p. 122)

Le pouvoir de l'argent

4. Comment se manifeste la soif de conquête de Saccard ? Quel verbe qui ressemble à son nom annonce son projet ?
5. Pourquoi Saccard suscite-t-il l'effroi d'Angèle ?
6. Lorsqu'il regarde et décrit la ville, en quoi se montre-t-il visionnaire ?
7. Qui de la ville géante ou du petit personnage qui l'observe, Saccard, semble dominer l'autre ? Pourquoi ?

Synthèse Montrez que le texte met au jour le pouvoir que l'argent exerce sur les hommes et la ville.

Grammaire

Quels temps Saccard utilise-t-il dans sa dernière réplique (l. 55-59) ? Quel est l'effet produit ?

► Modes, temps et valeurs, p. 438

Vers le bac S'entraîner à la dissertation

Dans un paragraphe, montrez que les romans ne se contentent pas de refléter de façon neutre le monde, mais qu'ils sont aussi porteurs d'un jugement. Évoquez, comme exemple, le regard de Zola sur le spéculateur Saccard.

► Construire un paragraphe de dissertation, p. 540

Émile Zola, *Le Ventre de Paris* (1873)

► Biographie p. 556

CONTEXTE

Au cœur de Paris, les Halles étaient, un marché d'approvisionnement en produits frais depuis le XIIe siècle. Pour des raisons sanitaires, Haussmann fait édifier douze pavillons en fonte, fer et verre : chacun a sa spécialité (viandes, poissons, etc.) et est relié aux autres par des allées couvertes. À l'extérieur, les marchandises sont disposées à même le sol, sur le « carreau ».

► Repères historiques, p. 20

Évadé du bagne de Cayenne, Florent est arrivé aux Halles, maigre et affamé. Il rencontre Claude, peintre fantasque, qui l'entraîne dans son errance au lever du jour.

Et Florent regardait les grandes Halles sortir de l'ombre, sortir du rêve, où il les avait vues, allongeant à l'infini leurs palais à jour. Elles se solidifiaient, d'un gris verdâtre, plus géantes encore, avec leur mâture[1] prodigieuse, supportant les nappes sans fin de leurs toits. Elles entassaient leurs masses géométriques ; et, quand toutes les clartés intérieures furent éteintes, qu'elles baignèrent dans le jour levant, carrées, uniformes, elles apparurent comme une machine moderne, hors de toute mesure, quelque machine vapeur, quelque chaudière destinée à la digestion d'un peuple, gigantesque ventre de métal, boulonné, rivé, fait de bois, de verre et de fonte, d'une élégance et d'une puissance de moteur mécanique, fonctionnant là, avec la chaleur du chauffage, l'étourdissement, le branle furieux des roues.

Mais Claude était monté debout sur le banc, d'enthousiasme. Il força son compagnon à admirer le jour se levant sur les légumes. C'était une mer. Elle s'étendait de la pointe Saint-Eustache[2] à la rue des Halles[3], entre les deux groupes de pavillons. Et, aux deux bouts, dans les deux carrefours, le flot grandissait encore, les légumes submergeaient les pavés. Le jour se levait lentement, d'un gris très-doux, lavant toutes choses d'une teinte claire d'aquarelle. Ces tas moutonnants comme des flots pressés, ce fleuve de verdure qui semblait couler dans l'encaissement de la chaussée, pareil à la débâcle des pluies d'automne, prenaient des ombres délicates et perlées, des violets attendris, des roses teintés de lait, des verts noyés dans des jaunes, toutes les pâleurs qui font du ciel une soie changeante au lever du soleil ; et, à mesure que l'incendie du matin montait en jets de flammes au fond de la rue Rambuteau[2], les légumes s'éveillaient davantage, sortaient du grand bleuissement traînant à terre. Les salades, les laitues, les scaroles, les chicorées, ouvertes et grasses encore de terreau, montraient leurs cœurs éclatants ; les paquets d'épinards, les paquets d'oseille, les bouquets d'artichauts, les entassements de haricots et de pois, les empilements de romaines, liées d'un brin de paille, chantaient toute la gamme du vert, de la laque verte des cosses au gros vert des feuilles ; gamme soutenue qui allait en se mourant, jusqu'aux panachures des pieds de céleris et des bottes de poireaux. Mais les notes aiguës, ce qui chantait plus haut, c'étaient toujours les taches vives des carottes, les taches pures des navets, semées en quantité prodigieuse le long du marché, l'éclairant du bariolage de leurs deux couleurs. Au carrefour de la rue des Halles, les choux faisaient des montagnes ; les énormes choux blancs, serrés et durs comme des boulets de métal pâle ; les choux frisés, dont les grandes feuilles ressemblaient à des vasques de bronze ; les choux rouges, que l'aube changeait en des floraisons superbes, lie de vin, avec des meurtrissures de carmin et de pourpre sombre. À l'autre bout, au carrefour de la pointe Saint-Eustache, l'ouverture de la rue Rambuteau était barrée par une barricade de potirons orangés, sur deux rangs, s'étalant, élargissant leurs ventres. Et le vernis mordoré[4] d'un panier d'oignons, le rouge saignant d'un tas de tomates, l'effacement jaunâtre d'un lot de concombres, le violet sombre d'une grappe d'aubergines, çà et là,

1. ensemble des mâts d'un navire.
2. appellation courante du carrefour des rues Montmartre, Montorgueil et Rambuteau, au pied de l'église Sainte-Eustache.
3. rues réelles ; la rue Rambuteau existe toujours.
4. d'un brun chaud, à reflets dorés.

Victor Gabriel Gilbert, *Le Carreau des Halles*, 1880, musée des Beaux-Arts (musée Malraux), Le Havre.

s'allumaient ; pendant que de gros radis noirs, rangés en nappes de deuil, laissaient encore quelques trous de ténèbres au milieu des joies vibrantes du réveil.

Claude battait des mains, à ce spectacle. Il trouvait « ces gredins de légumes » extravagants, fous, sublimes. [...]

– C'est crânement beau tout de même, murmurait Claude en extase.

Florent souffrait. Il croyait à quelque tentation surhumaine [...].

Maintenant il entendait le long roulement qui partait des Halles. Paris mâchait les bouchées à ses deux millions d'habitants. C'était comme un grand organe central battant furieusement, jetant le sang de la vie dans toutes les veines. Bruit de mâchoires colossales, vacarme fait du tapage de l'approvisionnement, depuis les coups de fouet des gros revendeurs partant pour les marchés de quartier, jusqu'aux savates traînantes des pauvres femmes qui vont de porte en porte offrir des salades, dans des paniers.

Questions

Vocabulaire

Sur quel nom est formé l'adjectif « colossal » (l. 58) ? Quel est l'étymologie de ce nom ? En quoi souligne-t-elle le caractère inquiétant des Halles ?

Prolongement

Le « jour levant, (l. 6) » « lever du soleil » (l. 22) et la métaphore marine font songer à un célèbre tableau de Monet (1872) qui a donné son nom à l'impressionnisme : recherchez-le sur internet et justifiez son titre.

Les points de vue

1. Quels détails ancrent ce texte dans le réel ? Quel point de vue est adopté dans chaque paragraphe ?
► **Narrateur et focalisation, p. 470**
2. Aux lignes 1 à 11 et 55 à 61, étudiez les images des Halles et de Paris. Quelle métaphore filée explicite le titre du roman ? ► **Les figures de style, p. 466**
3. Expliquez la souffrance de Florent et l'enthousiasme du peintre.

Le réel métamorphosé

4. À quel genre de tableau ressemblent les légumes à l'aube (l. 16) ? Justifiez votre réponse.
5. Aux lignes 20 à 25, observez les noms : quel élément prime dans ce tableau ?
6. Quelle métaphore exprime le changement de luminosité ? Étudiez la nouvelle coloration des étals.
7. Quelles connotations funèbres (l. 34 à 49) suggèrent le tableau d'une nature morte ?
8. À quel autre art le narrateur fait-il référence pour décrire les légumes ? Commentez cette approche du réel.

Synthèse Montrez que le style de cette page métamorphose le réel.

Vers le bac S'entraîner au sujet d'invention

En vous inspirant de Zola, faites la description d'un lieu réel que votre imagination métamorphosera. N'oubliez pas d'exprimer ce que vous inspire ce lieu.

► **Imiter un style, transposer un texte et le poursuivre, p. 516**

Œuvre intégrale • Étude d'ensemble

CONTEXTE DE L'ŒUVRE

Après avoir narré l'ascension des Rougon, Zola explore avec *Le Ventre de Paris* – 3e roman des *Rougon-Macquart* –, l'autre branche de la famille sous le Second Empire. Le titre métaphorique désigne l'emplacement central des Halles, mais aussi le débordement des appétits de la bourgeoisie.

1. Faites une recherche sur l'œuvre de Zola et le projet des *Rougon-Macquart*.

2. Étudiez la place du *Ventre de Paris* dans l'ensemble des *Rougon-Macquart* :

a. Quels thèmes étaient traités dans les deux précédents romans ?

b. Quels sont les liens de Claude et Lisa avec la famille des Rougon-Macquart (► **Repères littéraires p. 24**) ?

UN ROMAN NATURALISTE

Un document encyclopédique sur la vie des Halles

Avec ce roman, l'écrivain inaugure une méthode de documentation (lectures scientifiques et enquête sur le terrain consignées sous forme de notes) qu'il suivra désormais. Nourries de ce travail préparatoire, les descriptions prédominent dans ce roman, prenant le pas sur la narration : dotées d'un lexique précis et technique, faisant la part belle aux sens, elles expriment le rêve de Zola de restituer la saveur irremplaçable du réel.

3. Documentez-vous sur le travail préparatoire de Zola (► **p. 118-119**). Comment a-t-il procédé pour écrire le *Ventre de Paris* ?

www.lienmini.fr/magnard-el2-006
Sur le site de la Bibliothèque nationale de France, consultez les manuscrits et dossiers préparatoires de Zola et ses notes concernant les Halles.

4. Comment Zola témoigne-t-il des transformations de Paris dans son roman ? Faites une recherche sur le rôle d'Haussmann dans la transformation de Paris.

www.lienmini.fr/magnard-el2-007
• Sur le site du *Figaro*, recherchez l'article « Comment Haussmann a rebâti Paris » et consultez les photographies.

Le roman de l'oralité

Zola observe le peuple qui travaille dans les Halles et notamment les particularités de son langage.
Ex. : « Je voudrais bien les voir, ses millions, à mon cousin » s'exclame Lisa. (Zola, *Le Ventre de Paris*)
Fait inédit, il introduit les marques de l'oral dans son récit (style indirect libre, insertion de guillemets au cœur du discours indirect), offrant ainsi à la parole populaire une formidable caisse de résonance.
Ex. : la Chantemesse « pensa que "cette roulure-là semblait trop mauvaise gale pour crever", et elle adopta Cadine ». (Zola, *Le Ventre de Paris*)

5. Trouvez dans le roman trois exemples de ce parler populaire : commentez l'effet produit.

UNE ŒUVRE IMPRESSIONNISTE

Zola veut restituer la diversité des impressions des spectateurs des Halles : nausée et asphyxie de Florent devant la profusion des denrées périssables, enthousiasme de Claude devant ce bouillonnement de vie. Mais il est aussi sensible aux subtiles variations de la lumière, au chatoiement des couleurs, qu'il s'attache à rendre (► **p. 124**) ; fonctionnant comme une série de tableaux impressionnistes, le roman cherche à rendre le foisonnement du réel dans sa diversité et sa fugacité.

6. Quels sujets inspirent le peintre Claude ? Quels goûts artistiques sa devanture de Noël révèle-t-elle (chapitre 4) ? Que cherche-t-elle à montrer ? Pourquoi effraie-t-elle les gens bien-pensants ?

LES PERSONNAGES

La petite bourgeoisie : l'opposition des « Gras » et des « Maigres »

Florent, forçat évadé au tempérament idéaliste, se voit persécuté par un groupe de petits-bourgeois installés aux Halles, sanctuaire de la mangeaille, et attachés au confort matériel procuré par le Second Empire. Ces « Gras » sont attachés à la nourriture comme à l'ordre moral et politique et perçoivent la modération ou le jeûne des « Maigres » (Florent) comme une perversion des valeurs et une menace pour la société. Zola dénonce avec ironie les mesquineries ou la trivialité des « Gras » qui se prétendent honnêtes gens : scène de farce quand les poissonnières et la bonne auvergnate s'insultent, combat épique digne d'Homère lors des disputes entre Lisa et la belle Normande (chapitre 3), etc.

7. Reproduisez le tableau ci-dessous et classez les personnages du roman dans l'une ou l'autre catégorie à l'aide de la classification de Claude à la fin du chapitre 4. Déterminez ensuite les caractéristiques de chacune. Qui l'emporte dans cette lutte ?

	« Gras »	« Maigres »
Personnages		
Caractéristiques		

8. Dans le chapitre 2, lors du récit de Florent (« le monsieur mangé par les bêtes… »), étudiez les réactions de Lisa : à quelles valeurs est-elle attachée ? Comment voit-elle ceux qui ne mangent pas ?
9. Que reprochent précisément « les Gras » à Florent ? En quoi Florent est-il « dévoré » par eux ?
10. Commentez la réflexion finale de Claude : « Quels gredins que les honnêtes gens ! ».
11. Choisissez l'une des scènes de dispute du chapitre 3 et étudiez-en le comique.

Les républicains : des conspirateurs de café

Complotant contre l'Empire dans le café de M. Lebigre, les républicains, beaux-parleurs et lâches, voire hypocrites pour certains d'entre eux, n'échappent pas non plus à la médiocrité humaine. L'enlisement dans une vie molle et grasse, faite de consentements lâches, guette finalement tous les personnages du roman et se révèle indissociable de la condition humaine.

12. En vous appuyant sur des extraits précis, indiquez les défauts de chaque républicain du café.
13. En quoi Florent lui-même, âme de la conspiration, fait-il figure d'anti-héros ?

LA PORTÉE SYMBOLIQUE ET MYTHIQUE

Par le biais des métaphores, les descriptions des Halles possèdent aussi une charge symbolique (puanteur des fromages révélatrice de la médisance nauséabonde de Mlle Saget et de ses amies) et puisent dans l'imaginaire des contes et des mythes (selon Florent, les Halles s'apparentent à un monstre dévorateur, voire à une figure surgie des Enfers ► p. 125), témoignant de la vision originale de l'écrivain.

14. Choisissez une description de marché (viandes, poissons, fromages, fruits, etc.) et analysez quelles sont ses différentes fonctions (► p. 135).

UN MANIFESTE ANTI-ROMANTIQUE

Le Ventre de Paris est une sorte de contrepoint naturaliste au roman romantique de Victor Hugo, *Notre-Dame de Paris* (1831), empreint de spiritualité, et dont l'action se situe au Moyen-Âge. Zola prend position en faveur de la modernité par le biais de Claude Lantier qui s'enthousiasme devant les nouveaux pavillons Baltard forgés dans des matériaux modernes (► Contexte, p. 124).

15. Dans le chapitre 4, quel couple incarnant les Halles serait le pendant de Quasimodo et d'Esméralda dans l'œuvre de Hugo ?
16. En quoi le titre du roman choisi par Zola fait-il référence au roman de Hugo tout en s'y opposant ?

HISTOIRE DES ARTS • Les représentations des Halles, du XIXe au XXe siècle

1 UN MOTIF ARCHITECTURAL QUI INSPIRE LES ARTISTES

Entre 1854 et 1874, l'architecte Victor Baltard fait édifier sur l'emplacement des anciennes Halles (Contexte ► p. 124) douze pavillons alliant des matériaux modernes : du **vitrage** reposant sur une ossature de **fonte et de fer** (de « la dentelle de Vulcain » selon Verlaine). Cette véritable prouesse technique inspire les artistes de l'époque, écrivains comme graveurs.
Dans *Le Ventre de Paris* de Zola, Florent découvre « la haute voûte, dont les boiseries intérieures luisaient, entre les dentelles noires des charpentes de fonte », « la grande rue du milieu » qui fait songer « à quelque ville étrange, avec ses quartiers distincts » où « l'ombre, sommeillant dans les creux des toitures, multipliait la forêt des piliers, élargissait à l'infini les nervures délicates, les galeries découpées, les persiennes transparentes ; et c'était, au-dessus de la ville, jusqu'au fond des ténèbres, toute une végétation, toute une floraison, monstrueux épanouissement de métal [...] ».

Félix Benoist, *Vue des Halles depuis l'église Saint-Eustache*, vers 1870-1880, lithographie, collection privée.

Halles centrales de Paris, vue intérieure du pavillon central, XIXe siècle, estampe.
▼

Questions

1. Relisez l'extrait du *Ventre de Paris* de Zola (► p. 124) pour identifier le monument au premier plan à droite de la lithographie. Combien de pavillons et de rues couvertes sont visibles ?
2. Quel type d'immeuble voit-on derrière les Halles sur la lithographie ? Justifiez votre réponse.
3. Commentez les trois images employées par Zola pour décrire l'intérieur des Halles.
4. Retrouvez-vous l'équivalent de ces images sur l'estampe ? Si oui, expliquez les procédés employés par le graveur. Justifiez votre réponse.

2 UN SUJET NATURALISTE

Léon Lhermitte, *Les Halles*, 1895, huile sur toile (404 × 635 cm), musée des Beaux-Arts de la Ville de Paris, Petit Palais.

Émile Zola, *Le Ventre de Paris* (1873)

Dans ce quartier animé de minuit à midi, affluent dès l'aube, sous le regard des noctambules, les producteurs : des porteurs déchargent sur le trottoir (carreau) les cargaisons que vont vendre maraîchères ou marchandes.

Le long de la rue couverte, maintenant des femmes vendaient du café, de la soupe. Au coin du trottoir, un large rond de consommateurs s'était formé autour d'une marchande de soupe aux choux. [...] Cependant, la foule des bonnets blancs[1], des caracos noirs[1], des blouses bleues[2], emplissait les étroits sentiers, entre les tas. C'était toute une campagne bourdonnante. Les grandes hottes des porteurs filaient lourdement au-dessus des têtes. Les revendeuses, les marchands des quatre saisons, les fruitiers, achetaient, se hâtaient. Il y avait des caporaux et des bandes de religieuses[3] autour des montagnes de choux ; tandis que des cuisiniers de collège flairaient, cherchant les bonnes aubaines. On déchargeait toujours ; des tombereaux[4] jetaient leur charge à terre, comme une charge de pavés, ajoutant un flot aux autres flots, qui venaient maintenant battre le trottoir opposé.

1. revendeuses des pavillons venues s'approvisionner.
2. porteurs.
3. ils viennent se fournir aux Halles pour leur communauté.
4. charrette.

Questions

1. Retrouvez dans le tableau des détails fournis par Zola et expliquez comment auteur et artiste suggèrent la surabondance des denrées et le grouillement de la foule.
2. Observez la légende du tableau : quels sujets dans la peinture classique autorisent ce genre de format ? Le sujet représenté en fait-il partie ? Pourquoi ce choix selon vous ?
3. Précisez les activités des personnages. Observez la luminosité : à quel moment de la journée la scène se situe-t-elle ?
4. La scène vous semble-t-elle réaliste ? Justifiez votre réponse.

3 LES HALLES VUES PAR UN PHOTOGRAPHE : DOISNEAU

Pour des raisons d'hygiène, d'encombrement du trafic et de rentabilité économique, le marché d'approvisionnement est transféré à Rungis (au sud de Paris) en 1969. Malgré un mouvement de contestation, 20 000 personnes évacuent les lieux, les pavillons sont démolis en 1971, laissant place à un immense vide, « le trou des Halles ».

C'est ainsi tout un monde convivial et sa foule bigarrée qui disparaissent. À partir de 1979, le « trou » laisse place au forum des Halles, centre commercial et complexe sportif et culturel, et à l'immense gare souterraine de Châtelet-les Halles : depuis 2010, l'ensemble, devenu vétuste, est en cours de réaménagement.

1 **Robert Doisneau,** *Le Marché des Halles, la nuit*, septembre 1967.

2 **Robert Doisneau,** *Le Trou des Halles*, années 1970.

◄ « Paris perd son ventre et un peu de son esprit », écrit **Robert Doisneau** (1912-1994), inlassable photographe du quartier.

Prolongements

• Un seul pavillon Baltard, non-démoli, a été remonté à Nogent-sur-Marne. Cherchez-en une photographie : qu'abrite-t-il aujourd'hui ?

• Cherchez qui est Robert Doisneau. Laquelle de ses photographies, prise devant l'Hôtel de Ville de Paris, a fait le tour du monde ?

Questions

Photographie 1

1. Quel est l'intérêt, selon vous, du choix du noir et blanc pour cette vue ?
2. Quelle impression l'empilement des denrées produit-il ?
3. Quelle atmosphère l'éclairage crée-t-il ?

Photographie 2

4. Montrez que cette photographie est divisée en deux (plans, contraste). Comment la cicatrice béante laissée par la démolition des pavillons est-elle mise en avant ?
5. Que représentent le vieil homme et l'église Saint-Eustache de part et d'autre du « trou » des Halles ? De quoi le quartier semble-t-il avoir été amputé ?

www.lienmini.fr/magnard-el2-008

Documentez-vous sur le projet des futures Halles : en quoi leur architecture témoigne-t-elle du désir d'intégrer le passé des pavillons Baltard ?

PERSPECTIVE DU XXe SIÈCLE

Céline, *Voyage au bout de la nuit* (1932)

CONTEXTE
Louis Ferdinand Destouches, dit **Céline** (1894-1961), est médecin et écrivain. Il est l'auteur d'une œuvre littéraire reconnue mais aussi d'écrits polémiques, parfois antisémites. Dans *Voyage au bout de la nuit*, le narrateur est un anti-héros désabusé dont la langue triviale dévoile une réalité médiocre et raconte « tout sans changer un mot, de ce qu'on a vu de plus vicieux chez les hommes ».

Andy Warhol, *Dollar Signs*, 1981, sérigraphie acrylique sur toile (229 × 178 cm), collection privée.

Après avoir été confronté à l'horreur de la Première Guerre mondiale, Ferdinand Bardamu découvre le centre de New York (Manhattan) et ses lieux emblématiques, Broadway et Wall Street.

Comme si j'avais su où j'allais, j'ai eu l'air de choisir encore et j'ai changé de route, j'ai pris sur ma droite une autre rue, mieux éclairée, « Broadway »[1] qu'elle s'appelait. Le nom je l'ai lu sur une plaque. Bien au-dessus des derniers étages, en haut, restait du jour avec des mouettes et des morceaux du ciel. Nous on avançait dans la lueur d'en bas, malade comme celle de la forêt et si grise que la rue en était pleine comme un gros mélange de coton sale.

C'était comme une plaie triste la rue qui n'en finissait plus, avec nous au fond, nous autres, d'un bord à l'autre, d'une peine à l'autre, vers le bout qu'on ne voit jamais, le bout de toutes les rues du monde.

Les voitures ne passaient pas, rien que des gens et des gens encore.

C'était le quartier précieux, qu'on m'a expliqué plus tard, le quartier pour l'or : Manhattan[2]. On n'y entre qu'à pied, comme à l'église. C'est le beau cœur en Banque du monde d'aujourd'hui. Il y en a pourtant qui crachent par terre en passant. Faut être osé.

C'est un quartier qu'en est rempli d'or, un vrai miracle, et même qu'on peut l'entendre le miracle à travers les portes avec son bruit de dollars qu'on froisse, lui toujours trop léger le Dollar, un vrai Saint-Esprit[3], plus précieux que du sang.

J'ai eu tout de même le temps d'aller les voir et même je suis entré pour leur parler à ces employés qui gardaient les espèces. Ils sont tristes et mal payés.

Quand les fidèles entrent dans leur Banque, faut pas croire qu'ils peuvent se servir comme ça selon leur caprice. Pas du tout. Ils parlent à Dollar en lui murmurant des choses à travers un petit grillage, ils se confessent quoi. Pas beaucoup de bruit, des lampes bien douces, un tout minuscule guichet entre de hautes arches, c'est tout.

1. artère nord-sud de Manhattan (quartier central de New York) consacrée aux spectacles.
2. Wall Street (bourse de New York) est situé au sud de Manhattan
3. le Saint-Esprit (ou Esprit-Saint) est, pour les chrétiens, l'Esprit de Dieu.

Grammaire

Dans le premier paragraphe, relevez tous les adjectifs qualificatifs et indiquez leur fonction. Quelle image de la ville ces adjectifs donnent-ils ?

► Classes et fonctions, p. 436

Questions

1. Qui le pronom « nous » désigne-t-il (l. 7-10) ? À l'aide des comparaisons et des champs lexicaux, étudiez l'atmosphère qui règne à New York.
2. Quels éléments (vocabulaire, tournures syntaxiques) confèrent à la langue du narrateur un style oral ? Quel effet ce parler populaire produit-il ?
3. Pourquoi le mot « Dollar » commence-t-il par une majuscule ? Étudiez la métaphore filée employée pour décrire le monde de la finance à Manhattan.
4. Quel regard le narrateur porte-t-il sur la place accordée à l'argent ?

PERSPECTIVE DU XXe SIÈCLE

Le Clézio, *Désert* (1980)

CONTEXTE

J.M.G Le Clézio (né en 1940) est un écrivain français dont l'œuvre, onirique, est marquée par le goût des voyages et des cultures amérindiennes. Il accorde une large place aux mythes et aux grands espaces. Ayant reçu le grand prix de littérature Paul-Morand pour *Désert* (1980), il a reçu le Prix Nobel de littérature en 2008.

Lalla, jeune Touareg, vit une enfance pauvre mais heureuse aux portes du désert marocain. Amoureuse d'un berger, elle s'enfuit pour échapper à un mariage forcé : elle débarque, enceinte, à Marseille.

Lalla remonte vers la vieille ville, elle gravit lentement les marches de l'escalier défoncé où coule l'égout qui sent fort. En haut de l'escalier, elle tourne à gauche, puis elle marche dans la rue du Bon Jésus. […] Par terre, il y a plusieurs taches rouges comme le sang, où rôdent des mouches. La couleur rouge résonne dans la tête de Lalla, fait un bruit de sirène, un sifflement qui creuse un trou, vide son esprit. […]

Lalla continue à marcher, en respirant avec peine. La sueur coule toujours sur son front, le long de son dos, mouille ses reins, pique ses aisselles. Il n'y a personne dans les rues à cette heure-là, seulement quelques chiens au poil hérissé, qui rongent leurs os en grognant. Les fenêtres au ras du sol sont fermées par des grillages, des barreaux. Plus haut, les volets sont tirés, les maisons semblent abandonnées. Il y a un froid de mort qui sort des bouches des soupirails, des caves, des fenêtres noires. C'est comme une haleine de mort qui souffle le long des rues, qui emplit les recoins pourris au bas des murs. Où aller ? […]

Sans se retourner, elle s'en va vite, elle redescend vers la mer, le long des rues silencieuses. Le vent qui passe par rafales fait claquer le linge, de grands draps blancs aux bords effilochés, des vêtements d'enfant, d'homme, des lingeries bleues et roses de femme ; Lalla ne veut pas les regarder, parce qu'ils montrent des corps invisibles, des jambes, des bras, des poitrines, comme des dépouilles sans tête. Elle longe la rue Rodillat, et là aussi il y a ces fenêtres basses, couvertes de grillage, fermées de barreaux, où les hommes et les enfants sont prisonniers. Lalla entend par moments les bribes de phrases, les bruits de vaisselle ou de cuisine, ou bien la musique nasillarde, et elle pense à tous ceux qui sont prisonniers, dans ces chambres obscures et froides, avec les blattes et les rats, tous ceux qui ne verront plus la lumière, qui ne respireront plus le vent. […]

Partout il y a la faim, la peur, la pauvreté froide, comme de vieux habits usés et humides, comme de vieux visages flétris et déchus.

Questions

1. Quels détails ancrent la description dans le réel ?
2. Repérez la focalisation adoptée : quel en est l'intérêt ?
3. Analysez les symptômes physiques du malaise de la jeune fille.
4. Dégagez les caractéristiques de la vieille ville : montrez que la vie semble s'en être retirée.
5. Relevez et commentez les répétitions.
6. Aux lignes 16-17, quels éléments naturels Lalla apprécie-t-elle ? Qu'évoquent-ils ?

Synthèse Montrez que ce lieu réel, transformé par la peur de Lalla, devient le contrepoint des paysages de son enfance.

Grammaire

À quel temps ce texte est-il écrit ? Précisez-en les différentes valeurs.

► **Modes, temps et valeurs, p. 438**

PERSPECTIVE DU XXIe SIÈCLE

Mabrouck Rachedi, « Détours » (2007)

Tour d'immeuble à Clichy-sous-Bois (Seine-saint-Denis).

CONTEXTE
Le collectif *Qui fait la France ?* regroupe des écrivains issus de l'immigration comme Mabrouk Rachedi, d'origine algérienne. Tenant la littérature pour un « miroir » du réel (► p. 136), ces « plumes de bitume » explorent le monde des banlieues où ils ont vécu, dénonçant le sacrifice des qualités architecturales et esthétiques dans les cités.

Livreur de pizzas, Hassan fait de longs détours lors de certaines livraisons : plutôt que de se justifier, il préfère démissionner.

Qu'est-ce que j'allais leur[1] expliquer ? Qu'*elles* m'obsèdent ? Qu'au milieu d'*elles*, je suis emmuré vivant ? Que leurs façades monstrueuses peuplent mes cauchemars ? Que leur verticalité me donne le vertige ? Qu'à leur pied, j'ai l'impression d'être un prisonnier surveillé par des miradors ? Que j'en ai marre d'être pourchassé par leur ombre tutélaire où que je sois dans la ville ? Que je refuse de les voir en face parce qu'*elles* me renvoient l'image de cinquante ans d'une politique de concentration inhumaine ?

Les sept tours de ma cité, trente étages, quarante mètres de haut, je les hais, je les vomis. Elles m'ont élevé aux mamelles de la laideur. Ces géantes hideuses bouchent mon horizon, mon avenir. Comment croire au beau quand son antonyme est omniprésent ? Un océan de bitume, c'est ça ma lucarne sur le monde.

Les tours, les barres et toute cette lèpre, présentées comme une révolution pour les revenus modestes des années cinquante, ont été le tombeau de leurs illusions perdues. À défaut de grimper l'échelle sociale, on les a murés dans des sommets d'horreur urbaine. On a empilé les briques comme les immigrés, n'importe comment, dans des cités dortoirs. À peine débarqué en France, mon père a été tamponné à l'encre bleue, bon pour l'usine. C'était un bestiau qu'on importait pour sa force de travail. D'un foyer minable, il est passé à *ça*, les seules constructions humaines visibles depuis l'espace avec la Muraille de Chine. […]

Les architectes, du haut de leurs études et de leurs certitudes, construisaient des habitats psychopathogènes[2], criminogènes[3]. L'infection a gagné les trottoirs, la voirie, les grilles, les murs, les façades. Le gris et la rouille, les couleurs du désespoir, se sont substitués au bleu blanc rouge du drapeau tricolore.

À quand un procès contre les bâtisseurs de ces quartiers concentrationnaires ? Le chef d'accusation : crime contre la cité.

in Collectif Qui fait la France ?, *Chroniques d'une société annoncée*, 2007, © Éditions Stock.

1. le directeur et son équipe.
2. qui peut contribuer au développement d'une maladie mentale.
3. qui peut contribuer au développement de la criminalité.

Questions

1. Comment le narrateur crée-t-il un effet d'attente (l. 3-9) ?
2. Que ressent-il au contact des tours ?
3. Commentez les images exprimant leur laideur.
4. Quelle métaphore désigne les travailleurs immigrés ? Commentez-la.
5. Que symbolise le changement de couleurs (l. 27-28) ?
6. À quel événement historique le dernier paragraphe renvoie-t-il ? Que suggère cette référence ?

Synthèse Expliquez les reproches que le narrateur adresse à l'urbanisme des cités.

VOCABULAIRE L'ESPACE

1 ÉTYMOLOGIE

L'élément « cosmos » est issu du grec *Kosmos* qui signifie « ordre », « univers ». Il a donné naissance à plusieurs mots. Associez chaque terme à sa définition.

A. cosmétique	1. Astronomie descriptive qui repère les mouvements des objets célestes
B. cosmopolite	2. Qui concerne le cosmos, l'univers
C. cosmographie	3. Qui concerne les soins de beauté
D. macrocosme	4. Univers considéré par rapport au microcosme que constitue l'homme
E. microcosme	5. Science qui étudie l'univers et ses lois
F. cosmique	6. Qui subit, s'accommode ou comprend les influences de nombreux pays
G. cosmologie	7. Homme considéré comme un petit univers, une image réduite du monde ou de la société

2 EMPLOIS

Recopiez les phrases suivantes en remplaçant les expressions en italique par des mots choisis dans l'exercice 1.

a. Paul prend des cours d'astronomie, il s'initie à la *description des astres et de l'univers*.

b. New York est une ville *où vivent des personnes venues de tous les horizons du monde*.

c. Selon Victor Hugo, le roman contient tout un *monde en modèle réduit*.

d. Des corps *appartenant à l'espace* ne cessent de circuler loin au-dessus de nos têtes.

3 VOCABULAIRE DE LA VILLE

La famille étymologique concernant la ville a deux étymons: *urbs* (signifie « ville » en latin) et *polis* (signifie « ville » en grec). Complétez les phrases suivantes avec des mots formés à partir de *urbs* ou de *polis*.

a. La vie u... est fatigante.

b. Il manifestait toujours une politesse raffinée qui témoignait de son aisance dans le monde: il faisait preuve d'u....

c. Le pape a donné une bénédiction u....

d. Le dépeuplement des campagnes favorise toujours l'u....

e. Les nations civilisées et raffinées sont p....

f. L'agent de p... réglait la circulation.

g. Paris, Londres ou New York sont de grandes m....

4 DE L'ADJECTIF AU NOM

Indiquez le nom correspondant aux adjectifs suivants. Vous chercherez le sens des mots que vous ne connaissez pas.

exigu – vaste – étroit – contigu – ample – restreint – petit – gigantesque – oblique

5 MÊMES SONORITÉS, SENS DIFFÉRENT

Voici des couples de mots de même famille mais dont le sens et l'emploi ne sont pas les mêmes. Employez-les dans deux phrases distinctes afin de souligner cette différence.

largeur/largesse ; spatial/spacieux ; ampleur/amplitude

6 DE L'ESPACE À LA PENSÉE

a. *Dériver* signifie « modifier une trajectoire »: mais qu'est-ce qu'un *dérivatif*?

b. *Errer* a donné *erreur*. Quel est l'adjectif correspondant à *erreur*?

c. Vous savez ce que signifie tourner à gauche, mais en quoi consiste l'action de *gauchir un fait*?

d. On *progresse* sur un chemin ou dans ses résultats scolaires. Que fait-on quand on *digresse*? Quel est le nom correspondant à ce verbe?

e. *Errance* est le substantif correspondant au verbe *errer*. De quoi parle-t-on quand on emploie le substantif *errements*?

f. Vous savez ce qu'est l'*altitude*. Mais dans quel cas emploie-t-on l'adjectif de même famille: *altier*?

7 SENS PROPRE, SENS FIGURÉ

Employez les mots suivants dans deux phrases: au sens propre, puis au sens figuré.

écart – diverger – gauche – droit – cheminer – aplomb

EXPRESSION ÉCRITE

Sujet 1

Décrivez précisément le lieu où vous vous trouvez sans utiliser une seule fois l'expression « il y a ». Introduisez des verbes de perception (apercevoir, remarquer, etc.) et des verbes de mouvement.

Sujet 2

Votre esprit vagabonde... Rédigez un paragraphe pour décrire ce voyage intérieur en multipliant les verbes et expressions concernant l'espace pour décrire votre pensée. N'hésitez pas à introduire du vocabulaire n'apparaissant pas dans cette page.

SYNTHÈSE

ZOLA ET LA DESCRIPTION NATURALISTE

La description, qui cherche à montrer la réalité sous tous ses aspects, devient l'outil indispensable du roman réaliste. Tout en s'inscrivant dans le droit fil de l'héritage réaliste, la description naturaliste s'en distingue par certains infléchissements.

1 LA DESCRIPTION NATURALISTE

La description naturaliste se caractérise par certaines spécificités :

- **l'importance du travail préparatoire** : recherches documentaires, carnets d'enquête sur le terrain (Zola, *L'Assommoir* ► p. 116-119).
- **le recours aux sciences** : découvertes médicales (hérédité dans *La Bête humaine* ► séquence 5, p. 103), techniques modernes (la « machine à vapeur » des Halles dans *Le Ventre de Paris* ► p. 126).
- **la diversité de points de vue** (Paris décrit par Hélène et sa fille dans *Une page d'amour* ► p. 112) **voire l'ambiguïté** sur l'identité du regard (est-ce Florent ou Claude qui voit les Halles dans *Le Ventre de Paris* ? ► p. 124).
- **l'intégration de la description à la narration** créant une atmosphère (la tempête et l'état de l'enfant sont décrits et narrés simultanément dans *Une page d'amour* ► p. 112).

2 LES FONCTIONS DE LA DESCRIPTION

Fonction mimétique (donner l'illusion de la réalité)

Héritière des inventaires de Balzac, elle montre le monde dans sa profusion de sorte à produire un effet de réel (le magasin dans *Au bonheur des dames* ► p. 120).

Fonction documentaire et didactique

Documentaire, elle délivre des informations (la périphérie de Paris dans *L'Assommoir* ► p. 116) ; didactique, elle use d'un vocabulaire spécifique (la précision lexicale des étoffes dans *Au bonheur des dames* ► p. 120).

Fonction esthétique

Les auteurs naturalistes restituent la vibration de la lumière au fil de la journée (coloris des légumes le matin dans *Le Ventre de Paris* ► p. 124). Ces « romanciers de l'instantané » privilégient juxtapositions et tours nominaux, équivalents des touches de peinture impressionnistes.

Fonction symbolique

Zola lui donne une portée symbolique par le biais de comparaisons, de métaphores (les métaphores de la guerre suggèrent le triomphe des grands magasins sur le petit commerce dans *Au bonheur des dames* ► p. 120) ou par le recours au mythe (nouveau Zeus, Saccard voit une pluie de pièces d'or au moment de conquérir Paris-Danaé dans *La Curée* ► p. 122).

3 OBJECTIVITÉ ET SUBJECTIVITÉ

Le rêve d'une « reproduction exacte de la vie »

Zola a pour idéal le reflet fidèle et total de la réalité, ce qui implique la disparition des héros démesurés au profit d'êtres ordinaires et l'impersonnalité du narrateur-auteur.

« L'art est un produit humain, une sécrétion humaine » (Zola)

Mais le réel est toujours vu à travers le regard subjectif et donc déformant de l'auteur : « Nous voyons la création dans une œuvre, à travers un homme, à travers un tempérament, une personnalité. [...] La réalité exacte est donc impossible dans une œuvre d'art » (Zola, *Lettre à Valabrègue*, 1864).
Les descriptions alternent donc souvent visions objective du narrateur et subjective d'un personnage (Jeanne vit la tempête comme la fin du monde dans *Une page d'amour* ► p. 112), délivrant des jugements implicites et un certain regard sur la société.

Débats littéraires *Le rôle de l'écrivain est-il seulement de reproduire le réel ?*

STENDHAL

Un roman est un miroir qui se promène sur une grande route.

[U]n roman est un miroir qui se promène sur une grande route. Tantôt il reflète à vos yeux l'azur des cieux, tantôt la fange des bourbiers[1] de la route. Et l'homme qui porte le miroir dans sa hotte sera par vous accusé d'être immoral ! Son miroir montre la fange, et vous accusez le miroir ! Accusez bien plutôt le grand chemin où est le bourbier, et plus encore l'inspecteur des routes qui laisse l'eau croupir et le bourbier se former.

Stendhal, *Le Rouge et le Noir*, 1830.

1. endroit creux rempli d'une boue épaisse.

ZOLA

L'auteur n'est pas un moraliste, mais un anatomiste qui se contente de dire ce qu'il trouve dans le cadavre humain.

Le premier caractère du roman naturaliste, dont *Madame Bovary*[1] est le type, est la reproduction exacte de la vie, l'absence de tout élément romanesque. La composition de l'œuvre ne consiste plus que dans le choix des scènes et dans un certain ordre harmonique des développements. Les scènes sont elles-mêmes les premières venues : seulement, l'auteur les a soigneusement triées et équilibrées, de façon à faire de son ouvrage un monument d'art et de science. C'est de la vie exacte donnée dans un cadre admirable de facture. Toute invention extraordinaire en est donc bannie. On n'y rencontre plus des enfants marqués à leur naissance, puis perdus, pour être retrouvés au dénouement. [...]

Fatalement, le romancier tue les héros, s'il n'accepte que le train ordinaire de l'existence commune. Par héros, j'entends les personnages grandis outre mesure, les pantins changés en colosses. [...] De là, ces grandes créations, ces types hors-nature, debout, et dont les noms restent. Au contraire, les bonshommes se rapetissent et se mettent à leur rang, lorsqu'on éprouve la seule préoccupation d'écrire une œuvre vraie, pondérée, qui soit le procès-verbal fidèle d'une aventure quelconque. [...] On a voulu la médiocrité courante de la vie, et il faut y rester. La beauté de l'œuvre n'est plus dans le grandissement d'un personnage, [...] elle est dans la vérité indiscutable du document humain, dans la réalité absolue des peintures où tous les détails occupent leur place, et rien que cette place. [...]

J'insisterai enfin sur un troisième caractère. Le romancier naturaliste affecte de disparaître complètement derrière l'action qu'il raconte. Il est le metteur en scène caché du drame. Jamais il ne se montre au bout d'une phrase. On ne l'entend ni rire ni pleurer avec ses personnages, pas plus qu'il ne se permet de juger leurs actes. C'est même cet apparent désintéressement qui est le trait le plus distinctif. On chercherait en vain une conclusion, une moralité, une leçon quelconque tirée des faits. Il n'y a d'étalés, de mis en lumière, uniquement que les faits, louables ou condamnables. L'auteur n'est pas un moraliste, mais un anatomiste qui se contente de dire ce qu'il trouve dans le cadavre humain. Les lecteurs concluront, s'ils le veulent, chercheront la vraie moralité, tâcheront de tirer une leçon du livre. Quant au romancier, il se tient à l'écart, surtout par un motif d'art, pour laisser à son œuvre son unité impersonnelle, son caractère de procès-verbal écrit à jamais sur le marbre.

Émile Zola, *Les Romanciers naturalistes*, 1881.

1. roman de Gustave Flaubert (1857). ► p. 38, 96

Maupassant

Les Réalistes de talent devraient s'appeler plutôt des Illusionnistes.

Mais en se plaçant au point de vue même de ces artistes réalistes, on doit discuter et contester leur théorie qui semble pouvoir être résumée par ces mots : « Rien que la vérité et toute la vérité. »

[…]

Le réaliste, s'il est un artiste, cherchera, non pas à nous montrer la photographie banale de la vie, mais à nous en donner la vision plus complète, plus saisissante, plus probante que la réalité même.

Raconter tout serait impossible, car il faudrait alors un volume au moins par journée, pour énumérer les multitudes d'incidents insignifiants qui emplissent notre existence.

Un choix s'impose donc, – ce qui est une première atteinte à la théorie de toute la vérité.

La vie, en outre, est composée des choses les plus différentes, les plus imprévues, les plus contraires, les plus disparates ; elle est brutale, sans suite, sans chaîne, pleine de catastrophes inexplicables, illogiques et contradictoires qui doivent être classées au chapitre faits divers.

Voilà pourquoi l'artiste, ayant choisi son thème, ne prendra dans cette vie encombrée de hasards et de futilités que les détails caractéristiques utiles à son sujet, et il rejettera tout le reste, tout l'à-côté. […]

La vie encore laisse tout au même plan, précipite les faits ou les traîne indéfiniment. L'art, au contraire, consiste à user de précautions et de préparations, à ménager des transitions savantes et dissimulées, à mettre en pleine lumière, par la seule adresse de la composition, les événements essentiels et à donner à tous les autres le degré de relief qui leur convient, suivant leur importance, pour produire la sensation profonde de la vérité spéciale qu'on veut montrer. […]

Faire vrai consiste donc à donner l'illusion complète du vrai, suivant la logique ordinaire des faits, et non à les transcrire servilement dans le pêle-mêle de leur succession.

J'en conclus que les Réalistes de talent devraient s'appeler plutôt des Illusionnistes.

Quel enfantillage, d'ailleurs, de croire à la réalité puisque nous portons chacun la nôtre dans notre pensée et dans nos organes. Nos yeux, nos oreilles, notre odorat, notre goût différents créent autant de vérités qu'il y a d'hommes sur la terre. Et nos esprits qui reçoivent les instructions de ces organes, diversement impressionnés, comprennent, analysent et jugent comme si chacun de nous appartenait à une autre race.

Guy de Maupassant, Préface à *Pierre et Jean,* 1887.

FAIRE DES RECHERCHES

- Lisez l'empoisonnement et l'agonie d'Emma dans *Madame Bovary* de Gustave Flaubert (partie III, chapitre 8), puis expliquez le reproche qu'A. Lernot adresse à Flaubert dans sa caricature « Flaubert dissèque Madame Bovary » (1869) dans *Parodie* (► p. 96).
- Faites des recherches sur les critiques adressées aux écrivains réalistes et naturalistes par leurs contemporains : classez-les et expliquez-les.

PREPARER LE DEBAT

1. Relevez et expliquez les différentes images employées pour caractériser le romancier et le roman réalistes.
2. Quelle position par rapport à la morale le romancier adopte-t-il dans les textes de Stendhal et de Zola ?
3. Identifiez précisément la thèse de chacun des auteurs ainsi que les arguments auxquels ils recourent. Qu'en pensez-vous ?

DÉBATTRE ► Le rôle de l'écrivain est-il seulement de reproduire le réel ?

4. Cherchez dans l'ensemble du chapitre (► p. 26 à 141) et dans vos lectures personnelles des exemples de textes qui permettent d'illustrer ce débat.

Mise en jeu Constituez deux groupes. Engagez un débat portant sur le rôle de l'écrivain où chaque groupe soutient des arguments opposés. Chaque groupe devra s'appuyer sur les textes de ces deux pages et se référer à des exemples précis de romans.

TEXTE A Balzac, *Le Médecin de campagne* (1833)

Médecin de campagne, Benassis, héberge pendant quelques jours un officier, le commandant Genestas. Ce dernier l'accompagne dans sa tournée. Le médecin rend visite à un jeune patient, Jacques.

Quand Genestas eut éclairé la chaumière, il fut frappé de l'extrême maigreur de cet enfant, qui n'avait plus que la peau et les os. Lorsque le petit paysan fut couché, Benassis lui frappa sur la poitrine en écoutant le bruit qu'y produisaient ses doigts[1] ; puis, après avoir étudié des sons de sinistre présage, il ramena la couverture sur Jacques, se mit à quatre pas, se croisa les bras et l'examina.

– Comment te trouves-tu, mon petit homme ?

– Bien, monsieur. [...]

– Ta mère est bien longtemps à revenir.

– Monsieur, elle vient, dit l'enfant, je l'entends dans le sentier.

Le médecin et l'officier attendirent en regardant autour d'eux. Aux pieds du lit était un matelas de mousse, sans draps ni couverture, sur lequel la mère couchait toute habillée sans doute. Genestas montra du doigt ce lit à Benassis, qui inclina doucement la tête comme pour exprimer que lui aussi avait admiré déjà ce dévouement maternel. Un bruit de sabots ayant retenti dans la cour, le médecin sortit.

– Il faudra veiller Jacques pendant cette nuit, mère Colas. S'il vous disait qu'il étouffe, vous lui feriez boire de ce que j'ai mis dans un verre sur la table. Ayez soin de ne lui en laisser prendre chaque fois que deux ou trois gorgées. Le verre doit vous suffire pour toute la nuit. Surtout ne touchez pas à la fiole, et commencez par changer votre enfant, il est en sueur.

– Je n'ai pu laver ses chemises aujourd'hui, mon cher monsieur, il m'a fallu porter mon chanvre à Grenoble pour avoir de l'argent.

– Hé ! bien, je vous enverrai des chemises.

– Il est donc plus mal, mon pauvre gars ? dit la femme.

– Il ne faut rien attendre de bon, mère Colas, il a fait l'imprudence de chanter ; mais ne le grondez pas, ne le rudoyez point, ayez du courage. Si Jacques se plaignait trop, envoyez-moi chercher par une voisine. Adieu.

Le médecin appela son compagnon et revint vers le sentier.

– Ce petit paysan est poitrinaire ? lui dit Genestas.

– Mon Dieu ! oui, répondit Benassis. À moins d'un miracle dans la nature, la science ne peut le sauver. Nos professeurs, à l'école de médecine de Paris, nous ont souvent parlé du phénomène dont vous venez d'être témoin. Certaines maladies de ce genre produisent, dans les organes de la voix, des changements qui donnent momentanément aux malades la faculté d'émettre des chants dont la perfection ne peut être égalée par aucun virtuose. Je vous ai fait passer une triste journée, monsieur, dit le médecin quand il fut à cheval. Partout la souffrance et partout la mort, mais aussi partout la résignation. Les gens de la campagne meurent tous philosophiquement, ils souffrent, se taisent et se couchent à la manière des animaux. Mais ne parlons plus de mort, et pressons le pas de nos chevaux.

1. l'auscultation fut inventée par le docteur Laennec en 1816.

TEXTE B Zola, *Le Docteur Pascal* (1893)

À Plassans, la jeune Clotilde vit heureuse aux côtés du docteur Pascal ; ce dernier a peu à peu abandonné son métier de médecin de famille pour se tourner vers la recherche.

Par la ville et par les campagnes environnantes, le docteur Pascal continuait donc ses visites de médecin. Et, presque toujours, il avait au bras Clotilde, qui entrait avec lui chez les pauvres gens.

Mais, comme il le lui avait avoué très bas, une nuit, ce n'étaient guère, désormais, que des tournées de soulagement et de consolation. Déjà, autrefois, s'il avait fini par ne plus exercer qu'avec répugnance, cela venait de ce qu'il sentait tout le vide de la thérapeutique[1]. L'empirisme[2] le désolait. Du moment que la médecine n'était pas une science expérimentale, mais un art, il demeurait inquiet devant l'infinie complication de la maladie et du remède, selon le malade. Les médications changeaient avec les hypothèses : que de gens avaient dû tuer jadis les méthodes aujourd'hui abandonnées ! Le flair du médecin devenait tout, le guérisseur n'était plus qu'un devin heureusement doué, marchant lui-même à tâtons, enlevant les cures au petit bonheur de son génie. Et cela expliquait pourquoi, après une douzaine d'années d'exercice, il avait à peu près abandonné sa clientèle pour se jeter dans l'étude pure. Puis, lorsque ses grands travaux sur l'hérédité[3] l'avaient ramené un instant à l'espoir d'intervenir, de guérir par ses piqûres hypodermiques[4], il s'était de nouveau passionné, jusqu'au jour où sa foi en la vie, qui le poussait à en aider l'action, en réparant les forces vitales, s'était élargie encore, lui avait donné la certitude supérieure que la vie se suffisait, était l'unique faiseuse de santé et de force. Et il ne continuait ses visites, avec son tranquille sourire, qu'auprès des malades qui le réclamaient à grands cris et qui se trouvaient miraculeusement soulagés, même lorsqu'il les piquait avec de l'eau claire.

Clotilde, parfois, maintenant, se permettait d'en plaisanter. Elle restait, au fond, la fervente du mystère[5] ; et elle disait gaiement que, s'il faisait ainsi des miracles, c'était qu'il en avait en lui le pouvoir, un vrai Bon Dieu ! Mais, alors, il s'égayait à lui retourner la vertu efficace de leurs visites communes, racontant qu'il ne guérissait plus personne quand elle était absente, que c'était elle qui apportait le souffle de l'au-delà, la force inconnue et nécessaire. Ainsi, les gens riches, les bourgeois, où elle ne se permettait pas d'entrer, continuaient à geindre, sans aucun soulagement possible. Et cette dispute tendre les amusait, ils partaient chaque fois comme pour des découvertes nouvelles, ils avaient de bons regards d'intelligence chez les malades. Ah ! cette gueuse[6] de souffrance qui les révoltait, qu'ils allaient seule combattre encore, comme ils étaient heureux, lorsqu'ils la croyaient vaincue ! Ils se sentaient récompensés divinement, quand ils voyaient les sueurs froides se sécher, les bouches hurlantes s'apaiser, les faces mortes reprendre vie. C'était leur amour, décidément, qu'ils promenaient et qui calmait ce petit coin d'humanité souffrante.

« Mourir n'est rien, c'est dans l'ordre, disait souvent Pascal. Mais souffrir, pourquoi ? c'est abominable et stupide ! »

1. partie de la médecine qui s'occupe des traitements.
2. c'est le fait d'utiliser des traitements par tradition ou intuition, sans preuve expérimentale de leur efficacité.
3. le docteur étudie l'hérédité, science nouvelle pour l'époque, à partir de l'histoire de sa famille, les Rougon-Macquart. Il s'agit de découvrir les lois qui régissent la transmission des gènes.
4. Zola s'est documenté et reprend une thèse du docteur Maurice de Fleury, datant de 1892, préconisant des injections avec de « l'eau dans laquelle nagent des globules de sang ».
5. Clotilde est très croyante.
6. être méprisable.

TEXTE C Céline, *Voyage au bout de la nuit* (1932)

Le narrateur, Bardamu est médecin à Rancy dans la banlieue parisienne. Son patient, le petit Bébert, va mourir et Bardamu demeure impuissant devant l'évolution de sa maladie.

Elle a duré des semaines la maladie de Bébert. J'y allais deux fois par jour pour le voir. Les gens du quartier m'attendaient devant la loge, sans en avoir l'air et sur le pas de leurs maisons, les voisins aussi. C'était comme une distraction pour eux. On venait pour savoir de loin, si ça allait plus mal ou mieux. Le soleil qui passe à travers trop de choses ne laisse jamais à la rue qu'une lumière d'automne avec des regrets et des nuages.

Des conseils, j'en ai reçu beaucoup à propos de Bébert. Tout le quartier, en vérité, s'intéressait à son cas. On parlait pour et puis contre mon intelligence. Quand j'entrais dans la loge, il s'établissait un silence critique et assez hostile, écrasant de sottise surtout. Elle était toujours remplie par des commères amies la loge, les intimes, et elle sentait donc fort le jupon et l'urine de lapin. Chacun tenait à son médecin préféré, toujours plus subtil, plus savant. Je ne présentais qu'un seul avantage moi, en somme, mais alors celui qui vous est difficilement pardonné, celui d'être presque gratuit, ça fait tort au malade et à sa famille un médecin gratuit, si pauvre soit-elle.

Bébert ne délirait pas encore, il n'avait seulement plus du tout envie de bouger. Il se mit à perdre du poids chaque jour. Un peu de chair jaunie et mobile lui tenait encore au corps en tremblotant de haut en bas à chaque fois que son cœur battait. On aurait dit qu'il était partout son cœur sous sa peau tellement qu'il était devenu mince Bébert en plus d'un mois de maladie. Il m'adressait des sourires raisonnables quand je venais le voir. Il dépassa ainsi très aimablement les 39 et puis les 40 et demeura là pendant des jours et puis des semaines, pensif.

La tante à Bébert avait fini par se taire et nous laisser tranquilles. Elle avait tout dit ce qu'elle savait, alors elle allait pleurnicher, déconcertée, dans les coins de sa loge, l'un après l'autre. Du chagrin enfin lui était venu tout au bout des mots, elle n'avait pas l'air de savoir qu'en faire du chagrin, elle essayait de se le moucher, mais il lui revenait son chagrin dans la gorge et des larmes avec, et elle recommençait. Elle s'en mettait partout et comme ça elle arrivait à être encore un peu plus sale que d'habitude et elle s'en étonnait : « Mon Dieu ! mon Dieu ! » qu'elle faisait. Et puis c'était tout. Elle était arrivée au bout d'elle-même à force de pleurer et les bras lui retombaient et elle en restait bien ahurie devant moi.

Elle revenait quand même encore un bon coup en arrière dans son chagrin et puis elle se redécidait à repartir en sanglotant. Ainsi, pendant des semaines que ça a duré ces allées et venues dans sa peine. Il fallait pressentir que cette maladie tournerait mal. Une espèce de typhoïde maligne c'était, contre laquelle tout ce que je tentais venait buter, les bains, le sérum… le régime sec… les vaccins… Rien n'y faisait. J'avais beau me démener, tout était vain. Bébert passait, irrésistiblement emmené, souriant. Il se tenait tout en haut de sa fièvre comme en équilibre, moi en bas à cafouiller.

Sujet

I. Vous répondrez d'abord à la question suivante :

Comment les réalités du métier de médecin sont-elles évoquées dans ces trois extraits ?

II. Vous traiterez ensuite, au choix, l'un des sujets suivants :

1. Commentaire

Vous commenterez le texte d'Émile Zola, *Le Docteur Pascal* (texte B).

2. Dissertation

Certains auteurs ont comparé le travail du romancier réaliste à celui du médecin car tous deux observent les hommes et leurs maux. Le travail du romancier consiste-t-il seulement à peindre le quotidien des hommes et les maux qui les touchent ?

3. Écriture d'invention

Genestas écrit à son fils pour lui raconter sa journée auprès du docteur Benassis (texte A). Rédigez cette lettre. Vous prendrez soin d'évoquer la visite faite au jeune Jacques et les pensées de Genestas concernant le métier de médecin.

Méthode Analyser un corpus de textes

ÉTAPE 1 Analyser la question posée

- Repérez les mots-clés.

ÉTAPE 2 Rechercher des éléments de réponse en relevant des citations

- Le médecin entre dans l'intimité des maisons. Relevez dans les textes A et C les éléments qui témoignent de cet aspect.
- Comment la souffrance des patients et de leur entourage est-elle mise en relief ?
- De quelles façons les relations entre les médecins et leurs patients sont-elles présentées ? Analysez en particulier les représentations de paroles et de pensées.
- Quelle est l'attitude des médecins face à la mort ? Justifiez votre réponse par des citations précises.

ÉTAPE 3 Construire un plan de réponse

- Le médecin témoin des souffrances quotidiennes des patients.
- Le médecin confronté à l'impuissance de la science.
- Le médecin face à la mort.

ÉTAPE 4 Rédiger la réponse

CHAPITRE 2

La tragédie et la comédie au XVIIe s. : le classicisme

►►► *Le Bourgeois Gentilhomme* de **Molière**, mis en scène par Benjamin Lazar, avec Olivier Martin et Benjamin Lazar, 2004, théâtre du Trianon, Paris.

REPÈRES HISTORIQUES • LA GLORIFICATION DU POUVOIR ROYAL

	1610	1620	1630	1640	1650	1660
POLITIQUE	*Régence : Marie de Médicis, ministre Richelieu* • 1610 assassinat de Henri IV	*Règne de Louis XIII*			*Régence : Anne d'Autriche, ministre Mazarin*	
SOCIÉTÉ			• 1635 fondation de l'Académie française			
CULTURE	• 1616 *Chasse aux tigres* de **Rubens** (1577-1640)		• 1637-1638 *L'Enlèvement des Sabines* de **Poussin** (1594-1665) ; • 1637 *Le Cid* de **Corneille** (1606-1684)		• 1647 *L'Extase de sainte Thérèse d'Ávila* du **Bernin** (1598-1680)	

Hyacinthe Rigaud, *Louis XIV*, 1701, huile sur toile (277 × 194 cm), musée du Louvre, Paris.

Question

Quelle image du monarque une telle représentation offre-t-elle ?

LE RENFORCEMENT DE L'AUTORITÉ ROYALE

Une période de transition : le règne de Louis XIII (1610-1643)

• L'assassinat d'**Henri IV** (1589-1610) par Ravaillac marque la transition entre les XVIe et XVIIe siècles. Après une période de Régence (1610-1617), Louis XIII, avec l'aide de son ministre Richelieu, **affirme son autorité** en remettant en cause les privilèges de la noblesse.

• À la mort de Louis XIII, en 1643, son fils – le futur Louis XIV – n'a que cinq ans. La France connaît alors une nouvelle Régence avec Anne d'Autriche, secondée par Mazarin qui mate **la Fronde** (1648-1652), grande révolte des nobles contre un pouvoir qui cherche à les affaiblir.

L'apogée de la monarchie absolue de droit divin : Louis XIV (1643-1715)

• En 1661, après une nouvelle période de régence, à la mort de Mazarin, Louis XIV décide de régner seul. La toute-puissance est concentrée sur sa personne et n'émane que d'elle. Le caractère absolutiste de la monarchie, renforcé par l'**autorité divine** qui lui est conférée, n'est pas un fait nouveau mais **Louis XIV porte cet absolutisme à son apogée.**

• Le roi a tous les pouvoirs ; mais il doit éviter de sombrer dans l'exercice tyrannique de sa volonté, comme Louis XIV le rappelle lui-même dans ses *Mémoires à l'usage du Dauphin*, texte bâti sur l'éloge de la vertu et de la raison. L'attachement à ces principes explique en partie l'enthousiasme du roi pour la pièce de Racine, *Britannicus*, qui dénonce les errances de Néron (empereur romain de 54 à 68 ap. J.-C. dont le règne fut marqué par le crime et la démesure) et exalte, à travers le personnage de Burrhus, la vertu (► Séquence 6, p. 218-233).

LA NOBLESSE DE COUR

Une partie de la noblesse, dont l'influence et le pouvoir sont remis en cause par Louis XIII et Louis XIV, constitue une menace. Les deux monarques cherchent donc à la contrôler.

• **Louis XIII** et son ministre **Richelieu** contrent ses ambitions. L'interdiction des duels (qui va notamment à l'encontre de l'honneur, une des valeurs de la morale aristocratique) est un exemple qui témoigne de la **volonté royale d'asseoir son autorité**. On garde trace de cet héroïsme aristocratique dans plusieurs pièces de Corneille (*Le Cid* ► p. 174 et *Horace* ► p. 200).

www.lienmini.fr/magnard-el2-009

• Sur le site du château de Versailles, dans la rubrique « Versailles au cours de siècles », lisez la fiche sur les courtisans.

• Comment la vie des courtisans s'organise-t-elle ?

1670	1680	1690	1700	1710	1720

Règne de Louis XIV

- **1682** installation de Louis XIV à Versailles
- **1685** révocation de l'édit de Nantes
- **1710** destruction de l'Abbaye de Port Royal

- **1663** création de l'Académie royale de peinture et de sculpture
- **1680** création de la Comédie-Française

- **1669** *Britannicus* de **Racine** (1622-1673)
- **1673** *Le Malade imaginaire* de **Molière** (1622-1673)

• **Louis** xiv poursuit cette tâche. Il installe la noblesse, d'abord au Louvre, puis à Versailles pour mieux la «**domestiquer**» en lui offrant des plaisirs et des fêtes. En 1664, il fait organiser les «Plaisirs de l'île enchantée» où est donnée la première version du *Tartuffe* de Molière (► p. 164) ; en 1674, ce sont les «Divertissements de Versailles» avec la représentation du *Malade imaginaire* de Molière (► p. 210-217) et d'*Iphigénie* de Racine (► p. 206).

Jean-Auguste-Dominique Ingres,
Le Roi Louis XIV et Jean-Baptiste Poquelin, dit Molière, à table devant les courtisans (détail), 1857, Comédie-Française, Paris.

LE POUVOIR ET LES ARTS

Louis xiii, et plus encore Louis xiv, engagent une politique culturelle sans précédent. Conscients du rôle que les arts sont susceptibles de jouer dans la **célébration de leur propre gloire**, ils organisent un système de **promotion des arts** et distribuent des **gratifications** qui leur assurent un contrôle permanent sur les artistes qui se doivent de **plaire au pouvoir** pour exister. Seuls quelques-uns résistent – dont La Fontaine – qui refusent cette stratégie de la gloire.

Le rôle de Richelieu

Dès son arrivée au pouvoir en 1624, Richelieu encourage l'écriture dramatique et invite Louis xiii à développer un système de subventions pour les troupes de l'Hôtel de Bourgogne et du Marais. En 1635, l'**Académie française** est créée dans le but de donner des règles certaines à l'emploi de la langue française.

La politique culturelle de Louis xiv

• Louis xiv hérite de cette conception. Le roi, conscient du rôle que les arts sont susceptibles de jouer dans sa **glorification**, confie à Colbert l'élaboration de cette politique culturelle. Certains artistes, dont Racine qui devient historiographe royal, exercent des charges. De nombreuses académies sont créées (Académie royale de peinture et de sculpture en 1663, Académie des sciences en 1666). À l'échelle du théâtre, en 1680, une lettre de cachet, signée à Versailles, marque la fondation d'une troupe unique : la **Comédie-Française.**

• Saint-Simon, pourtant prompt à la critique envers le pouvoir royal, n'hésite pas à reconnaître, dans ses *Mémoires* – véritable chronique du règne de Louis xiv – «qu'au début des années 1680, Louis xiv était parvenu au comble de la gloire humaine».

Question

Comment le tableau ci-dessus souligne-t-il la nature privilégiée des rapports entre Louis xiv et l'artiste ?

www.lienmini.fr/magnard-el2-010

Sur le site de l'Académie française, découvrez les étapes de la création de l'institution et ses missions.

L'ORNEMENTATION BAROQUE

• Le XVIe siècle, synonyme d'humanisme, s'achève sur une crise : les guerres de religion et l'assassinat d'Henri IV (▶ Repères historiques, p. 144) mettent fin aux espérances renaissantes.

• L'art baroque (terme emprunté au portugais *barroco* qui désigne à l'origine une perle impure de forme irrégulière), susceptible de traduire l'instabilité et l'inconstance humaines, s'affirme progressivement dans cette époque troublée.

Architecture et sculpture baroques sont ainsi caractérisées par la liberté des formes et l'abondance des ornements, qui s'expriment notamment dans l'œuvre de l'artiste italien **Le Bernin** (1598-1680).

• Le baroque domine la scène musicale jusqu'au XVIIIe siècle. L'importance donnée à l'ornementation est identique et les œuvres de **Lully** (1632-1687) et **Marin Marais** (1656-1728) en témoignent.

Le Bernin, *L'Extase de sainte Thérèse d'Ávila*, 1647, sculpture en marbre, chapelle Cornaro de Santa Maria della Vittoria, Rome.

Question

1. Comment Le Bernin crée-t-il l'impression de mouvement et d'abandon dans la sculpture ?

L'IDÉAL CLASSIQUE : RÉGULARITÉ, SOBRIÉTÉ, RATIONALITÉ

• En réponse à l'ostentation baroque se développe une esthétique de la mesure, synonyme d'harmonie, de sobriété et de raison (▶ Repères littéraires, p. 148) ; le but étant d'atteindre un idéal de beauté intemporel défini d'après l'héritage gréco-latin. Louis XIV contribue au développement du classicisme dont l'esthétique traduit la mesure et l'ordre dont il veut faire l'image de son règne.

Peter Paul Rubens, *Chasse aux tigres*, vers 1616, huile sur toile (256 × 324 cm), musée des Beaux-Arts, Rennes.

Questions

2. Montrez que ce tableau de Rubens est représentatif de l'art baroque.
3. Comparez son exécution avec celle du tableau de Nicolas Poussin (▶ p. 206).

Vue aérienne du château de Versailles, prise depuis un cerf-volant, 2006.

• En architecture et en sculpture, les compositions privilégient les lignes droites, la géométrie, la symétrie. **Le Vau** (1612-1670), premier architecte du roi en 1654, et **Hardouin Mansart** (1646-1708) travaillent dans cet esprit pour la conception du château de Versailles. Cette rigueur se reflète aussi dans les jardins à la française de **Le Nôtre** (1613-1700).

• **La peinture** est dominée par les figures de **Nicolas Poussin** (1594-1665) et **Charles Le Brun** (1619-1690), qui représentent de nombreux tableaux historiques et allégoriques. Ils privilégient le dessin, visent un idéal de clarté et une forme d'épure qui s'opposent aux courbes et à la profusion du baroque.

• Au XVIIe siècle, l'adjectif « classique » signifie « antique ». En 1751, dans *Le Siècle de Louis XIV*, Voltaire est le premier à qualifier ainsi les artistes prônant la mesure et l'équilibre au rang de grands artistes de l'Antiquité. C'est donc un qualificatif élogieux. Au XIXe siècle, le terme, employé par les romantiques, se colore de manière péjorative pour désigner des œuvres tournées vers le passé.

Sur le site du château de Versailles :

www.lienmini.fr/magnard-el2-011

Cherchez les informations relatives aux fêtes de cour sous le règne de Louis XIV. En quoi ces fêtes sont-elles l'occasion, pour le roi, de développer et soutenir les arts tout en glorifiant sa personne ?

www.lienmini.fr/magnard-el2-012

Découvrez le catalogue iconographique. Quels commentaires pouvez-vous faire sur les titres des peintures qui ornent la galerie des Glaces ?

UNE RÉALITÉ ARTISTIQUE COMPLEXE

Il ne faut cependant pas réduire la vie artistique à une opposition stérile entre baroque et classicisme.

De fait, ces esthétiques ont pu se rencontrer, fusionner pour créer ce qui fait la spécificité des beaux-arts français au XVIIe siècle. Ainsi en est-il de Versailles, emblème du classicisme qui abrite, par exemple, la célèbre galerie des Glaces, lieu où règnent l'apparat et les effets en trompe l'œil qu'affectionne le baroque. Le château accueille aussi, en 1664, les « Plaisirs de l'île enchantée », somptueuse fête marquée par la profusion et accompagnée par la musique baroque de Lully (► **Repères historiques, p. 144**).

« Baroque » et « classicisme » sont des désignations qui ont été forgées *a posteriori* pour qualifier les deux styles qui animent le XVIIe siècle.

Viole de gambe, bois, vers 1680, The Metropolitan Museum of Art, New York.

On considère généralement le XVIIe siècle comme l'**âge d'or** du théâtre qui constitue alors **le genre majeur**. Les comédiens et dramaturges jouissent d'un certain prestige, en raison d'une politique culturelle qui leur est favorable (► Repères historiques, p. 144) et d'une reconnaissance par le public de cour. Ils font cependant l'objet de nombreuses attaques de la part du parti dévot – fortement attaché aux pratiques religieuses –, dont l'ennemi juré est Molière qui prend régulièrement ses membres pour cible (*Le Tartuffe* ► p. 164). Ce parti voit dans le théâtre un danger et une atteinte à la morale. En effet, **l'illusion théâtrale** est considérée comme propice à la **corruption des âmes et des cœurs.**
Le théâtre doit alors œuvrer à sa propre légitimation.

La salle de l'Hôtel de Bourgogne au XVIIe siècle, Bibliothèque historique de la Ville de Paris.

Question
Quelles remarques pouvez-vous faire sur l'agencement de la salle de théâtre de L'Hôtel de Bourgogne ?

L'ESTHÉTIQUE CLASSIQUE

Plaire et instruire

Le théâtre s'impose donc une première règle, celle de **plaire**, dont vont découler toutes les autres règles : « La principale règle est de plaire et de toucher : toutes les autres ne sont faites que pour parvenir à cette première » (Racine, préface de *Bérénice*, 1670). Il faut plaire pour pouvoir **toucher** le public et ainsi **l'instruire en corrigeant les mœurs.**

L'imitation des Anciens

Ce principe de plaisir se nourrit du **goût pour l'Antiquité**, conçu comme un modèle à égaler : Racine s'inspire d'Euripide pour *Iphigénie* et Molière trouve un modèle en Plaute, auteur latin du IIIe siècle (► Séquence 1, p. 150-163).

Vraisemblance et bienséances

Pour que le plaisir soit réel, il faut que l'illusion théâtrale soit parfaite. Ainsi, les artifices du théâtre doivent être dissimulés et le goût du public doit être respecté (► Synthèse, p. 209) : ce sont les principes de **vraisemblance** et la **bienséance**.

La règle des trois unités

Pour garantir ces principes, les règles classiques, en particulier celle des unités de temps, lieu et action s'imposent dans les années 1630. Les partisans de la régularité sont en quête d'un idéal esthétique.

La quête d'idéal

La perfection est recherchée à travers **l'ordre, l'équilibre et la mesure.** Cette **recherche d'idéal** donne lieu à la publication de nombreux ouvrages théoriques dont *La Pratique du théâtre* de l'abbé d'Aubignac en 1657 (► p. 201) ou encore *L'Art poétique* de Boileau (1674) qui fait la synthèse des préceptes classiques.

La séparation des genres

• Héritage de l'Antiquité, la séparation des genres est la règle, comme le formule Boileau dans son *Art poétique* (1674) : « Que chaque genre garde la place qui lui convient et qui a été son lot ». S'opère donc un changement radical par rapport à l'esthétique baroque – synonyme de mélange et de contrastes – (► Repères littéraires, p. 146) dont on a encore la marque dans les premières œuvres de Corneille (*L'Illusion comique* ► p. 198).

Jean-Auguste-Dominique Ingres, *Homère déifié,* huile sur toile (386 × 512 cm), 1827, musée du Louvre, Paris.

Question

1. Identifiez les auteurs classiques représentés dans ce tableau.
2. Quel principe classique cette œuvre illustre-t-elle ?

• La « querelle du *Cid* », de Corneille, souligne combien les enjeux relatifs à cette séparation des genres sont importants. Représentée en 1637, l'œuvre est d'abord qualifiée par son auteur de « tragi-comédie »; dès 1648, il l'inscrit dans le genre purement tragique en soulignant combien le dilemme auquel sont en proie les personnages de Rodrigue et de Chimène (*Le Cid* ► p. 174) confère à la pièce sa noblesse tragique.

Question

Faites des recherches précises sur la querelle du *Cid*. Quelles en sont les origines ? Quels sont les arguments des deux camps ?

LE RÈGNE DE LA TRAGÉDIE

• Avec la redécouverte de la *Poétique* d'Aristote (IVe siècle av. J.-C.), ouvrage essentiellement consacré au genre tragique, les théoriciens élaborent progressivement les bases de ce qui deviendra le modèle de la tragédie classique. Deux auteurs en sont les dignes représentants.

• **Pierre Corneille** d'abord auteur de pièces aux tonalités baroques (*L'Illusion comique* ► p. 198), s'oriente vers le modèle classique. Le héros cornélien est un **personnage d'exception**, qui exhibe sa valeur et sa grandeur: Horace, Cléopâtre, Camille, etc.

• **Jean Racine** peintre de la fatalité, met en scène des personnages aveuglés par leur passion: Phèdre, Hermione, Néron, etc.

Anonyme, *Portrait de Pierre Corneille*, XVIIIe siècle, dessin, musée Corneille, Rouen.

François de Troy, *Portrait de Jean Racine*, XVIIe siècle, musée du Breuil-de-Saint-Germain, Langres.

LA COMÉDIE CLASSIQUE

• La comédie, longtemps présentée comme un « genre bas », ne concentre pas l'intérêt des théoriciens. Elle souffre d'un mépris relatif de leur part en raison d'une méfiance à l'encontre du rire. Si Corneille tente de lui donner une certaine dignité, c'est **Molière** (1622-1673) qui lui offre sa réhabilitation en travaillant à légitimer le rire (► Synthèse, p. 217) dont la fonction morale est affirmée.

• Inspirées de l'Antiquité, ses pièces se déclinent en différents types de comédies (comédie de mœurs, *L'École des femmes*, comédie de caractère, *Le Malade imaginaire,* comédies d'intrigues, *Les Femmes savantes,* etc.).

Pierre Mignard, *Portrait de Molière*, XVIIe siècle, bibliothèque de la Comédie-Française, Paris.

TEXTE 1

Molière, *Amphitryon* (1668)

► Biographie p. 555

Jupiter, pour séduire une belle mortelle, Alcmène, prend les traits de son mari, Amphitryon. Son fils Mercure prend l'apparence du valet Sosie, et surveille l'entrée de la maison. Le vrai Sosie arrive et, médusé, découvre son double.

ACTE I, SCÈNE 2
MERCURE, SOSIE

SOSIE. – […]
Être ce que je suis est-il en ta puissance ?
Et puis-je cesser d'être moi ?
S'avisa-t-on jamais d'une chose pareille ?
Et peut-on démentir cent indices pressants[1] ?
Rêvé-je ? est-ce que je sommeille ?
Ai-je l'esprit troublé par des transports[2] puissants ?
Ne sens-je pas bien que je veille ?
Ne suis-je pas dans mon bon sens ?
Mon maître Amphitryon ne m'a-t-il pas commis
À venir en ces lieux vers Alcmène sa femme ?
Ne lui dois-je pas faire, en lui vantant sa flamme[3],
Un récit de ses faits contre nos ennemis ?
Ne suis-je pas du port arrivé tout à l'heure ?
Ne tiens-je pas une lanterne en main ?
Ne te trouvé-je pas devant notre demeure ? […]
MERCURE. – Arrête, ou sur ton dos le moindre pas attire
Un assommant éclat de mon juste courroux.
Tout ce que tu viens de dire
Est à moi, hormis les coups.
C'est moi qu'Amphitryon députe vers Alcmène,
Et qui du port Persique arrive de ce pas ;
Moi qui viens annoncer la valeur de son bras
Qui nous fait remporter une victoire pleine,
Et de nos ennemis a mis le chef à bas ;
C'est moi qui suis Sosie enfin, de certitude,
Fils de Dave, honnête berger ;
Frère d'Arpage, mort en pays étranger ;
Mari de Cléanthis la prude,
Dont l'humeur me fait enrager ;
Qui dans Thèbes ai reçu mille coups d'étrivière[4],
Sans en avoir jamais dit rien,
Et jadis en public fus marqué par derrière[5],
Pour être trop homme de bien.
SOSIE. – Il a raison. À moins d'être Sosie,
On ne peut pas savoir tout ce qu'il dit ;
Et dans l'étonnement dont mon âme est saisie,
Je commence, à mon tour, à le croire un petit[6].
[…]

1. irréfutables.
2. accès de folie.
3. son amour.
4. courroie.
5. marqué au fer rouge dans le dos.
6. un petit peu.

►►► *Les Neuf Muses* (détail, ici Thalie, muse de la comédie, Euterpe, muse des joueurs d'aulos, Clio, muse de l'Histoire), IIIe siècle, mosaïque (580 × 650 cm), provient de la maison des Mois (El Jem, Thysdrus, Tunisie), musée archéologique, El Jem.

ÉCHO DE L'ANTIQUITÉ

Plaute, *Amphitryon* (206 av. J.-C.)

Jacques Senelet, (Sosie) et Julien Thiery (Mercure) dans *Avatars* de **Jacques Senelet**, pièce mise en scène par Jacques Senelet avec la Compagnie des Gens en 2010.

CONTEXTE
Plaute (254 – 184 av. J.-C.), est un dramaturge comique romain. Il a su adapter le répertoire des Grecs et leur technique théâtrale au goût des Romains de son temps. Avec *Amphitryon*, il recourt à la mythologie grecque, mais donne une teinte comique à ce récit merveilleux, en mêlant à la fantaisie des dieux le réalisme de la vie d'un couple plus romain que grec.

Jupiter (Zeus chez les Grecs) se métamorphose pour tromper son épouse Junon (Héra). Cygne pour rencontrer Léda, pluie d'or pour approcher Danaé, le voilà en Amphitryon pour aimer Alcmène.

MERCURE. – Es-tu bien convaincu que tu n'es pas Sosie ?

SOSIE. – Tu le veux donc absolument ?

MERCURE. – Sans doute ; à moins que je ne dise que je ne suis pas ce que je suis.

SOSIE. – Je jure par Jupiter que c'est moi, et je ne mens point.

MERCURE. – Et moi, je prends Mercure à témoin que Jupiter ne te croira pas ; car je sais qu'il ajoutera plus de foi à un seul mot de ma bouche, qu'à tes serments.

SOSIE. – Qui suis-je donc, moi, si je ne suis pas Sosie ? je te le demande.

MERCURE. – Sois Sosie quand je ne voudrai plus l'être ; maintenant que je le suis, tu seras rossé[1], si tu ne t'en vas pas au plus vite, homme sans nom.

SOSIE. – Ma foi, quand je le considère, je me reconnais en lui tout entier. Il n'y a que ma figure, que j'ai souvent vue dans un miroir, qui puisse me ressembler aussi parfaitement. Même habit, même chapeau que moi ; la jambe, le pied, la taille, la chevelure, le nez, les yeux, les lèvres, les joues, le menton, la barbe, le cou ; tout, en un mot : si son dos est couvert comme le mien de cicatrices[2], il n'y a plus à s'y méprendre. Mais, quand j'y pense, je suis le même que j'ai toujours été ; je reconnais mon maître, notre maison, et je sens que je n'ai point perdu l'esprit. N'écoutons plus ces balivernes[3], et frappons à la porte.

Acte I, scène 1 (extrait), traduction de J.-B. Levée, 1820, © Flammarion, coll. « GF ».

1. battu.
2. à cause des coups que Sosie a souvent reçus sur son dos.
3. sottises.

Questions

Le thème du double

1. Quels sont les deux pronoms personnels les plus présents dans l'ensemble du texte ? Relevez des expressions dans lesquelles ces deux pronoms sont intimement liés.
2. Confrontez les deux tirades : quelles phrases de Mercure sont une sorte de réponse aux questions de Sosie ? Quels arguments Mercure utilise-t-il pour prouver qu'il est Sosie ?

Sosie, le valet traditionnel

3. Comment se traduit le caractère naïf, peureux et curieux de Sosie ?
4. Pourquoi peut-on affirmer que Sosie établit une complicité avec le public ?

Le théâtre de l'illusion

5. Pourquoi cet extrait a-t-il une dimension surnaturelle ?
6. Par quels procédés Sosie exprime-t-il le doute qui l'envahit ?

Amphitryon de Plaute

7. Par l'observation du verbe *être* (occurrences, temps, modes, formes affirmative, négative ou interrogative), montrez que Sosie est confronté à un problème d'identité.
8. Qu'est-ce qui contribue à créer un effet de miroir entre les deux personnages ?

Vers, strophes et rimes

Comptez les syllabes dans les vers du texte de Molière. Quels types de vers utilise-t-il ? L'alternance est-elle régulière ? Que révèle cette versification variée sur le rythme du texte ?

Pierre Corneille, *L'Illusion comique* (1636)

► Biographie p. 553

Le jeune Clindor a fui le toit paternel. Il se voit contraint de se mettre au service d'un capitaine gascon, Matamore, qui se prétend invincible.

ACTE II, SCÈNE 2
MATAMORE, CLINDOR

CLINDOR. – Quoi ! Monsieur, vous rêvez ! et cette âme hautaine,
Après tant de hauts faits, semble être encore en peine !
N'êtes-vous point lassé d'abattre des guerriers,
Et vous faut-il encor[1] quelques nouveaux lauriers ?
MATAMORE. – Il est vrai que je rêve, et ne saurais résoudre
Lequel je dois des deux le premier mettre en poudre,
Du grand Sophi de Perse, ou bien du grand Mogor[2].
CLINDOR. – Eh ! de grâce, Monsieur, laissez-les vivre encor[1] :
Qu'ajouterait leur perte à votre renommée ?
D'ailleurs quand auriez-vous rassemblé votre armée ?
MATAMORE. – Mon armée ? Ah, poltron ! ah, traître !
[pour leur mort
Tu crois donc que ce bras ne soit pas assez fort ?
Le seul bruit de mon nom renverse les murailles,
Défait les escadrons, et gagne les batailles,
Mon courage invaincu contre les empereurs
N'arme que la moitié de ses moindres fureurs ;
D'un seul commandement que je fais aux trois Parques,
Je dépeuple l'État des plus heureux monarques ;
La foudre est mon canon, les Destins mes soldats :
Je couche d'un revers mille ennemis à bas.
D'un souffle je réduis leurs projets en fumée,
Et tu m'oses parler cependant d'une armée !
Tu n'auras plus l'honneur de voir un second Mars :
Je vais t'assassiner d'un seul de mes regards,
Veillaque[3]. Toutefois je songe à ma maîtresse :
Ce penser m'adoucit : va, ma colère cesse,
Et ce petit archer qui dompte tous les Dieux[4]
Vient de chasser la mort qui logeait dans mes yeux.
Regarde, j'ai quitté cette effroyable mine
Qui massacre, détruit, brise, brûle, extermine
Et, pensant au bel œil qui tient ma liberté,
Je ne suis plus qu'amour, que grâce, que beauté.
CLINDOR. – Ô Dieux ! en un moment que tout vous est
[possible !
Je vous vois aussi beau que vous étiez terrible,
Et ne crois point d'objet[5] si ferme en sa rigueur
Qu'il puisse constamment vous refuser son cœur.

1. orthographe autorisée en poésie, pour des raisons de métrique.
2. monarques à la tête de royaumes d'Asie.
3. coquin, lâche.
4. Matamore évoque ici le dieu Eros (Cupidon en latin), fils d'Aphrodite (Vénus en latin), qui lance ses flèches dans le cœur des hommes pour les rendre amoureux.
5. désigne ici la femme aimée.

Questions

La parodie du discours héroïque

1. Quels procédés stylistiques montrent que Matamore fait son propre éloge ?
► Les figures de style, p. 466
2. Quelles références et quels procédés montrent que le discours de Matamore est exagéré et invraisemblable ?
3. Quels sont les deux domaines dans lesquels Matamore vante ses mérites ?

Un personnage fantoche

4. Quelle est la place et l'importance du thème du regard dans cet extrait ? Que prouve ce thème sur la réalité du personnage de Matamore ?
5. Quels indices permettent de montrer que ce personnage semble sortir d'un rêve ?

Le double jeu de Clindor

6. Sur quelles expressions et quels procédés repose le discours flatteur de Clindor ?
7. Quels indices permettent de deviner que Clindor est en fait le maître du jeu ?

Synthèse Dans un paragraphe argumenté, montrez comment les nombreuses références mythologiques contribuent à donner au discours de Matamore son caractère emphatique.

ÉCHO DE L'ANTIQUITÉ

Plaute, *Le Soldat fanfaron* (vers 205 av. J.-C.)

François Frapier (Matamore) et Frédéric Laurent (Clindor) dans *L'Illusion comique* de Pierre Corneille, pièce mise en scène par **Jean-Marie Villegier** au théâtre de l'Athénée en 1997.

CONTEXTE

Si **Plaute** (► **p. 151**) a emprunté aux Grecs ses sujets, ce sont ces personnages latins qui se cachent derrière les noms hellènes. Ses figures pittoresques de soldats fanfarons, esclaves fripons, marchands d'esclaves cupides, sont une caricature de la société de son temps. Le masque grec révèle le quotidien de Rome.

Pyrgopolinices, héros guerrier, vante lui-même ses prétendues prouesses fabuleuses, et Artotrogue, parasite hypocrite, se tient caché au début de la scène, pendant la première réplique de Pyrgopolinices.

PYRGOPOLINICES. – Faites en sorte que mon bouclier soit plus brillant que les rayons du soleil quand le temps est serein, afin que, lorsque le moment de m'en servir sera venu, il éblouisse par son éclat les yeux des ennemis rangés en bataille. Je la consolerai, ma chère épée, d'être restée si longtemps dans le fourreau ; qu'elle ne se lamente point, qu'elle reprenne courage : la malheureuse, elle est impatiente de hacher les ennemis menu comme chair à pâté. Mais où est donc Artotrogue ?

ARTOTROGUE. – Le voici, près d'un héros courageux, favori de la Fortune, qui, dans son maintien, a la majesté d'un roi et du plus grand des guerriers. Mars lui-même n'oserait comparer sa valeur à la vôtre.

PYRGOPOLINICES. – Et celui à qui j'ai sauvé la vie dans les champs Gurgustidoniens, où Bombomachidès Cluninstaridysarchidès[1], petit-fils de Neptune, commandait en personne, en qualité de généralissime ?

ARTOTROGUE. – Il m'en souvient. Vous parlez sans doute de celui dont l'armure était d'or, et dont votre souffle dissipa les légions, comme le vent emporte les feuilles des forêts ou le duvet des roseaux.

PYRGOPOLINICES. – Parbleu ! ce n'est là qu'une bagatelle.

ARTOTROGUE. – À la vérité, ce n'est rien en comparaison de vos autres exploits (*il se tourne vers les spectateurs*), de tout ce que vous n'avez jamais fait. Si quelqu'un trouve un homme plus parjure[2], plus vain que celui-là, je consens à devenir son esclave, j'entre de bon cœur à son service, quand j'y devrais mourir de faim, et n'y manger que de mauvais fromage.

Acte I, scène 1 (extrait), traduction de J.-B. Levée, 1820, © Flammarion, coll. « GF ».

1. noms fantaisistes formés à partir de mots grecs ou latins. « Gurgustidoniens » est formé sur le mot latin *gurgustium*, « gargote, taverne ». « Bombomachidès » désigne un guerrier qui fait beaucoup de bruit au combat. « Cluninstaridysarchidès » est un assemblage hétéroclite de mots grecs et latins.
2. menteur.

Questions

Vocabulaire

Faites une recherche autour du mot « vain » (l. 22), ses différents sens, sa famille de mots. Pourquoi cet adjectif convient-il particulièrement pour qualifier le personnage de Pyrgopolinices ?

Un personnage grotesque

1. Par quels procédés Pyrgopolinices vante-t-il ses exploits militaires ? De quelle manière parle-t-il de ses armes ?
► Les figures de style, p. 466
2. Quel rôle jouent les noms propres fantaisistes inventés par Plaute (l. 13-14) ?

Le double jeu d'Artotrogue

3. Du point de vue de la mise en scène, quel est l'intérêt, pour Plaute, de cacher le personnage d'Artotrogue ?
4. « À la vérité, ce n'est rien en comparaison de vos autres exploits (*il se tourne vers les spectateurs*), de tout ce que vous n'avez jamais fait. » (l. 20-21) :
   a. Comment la phrase est-elle construite ?
   b. Quel rôle joue la didascalie ?
   c. Quel est l'état d'esprit d'Artotrogue ?
► La double énonciation, p. 481

Lecture d'image Comment le metteur en scène a-t-il conçu ces deux costumes ? Quelle est leur signification ?

Synthèse Analysez les points communs et les différences entre le texte de Corneille (► **p. 152**) et celui de Plaute.

TEXTE 3

Molière, *L'École des maris* (1661)

► Biographie p. 555

Deux orphelines confiées à des tuteurs sont destinées à les épouser. Sganarelle a élevé Isabelle avec sévérité et reproche à son frère Ariste d'être trop permissif avec Léonor.

ACTE I, SCÈNE 2

LÉONOR, ISABELLE, LISETTE, ARISTE ET SGANARELLE,

parlant bas ensemble sur le devant du théâtre, sans être aperçus.

SGANARELLE. – […]
Vous souffrez[1] que la vôtre[2] aille leste[3] et pimpante :
Je le veux bien ; qu'elle ait et laquais et suivante :
J'y consens ; qu'elle coure, aime l'oisiveté,
Et soit des damoiseaux[4] fleurée[5] en liberté :
J'en suis fort satisfait ; mais j'entends que la mienne[6]
Vive à ma fantaisie, et non pas à la sienne ;
Que d'une serge[7] honnête elle ait son vêtement,
Et ne porte le noir qu'aux bons jours[8] seulement ;
Qu'enfermée au logis, en personne bien sage,
Elle s'applique toute aux choses du ménage,
À recoudre mon linge aux heures de loisir,
Ou bien à tricoter quelque bas par plaisir ;
Qu'aux discours des muguets[9] elle ferme l'oreille,
Et ne sorte jamais sans avoir qui la veille.
Enfin la chair est faible, et j'entends tous les bruits[10].
Je ne veux point porter de cornes[11], si je puis ;
Et comme à m'épouser sa fortune l'appelle,
Je prétends, corps pour corps, pouvoir répondre d'elle. […]

Sganarelle reproche à Léonor d'avoir une mauvaise influence sur Isabelle. Léonor, Ariste et la servante Lisette se liguent contre lui.

ARISTE. – […]
Des moindres libertés je n'ai point fait de crimes.
À ses jeunes désirs j'ai toujours consenti,
Et je ne m'en suis point, grâce au ciel, repenti.
J'ai souffert[1] qu'elle ait vu les belles compagnies,
Les divertissements, les bals, les comédies ;
Ce sont choses, pour moi, que je tiens de tout temps
Fort propres à former l'esprit des jeunes gens ;
Et l'école du monde, en l'air dont il faut vivre[12],
Instruit mieux, à mon gré, que ne fait aucun livre.
Elle aime à dépenser en habits, linge et nœuds :
Que voulez-vous ? je tâche à contenter ses vœux ;
Et ce sont des plaisirs qu'on peut, dans nos familles,
Lorsque l'on a du bien, permettre aux jeunes filles.
Un ordre paternel l'oblige à m'épouser ;
Mais mon dessein n'est pas de la tyranniser.
Je sais bien que nos ans ne se rapportent guère,
Et je laisse à son choix liberté toute entière.

1. au sens de « supporter ».
2. Léonor.
3. élégante.
4. beau jeune homme.
5. flairée.
6. Isabelle.
7. tissu grossier.
8. les dimanches et jours de fête.
9. jeunes séducteurs au parfum de muguet.
10. les rumeurs.
11. être trompé.
12. à propos de la façon dont on doit mener sa vie.

Questions

Deux conceptions de l'éducation

1. Pour Sganarelle, en quoi doit consister l'éducation des filles ? Quelle est l'opinion d'Ariste ?
2. Quels sont les arguments de Sganarelle ? Quels sont ceux d'Ariste ? Quels types d'arguments utilisent-ils ?
► Les types d'arguments, p 493

Un débat plus large

3. Chacun des deux frères aborde la question du mariage. À quels moments ?
4. Comment chacun des deux envisage-t-il la question du mariage forcé ?

Un face à face inégal

5. Quel ton Sganarelle emploie-t-il dans sa tirade pour commenter les idées de son frère Ariste ?
6. Pour quelles raisons peut-on dire que c'est Ariste qui domine dans ce débat ?
7. Sur quelle racine grecque est formé le nom Ariste ? Quel est son sens ? Expliquez le choix de Molière.

Synthèse Montrez que Sganarelle est un personnage qui incarne le manque de sagesse et de réflexion.

ÉCHO DE L'ANTIQUITÉ

Térence, *Les Adelphes* (160 av. J.-C.)

Arnaud Redon (Sganarelle) et Véronique Antolotti (Léonor) dans *L'École des maris* de Molière, pièce mise en scène par **Jean Bonnet** au festival d'Avignon en juillet 2010.

CONTEXTE

Térence (192 – 159 av. J.-C.), ancien esclave né à Carthage, est affranchi par son maître qui lui fait donner, à Rome, une éducation raffinée. Imprégné de culture grecque, il s'en inspire pour ses comédies. Les masques du théâtre comique deviennent des êtres humains plus complexes, et en quête d'élévation morale.

Tandis que Déméa élève son fils Ctésiphon de manière stricte, en le tenant éloigné du monde, il confie son autre fils, Eschine, à son frère Micion pour qu'il l'adopte et l'élève. Ayant appris qu'Eschine, maintenant jeune homme, s'est mal conduit, il reproche à son frère son éducation trop laxiste.

DÉMÉA. – Il a enfoncé une porte et pénétré de vive force dans une maison ; il a battu, laissé pour mort le maître du logis et tous ses gens ; et cela pour enlever une femme dont il était amoureux. Tout le monde crie que c'est une indignité. Quand je suis arrivé, c'était à qui me saluerait de cette nouvelle, Micion. Il n'est bruit que de cela dans la ville. S'il lui faut un exemple, n'a-t-il pas celui de son frère, qui est tout entier à ses affaires, qui vit à la campagne avec économie et sobriété ? Qu'on me cite de celui-là un trait semblable. Et ce que je dis d'Eschine, mon frère, c'est à vous que je l'adresse. C'est vous qui le laissez se débaucher.

MICION. – Je ne sache rien de plus injuste qu'un homme sans expérience, qui ne trouve bien que ce qu'il fait.

DÉMÉA. – Que voulez-vous dire ?

MICION. – Que vous jugez mal de tout ceci, mon frère ! Ce n'est pas un si grand crime à un jeune homme, croyez-le bien, que d'avoir des maîtresses, de boire, d'enfoncer des portes. Si nous n'en avons pas fait autant vous et moi, c'est que nos moyens ne nous le permettaient pas. Et aujourd'hui, vous voulez vous faire un mérite d'avoir été sage malgré vous. Ce n'est pas juste ; car si nous avions eu de quoi, nous aurions fait comme les autres. Et si vous étiez un homme raisonnable, vous laisseriez le vôtre s'amuser tandis qu'il est jeune, plutôt que de le réduire à désirer le moment où il vous aura porté en terre, pour se livrer à des plaisirs qui ne seront plus de son âge.

Acte I, scène 2, traduction de Désiré Nisard © Flammarion, coll. « GF ».

Questions

1. Que reproche Déméa à son frère Micion ? Quels vices et quelles vertus met-il en opposition en comparant Eschine à Ctésiphon ?
2. Montrez que Déméa attache beaucoup d'importance au qu'en-dira-t-on.
3. Comment Micion justifie-t-il la conduite d'Eschine ?
4. Quelles différences et quels points communs constatez-vous entre le texte de Molière et celui de Térence ?

Synthèse Développez un paragraphe dans lequel vous montrerez en quoi Micion est un homme raisonnable.

Prolongements

• Cherchez des renseignements sur la *palliata* dont s'inspire Térence.

• Lisez *L'École des femmes* de Molière (► p. 166) et relevez les passages qui portent sur l'éducation des femmes.

Vers le bac **S'entraîner à la dissertation**

Rédigez un paragraphe argumentatif dans lequel vous montrerez que la réécriture d'une œuvre du passé n'est pas une simple imitation. Appuyez-vous sur l'ensemble des textes de la séquence (► p. 150-159) pour répondre.

Jean Racine,
Les Plaideurs (1668)

► Biographie p. 555

CONTEXTE
Au XVIIe siècle, les institutions judiciaires sont la risée des écrivains qui dénoncent la complexité des lois, la longueur des démarches, et le jargon incompréhensible des magistrats. Louis XIV, qui a confié la réforme du système juridique à son ministre Colbert, portera un grand intérêt à la pièce de Racine. Mais le sujet avait déjà été abordé dans l'Antiquité, notamment par Aristophane (► p. 157).

Léandre est le fils du juge Perrin Dandin, homme extravagant qui ne songe qu'à plaider. Il a enfermé son père pour tenter de le raisonner. Le vol d'un chapon par le chien Citron donne à Dandin l'occasion de plaider chez lui une affaire domestique.

ACTE II, SCÈNE 14
DANDIN, LÉANDRE, L'INTIMÉ, PETIT JEAN

PETIT JEAN[1]. – Arrête ! arrête ! attrape !
LÉANDRE. – Ah ! c'est mon prisonnier, sans doute, qui s'échappe !
L'INTIMÉ[2]. – Non, non, ne craignez rien.
PETIT JEAN. – Tout est perdu… Citron…
Votre chien… vient là-bas de manger un chapon[3].
Rien n'est sûr devant lui : ce qu'il trouve, il l'emporte.
LÉANDRE. – Bon ! voilà pour mon père une cause. Main-forte !
Qu'on se mette après lui. Courez tous.
DANDIN. – Point de bruit,
Tout doux. Un amené[4] sans scandale suffit.
LÉANDRE. – Çà, mon père, il faut un exemple authentique :
Jugez sévèrement ce voleur domestique.
DANDIN. – Mais je veux faire au moins la chose avec éclat.
Il faut de part et d'autre avoir un avocat ;
Nous n'en avons pas un.
LÉANDRE. – Hé bien ! il en faut faire.
Voilà votre portier et votre secrétaire :
Vous en ferez, je crois, d'excellents avocats ;
Ils sont fort ignorants.
L'INTIMÉ. – Non pas, Monsieur, non pas.
J'endormirai Monsieur tout aussi bien qu'un autre.
PETIT JEAN. – Pour moi, je ne sais rien ; n'attendez rien du nôtre.
LÉANDRE. – C'est ta première cause, et l'on te la fera.
PETIT JEAN. – Mais je ne sais pas lire.
LÉANDRE. – Hé ! l'on te soufflera.
DANDIN. – Allons nous préparer. Çà, Messieurs, point d'intrigue !
Fermons l'œil aux présents[5], et l'oreille à la brigue[6].
Vous, maître Petit Jean, serez le demandeur ;
Vous, maître l'Intimé, soyez le défendeur.

1. portier au service de Dandin.
2. secrétaire de Dandin.
3. poulet castré et engraissé.
4. accusé présenté au tribunal.
5. aux cadeaux, aux pots-de-vin.
6. manœuvres illicites dans le but de soudoyer le juge.

Questions

1. Quels détails permettent de deviner qu'il s'agit ici d'une scène mouvementée ?
2. Montrez qu'il y a comique de situation.
3. Pourquoi peut-on parler dans ce passage de théâtre dans le théâtre ?
4. Repérez les termes appartenant au vocabulaire juridique. Pourquoi produisent-ils un effet comique ici ?
5. Quelles répliques constituent une satire de la justice ? Qu'est-ce qui est reproché, implicitement, aux acteurs d'un procès ?

Synthèse Montrez la dimension comique du texte.

Vocabulaire

Quels sont les différents sens du mot « maître » employé aux vers 24 et 25 ? Quel en est le sens dans le texte ? Quelle est sa racine latine ? Quel est, ici, son effet comique ?

ÉCHO DE L'ANTIQUITÉ

Aristophane, *Les Guêpes* (422 av. J.-C.)

Christine Sireyzol (Petit Jean), Stefano Amori (Léandre), Bernard Fructus (l'intimé), Bertrand Waintrop (Dandin) dans *Les Plaideurs* de Racine, pièce mise en scène par **Vincent Viotti** avec la compagnie Cathar6 au festival du mois Molière à Versailles en 2003.

CONTEXTE

Aristophane (vers 450 – 386 av. J.-C.) est un auteur comique grec, auteur de 44 comédies dont 11 seulement nous sont parvenues. Célébrant la nature, la sagesse et la paix, Aristophane écrit des pièces engagées politiquement, qui s'insurgent contre la violence, la dictature, la démagogie, et qui se distinguent par l'association de la grossièreté et de la poésie.

Le vieux Philocléon a la maladie de juger. Pour l'empêcher d'aller au tribunal, Bdélycléon l'a fait enfermer chez lui. Comme Philocléon est en manque, son fils organise dans la maison même le procès du chien Labès accusé d'avoir dérobé un fromage.

BDÉLYCLÉON[1]. – Qu'y a-t-il, je te prie ?

LE SERVITEUR. – Ne voilà-t-il pas que Labès tout à l'heure, le chien, a passé d'un bond dans la cuisine et y a dérobé un fromage frais de Sicile qu'il a dévoré.

BDÉLYCLÉON. – Bon, voilà le premier délit que j'aurai à porter devant mon père. Toi, présente-toi comme accusateur.

LE SERVITEUR. – Non, par Zeus, pas moi ; mais l'autre chien dit qu'il se porte accusateur, si l'on introduit une instance[2]

BDÉLYCLÉON. – Va donc, amène-les tous les deux ici.

LE SERVITEUR. – C'est ce que je vais faire.

Il rentre. […]

Bdélycléon installe un tribunal.

PHILOCLÉON[3]. – Qui donc est l'accusé ?

BDÉLYCLÉON. – Lui.

PHILOCLÉON. – (*À part*) Comme il va être condamné !

BDÉLYCLÉON. – Écoutez à présent l'acte d'accusation. Plainte a été portée par Chien Cydathénien contre Labès Aixonien[4], coupable d'avoir à lui seul dévoré le fromage de Sicile. Peine : un carcan[5] de… figuier.

PHILOCLÉON. – Une mort de chien, plutôt, si une fois il est convaincu.

BDÉLYCLÉON. – Or l'accusé, le voilà, Labès comparaissant.

PHILOCLÉON. – Ô la canaille ! Comme il a bien la mine d'un voleur ! (*L'accusé rit, en montrant les dents comme un chien.*) Comme il pense, en serrant les dents, pouvoir me tromper ! Mais où est le plaignant, Chien Cydathénien[4] ?

LE CHIEN. – Aou, aou !

BDÉLYCLÉON. – Le voici.

PHILOCLÉON. – Un autre Labès, celui-là.

BDÉLYCLÉON. – Bon du moins à aboyer.

PHILOCLÉON. – Et à lécher les marmites.

BDÉLYCLÉON. – (*Faisant office du héraut. À Philocléon.*) Silence, assieds-toi. (*Au chien.*) Toi, monte là et accuse. *Le chien monte sur un banc.*

Traduction de Hilaire Van Daele, © Les Belles Lettres – Paris, 1er tirage, 1925, 10e tirage, 2013.

1. nom fabriqué par Aristophane, signifiant « qui déteste Cléon ». Cléon était un politicien corrompu de l'époque.
2. si on lance une procédure.
3. « qui aime Cléon ».
4. Cydathénée et Aixoné étaient des régions administratives dans la Grèce antique.
5. collier de fer fixé à un poteau.

Questions

1. Sur quels procédés repose le comique de cette scène ?
2. Quel vice de l'institution judiciaire est dénoncé dans cet extrait ?
3. Relevez les termes appartenant au vocabulaire juridique. Pourquoi peut-on parler de parodie ?

Synthèse Montrez que Philocléon est un personnage ridicule.

Prolongement

Faites une recherche pour éclaircir le sens du titre de la pièce, *Les Guêpes*.

HISTOIRE DES ARTS • MASQUES ET COSTUMES

Accessoire de jeu, divertissement, rituel religieux, parfois simplement œuvre d'art, le masque est un objet universel et intemporel dans l'histoire du jeu théâtral. Qu'il soit séduisant ou effrayant, grave ou burlesque, qu'il cache ou qu'il révèle, il apporte toujours une part de mystère qui fascine.

Giuseppe Cammarano,
Thalie, muse de la Comédie, XIXe siecle, fresque, Palais de la préfecture, Naples.

1 LES MASQUES DE THÉÂTRE

Les masques antiques

Le masque possède plusieurs fonctions : il amplifie les expressions du visage (tragédie) ou il les caricature (comédie), il permet de fixer la nature du personnage (sexe, fonction sociale, caractère), il sert aussi de porte-voix dans les vastes théâtres antiques.

Dionysos, à qui le théâtre est consacré, est appelé aussi le dieu-masque, et les Muses de la tragédie et de la comédie, Melpomène et Thalie, sont toujours représentées tenant un masque.

Reliefs de masques comique et tragique de théâtre, bas-relief en marbre blanc, période de la Rome antique.

Questions

1. Relevez tous les détails qui permettent de différencier le masque comique du masque tragique sur le bas-relief.
2. Pourquoi le face à face entre le visage et le masque de Thalie est-il intéressant sur la fresque ?

Les masques de la *commedia dell'arte*

Héritière de la comédie latine, la *commedia dell'arte*, née au XVIe siècle en Italie, est un jeu d'improvisation et de masques. Ils étaient faits de cuir moulé ou de carton bouilli peint et entoilé, et souvent ne recouvraient pas la bouche (demi-masques). L'arrivée du texte écrit fit diminuer la taille du masque qui devint « loup » puis fit place au maquillage.

Comédiens italiens interprétant une pièce de *commedia dell'arte* à Calculta en 2012.

Question

3. Comment les comédiens accordent-ils leurs mimiques aux expressions des masques qu'ils portent ?

L'AMBIGUÏTÉ DU MASQUE

Le paradoxe du masque est que, loin de dissimuler, il peut au contraire révéler la vérité des sentiments, et dévoiler la laideur intérieure de l'être humain qui se cache derrière le jeu de la comédie sociale.

James Ensor (1860-1949), peintre belge né à Ostende, alterne tout d'abord paysages, natures mortes et scènes d'intérieur, puis, à partir de 1883, il commence la série des masques. Ses tableaux sont alors peuplés de squelettes et de masques grotesques, qui traduisent sa vision pessimiste du monde et son obsession de la mort. Il renonce à la peinture à l'âge de quarante ans pour se consacrer à la musique. ▶

James Ensor, *La Mort et les Masques*, 1897, huile sur toile (79 × 100 cm), musée d'Art moderne, Liège.

Edgar Allan Poe, « Le Masque de la Mort Rouge », 1857

Il y avait des figures vraiment grotesques, absurdement équipées, incongrument bâties ; des fantaisies monstrueuses comme la folie ; il y avait du beau, du licencieux, du bizarre en quantité, tant soit peu de terrible, et du dégoûtant à foison. Bref, c'était comme une multitude de rêves qui se pavanaient çà et là dans les sept salons. Et ces rêves se contorsionnaient en tous sens, prenant la couleur des chambres, et l'on eût dit qu'ils exécutaient la musique avec leurs pieds, et que les airs étranges de l'orchestre étaient l'écho de leur pas.

in Nouvelles histoires extraordinaires, traduction de Charles Baudelaire, 1857.

Questions

1. Comment les personnages sont-ils disposés dans le tableau ci-dessus ? Où se dirigent leurs regards ? Que révèle cette organisation sur le sens de cette œuvre ?
2. Quelles couleurs sont utilisées ? Que symbolisent-elles ?
3. Quelles expressions transparaissent dans ces masques ? Pourquoi ce tableau est-il effrayant ?
4. Comment l'univers du masque est-il représenté dans le texte de Poe ? Faites le lien avec le tableau.

Masque du carnaval de Venise.

Prolongements

- Lisez la nouvelle d'Edgar Poe, *Le Masque de la Mort Rouge*, et interrogez-vous sur la fonction symbolique du bal masqué dans ce récit.
- Faites une recherche sur Ariane Mnouchkine et Le Théâtre du Soleil, et notamment sur son travail sur le masque. Recherchez une vidéo d'un extrait de son film *Molière*, « les masques et Madeleine ».
- Faites un exposé sur le théâtre balinais, le nô japonais et les masques africains.
- Faites une recherche sur les carnavals célèbres comme celui de Venise ou de Dunkerque. Quelle est, dans ce cas, la fonction du masque ?

2 LE COSTUME DE THÉÂTRE

Le costume a pris une importance grandissante sur scène. Simple vêtement fourni par le comédien au XVIIe siècle, il devient création artistique, porteur de sens par la suite. Costumier et habilleuse deviennent des métiers, et le costume acquiert une vraie fonction dramaturgique.

Questions

1. Quels sont les personnages associés à ces costumes ? À quels détails les avez-vous reconnus ?
2. Ces costumes contribuent-t-ils à rendre les personnages comiques ?

Henry-Raymond Fost, costume pour *Les Contes d'Hoffman* de Jacques Offenbach, 1948, Opéra-Comique, Paris.

Patrice Cauchetier, costume pour *Ahys* de Jean-Baptiste Lully, 1987, Opéra-Comique, Paris.

Adolphe Mouron de Cassandre, costume de Phèdre pour *Phèdre* d'après Racine, pièce mise en scène par **Jean Meyer** à la Comédie-Française en 1959.

Jean Cocteau, costume de Phèdre, dans l'adaptation de *Phèdre* pour l'Opéra Garnier en 1950 (chorégraphie de **Serge Lifar**).

◄ Ces costumes ont été créés pour un même personnage, Phèdre, le premier pour la pièce de Racine, le second pour un ballet, mais par des costumiers différents et pour des metteurs en scène différents.

Questions

1. Décrivez chaque costume. Que cherchent-ils à montrer ?
2. Jouent-ils le même rôle d'une mise en en scène à l'autre ?

www.lienmini.fr/magnard-el2-013

Consultez le site du Centre national du costume de scène.

• Cherchez d'où proviennent les costumes exposés dans ce musée.

• Quels grands couturiers contemporains ont créé des costumes de scène ? De quels siècles datent les costumes exposés ?

• Faites une recherche sur des artistes comme Sarah Bernhardt, Maria Callas, Rudolf Nureev. Quels rôles ont-ils joués ? Quels costumes ont-ils portés ?

VOCABULAIRE LE JEU

1 ÉTYMOLOGIE

Cherchez l'origine de ces mots, puis expliquez leur sens.

divertissement – récréation – badinage – espièglerie – subterfuge – stratagème – fourberie – mascarade – distraction – artifice – facétie – canular – saltimbanque – bateleur – funambule – acrobate

2 POLYSÉMIE

Expliquez les différents sens du verbe *jouer* dans les expressions suivantes.

jouer au tennis – jouer à la marelle – jouer des coudes – jouer du piano – la clé joue dans la serrure – c'est joué d'avance – se la jouer

3 FAÎTES VOS JEUX

Associez chaque expression à sa définition.

jouer le jeu – cacher son jeu – jouer le grand jeu – un jeu d'enfant – se piquer au jeu – calmer le jeu – d'entrée de jeu – être vieux jeu – tirer son épingle du jeu

a. avoir une allure ou un comportement démodé.
b. manquer de sincérité, faire de mauvais coups en douce.
c. s'intéresser à une activité et s'y donner à fond.
d. apaiser un conflit.
e. dès le début d'une activité ou d'une conversation.
f. se sortir habilement d'une situation délicate.
g. activité simple à réaliser.
h. s'impliquer dans une activité et en accepter les règles.
i. mettre tout en œuvre pour convaincre ou séduire.

4 EN FAMILLE

La langue latine possède deux mots pour désigner la notion de jeu : *jocus*, « la plaisanterie », et *ludus*, « le jeu sous toutes ses formes ». Classez les mots suivants selon qu'ils ont pour origine *jocus* ou *ludus*, et recherchez la définition des mots que vous ne connaissez pas.

jouer – ludique – ludiciel – jouet – enjoué – ludion – joueur – lucothèque – illusion – allusion – se jouer de – collusion – surjouer – éluder – ludisme – joujou

5 EN SCÈNE !

Recherchez la définition de ces expressions et termes techniques liés au jeu théâtral.

côté cour, côté jardin – la couturière – la générale – le filage – les cintres – la scénographie – la régie – une performance – un happening

6 BAS LES MASQUES

Faites une recherche sur la *commedia dell'arte* et associez chacun de ces personnages au nom qui lui correspond.

A. Arlequin	1. vieillard avare et crédule, portant masque et culotte longue
B. Colombine	2. valet habile, vêtu de vert et blanc, avec un masque vert ou noir
C. Polichinelle	3. soldat bruyant, vantard et poltron
D. Pierrot	4. valet bouffon et paresseux en habit multicolore et portant un masque
E. Pantalon	5. valet grossier, bossu et ventru, portant un masque en bec d'oiseau
F. Matamore	6. jeune servante jolie et effrontée
G. Brighella	7. jeune homme vêtu de blanc, le visage enfariné, rêveur et poète

7 DEVINETTES

a. Sauriez-vous compléter ces dictons et proverbes :
« Jeu de main,... »
« Le jeu n'en vaut pas... »
« Souffler... »
« Heureux au jeu,... »

b. Chez les Romains dans l'Antiquité, on utilisait cette expression : « Du pain et des jeux ». Retrouvez l'expression en latin. Que signifie-t-elle ?

c. On confond souvent les verbes *mystifier* et *mythifier*, ou *démystifier* et *démythifier*. Quelle est l'étymologie de chacun de ces mots ? Quel est leur sens ?

e. Quelle est l'étymologie du mot *carnaval* ? Quelle est sa signification ?

f. Vous savez ce qu'est un brigadier, un four, un répertoire, une farce. Mais de quoi s'agit-il lorsque l'on est dans le domaine du jeu théâtral ?

g. Connaissez-vous ces jeux d'esprit ? Pouvez-vous en expliquer le principe ?
une anagramme – une charade – un lipogramme – un rébus – un acrostiche – un pendu

EXPRESSION ÉCRITE

Sujet 1

Vous avez assisté à un défilé de carnaval. Décrivez le spectacle, en faisant part des costumes, des masques, et en traduisant les couleurs, les mouvements, les bruits, l'atmosphère.

Sujet 2

Développez un paragraphe dans lequel vous montrerez l'importance du jeu dans l'éducation d'un enfant.

LECTURE D'IMAGE

Anonyme, *Les Farceurs français et italiens…* (1670)

Anonyme, *Les Farceurs français et italiens depuis soixante ans et plus*, 1670, huile sur toile (96 × 138 cm), Comédie-Française, Paris.

Questions

Une parade de personnages

1. Que représente ce tableau ?

2. Outre les noms indiqués en bas du tableau, quels indices vous permettent d'identifier certains personnages ?

3. Observez les lignes : comment les personnages sont-ils disposés ? Comment le peintre traduit-il l'impression de profondeur du décor ? Commentez le jeu des couleurs, de la lumière. Comment le tableau est-il éclairé ?

Une mise en scène

4. Comment le peintre rend-il compte du jeu théâtral ?

5. Qui est le personnage à gauche ? Quels indices vous permettent de deviner qu'il n'est pas impliqué dans le jeu ? Que signifie le geste de sa main droite ?

6. Pourquoi le peintre a-t-il représenté un personnage en haut, à droite, seul sur un balcon ?

7. Comment l'autorité royale est-elle imagée ? Pourquoi le peintre rend-il hommage au roi ?

8. En tant qu'observateur du tableau, quelle impression ressent-on ?

9. Lequel de ces personnages pourrait interpréter le rôle de Sganarelle dans *L'École des maris* (► p. 156) ? Quel autre personnage de la séquence reconnaissez-vous ?

Synthèse Rédigez un paragraphe dans lequel vous expliquerez que ce tableau représente, à plusieurs titres, une mise en scène.

Prolongements

• Faites une recherche sur l'acteur Jodelet, deuxième personnage à gauche du tableau. Pourquoi le peintre l'a-t-il situé à cet endroit précisément ?

• Connaissez-vous l'expression « être sous les feux de la rampe » ? Que signifie-t-elle ? Pourquoi peut-on l'appliquer à ce tableau ?

SYNTHÈSE LA COMÉDIE CLASSIQUE

La comédie met en scène des personnages de toute origine sociale, confrontés aux tracas du quotidien. Elle s'appuie, la plupart du temps, sur des effets comiques et s'achève par une fin heureuse.

1 LES SOURCES DE LA COMÉDIE CLASSIQUE

La comédie antique

• Elle apparaît en Grèce dans le cadre des fêtes en l'honneur de Dionysos. De ces cortèges burlesques accompagnés de plaisanteries et de chants (les *cômoï*) sont nées des représentations plus élaborées, illustrées surtout par Aristophane qui s'en prend à l'actualité politique et sociale (*Les Guêpes* ► p. 157). Les comédiens portent des masques et évoluent aux côtés du chœur qui commente l'action.

• La comédie latine s'appuie sur le jeu (*ludus*). *L'atellane* est une courte farce caricaturale improvisée par des acteurs masqués. La *fabula palliata* est une pièce à sujet grec, accompagnée de danse et de chant. Les costumes codifiés et les masques permettent de reconnaître les personnages.

La *commedia dell'arte*

Elle prend sa source dans *l'atellane* des Romains. Née en Italie au XVIe siècle, elle réjouit un public populaire qui rit de la verve, des *lazzi* et des pitreries improvisées de personnages types : Pantalon, Docteur, Matamore, Pierrot, et les *zanni*, valets fourbes ou imbéciles, comme Arlequin. C'est ce théâtre de tréteaux qui séduisit le jeune Molière à Paris.
Ex. : Sganarelle, dans *L'École des maris*, est inspiré de Pantalon. ► p. 156

2 LES CARACTÉRISTIQUES DE LA COMÉDIE CLASSIQUE

Les différents types de comédie

• **La comédie de mœurs** traite de questions sociales, comme le mariage forcé, l'hypocrisie religieuse, l'argent, etc.
• **La comédie de caractère** pointe du doigt les travers de personnages types qui s'empêtrent dans leur folie (l'avare, le vaniteux, l'hypocrite).
• **La comédie d'intrigue** met l'accent sur le scénario qui est presque toujours identique : deux jeunes gens amoureux font appel à la ruse de leurs valets pour déjouer l'opposition de vieillards jaloux.
• **La grande comédie,** en cinq actes et en vers, est destinée à un public plus savant.

Les différents types de comique

• **Le comique de gestes** repose sur la présence physique de l'acteur et sur son jeu. Chutes, coups de bâton, grimaces saugrenues relèvent du visuel. Ex. : Molière, *Amphitryon*. ► p. 150
• **Le comique de mots** est lié aux drôleries du langage, jeux de mots, sous-entendus, répétitions, jargons et dialectes, mots déformés. Ex. : Racine, *Les Plaideurs*. ► p. 156
• **Le comique de situation** fait référence à des situations ridicules auxquelles les personnages sont confrontés, rencontres inopportunes, malentendus, quiproquo. Ex. : Molière, *Amphitryon*. ► p. 150
• **Le comique de caractère** provient de la caricature des défauts humains, comme l'avarice ou la jalousie. Ex. : Molière, *L'École des maris*. ► p. 154
• **Le comique de mœurs** ridiculise toute une catégorie sociale, avec ses comportements stéréotypés. Ex. : Racine, *Les Plaideurs*. ► p. 156

La fonction de la comédie

La comédie classique se définit par cette expression latine : *placere et docere* (« plaire et instruire »). Elle est donc avant tout un divertissement, et se présente souvent comme un spectacle complet (la comédie-ballet *Le Bourgeois gentilhomme*). Mais elle se veut aussi didactique, suivant le principe du *castigat ridendo mores* : elle « corrige les mœurs par le rire ».

TEXTE 1

Molière, *Le Tartuffe* (1669)

► Biographie p. 555

Orgon, père de Mariane, s'est engagé à donner sa fille en mariage à Valère. Mais au début de l'acte II, il rompt cet engagement pour exiger d'elle qu'elle épouse Tartuffe. Cette annonce va donner lieu à un enchaînement de conflits ayant tous pour objet ce mariage. L'acte se clôt sur une scène de dispute amoureuse opposant Mariane et Valère, les deux jeunes amants.

Acte II, scène 4

Valère, Mariane, Dorine

Valère. – On vient de débiter, Madame, une nouvelle
Que je ne savais pas, et qui sans doute est belle.
Mariane. – Quoi ?
Valère. – Que vous épousez Tartuffe.
Mariane. – Il est certain
Que mon père s'est mis en tête ce dessein.
Valère. – Votre père, Madame…
Mariane. – A changé de visée :
La chose vient par lui de m'être proposée.
Valère. – Quoi ? sérieusement ?
Mariane. – Oui, sérieusement.
Il s'est pour cet hymen[1] déclaré hautement.
Valère. – Et quel est le dessein où votre âme s'arrête,
Madame ?
Mariane. – Je ne sais.
Valère. – La réponse est honnête.
Vous ne savez ?
Mariane. – Non.
Valère. – Non ?
Mariane. – Que me conseillez-vous ?
Valère. – Je vous conseille, moi, de prendre cet époux.
Mariane. – Vous me le conseillez ?
Valère. – Oui.
Mariane. – Tout de bon ?
Valère. – Sans doute :
Le choix est glorieux, et vaut bien qu'on l'écoute.
Mariane. – Hé bien ! c'est un conseil, Monsieur, que je reçois.
Valère. – Vous n'aurez pas grand-peine à le suivre, je crois.
Mariane. – Pas plus qu'à le donner en a souffert votre âme.
Valère. – Moi, je vous l'ai donné pour vous plaire, Madame.
Mariane. – Et moi, je le suivrai pour vous faire plaisir.
Dorine. – Voyons ce qui pourra de ceci réussir.
Valère. – C'est donc ainsi qu'on aime ? Et c'était tromperie
Quand vous…

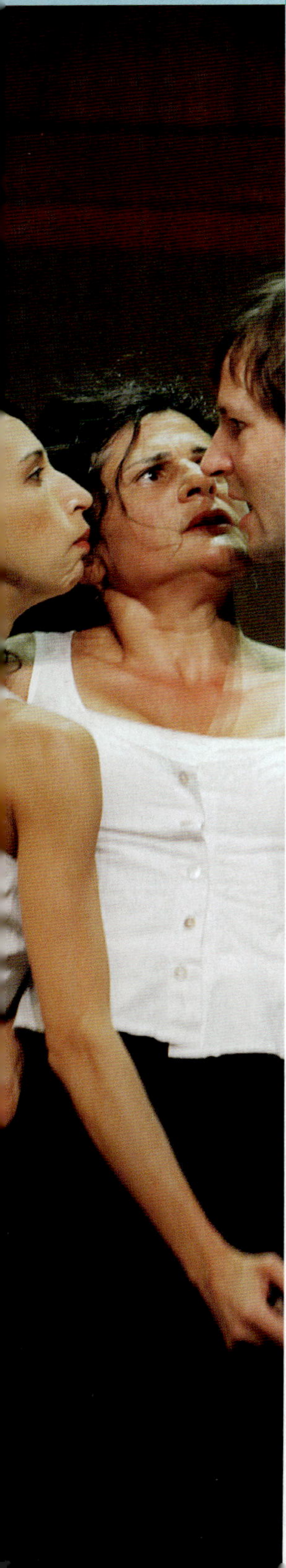

►►► Millaray Lobos (Mariane), Simon Gauchet (Valère) et Norah Krief (Dorine) dans *Le Tartuffe* de Molière, pièce mise en scène par **Eric Lascarade** au théâtre Les Gémeaux à Sceaux en 2011.

Mariane. – Ne parlons point de cela, je vous prie.
Vous m'avez dit tout franc que je dois accepter
Celui que pour époux on me veut présenter :
Et je déclare, moi, que je prétends le faire,
Puisque vous m'en donnez le conseil salutaire.
Valère. – Ne vous excusez point sur mes intentions.
Vous aviez déjà pris vos résolutions ;
Et vous vous saisissez d'un prétexte frivole
Pour vous autoriser à manquer de parole. [...]

1. union.

Marine Segalen (Dorine), Vijaya Tassy (Mariane) et Alexandre Vigouroux (Valère) dans *Le Tartuffe* de Molière, pièce mise en scène par **Philippe Ferran** au Vingtième Théâtre à Paris en 2003.

Questions

Vers, strophe, rimes

Analysez l'association, par la rime, des termes « frivole » et « parole » (v. 29-30). Quel sens lui donnez-vous ?

1. Quelle réplique de Mariane déclenche le conflit ? Pourquoi ?
2. Quelles sont les marques de la montée en puissance de la dispute ? Repérez et analysez en particulier la nature, le rythme et l'enchaînement des répliques.
► Le vocabulaire du théâtre, p. 480
3. Quelle est la nature des reproches que s'adressent les deux amants ?
4. Quels éléments contribuent cependant au comique de cette scène ?
► Les registres littéraires, p. 460
5. Quelles remarques pouvez-vous faire concernant les marques de personne dans les vers 14 à 21 ?
6. Quelles expressions relèvent du langage galant ? Quel est l'effet produit par un tel emploi ?

Lecture d'image De quelles façons le jeu des comédiens traduit-il l'excès comique de la dispute ?

Synthèse La scène de « dépit amoureux » est un lieu commun de la *commedia dell'arte*. En vous appuyant sur l'analyse du texte, expliquez les caractéristiques de ce type de scène dans un paragraphe argumenté.

Vers le bac S'entraîner au sujet d'invention

Deux comédiens répètent la scène de *Tartuffe*. Le metteur en scène les guide en leur donnant des conseils afin d'exploiter au mieux la richesse du texte de Molière. Écrivez le dialogue entre le metteur en scène et les comédiens en soignant le jeu des questions/réponses et en insistant sur les arguments du metteur en scène pour justifier ses choix.
► Écrire un texte argumentatif, p. 520

Molière,
L'École des femmes (1662)

► Biographie p. 555

CONTEXTE
La question de l'éducation des femmes et de leur place dans la société passionne Molière. En 1662, année de représentation de *L'École des femmes* qui met en scène un homme mûr maladivement jaloux, Molière épouse Armande Béjart, de vingt ans sa cadette. Certains, moqueurs, ont voulu y voir un écho de sa propre vie et non une démarche d'analyse.

Agnès est la pupille d'Arnolphe, qui entend bien l'épouser. Il l'aime, mais elle ne l'aime pas. Elle s'est éprise d'Horace qui, ignorant les intentions d'Arnolphe, a fait part à ce dernier de son projet de mariage avec Agnès. Arnolphe entend exercer pleinement son pouvoir et reprendre le contrôle sur la jeune femme.

ACTE V, SCÈNE 4
AGNÈS, ARNOLPHE

[…]
AGNÈS. – Pourquoi me criez-vous ?
ARNOLPHE. – J'ai grand tort en effet !
AGNÈS. – Je n'entends point de mal dans tout ce que j'ai fait.
ARNOLPHE. – Suivre un galant n'est pas une action infâme ?
AGNÈS. – C'est un homme qui dit qu'il me veut pour sa femme ;
J'ai suivi vos leçons, et vous m'avez prêché
Qu'il se faut marier pour ôter le péché.
ARNOLPHE. – Oui. Mais, pour femme, moi je prétendais vous prendre ;
Et je vous l'avais fait, me semble, assez entendre.
AGNÈS. – Oui. Mais à franchement parler entre nous,
Il est plus pour cela selon mon goût que vous.
Chez vous le mariage est fâcheux et pénible,
Et vos discours en font une image terrible ;
Mais, las ! il le fait, lui, si rempli de plaisirs,
Que de se marier il donne des désirs.
ARNOLPHE. – Ah ! c'est que vous l'aimez, traîtresse !
AGNÈS. – Oui, je l'aime.
ARNOLPHE. – Et vous avez le front[1] de le dire à moi-même !
AGNÈS. – Et pourquoi, s'il est vrai, ne le dirais-je pas ?
ARNOLPHE. – Le deviez-vous aimer, impertinente ?
AGNÈS. – Hélas !
Est-ce que j'en puis mais[2] ? Lui seul en est la cause ;
Et je n'y songeais pas lorsque se fit la chose.
ARNOLPHE. – Mais il fallait chasser cet amoureux désir.
AGNÈS. – Le moyen de chasser ce qui fait du plaisir ?
ARNOLPHE. – Et ne saviez-vous pas que c'était me déplaire ?
AGNÈS. – Moi ? point du tout. Quel mal cela peut-il vous faire ?
ARNOLPHE. – Il est vrai, j'ai sujet d'en être réjoui.
Vous ne m'aimez donc pas à ce compte ?
AGNÈS. – Vous ?
ARNOLPHE. – Oui.
AGNÈS. – Hélas ! non.
ARNOLPHE. - Comment, non ?
AGNÈS. - Voulez-vous que je vous mente ?
ARNOLPHE. – Pourquoi ne m'aimer pas, Madame l'impudente ?
AGNÈS. – Mon Dieu, ce n'est pas moi que vous devez blâmer :
Que ne vous êtes-vous, comme lui, fait aimer ?

Costume de Molière dans le rôle d'Arnolphe dans la pièce *L'École des femmes* en 1670, costume de la comédie française par Hippolyte Lecomte, gravure du XIXe siècle.

Valentine Galey (Agnès) et Patrick Peroux (Arnolphe) dans *L'École des femmes* de Molière, pièce mise en scène par **Philippe Adrien** au Théâtre de la Tempête (la Cartoucherie), en 2013.

Je ne vous en ai pas empêché, que je pense.
ARNOLPHE. – Je me suis efforcé de toute ma puissance ;
Mais les soins que j'ai pris, je les ai perdus tous.
AGNÈS. – Vraiment, il en sait donc là-dessus plus que vous ;
Car à se faire aimer il n'a point eu de peine.
ARNOLPHE. – Voyez comme raisonne et répond la vilaine !
Peste ! une précieuse[3] en dirait-elle plus ?
Ah ! je l'ai mal connue ; ou ma foi ! là-dessus
Une sotte en sait plus que le plus habile homme.
Puisqu'en raisonnement votre esprit se consomme,
La belle raisonneuse, est-ce qu'un si long temps
Je vous aurai pour lui nourrie à mes dépens ?
AGNÈS. – Non. Il vous rendra tout jusques au dernier double[4].
ARNOLPHE. – Elle a de certains mots où mon dépit redouble.
Me rendra-t-il, coquine, avec tout son pouvoir,
Les obligations que vous pouvez m'avoir ?
AGNÈS. – Je ne vous en ai pas d'aussi grandes qu'on pense. [...]

1. l'audace, l'effronterie.
2. comprendre : « je n'y peux rien ».
3. emploi du terme avec un sens péjoratif ; désigne, par analogie avec le courant précieux du XVIIe siècle, une femme qui fait des manières, qui manque de simplicité.
4. petite monnaie de cuivre valant deux deniers.

Questions

Un conflit sans concession

1. Comment la tension se manifeste-t-elle ? Prêtez en particulier attention à l'enchaînement et à la nature des répliques.
► Le vocabulaire du théâtre, p. 480
2. Ce « duel verbal » vous paraît-il équilibré ?
3. Quels éléments participent à sa dimension comique ?

La métamorphose d'Agnès

4. Relevez les termes employés par Arnolphe pour caractériser Agnès. En quoi sont-ils révélateurs de sa vision négative des femmes ?
5. Montrez que les répliques d'Agnès révèlent son innocente franchise mais aussi, progressivement, un certain aplomb.
6. Sur quels arguments son rejet d'Arnolphe se fonde-t-il ? À quel moment peut-on dire qu'elle est blessante ?
► Les types d'arguments, p. 492

Arnolphe amoureux ou orgueilleux ?

7. Quels reproches Arnolphe adresse-t-il à Agnès ? Sont-ils fondés ?
8. Quels indices laissent penser qu'Arnolphe est moins malheureux que blessé par la remise en cause du pouvoir qu'il exerçait sur Agnès ?

Synthèse Montrez que les enjeux de cette scène dépassent ceux d'une dispute comique.

Grammaire

Faites l'analyse des propositions qui composent la réplique d'Agnès aux vers 4 à 6. Comment mettent-elles en valeur l'opposition des paroles d'Horace et d'Arnolphe ?
► Les subordonnées complétives et circonstancielles, p. 443

Prolongements

Faites des recherches sur le mythe de Pygmalion.
- Quel lien pouvez-vous établir avec Arnolphe ?
- Pourquoi peut-on dire de lui qu'il est un piètre Pygmalion ?

Vers le bac S'entraîner à l'oral

Préparez un exposé sur l'éducation des femmes à l'époque de Molière. Vous prendrez soin de faire des recherches historiques mais aussi de trouver des extraits d'œuvres littéraires qui abordent la question. ► Faire des recherches et les présenter, p. 548

MISE EN SCÈNE • *L'ÉCOLE DES FEMMES* PAR E. VIGNER

Mise en scène : Eric Vigner
Lieu : Comédie-Française, salle Richelieu
Distribution : Arnolphe : Bruno Raffaelli ; Agnès : Johanna Korthals Altes.
Date de captation : 1999
Réalisation : Michel Favart
Éditeur : Éditions Montparnasse

Il s'agit ici de la mise en scène de l'intégralité de la scène 4 de l'acte V de L'École des femmes *dont le texte précédent (*► p. 166*) constitue un extrait.*

Photogramme 1. 1 : 53 : 53

Une ombre s'avance dans le dos d'Agnès.

Photogramme 2. 1 : 54 : 31

Arnolphe se positionne juste derrière Agnès et parle très lentement, sans hausser le ton.
ARNOLPHE. – Me connaissez-vous ?
AGNÈS. *le reconnaissant.* – Hay !
ARNOLPHE. – Mon visage, friponne
Dans cette occasion rend vos sens effrayés.

Les deux personnages sont maintenant face à face, la caméra multiplie les effets de champ/contre-champ.

Photogramme 3. 1 : 57 : 57

Arnolphe accuse Agnès de perfidie. Le ton monte progressivement. Arnolphe prend le public à témoin. ► p. 166

Photogramme 4. 1 : 58 : 56

Les deux personnages, face au public, revendiquent leurs droits. ► p. 166

Photogramme 5. 1 : 59 : 10

Menace d'Arnolphe regardant sa main :
ARNOLPHE. – Et quelques coups de poing satisferaient mon cœur.

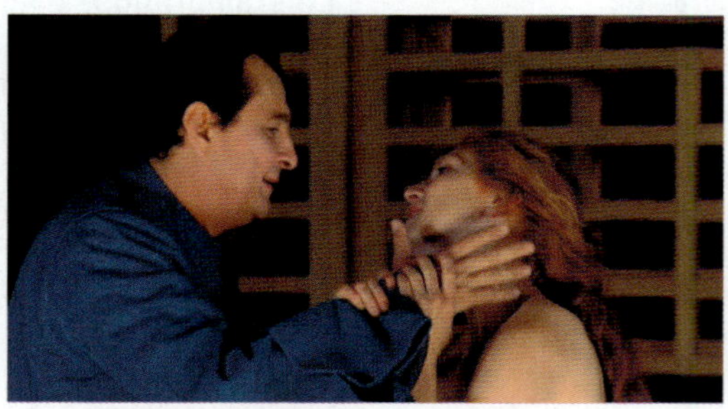

Photogramme 6. 1 : 59 : 14

Agnès saisit la main d'Arnolphe, arrête le mouvement d'agression par un geste et une parole d'apaisement.

Photogramme 7. 2 : 00 : 21

Tirade d'Arnolphe sur la faiblesse et la méchanceté des femmes :

ARNOLPHE. – Rien de plus infidèle : et malgré tout cela
Dans le monde on fait tout pour ces animaux-là.

Photogramme 8. 2 : 02 : 49

Arnolphe prétend faire la preuve de son amour.

Photogramme 9. 2 : 03 : 27

Visage d'Agnès. Une larme à son œil.

Photogramme 10. 2 : 04 : 39

Arnolphe aux pieds d'Agnès mais menace d'enfermement dans un couvent.

Questions

Vocabulaire

Le champ/contre-champ : technique qui fait alterner des prises de vues diamétralement opposées. Elle est couramment utilisée pour filmer un dialogue lorsque les personnages se font face.

1. Quelle est la première impression créée par la mise en scène et la manière dont elle est filmée ?
2. Repérez et nommez les différents plans utilisés dans les photogrammes.

► Étudier un film, p. 504

Photogrammes 1 et 2

3. Comment le cadrage, la lumière et le jeu des comédiens traduisent-ils la tension ?

Photogrammes 3 et 4

4. De quelles façons l'implication du spectateur s'opère-t-elle ? Pourquoi peut-on parler d'une double sollicitation ?

Photogrammes 5 et 6

5. Analysez le jeu des comédiens. Justifiez le passage d'un plan à l'autre.

Photogrammes 8 et 9

6. Que cherche à mettre en relief le gros plan ? Comment comprendre la larme d'Agnès ?

Photogramme 10

7. Commentez cette prise de vue avec précision. Montrez qu'elle obéit à un principe d'opposition et de contradiction qui vient clore l'évolution à laquelle on a assisté.

Prolongements

Lisez l'intégralité de la scène 4 et relevez les éléments qui vous semblent les plus marquants.

- Quel jugement portez-vous sur les partis pris de mise en scène d'Eric Vigner ?
- Proposez des alternatives à ces choix en les justifiant par une lecture précise des répliques.
- Comment la captation vidéo parvient-elle à mettre en valeur certains partis pris de la mise en scène ?

TEXTE 3

Jean Racine, *Bérénice* (1670)

► Biographie p. 555

⊕ CONTEXTE

Roland Barthes, dans *Sur Racine* (1963), consacre une partie de son analyse à ce qu'il appelle « l'interdiction de parole » dans le théâtre de Racine. Il précise : « Fuir la parole, c'est fuir la relation de force, c'est fuir la tragédie ». Titus a fui durant trois actes pour éviter l'affrontement avec Bérénice auquel il ne peut, maintenant, plus échapper.

« Titus, qui aimait passionnément Bérénice, et qui même, à ce qu'on croyait, lui avait promis de l'épouser, la renvoya de Rome, malgré lui et malgré elle, dès les premiers jours de son empire ». Tel est l'argument de la pièce, emprunté à Suétone dans La Vie des douze Césars, *et cité par Racine dans la préface. Bérénice, reine de Palestine, ne peut devenir impératrice. Titus, à l'acte IV, a choisi l'Empire.*

Acte V, scène 5
Titus, Bérénice, Phénice

Bérénice. – Non, je n'écoute rien. Me voilà résolue :
Je veux partir. Pourquoi vous montrer à ma vue ?
Pourquoi venir encore aigrir mon désespoir ?
N'êtes-vous pas content ? Je ne veux plus vous voir.
Titus. – Mais, de grâce, écoutez.
Bérénice. – Il n'est plus temps.
Titus. – Madame,
Un mot.
Bérénice. – Non.
Titus. – Dans quel trouble elle jette mon âme !
Ma Princesse, d'où vient ce changement soudain ?
Bérénice. – C'en est fait. Vous voulez que je parte demain ;
Et moi, j'ai résolu de partir tout à l'heure ;
Et je pars.
Titus. – Demeurez.
Bérénice. – Ingrat, que je demeure !
Et pourquoi ? Pour entendre un peuple injurieux
Qui fait de mon malheur retentir tous ces lieux ?
Ne l'entendez-vous pas, cette cruelle joie,
Tandis que dans les pleurs moi seule je me noie ?
Quel crime, quelle offense a pu les animer ?
Hélas ! et qu'ai-je fait que de vous trop aimer ?
Titus. – Écoutez-vous, Madame, une foule insensée ?
Bérénice. – Je ne vois rien ici dont je ne sois blessée.
Tout cet appartement préparé par vos soins,
Ces lieux, de mon amour si longtemps les témoins,
Qui semblaient pour jamais me répondre du vôtre,
Ces festons[1], où nos noms enlacés l'un dans l'autre
À mes tristes regards viennent partout s'offrir,
Sont autant d'imposteurs que je ne puis souffrir.
Allons Phénice[2]
Titus. – Ô ciel ! que vous êtes injuste !
Bérénice. – Retournez, retournez vers ce sénat auguste
Qui vient vous applaudir de votre cruauté.
Hé bien, avec plaisir l'avez-vous écouté ?
Êtes-vous pleinement content de votre gloire ?
Avez-vous bien promis d'oublier ma mémoire ?

Julia Bartet dans *Bérénice*, dessin de **Gustave Moreau** (détail), 2e moitié du XIXe siècle, musée Gustave Moreau, Paris.

Mais ce n'est pas assez expier vos amours :
Avez-vous bien promis de me haïr toujours ?
Titus. – Non, je n'ai rien promis. Moi, que je vous haïsse !
Que je puisse jamais oublier Bérénice !
Ah Dieux ! dans quel moment son injuste rigueur
De ce cruel soupçon vient affliger mon cœur !
Connaissez-moi, Madame, et depuis cinq années
Comptez tous les moments et toutes les journées
Où par plus de transports et par plus de soupirs
Je vous ai de mon cœur exprimé les désirs :
Ce jour surpasse tout. Jamais, je le confesse,
Vous ne fûtes aimée avec tant de tendresse ;
Et jamais…
Bérénice. – Vous m'aimez, vous me le soutenez ;
Et cependant je pars, et vous me l'ordonnez ! […]

1. broderies.
2. confidente de Bérénice qui assiste à la scène.

Nathalie Nell (Bérénice) et Jean-François Sivadier (Titus) dans *Bérénice* de Racine, pièce mise en scène par **Jacques Lassalle** au Théâtre de l'Est Parisien à Paris en 1990.

Questions

Grammaire

« […] Moi, que je vous haïsse !/Que je puisse jamais oublier Bérénice ! » (v. 33-34). Identifiez le mode et le temps des verbes. Justifiez leur emploi. Que traduisent-ils dans l'attitude de Titus ?
► Modes, temps et valeurs, p. 438

Un impossible échange

1. Comment s'exprime l'incompréhension réciproque des deux amants ?
2. Comment l'amertume de Bérénice se manifeste-t-elle ? Montrez qu'elle fait même preuve d'une certaine ironie envers Titus. Comment ce dernier réagit-il ? ► Les registres littéraires, p. 460
3. Pourquoi peut-on parler d'une véritable tension tragique ?

Le conflit entre amour et État

4. Montrez que l'opposition entre l'amour et l'État est présentée comme irréductible. Soulignez, en particulier, la violence du ressenti qui est celui de Bérénice.
5. Comment passé et présent s'opposent-ils ?

Une résolution impossible ?

6. Relevez les paradoxes et contradictions qui jalonnent le texte. Que traduisent-ils ?
7. Cette scène de rupture en est-elle vraiment une ?

Lecture d'image Commentez le positionnement des personnages par rapport à la statue. Comment justifier la présence et le rôle de cette dernière ?

Synthèse Montrez, en vous appuyant sur l'analyse du texte, que cet extrait dit tout autant la puissance de l'amour de Bérénice et Titus que son impossibilité.

Vers le bac S'entraîner à la dissertation

« Ce n'est point une nécessité qu'il y ait du sang et des morts dans une tragédie ; il suffit que l'action en soit grande, que les acteurs en soient héroïques, que les passions y soient excitées, et que tout s'y ressente de cette tristesse majestueuse qui fait tout le plaisir de la tragédie » (Racine, préface de *Bérénice*). Analysez ce sujet de dissertation afin d'en définir les enjeux.
► Lire un sujet de dissertation, p. 536

ÉCHO DU XXIe SIÈCLE

Jean-Michel Ribes, *Théâtre sans animaux* (2001)

CONTEXTE
Jean-Michel Ribes (né en 1946) est un auteur, metteur en scène et cinéaste iconoclaste. Il dirige le théâtre du Rond-Point, à Paris, depuis 2002. En 2001, il écrit *Théâtre sans animaux*, pièce récompensée par les Molières de la meilleure œuvre comique et du meilleur auteur. Elle est composée de huit saynètes explorant les relations humaines de manière cocasse, voire absurde.

« Ils sont chics. Costumes de gala. Louise, tendue, marche vite, Jean-Claude, visage fermé, traîne derrière elle ». C'est sur cette didascalie que s'ouvre « Tragédie ». Le couple attend dans les coulisses la sœur de Louise qui vient de tenir le rôle-titre dans Phèdre. *L'expérience de la représentation théâtrale est source de tensions et donne naissance à un véritable règlement de comptes.*

« Tragédie »

JEAN-CLAUDE. – Qu'est-ce qui te prend à parler comme ça sans t'arrêter ? On vient d'entendre ta sœur pendant presque trois heures et demie, parler, parler, parler, j'ai cru mourir, et toi maintenant tu t'y mets ! ? C'est une histoire de fou ? C'est contagieux ou quoi ? Si tu dois continuer, dis-le moi tout de suite, parce que je te préviens, avec toi ce ne sera pas comme avec Simone, je sors, je fous le camp de ce théâtre et je ne reviens pas, tu m'entends, Louise, je ne reviens plus jamais… je suis à bout…

LOUISE. – Tout ça parce que je te demande d'être poli avec ta belle-sœur !

JEAN-CLAUDE. – Parce qu'elle l'a été elle, sur scène ? ! parce que c'est de l'art, c'est poli ?… parce que c'est classique, c'est poli ? parce que ça rime, c'est poli ? C'est ça ?

LOUISE. – Tu n'es quand même pas en train de m'expliquer que Racine est mal élevé ? ! ?

JEAN-CLAUDE. – Ta sœur m'a torturé, Louise, tu m'entends, torturé pendant toute la soirée.

LOUISE. – Tu es au courant, j'espère, qu'au Japon la grandeur suprême pour le samouraï blessé à mort est de dire « bravo » à son adversaire.

JEAN-CLAUDE. – C'est un mauvais exemple. Je hais le Japon.

LOUISE. Dommage, un peu d'Extrême-Orient aurait pu t'aider.

JEAN-CLAUDE. – M'aider à quoi ?

LOUISE. – À mieux comprendre, à mieux TE comprendre, en oubliant deux petites minutes ta tête d'Occidental buté.

JEAN-CLAUDE. – Louise, ne va pas trop loin, je t'ai prévenue, je suis à bout !

LOUISE. – Parce que figure-toi, quand le samouraï blessé à mort dit « bravo » à son adversaire, ce n'est pas pour le féliciter, c'est pour l'humilier.

JEAN-CLAUDE. – Ah bon !

LOUISE. – Bien sûr. C'est la vengeance suprême. Ton sabre a meurtri mon corps, mais mon âme est intacte, et elle te dit « bravo ». Voilà la victoire, la vraie ! « Bravo »…Car en vérité en disant bravo à son adversaire c'est à lui-même qu'il se dit bravo, bravo d'avoir dit bravo à son bourreau… Maintenant si tu refuses de te dire bravo en disant bravo à Simone, c'est ton affaire…

JEAN-CLAUDE. – Un homme qui n'a pas hurlé pendant cette représentation ne peut pas se dire bravo, Louise ! Quand je pense que j'ai supporté ce supplice sans broncher, comme un lâche, sans rien dire, pendant très exactement deux cent vingt-trois minutes et dix-sept secondes !

LOUISE. – Ah oui ! ça j'ai vu, tu l'as regardée ta montre !

JEAN-CLAUDE. – Tout le temps ! À un moment j'ai même cru qu'elle s'était arrêtée, pendant sa longue tirade avec le barbu, le mari, ça n'avançait plus. Je me suis dit, la garce elle nous tient, huit cents personnes devant elle, coincées dans leur fauteuil, elle nous a bloqué les aiguilles pour que ça dure plus longtemps!... Je ne sais pas comment j'ai tenu, je ne sais pas...

Louise. – Oui, enfin n'exagère pas, tu n'es pas mort.

Jean-Claude. – Non, c'est vrai... et tu sais pourquoi, Louise? parce que je me suis mis à répéter sans arrêt un mot, un seul mot, un mot magique : entracte! ENTRACTE!... Mais il n'est jamais venu, jamais! Cinq actes sans une seconde d'interruption, Louise, tu appelles ça la civilisation?

Christian Pereira (Jean-Claude) et Annie Gregorio (Louise) dans *Théâtre sans animaux*, pièce écrite et mise en scène par **Jean-Michel Ribes** au théâtre du Rond Point à Paris en 2013.

Louise. – Quinze ans d'attente, Jean-Claude, quinze ans que Simone attend d'entrer à la Comédie-Française! Ça y est, c'est fait, elle est engagée! Et miracle, on lui offre le rôle dont elle rêve depuis toujours! Ce soir pour la première fois de sa vie elle vient de jouer *Phèdre* dans le plus prestigieux théâtre d'Europe, et toi, son beau-frère, tu refuses de lui dire « bravo », juste un petit bravo! Qu'est-ce que tu es devenu? un animal?

Jean-Claude. – Elle vient de jouer *Phèdre* pour la première fois de sa vie!? Tu te moques ou quoi? Et le jour de notre mariage, tu as oublié peut-être? Elle a déclamé un morceau en plein milieu du repas, comme ça, sans prévenir personne, même qu'après les enfants ont pleuré et qu'aucun invité n'a voulu danser et que mon père a gueulé sur le tien! Elle nous a foutu une ambiance de merde avec sa vocation et ses alexandrins!

Louise. – C'est maman qui lui avait demandé, pour nous faire une surprise.

Jean-Claude. – La surprise ça a failli être que je quitte la table, Louise, la table du plus beau jour de notre vie! Il fallait que je t'aime pour rester immobile, vingt minutes, le couteau planté dans le gigot, pendant que l'autre hystérique beuglait sa poésie en se caressant les seins! Et vingt ans après elle remet ça, l'intégrale en plus, et tu voudrais que je lui dise « bravo » à cette grosse vache!

Louise. – Jean-Claude!!

Questions

1. Montrez que cette scène revêt toutes les caractéristiques de la scène de ménage.
2. Quels éléments en fondent le comique?
► Les registres littéraires, p. 460
3. Quelle est la nature du supplice de Jean-Claude?
   a. Relevez tous les éléments révélateurs de son expérience théâtrale. Quelle vision de la tragédie classique nous est offerte à travers son regard?
   b. Montrez qu'il présente sa résistance comme un acte héroïque.
   c. En quoi l'attitude de Jean-Claude prête-t-elle à sourire? Analysez, en particulier, sa dimension excessive.
4. Analysez et justifiez le titre donné à cette saynète. Pourquoi est-elle opposée, en tout point, à la grandeur du conflit tragique?

Pierre Corneille, *Le Cid* (1637)

► Biographie p. 553

CONTEXTE
Le duel est un affrontement d'honneur entre deux hommes. Au début du XVIIe siècle, cette pratique est un fléau qui décime la noblesse. En 1626, Louis XIII la fait interdire mais elle se poursuit de façon clandestine. Onze édits seront promulgués sous Louis XIV, mais aucun ne parviendra à mettre un terme à ce combat relevant du code d'honneur.

L'action se déroule au XIe siècle, en pleine Espagne médiévale. Don Diègue, père de Rodrigue, vient d'apprendre à son fils qu'il a reçu un soufflet auquel il n'a pas pu répondre en raison de sa « vieillesse ennemie ». Il veut que son fils le venge. Or, le responsable n'est autre que le père de Chimène, dont Rodrigue est amoureux.

ACTE I, SCÈNE 6

DON RODRIGUE. – Percé jusques au fond du cœur
D'une atteinte imprévue aussi bien que mortelle,
Misérable vengeur d'une juste querelle,
Et malheureux objet d'une injuste rigueur,
Je demeure immobile, et mon âme abattue
Cède au coup qui me tue.
Si près de voir mon feu[1] récompensé,
Ô Dieu, l'étrange peine !
En cet affront mon père est l'offensé,
Et l'offenseur le père de Chimène !

Que je sens de rudes combats !
Contre mon propre honneur mon amour s'intéresse :
Il faut venger un père, et perdre une maîtresse :
L'un m'anime le cœur, l'autre retient mon bras.
Réduit au triste choix ou de trahir ma flamme,
Ou de vivre en infâme,
Des deux côtés mon mal est infini.
Ô Dieu, l'étrange peine !
Faut-il laisser un affront impuni ?
Faut-il punir le père de Chimène ?

Père, maîtresse, honneur, amour,
Noble et dure contrainte, aimable tyrannie,
Tous mes plaisirs sont morts, ou ma gloire ternie.
L'un me rend malheureux, l'autre indigne du jour.
Cher et cruel espoir d'une âme généreuse,
Mais ensemble amoureuse,
Digne ennemi de mon plus grand bonheur,
Fer qui causes ma peine,
M'es-tu donné pour venger mon honneur ?
M'es-tu donné pour perdre ma Chimène ?

Il vaut mieux courir au trépas.
Je dois à ma maîtresse aussi bien qu'à mon père ;
J'attire en me vengeant sa haine et sa colère ;
J'attire ses mépris en ne me vengeant pas.
À mon plus doux espoir l'un me rend infidèle,
Et l'autre, indigne d'elle.
Mon mal augmente à le vouloir guérir,
Tout redouble ma peine.

Allons, mon âme ; et puisqu'il faut mourir,
Mourons du moins sans offenser Chimène.

Mourir sans tirer ma raison !
Rechercher un trépas si mortel à ma gloire !
Endurer que l'Espagne impute à ma mémoire
D'avoir mal soutenu l'honneur de ma maison !
Respecter un amour dont mon âme égarée
Voit la perte assurée !
N'écoutons plus ce penser suborneur[2],
Qui ne sert qu'à ma peine.
Allons, mon bras, sauvons du moins l'honneur,
Puisqu'après tout il faut perdre Chimène.

Oui, mon esprit s'était déçu[3]
Je dois tout à mon père avant qu'à ma maîtresse :
Que je meure au combat, ou meure de tristesse,
Je rendrai mon sang pur comme je l'ai reçu.
Je m'accuse déjà de trop de négligence :
Courons à la vengeance ;
Et tout honteux d'avoir tant balancé,
Ne soyons plus en peine,
(Puisqu'aujourd'hui mon père est l'offensé,)
Si l'offenseur est père de Chimène.

1. mon amour.
2. trompeur.
3. s'était abusé.

Charlton Heston dans *Le Cid*, film de **Anthony Mann**, 1961.

Questions

Figures de style

« Fer qui causes ma peine » (v. 28). Quelle figure de style identifiez-vous ? Commentez son emploi.

Le choix des stances

1. Cherchez l'étymologie et la définition du terme « stances ». Justifiez le choix fait par Corneille de rompre avec la composition classique en alexandrins.
2. Décrivez précisément les contraintes formelles des stances à partir du texte. Comment le prénom de Chimène est-il mis en valeur par la composition ?
3. Montrez que la forme des stances met en relief le désarroi de Rodrigue.

L'expression du dilemme

4. Quel vers, central, résume parfaitement les termes du dilemme ?
5. Quelle figure de style traduit l'indécision de Rodrigue ? Analysez ses différents emplois.
6. Quels procédés viennent souligner l'agitation à laquelle le personnage est en proie ?

L'héroïsme de Rodrigue

7. À partir de quel moment se produit une évolution dans la réflexion de Rodrigue ? Quelle première issue envisage-t-il ? De quelle façon la réfute-t-il ?
8. Quel vers vient manifester sa résolution ? Comment souligne-t-il le changement qui s'est opéré en Rodrigue ? Comment cette résolution est-elle mise en valeur ?

Synthèse À partir de l'analyse, montrez que ces stances sont révélatrices d'un véritable combat intérieur.

TEXTE 5

Jean Racine, *Andromaque* (1667)

► Biographie p. 555

⊕ CONTEXTE

Au XVIIe siècle, le monologue est certes critiqué pour son invraisemblance mais il constitue un véritable morceau de bravoure pour les comédiens. Il permet au dramaturge « non seulement de faire connaître les sentiments de son héros […] mais de les chanter » (J. Scherer, *La Dramaturgie classique en France*, 1950), ce qui le rend indispensable et propre à susciter terreur et pitié.

Hermione aime Pyrrhus mais celui-ci aime sa captive Andromaque. À l'acte IV, elle a exigé d'Oreste – qu'elle sait amoureux d'elle – de tuer Pyrrhus pour assouvir sa vengeance. Le monologue d'Hermione ouvre l'acte V, au moment même où Oreste accomplit son geste.

Acte V, scène 1

Hermione. – Où suis-je ? Qu'ai-je fait ? Que dois-je faire encore ?
Quel transport me saisit ? Quel chagrin me dévore ?
Errante et sans dessein je cours dans ce palais.
Ah ! ne puis-je savoir si j'aime ou si je hais ?
Le cruel[1] ! de quel œil il m'a congédiée !
Sans pitié, sans douleur au moins étudiée[2].
L'ai-je vu se troubler et me plaindre un moment ?
En ai-je pu tirer un seul gémissement ?
Muet à mes soupirs, tranquille à mes alarmes,
Semblait-il seulement qu'il eût part à mes larmes ?
Et je le plains encore ! Et pour comble d'ennui,
Mon cœur, mon lâche cœur s'intéresse pour lui !
Je tremble au seul penser du coup qui le menace !
Et prête à me venger, je lui fais déjà grâce !
Non, ne révoquons point l'arrêt de mon courroux :
Qu'il périsse ! Aussi bien il ne vit plus pour nous.
Le perfide triomphe et se rit de ma rage :
Il pense voir en pleurs dissiper[3] cet orage ;
Il croit que toujours faible et d'un cœur incertain,
Je parerai d'un bras les coups de l'autre main.
Il juge encor de moi par mes bontés passées.
Mais plutôt le perfide a bien d'autres pensées :
Triomphant dans le temple, il ne s'informe pas
Si l'on souhaite ailleurs sa vie ou son trépas.
Il me laisse, l'ingrat, cet embarras funeste.
Non, non, encore un coup : laissons agir Oreste.
Qu'il meure, puisqu'enfin il a dû le prévoir,
Et puisqu'il m'a forcée enfin à le vouloir…
À le vouloir ? Hé quoi ? c'est donc moi qui l'ordonne ?
Sa mort sera l'effet de l'amour d'Hermione ?
Ce prince, dont mon cœur se faisait autrefois
Avec tant de plaisir redire les exploits,
À qui même en secret je m'étais destinée
Avant qu'on eût conclu ce fatal hyménée,
Je n'ai donc traversé tant de mers, tant d'États,
Que pour venir si loin préparer son trépas ?
L'assassiner ? le perdre ? Ah ! devant[4] qu'il expire…

1. désigne Pyrrhus.
2. feinte.
3. se dissiper.
4. avant.

Camille Japy (Hermione) dans *Andromaque* de Racine, pièce mise en scène par **Declan Donnellan** au Théâtre des Bouffes du Nord à Paris en 2007.

Lecture d'image

Comment la mise en scène souligne-t-elle l'intensité tragique de ce monologue ?

Questions

Vocabulaire

Quel est le sens du terme « ennui » (v. 11) au XVIIe siècle ? Que traduit-il ici ?

L'errance d'Hermione

1. Quels indices grammaticaux traduisent le trouble et l'agitation du personnage ? Montrez que la versification contribue à accroître la tension.
2. Analysez et commentez avec précision le premier vers du monologue. Prêtez une attention particulière aux temps employés.
► Modes, temps et valeurs, p. 438
3. Relevez les indications spatiales qui jalonnent le monologue. Pourquoi peut-on dire qu'elles contribuent à matérialiser la confusion d'Hermione ?

Le dilemme tragique

4. En quoi le vers 4 pose-t-il les termes du dilemme ?
5. Comment la composition du monologue en rend-elle compte ?
6. Relevez toutes les contradictions qui rythment le propos d'Hermione.

Un chant de douleur

7. Quel est le registre dominant ? Justifiez votre réponse.
► Les registres littéraires, p. 460
8. Relevez les termes qui traduisent le mieux la douleur d'Hermione. Comment sont-ils mis en valeur ?

Synthèse Montrez que ce monologue est composé de manière à susciter la pitié du spectateur.

Vers le bac S'entraîner au commentaire

Rédigez une partie de commentaire sur le monologue d'Hermione. Vous montrerez de quelles façons la parole d'Hermione rend compte de la confusion à laquelle elle est en proie.
► Construire un paragraphe de commentaire, p. 529

VOCABULAIRE LE LANGAGE

1 ÉTYMOLOGIE

Le terme grec *logos* peut désigner le discours (écrit ou oral). Il a donné naissance à plusieurs mots. Associez chacun des termes suivants à sa définition.

A. logorrhée
B. polylogue
C. logomachie
D. apologue
E. monologue

1. querelle de mots
2. échange engageant la parole de plusieurs personnes
3. bref récit dont se dégage une vérité morale
4. discours qu'un personnage seul en scène se fait à lui-même
5. besoin de parler irrésistible et intarissable

2 SYNONYMES

Une « tirade » est un long développement continu concernant une même idée. Plus spécifiquement, au théâtre, c'est une longue réplique débitée par un personnage, sans interruption de la part de son ou ses interlocuteurs. Voici une liste de termes dont vous justifierez l'emploi en tant que synonymes du mot « tirade ».
chapelet – cascade – kyrielle – baratin – couplet – tartine

3 LE VERBE « DIRE »

Remplacez le verbe « dire » par un synonyme en tenant compte du contexte. Plusieurs réponses sont souvent possibles.

a. Durant le procès, les témoins convoqués à la barre ont *dit* qu'ils n'avaient rien vu.
b. Dans les situations conflictuelles, Marie garde généralement son calme. Mais, ce jour-là, sans que personne ne comprenne, elle s'est soudain mise à *dire* des menaces.
c. Soumis à un questionnaire intensif depuis plusieurs jours, il a été contraint de *dire* toute la vérité.
d. Le règlement du lycée *dit* que les portables sont interdits dans l'enceinte de l'établissement.
e. Surtout, ne *dites* pas mon secret !
f. C'est une vraie commère ! Elle passe son temps à *dire* des méchancetés sur tout le monde.
g. Cela fait cent fois que vous me *dites* de songer à mon avenir professionnel !

4 HISTOIRE DES MOTS

Recherchez l'étymologie et l'histoire des mots suivants. Choisissez-en trois que vous illustrerez par des exemples empruntés à votre imagination.
galimatias – charabia – pataquès – cacographie – baragouin – jargon – grimoire

5 PAROLES, PAROLES...

Le verbe *loqui*, en latin, signifie « parler ». Il est à l'origine de nombreux termes, dont certains que vous devrez trouver pour compléter ces phrases.

a. Lorsque l'on articule correctement, on a une bonne....
b. Se parler à soi-même, c'est faire un....
c. Lorsque l'on veut séduire et convaincre son auditoire, on fait preuve....
d. Prononcer un discours de circonstance, c'est faire une....
e. Parvenir à articuler sans remuer les lèvres, c'est être un....
f. Parler abondamment et avec aisance, c'est être....

6 DEVINETTES

a. Dans l'Antiquité, la *sibylle* est une prophétesse qui interprète les oracles. Mais que sont des propos *sibyllins* ?
b. Le *miel* est connu pour sa douceur ; que signifie, alors, le fait de tenir des propos *mielleux* ?
c. Un *orateur* est quelqu'un habitué à prendre la parole en public, mais qu'est-ce qu'un *oratorio* ?
d. Dans la Bible, les descendants de Noé prétendent construire la tour de *Babel* pour atteindre le Ciel. Qu'appelle-t-on le *babélisme* ?
e. *Hermès* est, dans la mythologie, le messager des dieux. Qu'est-ce qu'un langage *hermétique* ?
f. Le *fiel* désigne un liquide amer, verdâtre, contenu dans la bile. Qu'est-ce qu'un discours *fielleux* ?

EXPRESSION ÉCRITE

Sujet 1

Vous êtes journaliste. Vous avez assisté à un débat politique au cours duquel les orateurs ont parlé longuement et parfois de manière confuse. Rédigez le compte-rendu de ce débat en employant un maximum de termes présents dans les exercices.

Sujet 2

Imaginez les verbes de parole susceptibles d'introduire les répliques de l'échange entre Bérénice et Titus dans le texte de Racine (▸ p. 170).
Ex : Bérénice déclare :
« Non, je n'écoute rien. Me voilà résolue :
Je veux partir. Pourquoi vous montrer à ma vue ? »
Prenez soin de varier les verbes introducteurs en vous inspirant de l'exercice 3.

SYNTHÈSE LE CONFLIT AU THÉÂTRE

Le conflit est l'essence même du théâtre. Source de tension et de violence, il permet au dramaturge d'explorer de nombreuses facettes de l'âme humaine tout en répondant aux impératifs de l'époque: «plaire et instruire». Souvent c'est le conflit amoureux – source d'intérêt pour le spectateur – qui est privilégié.

1 LES FORMES DU CONFLIT

Le conflit avec les autres

L'opposition se traduit dans le **dialogue polémique** entre deux personnages.
Les répliques peuvent y prendre la forme:
- de **tirades**: elles laissent alors pleinement se déployer la pensée;
- de **stichomythies**: elles soulignent la montée en puissance de la tension.

Ex.: les échanges entre Mariane et Valère dans *Le Tartuffe*. ► p. 164
Par souci de bienséance, la joute verbale se substitue au combat physique dans la tragédie.

Le conflit avec soi-même

Souvent le conflit est intérieur. Le personnage, essentiellement dans la tragédie, est déchiré entre deux aspirations contraires.

- **Le monologue délibératif**
- Le monologue constitue la forme privilégiée de l'expression du **dilemme**. Écartelé entre deux choix inconciliables, le personnage exprime sa douleur et son irrésolution, suscitant, en cela, terreur et pitié.

Ex.: Hermione donne, par sa parole, un caractère concret à la confusion qui est la sienne. ► p. 176
- Ces moments de délibération permettent d'explorer la psychologie des personnages; ils exposent aussi le débat moral pour permettre aux spectateurs d'y réfléchir et donc de **s'instruire**.

Ex: Les stances de Rodrigue illustrent parfaitement le conflit entre l'amour et l'honneur et montre la nécessaire soumission à des impératifs supérieurs. ► p. 174

- **La confession**

Le héros peut aussi choisir d'exprimer sa souffrance à un tiers. Le plus souvent, il s'agit d'un **confident** mais il peut s'agir d'un autre personnage qui accueille avec stupéfaction la parole offerte.

2 LES ENJEUX DU CONFLIT AMOUREUX

Le conflit amoureux, moteur de l'action

Dans la comédie ou dans la tragédie, l'amour du (ou des) héros rencontre des obstacles qui viennent nourrir la dynamique de l'action:
- **l'exposition** pose les bases du conflit;
- le **nœud** de l'intrigue voit son développement;
- le **dénouement** y apporte une résolution.

Dans la comédie, l'amour l'emporte; dans la tragédie, le sacrifice amoureux vient anéantir l'aspiration au bonheur des personnages.
Ex.: Bérénice quitte Rome, vaincue par la raison d'État. ► p. 170

Les enjeux du conflit amoureux

- Dans la comédie, l'amour, apanage des jeunes, s'oppose aux exigences des aînés et aux impératifs sociaux.

Ex.: Orgon impose Tartuffe comme époux à Mariane, ce qui crée des tensions avec Valère. ► p. 164.
- Dans la tragédie, le désir du héros se heurte aux exigences sociales (Corneille, *Le Cid* ► p. 174), politiques (Racine, *Bérénice* ► p. 170) ou morales (Racine, *Andromaque*, ► p. 176).

Le personnage ne peut concilier aspiration au bonheur et appartenance à un monde synonyme de lois et de normes. Cette rupture scelle son **destin tragique**.

TEXTE 1

Pierre Corneille, *Médée* (1635)

► Biographie p. 553

Médée, abandonnée par Jason qui lui préfère Créuse, fille de Créon, roi de Corinthe, se laisse progressivement envahir par la haine et le désir de vengeance. Ce désir est d'autant plus violent qu'elle vient d'apprendre que ses enfants allaient être confiés à sa rivale, alors qu'elle-même est contrainte à l'exil. Dans ce monologue, Médée doit trancher et choisir de quelle façon s'accomplira sa vengeance.

ACTE V, SCÈNE 2

MÉDÉE. – Est-ce assez, ma vengeance, est-ce assez de deux morts?
Consulte avec loisir tes plus ardents transports[1].
Des bras de mon perfide[2] arracher une femme,
Est-ce[3] pour assouvir les fureurs de mon âme?
Que n'a-t-elle déjà des enfants de Jason,
Sur qui plus pleinement venger sa trahison!
Suppléons-y des miens; immolons avec joie
Ceux qu'à me dire adieu Créuse me renvoie:
Nature, je le puis sans violer ta loi;
Ils viennent de sa part, et ne sont plus à moi.
Mais ils sont innocents; aussi l'était mon frère[4];
Ils sont trop criminels d'avoir Jason pour père;
Il faut que leur trépas redouble son tourment;
Il faut qu'il souffre en père aussi bien qu'en amant.
Mais quoi! j'ai beau contre eux animer mon audace,
La pitié la combat, et se met en sa place:
Puis, cédant tout à coup la place à ma fureur,
J'adore les projets qui me faisaient horreur:
De l'amour aussitôt je passe à la colère,
Des sentiments de femme aux tendresses de mère.
Cessez dorénavant, pensers irrésolus,
D'épargner des enfants que je ne verrai plus.
Chers fruits de mon amour, si je vous ai fait naître,
Ce n'est pas seulement pour caresser un traître:
Il me prive de vous, et je l'en vais priver.
Mais ma pitié renaît, et revient me braver;
Je n'exécute rien, et mon âme éperdue
Entre deux passions demeure suspendue.
N'en délibérons plus, mon bras en résoudra.
Je vous perds, mes enfants; mais Jason vous perdra;
Il ne vous verra plus…
[…]

1. enthousiasmes.
2. le terme désigne Jason.
3. est-ce assez pour.
4. Médée a tué et dépecé son propre frère.

►►► **Alphonse Mucha,** *Projet pour Sarah Bernhardt en Médée* (détail), vers 1893, crayon, aquarelle et gouache sur papier (45,5 × 19,25 cm), Sotheby's.

ÉCHO DE L'ANTIQUITÉ

Sénèque, *Médée* (Ier siècle)

CONTEXTE
Sénèque (vers 4 av. J.-C. à 65 après J.-C.) est un philosophe et dramaturge romain dont les pièces explorent les traits les plus sombres de l'humanité pour mieux interroger la question du mal. Il réinterprète ainsi une série de mythes (Œdipe, Médée) qui viennent servir sa réflexion stoïcienne : l'homme est responsable de ses choix et le tragique réside dans cette responsabilité même.

Médée appartient à la lignée du Soleil qui avait surpris les amours d'Arès et Aphrodite et en avait averti Héphaïstos, mari de cette dernière. Pour punition, elle maudit, en amour, la descendance féminine du Soleil. Médée, après avoir abandonné et trahi les siens pour Jason, ne supporte pas l'idée d'être abandonnée à son tour.

MÉDÉE. – […] Où veux-tu tomber, ô ma colère, ou sur quel perfide ennemi diriges-tu tes traits ?
C'est ce que mon âme a déjà décrété intérieurement, mais elle n'ose pas encore le déclarer… Insensée, je me suis trop hâtée. J'aurais dû attendre que mon ennemi eût engendré quelques enfants de ma rivale… Mais ceux que je lui ai donnés sont de Créuse encore : leur supplice me plaît, il me plaît justement… C'est avec le plus grand courage que je dois me porter au plus grand de mes forfaits. Ô vous, qui fûtes mes enfants, soyez donc punis des crimes de votre père…

Mais mon cœur a tremblé, et la colère est sortie de mon sein ; l'épouse irritée est bannie, la mère y reparait toute entière. Qui, moi ! j'immolerais mes enfants, je répandrais mon propre sang ! Loin de moi cette horrible fureur, cet attentat contre la nature, ce forfait exécrable. Eh ! quel crime ces infortunés ont-il commis ?… Leur crime ! c'est d'avoir Jason pour père. Leur crime plus grand encore, c'est d'être sortis de Médée. Qu'ils meurent, ils ne sont pas à moi : qu'ils périssent encore, ils sont à moi… Mais que peut-on leur imputer ? Ils sont innocents… Et mon frère n'était-il pas innocent aussi ? Ô mon âme, pourquoi balancer plus longtemps ? pourquoi ces larmes involontaires tombent-elles de mes yeux ? pourquoi la colère d'une part, et l'amour de l'autre, excitent-ils en moi cet horrible combat ? Comme deux vents impétueux s'entredéchirent par une guerre cruelle, ou comme des vagues furieuses à force de se pousser et de se repousser, font bouillonner toute la mer ; ainsi je sens mon cœur se déchaîner contre lui-même : la fureur en chasse la piété ; la piété en chasse la fureur à son tour… Cède, ô mon ressentiment, cède enfin à la piété[1].

1. employé au sens de pitié.

Acte V, scène 1, traduction de l'abbé Coupé.

Policoro, *Cratère représentant Médée sur son char* (détail), 400 av. J.-C., Cleveland Museum of Art, Ohio.

Vocabulaire
Quelle est l'étymologie du terme « fureur » ? Quels en sont les sens ? Analysez son emploi dans le monologue.

Questions

Un monologue délibératif
1. Repérez les différentes étapes du monologue. Montrez qu'elles soulignent la progression en apparence logique de la réflexion de Médée.
2. Quels éléments soulignent cependant son aveuglement et la « fureur » à laquelle elle obéit ?

Le dilemme
3. Relevez toutes les contradictions qui nourrissent la réplique de Médée. Comment sont-elles mises en valeur ?
4. Montrez que le doute anime le personnage. Comment cet extrait souligne-t-il qu'il n'y a pas d'issue ?

Une résolution tragique
5. Quel est l'effet créé par l'adresse à ses propres enfants ?
6. Quels procédés trahissent la résolution de Médée et l'imminence de l'acte ?

Médée de Sénèque
7. De quelles façons Sénèque choisit-il de traduire le dilemme de Médée ?
8. Comment sa fureur s'exprime-t-elle ? Repérez et analysez, en particulier, les images employées.

► Les figures de style, p. 466

Synthèse Comparez les deux portraits de Médée proposés par Corneille (► p. 180) et Sénèque.

MISE EN SCÈNE • *MÉDÉE* PAR PAULO CORREIA

Affiche de *Médée* de Pierre Corneille, mise en scène par **Paulo Correia** au Théâtre National de Nice en 2011-2012.

2 Corneille, *Épître*, 1639

Je vous donne *Médée* toute méchante qu'elle est, et ne vous dirai rien pour sa justification. [...] Ici vous trouverez le crime en son char de triomphe, et peu de personnages sur scène dont les mœurs ne soient plus mauvaises que bonnes ; mais la peinture et la poésie ont cela de commun, entre beaucoup d'autres choses, que l'une fait souvent de beaux portraits d'une femme laide, et l'autre de belles imitations d'une action qu'il ne faut pas imiter.

Épître à Monsieur P.T.N.G. (destinataire inconnu, peut-être fictif).

3 G. Boghossian, P. Correia, dossier de présentation de *Médée*

Chez Médée, cette bascule de l'humanité vers la monstruosité, loin d'être une fatalité, est un choix conscient, délibéré. Elle attise sa douleur, en tire une énergie supérieure pour accomplir sa métamorphose. La solitude de celle qui vient d'ailleurs, d'un monde magique dont on l'a, de fait, extraite, cette éternelle étrangère, exilée, va créer son identité en se détachant des humains. Outre la fascinante mutation du personnage de Médée, le caractère magique de cette tragédie ouvre un champ des possibles exceptionnel en termes d'images et de mise en scène. Médée appartient aux deux mondes : humain et divin. Petite-fille du Soleil, elle est dotée d'un regard perçant. Elle est lumière et obscurité. Mais aussi monde d'en haut et monde d'en bas. Médée, magicienne, a les capacités de sortir du monde des hommes. Pour représenter le merveilleux qui sous-tend cette tragédie, le genre *heroic fantasy* nous semble être, aujourd'hui, une splendide transposition contemporaine de cet univers [...]. Médée est une machine à fabriquer du monstrueux, elle nous invite à plonger dans l'invisible et l'étrange, loin de toute psychologie avec abandon et délice.

Présentation de la mise en scène au Théâtre National de Nice en 2011-2012.

Prolongements

- Recherchez d'autres affiches de spectacles consacrés à *Médée* de Corneille et comparez vos impressions avec celles suscitées par la mise en scène de Paulo Correia.
- Recherchez des exemples de gravures de monstres composées par Gustave Doré. Expliquez et justifiez le choix de leur exploitation dans le cadre de cette mise en scène (► p. 183).

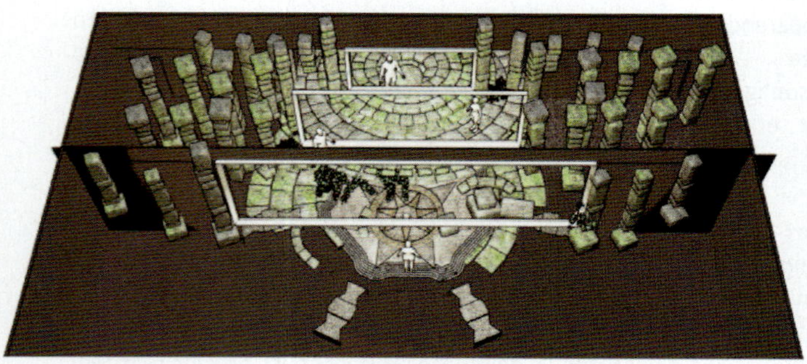

4 Maquette du décor de *Médée* de Pierre Corneille, mise en scène par **Paulo Correia** au Théâtre National de Nice en 2011.

Vocabulaire

***mapping* vidéo :** utilisation de la vidéo et des logiciels de composition pour créer des images projetées sur une structure scénographique. Cette technique permet de créer des effets en 3D, jouant ainsi de l'illusion optique. Grâce à des capteurs, le comédien agit sur le décor, voire le modifie, comme s'il avait le pouvoir de métamorphoser la réalité.

▲ Le décor s'appuie sur la projection vidéo de gravures de **Gustave Doré**, artiste du XIXᵉ siècle, connu pour des illustrations aussi réalistes qu'effrayantes.

Photographies de *Médée* de Pierre Corneille, mise en scène par **Paulo Correia**, compagnie Collectif 8, au Théâtre National de Nice en 2011.

Questions

1. Quel effet d'attente l'affiche du spectacle (1) crée-t-elle ? Décrivez et commentez sa composition.
2. Comment Corneille présente-t-il son héroïne et sa pièce (2) ? Sur quel aspect Gaële Boghossian et Paulo Correia insistent-ils plus particulièrement (3) ? Montrez que l'intérêt pour la métamorphose réunit le dramaturge et ses metteurs en scène.
3. Quelles sont les caractéristiques du « genre *heroïc fantasy* » ? Les retrouvez-vous dans la maquette et les photographies de la mise en scène (4 5 6) ? Reperez les différentes techniques utilisées pour la scénographie.
4. Commentez plus particulièrement les effets de lumière.
5. Comment qualifieriez-vous l'atmosphère ainsi créée ? Correspond-elle à vos impressions de lecture de la pièce de Corneille (► p. 180) ?
6. Comment la mise en scène signe-t-elle le triomphe de Médée (6) ?
7. Quels sont, pour vous, les intérêts et les limites du parti-pris de modernité dans la mise en scène ?

Pierre Corneille, *Rodogune* (1644)

► Biographie p. 553

CONTEXTE
La Cléopâtre de *Rodogune* ne doit pas être confondue avec la célèbre reine égyptienne, présente dans une autre pièce de Corneille, *La Mort de Pompée* (1644). Cléopâtre que le dramaturge considère comme une « seconde Médée », répond à l'infanticide de la première par le « parricide ».

Cléopâtre a tué de ses propres mains son mari Démétrius Nicanor qui souhaitait épouser la jeune Rodogune en secondes noces. Elle prétend offrir le trône à celui de ses deux fils (Séleucus ou Antiochus) qui tuera Rodogune pour la venger. Mais ces derniers, amoureux de Rodogune, refusent son offre. On assiste alors à un déchaînement de haine. Cléopâtre fait périr Séleucus par le fer et s'apprête, au début de l'acte v, à éliminer Antiochus et Rodogune.

ACTE V, SCÈNE 1

CLÉOPÂTRE. – Enfin, grâces aux Dieux, j'ai moins d'un ennemi[1],
La mort de Séleucus m'a vengée à demi ;
Son ombre, en attendant Rodogune, et son frère,
Peut déjà de ma part les promettre à son père,
Ils le suivront de près, et j'ai tout préparé
Pour réunir bientôt ce que j'ai séparé.
Ô toi, qui n'attends plus que la cérémonie
Pour jeter à mes pieds ma rivale punie,
Et par qui deux amants vont d'un seul coup du Sort
Recevoir l'hyménée, et le trône, et la mort ;
Poison, me sauras-tu rendre mon diadème ?
Le fer m'a bien servie, en feras-tu de même ?
Me seras-tu fidèle ? Et toi, que me veux-tu,

Martine Chevallier (Cléopâtre) dans *Rodogune* de Corneille, pièce mise en scène par **Jacques Rosner** à la Comédie-Française en 1998 à Paris.

Ridicule retour d'une sotte vertu,
Tendresse dangereuse, autant comme[2] importune ?
Je ne veux point pour fils l'époux de Rodogune,
Et ne vois plus en lui les restes de mon sang,
S'il m'arrache du Trône, et la met en mon rang.
Reste du sang ingrat d'un époux infidèle,
Héritier d'une flamme envers moi criminelle,
Aime mon ennemie, et péris comme lui.
Pour la faire tomber, j'abattrai son appui ;
Aussi bien sous mes pas c'est creuser un abîme,
Que retenir ma main sur la moitié du crime ;
Et te faisant mon Roi, c'est trop me négliger,
Que te laisser sur moi père et frère à venger.
Qui se venge à demi court lui-même à sa peine,
Il faut, ou condamner, ou couronner sa haine.
Dût le peuple en fureur pour ses maîtres nouveaux
De mon sang odieux arroser leurs tombeaux,
Dût le Parthe vengeur[3] me trouver sans défense,
Dût le Ciel égaler le supplice à l'offense,
Trône, à t'abandonner je ne puis consentir.
Par un coup de tonnerre il vaut mieux en sortir,
Il vaut mieux mériter le sort le plus étrange :
Tombe sur moi le Ciel, pourvu que je me venge,
J'en recevrai le coup d'un visage remis[4],
Il est doux de périr après ses ennemis,
Et de quelque rigueur que le Destin me traite,
Je perds moins à mourir, qu'à vivre leur sujette.
Mais voici Laonice[5], il faut dissimuler
Ce que le seul effet doit bientôt révéler.

1. un ennemi de moins.
2. autant que.
3. Phraates, roi des Parthes et frère de Rodogune.
4. tranquille, calme.
5. confidente de Cléopâtre.

Cléopâtre, illustration de **Henry Geoffroy**, 1884.

Questions

Grammaire

Quels sont le mode et le temps de la forme verbale « dût » aux vers 29, 31 et 32 ? Expliquez et commentez son emploi.
► **Modes, temps et valeurs, p. 438**

1. Comment Cléopâtre exprime-t-elle son désir de vengeance ? Repérez et commentez les adresses qu'elle formule. Quel sens leur donnez-vous ?
► **L'énonciation, p. 455**

2. Quels éléments soulignent le caractère implacable de Cléopâtre ? Comment sont-ils mis en valeur ?

3. Quel passage souligne le mieux sa résolution ? Quels sont les procédés employés ?

4. Pourquoi peut-on parler d'une certaine forme de grandeur dans le crime ?

Synthèse Comparez la monstruosité de Cléopâtre à celle de Médée (► **p. 180**).

Vers le bac S'entraîner au sujet d'invention

Imaginez un dialogue entre deux spectateurs de *Rodogune* de Corneille. L'un souligne la fascination qu'exerce sur lui le personnage de Cléopâtre ; l'autre sa répulsion. Vous prendrez soin de vous appuyer sur des éléments concrets pour nourrir le débat.
► **Écrire un texte argumentatif, p. 520**

Jean Racine, *Andromaque* (1667)

► Biographie p. 555

CONTEXTE

La guerre de Troie constitue la toile de fond d'*Andromaque*. Racine s'inspire de *L'Énéide* de Virgile qui retrace le parcours d'Enée, après sa fuite de Troie, anéantie. Tous les personnages ont vu le cours de leur existence bouleversé par une guerre qui leur a volé leur avenir. Le déchaînement des passions amoureuses vient alors parachever son œuvre destructrice.

Oreste aime Hermione qui aime Pyrrhus, un des chefs grecs, lequel aime sa captive troyenne Andromaque, qui n'aime qu'Hector, mort durant la guerre. Telle est la chaîne des passions qui compose la trame de la pièce, au centre de laquelle se déploie la fureur jalouse d'Hermione qui exige d'Oreste qu'il la venge après avoir appris que Pyrrhus compte épouser Andromaque.

ACTE IV, SCÈNE 3
ORESTE, HERMIONE, CLÉONE

[…]
HERMIONE. – Ne vous suffit-il pas que je l'ai condamné[1] ?
Ne vous suffit-il pas que ma gloire offensée
Demande une victime à moi seule adressée ;
Qu'Hermione est le prix d'un tyran opprimé ;
Que je le hais ; enfin, Seigneur, que je l'aimai ?
Je ne m'en cache point : l'ingrat m'avait su plaire,
Soit qu'ainsi l'ordonnât mon amour ou mon père,
N'importe ; mais enfin réglez-vous là-dessus.
Malgré mes vœux, Seigneur, honteusement déçus,
Malgré la juste horreur que son crime me donne,
Tant qu'il vivra, craignez que je ne lui pardonne.
Doutez jusqu'à sa mort d'un courroux incertain :
S'il ne meurt aujourd'hui, je puis l'aimer demain.
ORESTE. – Eh bien ! Il faut le perdre, et prévenir sa grâce ;
Il faut… Mais cependant que faut-il que je fasse ?
Comment puis-je si tôt servir votre courroux ?
Quel chemin jusqu'à lui peut conduire mes coups ?
À peine suis-je encore arrivé dans l'Épire,
Vous voulez par mes mains renverser un empire ;
Vous voulez qu'un roi meure, et pour son châtiment
Vous ne donnez qu'un jour, qu'une heure, qu'un moment !
Aux yeux de tout son peuple, il faut que je l'opprime !
Laissez-moi vers l'autel conduire ma victime,
Je ne m'en défends plus ; et je ne veux qu'aller
Reconnaître la place où je dois l'immoler.
Cette nuit je vous sers, cette nuit je l'attaque.
HERMIONE. – Mais cependant, ce jour, il épouse Andromaque !
Dans le temple déjà le trône est élevé,
Ma honte est confirmée, et son crime achevé.
Enfin qu'attendez-vous ? Il vous offre sa tête :
Sans gardes, sans défense, il marche à cette fête ;
Autour du fils d'Hector il les fait tous ranger ;
Il s'abandonne au bras qui me voudra venger.
Voulez-vous malgré lui prendre soin de sa vie ?
Armez, avec vos Grecs, tous ceux qui m'ont suivie ;
Soulevez vos amis, tous les miens sont à vous :

Il me trahit, vous trompe, et nous méprise tous.
Mais quoi ? déjà leur haine est égale à la mienne :
Elle épargne à regret l'époux d'une Troyenne.
Parlez : mon ennemi ne vous peut échapper,
Ou plutôt il ne faut que les laisser frapper.
Conduisez ou suivez une fureur si belle ;
Revenez tout couvert du sang de l'infidèle ;
Allez : en cet état soyez sûr de mon cœur.
Oreste. – Mais, Madame, songez…
Hermione. – Ah ! C'en est trop, Seigneur.
Tant de raisonnements offensent ma colère.
J'ai voulu vous donner les moyens de me plaire,
Rendre Oreste content ; mais enfin je vois bien
Qu'il veut toujours se plaindre, et ne mériter rien.
Partez : allez ailleurs vanter votre constance,
Et me laissez ici le soin de ma vengeance.
De mes lâches bontés mon courage est confus,
Et c'est trop en un jour essuyer de refus.
Je m'en vais seule au temple où leur hymen s'apprête,
Où vous n'osez aller mériter ma conquête.
Là, de mon ennemi je saurai m'approcher,
Je percerai le cœur que je n'ai pu toucher,
Et mes sanglantes mains, sur moi-même tournées,
Aussitôt, malgré lui, joindront nos destinées ;
Et tout ingrat qu'il est, il me sera plus doux
De mourir avec lui que de vivre avec vous. […]

1. il s'agit de Pyrrhus. L'indicatif est employé ici alors que l'on emploierait maintenant le subjonctif.

Léonie Simaga (Hermione) et Clément Hervieu-Léger (Oreste) dans *Andromaque* de Racine, pièce mise en scène par **Muriel Mayette** au théâtre antique d'Orange en 2011.

Questions

Vers, strophes et rimes

Analysez le rythme des alexandrins dans la réplique d'Oreste aux vers 14 à 22. Montrez qu'il souligne l'agitation du personnage.

La fureur d'Hermione

1. De quelle façon Hermione tente-t-elle de convaincre Oreste ? Repérez les arguments auxquels elle fait appel. Commentez leur progression.
► Les types d'arguments, p. 493
2. Montrez qu'Hermione exige plus une capitulation d'Oreste qu'une véritable adhésion à son projet de vengeance.
3. Comment sa jalousie démesurée se manifeste-t-elle ? Analysez en particulier l'énonciation et le lexique.
► L'énonciation, p. 455

Les hésitations d'Oreste

4. Montrez que le doute d'Oreste répond à l'assurance d'Hermione. Appuyez-vous, en particulier, sur le rythme et la nature des phrases qui composent les répliques des personnages.
5. Pourquoi Oreste ne cède-t-il pas immédiatement ? Que redoute-t-il ?

Synthèse En vous appuyant sur l'analyse du texte, rédigez un paragraphe soulignant la cruauté d'Hermione à l'égard d'Oreste.

Vers le bac S'entraîner à la question sur le corpus

De quelles façons se manifeste la monstruosité des figures féminines dans *Médée* (► p. 180), *Rodogune* (► p. 184) et *Andromaque* (► p. 186) ?

TEXTE 4

Jean Racine, *Phèdre* (1677)

► Biographie p. 555

⊕ CONTEXTE

« Il ne faut jamais qu'une femme fasse entendre à un homme qu'elle a de l'amour pour lui » (L'abbé d'Aubignac, *La Pratique du théâtre*, 1657). L'initiative de l'aveu amoureux, sur la scène théâtrale, comme dans la vie, doit, au XVIIe siècle, exclusivement revenir à l'homme, bienséance oblige.

Le premier acte est organisé autour de l'aveu de Phèdre qui révèle à sa nourrice Œnone son amour incestueux pour Hippolyte, son beau-fils. Le deuxième acte s'ouvre sur le double aveu d'Aricie et Hippolyte, dont l'amour est réciproque mais interdit. Intervient alors la première et unique entrevue entre Phèdre et Hippolyte.

ACTE II, SCÈNE 5
PHÈDRE, HIPPOLYTE, ŒNONE

PHÈDRE. – [...]
Eh bien ! connais donc Phèdre et toute sa fureur.
J'aime. Ne pense pas qu'au moment que je t'aime,
Innocente à mes yeux, je m'approuve moi-même,
Ni que du fol amour qui trouble ma raison
Ma lâche complaisance ait nourri le poison.
Objet infortuné des vengeances célestes,
Je m'abhorre encor plus que tu ne me détestes.
Les dieux m'en sont témoins, ces dieux qui dans mon flanc
Ont allumé le feu fatal à tout mon sang ;
Ces dieux qui se sont fait une gloire cruelle
De séduire le cœur d'une faible mortelle.
Toi-même en ton esprit rappelle le passé.
C'est peu de t'avoir fui, cruel, je t'ai chassé :
J'ai voulu te paraître odieuse, inhumaine,
Pour mieux te résister, j'ai recherché ta haine.
De quoi m'ont profité mes inutiles soins ?

Anne Suarez (Phèdre) et Mounir Margoum (Hippolyte) dans *Phèdre* de Racine, pièce mise en scène par **Jean-Louis Martinelli** au théâtre des Amandiers à Nanterre en 2013.

Tu me haïssais plus, je ne t'aimais pas moins.
Tes malheurs te prêtaient encor de nouveaux charmes.
J'ai langui, j'ai séché, dans les feux, dans les larmes.
Il suffit de tes yeux pour t'en persuader,
Si tes yeux un moment pouvaient me regarder.
Que dis-je ? Cet aveu que je te viens de faire,
Cet aveu si honteux, le crois-tu volontaire ?
Tremblante pour un fils que je n'osais trahir,
Je te venais prier de ne le point haïr.
Faibles projets d'un cœur trop plein de ce qu'il aime !
Hélas ! je ne t'ai pu parler que de toi-même !
Venge-toi, punis-moi d'un odieux amour ;
Digne fils du héros qui t'a donné le jour,
Délivre l'univers d'un monstre qui t'irrite.
La veuve de Thésée ose aimer Hippolyte !
Crois-moi, ce monstre affreux ne doit point t'échapper.
Voilà mon cœur : c'est là que ta main doit frapper.
Impatient déjà d'expier son offense,
Au-devant de ton bras je le sens qui s'avance.
Frappe. Ou si tu le crois indigne de tes coups,
Si ta haine m'envie un supplice si doux,
Ou si d'un sang trop vil ta main serait trempée,
Au défaut de ton bras prête-moi ton épée.
Donne.
HIPPOLYTE. – Que faites-vous, madame ? Justes dieux !
Mais on vient : évitez des témoins odieux.
Venez, rentrez, fuyez une honte certaine.

Éric Ruf (Hippolyte) et Dominique Blanc (Phèdre) dans *Phèdre* de Racine, pièce mise en scène par **Patrice Chéreau** au théâtre de l'Odéon à Paris en 2003.

Lecture d'images

Comparez le jeu des comédiens dans les deux photographies de mise en scène proposées. Comment l'intensité de l'aveu est-elle traduite ?

Questions

Figures de style

« Ces dieux qui se sont fait une gloire cruelle » (v.10). Quelle figure de style identifiez-vous ? Expliquez et commentez.

L'aveu

1. Quelle est la nature de la réplique de Phèdre ? Quelle est l'impression créée par un tel flot de paroles ?

► Le vocabulaire du théâtre, p. 480

2. Repérez les différentes adresses faites à Hippolyte et les formes grammaticales qu'elles prennent. Montrez qu'elles accroissent le pathétique de l'aveu.

► Les registres littéraires, p. 460

3. Qu'est-ce qui fait le caractère scandaleux de cet aveu ?

Une passion monstrueuse ?

4. Comment Phèdre parle-t-elle de sa propre passion ? Quelles en sont les manifestations physiques et morales ?

5. Montrez qu'elle se prend elle-même pour objet de haine. Relevez tous les termes qui contribuent à dresser le portrait d'un « monstre ».

6. Analysez les éléments qui font aussi d'elle le jouet de la fatalité.

Synthèse Expliquez pourquoi ce texte vous permet de dire avec Racine que Phèdre n'est « ni tout à fait coupable, ni tout à fait innocente » (préface de *Phèdre*).

ÉCHO DE L'ANTIQUITÉ

Euripide, *Hippolyte* (428 av. J.-C)

CONTEXTE
Euripide (vers 480 - 406 av. J.-C.) est un dramaturge grec qu'Aristote définit comme « le plus tragique des poètes » car ses pièces jouent, parfois de façon excessive, des effets de terreur et de pitié. Il met en scène des héros mus par des pulsions et passions révélatrices du tragique de la condition humaine.

Aphrodite veut punir Hippolyte de la préférence qu'il accorde à Artémis. Phèdre, petite-fille du Soleil, lequel a révélé les amours coupables d'Aphrodite et d'Arès, devient l'instrument idéal de sa vengeance. Elle suscite en elle un amour, à son tour coupable, pour son beau-fils Hippolyte.

PHÈDRE. – Femmes, faites silence : je suis perdue.

LE CHŒUR. – Phèdre, que se passe-t-il donc de terrible dans ton palais ?

PHÈDRE. – Restez tranquilles, que j'entende ce qu'on dit au-dedans.

LE CHŒUR. – Je me tais ; mais c'est là un début sinistre.

PHÈDRE. – Hélas ! hélas ! malheureuse que je suis ! cruelles souffrances !

LE CHŒUR. – Que signifient ces cris ? quelles paroles profères-tu ? Dis-nous, femme, quel bruit soudain épouvante ton cœur ?

PHÈDRE. – Je suis perdue. Approchez vous-mêmes de ces portes, et écoutez le bruit qu'on entend dans le palais.

LE CHŒUR. – Tu es près de l'entrée ; les paroles qu'on prononce au-dedans arrivent aisément jusqu'à toi. Dis-moi, dis-moi, quel malheur est survenu.

PHÈDRE. – Le fils de la guerrière Amazone, Hippolyte, profère des menaces terribles contre ma nourrice[1].

LE CHŒUR. – J'entends un bruit confus, mais je ne puis saisir clairement les paroles ; à travers la porte tu dois les distinguer.

PHÈDRE. – Voici qu'il l'appelle bien clairement une infâme entremetteuse, qui trahit l'honneur de son maître.

LE CHŒUR. – Hélas ! quel malheur ! Tu es trahie, ma chère. Quel conseil te donner ? Le secret est divulgué, tu es perdue…

PHÈDRE. – Hélas ! hélas !

LE CHŒUR. – Trahie par tes amis.

PHÈDRE. – Elle m'a perdue en racontant ma misère, à bonne intention, pour guérir mon mal, mais en blessant l'honneur.

LE CHŒUR. – Quoi donc ? que feras-tu, ô toi qui souffres des maux qui sont sans remède ?

PHÈDRE. – Je ne sais qu'une ressource : c'est de mourir au plus vite, seul remède aux maux qui m'accablent.

(Hippolyte entre sur la scène, plein d'une vive indignation, sans voir Phèdre, qui se tient à l'écart.)

Traduction de M. Artaud, 1857, © Univers Poche-Pocket.

1. Œnone.

Phèdre, fresque, fin IIe-début IIIe siècle après J.-C., villa de Munatia Procula à Tor Marancia, bibliothèque vaticane, salle des *Noces Aldobrandines*.

La tristesse de Phèdre amoureuse et repoussée par Hippolyte, bas-relief de sarcophage, IIIe siècle, musée archéologique, Palerme.

Questions

Prolongements
Faites des recherches sur la famille de Phèdre et sur la manière dont s'est exercée sur elle la malédiction d'Aphrodite.
• Pourquoi peut-on dire que Phèdre est liée au thème du monstre ?
• À quelle autre héroïne de la séquence est-elle liée par cette malédiction ?

1. Comment qualifiez-vous l'ambiance qui règne dans cet extrait ? Justifiez votre réponse.
2. Faites des recherches sur le rôle du chœur dans la tragédie antique. Qui représente-t-il ici ? Quelle est sa fonction dans l'échange avec Phèdre ?
3. De quelles façons Œnone et Hippolyte sont-ils présentés ?
4. À quoi est due l'intensité tragique de ce texte ?
   a. Analysez la situation singulière dans laquelle se trouve Phèdre.
   b. Relevez tous les termes qualifiant les paroles entendues par Phèdre et par le chœur. En quoi décuplent-ils la tension ?
   c. Pourquoi le contenu de ces paroles n'est-il jamais explicite ?
   d. Dans quelle position le spectateur se trouve-t-il placé ?
   ► La double énonciation, p. 481

Lecture d'image Commentez la position des personnages sur le bas-relief. Comment Phèdre est-elle mise en valeur ? Quels éléments contribuent à la représentation de sa tristesse ? Quel lien pouvez-vous faire avec le texte d'Euripide ?

Synthèse Comparez les choix de Racine (► p. 188) et d'Euripide concernant les modalités de l'aveu. Comment justifier les différences entre les deux dramaturges ?

PERSPECTIVE DU XXIe SIÈCLE

Laurent Gaudé, *Les Sacrifiées* (2004)

CONTEXTE

Après des études universitaires consacrées au théâtre et un travail de thèse sur le conflit dans le théâtre contemporain, **Laurent Gaudé** (né en 1972) écrit ses premières pièces, dont *Combats de possédés*, publiée en 1999. En 2002, il reçoit le prix Goncourt des lycéens pour son roman *La Mort du roi Tsongor* et remporte le prix Goncourt en 2004 pour un nouveau roman, *Le Soleil des Scorta*.

La pièce de Laurent Gaudé se présente comme un triptyque fondé sur le destin de trois femmes qui incarnent les « Sacrifiées » du titre : Raïssa, Leïla et Saïda. À travers leur histoire, ce sont aussi les liens entre la France et l'Algérie qui sont explorés. De la guerre d'indépendance (1954-1962) à la montée de l'islamisme dans les années 1990, en passant par l'émigration dans les années 1970-1980, on suit le parcours de ces femmes se heurtant à l'histoire et à la cruauté des hommes qui ne leur épargnent rien.

LEÏLA. – Raïssa[1], qui est mon père ?

Temps.

RAÏSSA. – Tu n'as pas de père.

FEMME 1. – Ce n'est pas possible.

FEMME 2. – Tout le monde a un père.

FEMME 1. – Qui est-ce, Raïssa ?

RAÏSSA. – Allez-vous-en. Que voulez-vous de moi ? Je ne réponds pas aux questions.

HOMME 1. – Tu dois.

HOMME 2. – Qui est le père, Raïssa ?

LEÏLA. – Je suis venue de loin. Je t'ai retrouvée.

RAÏSSA. – À quoi cela servira-t-il ?

LEÏLA. – Qui est mon père ?

RAÏSSA. – Un homme. Il s'appelait Farouk. Il est mort.

HOMME 1. – Tu mens, Raïssa.

HOMME 2. – Personne au village ne s'appelait comme cela.

RAÏSSA. – Un homme de passage.

LEÏLA. – Raïssa.

RAÏSSA. – Va-t'en. Laissez-moi. Retournez au village. Allez-vous-en, tous.

LEÏLA. – Je ne repartirai plus.

HOMME 1. – Dis-le, Raïssa.

FEMME 1. – Nous voulons l'entendre.

HOMME 2. – Qui est le père ?

Raïssa tape du pied par terre, comme une furie, elle semble possédée.

RAÏSSA. – Tu ris ?

FEMME 1. – Elle parle à sa mère, je l'ai déjà vue faire.

FEMME 2. – Elle est possédée.

RAÏSSA. – Toute la Djemâa[2] rit avec toi. Je vous entends d'ici. C'est votre victoire. Je dois tout dire. Et la prophétie d'autrefois s'accomplit. Oui, tu ris.

FEMME 2. – Une furie. Nous t'avions prévenue, Leïla, une vraie furie.

RAÏSSA. – Tu veux savoir. Je vais te le dire. Vois si tu veux toujours être ma fille après cela. Qui est ton père ? Je ne sais pas. Ils étaient dix. Ils étaient vingt. Ils se sont succédé en moi. Des Français. Tous. Blancs comme toi. Qui est ton père ? Je ne sais pas. Tu es la fille de tous ceux-là. De leur violence en moi. Tu es la fille de dix militaires. J'ai essayé. Je t'assure. J'ai essayé de retenir leur visage. À chacun. Justement pour cela. Pour pouvoir me souvenir. J'ai essayé. Les visages, les traits, les expressions. J'ai essayé de tout mémoriser pour savoir mais je n'ai pas pu. Ils étaient trop. Je n'ai pas pu. Je ne me souviens que de mains. De bras. De cris étouffés. Et d'uniformes. Tu

1. Raïssa est la mère biologique de Leïla. Cette dernière quitte sa famille adoptive en France pour rejoindre l'Algérie. Elle veut découvrir son histoire.
2. assemblée villageoise masculine.

n'as pas de père. Il n'y avait que des coups en moi.

Homme 1. – La souillure.

Homme 2. – Raïssa violée par des Français.

Femme 1. – C'est la vieille prophétie d'autrefois.

Femme 2. – Tu auras plus de maris que de doigts.

Homme 1. – La souillure.

Homme 2. – Elle expie sa faute.

Femme 2. – La fille tueuse de mère[3].

Femme 1. – C'est la malédiction.

Femme 2. – Allons-nous-en.

Homme 1. – Elles sont mère et fille.

Homme 2. – Infâmes toutes les deux.

Femme 1. – Allons-nous-en.

Les villageois s'en vont, lentement, en cortège.

Leïla. – Déréglée. Je le savais. Meriem le disait. Je n'ai pas d'âge. Je suis toute à l'envers. Une bâtarde. Un monstre. Née de dix tortionnaires emmêlés. C'est pour cela. Je suis folle. C'est eux qui continuent de rire en moi. Un monstre. Difforme. Sans père. Née d'une meute de chiens.

Raïssa. – (*s'approchant et la serrant fort contre elle*). Tu es ma fille. Leïla. Leïla. J'apprends à dire ton nom. Tu es ma fille. Je ne t'ai transmis que cela. Pardonne-moi. La honte et la souillure. C'est la malédiction de Raïssa. Ne m'en veux pas. Tu es ma fille. Tu es venue de loin. Ne pleure pas. Tu es belle. Plus belle que je ne l'ai jamais été. Ne pense plus à cela. Je vis ici. Tu sais pourquoi ? Parce que les morts m'ont toujours fait moins de mal que les vivants. Tu es comme moi. Accidentée. Et humiliée. Tu es comme moi. Je te reconnais. Tu es blanche mais je reconnais chacun de tes traits. Mère et fille. Tu es venue jusqu'à moi. Ne pleure pas. Le passé est sous nos pieds. Nous enterrons la malédiction, Leïla. Il faut que la vie commence pour toi.

Scène 12, © Actes-Sud papiers.

3. la mère de Raïssa est décédée au moment de l'accouchement.

Judith Henri (Leïla) dans *Les Sacrifiés* de Laurent Gaudé, pièce mise en scène par **Jean-Louis Martinelli** au théâtre des Amandiers à Nanterre en 2004.

Questions

1. Quels éléments contribuent à créer la tension propre à cette scène ? Analysez en particulier la nature, le rythme et l'enchaînement des répliques.
► Le vocabulaire du théâtre, p. 480

2. Analysez le contenu des répliques des hommes et femmes du village (l. 42 à 55). De quelle pratique, propre à la tragédie antique, se rapproche cet enchaînement ? Quel est l'effet recherché ?

3. Quelles remarques pouvez-vous faire sur la composition de la tirade de Raïssa (l. 31-41) et de la réplique de Leïla (l. 57-60) ? Quelle est l'impression créée ? À quelles fins ?

4. Pourquoi Raïssa et Leïla sont-elles des héroïnes à la fois tragiques et « monstrueuses » ? Relevez les termes et images employés pour les caractériser. Comparez-les avec ceux employés pour définir les héroïnes de la séquence.
► Les registres littéraires, p. 460

Prolongement

Laurent Gaudé est aussi l'auteur d'une pièce intitulée *Médée Kali* dont la lecture peut compléter votre approche des héroïnes tragiques.

PERSPECTIVE DU XXIe SIÈCLE

Wajdi Mouawad, *Incendies* (2003)

CONTEXTE

Wajdi Mouawad est né en 1968 au Liban. Il connaît les débuts de la guerre civile qui ravage le pays de 1975 à 1990 avant son exil, d'abord en France, puis au Québec à partir de 1983. Il y suit des études théâtrales pour être comédien avant de devenir metteur en scène et écrivain. Son œuvre est récompensée en 2009 par le Grand Prix du Théâtre de l'Académie française.

Incendies *est le second volet d'un ensemble de quatre pièces qui ont pour point commun d'explorer la question de l'identité et des origines. La pièce s'ouvre sur la lecture du testament de Nawal Marwan qui engage ses jumeaux, Simon et Jeanne, à partir en quête de leur propre histoire. Mais à travers leur parcours, c'est aussi celui de leur mère que l'on découvre grâce à une série de retours en arrière qui nous plongent dans l'horreur de la guerre.*

NAWAL (40 ANS) ET SAWDA[1].

SAWDA. – Ils sont rentrés dans le camp. Couteaux, grenades, machettes, haches, fusils, acide. Leur main ne tremblait pas. Dans le sommeil, ils ont planté leur arme dans le sommeil et ils ont tué le sommeil des enfants, des femmes, des hommes qui dormaient dans la grande nuit du monde !

NAWAL. – Tu vas faire quoi ?

SAWDA. – Laisse-moi !

NAWAL. – Tu vas faire quoi. Tu vas aller où ?

SAWDA. – Je vais aller dans chaque maison !

NAWAL. – Tu vas tirer une balle dans la tête de chacun ?

SAWDA. – Œil pour œil, dent pour dent, ils n'arrêtent pas de le crier !

NAWAL. – Oui, mais pas comme ça !

SAWDA. – Pas autrement ! Puisque la mort peut être contemplée avec indifférence, alors pas autrement !

NAWAL. – Alors toi aussi, tu veux aller dans les maisons et tuer enfants, femmes, hommes !

SAWDA. – Ils ont tué mes parents, tué mes cousins, tué mes voisins, tué les amis lointains de mes parents ! Alors c'est pareil !

NAWAL. – Oui, c'est pareil, tu as raison Sawda, mais réfléchis !

SAWDA. – À quoi ça sert de réfléchir ! Personne ne revient à la vie parce qu'on réfléchit !

NAWAL. – Réfléchis, Sawda ! Tu es la victime et tu vas aller tuer tous ceux qui seront sur ton chemin, alors tu seras le bourreau, puis après, à ton tour tu seras la victime ! Toi tu sais chanter, Sawda, tu sais chanter !

SAWDA. – Je ne veux pas ! Je ne veux pas me consoler, Nawal. Je ne veux pas que tes idées, tes images, tes paroles, tes yeux, ton amitié, toute notre vie côte à côte, je ne veux pas qu'ils me consolent de ce que j'ai vu et entendu ! Ils sont entrés dans les camps comme des fous furieux. Les premiers cris ont réveillé les autres et rapidement on a entendu la fureur des miliciens ! Ils ont commencé par lancer les enfants contre le mur, puis ils ont tué tous les hommes qu'ils ont pu trouver. Les garçons égorgés, les jeunes filles brûlées. Tout brûlait autour, Nawal, tout brûlait, tout cramait ! Il y avait des vagues de sang qui coulaient des ruelles. Les cris montaient des gorges et s'éteignaient et c'était une vie en moins. Un milicien préparait l'exécution de trois frères. Il les a plaqués contre le mur. J'étais à leurs pieds, cachée dans le caniveau. Je voyais le tremblement de leurs jambes. Trois frères. Les miliciens ont tiré leur mère par les cheveux, l'ont plantée devant ses fils et l'un deux a hurlé : « Choisis ! Choisis lequel tu veux sauver. Choisis ! Choisis ou je les tue tous !

1. réfugiée ayant vécu dans le village natal de Nawal, que cette dernière a rencontrée à l'âge de 19 ans et qui l'a accompagnée dans sa quête pour retrouver son premier enfant.

Annick Bergeron (Nawal) et Mireille Naggar (Sawda) dans *Incendies* de Wajdi Mouawad, pièce mise en scène par **Wajdi Mouawad** au Festival d'Avignon en 2009.

Tous les trois ! Je compte jusqu'à trois, à trois je les tire tous les trois ! Choisis ! Choisis ! »
Et elle, incapable de parole, incapable de rien, tournait la tête à droite et à gauche et regardait chacun de ses trois fils ! Nawal, écoute-moi, je ne te raconte pas une histoire. Je te raconte une douleur qui est tombée à mes pieds. Je la voyais, entre le tremblement des jambes de ses fils. Avec ses seins trop lourds et son corps vieilli pour les avoir portés, ses trois fils. Et tout son corps hurlait : « Alors à quoi bon les avoir portés si c'est pour les voir ensanglantés contre un mur ! » Et le milicien criait toujours : « Choisis ! Choisis ! » Alors elle l'a regardé et lui a dit, comme un dernier espoir : « Comment peux-tu, regarde-moi, je pourrais être ta mère ! » Alors il l'a frappée : « N'insulte pas ma mère ! Choisis ! » et elle a dit un nom, elle a dit « Nidal. Nidal ! » Et elle est tombée et le milicien a abattu les deux plus jeunes. Il a laissé l'aîné en vie, tremblant ! Il l'a laissé et il est parti. Les deux corps sont tombés. La mère s'est relevée et au cœur de la ville qui brûlait, qui pleurait de toute sa vapeur, elle s'est mise à hurler que c'était elle qui avait tué ses fils. Avec son corps trop lourd, elle disait qu'elle était l'assassin de ses enfants !

NAWAL. – Je comprends, Sawda, mais pour répondre à ça on ne peut pas faire n'importe quoi. Écoute-moi. Écoute ce que je te dis : le sang est sur nous et dans une situation pareille, les souffrances d'une mère comptent moins que la terrible machine qui nous broie. La douleur de cette femme, ta douleur, la mienne, celle de tous ceux qui sont morts cette nuit ne sont plus un scandale, mais une addition, une addition monstrueuse qu'on ne peut pas calculer. Alors, toi, toi Sawda, toi qui récitais l'alphabet avec moi il y a longtemps sur le chemin du soleil, lorsque nous allions côte à côte pour retrouver mon fils né d'une histoire d'amour comme celle que l'on ne nous raconte plus, toi, tu ne peux pas participer à cette addition monstrueuse de la douleur. Tu ne peux pas.

Questions

1. Montrez que la question de la vengeance est au cœur de l'extrait. Quelles sont les thèses défendues par chacune des deux femmes ? Quelle attitude est incarnée par chacune d'entre elles ?
2. Quel est l'enjeu de la tirade de Sawda ?
   a. Analysez l'organisation du récit.
   b. Quels procédés contribuent à donner l'idée d'une violence généralisée et absolue ?
   c. Démontrez que ce récit constitue une hypotypose. Analysez, dans ce cadre, le rôle de l'imparfait.
3. Pourquoi peut-on dire que la femme évoquée par Sawda est une allégorie du pays en guerre ? Quel portrait d'elle nous est ici proposé ? Pourquoi ?
4. Justifiez le choix du récit. Montrez que cet extrait est parfaitement représentatif du titre de la pièce.

Synthèse Expliquez et commentez la formule de Nawal : « cette addition monstrueuse de la douleur » (l. 67).

www.lienmini.fr/magnard-el2-014
• Consultez le site officiel de Wajdi Mouawad.
• Dans l'onglet « Archives », recherchez des renseignements sur ses pièces principales et dégagez-en les thèmes fondamentaux.

SYNTHÈSE

LE HÉROS TRAGIQUE

Le héros tragique, de l'Antiquité à la période classique, est investi d'un rôle fondamental. Il est celui qui, placé au centre du dispositif dramatique, va susciter terreur et pitié, pour permettre à la tragédie d'accomplir sa visée ultime : la catharsis (► Synthèse, p. 233).

1 NAISSANCE ET CONCEPTION DU HÉROS TRAGIQUE DANS L'ANTIQUITÉ

Le rôle de Sophocle

C'est au dramaturge grec Sophocle (Ve siècle av. J.-C.), que l'on doit, pour ainsi dire, la naissance du héros tragique. Ses personnages, souvent **solitaires et révoltés**, mènent véritablement l'action dramatique et donnent leur nom aux tragédies (*Antigone*, *Électre*, etc.) ce qui n'était pas le cas auparavant : les pièces recevaient le plus souvent leur titre de la composition du chœur (Euripide, *Les Troyennes* ; Sophocle, *Les Trachiniennes*). Le parti-pris n'est pas anodin. Pour Sophocle, ce qui prévaut, c'est le **drame individuel** et non l'histoire collective.

La conception d'Aristote

Lorsqu'il compose sa *Poétique*, ouvrage qui a eu une influence considérable sur la conception du théâtre en Occident, Aristote se réfère en permanence à Sophocle et aux modèles qu'il propose, en particulier dans *Œdipe Roi*.

Le héros tragique n'y est pas synonyme de perfection. Il doit inspirer **terreur et pitié** et se doit pour cela d'être « **médiocre** », au sens étymologique du terme, c'est-à-dire « moyen », « au milieu de deux extrémités » (*Dictionnaire de Furetière*, 1690). En effet, si le héros n'était que vertu, son malheur horrifierait les spectateurs ; s'il était exclusivement méchant, il ne pourrait en rien susciter la pitié. Il faut donc qu'il soit **faillible**.

Mais, dans la pratique, les choses sont plus complexes et certains dramaturges, même influencés par Aristote, ont pu prendre des latitudes par rapport au modèle proposé.

2 LES CARACTÉRISTIQUES DU HÉROS TRAGIQUE CLASSIQUE

Des héros illustres et nobles

Le héros tragique est glorieux par naissance. Il peut s'agir d'une **figure mythologique** (Racine, *Phèdre* ► p. 188) ou **historique** (Corneille, *Rodogune* ► p. 184). Rois et reines illustres sont privilégiés. Ce sont donc des personnages nobles, tant par leur rang que par leur action, qui, même si elle les conduit à l'échec voire à la mort, doit être accompagnée d'une certaine grandeur.

Ex : Dans *Phèdre*, Racine montre un personnage dévasté par son incapacité à préserver sa gloire et qui a une conscience aiguë de la monstruosité de sa passion. ► p. 188

Fatalité et liberté

Le personnage tragique est victime de la fatalité, qui peut prendre des visages variés :

– les dieux peuvent ainsi faire son malheur, c'est « Vénus tout entière à sa proie attachée », dans *Phèdre* (► p. 188) ;

– l'hérédité peut aussi condamner le héros à certaines actions ;

Ex : Néron est un « monstre naissant », digne héritier de sa mère Agrippine. ► p. 230

– les circonstances ou l'histoire peuvent déterminer son destin.

Ex : Dans *Andromaque*, le poids de la guerre et de ses conséquences détermine le déchaînement des passions. ► p. 186

Mais le héros fait aussi des choix. Il n'est pas le simple jouet des dieux ou d'un déterminisme supérieur, il collabore lui-même à sa propre perte par l'exercice de sa volonté.

Ex: Phèdre est certes la proie de Vénus (Aphrodite) mais elle peut choisir de se taire. Or, elle avoue son amour incestueux non seulement à Œnone mais aussi à Hippolyte. ► p. 188

La passion tragique

Le héros tragique est un personnage en proie aux passions qu'il subit chez Racine, ou sublime chez Corneille. Au XVIIe siècle, le mot « passion » désigne une agitation de l'âme impliquant, le plus souvent, une altération du jugement.

Le dilemme tragique

Au cœur du dispositif tragique, et de la composition du personnage, il y a donc la passion et le choix que peut ou doit exercer le héros et qui le conduit à la **faute tragique**.

Ex: Ainsi Hermione exige d'Oreste qu'il tue Pyrrhus, cédant à sa fureur jalouse. ► p. 186

Que ce soit dans le domaine des sentiments ou dans celui de la politique, le héros tragique connaît le conflit, certes avec les autres, mais aussi avec lui-même (► Séquence 2, p. 164-179). Cela laisse la part belle à l'exploration des **abîmes du cœur humain** et offre aux spectateurs des personnages complexes.

Ex: Le dilemme de Médée est exemplaire de ce processus d'**intériorisation** du conflit. ► p. 180

3 HÉROS RACINIEN, HÉROS CORNÉLIEN

Racine : « un héros ni tout à fait coupable, ni tout à fait innocent »

Racine est proche du modèle d'Aristote. Ses héros sont souvent aveuglés par leur passion.

Ex: Hermione se laisse emporter par sa fureur jalouse. ► p. 186

Ex: Phèdre succombe à sa passion et franchit les limites imposées par son rang. ► p. 204

Cependant, ils trouvent grâce aux yeux du spectateur par leur humanité profonde et leur volonté d'accéder au bonheur. Les personnages raciniens sont condamnés, tant par la fatalité que par eux-mêmes, mais ils accèdent à la grandeur tragique par la manière même dont ils luttent, de façon désespérée. Racine nous offre à travers eux une **vision sombre et pessimiste de la condition humaine**.

Corneille : la perfection dans le bien et le mal

Corneille s'éloigne du modèle d'Aristote pour privilégier la recherche d'une certaine **perfection dans le bien** (Corneille, *Le Cid* ► p. 174) mais aussi **dans le mal**. Il offre aux spectateurs des personnages d'exception dont il glorifie la volonté.

Ex: Médée incarne « le crime en son char de triomphe ». ► p. 180

Ex: Cléopâtre, elle, véritable monstre politique, apparaît comme une héroïne fascinante et sublime au sein d'une pièce que Corneille lui-même considérait comme la plus aboutie de ses œuvres. La haine qui caractérise le personnage n'est pas une contrainte qui lui serait imposée de l'extérieur mais un mode opératoire assumé et revendiqué. ► p. 184

Pierre Corneille, *L'Illusion comique* (1635)

► Biographie p. 553

*Dans sa dédicace, Corneille définit sa pièce comme un « étrange monstre » dont l'invention « bizarre et extravagante » correspond au goût encore marqué dans les années 1630 pour les mélanges de genres et de registres, typiques du baroque (***► Repères artistiques, p. 146***). Il met en scène un père, Pridamant, à la recherche de son fils, Clindor. Désespéré, il vient consulter Alcandre, un magicien, qui lui présente la vie tumultueuse de son fils. L'illusion magique semble, au début de l'extrait, confronter Pridamant à la fin tragique de Clindor.*

ACTE V, SCÈNE 5

CLINDOR, ROSINE, ISABELLE, LYSE, ÉRASTE, TROUPE DE DOMESTIQUES

ERASTE[1]. – Donnons[2], ils sont ensemble.
ISABELLE[3]. – Ô Dieux ! qu'ai-je entendu ?
LYSE[4]. – Madame, sauvons-nous !
PRIDAMANT. – Hélas ! il est perdu !
CLINDOR. – Madame, je suis mort, et votre amour fatale
Par un indigne coup aux Enfers me dévale.
ROSINE[5]. – Je meurs, mais je me trouve heureuse en mon trépas
Que du moins en mourant je vais suivre tes pas.
[…]

ACTE V, SCÈNE 6

ALCANDRE, PRIDAMANT

ALCANDRE. – Ainsi de notre espoir la fortune se joue ;
Tout s'élève ou s'abaisse au branle de sa roue[6] ;
Et son ordre inégal qui régit l'univers
Au milieu du bonheur a ses plus grands revers.
PRIDAMANT. – Cette réflexion mal propre pour un père
Consolerait peut-être une douleur légère.
Mais après avoir vu mon fils assassiné,
Mes plaisirs foudroyés, mon espoir ruiné,
J'aurais d'un si grand coup l'âme bien peu blessée,
Si de pareils discours m'entraient dans la pensée.
Hélas ! dans sa misère il ne pouvait périr,
Et son bonheur fatal lui seul l'a fait mourir !
N'attendez pas de moi des plaintes davantage :
La douleur qui se plaint cherche qu'on la soulage ;
La mienne court après son déplorable sort.
Adieu, je vais mourir, puisque mon fils est mort.
ALCANDRE. – D'un juste désespoir l'effort[7] est légitime,
Et de le détourner je croirais faire un crime.
Oui, suivez ce cher fils sans attendre à demain,
Mais épargnez du moins ce coup à votre main :
Laissez faire aux douleurs qui rongent vos entrailles,
Et, pour les redoubler, voyez ses funérailles.

On tire un rideau et on voit tous les comédiens qui partagent leur argent.

►►► **Christian Bérard,** *Esquisse de personnage pour* Dom Juan *de Molière* (détail), 1947, gouache, BnF.

Malik Faraoun (Alcandre), Raphaèle Bouchard (Isabelle), Frédéric Cherboeuf (Clindor), Étienne Coquereau (Géronte), Jean-Charles Delaume (Matamore), François Lequesne (Pridamant), Adrian Michaux (Dorante), Lara Suyeux (Lyse) dans *L'Illusion comique* de Corneille, pièce mise en scène par **Elisabeth Chailloux** au théâtre des Quartiers d'Ivry en 2009.

PRIDAMANT. – Que vois-je ! chez les morts compte-t-on de l'argent ?
ALCANDRE. – Voyez si pas un d'eux s'y montre négligent !
PRIDAMANT. – Je vois Clindor, Rosine. Ah ! Dieu ! quelle surprise !
Je vois leur assassin, je vois sa femme et Lyse !
Quel charme en un moment étouffe leurs discords
Pour assembler ainsi les vivants et les morts ?
ALCANDRE. – Ainsi, tous les acteurs d'une troupe comique,
Leur poème récité, partagent leur pratique.
L'un tue et l'autre meurt, l'autre vous fait pitié,
Mais la scène préside à leur inimitié.
Leurs vers font leur combat, leur mort suit leurs paroles,
Et sans prendre intérêt en pas un de leurs rôles,
Le traître et le trahi, le mort et le vivant
Se trouvent à la fin amis comme devant[8].
Votre fils et son train ont bien su, par leur fuite,
D'un père et d'un prévôt éviter la poursuite,
Mais tombant dans les mains de la nécessité,
Ils ont pris le théâtre en cette extrémité.
PRIDAMANT. – Mon fils comédien !
[…]

1. écuyer de l'adversaire de Clindor.
2. frappons.
3. amante de Clindor.
4. servante d'Isabelle.
5. princesse d'Angleterre, rivale d'Isabelle.
6. la Fortune est souvent représentée sous les traits d'une femme aux yeux bandés qui pousse sa roue.
7. la violence.
8. auparavant.

Grammaire

Quel mode domine dans la réplique d'Alcandre aux vers 23 à 28 ? En quoi est-ce révélateur des rapports qu'il entretient avec Pridamant ?

► Modes, temps et valeurs, p. 439

Questions

Le vertige de l'illusion

1. Cherchez dans un dictionnaire les définitions possibles du terme « illusion ». Comment comprenez-vous, *a priori*, le titre donné à la pièce ?
2. Sur quelle « illusion » le dispositif mis en place par Alcandre repose-t-il ? Répondez en identifiant les différents niveaux de théâtre proposés.
3. Quelle vision d'une troupe de théâtre nous est ici offerte ? Commentez la réaction de Pridamant.

La mort feinte

4. Quelles sont les circonstances de la « mort » de Clindor ? Quels en sont les éléments proprement tragiques ? Comment sont-ils soulignés ?

► Les registres littéraires, p. 460

5. Quels sentiments cette « mort » suscite-t-elle chez Pridamant ? Comment sont-ils mis en relief ?
6. Dans quelle réplique Alcandre se montre-t-il particulièrement ambigu ? À quelles fins ?
7. Quelle est la force du théâtre selon ce texte ? ► La double énonciation, p. 481

Lecture d'image

8. Décrivez le dispositif scénique et commentez le procédé du « théâtre dans le théâtre ».
9. Qui est le personnage au premier plan ? Décrivez-le et commentez sa gestuelle.

Synthèse Montrez comment Corneille se joue des conventions propres à la tragédie et à la comédie.

TEXTE 2

Pierre Corneille, *Horace* (1640)

► Biographie p. 553

CONTEXTE

Au début du XVIIe siècle existe un goût prononcé pour les représentations sanglantes. Mais ces dernières sont proscrites à la fin du règne de Louis XIII. Les dramaturges font alors des choix de mise en scène qui permettent de se plier à « la règle qui défend d'ensanglanter le théâtre » (G. de Scudéry).

► Repères historiques, p. 144

Les Horaces (de Rome) et les Curiaces (d'Albe) se livrent une guerre fratricide. Horace, victorieux, vient de donner la mort à Curiace, l'amant de sa sœur Camille. Un duel s'ouvre alors entre le frère et la sœur puisqu'un abîme sépare maintenant ces deux personnages pourtant issus du même sang.

ACTE IV, SCÈNE 5
HORACE, CAMILLE

[…] HORACE. – Ô ciel ! qui vit jamais une pareille rage !
Crois-tu donc que je sois insensible à l'outrage,
Que je souffre en mon sang ce mortel déshonneur ?
Aime, aime cette mort qui fait notre bonheur,
Et préfère du moins au souvenir d'un homme
Ce que doit ta naissance aux intérêts de Rome.
CAMILLE. – Rome, l'unique objet de mon ressentiment !
Rome, à qui vient ton bras d'immoler mon amant !
Rome qui t'a vu naître, et que ton cœur adore !
Rome enfin que je hais parce qu'elle t'honore !
Puissent tous ses voisins ensemble conjurés
Saper ses fondements encor mal assurés !
Et si ce n'est assez de toute l'Italie,
Que l'Orient contre elle à l'Occident s'allie ;
Que cent peuples unis des bouts de l'univers
Passent pour la détruire et les monts et les mers !
Qu'elle-même sur soi renverse ses murailles,
Et de ses propres mains déchire ses entrailles !
Que le courroux du ciel allumé par mes vœux
Fasse pleuvoir sur elle un déluge de feux !
Puissé-je de mes yeux y voir tomber ce foudre,
Voir ses maisons en cendre, et tes lauriers en poudre,
Voir le dernier Romain à son dernier soupir,
Moi seule en être cause, et mourir de plaisir !
HORACE (*mettant la main à l'épée, et poursuivant sa sœur qui s'enfuit*). –
C'est trop, ma patience à la raison fait place ;
Va dedans les enfers plaindre ton Curiace.
CAMILLE (*blessée derrière le théâtre*). – Ah ! traître !
HORACE (*revenant sur le théâtre*). – Ainsi reçoive un
[châtiment soudain
Quiconque ose pleurer un ennemi romain !

Naidra Ayadi (Camille) et Jean-Christophe Folly (Horace) dans *Horace* de Corneille, pièce mise en scène par **Naidra Ayadi** au théâtre de la Tempête à Paris en 2009.

Lecture d'image

Comment le jeu des comédiens rend-il compte de la tension et de la violence de la scène ?

TEXTE ÉCHO

L'abbé d'Aubignac, *La Pratique du théâtre* (1657)

CONTEXTE

François Hédelin, **abbé d'Aubignac** (1604-1676) est un prédicateur, romancier et dramaturge. Il est célèbre à la fois pour son statut de précepteur du neveu du cardinal de Richelieu et pour ses querelles, en particulier avec Corneille, dont il attaque à maintes reprises les tragédies au nom d'une défense sans concession du respect de la règle de bienséance.

La Pratique du théâtre *est l'œuvre d'un homme, théoricien du théâtre, qui confronte les pratiques des dramaturges de l'époque avec l'idéal classique qu'il voudrait voir parfaitement respecté.*

La Scène ne donne point les choses comme elles ont été, mais comme elles doivent être, et le Poète y doit rétablir dans le sujet tout ce qui ne s'accommodera pas aux règles de son Art, comme fait un Peintre lorsqu'il travaille sur un modèle défectueux.

C'est pourquoi la mort de Camille par la main d'Horace son frère n'a pas été approuvée au Théâtre, bien que ce soit une aventure véritable, et j'avais été d'avis, pour sauver en quelque sorte l'Histoire, et tout ensemble la bienséance de la Scène, que cette fille désespérée, voyant son frère l'épée à la main, se fût précipitée dessus : ainsi elle fût morte de la main d'Horace et lui eût été digne de compassion comme un malheureux innocent. L'Histoire et le Théâtre auraient été d'accord.

Questions

La violence de l'affrontement

1. Quel est le registre littéraire dominant ? Justifiez votre réponse.

► Les registres littéraires, p. 460

2. Montrez qu'Horace fait de l'attitude de sa sœur un crime contre Rome.
3. Comment s'exprime la haine de Camille à l'encontre de Rome ?

La démesure tragique

4. Quels sont les indices de la démesure dans les répliques de chacun des deux personnages ?
5. Pourquoi la tirade de Camille peut-elle être considérée comme une provocation et une incitation au meurtre ?

La mort de Camille

6. Comment la mort de Camille est-elle mise en scène ? Pourquoi Corneille multiplie-t-il les didascalies ?
7. Quels sont les reproches de l'abbé d'Aubignac (► texte écho, ci-dessus) ? À quelles règles se réfère-t-il ? Que pensez-vous de sa proposition de mise en scène ?

Synthèse Corneille respecte-t-il la règle de bienséance ?

Vers le bac Vers la dissertation

Dans un paragraphe construit, nourri de références précises au texte de Corneille, justifiez les choix du dramaturge en répondant aux objections de l'abbé d'Aubignac.

► Construire un paragraphe de dissertation, p. 540

TEXTE 3

Jean Racine,
Phèdre (1677)

► **Biographie p. 555**

Sous Louis XIV, le « meurtre de soi-même » est considéré comme une violation des lois divines et constitue un crime. Pourtant, le théâtre fait du suicide le seul acte sanglant digne d'un héros classique qui succombe à un désespoir présenté comme « noble ». Cet extrait scelle le dénouement de la tragédie (► p. 188*). Dans la scène précédente, Théramène fait le récit détaillé de la mort d'Hippolyte déchiqueté par un monstre marin. Quant à Phèdre, elle vient prononcer ses derniers mots.*

ACTE V, SCÈNE 7

THÉSÉE, PHÈDRE, THÉRAMÈNE, PANOPE, GARDES

[…] **PHÈDRE.** – Non, Thésée, il faut rompre un injuste silence ;
Il faut à votre fils rendre son innocence.
Il n'était point coupable.
THÉSÉE. – Ah ! père infortuné !
Et c'est sur votre foi que je l'ai condamné !
Cruelle, pensez-vous être assez excusée…
PHÈDRE. – Les moments me sont chers, écoutez-moi, Thésée,
C'est moi qui sur ce fils, chaste et respectueux,
Osai jeter un œil profane, incestueux.
Le ciel mit dans mon sein une flamme funeste ;
La détestable Œnone[1] a conduit tout le reste.
Elle a craint qu'Hippolyte, instruit de ma fureur,
Ne découvrît un feu qui lui faisait horreur.
La perfide, abusant de ma faiblesse extrême,
S'est hâtée à vos yeux de l'accuser lui-même.
Elle s'en est punie, et fuyant mon courroux,
A cherché dans les flots un supplice trop doux.
Le fer aurait déjà tranché ma destinée ;
Mais je laissais gémir la vertu soupçonnée.
J'ai voulu, devant vous exposant mes remords,
Par un chemin plus lent descendre chez les morts.
J'ai pris, j'ai fait couler dans mes brûlantes veines
Un poison que Médée apporta dans Athènes[2].
Déjà jusqu'à mon cœur le venin parvenu
Dans ce cœur expirant jette un froid inconnu,
Déjà je ne vois plus qu'à travers un nuage
Et le ciel et l'époux que ma présence outrage ;
Et la mort, à mes yeux dérobant la clarté,
Rend au jour qu'ils souillaient toute sa pureté.
PANOPE[3]. – Elle expire, Seigneur ! […]

1. nourrice et confidente de Phèdre.
2. Médée abandonnée par Jason a, par vengeance, tué les enfants nés de leur union. Connue pour ses talents de magicienne, elle est associée à la création et à l'utilisation de nombreux poisons.
3. femme appartenant à la suite de Phèdre.

Frédérique O'Connell,
La Tragédienne Elisabeth Rachel dans le rôle de Phèdre, milieu du XIXe siècle, huile sur toile, musée Carnavalet, Paris.

Questions

L'ultime aveu

1. Quel est l'enjeu de l'ultime réplique de Phèdre ? Appuyez-vous, en particulier, sur le lexique employé par Phèdre pour montrer que sa déclaration peut susciter la pitié du spectateur.
2. Phèdre assume-t-elle cependant pleinement la responsabilité des événements tragiques qui se sont succédé ?

L'agonie de Phèdre

3. Comment Phèdre choisit-elle de mourir ? Quels vers justifient ce choix ? Comment contribuent-t-il à accroître le pathétique et le tragique de la scène ?
4. Comment le récit que Phèdre fait de sa propre agonie suscite-t-il terreur et pitié ? Justifiez votre réponse.
5. Quelle fonction donnez-vous à la réplique de Panope qui clôture l'extrait ?

Lecture d'image Comment la comédienne ici représentée traduit-elle la détresse de Phèdre ?

Synthèse Rédigez un paragraphe dans lequel vous montrerez comment Racine opère une authentique dramatisation de la mort de Phèdre.

ÉCHO DE L'ANTIQUITÉ

Sénèque, *Phèdre* (Ier siècle)

CONTEXTE

Sénèque (vers 4 av. J.-C. à 65 après J.-C.) est un moraliste et dramaturge romain. Il est le précepteur et conseiller de Néron avant de se retirer de la vie publique. Pour ce penseur stoïcien, seules la sagesse et la vertu mènent au bonheur au sein d'une existence dont seule la qualité compte. La mort volontaire est alors conçue comme une « porte ouverte » pour celui qui souhaite s'affranchir d'une vie misérable.

PHÈDRE. – C'est contre moi qu'il faut tourner ta fureur, ô Neptune ; c'est contre moi qu'il faut déchaîner les monstres de la mer, ceux que Téthys cache dans les derniers replis de son sein profond, ceux que le vieil Océan nourrit dans ses plus sombres abîmes. Ô cruel Thésée, que les tiens n'ont jamais revu que pour leur malheur, et dont il faut que le retour soit acheté par la mort d'un père et d'un fils ! tu détruis ta famille, et c'est toujours la haine ou l'amour d'une épouse qui te rend coupable. – Hippolyte, est-ce ainsi que je te revois ? est-ce ainsi que je t'ai fait ? Quel cruel Sinis[1], quel barbare Procruste[2] a déchiré tes membres ? ou quel Minotaure, quel monstre mugissant dans la prison bâtie par Dédale, t'a frappé de ses cornes terribles et mis en pièces ? Hélas ! qu'est devenue ta beauté ? que sont devenus tes yeux, astres brillants pour les miens ? es-tu bien mort ? Ah ! viens et prête l'oreille à mes paroles. Je puis le dire sans honte ; cette main vengera ton trépas, j'enfoncerai ce glaive dans mon sein coupable ; je me délivrerai tout ensemble de la vie et du crime : amante insensée, je veux te suivre sur les bords du Styx, et sur les brûlantes eaux des fleuves de l'enfer. Chère ombre, apaise-toi : reçois ces cheveux dont je dépouille ma tête, et que j'arrache sur mon front. Nos cœurs n'ont pu s'unir, nos destinées du moins s'uniront. Chaste épouse, meurs pour ton époux ; femme infidèle, meurs pour ton amant. Puis-je partager la couche de Thésée, après un si grand crime ? il ne te manquerait plus que d'aller dans ses bras comme une femme irréprochable dont on a vengé l'honneur. – Ô mort, seule consolation qui me reste dans la perte de mon honneur, je me jette dans tes bras, ouvre-moi ton sein ! – Athènes, écoute-moi, et toi aussi, père aveugle, et plus cruel que ta perfide épouse. J'ai menti : le crime affreux que j'avais moi-même commis dans mon cœur, je l'ai rejeté faussement sur Hippolyte. Tu as frappé ton fils innocent, toi, son père, et sa vertu a subi le châtiment d'un inceste dont elle ne s'était point souillée. Homme chaste, homme pur, reprends la gloire qui t'est due. Cette épée fera justice, et, ouvrant mon sein coupable, fera couler mon sang pour apaiser ton âme vertueuse. Ton devoir, après ce coup fatal, la marâtre de ton fils te l'enseigne, ô Thésée ; apprends d'elle à mourir.

Acte V, scène 1, traduction de M. Artaud, 1857, © Univers Poche-Pocket.

1. géant qui met sa force prodigieuse au service de la torture qu'il inflige aux voyageurs qu'il détrousse.
2. père « humain » de Sinis dont la barbarie surpasse celle de son fils.

Questions

1. Combien de fois l'arme servant au suicide est-elle mentionnée ? Pourquoi une telle insistance ?
2. Comment Phèdre présente-t-elle son propre geste ? Pourquoi peut-on parler d'une forme d'héroïsme dans la mort ? Appuyez-vous sur des éléments précis.
3. De quelles façons Sénèque rend-il compte de l'agitation et de la résolution de Phèdre ? Quel rôle jouent, dans cette optique, les images et références qui nourrissent la tirade du personnage ?

► Les figures de style, p. 466

4. Comparez les choix opérés par Racine (► p. 202) avec ceux de Sénèque. Quels éléments les séparent ? Quels sont ceux qui les rapprochent ?

Vers le bac S'entraîner au sujet d'invention

Rédigez un article de journal faisant l'éloge ou le blâme de la représentation de la mort de Phèdre.

► Écrire un texte argumentatif, p. 520

Alain Cuny (Thésée), Maria Casarès (Phèdre), Lucienne Lemarchand (Panope) dans *Phèdre* de Racine, pièce mise en scène par **Jean Vilar** au TNP à Paris en 1957.

Emmanuèle Stochl (Phèdre) et André Marcon (Thésée) dans *Phèdre* de Racine, pièce mise en scène par **François Michel Pesenti** au théâtre de Gennevilliers en 1998.

Anne Suarez (Phèdre) et Hammou Graia (Thésée) dans *Phèdre* de Racine, pièce mise en scène par **Jean-Louis Martinelli** au théâtre des Amandiers à Nanterre en 2013.

Questions

1. Décrivez brièvement l'espace scénique pour chacune des mises en scène. Quel est leur point commun ? Comment justifiez-vous ce choix ?
2. De quelles façons ces trois mises en scène jouent-elles sur des effets de contraste ? À quelles fins ?
3. Où Phèdre se situe-t-elle sur le plateau ? Décrivez et commentez le travail corporel des trois comédiennes. Dans quelle mise en scène vous semble-t-il le plus intense ? Que traduit-il ?
4. Commentez la position et l'attitude que Thésée adopte par rapport à Phèdre. Justifiez les partis-pris des metteurs en scène en vous appuyant sur le texte de Racine (► p. 202).
5. En quoi la mise en scène de Jean Vilar (1) tranche-t-elle avec celles de Pesenti et Martinelli (2 3) ? Son choix vous semble-t-il justifié par les informations explicitement délivrées par le texte de Racine (► p. 202) ? Comment l'expliquer ?
6. Quelle est la mise en scène qui vous semble la plus fidèle au texte de Racine ? Quelle est celle qui suscite le plus votre adhésion ? Pourquoi ?

TEXTE 4

Jean Racine, *Iphigénie* (1674)

Biographie p. 555

CONTEXTE

Pour les Grecs, le sacrifice humain est le propre des barbares. Mais des témoignages attestent son existence dans les temps les plus reculés de l'Antiquité. Il était un marché passé entre les hommes et les divinités. Celui d'Iphigénie, dans *l'Iliade*, est célèbre. Les Grecs, réunis à Aulis, veulent embarquer pour Troie. Or les vents sont contraires. Les dieux exigent le sacrifice de la fille d'Agamemnon.

Iphigénie est convoquée par son père à Aulis sous le faux prétexte d'une union possible avec Achille. Elle arrive sur place accompagnée de sa mère, Clytemnestre. On découvre en même temps le personnage d'Ériphile, jeune femme enlevée par Achille, qui ignore l'identité de ses parents. À l'acte III, Iphigénie apprend que la demande de son père était une ruse. Elle se résout cependant à accepter la mort au nom de la piété filiale. Dans l'ultime scène de la pièce, Ulysse, au sein d'un récit rétrospectif, va annoncer un sacrifice inattendu…

ACTE V, SCÈNE 6

ULYSSE, CLYTEMNESTRE, ARCAS, AEGINE, GARDES

[…]

CLYTEMNESTRE. – Ma fille ! Ah, prince ! Ô ciel ! Je demeure éperdue.
Quel miracle, Seigneur, quel dieu me l'a rendue ?
ULYSSE. – Vous m'en voyez moi-même en cet heureux moment
Saisi d'horreur, de joie et de ravissement[1].
Jamais jour n'a paru si mortel à la Grèce.
Déjà de tout le camp la discorde maîtresse
Avait sur tous les yeux mis son bandeau fatal,
Et donné du combat le funeste signal.
De ce spectacle affreux votre fille alarmée
Voyait pour elle Achille, et contre elle l'armée.
Mais, quoique seul pour elle, Achille furieux
Épouvantait l'armée, et partageait les dieux.
Déjà de traits en l'air s'élevait un nuage.
Déjà coulait le sang, prémices du carnage.
Entre les deux partis Calchas[2] s'est avancé,
L'œil farouche, l'air sombre, et le poil hérissé,
Terrible, et plein du dieu qui l'agitait sans doute :
Vous, Achille, a-t-il dit, *et vous, Grecs, qu'on m'écoute.*
Le dieu qui maintenant vous parle par ma voix
M'explique son oracle, et m'instruit de son choix.
Un autre sang d'Hélène, une autre Iphigénie
Sur ce bord immolée y doit laisser sa vie.
Thésée avec Hélène uni secrètement
Fit succéder l'hymen[3] à son enlèvement.
Une fille en sortit, que sa mère a celée.
Du nom d'Iphigénie elle fut appelée.
Je vis moi-même alors ce fruit de leurs amours ;
D'un sinistre avenir je menaçai ses jours.
Sous un nom emprunté sa noire destinée
Et ses propres fureurs ici l'ont amenée.
Elle me voit, m'entend, elle est devant vos yeux,
Et c'est elle, en un mot, que demandent les dieux.
Ainsi parle Calchas. Tout le camp immobile
L'écoute avec frayeur, et regarde Ériphile.

1. ici, émotion éprouvée par une personne transportée de joie.
2. devin grec.
3. union, mariage.

Elle était à l'autel, et peut-être en son cœur
Du fatal sacrifice accusait la lenteur.
Elle-même tantôt, d'une course subite,
Était venue aux Grecs annoncer votre fuite.
On admire en secret sa naissance et son sort.
Mais puisque Troie enfin est le prix de sa mort,
L'armée à haute voix se déclare contre elle,
Et prononce à Calchas sa sentence mortelle.
Déjà pour la saisir Calchas lève le bras :
Arrête, a-t-elle dit, *et ne m'approche pas.*
Le sang de ces héros dont tu me fais descendre
Sans tes profanes mains saura bien se répandre.
Furieuse, elle vole, et sur l'autel prochain
Prend le sacré couteau, le plonge dans son sein.
À peine son sang coule et fait rougir la terre,
Les dieux font sur l'autel entendre le tonnerre,
Les vents agitent l'air d'heureux frémissements,
Et la mer leur répond par ses mugissements.
La rive au loin gémit, blanchissante d'écume.
La flamme du bûcher d'elle-même s'allume.
Le ciel brille d'éclairs, s'entrouvre, et parmi nous
Jette une sainte horreur qui nous rassure tous.
[…]

Sébastien Bourdon, *Le Sacrifice d'Iphigénie* (détail), vers 1640, huile sur toile (142, 5 × 110,5 cm), musée des Beaux-Arts, Orléans.

Questions

Une fin heureuse ?

1. Pourquoi ce dénouement surprend-il dans le cadre d'une tragédie classique ?
2. Pourquoi la mort d'Ériphile est-elle plus acceptable que le sacrifice d'Iphigénie ?

Le choix du récit

3. Justifiez le choix du récit mis en place par Racine.

► Le vocabulaire du théâtre, p. 480

4. Repérez les différentes étapes de la narration. Montrez que le récit obéit à une logique proprement spectaculaire.

Une mise à mort spectaculaire

5. Quels procédés font de ce récit une véritable hypotypose ? Quel est l'effet produit ?
6. La réplique d'Ulysse mêle récit et discours. Quelles sont les voix convoquées ? Montrez que cette polyphonie accroît le pathétique et le tragique.

► Les registres littéraires, p. 460

Vocabulaire

Cherchez l'étymologie du terme « discorde » (v. 6). À quel épisode mythologique l'expression « la pomme de la discorde » fait-elle référence ? Quelle déesse y joue un rôle clef ? Faites le lien avec le prénom « Ériphile » dont vous chercherez l'étymologie.

Vers le bac S'entraîner au commentaire

Rédigez un paragraphe du commentaire du texte de Racine. Vous montrerez les procédés mobilisés par le dramaturge pour donner une dimension spectaculaire au récit d'Ulysse.

► Construire un paragraphe de commentaire, p. 529

ÉCHO DE L'ANTIQUITÉ

Euripide, *Iphigénie à Aulis* (405 av. J.-C.)

CONTEXTE
Euripide (vers 480 – 406 av. J.-C.) est un dramaturge grec ami de Socrate. En retrait par rapport à la vie politique, sociale et militaire de son époque, marquée par la guerre du Péloponnèse (431 – 404 av. J.-C.), il mène une réflexion amère et désabusée sur la misère de la condition humaine et sur la capacité de l'homme à exercer une quelconque liberté.

Iphigénie à Aulis *est jouée à Athènes un an après la mort d'Euripide. Nous sommes ici au moment du dénouement. Contrairement à un autre dramaturge grec (Eschyle dans* Agamemnon*) qui choisit la mort d'Iphigénie, Euripide opte pour une fin miraculeuse et cultive le goût du public pour les métamorphoses. L'extrait prend la forme d'un récit fait à Clytemnestre par un messager témoin du prodige.*

Le messager. – […] Le devin Calchas place dans un coffret garni en or le glaive tranchant qu'il avait tiré de son fourreau, et il couronne la jeune fille. Le fils de Pélée[1] prenant à la fois le coffret et l'eau lustrale, court autour de l'autel, et dit : « Ô Diane, toi qui te plais à tuer les bêtes sauvages et qui promènes dans la nuit ta brillante lumière, reçois cette victime que te présentent l'armée des Grecs et le roi Agamemnon ; c'est le sang pur d'une beauté virginale : accorde à nos vœux une heureuse navigation, et la prise de Troie par nos armes. » Les Atrides et toute l'armée se tenaient les yeux fixés vers la terre. Le prêtre prend le glaive, invoque les dieux, et regarde la gorge pour marquer l'endroit où il doit frapper. Une angoisse cruelle serrait mon cœur, et je restais les yeux baissés. Mais un prodige soudain se manifeste : Calchas frappe, tous entendent le coup ; mais la victime disparaît, sans qu'on voie aucune trace de sa retraite. Le prêtre pousse un cri, toute l'armée y répond par ses acclamations, à la vue de ce prodige, envoyé sans doute par quelque divinité ; on le voyait et on n'en croyait pas ses yeux. Une biche d'une taille extraordinaire et d'une rare beauté gisait palpitante sur la terre, l'autel de la déesse était arrosé de son sang. Alors avec quelle joie Calchas s'écrie : « Chefs de l'armée des Grecs, voyez-vous cette victime que la déesse a substituée sur l'autel ? Voyez-vous cette biche des montagnes ? Diane la préfère à la jeune vierge, elle ne veut pas qu'un sang si précieux souille son autel. La déesse exauce nos vœux, elle nous accorde une heureuse navigation, et la prise de Troie. »

Traduction de Nicolas-Louis Artaud, © Univers Poche-Pocket.

1. Calchas.

Le Sacrifice d'Iphigénie, fresque provenant de la maison du poète tragique à Pompéi, Ier siècle, musée national d'Archéologie, Naples.

Questions

1. De quelles manières le messager rend-il compte de l'émotion et de la tension qui règnent à l'approche du sacrifice ? Montrez que sa position de témoin accroît l'intensité de la narration.
2. Repérez tous les éléments renvoyant au lexique de la vision. Pourquoi ce motif du regard est-il aussi présent ?
3. Comment le merveilleux est-il mis en valeur ?
4. Quel sens donnez-vous à la substitution animale ?

Synthèse Le choix de Racine (► p. 206) vous semble-t-il plus vraisemblable que la substitution imaginée par Euripide ?

SYNTHÈSE LES RÈGLES CLASSIQUES

Boileau, dans son Art poétique *(1674), établit une synthèse de ce qui fonde l'esthétique classique. Au cœur de cette dernière, la vraisemblance, comme il le précise dans des vers demeurés célèbres: «Jamais au spectateur n'offrez rien d'incroyable/Le vrai peut quelquefois n'être pas vraisemblable.»*

1 LE FONDEMENT DE L'ESTHÉTIQUE CLASSIQUE : LA VRAISEMBLANCE

La vraisemblance ne peut ni ne doit se confondre avec le vrai. Pour la scène classique, l'enjeu n'est pas d'offrir ce qui serait une copie du réel, mais de proposer aux spectateurs une version épurée et idéalisée permettant d'accéder à une vérité supérieure. Ce qui est représenté sur scène se doit d'être acceptable et tolérable en fonction de ce que sont les attentes du public afin de permettre l'adhésion de ce dernier à ce qu'il voit. Ainsi, le vraisemblable n'est pas ce qui est mais ce qui doit être.

Ex : Racine modifie le dénouement d'*Iphigénie* pour le rendre plus vraisemblable. ► p. 206

2 DE LA VRAISEMBLANCE AUX BIENSÉANCES

Les bienséances font partie de ce désir d'accorder le spectacle avec les exigences intellectuelles et morales du public.

La bienséance externe

Elle correspond au désir de ne jamais choquer la sensibilité et les principes moraux des spectateurs. Toute représentation directe de la sexualité ou d'un meurtre est proscrite.

Ex : Dans *Horace*, le meurtre est commis hors scène. ► p. 200

Le suicide, conçu comme un acte de courage, est en revanche autorisé, selon certaines modalités.

Ex : Phèdre meurt sous l'effet du poison bu avant de revenir sur scène : on ne voit que la fin de son agonie. ► p. 202

La bienséance interne

Elle a pour enjeu de garantir la conformité des personnages avec l'histoire ou la légende, la tradition des pays décrits et la cohérence de leur évolution tout au long de l'intrigue.

Ex : Au cours de la querelle du *Cid* (1637), Corneille s'est vu reprocher l'invraisemblance de l'intrigue : Rodrigue, pour venger son père, a tué le père de Chimène, qui ne peut donc, par bienséance, épouser celui qu'elle considère comme un meurtrier. Or la pièce se clôt sur l'annonce de leur union.

3 VRAISEMBLANCE ET UNITÉS

Les unités participent de cette volonté d'offrir un tout cohérent et acceptable, synthétisé par Boileau dans des vers célèbres : «Qu'en un lieu, qu'en un jour un seul fait accompli / Tienne jusqu'à la fin le théâtre rempli» (*Art poétique*, 1674).

L'unité d'action

Liée à l'impératif de cohérence, elle implique que toutes les actions – même secondaires – soient liées à l'action principale.

L'unité de temps

Elle vise à réduire au maximum l'écart entre temps de l'action et temps de la représentation.

L'unité de lieu

Elle est une conséquence logique des deux premières. Le resserrement de l'action et du temps ne permet pas la multiplication des lieux.

Toutes ces règles sont nées d'une réflexion sur la capacité des pièces à offrir une illusion parfaite, source de plaisir. Comme le dit Racine dans la préface de *Bérénice* (1670) : «La principale règle étant de plaire et de toucher : toutes les autres ne sont faites que pour parvenir à cette première.»

TEXTE 1

Molière, *Le Malade imaginaire*, I, 1 (1673)

ACTE I, SCÈNE 1

Le Malade imaginaire est la cinquième pièce que Molière consacre aux médecins et à la médecine. Pour le dramaturge, c'est de médecine que l'on meurt, et non de maladie, et c'est ce qu'il se propose d'explorer en offrant au spectateur, dès l'ouverture de la pièce, le « cas » Argan (P. Dandrey).

ARGAN, *seul dans sa chambre, assis, une table devant lui, compte des parties d'apothicaire*[1] *avec des jetons*[2] *; il fait, parlant à lui-même, les dialogues suivants.*

Trois et deux font cinq, et cinq font dix, et dix font vingt. Trois et deux font cinq. « Plus, du vingt-quatrième[3], un petit clystère[4] insinuatif, préparatif et rémollient, pour amollir, humecter, et rafraîchir les entrailles de monsieur». Ce qui me plaît de monsieur Fleurant, mon apothicaire, c'est que ses parties sont toujours fort civiles. « Les entrailles de monsieur, trente sols ». Oui ; mais, monsieur Fleurant, ce n'est pas tout que d'être civil, il faut être aussi raisonnable et ne pas écorcher les malades. Trente sols un lavement ! Je suis votre serviteur[5], je vous l'ai déjà dit. Vous ne me les avez mis dans les autres parties qu'à vingt sols, et vingt sols en langage d'apothicaire, c'est-à-dire dix sols ; les voilà, dix sols. « Plus, dudit jour, un bon clystère détersif, composé avec catholicon[6] double, rhubarbe, miel rosat et autres, suivant l'ordonnance, pour balayer, laver et nettoyer le bas-ventre de monsieur, trente sols. » Avec votre permission, dix sols. « Plus, dudit jour, le soir, un julep hépatique[7], soporatif et somnifère, composé pour faire dormir monsieur, trente-cinq sols. » Je ne me plains pas de celui-là, car il me fit bien dormir. Dix, quinze, seize et dix-sept sols six deniers. « Plus, du vingt-cinquième, une bonne médecine purgative et corroborative[8], composée de casse[9] récente avec séné levantin[10] et autres, suivant l'ordonnance de monsieur Purgon, pour expulser et évacuer la bile de monsieur, quatre livres. » Ah ! monsieur Fleurant, c'est se moquer, il faut vivre avec les malades. Monsieur Purgon ne vous a pas ordonné de mettre quatre francs. Mettez, mettez trois livres, s'il vous plaît. Vingt et trente sols. « Plus, dudit jour, une potion anodine et astringente pour faire reposer monsieur, trente sols. » Bon… dix et quinze sols. « Plus, du vingt-sixième, un clystère carminatif pour chasser les vents de monsieur, trente sols. » Dix sols, monsieur Fleurant. « Plus le clystère de monsieur réitéré le soir, comme dessus, trente sols. » Monsieur Fleurant, dix sols. « Plus, du vingt-septième, une bonne médecine composée pour hâter d'aller, et chasser dehors les mauvaises humeurs de monsieur, trois livres. » Bon, vingt et trente sols ; je suis bien aise que vous soyez raisonnable. « Plus, du vingt-huitième, une prise de petit-lait clarifié et dulcoré, pour adoucir, lénifier, tempérer et rafraîchir le sang de monsieur, vingt sols. » Bon, dix sols. « Plus une potion cordiale et préservative, composée avec douze grains[11] de bézoard[12], sirop de limon et grenade, et autres suivant l'ordonnance, cinq livres. » Ah ! monsieur Fleurant, tout doux, s'il vous plaît ; si vous en usez comme cela, on ne voudra plus être malade, contentez-vous de quatre francs ; vingt et quarante sols. Trois et deux font cinq, et cinq font dix, et dix font vingt. Soixante et trois livres quatre sols six

▸▸▸ **Maurice Leloir,** illustration représentant Molière (détail), le soir de sa mort le 17 février 1673 dans la salle du théâtre du Palais-Royal à Paris (Comédie-française) jouant le *Malade imaginaire*, 1904.

► Biographie p. 555

deniers. Si bien donc que, de ce mois, j'ai pris une, deux, trois, quatre, cinq, six, sept et huit médecines, et un, deux, trois, quatre, cinq, six, sept, huit, neuf, dix, onze et douze lavements ; et l'autre mois, il y avait douze médecines et vingt lavements. Je ne m'étonne pas si je ne me porte pas si bien ce mois-ci que l'autre. Je le dirai à monsieur Purgon, afin qu'il mette ordre à cela. Allons, qu'on m'ôte tout ceci. Il n'y a personne ? J'ai beau dire, on me laisse toujours seul ; il n'y a pas moyen de les arrêter ici. (*Il agite une sonnette pour faire venir ses gens.*) Ils n'entendent point, et ma sonnette ne fait pas assez de bruit. Drelin, drelin, drelin, point d'affaire. Drelin, drelin, drelin, ils sont sourds… Toinette ! drelin, drelin, drelin. Tout comme si je ne sonnais point. Chienne ! coquine ! Drelin, drelin, drelin, j'enrage. (*Il ne sonne plus, mais il crie.*) Drelin, drelin, drelin. Carogne, à tous les diables ! Est-il possible qu'on laisse comme cela un pauvre malade tout seul ! Drelin, drelin, drelin : voilà qui est pitoyable ! Drelin, drelin, drelin. Ah ! mon Dieu, ils me laisseront ici mourir. Drelin, drelin, drelin !

1. factures du pharmacien.
2. pièces de métal ou d'ivoire dont on se servait pour faire ses comptes.
3. le 24 du mois.
4. injection de liquide pour les lavements.
5. formule de politesse employée ici de façon ironique pour signifier son désaccord.
6. pâte employée comme remède universel.
7. potion pour le foie.
8. qui renforce.
9. plante indienne.
10. arbuste d'Orient.
11. unité de poids.
12. sécrétions animales employées comme contrepoison.

Philippe Séjourné (Argan) dans *Le Malade imaginaire* de Molière, pièce mise en scène par **Gildas Bourdet** au théâtre de l'Ouest parisien à Boulogne-Billancourt en 2003.

Questions

Un entretien imaginaire

1. Que révèle la didascalie initiale concernant le type de prise de parole d'Argan ?
2. Quel entretien imaginaire élabore-t-il ? Analysez les jeux de l'énonciation dans l'intégralité du texte.
► L'énonciation, p. 455
3. Quelle valeur revêt l'emploi récurrent du « monsieur » dans les propos simulés de l'apothicaire ? Quelle image de lui-même Argan forge-t-il ?

Une passion absurde et comique

4. Quels sont les thèmes dominants de cette réplique ? Justifiez votre réponse.
5. Quel effet est créé par l'accumulation maladive des remèdes ? Comment Molière souligne-t-il leur vanité ?
6. Pourquoi peut-on parler d'une forme de démesure comique ?
► Les registres littéraires, p. 460

L'obsession du contrôle

7. Que cherche à faire Argan en multipliant les traitements ? Analysez en particulier le lexique.
8. Quels traits de caractère cette prise de parole permet-elle de souligner ?

Lecture d'image Sur quels aspects du personnage la mise en scène choisit-elle de mettre l'accent ? Utilisez-en toutes les composantes pour répondre.

Synthèse Montrez que cette première scène permet aux spectateurs d'identifier immédiatement « le malade imaginaire » de la pièce.

Vocabulaire

Quel sens donner ici au terme « humeur » (l. 30) ? À quel médecin doit-on « la théorie des humeurs » ?

Molière, *Le Malade imaginaire*, II, 8

CONTEXTE

Dans *Le Malade imaginaire*, Molière fait une satire féroce de la médecine. Il use des procédés de la farce ainsi que des ressorts de la comédie domestique. La mise en scène des relations familiales révèle que la comédie et l'illusion dominent les rapports entre les êtres.

Louison, la plus jeune fille d'Argan, a été témoin d'une entrevue entre Angélique, l'aînée, et Cléante, le jeune homme dont cette dernière est éprise. Argan veut en connaître tous les détails et prétend lui extorquer des renseignements, mais la jeune enfant se révèle bien plus rusée que son père.

Acte II, scène 8

Louison, Argan

[…]

Argan. – N'avez-vous rien à me dire ?

Louison. – Je vous dirai, si vous voulez, pour vous désennuyer, le conte de *Peau d'âne*, ou bien la fable du *Corbeau et du Renard*, qu'on m'a appris depuis peu.

Argan. – Ce n'est pas là ce que je vous demande.

Louison. – Quoi donc ?

Argan. – Ah ! rusée, vous savez bien ce que je veux dire.

Louison. – Pardonnez-moi, mon papa.

Argan. – Est-ce là comme vous m'obéissez ?

Louison. – Quoi ?

Argan. – Ne vous ai-je pas recommandé de me venir dire d'abord tout ce que vous voyez ?

Louison. – Oui, mon papa.

Argan. – L'avez-vous fait ?

Louison. – Oui, mon papa. Je vous suis venue dire tout ce que j'ai vu.

Argan. – Et n'avez-vous rien vu aujourd'hui ?

Louison. – Non, mon papa.

Argan. – Non ?

Louison. – Non, mon papa.

Argan. – Assurément ?

Louison. – Assurément.

Michel Bouquet (Argan) et Clémence Faure (Louison) dans *Le Malade imaginaire* de Molière, pièce mises en scène par **Georges Werler** au théâtre de la Porte Saint-Martin à Paris en 2008.

► Biographie p. 555

ARGAN. – Oh ! çà, je m'en vais vous faire voir quelque chose, moi.
(Il va prendre une poignée de verges[1].)

LOUISON. – Ah ! mon papa.

ARGAN. – Ah ! ah ! petite masque, vous ne me dites pas que vous avez vu un homme dans la chambre de votre sœur ?

LOUISON. – Mon papa !

ARGAN. – Voici qui vous apprendra à mentir.

LOUISON, *se jette à genoux* – Ah ! mon papa, je vous demande pardon. C'est que ma sœur m'avait dit de ne pas vous le dire, et je m'en vais vous dire tout.

ARGAN. – Il faut premièrement que vous ayez le fouet pour avoir menti. Puis, après nous verrons au reste.

LOUISON. – Pardon, mon papa.

ARGAN. – Non, non.

LOUISON. – Mon pauvre papa, ne me donnez pas le fouet.

ARGAN. – Vous l'aurez.

LOUISON. – Au nom de Dieu, mon papa, que je ne l'aie pas.

ARGAN, *la prenant pour la fouetter.* – Allons, allons.

LOUISON. – Ah ! mon papa, vous m'avez blessée. Attendez, je suis morte.

Elle contrefait la morte.

ARGAN. – Holà ! Qu'est-ce là ? Louison, Louison ! Ah ! mon Dieu ! Louison ! Ah ! ma fille ! Ah ! malheureux, ma pauvre fille est morte. Qu'ai-je fait, misérable ? Ah ! chiennes de verges. La peste soit des verges ! Ah ! ma pauvre fille, ma pauvre petite Louison.

LOUISON. – Là, là, mon papa, ne pleurez point tant ; je ne suis pas morte tout à fait.

ARGAN. – Voyez-vous la petite rusée ? Oh ! çà, çà, je vous pardonne pour cette fois-ci, pourvu que vous me disiez bien tout. […]

1. baguettes servant à frapper.

Questions

Vocabulaire

Cherchez le sens du mot « masque » (l. 25) lorsqu'il est féminin. Trouvez son étymologie. Justifiez l'emploi qu'en fait ici Argan.

1. Comment Louison tient-elle tête à son père ? Ce dernier a-t-il vraiment autorité sur elle ? Analysez en particulier le rythme et l'enchaînement des répliques.
► Le vocabulaire du théâtre, p. 480
2. Que prétend faire Louison à l'ouverture de l'extrait ? Pourquoi convoquer l'imaginaire du conte et de la fable ? En quoi peut-on dire d'elle, comme Argan, qu'elle est une « petite rusée » ?
3. Comment Molière joue-t-il du contraste entre apparente candeur et ruse ?
4. Comment la frayeur d'Argan face à la mort feinte de sa fille se manifeste-t-elle ? Vous paraît-elle sincère ou tout aussi simulée que l'est la mort ?
5. Quels éléments contribuent au comique de la scène ?
► Les registres littéraires, p. 460
6. Quel adverbe vous livre la clef de lecture de ce texte ? Sur quel jeu de mot s'appuie ici Molière ?

Synthèse Montrez que cette scène est un jeu de masques.

Vers le bac S'entraîner à l'oral

Faites une lecture expressive de l'extrait en mettant en relief le ton propre à chaque réplique pour rendre compte, au mieux, du jeu de rôles auquel on assiste.

Molière, *Le Malade imaginaire*, III, 3

Œuvre intégrale

CONTEXTE
Selon Molière, les médecins, comme les dévots, exploitent la crédulité humaine et la peur de la mort et de ce qui vient après. Les attaques qu'il déploie contre eux relèvent moins d'un règlement de compte personnel que d'une dénonciation d'un savoir figé, empreint de superstition, opposé à la raison et au progrès que célèbre le dramaturge.

ACTE III, SCÈNE 3
BÉRALDE, ARGAN

[…] BÉRALDE. – Moi, mon frère, je ne prends point à tâche de combattre la médecine, et chacun, à ses périls et fortune, peut croire tout ce qu'il lui plaît. Ce que j'en dis n'est qu'entre nous, et j'aurais souhaité de pouvoir un peu vous tirer de l'erreur où vous êtes, et, pour vous divertir, vous mener voir, sur ce chapitre, quelqu'une des comédies de Molière.

ARGAN. – C'est un bon impertinent que votre Molière avec ses comédies, et je le trouve bien plaisant d'aller jouer[1] d'honnêtes gens comme les médecins.

BÉRALDE. – Ce ne sont point les médecins qu'il joue, mais le ridicule de la médecine.

ARGAN. – C'est bien à lui de se mêler de contrôler la médecine ! Voilà un bon nigaud, un bon impertinent, de se moquer des consultations et des ordonnances, de s'attaquer au corps des médecins, et d'aller mettre sur son théâtre des personnes vénérables comme ces messieurs-là.

BÉRALDE. – Que voulez-vous qu'il y mette, que les diverses professions des hommes ? On y met bien tous les jours les princes et les rois, qui sont d'aussi bonne maison que les médecins.

ARGAN. – Par la mort non de diable ! si j'étais que[2] des médecins, je me vengerais de son impertinence, et, quand il sera malade, je le laisserais mourir sans secours[3]. Il aurait beau faire et beau dire, je ne lui ordonnerais[4] pas la moindre petite saignée, le moindre petit lavement, et je lui dirais : « Crève, crève, cela t'apprendra une autre fois à te jouer à[5] la Faculté ».

BÉRALDE. – Vous voilà bien en colère contre lui.

ARGAN. – Oui, c'est un malavisé, et, si les médecins sont sages, ils feront ce que je dis.

BÉRALDE. – Il sera encore plus sage que vos médecins, car il ne leur demandera point de secours.

ARGAN. – Tant pis pour lui, s'il n'a point recours aux remèdes.

BÉRALDE. – Il a ses raisons pour n'en point vouloir, et il soutient que cela n'est permis qu'aux gens vigoureux et robustes et qui ont des forces de reste pour porter les remèdes avec la maladie ; mais que, pour lui, il n'a justement de la force que pour porter son mal.

1. représenter.
2. si j'étais à la place de.
3. au moment où Molière joue cette pièce, il est gravement malade.
4. prescrirais par ordonnance.
5. t'attaquer à.

Questions

1. En quoi cette scène est-elle révélatrice des différences de caractère entre Argan et Béralde ?
2. Montrez que Béralde assume ici le rôle du raisonneur. Parvient-il à convaincre Argan ?
3. Quel remède Béralde propose-t-il à Argan? Quelle est la réaction du spectateur face à une telle proposition ?
4. Repérez deux formules, dans la réplique de Béralde, qui permettent de définir les fonctions de la comédie.
5. Expliquez et commentez la distinction sur laquelle repose cette réplique : « Ce ne sont point les médecins qu'il joue, mais le ridicule de la médecine. »

Synthèse Montrez que Molière excelle dans l'art de parler du théâtre au théâtre.

Grammaire
Quel temps domine dans la réplique d'Argan aux lignes 17 à 21 ? Justifiez son emploi.
► Modes, temps et valeurs, p. 438

Vers le bac **S'entraîner à la dissertation**
Élaborez le plan détaillé d'une partie démontrant que le rire peut être « médecin ».

Le Malade imaginaire, III, 11

Œuvre intégrale

► Biographie p. 555

CONTEXTE

Avec Argan et son angoisse de la mort, Molière aborde un sujet grave, du domaine du religieux, au sein même du théâtre, condamné par l'Église au XVIIe siècle en raison des illusions qu'il offre. Mais c'est en faisant jouer à son personnage une comédie de la mort que Molière dévoile, au sein de la pièce, le pouvoir de vérité du théâtre.

Béralde, frère d'Argan, veut révéler à ce dernier les véritables intentions de sa femme, Béline, qui feint l'amour pour mieux s'emparer des biens de son mari. Aidé de Toinette, il met en place un stratagème censé faire tomber le masque de l'épouse dévouée.

ACTE III, SCÈNE 11

TOINETTE, ARGAN, BÉRALDE

[…]

TOINETTE. – Madame s'en va revenir. Mettez-vous tout étendu dans cette chaise, et contrefaites le mort. Vous verrez la douleur où elle sera quand je lui dirai la nouvelle.

ARGAN. – Je le veux bien.

TOINETTE. – Oui, mais ne la laissez pas longtemps dans le désespoir, car elle en pourrait bien mourir.

ARGAN. – Laisse-moi faire.

TOINETTE *à Béralde*. – Cachez-vous, vous, dans ce coin-là.

ARGAN. – N'y a-t-il point quelque danger à contrefaire le mort ?

TOINETTE. – Non, non. Quel danger y aurait-il ? Étendez-vous là seulement. (*Bas.*) Il y aura plaisir à confondre votre frère. Voici madame. Tenez-vous bien.

Luce Mouchel (Béline), Philippe Séjourné (Argan) et Marianne Epin (Toinette) dans *Le Malade imaginaire* de Molière, pièce mise en scène par **Gildas Bourdet** au théâtre de l'Ouest parisien à Boulogne-Billancourt en 2003.

Lecture d'image

1. Identifiez, en vous aidant du texte, les différents personnages.
2. Analysez leur attitude. Que révèle leur jeu ?

Acte III, scène 12

Béline, Toinette, Argan, Béralde

Toinette *s'écrie.* – Ah ! mon Dieu ! Ah ! malheur ! quel étrange accident !

Béline. – Qu'est-ce, Toinette ?

Toinette. – Ah ! madame !

Béline. – Qu'y a-t-il ?

Toinette. – Votre mari est mort.

Béline. – Mon mari est mort ?

Toinette. – Hélas ! oui. Le pauvre défunt est trépassé.

Béline. – Assurément ?

Toinette. – Assurément. Personne ne sait encore cet accident-là, et je me suis trouvée ici toute seule. Il vient de passer entre mes bras. Tenez, le voilà tout de son long dans cette chaise.

Béline. – Le ciel en soit loué ! Me voilà délivrée d'un grand fardeau. Que tu es sotte, Toinette, de t'affliger de cette mort !

Toinette. – Je pensais, madame, qu'il fallût pleurer.

Béline. – Va, va, cela n'en vaut pas la peine. Quelle perte est-ce que la sienne, et de quoi[1] servait-il sur la terre ? Un homme incommode à tout le monde, malpropre, dégoûtant, sans cesse un lavement ou une médecine dans le ventre, mouchant, toussant, crachant toujours, sans esprit, ennuyeux, de mauvaise humeur, fatiguant sans cesse les gens, et grondant jour et nuit servantes et valets.

Toinette. – Voilà une belle oraison funèbre.

Béline. – Il faut, Toinette, que tu m'aides à exécuter mon dessein, et tu peux croire qu'en me servant ta récompense est sûre. Puisque, par un bonheur, personne n'est encore averti de la chose, portons-le dans son lit, et tenons cette mort cachée, jusqu'à ce que j'aie fait mon affaire. Il y a des papiers, il y a de l'argent, dont je me veux saisir, et il n'est pas juste que j'aie passé sans fruit auprès de lui mes plus belles années. Viens, Toinette : prenons auparavant toutes ses clefs.

Argan, *se levant brusquement.* – Doucement.

Béline, *surprise et épouvantée.* – Aïe !

Argan. – Oui, madame ma femme, c'est ainsi que vous m'aimez ?

Toinette. – Ah ! ah ! le défunt n'est pas mort. [...]

1. à quoi.

Questions

1. Quels sont les rôles de chacun au sein de cette « comédie de la mort » ?
2. Argan se prête-t-il sans difficulté à cette simulation ? Comment comprendre sa réplique à la ligne 9 ?
3. Quel personnage contribue largement au comique de la scène ? Comment ?
4. De quels personnages cette scène dévoile-t-elle le vrai visage ?
5. Quel adverbe, présent dans la scène 8 de l'acte II (► p. 212), retrouve-t-on ici ? Pourquoi une telle insistance ?

Synthèse Montrez que le comique permet d'aborder la question de la mort de manière aussi profonde que le tragique.

Vers le bac **S'entraîner au commentaire**

Montrez que l'illusion théâtrale est pleinement révélatrice de la vérité des êtres et de la condition humaine.

► Construire un paragraphe de commentaire, p. 529

www.lienmini.fr/magnard-el2-015

Sur le site de la Comédie Française, consultez la rubrique consacrée à Molière.

- Quels sont les rapports entre l'Église et les comédiens ?
- Quels sont les arguments à l'origine de la condamnation du théâtre ?

SYNTHÈSE MOLIÈRE ET LA COMÉDIE

Traditionnellement considérée comme moins noble que la tragédie, la comédie a longtemps fait l'objet d'une certaine forme de mépris, en particulier de la part des doctes. C'est Molière qui, au XVIIe siècle, lui a donné ses lettres de noblesse en travaillant à légitimer le rire et à lui assigner une fonction morale. Dans Le Malade imaginaire, *Molière fait dire à Béralde que le remède aux maux d'Argan pourrait bien être « une des comédies de Molière », montrant ainsi combien son théâtre est sa meilleure tribune.*

1 LA COMÉDIE MIROIR : PEINDRE D'APRÈS NATURE

Les sources d'inspiration

Molière a plusieurs sources d'inspiration :
- **la farce antique** : il prend pour modèle les œuvres de Plaute ;

Ex : Plaute, *Amphitryon* et *Le Soldat fanfaron*. ► p. 151 et 153
- la ***commedia dell'arte*** ;

Ex : La scène de dépit amoureux jouée entre Valère et Mariane dans *Le Tartuffe* est un lieu commun du théâtre italien. ► p. 164
- le **théâtre de Térence** : il y puise la matière pour faire de ses comédies des **peintures d'après nature**. Ex : Térence, *Les Adelphes*. ► p. 157

Le souci de la ressemblance

Les peintures d'après nature font, selon lui, la supériorité de la comédie sur la tragédie, car les portraits proposés sont ressemblants : « lorsque vous peignez les hommes, il faut peindre d'après nature ; on veut que ces portraits ressemblent ; et vous n'avez rien fait si vous n'y faites reconnaître les gens de votre siècle » (Molière, *La Critique de l'École des femmes*, 1663). Son théâtre s'offre ainsi comme un véritable microcosme de la société de son temps.
C'est cette **vraisemblance** des caractères qui va permettre à la comédie de **plaire** tout en **instruisant**.

2 LES VERTUS DU RIRE CONTRE LES VICES DU TEMPS

Corriger les mœurs par le rire

« C'est une étrange entreprise que de faire rire les honnêtes gens » écrit Molière (*La Critique de l'École des femmes*, 1663). La mission est même encore plus ardue puisqu'il conçoit le rire comme ce qui va permettre de « **rectifier et d'adoucir les passions** » (préface du *Tartuffe*, 1669). Il se veut en cela résolument didactique et s'inscrit dans la lignée d'Horace et du « *castigare ridendo mores* » : corriger les mœurs par le rire. ► Synthèse, p. 197

Faire réfléchir à la condition humaine

Il ne s'agit pas, pour Molière, de donner une plate leçon de morale, mais bien d'offrir au spectateur une réflexion sur la condition humaine en mettant en scène les ridicules des hommes :
- l'hypocrisie (*Le Tartuffe*, 1664) ;
- l'avarice (*L'Avare*, 1668) ;
- la préciosité (*Les Précieuses ridicules*, 1659), etc.

Aborder des sujets fondamentaux

Molière touche ainsi à des sujets de société fondamentaux, comme le mariage et l'éducation, deux thèmes que l'on retrouve déclinés dans *L'École des maris* (► p. 154) et *L'École des femmes* (► p. 166). Dans ces pièces, il s'inscrit en faux contre les mariages arrangés et moque la jalousie et l'égoïsme. Son théâtre touche même à une certaine forme de gravité.

Ex : Le personnage d'Argan laisse entrevoir, derrière la farce, la hantise de la maladie (► p. 216), certes ridiculisée, mais révélatrice de la peur de la mort, sujet tragique, et propre de la condition humaine.

TEXTE 1

Jean Racine, *Britannicus*, I, 1 (1669)

► Biographie p. 555

La didascalie initiale précise que la scène se passe à Rome, dans une chambre du palais de Néron. Agrippine, mère de Néron, qui a porté son fils au pouvoir, attend devant sa porte. Elle fait part de sa vive inquiétude à Albine, sa confidente.

ACTE I, SCÈNE 1
AGRIPPINE, ALBINE

ALBINE. – Quoi ! tandis que Néron s'abandonne au sommeil,
Faut-il que vous veniez attendre son réveil ?
Qu'errant dans le palais sans suite et sans escorte,
La mère de César[1] veille seule à sa porte ?
Madame, retournez dans votre appartement.
AGRIPPINE. – Albine, il ne faut pas s'éloigner un moment.
Je veux l'attendre ici. Les chagrins qu'il me cause
M'occuperont assez tout le temps qu'il repose.
Tout ce que j'ai prédit n'est que trop assuré :
Contre Britannicus Néron s'est déclaré ;
L'impatient Néron cesse de se contraindre ;
Las de se faire aimer, il veut se faire craindre.
Britannicus le gêne, Albine ; et chaque jour
Je sens que je deviens importune à mon tour.
ALBINE. – Quoi ? vous à qui Néron doit le jour qu'il respire,
Qui l'avez appelé de si loin à l'Empire ?
Vous qui déshéritant le fils de Claudius[2],
Avez nommé César l'heureux Domitius[3] ?
Tout lui parle, Madame, en faveur d'Agrippine :
Il vous doit son amour.
AGRIPPINE. – Il me le doit, Albine :
Tout, s'il est généreux[4], lui prescrit cette loi ;
Mais tout, s'il est ingrat, lui parle contre moi.
ALBINE. – S'il est ingrat, Madame ! Ah ! toute sa conduite
Marque dans son devoir une âme trop instruite.
Depuis trois ans entiers, qu'a-t-il dit, qu'a-t-il fait
Qui ne promette à Rome un empereur parfait ?
Rome, depuis deux ans, par ses soins gouvernée,
Au temps de ses consuls[5] croit être retournée :
Il la gouverne en père. Enfin Néron naissant
A toutes les vertus d'Auguste[6] vieillissant.
AGRIPPINE. – Non, non, mon intérêt ne me rend point injuste :
Il commence, il est vrai, par où finit Auguste ;
Mais crains que l'avenir détruisant le passé,
Il ne finisse ainsi qu'Auguste a commencé.
Il se déguise en vain : je lis sur son visage
Des fiers Domitius l'humeur triste et sauvage.
Il mêle avec l'orgueil qu'il a pris dans leur sang

►►► Anne Benoît (Agrippine) et Alain Fromager (Néron) dans *Britannicus* de Jean Racine, pièce mise en scène par **Jean-Louis Martinelli** au Théâtre des Amandiers à Nanterre en 2012.

La fierté des Nérons qu'il puisa dans mon flanc.
Toujours la tyrannie a d'heureuses prémices :
De Rome, pour un temps, Caius[7] fut les délices ;
Mais sa feinte bonté se tournant en fureur,
Les délices de Rome en devinrent l'horreur.
Que m'importe, après tout, que Néron, plus fidèle,
D'une longue vertu laisse un jour le modèle ?
Ai-je mis dans sa main le timon de l'État
Pour le conduire au gré du peuple et du sénat ?
Ah ! que de la patrie il soit, s'il veut, le père ;
Mais qu'il songe un peu plus qu'Agrippine est sa mère.
De quel nom cependant pouvons-nous appeler
L'attentat que le jour vient de nous révéler ?
Il sait, car leur amour ne peut être ignorée,
Que de Britannicus Junie est adorée ;
Et ce même Néron, que la vertu conduit,
Fait enlever Junie au milieu de la nuit.
Que veut-il ? Est-ce haine, est-ce amour qui l'inspire ?
Cherche-t-il seulement le plaisir de leur nuire ?
Ou plutôt n'est-ce point que sa malignité
Punit sur eux l'appui que je leur ai prêté ?
[…]

1. titre donné aux empereurs.
2. père de Britannicus. Il a épousé Agrippine et adopté Néron. Il est mort empoisonné, probablement sur les ordres d'Agrippine.
3. nom de Néron avant son adoption par Claude.
4. noble.
5. période de la République romaine représentant une sorte d'idéal politique.
6. petit neveu et fils adoptif de César qui n'avait pas de descendance légitime. Après son accès au pouvoir par la violence, Auguste règne avec une modération devenue exemplaire.
7. il s'agit de Caligula, frère d'Agrippine, qui sombra dans la folie.

Néron et Agrippine, Ier siècle, cité Antique d'Aphrodisias, Turquie.

Questions

Vers, strophes et rimes

« Las de se faire aimer, il veut se faire craindre » (v. 12). Analysez la composition, le rythme et les sonorités de ce vers. Montrez qu'il dessine les enjeux de la pièce.

Une exposition remarquable

1. Quelles sont les informations fondamentales livrées aux spectateurs dès les premiers vers ? Classez-les en fonction de leur nature.
2. Dans quel contexte nous sont-elles communiquées ? Relevez les indications spatio-temporelles et interrogez le comportement d'Agrippine. Pourquoi peut-il sembler étrange ?
3. Dans quelle atmosphère le spectateur se trouve-t-il immédiatement plongé ?

Le pouvoir au cœur des enjeux

4. Quel portrait Agrippine dresse-t-elle de son propre fils ? Relevez et analysez les vers qui vous semblent les plus révélateurs. Étudiez notamment le lexique employé.

► Vers, strophes et rimes, p. 484

5. Montrez qu'Albine offre un contrepoint au portrait dressé par Agrippine.
6. Quelles relations cette dernière entretient-elle avec le pouvoir ? Avec son propre fils ? Que redoute-t-elle exactement ?

Lecture d'image Montrez que la posture des personnages (ci-dessus) est révélatrice de la relation d'autorité soulignée par le texte.

Synthèse En vous appuyant sur les éléments d'analyse, montrez que cette ouverture crée un véritable effet d'attente auprès des spectateurs.

ÉCHOS DE L'ANTIQUITÉ

Tacite, *Annales* (Ier siècle)

CONTEXTE
Tacite (vers 55 - 120) est un historien romain. Les livres XIII à XVI de ses *Annales* sont consacrés au règne de Néron. Il y dresse un portrait à charge contre l'empereur qui incarne, pour l'historien conservateur, la décadence.

Agrippine a pour unique projet de voir son fils Néron devenir empereur, mais leurs relations sont marquées par le conflit et la méfiance réciproque.

XIII. – […] Agrippine change de système et emploie pour armes les caresses. […] Elle s'accuse même d'une rigueur hors de saison et ouvre son trésor, presque aussi riche que celui de l'empereur ; naguère sévère à l'excès pour contenir son fils, maintenant, par un retour contraire, s'abaissant exagérément. Ce changement ne fit pas illusion à Néron. D'ailleurs, les plus intimes de ses amis voyaient le danger et le conjuraient de se tenir en garde contre les pièges d'une femme toujours implacable, et alors, en outre, dissimulée. Il arriva que, ces jours-là, Néron fit la revue des ornements dont s'étaient parées les épouses et les mères des empereurs, et choisit une robe et des pierreries qu'il envoya en présent à sa mère, sans lésiner et prenant l'initiative d'offrir les objets les plus beaux, que plus d'une femme avait désirés. Mais Agrippine s'écrie que ce n'était pas l'enrichir d'une parure nouvelle, mais la priver de toutes les autres, et que son fils lui faisait sa part dans un héritage qu'il lui devait tout entier.

Livre XIII, 13-14, traduction de Burnouf, annotation par H. Bornecque, 1963, © Garnier Flammarion.

Suétone, *Vie des douze Césars* (Ier siècle)

CONTEXTE
Suétone (vers 69 - 125), en charge de la correspondance de l'empereur Hadrien, a, à ce titre, accès aux archives impériales qui l'aident à composer *Vie des douze Césars*. Conçu comme une série de biographies, l'ouvrage se consacre aux empereurs romains, de César à Domitien.

Excédé de voir sa mère exercer rigoureusement son contrôle et sa critique sur ses paroles et sur ses actes, Néron se borna d'abord à lui faire craindre, plusieurs fois, de l'accabler sous la haine publique, en feignant de vouloir abdiquer l'empire et s'en aller à Rhodes ; ensuite, il la priva de tout honneur et de tout pouvoir, lui enleva sa garde de soldats et de Germains[1], la bannit enfin de sa présence et du Palatium[2] ; désormais, ne négligeant rien pour la tourmenter, il soudoya des gens qui lui suscitaient des procès quand elle séjournait à Rome, et, si elle cherchait le repos dans la retraite, l'y poursuivaient encore de leurs railleries et de leurs injures, en passant devant sa maison par terre ou par mer. Mais, terrifié par ses menaces et par ses emportements, il résolut de la faire périr.

Livre VI, chapitre XXXIV, traduction de Henri Ailloud, 1931, © Les Belles Lettres, – Paris, 1er tirage, 1932, 4e tirage, 2011.

1. soldats alliés.
2. palais.

Questions

1. Comment Tacite et Suétone rendent-ils compte des rapports entre Agrippine et Néron ? Sur quelles anecdotes précises s'appuient-ils ?
2. De quelles façons mettent-ils en relief la domination exercée par Agrippine et la faiblesse de Néron ?
3. Quel portrait d'Agrippine peut-on esquisser grâce ces deux extraits ? Comparez-le avec celui que nous livrent les premiers vers de la pièce de Racine (► p. 218).

Synthèse Montrez que la disgrâce d'Agrippine est au cœur des textes de Racine (► p. 218), Tacite et Suétone.

LECTURE D'IMAGE

Philippe Delaby et Jean Dufaux, *Muréna* (2001)

La série de bande-dessinée *Muréna* se présente comme une fresque historique ayant pour cadre la Rome antique. Le premier tome « La pourpre et l'or » ouvre un premier ensemble intitulé « Le cycle de la Mère ». L'action débute sous le règne de l'empereur Claude, à Rome, en mai 54, alors qu'Agrippine, son épouse, prépare son empoisonnement afin de faire de son fils Néron le nouvel empereur. ►

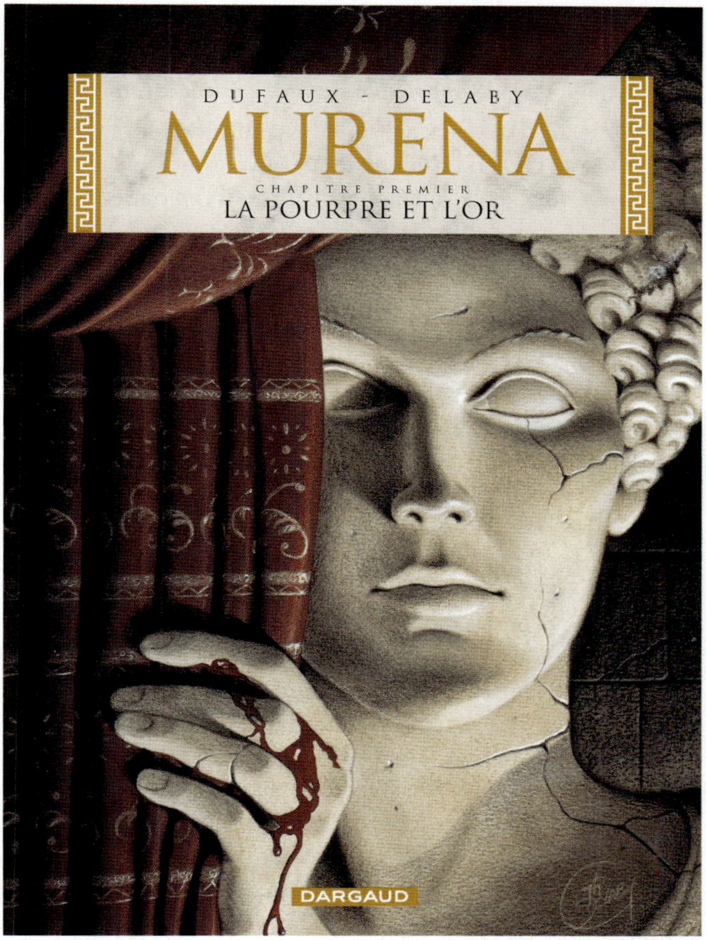

Philippe Delaby (dessinateur), **Jean Dufaux** (scénariste), *Muréna*, « La Pourpre et l'or », tome 1, 2001, © Dargaud Benelux (Dargaud-Lombard s.a.), 2015.

Prolongements

• La couverture proposée est celle de l'édition de 2001. Recherchez celle de 1997. Quels sont les changements opérés ? Pourquoi, d'après vous ?

• Recherchez la couverture de l'intégrale des tomes qui constituent « Le cycle de la Mère ». À quelle figure mythologique Agrippine se voit-elle associée ? Commentez ce choix.

Questions

1. Décrivez brièvement la composition de cette couverture. Quelles sont les teintes dominantes ? Quels liens peut-on immédiatement établir entre le titre et le visuel ?

2. Qui est représenté par le buste antique selon vous ? Comment interpréter les fêlures qui le parsèment ? Quel sentiment ce buste suscite-t-il chez le lecteur ? Justifiez votre réponse.

3. Que symbolise, selon vous, le rideau ? Justifiez le positionnement du personnage par rapport à ce dernier.

4. Quel élément fait le lien entre la statue et le rideau ? Quelle interprétation pouvez-vous en donner ?

Synthèse Quelle image du pouvoir cette couverture offre-t-elle ? Comparez-la avec la vision de l'exercice du pouvoir que donne Agrippine dans le texte de Racine (► p. 218).

Racine, *Britannicus*, II, 3

Œuvre intégrale

► Biographie p. 555

CONTEXTE

Néron avait une véritable passion pour le théâtre. Nombre de ses biographes le présentent en quête de gloire, recherchant le succès tant sur la scène que dans l'arène lors des jeux du cirque. Il aime à se donner en spectacle et à composer des mises en scène le glorifiant. Dans cet extrait, Néron prétend diriger Junie comme s'il s'agissait d'une comédienne.

Alexandre Pavloff (Néron) et Rachida Brakni (Junie) dans *Britannicus* de Racine, pièce mise en scène par **Brigitte Jaques-Wajeman** au théâtre du Vieux Colombier à Paris en 2004.

ACTE II, SCÈNE 3
NÉRON, JUNIE

Dans l'acte I, on apprend que Néron séquestre Junie, l'amante de Britannicus. La rivalité politique se double donc d'une rivalité amoureuse. Cette scène constitue la première apparition de Junie et prend la forme d'un affrontement avec Néron.

JUNIE. – [...] J'aime Britannicus. Je lui fus destinée
Quand l'Empire devait suivre son hyménée[1].
Mais ces mêmes malheurs qui l'en ont écarté,
Ses honneurs abolis, son palais déserté,
La fuite d'une cour que sa chute a bannie,
Sont autant de liens qui retiennent Junie.
Tout ce que vous voyez conspire à vos désirs ;
Vos jours toujours sereins coulent dans les plaisirs.
L'Empire en est pour vous l'inépuisable source ;
Ou si quelque chagrin en interrompt la course,
Tout l'univers, soigneux de les entretenir,
S'empresse à l'effacer de votre souvenir.
Britannicus est seul. Quelque ennui qui le presse[2],
Il ne voit, dans son sort que moi qui s'intéresse[3],
Et n'a pour tous plaisirs, Seigneur, que quelques pleurs
Qui lui font quelquefois oublier ses malheurs.
NÉRON. – Et ce sont ces plaisirs et ces pleurs que j'envie,
Que tout autre que lui me paîrait de sa vie.
Mais je garde à ce prince un traitement plus doux.
Madame, il va bientôt paraître devant vous.
JUNIE. – Ah ! Seigneur, vos vertus m'ont toujours rassurée.
NÉRON. – Je pouvais de ces lieux lui défendre l'entrée ;
Mais, Madame, je veux prévenir le danger
Où son ressentiment le pourrait engager.
Je ne veux point le perdre. Il vaut mieux que lui-même
Entende son arrêt de la bouche qu'il aime.
Si ses jours vous sont chers, éloignez-le de vous,
Sans qu'il ait aucun lieu de me croire jaloux.
De son bannissement prenez sur vous l'offense ;
Et soit par vos discours, soit par votre silence,
Du moins par vos froideurs, faites-lui concevoir
Qu'il doit porter ailleurs ses vœux et son espoir.
JUNIE. – Moi ! Que je lui prononce un arrêt si sévère !
Ma bouche mille fois lui jura le contraire.
Quand même jusque-là je pourrais me trahir[4]
Mes yeux lui défendront, Seigneur, de m'obéir.
NÉRON. – Caché près de ces lieux, je vous verrai, Madame.
Renfermez votre amour dans le fond de votre âme.
Vous n'aurez point pour moi de langages secrets :
J'entendrai des regards que vous croirez muets ;
Et sa perte sera l'infaillible salaire
D'un geste ou d'un soupir échappé pour lui plaire.

1. l'Empire devait revenir à Britannicus, fils légitime de Claude, après son mariage avec Junie.
2. l'accable.
3. « s'intéresser dans quelque chose » équivaut à « s'intéresser à quelque chose » ; Junie insiste sur le soutien unique qu'elle constitue pour Britannicus.
4. masquer mes propres sentiments.

ÉCHO DU XXe SIÈCLE

Roland Barthes, *Sur Racine* (1963)

Le conflit est fondamental chez Racine, on le trouve dans toutes ses tragédies. Il ne s'agit nullement d'un conflit d'amour, celui qui peut opposer deux êtres dont l'un aime et l'autre n'aime pas. Le rapport essentiel est un rapport d'autorité, l'amour ne sert qu'à le *révéler*. Ce rapport est si général, si formel pourrait-on dire, que je n'hésiterai pas à le représenter sous l'espèce d'une double équation :

A a tout pouvoir sur B.
A aime B, qui ne l'aime pas.

Mais ce qu'il faut bien marquer, c'est que le rapport d'autorité est extensif au rapport amoureux. La relation d'amour est beaucoup plus fluide [...]. La relation d'autorité, au contraire, est constante et explicite ; elle ne touche pas seulement un même couple tout au long d'une tragédie ; elle peut se révéler fragmentairement ici et là [...]. [Le] théâtre de Racine n'est pas un théâtre d'amour : son sujet est l'usage d'une force au sein d'une situation généralement amoureuse [...] : c'est l'ensemble de cette situation que Racine appelle la *violence* ; son théâtre est un théâtre de la violence.

L'empereur Néron dans *Britannicus*, illustration d'**Henri Allouard** parue dans les *Œuvres complètes* de Racine en 1870.

Questions

Grammaire

Quel est le mode verbal dominant dans la réplique de Néron (vers 22 à 32) ? Justifiez son emploi.

► Modes, temps et valeurs, p. 438

Sincérité contre hypocrisie

1. Quel portrait de Junie se dessine à travers ses propres paroles ? Montrez que la sincérité est la caractéristique principale du personnage.

2. Comment évoque-t-elle la relation qui la lie à Britannicus ? Est-elle placée sous le signe de la passion ou de la raison ?

3. Quelle est la nature du dilemme dans lequel Néron place Junie ? Montrez que l'hypocrisie et la cruauté de Néron répondent à la sincérité de Junie.

Le théâtre de Néron

4. Quel rôle Néron dicte-t-il à Junie ? Quels arguments invoque-t-elle pour le refuser ?

► Les types d'arguments, p. 493

5. Quels rôles Néron s'attribue-t-il ? Justifiez votre réponse et montrez que ce jeu de rôles décuple les sentiments de terreur et de pitié.

6. Relevez tous les éléments renvoyant au motif du regard. Analysez et justifiez l'importance d'un tel motif dans cette scène.

Le théâtre de Racine selon Barthes

7. Quel est, selon Barthes, l'élément qui est au fondement du théâtre racinien ? Reformulez sa thèse.

8. Montrez que le schéma qu'il expose trouve une validation dans l'extrait de *Britannicus*.

Lecture d'image Comment le jeu des comédiens (► p. 222) traduit-il la tension inhérente à cette scène ?

Synthèse Démontrez que le seul rapport dont Néron est capable est un rapport de force.

Vers le bac S'entraîner à la dissertation

Le théâtre classique est un « théâtre de violence ». Élaborez le plan détaillé d'une dissertation permettant de commenter et de discuter cette affirmation.

TEXTE 3

Racine, *Britannicus,* III, 8

CONTEXTE
Pour le public de Racine, le roi a certes tout pouvoir, mais il doit gouverner avec sagesse et raison sans sombrer dans l'exercice tyrannique de sa volonté. Louis XIV lui-même insiste sur ces principes lorsqu'il rédige ses *Mémoires à l'usage du Dauphin*. Il s'oppose en cela au despotisme impérial incarné par un Néron.

La rivalité de Néron et de Britannicus est double. Elle se situe sur le plan politique mais aussi sur le plan amoureux puisque tous deux sont épris de la même femme : Junie, enlevée par Néron au début de la pièce. Elle vient de révéler à Britannicus le chantage exercé par Néron pour l'éloigner de lui. Le spectateur assiste alors à l'unique entrevue entre les deux hommes. L'échange tourne à la joute verbale…

ACTE III, SCÈNE 8
NÉRON, BRITANNICUS, JUNIE

[…]
NÉRON. – Ainsi par le destin nos vœux son traversés :
J'obéissais alors, et vous obéissez.
Si vous n'avez appris à vous laisser conduire,
Vous êtes jeune encore, et l'on peut vous instruire.
BRITANNICUS. – Et qui m'en instruira ?
NÉRON. – Tout l'Empire à la fois,
Rome.
BRITANNICUS. – Rome met-elle au nombre de vos droits
Tout ce qu'a de cruel l'injustice et la force,
Les emprisonnements, le rapt et le divorce ?
NÉRON. – Rome ne porte point ses regards curieux
Jusque dans des secrets que je cache à ses yeux.
Imitez son respect.
BRITANNICUS. – On sait ce qu'elle en pense.
NÉRON. – Elle se tait du moins : imitez son silence.
BRITANNICUS. – Ainsi Néron commence à ne plus se forcer.

Antoine Rosenfeld (Britannicus), Jean-Christophe Laurier (Néron) et Vanessa Krycève (Junie) dans *Britannicus* de Racine, pièce mise en scène par **Jean-Louis Martin-Barbaz** au Théâtre 14 à Paris en 2009.

► Biographie p. 555

NÉRON. – Néron de vos discours commence à se lasser.
BRITANNICUS. – Chacun devait bénir le bonheur de son règne.
NÉRON. – Heureux ou malheureux, il suffit qu'on me craigne.
BRITANNICUS. – Je connais mal Junie, ou de tels sentiments
Ne mériteront pas ses applaudissements.
NÉRON. – Du moins, si je ne sais le secret de lui plaire,
Je sais l'art de punir un rival téméraire.
BRITANNICUS. – Pour moi, quelque péril qui me puisse accabler,
Sa seule inimitié peut me faire trembler.
NÉRON. – Souhaitez-la : c'est tout ce que je vous puis dire.
BRITANNICUS. – Le bonheur de lui plaire est le seul où j'aspire.
NÉRON. – Elle vous l'a promis, vous lui plairez toujours.
BRITANNICUS. – Je ne sais pas du moins épier ses discours.
Je la laisse expliquer sur tout ce qui me touche,
Et ne me cache point pour lui fermer la bouche[1].
NÉRON. – Je vous entends[2]. Hé bien, gardes !
[…]

1. allusion à la scène 6 de l'acte II dans laquelle Néron s'est caché pour assister à une entrevue entre les deux amants après avoir pris soin de dicter ses paroles à Junie.
2. comprends.

Costume de Britannicus, 1805, dessin de **Philippe Chery**.

Questions

Grammaire

« Heureux ou malheureux, il suffit qu'on me craigne » (v. 16). Quelle est la classe grammaticale de « on » ? Interprétez l'emploi qu'en fait ici Néron.

► Classes et fonctions, p. 436

1. Qui mène le dialogue ? En quoi est-ce le signe d'un certain courage ?
2. Quelles attaques Britannicus profère-t-il ? Quels procédés en accentuent la violence ? Que pouvez-vous en déduire concernant le registre dominant dans cet échange ?
► Les registres littéraires, p. 460
3. Montrez que l'on passe du plan politique au plan amoureux. Dans quel domaine la supériorité de Britannicus s'affirme-t-elle ?
4. Comment Néron affirme-t-il, quant à lui, sa domination politique ? Quels éléments de son discours font de lui un véritable tyran ?
5. Comment se traduit la montée en puissance de la tension ? Analysez sa dimension pathétique et tragique.
   a. Analysez la forme des répliques. Quelle remarque pouvez-vous faire sur le rythme de leur enchaînement ?
   ► Le vocabulaire du théâtre, p. 480
   b. Prenez en compte les jeux de l'énonciation.
   c. Montrez que Néron passe de la menace voilée à la menace directe.
6. Dans quelle mesure cette scène justifie le nom de la tragédie ?

Synthèse En vous appuyant sur les éléments d'étude, justifiez la place centrale de cette scène dans la pièce.

Vers le bac S'entraîner au commentaire

Élaborez le plan détaillé d'une première partie de commentaire consacrée à l'affrontement entre Britannicus et Néron. Vous prendrez soin de détailler la forme de l'échange pour mieux en envisager la violence et les enjeux.

► Construire un paragraphe de commentaire, p. 529

1

Anne Benoit (Agrippine), Alain Fromager (Néron), Grégoire Oestermann (Narcisse), Jean-Marie Winling (Burrhus) dans *Britannicus* de Racine, pièce mise en scène par **Jean-Louis Martinelli** au théâtre des Amandiers à Nanterre en 2012.

2 Jean-Louis Martinelli, *Notes avant les répétitions*

Le grand Art de Racine réside dans l'avancée d'une intrigue, combinée à la rotation des points de vue. Le rôle du metteur en scène, en ce cas, consiste à accréditer au maximum les discours de chacun dans le temps de leur énonciation. N'anticipons jamais et cheminons pas à pas en considérant toujours que chaque scène est autonome. La mécanique des coulisses de la politique met en jeu des parcours multiples, des retournements successifs, des jeux d'alliance changeants et instables, et les protagonistes sont tous inquiets de maintenir qui leur influence, qui leur pouvoir. Par excellence le Palais demeure le lieu de l'intranquillité. Nous voulons la rendre palpable, angoissante.

Jean-Louis Martinelli, *Notes avant les répétitions*, juin 2012.

3

Scénographie et photographie de maquette de Gilles Taschet pour la mise en scène de *Britannicus* de **Jean-Louis Martinelli**.

Anne Benoit (Agrippine), Alain Fromager (Néron), Jean-Marie Winling (Burrhus) dans *Britannicus* de Racine, pièce mise en scène par **Jean-Louis Martinelli** au théâtre des Amandiers à Nanterre en 2012.

4 Roland Barthes, *Sur Racine*, 1963

Bien que la scène soit unique, conformément à la règle, on peut dire qu'il y a trois lieux tragiques. Il y a d'abord la Chambre : reste de l'antre mythique, c'est le lieu invisible où la Puissance est tapie. [...] Les personnages ne parlent de ce lieu indéfini qu'avec respect et terreur, ils osent à peine y entrer, ils croisent devant avec anxiété. [...] La Chambre est contiguë au second lieu tragique, qui est l'Anti-Chambre, espace éternel de toutes les sujétions, puisque c'est là qu'on *attend*. L'Anti-Chambre (la scène proprement dite) est un milieu de transmission ; elle participe à la fois de l'intérieur et de l'extérieur, [...], l'Anti-Chambre est l'espace du langage : c'est là que l'homme tragique [...] parle ses raisons. La scène tragique n'est donc pas proprement secrète ; c'est plutôt un lieu aveugle, passage anxieux du secret à l'effusion, de la peur immédiate à la peur parlée : elle est piège flairé. [...] Entre la Chambre et l'Anti-Chambre, il y a un objet tragique qui exprime d'une façon menaçante à la fois la contiguïté et l'échange, le frôlage du chasseur et de sa proie : c'est la Porte. On y veille, on y tremble ; la franchir est une tentation et une transgression : toute la puissance d'Agrippine se joue à la porte de Néron. [...] Le troisième lieu tragique est l'Extérieur.

Questions

1. Analysez avec précision le dispositif scénique conçu par Martinelli (1 3). À quel espace antique peut-il faire penser ? Quel élément attire plus particulièrement l'attention ? Que symbolise-t-il ?
2. Sur quel aspect de la pièce de Racine Martinelli insiste-t-il (2) ? Quels éléments du décor font du palais le « lieu de l'intranquillité » (1 3) ?
3. Dans le document 3, commentez la position des personnages. Quelles remarques vous inspire un tel parti pris par rapport à la question du pouvoir ? Où se situe le fauteuil dans l'espace dessiné par le plateau ? Commentez.

5

Jean-Baptiste Malartre (Narcisse) et Alexandre Pavloff (Néron) dans *Britannicus* de Racine, pièce mise en scène par **Brigitte Jaques-Wajeman** au théâtre du Vieux Colombier à Paris en 2004.

Question

Commentez la place et la fonction de « l'objet énigmatique » dont parle Brigitte Jaques-Wajeman (5 6). À quoi le spectateur peut-il aussi penser en le voyant ?

6 Brigitte Jaques-Wajeman, « Naissance d'une mise en scène »

Que donner à voir, en effet ? Quel décor ? Quels costumes ? Plusieurs maquettes sont réalisées avant d'aboutir au choix du décor tel qu'on peut le découvrir sur la scène aujourd'hui. Cette phase de travail progressive et plutôt erratique est l'un des moments clefs de la gestation de la mise en scène. Elle est accompagnée d'une réflexion dramaturgique intense, sur le sens du spectacle. *Britannicus* est l'occasion pour Racine d'une méditation sur le mal. À un moment du travail avec le scénographe, il m'a paru nécessaire de figurer sur la scène la terreur et la jouissance criminelles qui sont en jeu dans la pièce. Je décrirai comment, d'une idée de quartier de bœuf enveloppé dans un plastique transparent et pendu à un crochet sur la scène, nous en sommes venus à l'invention d'un objet énigmatique fait de lanières plastique ensanglantées composant une sorte de colonne mouvante suspendue aux cintres qui avance ou recule au gré des scènes. Cet objet, presque organique, qu'on appelle « la bête », ou « l'alien » est un partenaire essentiel des acteurs.

Texte publié sur le site de l'École normale supérieure.

Joseph Drouet (Narcisse), Baptiste Sornin (Néron) dans *Britannicus* de Racine, pièce mise scène par **Françoise Delrue** au théâtre de la Rose des vents à Villeneuve-d'Ascq en 2012.

Joseph Drouet (Narcisse), Marie Leconte (Junie), Murielle Colvez (Agrippine) dans *Britannicus* de Racine, pièce mise scène par **Françoise Delrue** au théâtre de la Rose des vents à Villeneuve-d'Ascq en 2012. ▼

Marie Leconte (Junie), Joseph Drouet (Narcisse), Murielle Colvez (Agrippine) dans *Britannicus* de Racine, pièce mise scène par **Françoise Delrue** au théâtre de la Rose des vents à Villeneuve-d'Ascq en 2012. ▼

Questions

1. Que remarquez-vous concernant le plateau dans la mise en scène de Françoise Delrue (7 8) ? Comment interpréter ce choix ?
2. Que peuvent symboliser ces gradins (9) ? Quel jeu peut-on imaginer de la part des comédiens ?

Comparaison des mises en scène (► p. 226 à 229)

3. Pour chaque mise en scène, décrivez brièvement les éléments du décor.
   a. Quel est celui que l'on retrouve dans les trois représentations ? Pourquoi ?
   b. Quelles sont, en revanche, les différences notables que vous pouvez relever dans les partis-pris de chaque metteur en scène ?
4. Lisez le texte de Roland Barthes (► p. 227). Les choix des metteurs en scène vous semblent-ils correspondre à son approche de l'espace racinien ?
5. De quelles façons chacune des mises en scène traduit-elle une forme d'oppression et d'enfermement ? Quelles remarques pouvez-vous faire, à ce titre, concernant les effets de lumière ?

Racine, *Britannicus,* V, 6

CONTEXTE
Dans sa préface, Racine présente Néron comme un « monstre naissant, mais qui n'ose encore se déclarer, et qui cherche des couleurs à ses méchantes actions. » Il dit puiser essentiellement son inspiration dans les *Annales* de Tacite qui ont contribué à faire de Néron l'incarnation d'une certaine forme de décadence et de cruauté.

Dans la scène précédente, Burrhus, gouverneur de Néron fait le récit détaillé des circonstances de la mort de Britannicus au cours d'un repas censé sceller sa réconciliation avec Néron. Anéantie par ce qu'elle estime être un assassinat, Agrippine laisse éclater sa colère.

ACTE V, SCÈNE 6
AGRIPPINE, NÉRON, BURRHUS, NARCISSE

[…]
AGRIPPINE. – Non, non, Britannicus est mort empoisonné :
Narcisse a fait le coup, vous l'avez ordonné.
NÉRON. – Madame ! mais qui peut vous tenir ce langage ?
NARCISSE[1]. – Hé ! Seigneur, ce soupçon vous fait-il tant d'outrage ?
Britannicus, Madame, eut des desseins secrets
Qui vous aurait coûté de plus justes regrets.
Il aspirait plus loin qu'à l'hymen de Junie :
De vos propres bontés il vous aurait punie.
Il vous trompait vous-même ; et son coeur offensé
Prétendait tôt ou tard rappeler le passé.
Soit donc que, malgré vous, le sort vous ait servie,
Soit qu'instruit des complots qui menaçaient sa vie,
Sur ma fidélité César s'en soit remis,
Laissez les pleurs, Madame, à vos seuls ennemis.
Qu'ils mettent ce malheur au rang des plus sinistres ;
Mais vous…
AGRIPPINE. – Poursuis, Néron, avec de tels ministres[2],
Par des faits glorieux tu vas te signaler.
Poursuis. Tu n'as pas fait ce pas pour reculer.
Ta main a commencé par le sang de ton frère ;
Je prévois que tes coups viendront jusqu'à ta mère.
Dans le fond de ton cœur, je sais que tu me hais ;
Tu voudras t'affranchir du joug de mes bienfaits.
Mais je veux que ma mort te soit même inutile.
Ne crois pas qu'en mourant je te laisse tranquille.
Rome, ce ciel, ce jour que tu reçus de moi,
Partout, à tout moment, m'offriront devant toi.
Tes remords te suivront comme autant de furies ;
Tu croiras les calmer par d'autres barbaries ;
Ta fureur, s'irritant soi-même dans son cours,
D'un sang toujours nouveau marquera tous les jours.
Mais j'espère qu'enfin le ciel, las de tes crimes,
Ajoutera ta perte à tant d'autres victimes ;
Qu'après t'être couvert de leur sang et du mien,
Tu te verras forcé de répandre le tien ;
Et ton nom paraîtra dans la race future,
Aux plus cruels tyrans une cruelle injure.
Voilà ce que mon cœur présage de toi.
Adieu : tu peux sortir.
NÉRON. – Narcisse, suivez-moi.

1. personnage auquel Racine donne le statut de précepteur de Britannicus. Narcisse se sert de sa position pour servir les intérêts de Néron.
2. exécutants.

► Biographie p. 555

Affiche du spectacle *Britannicus* de Racine, pièce mise en scène par **Françoise Delrue** au Théâtre de la Bardane à Lille.

Lecture d'image

De quelle façon l'affiche du spectacle traduit-elle la nature du règne de Néron ?

Questions

Vers, strophes et rimes

Quelles est la qualité de la rime « sinistre / ministres » (v. 15-16) ? Commentez l'association de ces termes.

1. Analysez la répartition de la parole dans cet extrait. Quels commentaires vous inspire-t-elle concernant le personnage de Néron ?
2. Quel portrait de Narcisse se dessine à travers sa propre réplique ? Dans quelle mesure est-elle révélatrice de son influence sur Néron ?
3. Quels sont les signes manifestes de la colère d'Agrippine ? Analysez, en particulier, l'énonciation et une formule révélatrice de son ironie rageuse.

► Les registres littéraires, p. 460

4. Quelle image de Néron Agrippine compose-t-elle ?
   a. Dans quelle mesure s'apparente-t-elle à une prédiction ?
   b. Montrez qu'elle obéit à la logique du pire.
5. En quoi cette scène signe-t-elle, aussi, la métamorphose d'Agrippine ?

Synthèse En vous appuyant sur les éléments d'analyse, vous rédigerez un paragraphe précisant la nature des rapports qui lient les trois personnages.

Vers le bac S'entraîner à l'oral

Préparez un exposé sur le règne de Néron. Faites les recherches nécessaires et proposez une comparaison entre la réalité historique de son règne et la prédiction d'Agrippine dans le texte de Racine. Faites les commentaires qui s'imposent sur l'habileté de Racine.

► Faire des recherches et les présenter, p. 548

ÉCHO DU XXe SIÈCLE

Pierre Grimal, *Le Procès Néron* (1995)

CONTEXTE
Pierre Grimal (1912-1996), agrégé de lettres classiques, est spécialiste de langue, civilisation et littérature latines. Auteur de nombreux ouvrages destinés au grand public, il a milité durant toute sa carrière pour le maintien de l'enseignement des langues anciennes.

Le Procès Néron *est un ouvrage de fiction qui se présente comme le recueil des « pièces d'un procès, qui n'a jamais été engagé » contre Néron et qui aurait été compilé par Hermogénès (lequel dirigeait les bureaux de la correspondance impériale) et placé dans un coffret pour que la postérité en prenne connaissance.*

Lettre de Julia Agrippina à L. Annaeus Seneca[1]

Lorsque je t'ai appelé à devenir le précepteur et le conseiller du prince, mais aussi mon allié auprès de lui, je pensais que tu saurais lui éviter des fautes comme celle qu'il a commise l'autre soir, que tu saurais lui apprendre à gouverner en Romain et non en tyran. Nul n'ignore aujourd'hui que la mort de Britannicus n'est pas le résultat d'une maladie. Le poison lui a été administré aux yeux de tous. [...] L'affaire a été si mal conduite qu'il est impossible de prétendre que tout s'est fait à l'insu de Néron ; son calme même, lorsque son frère, enfin, est tombé inanimé, était une sorte d'aveu.

Tout Rome parle de ce dîner mortel. Les uns s'indignent, d'autres allèguent le vieil adage qui veut que le pouvoir ne puisse être partagé, mais tout le monde accuse Néron. Cela, je ne l'aurais pas voulu. [...]

Je ne doute pas de la fidélité de Néron, de sa loyauté envers moi et aussi envers toi, mais tu n'ignores pas que l'exercice du pouvoir change parfois les êtres. Il en est que la majesté impériale enivre. [...] Néron, je ne te l'apprends pas, est faible. Il est esclave, à chaque instant, des mouvements de son cœur et de son plaisir. Il n'aime pas véritablement le pouvoir pour lui-même, pour l'exaltation qu'il procure ; il en accepte difficilement les servitudes ; cette continuité de volonté qu'il exige, jour après jour, l'ennuie. Il vit sous un perpétuel déguisement, tantôt musicien, tantôt poète, tantôt dieu de tragédie. Il lui arrive même de revêtir le personnage de l'*imperator*[2] – le sien – [...]. C'est un merveilleux acteur !

Mais tu le sais bien, le rôle d'*imperator* ne se joue pas chaque jour sur le devant de la scène. Il y a de longs moments où il doit rester secret, et alors Néron s'ennuie, et, lorsqu'il s'ennuie, tout devient possible ; c'est cela que je redoute. [...]

Plus que jamais je compte sur toi pour empêcher Néron de s'engager plus avant sur la voie que je crains de lui voir suivre, qui peut lui sembler celle de sa liberté – par rapport à toi et à moi, à Burrus[3] aussi, mais qui pourrait provoquer notre perte à tous, et aussi la sienne.

1. il s'agit de Sénèque, le précepteur de Néron.
2. emploi tardif du terme au sens d'« empereur ».
3. conseiller de Néron.

Questions

1. Quel est le premier reproche qu'Agrippine adresse à Sénèque ? Montrez qu'il est révélateur d'une certaine forme de cynisme. Quelle leçon de politique donne-t-elle ?
2. Quel portrait Agrippine dresse-t-elle de son fils ?
3. Quelle est la nuance entre la manière dont Agrippine envisage l'avenir dans le texte de Grimal et dans celui de Racine (► p. 230) ?

Vocabulaire

Quelle est l'origine du terme « *imperator* » (l. 20) ? Quels sont ses différents emplois en fonction du contexte historique ? Pourquoi l'employer ici ?

SYNTHÈSE TRAGÉDIES ANTIQUE ET CLASSIQUE

Le genre dramatique occupe le devant de la scène littéraire au XVIIe siècle. La tragédie, qui est « l'art de représenter, de façon réglée, le dérèglement » (G. Forestier), domine.

1 ORIGINES ANTIQUES

La naissance de la tragédie

La tragédie naît en Grèce au VIe siècle av. J.-C. et s'affirme au Ve siècle av. J.-C. dans le cadre de concours officiels organisés au moment des fêtes en l'honneur de Dionysos. Les représentations s'inscrivent dans un cadre institutionnel. Il s'agit d'une cérémonie à la fois civile et religieuse.

Tragédie et démocratie

Il n'est pas anodin que l'apogée de la tragédie antique coïncide avec la naissance de la démocratie athénienne. Avec l'avènement d'un nouveau système politique, de nouvelles interrogations se font jour. Les tragédies, sous une forme détournée, permettent de confronter l'idéal démocratique avec la pensée traditionnelle *via* la mise en scène d'épisodes mythologiques. Ce sont des perspectives adoptées par les tragiques grecs Sophocle ou Eschyle. Euripide, quant à lui, privilégie l'exploration des conflits intérieurs.

2 LA TRAGÉDIE CLASSIQUE

Les règles classiques

Les dramaturges du XVIIe siècle s'inspirent des auteurs antiques. Ils sont également influencés par l'ouvrage d'Aristote (*La Poétique*, IVe siècle av. J.-C.) qui pose les premiers principes de la composition d'une pièce. C'est ainsi que se mettent en place les règles du théâtre classique dans le cadre d'un développement en cinq actes, en alexandrins, scandé par les temps forts de l'exposition, du nœud, des péripéties et du dénouement, forcément tragique.

Ex. : Britannicus se clôt sur l'assassinat du personnage éponyme. ► p. 230

La *mimèsis* théâtrale

Le théâtre classique se veut un théâtre d'illusion (***mimèsis***). Il s'agit de faire oublier au spectateur qu'il est au théâtre afin qu'il puisse s'identifier aux personnages. Pour faciliter cette identification, les héros tragiques représentés ne sont pas parfaits, « ni tout à fait innocents, ni tout à fait coupables », comme le dit Racine lui-même dans la préface de *Phèdre*. Ils sont certes nobles, mais commettent des fautes, ce qui permet un investissement affectif du public.

Ex. : Phèdre est victime de sa passion mais coupable de son aveu à Hippolyte. ► p. 188

La visée morale : la *catharsis*

Cet investissement vient servir la visée morale de la tragédie. Les personnages apparaissent à la fois lucides et aveuglés par leur passion, à l'image d'Agrippine dans *Britannicus* dont la lucidité finale (► p. 230) répond à l'égarement initial (► p. 218). Ils sont confrontés à des situations désespérées sources de conflits avec les autres, mais aussi et avant tout avec eux-mêmes.

Ex. : Néron est vu par tous les autres personnages comme l'incarnation de la cruauté mais il est aussi montré comme victime d'une mère dominatrice. ► p. 218

La trajectoire de ces personnages permet de susciter terreur et pitié afin d'accomplir ce qu'Aristote définit comme la visée ultime de la tragédie : la ***catharsis***. Ce terme, emprunté au grec, signifie « purgation » ou « purification ». Les spectateurs sont confrontés à la représentation d'émotions intenses dont ils se trouvent libérés par l'effet de mise à distance provoqué par le spectacle tragique.

HISTOIRE DES ARTS • L'ESPACE THÉÂTRAL

1 LA SCÈNE ANTIQUE : UN ESPACE TOURNÉ VERS LES DIEUX

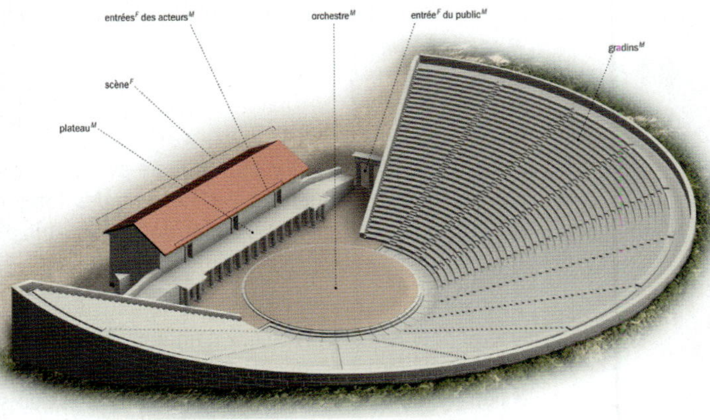

Architecture d'un théâtre grec.

Les représentations théâtrales sont associées, dans l'Antiquité grecque, au culte de Dionysos. Ces célébrations ont lieu dans une enceinte, située dans un sanctuaire, qui comprend un temple, un autel et un théâtre.
Les spectateurs qui entrent par les côtés (*parodoi*) s'installent dans le *theatron* (« lieu d'où l'on regarde »). Ils entourent une aire de jeu composée de deux espaces distincts.
• Une partie est réservée au chœur (l'*orchestra*) au centre de laquelle se trouve la *thymélé* (autel sacrificiel surmonté par la statue de Dionysos).
Le chœur sert de relais entre les acteurs et le public, ce qu'encourage le dispositif architectural.
• Une autre est réservée aux comédiens. Elle est formée du *proskénion* (correspondant aujourd'hui au plateau) et de la *skéné*, qui abrite les loges et coulisses. Cette dernière est adossée au temple.
Ainsi, l'espace théâtral est littéralement cerné par la présence divine puisque le regard des spectateurs se focalise, en raison de la disposition circulaire, sur l'autel et le temple, situés juste derrière la scène.
• L'architecture en forme de cône, évasé vers le haut, démultiplie le sentiment de grandeur et offre une ouverture vers l'infini du ciel.
• La circularité accroît le sentiment de communion et d'unité autour de la célébration du dieu.

Théâtre d'Hérode Atticus, Athènes, Grèce.

Question

1. Montrez que le cadrage et l'angle de vue choisis pour la photographie rendent pleinement compte de l'effet d'ouverture permis par l'architecture du théâtre antique.

2 LE MOYEN ÂGE : LA SCÈNE ET LA RUE

Le théâtre du Moyen Âge est un théâtre de rue, un lieu pleinement ouvert. Bien souvent la structure se réduit à l'emploi de simples tréteaux et le décor à quelques éléments. Les comédiens peuvent jouer à tout endroit devant un « public » souvent peu attentif. En effet, implantés au sein même des lieux sociaux (en particulier les parvis des églises et les places de marché), jouant des espaces qui leur sont offerts (balcons, fenêtres, etc.), ils sont en interaction permanente avec ce « public » qui, lui-même, n'hésite pas à poursuivre ses occupations ou à prendre part au spectacle.

David Vinckboons, *Kermesse* (détail), début du XVIIe siècle, huile sur bois (115 x 141 cm), musée Herzog Anton Ulrich, Braunschweig, Allemagne.

Question

2. Montrez que le tableau de Vinckboons est révélateur des conditions de représentation du Moyen Âge.

3 LE THÉÂTRE ÉLISABÉTHAIN : LE JEU AVEC LES DIMENSIONS

Le théâtre élisabéthain, ainsi nommé parce que ce type d'édifices s'est développé sous le règne d'Élisabeth Ire, au XVIe siècle, en Angleterre, est une structure qui privilégie encore l'ouverture puisque malgré son dispositif circulaire clos, elle ne possède pas de toit complet.
Né dans les cours d'auberges, le dispositif architectural multiplie les aires de jeu afin de séduire le public. Sont ainsi utilisées l'horizontalité de la scène et la verticalité des murs circulaires.
Les plus fortunés des spectateurs s'installent dans les galeries. Ceux qui le sont moins sont debout, autour de l'avant-scène. Les scènes spectaculaires de duel, de batailles s'y déroulent. À l'arrière-scène se jouent les scènes d'amour et d'agonie. Pour rajouter au spectaculaire et à la complicité avec le public, les comédiens peuvent même investir les galeries.

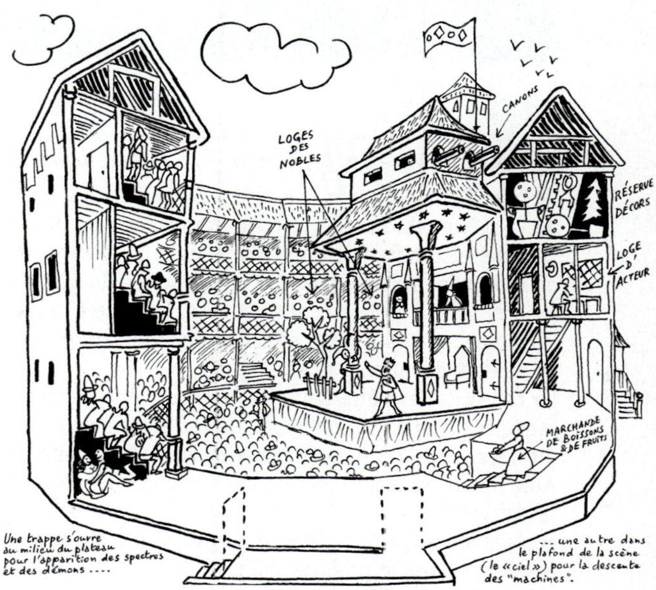

Le Théâtre élisabéthain, illustration extraite de *Histoire du théâtre dessinée* d'**André Degaine**, © A.G. Nizet.

Question

3. Commentez ce jugement de Peter Brook (dramaturge et metteur en scène contemporain) en vous appuyant sur le dessin et le descriptif qui vous sont donnés : « On voit que le théâtre élisabéthain mettait un mur autour de lui-même, mais c'était comme le mur d'une cour intérieure, un mur tellement naturel que la vie se trouvait davantage concentrée mais pas dénaturée. »

4 LA SCÈNE À L'ITALIENNE : ILLUSION ET PERSPECTIVES

La naissance du théâtre à l'italienne constitue une véritable **révolution architecturale** qui induit un changement de rapport entre la scène et les spectateurs. Jusque-là, les architectures ou dispositifs privilégiaient l'ouverture, la complicité et les interactions avec le public.

Pietro Domenico Olivero, *Le Théâtre royal de Turin*, vers 1740, huile sur toile (128 × 114 cm), museo Civico, Turin.

Questions

1. Lisez le texte de F. Naugrette ci-dessous : quels sont les moyens que se donne le théâtre pour fonder l'illusion théâtrale ?
2. Identifiez la présence de ces moyens dans le tableau de Pietro Domenico Olivero.

Prolongements

- Faites des recherches sur l'histoire de la perspective afin de mieux comprendre son rôle dans la création de l'illusion théâtrale.
- Dans un dictionnaire du théâtre, recherchez la définition précise de « l'œil du prince ».

Florence Naugrette, *Le Plaisir du spectateur de théâtre*, 2002

Le lieu d'accueil propre au texte de théâtre [...] est l'ici et maintenant de la scène elle-même [...]. Ce lieu est construit sur la double coupure spatiale et temporelle entre scène et salle, acteurs et spectateurs, temps de la représentation même et avant-après du spectacle. [...]

Au XVIIIe siècle apparaît, avec l'opéra, la fosse d'orchestre, où se tiennent les musiciens. [...] Par elle, les spectateurs d'opéra sont séparés des chanteurs davantage encore. [...]

Le cadre de la scène délimite lui aussi une séparation franche entre la scène et la salle ; situé légèrement en retrait de l'avant-scène proprement dite, il circonscrit le lieu de la représentation comme le cadre d'un tableau. Allié à l'art de la perspective appliqué aux décors ou aux toiles peintes, il favorise l'illusion en faisant de la scène une boîte en trois dimensions, centrée sur le point de vue parfait de l'« œil du prince », place située dans le public, dans le prolongement de l'axe de la perspective, d'où l'illusion est la plus parfaite.

5 UN EXEMPLE DE SCÉNOGRAPHIE CONTEMPORAINE

La scénographie définit les aménagements effectués pour organiser l'espace scénique. Le travail du scénographe passe donc aussi par l'exploitation architecturale des lieux dans lesquels se déroulent les spectacles. Aux XXe et XXIe siècles, architectes et scénographes jouent sur la métamorphose permanente des espaces.

1

2

Pluie d'été à Hiroshima de Marguerite Duras, pièce mise en scène par **Éric Vigner** au cloître des Carmes à Avignon en 2006.

Questions

1. Décrivez l'utilisation de l'espace architectural en prenant soin, auparavant, de faire des recherches sur le festival d'Avignon et son cloître des Carmes. Commentez l'alliance de l'ancien et du moderne.
2. Montrez que le lieu scénique (1) joue avec le principe d'horizontalité.
3. Que permettent, selon vous, les découpes faites dans le plan de scène au niveau des comédiens ?
4. Quelle relation est établie entre comédiens et spectateurs grâce à ce dispositif scénique (1 2) singulier ? Quel en est l'enjeu ?

Débats littéraires

Le théâtre doit-il avoir une fonction morale ?

RACINE

« Les passions n'y sont représentées aux yeux que pour montrer tout le désordre dont elles sont causes

Au reste, je n'ose encore assurer que cette pièce soit en effet la meilleure de mes tragédies. [...] Ce que je puis assurer, c'est que je n'en ai point fait où la vertu soit plus mise en jour que dans celle-ci. Les moindres fautes y sont sévèrement punies. La seule pensée du crime y est regardée avec autant d'horreur que le crime même. Les faiblesses de l'amour y passent pour de vraies faiblesses; les passions n'y sont représentées aux yeux que pour montrer tout le désordre dont elles sont cause; et le vice y est peint partout avec des couleurs qui en font connaître et haïr la difformité. C'est là proprement le but que tout homme qui travaille pour le public doit se proposer; et c'est ce que les premiers poètes tragiques avaient en vue sur toute chose. Leur théâtre était une école où la vertu n'était pas moins bien enseignée que dans les écoles des philosophes. [...] Il serait à souhaiter que nos ouvrages fussent aussi solides et aussi pleins d'utiles instructions que ceux de ces poètes. Ce serait peut-être le moyen de réconcilier la tragédie avec quantité de personnes célèbres par leur piété et par leur doctrine, qui l'ont condamnée dans ces derniers temps, et qui en jugeraient sans doute plus favorablement, si les auteurs songeaient autant à instruire leurs spectateurs qu'à les divertir, et s'ils suivaient en cela la véritable intention de la tragédie.

Jean Racine, préface de *Phèdre*, 1677.

NICOLE

« Les spectateurs ne reçoivent l'impression que de la passion, et peu ou point de la règle de la passion

Ce qui rend encore plus dangereuse l'image des passions que les Comédies[1] nous proposent, c'est que les Poètes pour les rendre agréables sont obligés, non seulement de les représenter d'une manière fort vive, mais aussi de les dépouiller de ce qu'elles ont de plus horrible, et de les farder tellement par l'adresse de leur esprit, qu'au lieu d'attirer la haine et l'aversion des spectateurs, elles attirent au contraire leur affection. De sorte qu'une passion qui ne pourrait causer que de l'horreur si elle était représentée telle qu'elle est, devient aimable par la manière ingénieuse dont elle est exprimée. [...] La représentation d'un amour légitime et celle d'un amour illégitime font presque le même effet, et n'excitent qu'un même mouvement qui agit ensuite diversement selon les dispositions qu'il rencontre. [...] En excitant par les Comédies cette passion[2], on n'imprime pas en même temps l'amour de ce qui la règle. Les spectateurs ne reçoivent l'impression que de la passion, et peu ou point de la règle de la passion.

1. le terme est ici à prendre au sens large de « pièces de théâtre » (quel que soit le genre).
2. il s'agit ici de la passion amoureuse.

Pierre Nicole, *Traité de la comédie*, 1667.

Barker

La tragédie que je veux écrire n'inclut pas de réaffirmer les valeurs morales comme dans la tragédie classique.

Pour moi, le problème avec la tragédie grecque ou shakespearienne, c'est qu'il s'agit d'affirmations morales. La fonction de la tragédie dans la culture grecque, c'est de réaffirmer la fonction de la Cité. La tragédie que je veux écrire n'inclut pas de réaffirmer les valeurs morales comme dans la tragédie classique. Dans mes tragédies, les situations posées provoquent l'effondrement des valeurs et les individus sont libres ou forcés de vivre selon des règles qu'ils ont inventées eux-mêmes. Le résultat de tout cela, c'est que le public n'a pas à partager une attitude face à ce qu'il voit sur scène. Il n'est pas obligé d'arriver à un consensus.

L'effet de ma tragédie, c'est d'arriver à briser le consensus dans le public, de l'atomiser.

C'est ce que j'appelle le théâtre de la Catastrophe. C'est en un sens l'opposé de la tragédie classique qui affirme des valeurs morales tandis que dans mes pièces, l'idée est de les faire éclater. En gros.

Howard Barker, « Mon théâtre parle de secret », entretien de Mike Sens dans *Alternatives théâtrales*, n° 57, 1998.

Debray

Pulsion. Aventure. Sensation. Violence. Sauvagerie. Tels seraient les leitmotiv [...] du théâtre radical.

Là où je voyais sur scène des femmes et des hommes en costume, généralement debout, se déplaçant par enjambées plus ou moins rapides, je vois leurs successeurs à poil, généralement à quatre pattes ou suspendus la tête en bas. Et auxquels un double saut périlleux permettra de passer de cour à jardin. Là où je devinais un frisson mal réprimé, un trouble – « Vous vous troublez, Madame, et changez de visage[1] » –, j'assiste à une prouesse d'épilepsie. [...] Si j'en crois mes yeux, « exprimer l'homme » s'entend à présent au sens presse-citron : en extraire dans un minimum de temps le maximum[2] [...]. Là où était le surmoi, le ça advient, et prend sa revanche[3]. [...] À nouvelle liberté, nouveau lexique : Effroi. Risque. Exploration. Radicalité. Dégoût. Excès. Fureur. Violence. Agressivité. Extrême. Pulsion. Aventure. Sensation. Violence. Sauvagerie. Tels seraient les leitmotiv, si j'ai bien lu et entendu, du théâtre radical.

Régis Debray, *Sur le Pont d'Avignon*, 2005, © Flammarion.

1. vers issu de la pièce de Racine, *Britannicus*.
2. Régis Debray fait ici allusion à la manière dont le corps est exhibé sur scène, jusque dans ses aspects les plus intimes.
3. les termes « surmoi » et « ça » font référence aux théories de Freud, père de la psychanalyse. Le « ça » contient les pulsions ; le « surmoi » les réprime.

FAIRE DES RECHERCHES

- Faites des recherches sur la pièce du *Cid* de Corneille. Retrouvez les causes du blâme adressé à Corneille ainsi que les arguments de ses détracteurs.
- Sur le site de la Comédie Française, dans la rubrique consacrée à Molière – onglet « Combats » – lisez le compte-rendu des batailles menées par Molière et relevez la liste des griefs qui lui sont adressés.

PRÉPARER LE DEBAT

1. Quels sont les textes qui défendent la fonction morale du théâtre ? Quelle conception du théâtre expose chacun des auteurs ?
2. Quels sont ceux qui font le blâme du théâtre ? Que lui reprochent-ils exactement ?
3. Relevez les termes et expressions qui renvoient, explicitement ou implicitement, dans chacun des textes, au domaine de la morale.
4. Identifiez précisément les arguments auxquels chacun des auteurs fait appel.

DÉBATTRE ► Le théâtre doit-il avoir une fonction morale ?

5. Imaginez un débat entre un partisan et un opposant et choisissez des textes de la séquence 3 (**Héroïnes tragiques, héroïnes monstrueuses ► p. 180-197**) pour exemples.

Mise en jeu Constituez deux groupes. Engagez un débat portant sur la fonction morale du théâtre où chaque groupe soutient des arguments opposés. Chaque groupe devra s'appuyer sur les textes de ces deux pages et se référer à des exemples précis de pièces de théâtre.

CORPUS
VERS LE BAC

La scène d'aveu

Texte A • **Molière,** *Le Tartuffe*, III, 3 (1669)
Texte B • **Jean Racine,** *Phèdre*, II, 5 (1677)
Texte C • **Pierre Corneille,** *Le Menteur*, II, 5 (1643)

TEXTE A Molière, *Le Tartuffe,* III, 3 (1669)

Tartuffe, le faux dévot qu'Orgon a accueilli chez lui, fait une déclaration pour le moins surprenante à Elmire, qui n'est autre que l'épouse de son hôte.

[…] ELMIRE. – La déclaration est tout à fait galante,
Mais elle est, à vrai dire, un peu bien surprenante.
Vous deviez, ce me semble, armer mieux votre sein[1],
Et raisonner un peu sur un pareil dessein.
Un dévot comme vous, et que partout on nomme…
TARTUFFE. – Ah ! pour être dévot, je n'en suis pas moins homme ;
Et lorsqu'on vient à voir vos célestes appas,
Un cœur se laisse prendre, et ne raisonne pas.
Je sais qu'un tel discours de moi paraît étrange ;
Mais, Madame, après tout, je ne suis pas un ange ;
Et si vous condamnez l'aveu que je vous fais,
Vous devez vous en prendre à vos charmants attraits.
Dès que j'en vis briller la splendeur plus qu'humaine,
De mon intérieur vous fûtes souveraine ;
De vos regards divins l'ineffable douceur
Força la résistance où s'obstinait mon cœur ;
Elle surmonta tout, jeûnes, prières, larmes,
Et tourna tous mes vœux du côté de vos charmes.
Mes yeux et mes soupirs vous l'ont dit mille fois,
Et pour mieux m'expliquer j'emploie ici la voix.
Que si vous contemplez d'une âme un peu bénigne
Les tribulations de votre esclave indigne,
S'il faut que vos bontés veuillent me consoler
Et jusqu'à mon néant daignent se ravaler,
J'aurai toujours pour vous, ô suave merveille,
Une dévotion à nulle autre pareille.
Votre honneur avec moi ne court point de hasard,
Et n'a nulle disgrâce à craindre de ma part.
Tous ces galants de cour, dont les femmes sont folles,
Sont bruyants dans leurs faits et vains dans leurs paroles,
De leurs progrès sans cesse on les voit se targuer ;
Ils n'ont point de faveurs qu'ils n'aillent divulguer,
Et leur langue indiscrète, en qui l'on se confie,
Déshonore l'autel[2] où leur cœur sacrifie.
Mais les gens comme nous brûlent d'un feu discret,
Avec qui pour toujours on est sûr du secret :
Le soin que nous prenons de notre renommée
Répond de toute chose à la personne aimée,
Et c'est en nous qu'on trouve, acceptant notre cœur,
De l'amour sans scandale et du plaisir sans peur.
[…]

1. cœur.
2. emploi métaphorique pour désigner la femme aimée que l'on adore.

TEXTE B Racine, *Phèdre,* II, 5 (1677)

Phèdre est amoureuse de son beau-fils, Hippolyte. Croyant Thésée – son époux et le père du jeune homme – mort, elle ne peut réprimer sa parole et tente de faire entendre le cri de son cœur à l'objet de sa passion.

[…] **Phèdre.** – Oui, Prince, je languis, je brûle pour Thésée.
Je l'aime, non point tel que l'ont vu les enfers[1],
Volage adorateur de mille objets divers,
Qui va du dieu des morts déshonorer la couche,
Mais fidèle, mais fier, et même un peu farouche,
Charmant, jeune, traînant tous les cœurs après soi,
Tel qu'on dépeint nos dieux, ou tel que je vous vois.
Il avait votre port, vos yeux, votre langage,
Cette noble pudeur colorait son visage,
Lorsque de notre Crète il traversa les flots,
Digne sujet des vœux des filles de Minos[2].
Que faisiez-vous alors ? Pourquoi, sans Hippolyte,
Des héros de la Grèce assembla-t-il l'élite ?
Pourquoi, trop jeune encor, ne pûtes-vous alors
Entrer dans le vaisseau qui le mit sur nos bords ?
Par vous aurait péri le monstre de la Crète[3],
Malgré tous les détours de sa vaste retraite.
Pour en développer l'embarras incertain,
Ma sœur du fil fatal eût armé votre main.
Mais non, dans ce dessein, je l'aurais devancée.
L'amour m'en eût d'abord inspiré la pensée.
C'est moi, Prince, c'est moi, dont l'utile secours
Vous eût du Labyrinthe enseigné les détours.
Que de soins m'eût coûtés cette tête charmante !
Un fil n'eût point assez rassuré votre amante :
Compagne du péril qu'il vous fallait chercher,
Moi-même devant vous j'aurais voulu marcher,
Et Phèdre au Labyrinthe avec vous descendue
Se serait avec vous retrouvée ou perdue.

1. allusion à la descente aux Enfers de Thésée en vue d'aider Pirithoüs à enlever Proserpine, épouse de Pluton qui l'avait lui-même déjà enlevée.
2. Ariane et Phèdre.
3. le Minotaure.

TEXTE C Corneille, *Le Menteur,* II, 5 (1643)

Géronte, le père de Dorante, a pour projet de marier son fils à Clarice. Confronté à la volonté paternelle, Dorante est contraint de mentir et d'avouer un mariage qui n'est que pur produit de son imagination.

GÉRONTE. – Fais ce que je te dis.
DORANTE. – Mais il est impossible ?
GÉRONTE. – Impossible ! et comment ?
DORANTE. – Souffrez qu'aux yeux de tous
Pour obtenir pardon, j'embrasse vos genoux.
Je suis…
GÉRONTE. – Quoi ?
DORANTE. – Dans Poitiers…
GÉRONTE. – Parle donc, et te lève.
DORANTE. – Je suis donc marié, puisqu'il faut que j'achève.
GÉRONTE. – Sans mon consentement !
DORANTE. – On m'a violenté[1],
Vous ferez tout casser par votre autorité,
Mais nous fûmes tous deux forcés à l'Hyménée[2]
Par la fatalité la plus inopinée…
Ah, si vous le saviez.
GÉRONTE. – Dis, ne me cache rien.
DORANTE. – Elle est de fort bon lieu[3] ! mon père, et, pour son bien,
S'il n'est du tout[4] si grand que votre humeur souhaite…
GÉRONTE. – Sachons, à cela près, puisque c'est chose faite.
Elle se nomme ?
DORANTE. – Orphise, et son père, Armédon.
GÉRONTE. – Je n'ai jamais ouï ni l'un ni l'autre nom.
Mais poursuis.
DORANTE. – Je la vis presque à mon arrivée.
Une âme de rocher ne s'en fût pas sauvée,
Tant elle avait d'appas, et tant son œil vainqueur
Par une douce force assujettit mon cœur.
Je cherchai donc chez elle à faire connaissance,
Et les soins obligeants de ma persévérance
Surent plaire de sorte à cet objet charmant,
Que[5] j'en fus en six mois autant aimé qu'Amant.
[…]

1. on a exercé sur moi une contrainte.
2. mariage.
3. de bonne naissance.
4. pas exactement.
5. si bien que.

Sujet

I. Vous répondrez d'abord à la question suivante :

Comment l'aveu est-il présenté dans ces trois extraits ?

II. Vous traiterez ensuite, au choix, l'un des sujets suivants :

1. Commentaire

Vous ferez le commentaire du texte de *Phèdre* de Racine (texte B). Vous montrerez que cet aveu amoureux se fait de façon détournée et labyrinthique.

2. Dissertation

Pourquoi la scène d'aveu occupe-t-elle une place si importante au théâtre ? Montrez, en premier lieu, que la scène d'aveu, par la tension qui l'anime, constitue un élément fondamental de l'action dramatique. Dans un second temps, soulignez combien elle permet d'accéder à une meilleure connaissance des personnages. Démontrez enfin son rôle dans le déploiement du comique ou du tragique.

3. Écriture d'invention

Imaginez à votre tour une scène d'aveu. Elle devra prendre la forme d'un dialogue en prose jouant de toutes les ressources du langage dramatique pour susciter la tension et l'intérêt du spectateur.

Méthode — Analyser un corpus de textes

ÉTAPE 1 Analyser la question posée

- Repérez les mots-clés.
- Quel est le sens exact du terme « aveu » ?

ÉTAPE 2 Rechercher les éléments de réponse en relevant des citations

- De quelles façons les auteurs jouent-ils de la parole théâtrale, de la nature des répliques, pour développer l'aveu ? Quelles sont les ressemblances et différences entre les trois textes ?
- Dans quel texte la démarche vous apparaît-elle comme la plus singulière ?
- Quels sont les signes d'une maîtrise de l'art de la persuasion par chacun des personnages ?
- Montrez que cet art de la parole prend toute sa mesure quand il s'agit de justifier l'inavouable.

ÉTAPE 3 Construire un plan de réponse

- Des scènes d'aveu.
- Stratégies de l'aveu.
- Aveux et art de la parole.

ÉTAPE 4 Rédiger la réponse

CHAPITRE 3

La poésie du XIXe au XXe s. : du romantisme au surréalisme

►►► **Gustav Klimt,** *La Musique* (détail), 1895, huile sur toile (37 × 44 cm), Neue Pinakothek, Munich.

Frise chronologique (1800 – 1810 – 1820 – 1830 – 1840)

POLITIQUE — *Empire : Napoléon Ier* / *Restauration* / *Monarchie de Juillet*
- 1805 bataille d'Austerlitz
- 1807 bataille d'Eylau
- 1815 bataille de Waterloo
- 1830 Trois glorieuses

SOCIÉTÉ
- 1833 Lamartine élu député

CULTURE
- 1798 *L'Exorcisme ou Les Sorcières* de **Goya** (1746-1828)
- 1818 *Voyageur devant la mer [...]* de **Friedrich** (1774-1840)
- 1820 *Méditations poétiques* de **Lamartine** (1790-1869)
- 1830 *La Liberté guidant le peuple* de **Delacroix** (1798-1863)
- 1835-1837 *Les Nuits* de **Musset** (1810-1857)

L'EMPIRE : PÉRIODE DE CONQUÊTES ET D'HÉROÏSME

• Après avoir mené de glorieuses campagnes militaires (Italie en 1796, Égypte en 1798-1799) sous le Directoire (1795-1799) et dirigé la France pendant cinq ans sous le Consulat (1799-1804), Napoléon Bonaparte est sacré empereur en 1804. La France connaît sous l'**Empire** (1804-1815) une période de guerres et de conquêtes.

• Napoléon Ier s'inspire des empereurs romains et cultive sa gloire personnelle. Les artistes officiels immortalisent l'Empereur dans des situations et des postures héroïques : David peint *Le Sacre de Napoléon* (1805-1807), Ingres réalise son portrait officiel, Gros peint *Napoléon Ier sur le champ de bataille d'Eylau* (1808). Ces œuvres monumentales contribuent à forger la légende d'un Empereur à la stature presque divine.

• Affaibli par plusieurs défaites militaires face à la coalition menée par la Grande-Bretagne, Napoléon Ier abdique une première fois en 1814, mais regagne le pouvoir pour la période dite des Cent-Jours en 1815. La défaite de Waterloo l'oblige à abdiquer définitivement en juin 1815 et à s'exiler à Sainte-Hélène.

LA RESTAURATION : PÉRIODE DE DÉSENCHANTEMENT

• La monarchie est restaurée : Louis XVIII, frère de Louis XVI, monte sur le trône en 1815 ; son frère cadet Charles X lui succède en 1824. La **Restauration** s'accompagne d'un retour en grâce de la noblesse et d'un rétablissement du catholicisme comme religion d'État.

• Dans cette France de la Restauration, la jeunesse romantique ne trouve pas d'échos à son idéalisme et son aspiration à l'héroïsme. Le passé napoléonien devient source de nostalgie (Victor Hugo écrit le poème « Lui » à la gloire de Napoléon Ier dans *Les Orientales* en 1829) et le présent ne suscite que déception et cynisme chez ces jeunes gens désenchantés et mélancoliques que décrit Musset dans *La Confession d'un enfant du siècle* (1836) : « Alors il s'assit sur un monde en ruines une jeunesse soucieuse. Tous ces enfants étaient des gouttes d'un sang brûlant qui avait inondé la terre ; ils étaient nés au sein de la guerre, pour la guerre. [...] Ils avaient dans la tête tout un monde ; ils regardaient la terre, le ciel, les rues et les chemins ; tout cela était vide. »

• En juillet 1830, s'opposant à des lois violant la Constitution, étudiants, bourgeois et républicains se soulèvent à Paris. Après trois jours de révolte, baptisés les « **Trois glorieuses** » (► Dossier histoire des arts, p. 282), Charles X est renversé.

Jean-Auguste-Dominique Ingres, *Napoléon Ier sur le trône impérial*, 1806, huile sur toile (263 × 163 cm), musée de l'Armée, Paris.

Question

Comment Ingres confère-t-il autorité et majesté à ce portrait de Napoléon Ier ?

www.lienmini.fr/magnard-el2-016

• Sur le site L'Histoire par l'image, cherchez et lisez la notice sur le tableau d'Antoine-Jean Gros, *Napoléon Ier sur le champ de bataille d'Eylau*.

• En quoi le peintre propose-t-il une version de cet épisode historique à la gloire de Napoléon ?

1850	1860	1870	1880	1890	1900

IIe Rép. — *Second Empire* — *IIIe République*

- **1848** révolution de février
- **1851** coup d'État de Louis-Napoléon Bonaparte
- **1870** guerre contre la Prusse

- **1848** Hugo élu député
- **1848** abolition de l'esclavage
- **1850** loi sur l'instruction publique

- **1856** *Les Contemplations* de **Hugo** (1802-1885)
- **1857** *Les Fleurs du Mal* de **Baudelaire** (1821-1867)
- **1866** *Poèmes saturniens* de **Verlaine** (1844-1896)
- **1880** *L'Île des morts* de **Böcklin** (1827-1901)
- **1886** *Illuminations* de **Rimbaud** (1854-1891)

UN LONG COMBAT POUR LA RÉPUBLIQUE

• L'espoir de voir s'instaurer une République est vite déçu : Louis-Philippe d'Orléans est proclamé « roi des Français » dans le cadre d'une monarchie constitutionnelle, la « **Monarchie de Juillet** » (1830-1848). Mais ce « roi bourgeois » ne parvient pas à gagner la confiance des Français et légitimer son pouvoir. Les soulèvements populaires sont fréquents (Hugo, *Les Misérables* ► p. 282). Certains artistes et écrivains participent à la vie politique (Lamartine est élu député en 1833 ► p. 273) et se tournent vers les idées républicaines.

• La misère grandissante des classes populaires provoque la **Révolution de 1848** : la Seconde République est proclamée officiellement par Lamartine. Elle est dirigée par Louis-Napoléon Bonaparte, président de la République, et par une assemblée, à laquelle siège notamment Victor Hugo en tant que député. Celle-ci abolit partiellement la peine de mort, vote l'abolition de l'esclavage, rend l'école obligatoire dans le primaire (Hugo, *Discours sur l'enseignement* ► p. 284).

• En décembre 1851, Louis-Bonaparte fait un coup d'État, réprime la révolte parisienne dans le sang (Hugo, « Souvenir de la nuit du 4 » dans *Les Châtiments* ► p. 278) et instaure le **Second Empire**. S'opposant violemment à Napoléon III, Hugo, parmi d'autres, s'exile. Le régime autoritaire rétablit la censure et attaque certains artistes pour immoralité, tel Baudelaire pour *Les Fleurs du mal* en 1857.

• En 1870, la guerre contre la Prusse et la débâcle française entraînent la chute du Second Empire et permettent l'instauration de la République, cette fois de manière définitive.

Questions

1. Comment le peintre Philippoteaux attire-t-il l'attention sur le personnage de Lamartine ?
2. Que symbolise le drapeau tricolore ?
3. En quoi le premier plan dramatise-t-il la scène ?

Henri Félix Emmanuel Philippoteaux, *Lamartine devant l'Hôtel de Ville de Paris le 25 février 1848*, vers 1848, huile sur toile (63 × 27,5 cm), musée du Petit Palais, Paris.

LA RÉVOLUTION ROMANTIQUE

Benjamin Roubaud, *Grand chemin de la postérité*, 1842, gravure caricaturale.

La naissance du mouvement

• Dès le XVIIIe siècle, un retour à la sensibilité et à la nature se manifeste en littérature (**Diderot, Rousseau**). Cette tendance est confirmée par des écrivains allemands (**Goethe**) et anglais (**Keats, Byron**) ► Perspectives européennes, p. 268, et donne naissance à un mouvement littéraire et culturel de dimension européenne, qui prend vers 1820 le nom de « romantisme ». Le terme vient de l'adjectif « romantique », au sens de « qui relève du roman, de l'imagination ».

• En France, les écrivains romantiques (**Hugo, Lamartine, Vigny, Dumas, Gautier**, etc.) constituent autour de **Nodier** puis **Hugo** un salon littéraire très dynamique et créatif, le « cénacle ».

La liberté comme mot d'ordre

Contre le carcan classique (idéal de symétrie, régularité, mesure) qui prévaut jusqu'alors, les romantiques revendiquent la spontanéité et la liberté totale du créateur. Cette libération révolutionne la conception de la littérature et de la poésie :

– alors qu'il était jusque-là banni, le « moi » s'exprime librement et laisse sa sensibilité s'épancher ;

– le vers est libéré des règles strictes qui lui étaient imposées jusqu'alors ; **Hugo** réclame « un vers libre, franc, loyal » (préface de *Cromwell*, 1827) ;

– les genres classiques, définis de manière très rigide, sont abandonnés au profit de genres et formes plus libres : au théâtre, drame romantique qui associe comique et tragique, en poésie, formes médiévales et poèmes longs sans contraintes particulières ;

– le beau et le laid ne sont plus conçus comme contradictoires mais complémentaires, et le poète romantique associe « le sublime et le grotesque » (Hugo, préface de *Cromwell*, 1827).

Victor Hugo.

De la révolution à la consécration

• Véritable révolution littéraire, le romantisme se heurte à la violente opposition des partisans de l'esthétique classique, scandalisés par cette littérature qui ne respecte plus les règles académiques. Une querelle littéraire éclate et connaît son paroxysme avec la « bataille d'*Hernani* », à l'occasion des premières représentations du drame de Hugo.

• Le romantisme sort finalement victorieux de cette querelle, et acquiert définitivement ses lettres de noblesse avec l'élection de **Lamartine**, **Hugo** et plus tard **Musset** à l'Académie française.

LA MISSION DES ROMANTIQUES

• L'écrivain romantique se sent investi d'une mission sacrée : poète-prophète, il doit « préparer des jours meilleurs » et « faire flamboyer l'avenir » (Hugo, « Fonction du poète », 1840 ► p. 272). Il combat donc la misère sociale (Hugo, *Les Misérables*, 1862) et toutes les formes d'oppression ou d'injustice (Hugo lutte contre la peine de mort dans *Le Dernier Jour d'un condamné* ainsi que dans des poèmes, comme « L'Échafaud » ► p. 280).

• Cet engagement peut aller jusqu'à une véritable implication dans la vie politique française : **Chateaubriand** est nommé ministre sous la Restauration; **Lamartine** et **Hugo** sont élus députés (► Repères historiques, p. 246). Hugo prononce d'ailleurs à l'Assemblée des discours restés célèbres.

• Enfin, les romantiques n'hésitent pas à exprimer leur révolte contre le pouvoir établi : **Dumas** participe au soulèvement populaire des « Trois Glorieuses » en 1830 ; Hugo, ayant clamé son opposition à Napoléon III (*Les Châtiments*, 1853), est contraint à l'exil pendant plusieurs années.

Anne-Louis Girodet, *François-René, vicomte de Chateaubriand*, 1811, huile sur toile (130 × 96 cm), châteaux de Versailles et de Trianon, Versailles.

Question

Quelle image du poète romantique se dégage du portrait de Chateaubriand par Girodet ?

LES SOURCES D'INSPIRATION DES ROMANTIQUES

L'expression du « moi » intime

• Héritiers de **Rousseau**, les romantiques sont tournés vers leur « moi » intérieur, dont ils sondent les profondeurs et dont ils écoutent les états d'âme. Stendhal parle d'« égotisme » à propos de cette tendance. Le poète romantique recherche les moments de retour à soi et d'harmonie avec la nature.

• La poésie lyrique est le lieu privilégié de cet épanchement libre du « moi ». Le poète y exprime ses sentiments les plus intimes : amour, mélancolie, sentiment de communion avec la nature ou le divin.

• Le genre autobiographique permet aussi aux romantiques de rendre compte de leur vie intérieure, sentimentale notamment. Le roman autobiographique, transposition romancée de la vie de l'auteur, est en vogue : **Chateaubriand**, *René*, 1802 ; **Alfred de Musset**, *La Confession d'un enfant du siècle*, 1836.

Une prédilection pour l'exotisme et l'imaginaire

• En quête d'exotisme, les romantiques partent pour l'Orient (**Chateaubriand**, **Lamartine** publient leurs récits de voyage) ou se contentent d'en rêver de loin (sans jamais être allé en Orient, **Hugo** publie *Les Orientales* en 1829).

• Le passé médiéval, par son folklore et son imaginaire, fascine les romantiques et imprègne certaines de leurs œuvres (**Hugo**, *Notre-Dame de Paris*, 1831).

• Enfin, inspirés par le rêve et le surnaturel, ils publient des récits fantastiques parfois très noirs (**Gautier, Mérimée**), ainsi que des poèmes et récits évoquant les délires de l'imagination (**Gérard de Nerval**, *Aurélia*, 1855 ; Aloysius Bertrand, « Un rêve » ► p. 286).

www.lienmini.fr/magnard-el2-017

• Sur le site de la BnF, consultez l'exposition virtuelle sur Victor Hugo.

• Cherchez ce que symbolise l'océan dans son œuvre.

LES PRÉMICES DU ROMANTISME AU XVIIIe SIÈCLE

Dès le XVIIIe siècle, certains peintres annoncent le romantisme en représentant des scènes familiales pathétiques (Jean-Baptiste Greuze), des paysages de ruines (Hubert Robert) ou la nature sauvage et déchaînée (Claude-Joseph Vernet). Diderot loue dans ses *Salons* cette peinture qui touche la sensibilité et produit un effet grandiose.

LA PEINTURE ROMANTIQUE : LA COULEUR CONTRE LE DESSIN

• La peinture académique était dominée par l'« école du dessin » (perfection de la ligne, effet lisse de la toile), dont les néoclassiques du début du XIXe siècle restent les héritiers (**Jean-Dominique Ingres**, *La Grande Odalisque*, 1814).
• Le romantisme peut au contraire être qualifié d'« école de la couleur ». Les peintres romantiques recherchent en effet la spontanéité dans l'exécution et l'éclat des couleurs. Les coups de pinceau apparaissent sur la toile et les couches de peinture deviennent visibles, annonçant ainsi les techniques de la peinture impressionniste.
• **Eugène Delacroix** (1798-1863), figure de proue du romantisme pictural, est considéré comme le peintre coloriste par excellence : pour Baudelaire, son œuvre est « une véritable explosion de couleur ».

UN ART DU SUBLIME

• La peinture romantique vise le sublime, c'est-à-dire à un effet immédiat d'admiration et de saisissement chez le spectateur. C'est une peinture de la démesure, du grandiose : grands formats, effets de dramatisation (**Théodore Géricault**, *Le Radeau de La Méduse*, 1819), contrastes d'ombre et de lumière (**Girodet**, *Atala au tombeau*, 1808) donnent cette impression de sublime au spectateur.
• Les peintres romantiques trouvent leurs principales sources d'inspiration dans :
– la littérature (**Eugène Delacroix**, *Dante et Virgile aux enfers*, 1822) ;
– la nature sauvage et déserte (**Caspar David Friedrich**, *Voyageur au-dessus de la mer de nuages*, 1818) ;
– l'amour passionné et tragique (**Ary Scheffer**, *Paolo et Francesca*, 1835) ;
– l'Orient (**Eugène Delacroix**, *Femmes d'Alger dans leur appartement*, 1834) ;
– l'histoire contemporaine ;
– l'imaginaire et le rêve.

www.lienmini.fr/magnard-el2-018

• Sur le site du musée du Louvre, lisez le commentaire du tableau Atala au tombeau de Girodet.

• Pourquoi peut-on qualifier ce tableau de romantique ?

Eugène Delacroix, *Dante et Virgile aux enfers*, 1822, huile sur toile (189 × 246 cm), musée du Louvre, Paris.

Questions

1. Qui sont Dante et Virgile représentés par Delacroix ?
2. Comment le peintre donne-t-il une impression de mouvement tumultueux ?

BAUDELAIRE OU LA NAISSANCE DE LA MODERNITÉ

L'héritage des romantiques revisité

Baudelaire est l'héritier des romantiques (son recueil *Les Fleurs du mal* est dédié à Théophile Gautier) et partage avec eux certaines sources d'inspiration. Toutefois, son ambition consiste à « extraire la *beauté* du mal » (projet de préface aux *Fleurs du mal*) et les lieux communs romantiques prennent dans son œuvre une coloration très noire : la femme est ambiguë, la fuite du temps est source d'angoisse, la mélancolie prend la forme du Spleen (« Spleen IV », ► p. 295). De plus, il n'hésite pas à peindre le vice, l'érotisme, le penchant pour le mal. C'est pourquoi certains poèmes des *Fleurs du mal* sont censurés (les « Épaves »).

La modernité et l'annonce du symbolisme

Se revendiquant « peintre de la vie moderne », Baudelaire introduit la ville, sa foule et son rythme, dans la poésie. Du point de vue formel, il emprunte à Aloysius Bertrand (« Un rêve », ► p. 286) la forme du poème en prose, pour créer « une prose poétique, musicale sans rythme et sans rime » dans le recueil *Petits poèmes en prose* (1869). Sa théorie des « correspondances » annonce le symbolisme : pour lui, il existe des liens secrets entre les sensations et l'artiste doit chercher à les déchiffrer.

Émile Deroy, *Portrait de Charles Baudelaire,* 1844, huile sur toile (80 x 65 cm), musée du Château, Versailles.

www.lienmini.fr/magnard-el2-019

Sur le site du musée d'Orsay, regardez la vidéo sur les relations de Manet avec Baudelaire. Pourquoi Baudelaire aime-t-il la peinture de Manet ?

LE PARNASSE, LA DOCTRINE DE « L'ART POUR L'ART »

Le Parnasse est un groupe de poètes qui se constitue dans les années 1860 et subsiste environ jusqu'en 1880. Les parnassiens rejettent les excès du lyrisme romantique. **Gautier** initie ce mouvement avec sa doctrine de « l'art pour l'art » : pour lui, l'art ne doit pas être utile ou se prêter à l'expression du « moi » ; l'art est inutile et la poésie doit rechercher la beauté pour elle-même. La poésie parnassienne de **Leconte de Lisle** et **Hérédia** est souvent inspirée par l'Orient ou l'Antiquité ; elle privilégie les formes fixes contraignantes (sonnet) et l'alexandrin, le vers le plus noble ; elle est complexe et très travaillée.

LE SYMBOLISME

Le mot « symbolisme » est employé pour la première fois dans un article de 1886. Ce mouvement poétique, qui couvre les deux dernières décennies du XIXe siècle, se caractérise par la recherche du Beau idéal. Le symbolisme hérite de la théorie baudelairienne des « correspondances » : il a pour ambition de déceler le langage secret de la nature et de le traduire par des symboles et analogies. **Verlaine**, par l'importance qu'il accorde à la musicalité, et **Rimbaud**, par sa conception du « poète voyant » (► p. 301), sont des précurseurs de ce mouvement, dont le meilleur représentant reste cependant le poète **Mallarmé**.

Arnold Böcklin, *L'Île des morts*, 1880, huile sur toile (111 × 155 cm), Kunstmuseum, Berlin.

Questions

1. Comment le tableau de Böcklin crée-t-il une atmosphère inquiétante ?
2. Que symbolise cette île ?

Alphonse de Lamartine, *Méditations poétiques* (1820)

► Biographie p. 554

Julie, la bien-aimée du poète, est retenue à Paris par la maladie. Elle meurt quelque temps plus tard. Lamartine se retrouve donc seul sur les rives du lac du Bourget, en Savoie, où ils se sont aimés. Il exprime alors son émotion face au temps qui s'enfuit.

Le Lac

Ainsi, toujours poussés vers de nouveaux rivages,
Dans la nuit éternelle emportés sans retour,
Ne pourrons-nous jamais sur l'océan des âges
Jeter l'ancre un seul jour ?

Ô lac ! l'année à peine a fini sa carrière[1],
Et près des flots chéris qu'elle devait revoir,
Regarde ! je viens seul m'asseoir sur cette pierre
Où tu la vis s'asseoir !

Tu mugissais ainsi sous ces roches profondes,
Ainsi tu te brisais sur leurs flancs déchirés,
Ainsi le vent jetait l'écume de tes ondes
Sur ses pieds adorés.

Un soir, t'en souvient-il ? nous voguions en silence ;
On n'entendait au loin, sur l'onde et sous les cieux,
Que le bruit des rameurs qui frappaient en cadence
Tes flots harmonieux.

Tout à coup des accents inconnus à la terre
Du rivage charmé frappèrent les échos :
Le flot fut attentif, et la voix qui m'est chère
Laissa tomber ces mots :

« Ô temps ! suspends ton vol, et vous, heures propices !
Suspendez votre cours :
Laissez-nous savourer les rapides délices
Des plus beaux de nos jours !

« Assez de malheureux ici-bas vous implorent,
Coulez, coulez pour eux ;
Prenez avec leurs jours les soins[2] qui les dévorent,
Oubliez les heureux.

« Mais je demande en vain quelques moments encore,
Le temps m'échappe et fuit ;
Je dis à cette nuit : Sois plus lente ; et l'aurore
Va dissiper la nuit.

« Aimons donc, aimons donc ! de l'heure fugitive,
Hâtons-nous, jouissons !
L'homme n'a point de port, le temps n'a point de rive ;
Il coule, et nous passons ! » [...]

1. sa durée. – 2. les soucis.

►►► **Ary Scheffer**, *Homme debout dans un paysage* (détail), 1re moitié du XIXe siècle, aquarelle et gouache, Palais des Beaux-Arts, Lille.

Caspar David Friedrich, *Les Âges de la vie*, 1834, huile sur toile (72 × 94 cm), Museum der bildenden Künste, Leipzig (Allemagne).

Questions

Vers, strophes et rimes

Quels types de vers sont utilisés dans ce poème ? Quel effet Lamartine veut-il produire par leur alternance ?

« Le Lac » de Lamartine

1. En étudiant l'énonciation, montrez que le poème se divise en deux parties. Dans chacune d'elles, qui parle ? À qui ?
2. Par quels procédés (temps verbaux, types de phrases, musicalité) le poète exprime-t-il sa nostalgie dans la première partie ?
3. Analysez la thématique de l'eau comme métaphore du temps qui passe.

► Les figures de style, p. 466

4. Quels procédés traduisent la rapidité de la fuite du temps ?
5. Quel souhait la bien-aimée exprime-t-elle ? Comment ?

Lecture d'image

6. Quel sentiment ce tableau sucite-t-il ? Comment ?
7. Observez les personnages. En quoi représentent-ils les « âges de la vie » ?
8. Que peuvent symboliser les navires s'éloignant du rivage ?
9. Pourquoi ce tableau peut-il être rapproché du poème de Lamartine ?

Synthèse En vous appuyant sur les éléments d'étude précédents, expliquez, dans un paragraphe argumenté, pourquoi « Le Lac » peut être qualifié de poème lyrique.

► Les registres littéraires, p. 460

Vers le bac S'entraîner à la question sur le corpus

En vous appuyant sur les textes de Lamartine (► p. 252 et 256), Chateaubriand (► p. 257) et Hugo (► p. 258), vous étudierez les sentiments et les réflexions que la nature fait naître chez le poète romantique.

ÉCHO DE L'ANTIQUITÉ

Ovide, *Métamorphoses* (Ier siècle)

CONTEXTE

Les *Métamorphoses*, composées par le poète latin Ovide au Ier siècle après J.-C., sont un long poème de plus de 12 000 vers reprenant les principaux récits de la mythologie gréco-romaine, en particulier ceux qui relatent les métamorphoses des dieux, déesses ou mortels.

Antonio Canova, *Eurydice*, vers 1775, sculpture en marbre, musée Correr, Venise.

Orphée a épousé une nymphe, Eurydice.

Tandis que la nouvelle épouse, accompagnée d'une troupe de Naïades[1], se promenait au milieu des herbages, elle périt, blessée au talon par la dent d'un serpent. Lorsque le chantre du Rhodope[2] l'eut assez pleurée à la surface de la terre, il voulut explorer même le séjour des ombres ; il osa descendre par la porte du Ténare[3] jusqu'au Styx[4] ; passant au milieu des peuples légers et des fantômes qui ont reçu les honneurs de la sépulture, il aborda Perséphone et le maître du lugubre royaume, le souverain des ombres ; après avoir préludé en frappant les cordes de sa lyre il chanta ainsi : « [...] Par ces lieux pleins d'épouvante, par cet immense Chaos, par ce vaste et silencieux royaume, je vous en conjure, défaites la trame, trop tôt terminée, du destin d'Eurydice. [...] Si les destins me refusent cette faveur pour mon épouse, je suis résolu à ne point revenir sur mes pas ; réjouissez-vous de nous voir succomber tous les deux. »

Tandis qu'il exhalait ces plaintes, qu'il accompagnait en faisant vibrer les cordes, les ombres exsangues pleuraient ; [...] ni l'épouse du souverain, ni le dieu qui gouverne les enfers ne peuvent résister à une telle prière [...]. Orphée du Rhodope obtient qu'elle lui soit rendue, à la condition qu'il ne jettera pas les yeux derrière lui, avant d'être sorti des vallées de l'Averne[5] ; sinon la faveur sera sans effet. [...] Ils n'étaient pas loin d'atteindre la surface de la terre, ils

Antonio Canova, *Orphée*, vers 1775, sculpture en marbre, musée Correr, Venise.

1. nymphe des sources. – 2. périphrase désignant Orphée.
3. une des portes donnant accès aux enfers. – 4. fleuve des enfers. – 5. lac des enfers.

Charles-Paul Landon, *Les Regrets d'Orphée*, 1796, huile sur panneau (31 × 36 cm), musée des Beaux-Arts et de la dentelle, Alençon.

touchaient au bord, lorsque, craignant qu'Eurydice ne lui échappe et impatient de la voir, son amoureux époux tourne les yeux et aussitôt elle est entraînée en arrière; elle tend les bras, elle cherche son étreinte et veut l'étreindre elle-même; l'infortunée ne saisit que l'air impalpable. [...]

Orphée a recours aux prières; vainement il essaie de passer une seconde fois; le péager[6] le repousse; il n'en resta pas moins pendant sept jours assis sur la rive, négligeant sa personne et privé des dons de Cérès[7]; il n'eut d'autres aliments que son amour, sa douleur et ses larmes. [...]

Il y avait une colline sur laquelle s'étendait un plateau très découvert, tapissé d'un gazon verdoyant. Le site manquait d'ombre; lorsque le poète issu des dieux se fut assis en cet endroit, lorsqu'il y eut touché ses cordes sonores, il y vint des ombrages; l'arbre de Chaonie n'en fut plus absent, ni le bois des Héliades, ni le chêne au feuillage altier, ni le tilleul mou, ni le hêtre, ni le laurier virginal, ni le coudrier fragile. [...] Telle était la forêt qu'avait attirée le chantre divin, assis au milieu d'un cercle de bêtes sauvages et d'une multitude d'oiseaux.

Livre X, traduction de Georges Lafaye.

Gustave Moreau, *Orphée sur la tombe d'Eurydice*, 1891, huile sur toile (173 × 128 cm), musée Gustave Moreau, Paris.

6. il s'agit de Charon, qui fait traverser sur sa barque le fleuve des enfers, moyennant un péage.
7. déesse de l'agriculture et de la moisson.

Questions

1. Comment le poète insiste-t-il sur la douleur des deux amants séparés par la mort ?
2. D'après ce récit, quels pouvoirs les chants d'Orphée possèdent-ils ? Auprès de qui et de quoi ces pouvoirs s'exercent-ils ?
3. Quel instrument est associé au personnage d'Orphée ? Quel lien cet instrument entretient-il avec la poésie en général ?

Lecture d'images

4. Quel moment du récit l'artiste Canova représente-t-il ? Comment montre-t-il l'éloignement des personnages et la souffrance d'Orphée ?
5. Observez dans les tableaux de Landon et Moreau la posture d'Orphée et l'expression de son visage. Quel sentiment du personnage les deux artistes souhaitent-ils mettre en valeur ?
6. Comment le décor rappelle-t-il la perte qu'a subie Orphée ?
7. Lequel de ces deux tableaux illustre le mieux le mythe d'Orphée selon vous ? Pourquoi ?

Prolongements

- Cherchez dans quelles conditions est mort Orphée d'après la mythologie grecque.
- Comment sa mort est-elle représentée à travers les arts ? Cherchez quelques exemples d'œuvres.

Alphonse de Lamartine, *Méditations poétiques* (1820)

► Biographie p. 554

CONTEXTE

Les romantiques sont atteints de ce que l'on appelle le « mal du siècle », la mélancolie. Désenchantés, désœuvrés, conscients du temps qui passe irrémédiablement, ils peinent à trouver l'énergie de vivre et à regarder l'avenir avec espoir. Ce vague à l'âme s'exprime dans la poésie lyrique et élégiaque.

Écrit à Milly en 1819, ce poème souligne le déchirement du poète partagé entre la tristesse d'avoir perdu Elvire – nom poétique donné à la jeune Julie qu'il a aimée au bord du lac (► p. 252*), morte peu de temps auparavant – et l'envie de vivre et de goûter à nouveau le bonheur.*

L'Automne

Salut ! bois couronnés d'un reste de verdure !
Feuillages jaunissants sur les gazons épars[1] !
Salut, derniers beaux jours ! Le deuil de la nature
Convient à la douleur et plaît à mes regards !

Je suis d'un pas rêveur le sentier solitaire,
J'aime à revoir encor, pour la dernière fois,
Ce soleil pâlissant, dont la faible lumière
Perce à peine à mes pieds l'obscurité des bois !

Oui, dans ces jours d'automne où la nature expire,
À ses regards voilés, je trouve plus d'attraits.
C'est l'adieu d'un ami, c'est le dernier sourire
Des lèvres que la mort va fermer pour jamais !

Ainsi, prêt à quitter l'horizon de la vie,
Pleurant de mes longs jours l'espoir évanoui,
Je me retourne encore, et d'un regard d'envie
Je contemple ses biens dont je n'ai pas joui !

Terre, soleil, vallons, belle et douce nature,
Je vous dois une larme aux bords de mon tombeau ;
L'air est si parfumé ! la lumière est si pure !
Aux regards d'un mourant le soleil est si beau !

Je voudrais maintenant vider jusqu'à la lie[2]
Ce calice[3] mêlé de nectar et de fiel[4] !
Au fond de cette coupe où je buvais la vie,
Peut-être restait-il une goutte de miel ?

Peut-être l'avenir me gardait-il encore
Un retour de bonheur dont l'espoir est perdu ?
Peut-être dans la foule, une âme que j'ignore
Aurait compris mon âme, et m'aurait répondu ?…

La fleur tombe en livrant ses parfums au zéphyre[5] ;
À la vie, au soleil, ce sont là ses adieux ;
Moi, je meurs ; et mon âme, au moment qu'elle expire,
S'exhale comme un son triste et mélodieux.

1. l'adjectif « épars » se rapporte à « feuillages ». – 2. jusqu'au bout. – 3. coupe sacrée contenant le vin consacré par le prêtre lors de la messe. – 4. substance amère sécrétée par la vésicule, appelée aussi « bile ». – 5. vent léger et doux. L'orthographe « zéphyre » est une tolérance poétique permettant au mot de rimer avec « expire ».

TEXTE ÉCHO

François-René de Chateaubriand, *Mémoires d'outre-tombe* (1849-1850)

► Biographie p. 553

Je fus tiré de mes réflexions par le gazouillement d'une grive perchée sur la plus haute branche d'un bouleau. À l'instant, ce son magique fit reparaître à mes yeux le domaine paternel; j'oubliai les catastrophes dont je venais d'être le témoin, et, transporté subitement dans le passé, je revis ces campagnes où j'entendis si souvent siffler la grive. Quand je l'écoutais alors, j'étais triste de même qu'aujourd'hui; mais cette première tristesse était celle qui naît d'un désir vague de bonheur, lorsqu'on est sans expérience; la tristesse que j'éprouve actuellement vient de la connaissance des choses appréciées et jugées. Le chant de l'oiseau dans les bois de Combourg m'entretenait d'une félicité que je croyais atteindre; le même chant dans le parc de Montboissier me rappelait des jours perdus à la poursuite de cette félicité insaisissable. Je n'ai plus rien à apprendre, j'ai marché plus vite qu'un autre, et j'ai fait le tour de la vie. Les heures fuient et m'entraînent; je n'ai même pas la certitude de pouvoir achever ces *Mémoires*. Dans combien de lieux ai-je déjà commencé à les écrire, et dans quel lieu les finirai-je? Combien de temps me promènerai-je au bord des bois? Mettons à profit le peu d'instants qui me restent; hâtons-nous de peindre ma jeunesse, tandis que j'y touche encore: le navigateur, abandonnant pour jamais un rivage enchanté, écrit son journal à la vue de la terre qui s'éloigne et qui va bientôt disparaître.

Caspar David Friedrich, *L'Arbre aux corbeaux*, 1822, huile sur toile (59 x 73 cm), musée du Louvre, Paris.

Questions

Grammaire

« Aurait compris », « m'aurait répondu » (v. 28) : identifiez cette forme verbale (mode et temps). Quelle nuance apporte-t-elle ?

► Modes, temps et valeurs, p. 438

« L'Automne » de Lamartine

1. Que symbolise l'automne ? Comment cette saison est-elle décrite par le poète ?
2. Montrez que la nature est personnifiée dans ce poème. Pourquoi le poète se sent-il en communion avec elle ?
3. Comment le poète exprime-t-il à la fois sa mélancolie et son aspiration au bonheur ? Lequel de ces deux sentiments prédomine sur l'autre ?
4. Étudiez la métaphore de la strophe 6. Que représente le « calice » ? Pourquoi peut-on dire que la strophe 7 éclaire l'image de la strophe 6 ?

► Les figures de style, p. 466

5. Quels procédés du texte (champs lexicaux, ponctuation, effets de rythme) contribuent à son lyrisme ?

► Les registres littéraires, p. 460

Les *Mémoires* de Chateaubriand

6. Quel rôle la grive joue-t-elle dans la méditation de l'auteur ?
7. Quels éléments (sentiments, thèmes, décor) permettent de rapprocher ce texte de « L'Automne » de Lamartine ?

Synthèse Rédigez un paragraphe dans lequel vous montrerez que l'automne symbolise le déclin lié à la fuite du temps dans le poème de Lamartine.

Vers le bac S'entraîner au sujet d'invention

Dans un texte en prose, décrivez printemps, été ou hiver, en associant des sentiments personnels à la nature.

► Lire un sujet d'invention, p. 512

Victor Hugo,
Les Feuilles d'automne (1831)

► Biographie p. 554

⊕ CONTEXTE
Les romantiques trouvent dans la nature un écho de leurs émotions intérieures. Le spectacle de la nature en automne (► p. 256), des grands espaces et du soleil couchant leur inspire une profonde mélancolie et une méditation sur la fuite du temps.

« Soleils couchants » est l'unité xxxv du recueil Les Feuilles d'automne. *Cet ensemble comporte six poèmes autour du motif du soleil couchant. « Un mystère est au fond de leur grave beauté », écrit Victor Hugo. Ces six poèmes, dont voici le dernier, offrent à la fois une vision pittoresque du spectacle céleste et une réflexion au sujet de l'homme et de la vie.*

Soleils couchants

Le soleil s'est couché ce soir dans les nuées ;
Demain viendra l'orage, et le soir, et la nuit ;
Puis l'aube, et ses clartés de vapeurs obstruées ;
Puis les nuits, puis les jours, pas du temps qui s'enfuit !

Tous ces jours passeront ; ils passeront en foule
Sur la face des mers, sur la face des monts,
Sur les fleuves d'argent, sur les forêts où roule
Comme un hymne confus des morts que nous aimons.

Et la face des eaux, et le front des montagnes,
Ridés et non vieillis, et les bois toujours verts
S'iront rajeunissant ; le fleuve des campagnes
Prendra sans cesse aux monts le flot qu'il donne aux mers.

Mais moi, sous chaque jour courbant plus bas ma tête,
Je passe, et, refroidi sous ce soleil joyeux,
Je m'en irai bientôt, au milieu de la fête,
Sans que rien manque au monde, immense et radieux !

Avril 1829.

Victor Hugo, *Souvenir des Vosges, Bourg de Hugo, tête d'Aigle*, 1850, dessin au lavis (50 × 33 cm), musée Victor Hugo, Villequier.

TEXTE ÉCHO

Paul Verlaine, *Poèmes saturniens* (1866)

► Biographie p. 556

Soleils couchants

Une aube affaiblie
Verse par les champs
La mélancolie
Des soleils couchants.
La mélancolie
Berce de doux chants
Mon cœur qui s'oublie
Aux soleils couchants.
Et d'étranges rêves,
Comme des soleils
Couchants sur les grèves[1],
Fantômes vermeils,
Défilent sans trêves,
Défilent, pareils
À de grands soleils
Couchants sur les grèves.

1. rivage.

William Turner, *Le Coucher de soleil écarlate*, vers 1830-1840, aquarelle gouachée (13,4 × 18,9 cm), Tate collection, Londres.

Questions

Vocabulaire

Dans le poème de Victor Hugo, quel est le sens du mot « radieux » (v. 16) ? Cherchez dans un dictionnaire son étymologie et trouvez des mots de la même famille. Pourquoi cet adjectif convient-il particulièrement ici ?

« Soleils couchants » de Hugo

1. Par quels procédés, à la fois lexicaux, syntaxiques et rythmiques, Victor Hugo met-il en évidence la marche inexorable du temps qui passe ?
2. Comment expliquez-vous la présence de nombreux verbes au futur dans l'ensemble du poème de Hugo ?
► Modes, temps et valeurs, p. 438
3. Comment développe-t-il l'idée d'une nature éternelle ?
4. Quelle opposition majeure apparaît dans la quatrième strophe ? Comment cette opposition est-elle marquée ?
5. Quel sentiment Hugo exprime-t-il dans ce poème ? Quelle réflexion sur lui-même la fuite du temps lui inspire-t-elle ?

« Soleils couchants » de Verlaine

6. Montrez que l'évocation du soleil couchant se teinte de rêverie et de mélancolie dans ce poème.
7. Quels éléments contribuent à la musicalité de ce poème ?
► Vers, strophes et rimes, p. 484
8. En quoi le poème de Verlaine se distingue-t-il de la perception romantique du soleil couchant ?

Synthèse En reprenant l'analyse du texte de Victor Hugo, expliquez ce qui oppose l'homme et la nature dans leur rapport au temps.

Vers le bac S'entraîner à l'épreuve orale

Exercez-vous à la lecture à voix haute du poème de Hugo, en veillant à respecter le rythme de l'alexandrin, les liaisons, les « e » muets qui doivent être prononcés ainsi que la diérèse du vers 16.

Victor Hugo, « Pauca meæ » (1856) Œuvre intégrale

CONTEXTE
Le recueil *Les Contemplations* est divisé en deux grandes parties, qui s'articulent autour de la mort de Léopoldine, la fille aînée de Victor Hugo. « Autrefois, Aujourd'hui. Un abîme les sépare, le tombeau », écrit le poète. Toute l'expression de la douleur paternelle est concentrée dans « Pauca meæ », ces « quelques poèmes pour ma chère enfant ».

Dans la préface des Contemplations, *Victor Hugo expose le projet poétique sur lequel repose son œuvre. Bien que publié dans un temps troublé, celui du Second Empire, ce recueil est principalement lyrique et personnel, ce dont se justifie ici l'auteur.*

Préface

Qu'est-ce que *Les Contemplations*? C'est ce qu'on pourrait appeler, si le mot n'avait quelque prétention, *les Mémoires d'une âme*.

Ce sont, en effet, toutes les impressions, tous les souvenirs, toutes les réalités, tous les fantômes vagues, riants ou funèbres, que peut contenir une conscience, revenus et rappelés, rayon à rayon, soupir à soupir, et mêlés dans la même nuée sombre. C'est l'existence humaine sortant de l'énigme du berceau et aboutissant à l'énigme du cercueil; c'est un esprit qui marche de lueur en lueur en laissant derrière lui la jeunesse, l'amour, l'illusion, le combat, le désespoir, et qui s'arrête éperdu « au bord de l'infini ». Cela commence par un sourire, continue par un sanglot, et finit par un bruit du clairon de l'abîme.

Une destinée est écrite là jour à jour.

Est-ce donc la vie d'un homme? Oui, et la vie des autres hommes aussi. Nul de nous n'a l'honneur d'avoir une vie qui soit à lui. Ma vie est la vôtre, votre vie est la mienne, vous vivez ce que je vis; la destinée est une. Prenez donc ce miroir, et regardez-vous-y. On se plaint quelquefois des écrivains qui disent moi. Parlez-nous de nous, leur crie-t-on. Hélas! quand je vous parle de moi, je vous parle de vous. Comment ne le sentez-vous pas? Ah! insensé, qui crois que je ne suis pas toi!

Guernesey, mars 1856.

Questions

Étude d'ensemble
Procurez-vous les *Contemplations*.
- Observez les titres des six sous-parties et commentez la logique de cette succession.
- « Cela commence par un sourire, continue par un sanglot, et finit par un bruit du clairon de l'abîme » (l. 9-10). Recherchez dans l'œuvre trois poèmes qui vous semblent illustrer ces trois phases de la vie.

1. Montrez que ce texte vise à présenter l'œuvre au lecteur et à anticiper ses réactions ou questionnements.
2. Comment l'auteur affirme-t-il le caractère autobiographique de son œuvre?
3. Dans le 2e paragraphe, quelles expressions suggèrent néanmoins que ce recueil est à l'image de toute vie humaine?
4. Quel sens donnez-vous à la phrase « quand je vous parle de moi, je vous parle de vous » (l. 16-17)? Quelle portée donne-t-elle au lyrisme personnel?

Synthèse Montrez que cette préface justifie le caractère lyrique de l'œuvre.

Vers le bac **S'entraîner à la dissertation**
Victor Hugo écrit : « On se plaint quelquefois des écrivains qui disent moi. Parlez-nous de nous, leur crie-t-on. Hélas! quand je vous parle de moi, je vous parle de vous. » Justifiez l'idée défendue par Hugo dans un paragraphe de dissertation.

► Construire un paragraphe de dissertation, p. 540

« Pauca meæ »

Œuvre intégrale

► Biographie p. 554

⊕ CONTEXTE
En exil à Jersey, Victor Hugo souffre de vivre éloigné du lieu où sa fille est ensevelie. Il organise des séances de « tables tournantes » pour communiquer avec l'âme de sa fille et d'autres disparus. Les sciences occultes, qui passionnent les romantiques, le consolent partiellement de cette perte si douloureuse.

Le 4 septembre 1843, Léopoldine Hugo meurt noyée dans la Seine avec son fiancé. Cette date fatidique est marquée dans le livre par une page blanche et des points de suspension, soulignant la limite entre passé et présent. L'écrivain revit, dans le poème qui suit, le drame qui a fait basculer sa vie.

Victor Hugo, *Fracta Juventus* (détail), 1864, dessin à la gouache, lavis et plume (15 × 23 cm), musée Victor Hugo, Paris.

Pauca meæ, IV

Oh ! je fus comme fou dans le premier moment,
Hélas ! et je pleurai trois jours amèrement.
Vous tous à qui Dieu prit votre chère espérance,
Pères, mères, dont l'âme a souffert ma souffrance,
Tout ce que j'éprouvais, l'avez-vous éprouvé ?
Je voulais me briser le front sur le pavé ;
Puis je me révoltais, et, par moments, terrible,
Je fixais mes regards sur cette chose horrible,
Et je n'y croyais pas, et je m'écriais : Non !
– Est-ce que Dieu permet de ces malheurs sans nom
Qui font que dans le cœur le désespoir se lève ? –
Il me semblait que tout n'était qu'un affreux rêve,
Qu'elle ne pouvait pas m'avoir ainsi quitté,
Que je l'entendais rire en la chambre à côté,
Que c'était impossible enfin qu'elle fût morte,
Et que j'allais la voir entrer par cette porte !

Oh ! que de fois j'ai dit : Silence ! elle a parlé !
Tenez ! voici le bruit de sa main sur la clé !
Attendez ! elle vient ! laissez-moi, que j'écoute !
Car elle est quelque part dans la maison sans doute !

Jersey, Marine-Terrace, 4 septembre 1852.

Questions

La douleur d'un père

1. Par l'observation des repères temporels, montrez que l'auteur retranscrit les étapes successives de son deuil. Comment le chagrin paternel évolue-t-il ?

2. Quel passage du texte permet de dire que l'auteur établit une intimité avec le lecteur ? À quels indices l'avez-vous repéré ?
► L'énonciation, p. 455

3. De quelle manière l'auteur donne-t-il à son expérience personnelle une dimension universelle et intemporelle ?

Un poème élégiaque

4. Quels procédés expriment la plainte, la lamentation élégiaque dans ce poème ?
► Les registres littéraires, p. 460

5. Par l'étude de la versification et de la syntaxe, montrez que l'auteur confie sa souffrance avec beaucoup de spontanéité et de naturel.
► Vers, strophes et rimes, p. 484

6. L'auteur a séparé les quatre derniers vers de l'ensemble du poème : pourquoi ? Dans quel état la souffrance semble-t-elle plonger le poète ?

Synthèse En reprenant l'étude du poème, rédigez un paragraphe montrant comment le poème suggère l'évolution du désespoir de Victor Hugo.

Figures de style

« Cette chose horrible » (v. 8) : quelle figure de style le poète utilise-t-il pour désigner le drame qui l'a frappé ? Pourquoi ?

Victor Hugo, « Pauca meæ » Œuvre intégrale

CONTEXTE
Les premiers romantiques opèrent un retour à des valeurs féodales : la foi religieuse, la destinée héroïque ou le retour à la terre et au bonheur simple de la vie familiale. Le tableau idéalisé de l'unité familiale est un motif récurrent dans la poésie romantique, notamment chez Hugo (*L'Art d'être grand-père*, 1877).

La date d'écriture de ce poème montre l'importance accordée par Victor Hugo au culte du souvenir. Si le poème évoque le bonheur fécond d'un écrivain comblé par les joies familiales, la date d'écriture, elle, « jour des Morts », rappelle qu'il s'agit d'une invocation aux âmes disparues.

Pauca meæ, V

Elle avait pris ce pli dans son âge enfantin
De venir dans ma chambre un peu chaque matin ;
Je l'attendais ainsi qu'un rayon qu'on espère ;
Elle entrait et disait : « Bonjour, mon petit père » ;
Prenait ma plume, ouvrait mes livres, s'asseyait
Sur mon lit, dérangeait mes papiers, et riait,
Puis soudain s'en allait comme un oiseau qui passe.
Alors, je reprenais, la tête un peu moins lasse,
Mon œuvre interrompue, et, tout en écrivant,
Parmi mes manuscrits je rencontrais souvent
Quelque arabesque[1] folle et qu'elle avait tracée,
Et mainte page blanche entre ses mains froissée
Où, je ne sais comment, venaient mes plus doux vers.
Elle aimait Dieu, les fleurs, les astres, les prés verts,
Et c'était un esprit avant d'être une femme.
Son regard reflétait la clarté de son âme.
Elle me consultait sur tout à tous moments.
Oh ! que de soirs d'hiver radieux et charmants,
Passés à raisonner langue, histoire et grammaire,
Mes quatre enfants groupés sur mes genoux, leur mère
Tout près, quelques amis causant au coin du feu !
J'appelais cette vie être content de peu !
Et dire qu'elle est morte ! hélas ! que Dieu m'assiste !
Je n'étais jamais gai quand je la sentais triste ;
J'étais morne au milieu du bal le plus joyeux
Si j'avais, en partant, vu quelque ombre en ses yeux.

Novembre 1846, jour des Morts.

1. dessin aux contours sinueux.

Auguste de Châtillon, *Léopoldine Hugo* (détail), 1re moitié du XIXe siècle, huile sur toile (73 × 60 cm), musée Victor Hugo, Paris.

Questions

Le portrait d'une petite fille

1. Repérez et analysez l'accumulation de verbes d'action : que révèlent-ils sur le comportement de l'enfant ?
2. Relisez le vers 4 : qu'apporte au portrait de l'enfant cette brève phrase au discours direct ?
3. Identifiez et interprétez la figure de style du vers 7.
4. Quelles qualités de Léopoldine jeune fille l'auteur met-il en avant ?

L'autoportrait de l'écrivain

5. Comment Hugo exprime-t-il le lien entre son rôle de père et son travail d'écrivain ?
6. Analysez le tableau d'une famille heureuse dans les vers 18 à 22.
7. En quoi le vers 23 marque-t-il une rupture ? Qu'a-t-il de spontané ?

Synthèse En vous appuyant sur les indices du texte, rédigez un paragraphe dans lequel vous expliquerez pourquoi ce poème peut être qualifié d'autobiographique.

Grammaire

Quel temps verbal domine dans l'ensemble du poème ? Quelle est sa valeur ? Quel sentiment du poète exprime-t-il ?

► Modes, temps et valeurs, p. 438

« Pauca meæ » Œuvre intégrale

► Biographie p. 554

CONTEXTE
La poésie de deuil existe depuis l'Antiquité, sous la forme officielle et rhétorique de l'oraison funèbre (Bossuet), ou celle, plus plaintive, de la lamentation élégiaque, pour rendre hommage au défunt. Les poèmes de deuil composés par Hugo dans « Pauca meae » se distinguent de cette tradition par leur caractère intime, simple et spontané.

Cette courte pièce a été écrite le 4 octobre 1847, mais Victor Hugo inscrit la date du 3 septembre au bas du poème, signifiant ainsi sa volonté de vouer un véritable culte au souvenir de sa fille et de montrer l'importance que prend pour lui la date anniversaire de ce triste jour où elle est morte.

Pauca meæ, XIV

Demain, dès l'aube, à l'heure où blanchit la campagne,
Je partirai. Vois-tu, je sais que tu m'attends.
J'irai par la forêt, j'irai par la montagne.
Je ne puis demeurer loin de toi plus longtemps.

Je marcherai les yeux fixés sur mes pensées,
Sans rien voir au-dehors, sans entendre aucun bruit,
Seul, inconnu, le dos courbé, les mains croisées,
Triste, et le jour pour moi sera comme la nuit.

Je ne regarderai ni l'or du soir qui tombe,
Ni les voiles au loin descendant vers Harfleur[1],
Et, quand j'arriverai, je mettrai sur ta tombe
Un bouquet de houx vert et de bruyère en fleur.

3 septembre 1847.

1. ville de Normandie située à l'embouchure de la Seine.

Questions

Vers, strophes et rimes
Quel procédé notez-vous dans l'enchaînement des vers 1 et 2 ? Quel effet le poète souhaite-t-il produire ?

Un pèlerinage

1. Relevez les indices de lieu et les verbes de mouvement. Pourquoi peut-on parler d'un voyage ?
2. Relevez les repères temporels : combien de temps dure ce voyage ?
► Modes, temps et valeurs, p. 438
3. Quel est l'état d'esprit du poète ? Comment s'exprime-t-il ?
4. Vers quel but Victor Hugo marche-t-il ? À quel moment le découvre-t-on dans le texte ?

Un poème de deuil

5. Analysez l'énonciation. Qui parle à qui ?
► L'énonciation, p. 455
6. Quelles hypothèses peut-on faire concernant l'identité de « tu » et sa relation avec « je » ?
7. Observez la répétition des marques de 1re et 2e personnes. Que remarquez-vous ?
8. Comment l'auteur exprime-t-il sa tristesse ? Que symbolise le « bouquet de houx vert et de bruyère en fleur » que Victor Hugo dépose sur la tombe de sa fille ?

Synthèse Rédigez un paragraphe dans lequel vous expliquerez que ce poème s'appuie sur un effet de surprise dans la dernière strophe.

Vers le bac S'entraîner au commentaire

En vous appuyant sur la question 3, rédigez un paragraphe de commentaire dans lequel vous développerez l'idée que le poète exprime son désir de partir avec une grande détermination.

► Construire un paragraphe de commentaire, p. 529

Gérard de Nerval, *Odelettes* (1832)

► Biographie p. 555

CONTEXTE
Les romantiques adoptent souvent les formes poétiques anciennes comme la ballade, forme médiévale, et l'ode, héritée de l'Antiquité. L'ode, forme assez libre et musicale, se prête à l'expression d'un lyrisme spontané. En 1826, Hugo publie *Odes et Ballades*.

Le titre donné par Nerval à cet ensemble de poèmes suggère par son suffixe la légèreté de ces courtes odes, même si certaines d'entre elles laissent entrevoir la mélancolie profonde du poète.

Une allée du Luxembourg

Elle a passé, la jeune fille
Vive et preste comme un oiseau :
À la main une fleur qui brille,
À la bouche un refrain nouveau.

C'est peut-être la seule au monde
Dont le cœur au mien répondrait,
Qui venant dans ma nuit profonde
D'un seul regard l'éclaircirait !

Mais non, – ma jeunesse est finie…
Adieu, doux rayon qui m'as lui, –
Parfum, jeune fille, harmonie…
Le bonheur passait, – il a fui !

Ulisse Caputo, *Le Jardin du Luxembourg*, 1re moitié du XXe siècle, huile sur toile (73 × 60 cm), collection privée.

Questions

Une ode légère

1. Quelle anecdote ce poème relate-t-il ? Comment la forme du poème (types de strophes et de vers) traduit-elle la fugacité et la légèreté du moment évoqué ?
► Vers, strophes et rimes, p. 484
2. Dans la première strophe, comment la jeune fille est-elle décrite ? Quelle impression se dégage de ce court portrait ?
3. Montrez que cette apparition plonge le poète dans un état de rêverie. Quels procédés suggèrent que cette rêverie relève de l'impossible ?

Un poème mélancolique

4. Comment la dernière strophe fait-elle ressortir la tristesse du poète ?
5. Se plaint-il seulement de la disparition de cette jeune fille ?
6. Quel écho notez-vous entre le premier et le dernier vers ? Que peut-on en déduire quant à l'interprétation du poème ?

Synthèse Dans un paragraphe argumenté, vous montrerez que ce poème, malgré son apparente légèreté, révèle en fait la mélancolie profonde du poète.

Grammaire
Quel temps est employé dans la deuxième strophe ? Quelle est sa valeur et qu'exprime-t-il ici ?
► Modes, temps et valeurs, p. 438

Prolongement
Lisez le poème « À une passante » de Baudelaire, puis proposez quelques éléments de comparaison entre les deux textes.

Vers le bac S'entraîner au commentaire

Préparez le plan détaillé d'un axe de commentaire qui montrera que la jeune fille du poème symbolise la fuite du temps.
► Élaborer un plan détaillé, p. 525

Marceline Desbordes-Valmore, *Poésies* (1830)

► Biographie p. 553

CONTEXTE

Les romancières (Madame de Staël, George Sand ► p. 267) et les poétesses romantiques souffrent encore de préjugés, la femme étant reléguée au rang d'épouse et de mère. Ces écrivaines revendiquent ainsi leur statut d'auteures à part entière. Sand affirme : « Je crois les femmes aptes à toutes les sciences, à tous les arts et même à toutes les fonctions comme les hommes. »

Lorsque Marceline Desbordes-Valmore compose ce poème, elle est séparée de son amant Henri de Latouche parce qu'elle a dû s'installer en province avec son époux. Les deux amants continuent néanmoins à s'écrire.

Les Séparés

N'écris pas. Je suis triste, et je voudrais m'éteindre.
Les beaux étés sans toi, c'est la nuit sans flambeau.
J'ai refermé mes bras qui ne peuvent t'atteindre,
Et frapper à mon cœur, c'est frapper au tombeau.
N'écris pas !

N'écris pas. N'apprenons qu'à mourir à nous-mêmes.
Ne demande qu'à Dieu… qu'à toi, si je t'aimais !
Au fond de ton absence écouter que tu m'aimes,
C'est entendre le ciel sans y monter jamais.
N'écris pas !

N'écris pas. Je te crains ; j'ai peur de ma mémoire ;
Elle a gardé ta voix qui m'appelle souvent.
Ne montre pas l'eau vive à qui ne peut la boire.
Une chère écriture est un portrait vivant.
N'écris pas !

N'écris pas ces doux mots que je n'ose plus lire :
Il semble que ta voix les répand sur mon cœur ;
Que je les vois brûler à travers ton sourire ;
Il semble qu'un baiser les empreint sur mon cœur.
N'écris pas !

Questions

Vocabulaire

Que signifie le verbe « empreindre » au vers 19 ? Cherchez son étymologie et expliquez en quoi celle-ci est éclairante dans le contexte du poème.

1. À qui ce poème est-il adressé ? Comment le destinataire est-il rendu présent ?
► L'énonciation, p. 455
2. Pourquoi la poétesse répète-t-elle : « N'écris pas » ? Quel pouvoir les mots peuvent-ils avoir ?
3. Quels procédés (construction des phrases, vocabulaire, rimes, images) montrent que la poétesse laisse parler son cœur de manière spontanée dans ce poème ?
4. Comment l'amante exprime-t-elle sa souffrance et sa solitude ? Appuyez-vous sur une analyse précise.
5. Comment la poétesse donne-t-elle un caractère universel à cette supplique amoureuse ?
6. Quels procédés musicaux contribuent à la musicalité plaintive de ce poème ?

Synthèse Dans un paragraphe argumenté, vous montrerez que ce poème est lyrique.
► Les registres littéraires, p. 460

Prolongement

Écoutez la chanson de Julien Clerc adaptant ce poème. Comment met-il en valeur la tristesse qui s'en dégage ?

Vers le bac S'entraîner à l'écriture d'invention

Sous la forme d'une lettre en prose, écrivez la réponse que l'amant pourrait adresser à Marceline Desbordes-Valmore. ► Imiter un style, transposer un texte et le poursuivre, p. 516

TEXTE 10

Alfred de Musset, *Poésies posthumes* (1877-1882)

► Biographie p. 555

CONTEXTE
En 1833, Musset rencontre Aurore Dupin, qui a pris le pseudonyme de George Sand pour écrire. Ils deviennent amants peu après leur rencontre et vivent pendant deux ans une liaison passionnée et romanesque, faite de ruptures et de réconciliations successives. Ils se séparent définitivement en 1835.

Musset a écrit sept poèmes intitulés «À George Sand» qui ont contribué à immortaliser sa liaison avec celle qui fut sa maîtresse, sa confidente et sa muse.

À George Sand, I

Te voilà revenu, dans mes nuits étoilées,
Bel ange aux yeux d'azur, aux paupières voilées,
Amour, mon bien suprême, et que j'avais perdu !
J'ai cru, pendant trois ans[1], te vaincre et te maudire,
Et toi, les yeux en pleurs, avec ton doux sourire,
Au chevet de mon lit, te voilà revenu.

Eh bien, deux mots de toi m'ont fait le roi du monde,
Mets la main sur mon cœur, sa blessure est profonde ;
Élargis-la, bel ange, et qu'il en soit brisé !
Jamais amant aimé, mourant sur sa maîtresse,
N'a sur des yeux plus noirs bu la céleste ivresse,
Nul sur un plus beau front ne t'a jamais baisé !

*

À George Sand, VII

Porte ta vie ailleurs, ô toi qui fus ma vie ;
Verse ailleurs ce trésor que j'avais pour tout bien.
Va chercher d'autres lieux, toi qui fus ma patrie,
Va fleurir, ô soleil, ô ma belle chérie,
Fais riche un autre amour et souviens-toi du mien.

Laisse mon souvenir te suivre loin de France[2] ;
Qu'il parte sur ton cœur, pauvre bouquet fané,
Lorsque tu l'as cueilli, j'ai connu l'Espérance,
Je croyais au bonheur, et toute ma souffrance
Est de l'avoir perdu sans te l'avoir donné.

10 janvier 1835.

Alfred de Musset, *Portrait de George Sand*, 1893, dessin, collection Lovenjoul, Bibliothèque de l'Institut de France.

1. Musset fait allusion à une trahison amoureuse dont il a souffert pendant trois ans.
2. Sand séjourne alors en Italie.

Questions

À George Sand, I

1. Quels procédés traduisent l'enthousiasme de l'amour naissant ?
2. À qui le poète s'adresse-t-il ? À travers quelle figure de style ?
► Les figures de style, p.466
3. Comment ce poème rend-il compte de l'itinéraire sentimental du poète ?
4. Le poète craint-il l'amour ?
5. Quand et comment la femme aimée est-elle évoquée ?

À George Sand, VII

6. À qui le poète s'adresse-t-il cette fois ?
7. Quels procédés montrent que l'histoire d'amour est terminée ?
8. Quels souhaits l'amant malheureux formule-t-il après la rupture ?
9. Quels regrets exprime-t-il à la fin du poème ?

Synthèse Rédigez un paragraphe dans lequel vous montrerez que ces deux poèmes opposent la fièvre de la rencontre au désespoir de la séparation.

TEXTES ÉCHOS

George Sand, « Lettre à Alfred de Musset » (12 mai 1834)

Alors qu'ils sont séparés, Musset et Sand restent très liés, et continuent à s'écrire. Sand vit un nouvel amour, d'une nature très différente de celui qu'elle avait pour Musset.

Pour la première fois de ma vie, j'aime sans passion.

Tu n'es pas encore arrivé là, toi. Peut-être marcheras-tu en sens contraire, peut-être ton dernier amour sera-t-il le plus romanesque et le plus jeune. Mais ton cœur, mais ton bon cœur, ne le tue pas, je t'en prie. Qu'il se mette tout entier ou en partie dans toutes les amours de ta vie, mais qu'il y joue toujours son rôle noble, afin qu'un jour tu puisses regarder en arrière et dire comme moi, j'ai souffert souvent, je me suis trompé quelquefois mais j'ai aimé. C'est moi qui ai vécu et non pas un être factice[1] créé par mon orgueil et mon ennui.

Les Enfants du siècle, affiche du film de **Diane Kurys**, 1999.

1. faux, illusoire.

Alfred de Musset, *On ne badine pas avec l'amour* (1834)

Camille, craignant de souffrir, refuse l'amour de Perdican et préfère retourner vivre au couvent où elle a été éduquée.

PERDICAN. – Adieu, Camille, retourne à ton couvent, et lorsqu'on te fera de ces récits hideux qui t'ont empoisonnée[1], réponds ce que je vais te dire : Tous les hommes sont menteurs, inconstants, faux, bavards, hypocrites, orgueilleux et lâches, méprisables et sensuels ; toutes les femmes sont perfides[2], artificieuses, vaniteuses, curieuses et dépravées ; le monde n'est qu'un égout sans fond où les phoques les plus informes rampent et se tordent sur des montagnes de fange ; mais il y a au monde une chose sainte et sublime, c'est l'union de deux de ces êtres si imparfaits et si affreux. On est souvent trompé en amour, souvent blessé et souvent malheureux ; mais on aime, et quand on est sur le bord de sa tombe, on se retourne pour regarder en arrière, et on se dit : J'ai souffert souvent, je me suis trompé quelquefois ; mais j'ai aimé. C'est moi qui ai vécu, et non pas un être factice créé par mon orgueil et mon ennui.

Acte II, scène 5.

1. Perdican fait allusion aux récits de trahison amoureuse ou d'abandon que Camille a pu entendre au couvent.
2. déloyales.

Questions

1. Quels conseils George Sand donne-t-elle à Musset dans sa lettre ?
2. Montrez que cette lettre révèle l'affection maternelle de George Sand pour Musset.
3. Qu'emprunte Musset à cette lettre dans la tirade de Perdican ? Quelle place réserve-t-il à ces emprunts dans la tirade et pourquoi ?
4. Quels procédés traduisent le dégoût de Perdican pour l'humanité ?
5. À ses yeux, comment l'humanité peut-elle s'élever ?
6. D'après Sand et Musset (à travers la voix de Perdican), faut-il craindre la souffrance que l'amour peut causer ? Pourquoi ?

Prolongement

Pourquoi le film de Diane Kurys inspiré de la relation entre Musset et Sand s'intitule-t-il *Les Enfants du siècle* ?

PERSPECTIVES EUROPÉENNES

Goethe, *Faust* (1808)

Allemagne

CONTEXTE

Johann Wolfgang von Goethe (1749-1832) est un écrivain allemand, influencé très tôt par le *Sturm und Drang* qui met à l'honneur la sensibilité et la passion. Il écrit des poèmes, des pièces de théâtre dont *Faust* (entre 1773 et 1832), et des romans comme *Les Souffrances du jeune Werther* (1774).

Goethe reprend un mythe datant du XVIe siècle, celui de Faust, qui aurait vendu son âme au diable pour satisfaire ses désirs de jouissance et de connaissance. Ce long poème dramatique est divisé en scènes. Voici le moment où Faust se promène « devant la porte de la ville », avant sa rencontre avec le diable nommé Méphistophélès.

FAUST. – […] Regarde comme les toits entourés de verdure étincellent aux rayons du soleil couchant. Il se penche et s'éteint, le jour expire, mais il va porter autre part une nouvelle vie. Oh ! que n'ai-je des ailes pour m'élever de terre et m'élancer après lui, dans une clarté éternelle ! Je verrais à travers le crépuscule tout un monde silencieux se dérouler à mes pieds, je verrais toutes les hauteurs s'enflammer, toutes les vallées s'obscurcir, et les vagues argentées du fleuve se dorer en s'écoulant. La montagne et tous ses défilés ne pourraient plus arrêter mon essor divin. Déjà la mer avec ses gouffres enflammés se dévoile à mes yeux surpris. Cependant le dieu commence à s'éclipser ; mais un nouvel élan se réveille en mon âme, et je me hâte de m'abreuver encore de son éternelle lumière. Le jour est devant moi, derrière moi la nuit ; au-dessus de ma tête le ciel et les vagues à mes pieds…

Traduction de Gérard de Nerval, 1828.

Caspar David Friedrich, *Voyageur devant la mer de nuages*, 1818, huile sur toile (94,5 × 74,8 cm), Hamburger Kunsthalle, Hambourg.

Prolongements

- Préparez un exposé sur le personnage de Faust dans lequel vous présenterez la légende, accompagnée des œuvres picturales et musicales qui s'en inspirent.
- Faites des recherches sur le *Sturm und Drang* : quels écrivains sont représentatifs de ce courant ? Pourquoi l'avoir baptisé ainsi ? Quelles sont ses aspirations ?

Questions

1. Quelles perceptions sensorielles sont sollicitées dans ce texte pour décrire le coucher de soleil ? Quelle impression se dégage de ce décor ?
2. Montrez que le regard du personnage suit un mouvement ascendant. Dans cette élévation, quelle est la part du réel et de l'imaginaire ?
3. Faust a soif de connaissance : quels procédés le montrent ? Observez la dernière phrase. Quelle place se donne-t-il dans l'univers ?
4. Quand et par qui ce texte a-t-il été traduit ? En quoi cela montre-t-il l'influence du romantisme allemand en France ?

John Keats, *Poèmes et poésies* (1820)

Angleterre

CONTEXTE

John Keats (1795-1821) fréquente le cercle des poètes romantiques anglais. Son premier recueil paraît en 1817. Il publie ensuite des poèmes narratifs, *Endymion* (1818), *Hypérion* (1820), de nombreuses odes et ballades (1820). Il meurt de la tuberculose avant d'avoir trouvé la gloire.

Le sentiment romantique du temps et de la mort prend un relief particulier si l'on considère la brièveté de la vie de John Keats. Il meurt un an après la publication de ses poèmes, à l'âge de vingt-six ans. Il avait prévu comme inscription sur sa tombe : « Ici repose un homme dont le nom était écrit sur de l'eau ».

Quand je crains de cesser d'être
Avant que ma plume ait glané mon fertile cerveau,
Avant qu'une pile élevée de livres, dans leurs caractères imprimés,
Renferme, comme de pleins greniers, une moisson bien mûre ;
Quand j'étudie sur la face étoilée de la nuit,
Les vastes symboles nuageux d'un haut poème,
Et sens que je ne vivrai jamais pour retracer
Leurs ombres, avec la main magique de la chance ;
Et quand je sens, exquise créature d'une heure !
Que je ne te verrai jamais plus devant moi,
Que je ne savourerai plus l'enchanteur pouvoir
De l'inconscient amour ! alors sur la grève
Du vaste monde, je me tiens seul, et je médite,
Jusqu'à ce qu'Amour et Gloire plongent dans le néant.

Traduction de Paul Gallimard.

Questions

1. Quelle métaphore filée (v. 1 à 4) le poète utilise-t-il pour évoquer la création poétique ? Quelle est sa connotation ?
2. Où le poète cherche-t-il son inspiration ? Comment lui vient-elle ?
3. Par quels termes et quelles expressions le poète caractérise-t-il le sentiment amoureux ? Quel est le point commun entre la création poétique et la rencontre amoureuse ?
4. Étudiez les temps des verbes et les adverbes de temps. Que révèlent-ils sur l'état d'âme du poète ?

► Modes, temps et valeurs, p. 438

Bright star, affiche du film de **Jane Campion**, 2010.

Lecture d'image

Le film *Bright Star* de Jane Campion s'inspire de la relation amoureuse secrète entre John Keats et une jeune voisine. En quoi l'affiche annonce-t-elle le caractère romantique du film ?

VOCABULAIRE LE TEMPS

1 POLYSÉMIE

Expliquez les expressions suivantes, ou reformulez-les de façon à mettre en évidence les différentes nuances de sens du mot « temps ».

a. en ce temps-là
b. en temps utile
c. le temps des cerises
d. prendre du bon temps
e. une valse à trois temps
f. après la pluie le beau temps

2 ÉTYMOLOGIE

De nombreux mots viennent du grec *chronos* qui signifie « le temps ». Associez chaque terme à sa définition.

A. chronique (1er sens)
B. chronique (2e sens)
C. chronique (3e sens)
D. chronologie
E. chronomètre
F. synchroniser
G. anachronique

1. Faire en sorte que deux faits se déroulent en même temps.
2. Qui est en décalage par rapport à une époque donnée.
3. Qui ne cesse jamais.
4. Instrument permettant de mesurer le temps avec précision.
5. Récit de faits historiques au jour le jour.
6. Datation des événements dans leur succession.
7. Article de journal consacré à un sujet particulier.

3 EMPLOIS

Recopiez les phrases suivantes en remplaçant les expressions en italique par des mots choisis dans l'exercice 2.

a. Les lecteurs, qui se passionnent pour *l'article* sur la politique d'un grand journaliste, achètent le journal tous les jours.
b. La présence d'un téléphone dans un film dont le scénario se déroule sous Louis XIV est *totalement déplacée par rapport à l'époque dont il est question.*
c. Le commandement est chargé de *combiner, pour qu'elles se déroulent en même temps*, toutes les opérations.
d. En histoire, il est utile de connaître *les dates des événements qui se sont succédé.*
e. Jean est toujours enrhumé, chez lui c'est une maladie *qui ne s'arrête jamais.*
f. Cet auteur a écrit *le récit des événements quotidiens* du règne de Louis XIV.

4 ENTRE ADJECTIF ET NOM

a. **Indiquez le nom correspondant aux adjectifs suivants.**
lent – long – rapide – bref – précipité – éternel – cadencé – successif – alternatif – répétitif – prompt – brusque
b. **Indiquez l'adjectif formé sur les noms suivants.**
hâte – siècle – cycle – nuit – jour – matin – printemps – été – automne – hiver – Moyen Âge – instant – heure – fin – dimanche

5 LE BON VIEUX TEMPS

Classez ces mots dans un ordre croissant.
immémorial – récent – passé – antédiluvien – ancien – antique

6 FAMILLE DE MOTS

Complétez les phrases suivantes avec des mots de la famille de *temps*.

a. Les repères t... permettent de suivre le déroulement d'un récit.
b. Le directeur a préféré t... c'est-à-dire attendre un moment plus favorable, plutôt que de prendre une décision trop rapide.
c. Les intérimaires occupent une fonction t....
d. Rousseau et Voltaire sont des auteurs c....
e. Les œuvres des grands auteurs classiques sont i....

7 DEVINETTES

a. Quels sont ces instruments qui mesurent le temps avec de l'eau ? Avec du sable ? Avec l'ombre d'un bâton projetée par le soleil sur un plan où sont indiquées les heures ?
b. En musique, il faut respecter la mesure et le tempo. Quel est cet instrument à balancier qui sert à marquer la mesure ?
c. Quel est le sens de ces mots qui servent à qualifier le tempo d'une partition : *allegro, adagio, moderato, presto* ?
d. Le mot « calendrier » vient du mot latin *calendes*. Savez-vous ce qu'étaient les *calendes* pour les Romains ?
e. Le mot « jour » en latin se dit *dies* et a donné la racine -di. Que signifient les mots *lundi, mardi, mercredi, jeudi, vendredi, samedi, dimanche* ? Que signifie l'expression *sine die* ?

EXPRESSION ÉCRITE

Sujet 1

« Autres temps, autres mœurs. » Imaginez un court récit qui illustre ce proverbe.

Sujet 2

Faites des recherches sur le Titan Kronos qui a été assimilé au dieu primordial Chronos. Résumez brièvement la légende de Kronos.

SYNTHÈSE L'EXPRESSION DES SENTIMENTS DANS LA POÉSIE ROMANTIQUE

Livrer au grand jour son moi intime, épancher sans retenue ses sentiments : une liberté qui ne va pas de soi et qui a longtemps été contraire aux bienséances. « Le moi est haïssable », affirmait le philosophe Pascal dans ses Pensées *(1671).*

1 L'ÉMERGENCE DU MOI SENSIBLE

Les élans du cœur

Dans le chaos de la Révolution puis des guerres napoléoniennes, émerge en France toute une génération de jeunes gens exaltés, à la fois passionnés et tourmentés, qui trouvent dans la poésie le moyen d'exprimer librement leurs émotions. Le poète romantique donne la parole à son « moi ». Lointains héritiers du poète Orphée de la mythologie grecque, les romantiques font vibrer leur « lyre intérieure » et en font jaillir des chants mélancoliques.

Le « je » reflet du monde

Cette poésie du « moi » n'exclut pas pour autant les autres. Le lecteur est perçu comme un *alter ego*, invité à se reconnaître dans les émotions intimes exprimées par le poète : la tristesse comme la joie, la douleur du deuil ou le bonheur de l'amour sont autant de sentiments universels. C'est pourquoi Victor Hugo affirme : « Quand je vous parle de moi, je vous parle de vous » (Hugo, Préface des *Contemplations* ► p. 260).

2 LES THÈMES PRIVILÉGIÉS DE L'EXPRESSION DE SOI

La nature et la fuite du temps

Si la nature est, pour le poète, un refuge et une confidente (Lamartine, « Le Lac » ► p. 252), elle lui rappelle aussi qu'il est mortel. Il s'afflige sur la brièveté de son passage sur terre (Hugo, « Soleils couchants » ► p. 258) et se réfugie dans le culte du passé. Le poète voit dans la nature le reflet de son âme : tempêtes et orages soufflent à l'unisson de l'âme romantique révoltée, les couleurs automnales ravivent sa nostalgie intérieure (Lamartine, « L'Automne » ► p. 256).

La souffrance sublimée

La poésie romantique favorise l'expression de toutes les émotions : destin tragique, douleur d'un père en deuil (Hugo, « Oh ! je fus comme fou… » ► p. 261), solitude et mélancolie sont au cœur du lyrisme romantique. La souffrance est néanmoins sublimée par le chant poétique qu'elle fait naître : Musset écrit dans « La Nuit de mai » : « Les plus désespérés sont les chants les plus beaux » (► p. 324).

La passion amoureuse

Le sentiment amoureux est l'un des sujets majeurs de la poésie romantique. Des premiers émois de la rencontre (Nerval, « Une allée du Luxembourg » ► p. 264, Musset « À George Sand, I » ► p. 266), à la souffrance de la séparation (Desbordes-Valmore, « Les Séparés » ► p. 265, Musset « À George Sand, VII » ► p. 266), tous les stades de la passion amoureuse sont évoqués par les poètes romantiques qui sacralisent ce sentiment divin (Musset, *On ne badine pas avec l'amour* ► p. 267).

3 UNE POÉSIE LYRIQUE ET ÉLÉGIAQUE

Pour concilier élans du cœur et écriture poétique, le poète romantique met en œuvre les procédés du lyrisme et de l'élégie propices à l'expression de ses soupirs (interjections, exclamations, interrogations oratoires), de ses enthousiasmes (anaphores, accumulations) et de ses chagrins (lexique de la souffrance). La musicalité participe aussi du lyrisme poétique : le vers épouse les modulations de l'âme et traduit la plainte intérieure.

TEXTE 1

Victor Hugo, *Les Rayons et les ombres* (1840)

► Biographie p. 554

Les troubles politiques en France à partir de 1830 amènent certains romantiques à se détourner du lyrisme personnel pour s'engager. Hugo, chef de file des romantiques, est l'un des premiers à affirmer la nécessité pour le poète d'œuvrer pour une société meilleure. ► Repères historiques, p. 246

Fonction du poète

Dieu le veut, dans les temps contraires,
Chacun travaille et chacun sert.
Malheur à qui dit à ses frères :
Je retourne dans le désert ! [1]
Malheur à qui prend des sandales
Quand les haines et les scandales
Tourmentent le peuple agité ;
Honte au penseur qui se mutile
Et s'en va, chanteur inutile,
Par la porte de la cité !

Le poète en des jours impies[2]
Vient préparer des jours meilleurs.
Il est l'homme des utopies ;
Les pieds ici, les yeux ailleurs.
C'est lui qui sur toutes les têtes,
En tout temps, pareil aux prophètes,
Dans sa main, où tout peut tenir,
Doit, qu'on l'insulte ou qu'on le loue,
Comme une torche qu'il secoue,
Faire flamboyer l'avenir !

1. référence aux prophètes des religions monothéistes qui ont reçu la parole divine dans le désert avant de la diffuser aux hommes.
2. sacrilèges, opposés à la religion.

Questions

1. Que reproche Hugo à certains poètes dans la 1re strophe ? Comment exprime-t-il son indignation ?
2. Quelles expressions et quels procédés donnent au poète une mission d'ordre sacré ?
3. En quoi consiste cette mission pour Hugo ?
4. Quels procédés montrent la supériorité du poète dans la 2e strophe ?
5. Analysez et commentez les images des vers 19-20. ► Les figures de style, p. 466

Synthèse Dans un paragraphe argumenté, vous résumerez la fonction du poète telle que la définit Hugo dans ce poème.

Vers le bac **S'entraîner au commentaire**

Rédigez un paragraphe de commentaire montrant que le poète est associé à un prophète par Hugo.

► Construire un paragraphe de commentaire, p. 529

►►► L'écrivain **Victor Hugo** prononçant son discours à l'occasion du centenaire de la mort de Voltaire le 30 mai 1878, gravure parue dans *Le Monde illustré* (détail), 8 juin 1878.

TEXTE ÉCHO

Lamartine, *Odes politiques* (1840)

► Biographie p. 554

Dans ce poème écrit en 1831, Lamartine répond à une attaque publiée contre lui dans La Némésis. *On lui reprochait de se mêler de politique et d'avoir présenté sa candidature à l'élection des députés, ce qui semblait incompatible avec le rôle du poète.*

À Némésis

Honte à qui peut chanter pendant que Rome brûle,
S'il n'a l'âme et la lyre et les yeux de Néron[1],
Pendant que l'incendie en fleuve ardent circule
Des temples aux palais, du Cirque au Panthéon[2] !
Honte à qui peut chanter pendant que chaque femme
Sur le front de ses fils voit la mort ondoyer,
Que chaque citoyen regarde si la flamme
Dévore déjà son foyer !

Honte à qui peut chanter pendant que les sicaires[3]
En secouant leur torche aiguisent leurs poignards,
Jettent les dieux proscrits[4] aux rires populaires,
Ou traînent aux égouts les bustes des Césars !
C'est l'heure de combattre avec l'arme qui reste ;
C'est l'heure de monter au rostre[5] ensanglanté,
Et de défendre au moins de la voix et du geste
Rome, les dieux, la liberté !

1. l'empereur Néron est soupçonné d'être responsable de l'incendie de Rome qui détruisit une partie de la ville et fut très meurtrier.
2. édifices romains.
3. tueurs à gages.
4. bannis.
5. tribune à Rome.

Questions

1. Quels termes renvoient au lyrisme poétique dans ce poème ?
2. Par quels procédés Lamartine le rejette-t-il ?
3. Quelle attitude lui oppose-t-il dans les derniers vers de l'extrait ?
4. Montrez que la référence à l'incendie de Rome permet à Lamartine d'évoquer les divers périls pouvant menacer la nation.
5. Quels procédés montrent que ce poème constitue une réponse indignée du poète aux attaques qu'il a subies ?
► Les registres littéraires, p. 460
6. Lamartine partage-t-il avec Hugo la même conception de la fonction du poète ?

Synthèse Montrez que, si Hugo et Lamartine confient un rôle au poète dans la société, le poème de Hugo va néanmoins plus loin en faisant de lui un prophète.

Victor Hugo, *Les Contemplations* (1856)

► Biographie p. 554

CONTEXTE
Au XIXe siècle, beaucoup d'enfants de familles pauvres travaillent dans les usines et les mines pour des salaires très faibles et dans des conditions terribles (journées très longues, manque d'hygiène). En 1841, une loi interdit d'employer les enfants de moins de 8 ans en France, âge qui sera très progressivement repoussé (14 ans depuis 1973).

Dans ses romans et sa poésie, Hugo dénonce la misère des enfants et affirme l'importance capitale de l'éducation, condition du progrès social à ses yeux.

Melancholia

Où vont tous ces enfants dont pas un seul ne rit ?
Ces doux êtres pensifs que la fièvre maigrit ?
Ces filles de huit ans qu'on voit cheminer seules ?
Ils s'en vont travailler quinze heures sous des meules[1] ;
Ils vont, de l'aube au soir, faire éternellement
Dans la même prison le même mouvement.
Accroupis sous les dents d'une machine sombre,
Monstre hideux qui mâche on ne sait quoi dans l'ombre,
Innocents dans un bagne, anges dans un enfer,
Ils travaillent. Tout est d'airain[2], tout est de fer.
Jamais on ne s'arrête et jamais on ne joue.
Aussi quelle pâleur ! la cendre est sur leur joue.
Il fait à peine jour, ils sont déjà bien las.
Ils ne comprennent rien à leur destin, hélas !
Ils semblent dire à Dieu : « Petits comme nous sommes,
Notre père, voyez ce que nous font les hommes ! »
Ô servitude infâme imposée à l'enfant !
Rachitisme[3] ! travail dont le souffle étouffant
Défait ce qu'a fait Dieu ; qui tue, œuvre insensée,
La beauté sur les fronts, dans les cœurs la pensée,
Et qui ferait – c'est là son fruit le plus certain –
D'Apollon[4] un bossu, de Voltaire[5] un crétin !
Travail mauvais qui prend l'âge tendre en sa serre[6],
Qui produit la richesse en créant la misère,
Qui se sert d'un enfant ainsi que d'un outil !
Progrès dont on demande : « Où va-t-il ? Que veut-il ? »
Qui brise la jeunesse en fleur ! qui donne, en somme,
Une âme à la machine et la retire à l'homme !

1. cylindre que l'on tourne pour broyer ou écraser.
2. alliage de métaux.
3. maladie des jeunes enfants liée à des carences alimentaires et solaires.
4. dieu grec de la beauté.
5. philosophe français, incarnant ici l'intelligence.
6. griffe de rapace.

Victor Hugo, *Gavroche rêveur* (détail), vers 1860, technique mixte sur papier, maison de Victor Hugo, Paris.

Questions

Figures de style

Quelle figure de style est employée au vers 9 ? Comment la structure du vers la souligne-t-elle ?

Un texte pathétique

1. Quelles informations Hugo fournit-il sur le travail des enfants à son époque ? Comment décrit-il leur univers quotidien ?
2. Quelle figure de style est employée aux vers 7-8 ? Qu'exprime-t-elle ?
3. Montrez que Hugo inspire au lecteur de la compassion à l'égard des enfants.

► Les figures de style, p. 466

Une violente dénonciation

4. Quels procédés polémiques Hugo utilise-t-il pour exprimer sa colère à partir du vers 17 ?
5. Montrez que le travail est personnifié des vers 18 à 25. À quoi est-il associé ?
6. Quelle réflexion sur le travail et le progrès Hugo propose-t-il ?

Synthèse Dans un paragraphe argumenté, vous montrerez la force de la dénonciation dans ce poème.

TEXTE ÉCHO

Arthur Rimbaud, *Poésies* (1870-1871)

► Biographie p. 555

Rimbaud est un jeune poète en révolte contre la société et contre toute forme d'autorité. S'il défend la cause des misérables, notamment des enfants, c'est toujours avec une certaine ironie à l'égard de la soumission naïve.

Les Effarés[1]

Noirs dans la neige et dans la brume,
Au grand soupirail[2] qui s'allume,
Leurs culs en rond,

À genoux, cinq petits, – misère ! –
Regardent le boulanger faire
Le lourd pain blond… […]

Ils sont blottis, pas un ne bouge,
Au souffle du soupirail rouge,
Chaud comme un sein.

Et quand, pendant que minuit sonne,
Façonné, pétillant et jaune,
On sort le pain,

Quand, sous les poutres enfumées,
Chantent les croûtes parfumées,
Et les grillons,

Quand ce trou chaud souffle la vie
Ils ont leur âme si ravie
Sous leurs haillons,

Ils se ressentent si bien vivre,
Les pauvres petits pleins de givre !
– Qu'ils sont là, tous,

Collant leurs petits museaux roses
Au grillage, chantant des choses,
Entre les trous,

Mais bien bas, – comme une prière…
Repliés vers cette lumière
Du ciel rouvert,

– Si fort, qu'ils crèvent leur culotte[3],
– Et que leur lange blanc tremblote
Au vent d'hiver…

20 septembre 1870.

1. qui expriment un étonnement mêlé d'effroi.
2. petite fenêtre située au niveau du trottoir.
3. pantalon.

Questions

1. Comment Rimbaud montre-t-il la misère et la détresse de ces enfants ? En quoi le vocabulaire choisi y contribue-t-il ?
2. Comment souligne-t-il le contraste entre l'extérieur et l'intérieur ?
3. Que symbolisent le four chaud et le pain cuit pour ces enfants ?
4. Observez la syntaxe des vers 10 à 30. Comment Rimbaud fait-il attendre la fin de poème ? En quoi cette fin constitue-t-elle une chute brutale ?
5. Comment le poète manifeste-t-il à la fois sa compassion et sa révolte dans l'ensemble du poème ?

Synthèse Montrez dans un paragraphe rédigé que Rimbaud se révolte contre la misère sociale dans ce poème.

TEXTE 3

Victor Hugo,
Les Contemplations (1856)

► Biographie p. 554

CONTEXTE
Dans la Bible, la charité est présentée comme une vertu chrétienne fondamentale. Le Christ s'identifie aux malheureux pour inciter les fidèles à la charité : « j'ai eu faim, et vous m'avez donné à manger ; j'ai eu soif, et vous m'avez donné à boire ; j'étais étranger, et vous m'avez recueilli », dit-il (*Évangile selon Saint Matthieu*).

En 1849, Hugo prononce un discours à l'Assemblée intitulé Détruire la misère : *« Vous n'avez rien fait, tant que le peuple souffre ! », clame-t-il. Lui-même lutte contre la misère en tant qu'homme politique et homme de lettres.*

Le Mendiant

Un pauvre homme passait dans le givre et le vent.
Je cognai sur ma vitre ; il s'arrêta devant
Ma porte, que j'ouvris d'une façon civile.
Les ânes revenaient du marché de la ville,
Portant les paysans accroupis sur leurs bâts[1].
C'était le vieux qui vit dans une niche au bas
De la montée, et rêve, attendant, solitaire,
Un rayon du ciel triste, un liard[2] de la terre,
Tendant les mains pour l'homme et les joignant pour Dieu.
Je lui criai : « Venez vous réchauffer un peu.
Comment vous nommez-vous ? » Il me dit : « Je me nomme
Le pauvre. » Je lui pris la main : « Entrez, brave homme. »
Et je lui fis donner une jatte de lait.
Le vieillard grelottait de froid ; il me parlait,
Et je lui répondais, pensif et sans l'entendre.
« Vos habits sont mouillés », dis-je, « il faut les étendre
Devant la cheminée. » Il s'approcha du feu.
Son manteau, tout mangé des vers, et jadis bleu,
Étalé largement sur la chaude fournaise,
Piqué de mille trous par la lueur de braise,
Couvrait l'âtre[3], et semblait un ciel noir étoilé.
Et, pendant qu'il séchait ce haillon désolé
D'où ruisselait la pluie et l'eau des fondrières[4],
Je songeais que cet homme était plein de prières,
Et je regardais, sourd à ce que nous disions,
Sa bure[5] où je voyais des constellations.

Décembre 1834.

1. selles de l'âne.
2. petite monnaie.
3. cheminée.
4. trous bourbeux.
5. vêtement de laine porté par les moines.

Honoré Daumier,
Les Mendiants, vers 1846,
National gallery of art, Washington.

Questions

La rencontre avec la misère

1. En étudiant notamment l'énonciation et la description du décor, vous montrerez que Hugo donne l'impression de raconter une anecdote vécue.
2. Quels procédés confèrent simplicité et spontanéité à ce récit ?
3. Quels détails soulignent la pauvreté du vieil homme ?
4. Quel procédé met en valeur le nom du vieil homme aux vers 11-12 ? Quelle importance ce nom revêt-il ?

Un acte de charité

5. Comment se manifestent la compassion et la charité de l'hôte ?
6. Quel regard porte-t-il sur le vieil homme ?
7. Relisez la description du manteau à partir du vers 18. Par quels procédés Hugo transforme-t-il ce haillon en symbole de sainteté ?

Synthèse Vous montrerez que ce récit fait du mendiant un saint homme.

ÉCHO DU XXe SIÈCLE

Georges Brassens, *Chanson pour l'Auvergnat* (1954)

CONTEXTE
Georges Brassens (1921-1981) est un poète et chansonnier originaire de Sète. Il compose des textes poétiques, souvent satiriques et engagés politiquement, qu'il chante accompagné de sa guitare. Il a aussi interprété de nombreux textes de poètes français.

Elle est à toi, cette chanson,
Toi, l'Auvergnat qui, sans façon,
M'as donné quatre bouts de bois
Quand, dans ma vie, il faisait froid,
Toi qui m'as donné du feu quand
Les croquantes et les croquants[1],
Tous les gens bien intentionnés,
M'avaient fermé la porte au nez…
Ce n'était rien qu'un feu de bois,
Mais il m'avait chauffé le corps,
Et dans mon âme il brûle encor'
À la manièr'd'un feu de joi'.

Toi, l'Auvergnat, quand tu mourras,
Quand le croqu'-mort t'emportera,
Qu'il te conduise, à travers ciel,
Au Père éternel.

Elle est à toi, cette chanson,
Toi, l'Hôtesse qui, sans façon,
M'as donné quatre bouts de pain
Quand, dans ma vie, il faisait faim,
Toi qui m'ouvris ta huche[2] quand
Les croquantes et les croquants,
Tous les gens bien intentionnés,
S'amusaient à me voir jeûner…
Ce n'était rien qu'un peu de pain,
Mais il m'avait chauffé le corps,
Et dans mon âme il brûle encor'
À la manièr'd'un grand festin.

Toi, l'Hôtesse, quand tu mourras,
Quand le croqu'-mort t'emportera,
Qu'il te conduise, à travers ciel,
Au Père éternel.
[…]

1. paysans (argot).
2. coffre de bois pour conserver le pain.

Prolongement

Quelle association caritative a repris la chanson de Brassens ? En quoi cette chanson correspond-elle au projet de cette association ?

Questions

1. Observez l'énonciation dans cette chanson. Qui s'exprime ? Comment le destinataire est-il désigné ?
► L'énonciation, p. 455
2. Quels procédés montrent que l'hospitalité se manifeste simplement mais qu'elle est reçue comme un bienfait inestimable ?
3. Comment l'énonciateur exprime-t-il sa gratitude ?
4. Quelle attitude dénonce-t-il ? Comment ?
5. Quels procédés poétiques contribuent à la musicalité de cette chanson ?

Synthèse Expliquez pourquoi on peut rapprocher le poème de Hugo et la chanson de Brassens et montrez ce qui les distingue cependant.

Victor Hugo,
Les Châtiments (1853)

► Biographie p. 554

⊕ CONTEXTE
Le 2 décembre 1851, Louis-Napoléon Bonaparte, neveu de Napoléon Iᵉʳ, fait un coup d'État et se proclame empereur sous le nom de Napoléon III, ce qui provoque un mouvement de révolte dans Paris. L'armée réprime cette révolte de manière sanglante dans la nuit du 4 décembre. Le Second Empire dure jusqu'en 1870.

Violemment opposé au coup d'État de 1851 de Louis-Napoléon Bonaparte, Hugo fuit dans les îles anglo-normandes jusqu'à la chute du Second Empire. Pendant son exil, il compose le recueil Les Châtiments, *dans lequel il s'attaque à celui qu'il appelle « Napoléon-le-Petit ».*

Souvenir de la nuit du 4

L'enfant avait reçu deux balles dans la tête.
Le logis était propre, humble, paisible, honnête ;
On voyait un rameau bénit sur un portrait.
Une vieille grand'mère était là qui pleurait.
Nous[1] le déshabillions en silence. Sa bouche,
Pâle, s'ouvrait ; la mort noyait son œil farouche ;
Ses bras pendants semblaient demander des appuis.
Il avait dans sa poche une toupie en buis[2].
On pouvait mettre un doigt dans les trous de ses plaies.
Avez-vous vu saigner la mûre dans les haies ?
Son crâne était ouvert comme un bois qui se fend.
L'aïeule regarda déshabiller l'enfant,
Disant : Comme il est blanc ! approchez donc la lampe.
Dieu ! ses pauvres cheveux sont collés sur sa tempe ! –
Et quand ce fut fini, le prit sur ses genoux.
La nuit était lugubre ; on entendait des coups
De fusil dans la rue où l'on en tuait d'autres.
– Il faut ensevelir l'enfant, dirent les nôtres.
Et l'on prit un drap blanc dans l'armoire en noyer.
L'aïeule cependant l'approchait du foyer
Comme pour réchauffer ses membres déjà roides[3].
Hélas ! ce que la mort touche de ses mains froides
Ne se réchauffe plus aux foyers d'ici-bas !
Elle pencha la tête et lui tira ses bas,
Et dans ses vieilles mains prit les pieds du cadavre.
– Est-ce que ce n'est pas une chose qui navre !
Cria-t-elle ! monsieur, il n'avait pas huit ans !
Ses maîtres, il allait en classe, étaient contents.
Monsieur, quand il fallait que je fisse une lettre,
C'est lui qui l'écrivait. Est-ce qu'on va se mettre
À tuer les enfants maintenant ? Ah ! mon Dieu !
On est donc des brigands ! Je vous demande un peu,
Il jouait ce matin, là, devant la fenêtre !
Dire qu'ils m'ont tué ce pauvre petit être !
Il passait dans la rue, ils ont tiré dessus.
Monsieur, il était bon et doux comme un Jésus.
Moi je suis vieille, il est tout simple que je parte ;
Cela n'aurait rien fait à monsieur Bonaparte
De me tuer au lieu de tuer mon enfant !
Elle s'interrompit, les sanglots l'étouffant,

Puis elle dit, et tous pleuraient près de l'aïeule :
– Que vais-je devenir à présent toute seule ?
Expliquez-moi cela, vous autres, aujourd'hui.
Hélas ! je n'avais plus de sa mère que lui.
Pourquoi l'a-t-on tué ? je veux qu'on me l'explique.
L'enfant n'a pas crié vive la République. –
Nous nous taisions, debout et graves, chapeau bas,
Tremblant devant ce deuil qu'on ne console pas.

Vous ne compreniez point, mère, la politique.
Monsieur Napoléon[4], c'est son nom authentique,
Est pauvre et même prince ; il aime les palais ;
Il lui convient d'avoir des chevaux, des valets,
De l'argent pour son jeu, sa table, son alcôve,
Ses chasses ; par la même occasion, il sauve
La famille, l'église et la société ;
Il veut avoir Saint-Cloud[5], plein de roses l'été,
Où viendront l'adorer les préfets et les maires ;
C'est pour cela qu'il faut que les vieilles grand'mères,
De leurs pauvres doigts gris que fait trembler le temps,
Cousent dans le linceul des enfants de sept ans.

Jersey, 2 décembre 1852.

1. désigne Hugo et ses compagnons présents cette nuit-là. – 2. arbuste. – 3. raides. – 4. Napoléon III. – 5. résidence de Napoléon Ier et Napoléon III.

Henri Gervex, *Souvenir de la nuit du 4*, 1880, huile sur toile (260 × 200 cm), musée d'Art et d'industrie, Saint-Étienne.

Questions

Grammaire

Quel temps verbal est employé au vers 1 ? Pourquoi ?
► Mode, temps et valeurs, p. 438

Un récit pathétique

1. Par quels procédés Hugo donne-t-il à ce témoignage un caractère authentique ? Dans quel but ?
2. Analysez la description de l'enfant mort (vers 5 à 11). Quel effet Hugo veut-il produire ?
3. Montrez que le poète insiste sur l'innocence de l'enfant victime des coups de feu.
4. Comment parvient-il à émouvoir le lecteur ? Appuyez-vous sur une analyse précise. ► Les registres littéraires, p. 460

Un pamphlet politique

5. Quels indices permettent d'identifier le contexte historique de la scène ?
6. En quoi la fin du poème (à partir du vers 49) se distingue-t-elle de ce qui précède ?
7. Comment se manifeste l'ironie de Hugo à l'égard de Napoléon III ?
8. Quel scandale dénonce-t-il et par quels procédés ?

Lecture d'image Comment l'artiste met-il en valeur l'atmosphère de deuil dans cette illustration du poème de Hugo ?

Synthèse Dans un paragraphe rédigé, vous montrerez que Hugo met en place une critique politique et une dénonciation de la violence gratuite dans ce poème.

Vers le bac S'entraîner à la question sur le corpus

Étudiez comment Hugo prend la défense des faibles et des innocents dans les poèmes « Melancholia » (► p. 274), « Le Mendiant » (► p. 276) et « Souvenir de la nuit du 4 ».

TEXTE 5

Victor Hugo,
Les Quatre vents de l'esprit (1881)

► Biographie p. 554

⊕ CONTEXTE

Au XIXe siècle, la peine de mort fait débat en France, mais l'opinion publique y reste favorable.
À l'époque, les condamnés à mort sont guillotinés en place publique. Au XXe siècle, après les exécutions massives du régime de Vichy et de la Libération, la peine de mort se fait plus rare. Elle est abolie en 1981, grâce à Robert Badinter.

Victor Hugo, *Justitia*, 1857, technique mixte sur papier, maison de Victor Hugo, Paris.

*Victor Hugo plaide contre la peine de mort dans ses récits (*Le Dernier jour d'un condamné*, 1829), ses poèmes et ses discours à l'Assemblée.*

L'Échafaud

– Œil pour œil ! Dent pour dent ! Tête pour tête ! À mort !
Justice ! L'échafaud vaut mieux que le remord.
Talion[1] ! talion !

– Silence aux cris sauvages !
Non ! assez de malheur, de meurtre et de ravages !
Assez d'égorgements ! assez de deuil ! assez
De fantômes sans tête et d'affreux trépassés[2] !
Assez de visions funèbres dans la brume !
Assez de doigts hideux, montrant le sang qui fume,
Noirs, et comptant les trous des linceuls dans la nuit !
Pas de suppliciés dont le cri nous poursuit !
Pas de spectres jetant leur ombre sur nos têtes !
Nous sommes ruisselants de toutes les tempêtes ;
Il n'est plus qu'un devoir et qu'une vérité,
C'est, après tant d'angoisse et de calamité,
Homme, d'ouvrir son cœur, oiseau, d'ouvrir son aile
Vers ce ciel que remplit la grande âme éternelle !
Le peuple, que les rois broyaient sous leurs talons
Est la pierre promise au temple, et nous voulons
Que la pierre bâtisse et non qu'elle lapide !
Pas de sang ! pas de mort ! C'est un reflux stupide
Que la férocité sur la férocité.
Un pilier d'échafaud soutient mal la cité.
Tu veux faire mourir ! Moi je veux faire naître !
Je mure le sépulcre[3] et j'ouvre la fenêtre.
Dieu n'a pas fait le sang, à l'amour réservé,
Pour qu'on le donne à boire aux fentes du pavé.
S'agit-il d'égorger ? Peuples, il s'agit d'être.
Quoi ! tu veux te venger, passant ? de qui ? du maître ?
Si tu ne vaux pas mieux, que viens-tu faire ici ?

1. loi qui prévoit un châtiment identique au crime commis.
2. morts.
3. tombeau.

Questions

1. Montrez que le poème propose un dialogue entre le poète et le peuple. Quel est l'intérêt de ce procédé ?
2. Comment le peuple défend-il la peine de mort ? Est-ce une défense valable ?
3. Analysez les vers 3 à 11. Comment Hugo exprime-t-il son indignation ?
4. Montrez que pour Hugo la peine de mort est une pratique barbare.
5. Par quels procédés oppose-t-il la peine de mort à la vie et l'amour ?
6. Quelle figure de style utilise-t-il aux vers 16 à 22 pour montrer que la tâche du peuple est de contribuer à une société meilleure ?

► Les figures de style, p. 466

ÉCHO DU XXe SIÈCLE

Robert Badinter, *Discours à l'Assemblée nationale* (1981)

Ministre de la justice en 1981, Robert Badinter prononce un discours à l'Assemblée nationale pour défendre l'abolition de la peine de mort. Voici un extrait de cette allocution décisive avant le vote de l'Assemblée.

Parce qu'aucun homme n'est totalement responsable, parce qu'aucune justice ne peut être absolument infaillible, la peine de mort est moralement inacceptable. Pour ceux d'entre nous qui croient en Dieu, lui seul a le pouvoir de choisir l'heure de notre mort. Pour tous les abolitionnistes, il est impossible de reconnaître à la justice des hommes ce pouvoir de mort parce qu'ils savent qu'elle est faillible.

Le choix qui s'offre à vos consciences est donc clair : ou notre société refuse une justice qui tue et accepte d'assumer, au nom de ses valeurs fondamentales – celles qui l'ont faite grande et respectée entre toutes –, la vie de ceux qui font horreur, déments ou criminels ou les deux à la fois, et c'est le choix de l'abolition ; ou cette société croit, en dépit de l'expérience des siècles, faire disparaître le crime avec le criminel, et c'est l'élimination.

Cette justice d'élimination, cette justice d'angoisse et de mort, décidée avec sa marge de hasard, nous la refusons. Nous la refusons parce qu'elle est pour nous l'anti-justice, parce qu'elle est la passion et la peur triomphant de la raison et de l'humanité.

Andy Warhol, *Chaise électrique*, 1971, sérigraphie (90,2 x 121,9 cm), Hamburger Kunsthalle, Hamburg.

Questions

1. Reformulez les arguments de Badinter contre la peine de mort.
2. Sur quel argument se fondent les défenseurs de la peine de mort ? Pourquoi est-ce une illusion ?
3. Quelles valeurs et quels idéaux Badinter oppose-t-il à la peine de mort ?
4. Par quels procédés rhétoriques (figures d'insistance, effets de rythme) Badinter donne-t-il plus de force à son discours ?

► Les figures de style, p. 466

Synthèse Montrez que ces deux textes opposent la peine de mort au progrès moral.

Vers le bac S'entraîner à la dissertation

Le poète peut-il contribuer au progrès social et moral ? Vous proposerez un plan détaillé de dissertation répondant à ce sujet.

► Élaborer un plan détaillé, p. 538

HISTOIRE DES ARTS • LES RÉVOLUTIONS DU XIXe SIÈCLE VUES PAR LES ARTISTES

Après l'élan insufflé par la Révolution française de 1789, le peuple se soulève plusieurs fois au cours du XIXe siècle contre l'oppression et la misère. Les révoltes et révolutions jalonnent le siècle et permettent l'avènement progressif des valeurs républicaines soutenues par de nombreux artistes.

1 DES ARTISTES, DES RÉVOLTES HISTORIQUES

Victor Hugo, *Les Misérables*, 1862

Hugo évoque dans cet extrait la révolte républicaine de 1832 qui a tenté en vain de renverser Louis-Philippe d'Orléans. Le jeune Gavroche est sur les barricades.

Rien de plus bizarre et de plus bigarré[1] que cette troupe. [...] Force fusils portant des numéros de légions, peu de chapeaux, point de cravates, beaucoup de bras nus, quelques piques. Ajoutez à cela tous les âges, tous les visages, de petits jeunes gens pâles, des ouvriers du port bronzés. Tous se hâtaient, et, tout en s'entr'aidant, on causait des chances possibles, – qu'on aurait des secours vers trois heures du matin, – qu'on était sûr d'un régiment, – que Paris se soulèverait. Propos terribles auxquels se mêlait une sorte de jovialité cordiale. On eût dit des frères ; ils ne savaient pas les noms les uns des autres. Les grands périls ont cela de beau qu'ils mettent en lumière la fraternité des inconnus. [...]
Gavroche, complètement envolé et radieux, s'était chargé de la mise en train. Il allait, venait, montait, descendait, remontait, bruissait, étincelait. Il semblait être là pour l'encouragement de tous. Avait-il un aiguillon[2] ? oui, certes, sa misère ; avait-il des ailes ? oui, certes, sa joie. Gavroche était un tourbillonnement.

1. aux couleurs variées.
2. stimulation, motivation.

Questions

1. Comment Daumier montre-t-il la colère du peuple dans ce tableau ?
2. Montrez que, dans le tableau de Daumier comme dans le texte de Hugo, le peuple est représenté dans sa diversité. Étudiez les procédés utilisés par chacun.
3. Hugo écrit : « Les grands périls ont cela de beau qu'ils mettent en lumière la fraternité des inconnus. » En quoi le tableau de Daumier vous semble-t-il illustrer cette affirmation ?
4. Par quels procédés littéraires Hugo montre-t-il l'excitation de Gavroche ?

Honoré Daumier, *L'Émeute*, après 1848, huile sur toile (87,6 x 113 cm), The Philipps collection, Washington.

◄ Daumier est un célèbre caricaturiste, en particulier de figures politiques et de bourgeois (*Le Banquier* ► p. 83). Fervent républicain, il représente ici une révolte populaire pendant la Révolution de 1848, qui a permis de renverser la Monarchie de Juillet et d'instaurer la Seconde République, proclamée par Lamartine.

► Repères historiques, p. 246

2 UNE ALLÉGORIE : DELACROIX, *LA LIBERTÉ GUIDANT LE PEUPLE*

Eugène Delacroix, *La Liberté guidant le peuple*, 1830, huile sur toile (260 x 325 cm), musée du Louvre, Paris.

Le peintre s'est certainement représenté lui-même dans ce personnage de bourgeois ou d'étudiant, fusil à la main.

Les morts au premier plan constituent la base de la composition pyramidale. Les insurgés marchent sur eux pour aller à la victoire.

Cette femme est une figure symbolique, mais représentée de manière très réaliste.

▲ La toile évoque les journées de révolte de juillet 1830 baptisées les « Trois Glorieuses » : en réaction contre des lois violant la Constitution, le peuple dresse des barricades et renverse Charles X. La monarchie de Juillet est mise en place. Témoin des événements, Delacroix décide de les évoquer dans un tableau qu'il exécute en trois mois et présente au Salon de 1831.

► Repères historiques, p. 246

Questions

1. Quelles classes sociales et quelles classes d'âge sont représentées dans la foule des insurgés ? Quelle impression cette foule produit-elle ?
2. Relevez les différents attributs qui font du personnage féminin une allégorie de la liberté. Comment est-elle mise en valeur ?
3. Comment Delacroix donne-t-il une dimension épique au soulèvement du peuple ?
4. Analysez la composition du tableau. Comment le peintre donne-t-il une impression de majesté et de grandeur ?
5. Pourquoi Delacroix dit-il qu'il a choisi pour ce tableau un « sujet moderne » ?

Prolongements

Cherchez la photographie intitulée *Le Crayon guidant le peuple* sur Internet. Quel événement récent illustre-t-elle ? Pourquoi peut-on la comparer au tableau de Delacroix ? Que symbolise-t-elle ?

PERSPECTIVE

Victor Hugo, *Discours sur l'enseignement* (1850)

► Biographie p. 554

Demetrio Cosola, *La Dictée* (détail), 1890, huile sur toile (93 × 182 cm), Galleria civica d'arte moderna et contempoanea, Turin.

Pendant l'éphémère Seconde République (1848-1852), Victor Hugo est député à l'Assemblée nationale. Lorsqu'il prononce ce discours, l'Assemblée s'apprête à voter la loi Falloux qui vise entre autre à rendre l'école obligatoire dans le primaire.

Messieurs,

Quand une discussion est ouverte qui touche à ce qu'il y a de plus sérieux dans les destinées du pays, il faut aller tout de suite, et sans hésiter, au fond de la question. (*Mouvement d'attention.*) […]

Messieurs, toute question a son idéal. Pour moi, l'idéal de cette question de l'enseignement, le voici : l'instruction gratuite et obligatoire. (*Très bien ! très bien !*) Obligatoire au premier degré seulement, gratuite à tous les degrés. (*Murmures à droite – Applaudissements à gauche.*) L'instruction primaire obligatoire, c'est le droit de l'enfant (*mouvement*) qui, ne vous trompez pas, est plus sacré encore que le droit du père et qui se confond avec le droit de l'État.

Je reprends. Voici donc, selon moi, l'idéal de la question : l'instruction gratuite et obligatoire dans la mesure que je viens de marquer. Un immense enseignement public donné et réglé par l'État, partant de l'école de village et montant de degré en degré jusqu'au Collège de France[1], plus haut encore, jusqu'à l'Institut de France[1]. Les portes de la science toutes grandes ouvertes à toutes les intelligences ; partout où il y a un champ, partout où il y a un esprit, qu'il y ait un livre. Pas une commune sans une école, pas une ville sans un collège, pas un chef-lieu sans une faculté. (*Bravos prolongés.*) Un vaste ensemble, ou, pour mieux dire, un vaste réseau d'ateliers intellectuels, lycées, gymnases, collèges, chaires, bibliothèques, mêlant leur rayonnement sur la surface du pays, éveillant partout les aptitudes et échauffant partout les vocations. En un mot, l'échelle de la connaissance humaine dressée fermement par la main de l'État, posée dans l'ombre des masses les plus profondes et les plus obscures, et aboutissant à la lumière. Aucune solution de continuité[2] : le cœur du peuple mis en communication avec le cerveau de la France. (*Immenses applaudissements.*)

Discours dans la discussion du projet de loi sur l'enseignement le 15 janvier 1850.

1. instituts d'enseignement supérieur les plus prestigieux de France.
2. rupture.

Questions

1. Comment Hugo insiste-t-il sur l'enjeu de la question de l'éducation ?
2. Que réclame-t-il en matière d'éducation ? Quels sont ses arguments ? Reformulez-les.
3. Quel rôle l'État doit-il avoir selon lui dans l'organisation de l'éducation ? Quelle figure de style utilise-t-il pour illustrer son propos ?
► Les figures de style, p. 466
4. À quelle métaphore filée recourt-il aux lignes 8 à 24 ? Pourquoi cette métaphore ? En quoi constitue-t-elle une référence aux idées des philosophes du XVIIIe siècle ?
5. Étudiez les différents procédés rhétoriques utilisés par Hugo pour donner à son discours plus de force de conviction.
6. À quels moments l'assistance réagit-elle ? Montrez que le discours de Hugo emporte progressivement l'adhésion générale.

Synthèse Montrez que Hugo défend son idéal en matière d'éducation avec une grande conviction personnelle.

Prolongement
Lisez le poème « Melancholia » (► p. 274). En quoi vous permet-il de comprendre la phrase du discours de Hugo : « L'instruction primaire obligatoire, c'est le droit de l'enfant » ?

SYNTHÈSE HUGO, POÈTE ENGAGÉ

Le poète romantique n'est pas seulement un poète lyrique, tourné vers son moi intérieur et ses émotions. Il se met aussi au service de la société, s'engage personnellement dans un siècle troublé par plusieurs révolutions et marqué par la misère.

1 LA MISSION DU POÈTE

Pour Victor Hugo, le poète est un être supérieur, un visionnaire capable d'anticiper l'avenir. Il le compare à un prophète dans « Fonction du poète » (► p. 272) et lui assigne une mission sacrée, qui consiste à apporter la lumière de la vérité aux hommes et favoriser le progrès social.
Lui-même s'est efforcé de remplir cette mission dans ses œuvres littéraires, mais aussi à travers son action politique puisque, comme Lamartine, il a été député et a prononcé de nombreux discours à l'Assemblée de 1848 à 1851 (► p. 284).

2 LES COMBATS DE VICTOR HUGO

La misère sociale

Victor Hugo est le poète des « misérables », dont il défend la cause dans ses romans (*Les Misérables*, 1862 ; *L'Homme qui rit*, 1869), comme dans sa poésie et ses discours. Les marginaux, exclus, mendiants (« Le Mendiant » ► p. 276) et les enfants victimes de la misère (« Melancholia » ► p. 274) sont nombreux dans son œuvre. Hugo plaide pour l'instruction publique, condition du progrès social à ses yeux (► p. 284).

La peine de mort

Hugo dénonce fermement la peine de mort (*Le Dernier jour d'un condamné*, 1829) et réclame toute sa vie l'abolition de cette pratique qu'il juge barbare et inefficace (« L'Échafaud » ► p. 280).

La dénonciation politique

Partisan de la liberté et de la République, Hugo s'érige contre le coup d'État de 1851 et passe toutes les années du Second Empire en exil. Il compose un recueil pamphlétaire et satirique contre Napoléon III, *Les Châtiments* (1853) (« Souvenir de la nuit du 4 » ► p. 278).

3 LES MOYENS LITTÉRAIRES MIS EN ŒUVRE

L'implication personnelle

Dans ses poèmes, Hugo s'implique personnellement par divers procédés : récit d'anecdotes vécues, 1re personne du singulier, questions rhétoriques, exclamations, interpellations du lecteur. Ces procédés accentuent la force de sa dénonciation et emportent l'adhésion du lecteur.

Le pathétique

Les ressorts du pathétique sont aussi utilisés : description de conditions de vie difficiles, vocabulaire de la misère, insistance sur l'innocence des victimes, usage du discours direct pour citer les propos des malheureux. Hugo suscite ainsi l'émotion du lecteur, ce qui contribue à le persuader (« Souvenir de la nuit du 4 » ► p. 278).

Le registre polémique

Hugo exprime son indignation face aux injustices par des procédés relevant du registre polémique : exclamations, répétitions et anaphores, vocabulaire véhément, ironie ou sarcasmes. Il fait ainsi partager sa colère au lecteur (« L'Échafaud » ► p. 280).

Les procédés poétiques

Le choix de la poésie permet aussi à Hugo de donner plus de force à sa dénonciation : rimes, anaphores, effets d'insistance (rejets par exemple), sonorités, images poétiques contribuent à persuader le lecteur.

Aloysius Bertrand, *Gaspard de la nuit* (1842)

Sous le signe de la nuit et du macabre, le recueil Gaspard de la nuit *présente une série de songes, d'hallucinations nocturnes, relevant du «romantisme noir»* (► p. 288-293).

Un rêve

J'ai rêvé tant et plus, mais je n'y entends note[1].
Pantagruel, livre III.

Il était nuit. Ce furent d'abord, – ainsi j'ai vu, ainsi je raconte, – une abbaye aux murailles lézardées par la lune, – une forêt percée de sentiers tortueux, – et le Morimont[2] grouillant de capes et de chapeaux.

Ce furent ensuite, – ainsi j'ai entendu, ainsi je raconte, – le glas[3] funèbre d'une cloche auquel répondaient les sanglots funèbres d'une cellule[4], – des cris plaintifs et des rires féroces dont frissonnait chaque feuille le long d'une ramée[5], – et les prières bourdonnantes des pénitents[6] noirs qui accompagnaient un criminel au supplice.

Ce furent enfin, – ainsi s'acheva le rêve, ainsi je raconte, – un moine qui expirait couché dans la cendre des agonisants, – une jeune fille qui se débattait pendue aux branches d'un chêne. – Et moi que le bourreau liait échevelé sur les rayons de la roue.

Dom Augustin, le prieur[7] défunt, aura, en habit de cordelier[8], les honneurs de la chapelle ardente; et Marguerite, que son amant a tuée, sera ensevelie dans sa blanche robe d'innocence, entre quatre cierges de cire.

Mais moi, la barre du bourreau s'était, au premier coup, brisée comme un verre, les torches des pénitents noirs s'étaient éteintes sous des torrents de pluie, la foule s'était écoulée avec les ruisseaux débordés et rapides, – et je poursuivais d'autres songes vers le réveil.

1. «j'ai rêvé tant et plus, mais je n'y comprends rien» (citation de Rabelais).
2. «c'est à Dijon, de temps immémorial, la place aux exécutions.» (note du poète).
3. tintement de la cloche annonçant un décès. – 4. petite chambre de moine.
5. feuillage épais. – 6. membres d'une confrérie religieuse qui organise des processions pour l'expiation des péchés. – 7. moine. – 8. moine franciscain portant une corde en guise de ceinture.

Questions

Un rêve ou plusieurs ?

1. Montrez que le poète fait le récit d'un rêve personnel de manière apparemment chronologique.
2. Relisez les trois premiers paragraphes. Quels indices suggèrent qu'il s'agit non pas d'un mais de trois rêves ?
3. Comment les échos entre les paragraphes contribuent-ils à l'impression de confusion ?

Un cauchemar effrayant

4. Pourquoi ces trois rêves sont-ils angoissants ?
5. À quel moment le poète apparaît-il comme personnage de son propre rêve ? Dans quelle situation ?
6. Comment s'achèvent les deux premiers rêves ?
7. Qu'advient-il du poète dans le dernier paragraphe ? Quelles images poétiques traduisent l'effacement du rêve ? ► Les figures de style, p. 466

Synthèse Montrez que la citation de Rabelais placée en exergue annonce le sujet du poème.

►►► **Franz von Stuck,** *Lucifer* (détail), vers 1890, huile sur toile (161 x 152 cm), National Gallery for Foreign Art, Sofia.

TEXTE ÉCHO

Matthew Gregory Lewis, *Le Moine* (1796)

CONTEXTE
Le roman noir (ou « roman gothique ») apparaît en Angleterre au cours du XVIIIe siècle. Dans des décors crépusculaires et angoissants, les personnages sont en proie à des visions effrayantes, rencontrent des créatures qui leur proposent des pactes sataniques ou se livrent à des rites de sorcellerie.

Le moine Ambrosio tombe amoureux d'une femme qu'il viole et tue avec l'aide de Satan. Pour ses crimes, il est torturé et condamné au bûcher.

Johann Heinrich Fussli, *Satan invoquant Belzebuth sur la mer de feu*, 1802, huile sur toile (91 x 71 cm), Kunsthaus, Zurich.

Rentré dans sa prison, Ambrosio trouva les souffrances de son corps bien plus supportables que celles de son esprit. Les membres disloqués, les ongles arrachés de ses mains et de ses pieds, et ses doigts écrasés et brisés par la pression des étaux, n'étaient rien comme angoisse, comparés à l'agitation de son âme et à la violence de ses terreurs. […] Il frémissait à l'approche de l'autodafé[1], à l'idée de périr dans les flammes et de n'échapper à d'intolérables tourments que pour en subir d'autres plus aigus et éternels ! […]

Il prononce alors une formule qui fait apparaître Satan.

L'instant d'après, porté sur un tourbillon de vapeurs sulfureuses[2], Lucifer reparut devant lui. […] [Il] se montra dans toute sa laideur, qui est devenue son partage depuis sa chute du ciel[3]. Ses membres brûlés portaient encore les marques de la foudre du Tout-Puissant, une teinte basanée asssombrissait son corps gigantesque. Ses mains et ses pieds étaient armés de longues griffes. Ses yeux étincelaient d'une fureur qui aurait frappé d'épouvante le cœur le plus brave. Sur ses vastes épaules battaient deux énormes ailes noires, et ses cheveux étaient remplacés par des serpents vivants qui s'entortillaient autour de son front avec d'horribles sifflements. D'une main il tenait un rouleau de parchemin, et de l'autre une plume de fer. […]

– Pourquoi me mande-t-on ici ? dit le démon d'une voix *enrouée par les brouillards sulfureux*. […]

– Je suis condamné à mort, dit-il d'une voix faible, et son sang coulant froid dans ses veines tandis qu'il contemplait son terrible interlocuteur. Sauvez-moi, emportez-moi d'ici !

– Le prix de mes services me sera-t-il payé ? Oses-tu embrasser ma cause ? seras-tu à moi corps et âme ? es-tu prêt à renier celui qui t'a fait, et celui qui est mort pour toi ? Réponds seulement « oui ! » et Lucifer est ton esclave.

Traduction de Léon de Wailly.

1. exécution par le feu, pratiquée par l'Inquisition.
2. vapeurs de soufre provenant de l'Enfer.
3. Lucifer (Satan) est à l'origine un ange que Dieu a chassé du Ciel pour l'avoir défié.

Questions

1. Quelles sont les différentes souffrances subies ou craintes par Ambrosio ? Quels procédés expriment leur horreur ?
2. Lesquelles sont les plus terribles ?
3. Analysez le portrait de Lucifer. Comment le narrateur provoque-t-il l'effroi ?
4. Que demande Lucifer au moine en échange de son service ?
5. Ce roman a été en partie censuré lors de sa parution. En quoi ce court extrait permet-il de le comprendre ?
6. Quels rapprochements pouvez-vous établir avec le poème d'Aloysius Bertrand ?

Synthèse Montrez que dans ce texte Satan tire parti des faiblesses et des peurs humaines pour corrompre les hommes.

HISTOIRE DES ARTS • LE ROMANTISME NOIR

1 LES PRÉMICES DU ROMANTISME NOIR

Issu notamment du « roman gothique » anglais (► p. 287), le courant du « romantisme noir » commence à apparaître à la fin du XVIIIe siècle : s'éloignant du rationalisme des Lumières, certains artistes comme Füssli (1741-1825) et Goya (1746-1828) se tournent vers l'effrayant, le fantastique.

Le Cauchemar de Füssli

▲ Lorsque ce tableau a été présenté au public à l'Académie Royale de Londres, il était recommandé aux femmes et aux âmes sensibles de ne pas s'en approcher car il risquait de les perturber.

Johann Heinrich Füssli, *Le Cauchemar,* 1781, huile sur toile (101,6 × 127,7 cm), Detroit Institute of Arts, Détroit.

Questions

1. Comment la jeune femme est-elle mise en valeur par le peintre ? Dans quel état se trouve-t-elle ? Justifiez votre réponse.
2. Observez les deux créatures monstrueuses. Pourquoi sont-elles effrayantes ? Que peuvent-elles symboliser ?
3. En quoi le titre donné par le peintre éclaire-t-il la scène représentée ? Quelle autre lecture du tableau, plus fantastique, est néanmoins possible ?
4. Comment le peintre suggère-t-il que cette vision est issue des zones les plus sombres de son imaginaire ?

www.lienmini.fr/magnard-el2-020

Sur le site de Télérama, regardez la vidéo « Une œuvre à la loupe : *Le Cauchemar* de Füssli ». Comment l'intervenant explique-t-il la présence de la tête de cheval dans le tableau ?

Les *Caprices* de Goya

En marge de son œuvre picturale officielle en tant que peintre du roi d'Espagne, Goya réalise une série de gravures intitulée *Les Caprices*, dans laquelle il se livre à tous les « caprices » de son imagination et représente des scènes très noires.

Francisco de Goya, *Le Sommeil de la raison engendre des monstres*, début du XIXe siècle, gravure, BnF.

Charles Baudelaire, *Les Fleurs du mal*, 1857

Les Phares

Goya, cauchemar plein de choses inconnues,
De fœtus qu'on fait cuire au milieu des sabbats,
De vieilles au miroir et d'enfants toutes nues,
Pour tenter les démons ajustant bien leurs bas ;

Questions

1. Quelle est l'attitude du personnage au premier plan ? Pourquoi peut-on penser qu'il s'agit d'un artiste ?
2. En quoi les créatures du second plan sont-elles effrayantes ?
3. Comment comprend-on que ces créatures sont issues de l'imagination du personnage ?
4. Comment l'artiste donne-t-il l'impression d'un mouvement ascendant ? Observez notamment la ligne qui part du crayon et prolongez-la.
5. Cette œuvre est considérée comme annonciatrice du romantisme noir. Pourquoi d'après vous ?

Prolongements

Cherchez d'autres gravures de la série des *Caprices* réalisée par Goya. En quoi correspondent-elles au quatrain de Baudelaire dans le poème « Les Phares » ?

2 LES THÈMES PRINCIPAUX

Des personnages démoniaques

Francisco de Goya, *L'Exorcisme ou Les Sorcières*, 1797-1798, huile sur toile (45 × 32 cm), Fundación Lázaro Galdiano, Madrid.

▲ Les sorcières sont très fréquentes dans l'œuvre de Goya. D'après les croyances populaires, elles pactisent avec le diable, se livrent à des rites maléfiques et utilisent les nourrissons pour des repas cannibales ou la réalisation de leurs potions.

William-Adolphe Bouguereau, *Dante et Virgile en enfer*, 1850, huile sur toile (213 × 152,5 cm), musée d'Orsay, Paris.

▲ Inspiré de *La Divine comédie* de Dante (XIVe siècle), ce tableau représente un épisode de la descente aux Enfers de Dante, accompagné du poète latin Virgile. Ils assistent ici au combat entre deux âmes damnées.

Théophile Gautier, *La Morte amoureuse*, 1836

Le narrateur, un jeune prêtre, est tombé passionnément amoureux d'une femme au charme envoûtant, Clarimonde, qui l'entraîne dans une double vie nocturne. Peu à peu, il découvre la face démoniaque de sa maîtresse.

En coupant un fruit, je me fis par hasard au doigt une entaille assez profonde. Le sang partit aussitôt en filets pourpres, et quelques gouttes rejaillirent sur Clarimonde. Ses yeux s'éclairèrent, sa physionomie prit une expression de joie féroce et sauvage que je ne lui avais jamais vue. Elle sauta à bas du lit avec une agilité animale, une agilité de singe ou de chat, et se précipita sur ma blessure qu'elle se mit à sucer avec un air d'indicible volupté. Elle avalait le sang par petites gorgées, lentement et précieusement [...] ; elle clignait les yeux à demi, et la pupille de ses prunelles vertes était devenue oblongue au lieu de ronde.

Questions

1. Comment ces artistes et écrivains suggèrent-ils le caractère démoniaque, diabolique de leurs personnages ?
2. Montrez que tous ces personnages dévoilent la part violente et bestiale de l'homme.
3. Comment les deux peintres intègrent-ils les personnages dans un décor inquiétant ?

Des décors funèbres

Alexandre Dumas, *Pauline*, 1838

L'orage était apaisé, et, quoique le ciel fût toujours chargé de nuages noirs, de temps en temps, dans leur intervalle, la lune parvenait à glisser un de ses rayons. Pendant un de ces moments de clarté rapide que l'obscurité venait bientôt éteindre, je détournai mes regards de cette porte que je croyais avoir entendue crier, pour les étendre autour de moi. J'étais, comme j'avais cru le distinguer malgré les ténèbres, au milieu d'une vieille abbaye en ruines : autant qu'on en pouvait juger par les restes encore debout, je me trouvais dans la chapelle : à ma droite et à ma gauche s'étendaient les deux corridors du cloître, soutenus par des arcades basses et cintrées, tandis qu'en face quelques pierres brisées et posées à plat au milieu de grandes herbes indiquaient le petit cimetière [...].

Arnold Böcklin, *Château en ruine*, 1847, huile sur toile (60 × 78 cm), National Galerie, Berlin.

Caspar David Friedrich, *Deux hommes contemplant la lune*, vers 1819, huile sur toile (35 × 44,5 cm), Galerie Neue Meister, Dresde.

Questions

1. Décrivez les différents lieux représentés ou évoqués dans ces trois documents. Quels sont leurs points communs ?
2. Quel rôle les effets de lumière jouent-ils dans ces trois documents ?
3. Comment les peintres accentuent-ils l'impression d'isolement ?

Prolongements

1. Lisez le roman *Pauline* d'Alexandre Dumas.
• Quels éléments (personnages, intrigues, décors, etc.) invitent à le rattacher au courant du romantisme noir ?

2. Écoutez *La Danse macabre* du compositeur Camille Saint-Saëns.
• En quoi cette composition musicale est-elle influencée par le romantisme noir ?
• Comment le compositeur donne-t-il un caractère inquiétant à son œuvre ?

3 LE ROMANTISME NOIR AU CINÉMA

Les premiers cinéastes puisent aux sources du romantisme noir auquel ils empruntent de nombreux motifs et personnages : vampires (Dracula notamment), fous, monstres. Ils explorent les ressources de leur art pour provoquer la peur et produire des effets visuels inquiétants grâce au noir et blanc.

FAUST DE MURNAU

Faust, une légende allemande, film de **Friedrich Wilhelm Murnau,** 1926.

Prolongement

Recherchez ce que raconte la légende allemande de Faust. Quel auteur romantique majeur a écrit une version célèbre de cette histoire ? ► p. 268

LA FIGURE DU VAMPIRE

Nosferatu le vampire, de **Friedrich Wilhelm Murnau,** 1922.

Dracula, film de **Tod Browning,** 1931.

▲ Le personnage du vampire appartient aux superstitions populaires ancestrales. Le plus célèbre des vampires est celui qu'imagine le romancier britannique Bram Stoker dans son roman intitulé *Dracula* (1897), à l'origine des films de Browning et Murnau.

Questions

1. Quels liens (décors, personnages, atmosphère) pouvez-vous établir entre ces images de films et le romantisme noir ?
2. Comment les réalisateurs tirent-ils parti du noir et blanc pour produire un effet d'angoisse ?
3. En quoi le photogramme du film *Faust* de Murnau peut-il être perçu comme une référence au tableau *Deux hommes contemplant la lune* de Friedrich (► p. 291) ? Quel effet les deux artistes tirent-ils de l'arbre mort ?

Prolongement

Faites des recherches sur ce que l'on appelle le cinéma expressionniste allemand. Quels sujets et quels effets privilégie-t-il ?

Tim Burton, héritier du romantisme noir

▲ Inspiré d'une nouvelle de Washington Irving (1783-1859), ce film met en scène un jeune inspecteur chargé d'enquêter sur plusieurs meurtres perpétrés dans l'étrange village de Sleepy Hollow. Les habitants pensent qu'un revenant, le cavalier sans tête, est à l'origine de ces crimes barbares.

Sleepy Hollow, film de **Tim Burton,** 1999.

Dark Shadows, film de **Tim Burton,** 2012.

◄ Dans ce film, le personnage principal, un vampire ayant vécu au XVIIIe siècle, est libéré de sa tombe dans les années 1970. Il retrouve son château en ruines et rencontre ses descendants, plus excentriques les uns que les autres.

Question

En vous appuyant sur les pages précédentes, montrez que le réalisateur Tim Burton puise son inspiration dans les motifs, les décors et les personnages du romantisme noir.

Prolongement

Regardez le film d'animation *Les Noces funèbres* de Tim Burton. En quoi le réalisateur mêle-t-il la noirceur à l'humour ?

Les Noces funèbres, film de **Tim Burton** et **Mike Johnson,** 2005.

TEXTE 2

Charles Baudelaire, *Les Fleurs du mal* (1857)

CONTEXTE
Pour Baudelaire, il existe des correspondances entre les sensations : « les parfums, les couleurs et les sons se répondent » (« Correspondances » dans *Les Fleurs du mal*). L'artiste est capable de percevoir ces correspondances, de les intensifier et de les traduire (par la métaphore notamment). Dans ses poèmes les plus heureux, Baudelaire retrouve cette unité entre les sensations.

Plusieurs poèmes des Fleurs du mal *sont inspirés par l'une des maîtresses de Baudelaire, Jeanne Duval, métisse d'origine insulaire que le poète appelait « la Vénus noire » et qui lui rappelait son séjour sur l'île de la Réunion.*

Parfum exotique

Quand, les deux yeux fermés, en un soir chaud d'automne,
Je respire l'odeur de ton sein chaleureux,
Je vois se dérouler des rivages heureux
Qu'éblouissent les feux d'un soleil monotone ;

Une île paresseuse où la nature donne
Des arbres singuliers et des fruits savoureux ;
Des hommes dont le corps est mince et vigoureux,
Et des femmes dont l'œil par sa franchise étonne.

Guidé par ton odeur vers de charmants climats,
Je vois un port rempli de voiles et de mâts
Encor tout fatigués par la vague marine,

Pendant que le parfum des verts tamariniers[1],
Qui circule dans l'air et m'enfle la narine,
Se mêle dans mon âme au chant des mariniers.

1. arbre tropical.

Odilon Redon, *Fleurs de sang* (détail), 1895, huile sur toile (30 × 43 cm), musée d'Orsay, Paris.

Questions

Une rêverie poétique et sensorielle

1. Comment la rêverie du poète est-elle déclenchée ? En quoi le cadre et la situation y contribuent-ils ?
2. Quel rôle la femme joue-t-elle ? Comment se manifeste sa présence ?
3. Quelle est l'importance des sensations dans cette rêverie poétique ? Comment se mélangent-elles ?

Un paysage idéal

4. Montrez que l'île évoquée constitue un paysage idéal.
5. En quoi le deuxième quatrain peut-il rappeler le paradis originel ?
6. Quelle impression les sonorités et le rythme des vers produisent-ils dans l'ensemble du poème ? Appuyez-vous par exemple sur la 1re strophe.
7. Observez la construction des phrases dans les deux quatrains puis dans les deux tercets de ce sonnet. Comment Baudelaire donne-t-il une impression d'harmonie et d'équilibre ?

► Les formes poétiques, p. 485

Synthèse Montrez que dans ce poème « les parfums, les couleurs et les sons se répondent », comme l'écrit Baudelaire dans « Correspondances ».

Vers, strophes et rimes
Observez les rimes de ce poème. Quelle est leur qualité ? Comment cela contribue-t-il à l'impression d'harmonie du poème ?

Vers le bac **S'entraîner au commentaire**

Rédigez un paragraphe de commentaire montrant que ce poème dépeint un paradis terrestre.

► Construire un paragraphe de commentaire, p. 529

► Biographie p. 552

CONTEXTE

Baudelaire choisit le mot anglais *spleen* pour nommer sa profonde mélancolie et l'angoisse qui le hante. Le terme « spleen » désigne à l'origine la rate, organe dont la médecine ancienne pensait qu'elle sécrétait « la bile noire » (*melancholia* en grec), responsable de l'humeur mélancolique.

À la suite de trois autres textes également intitulés « Spleen », ce poème propose sans doute la vision la plus noire, la plus cauchemardesque de la mélancolie baudelairienne.

Spleen

Quand le ciel bas et lourd pèse comme un couvercle
Sur l'esprit gémissant en proie aux longs ennuis[1],
Et que de l'horizon embrassant tout le cercle
Il nous verse un jour noir plus triste que les nuits;

Quand la terre est changée en un cachot humide,
Où l'Espérance, comme une chauve-souris,
S'en va battant les murs de son aile timide
Et se cognant la tête à des plafonds pourris;

Quand la pluie étalant ses immenses traînées
D'une vaste prison imite les barreaux,
Et qu'un peuple muet d'infâmes araignées
Vient tendre ses filets au fond de nos cerveaux,

Des cloches tout à coup sautent avec furie
Et lancent vers le ciel un affreux hurlement,
Ainsi que des esprits errants et sans patrie
Qui se mettent à geindre opiniâtrement.

– Et de longs corbillards, sans tambours ni musique,
Défilent lentement dans mon âme; l'Espoir,
Vaincu, pleure, et l'Angoisse atroce, despotique,
Sur mon crâne incliné plante son drapeau noir.

1. sens fort ici de dégoût de la vie.

Figures de style

Pourquoi les mots « Espérance », « Espoir » et « Angoisse » portent-ils une majuscule dans le poème ? Quelle figure de style est employée ? Pourquoi est-elle utilisée ici ?

Questions

1. Dans quel cadre le Spleen s'inscrit-il d'après les trois premières strophes ?
2. Par quelles sensations physiques l'état de Spleen est-il caractérisé ? En quoi sont-elle angoissantes ?
3. Comment la forme du poème, la construction des phrases et les sonorités contribuent-elles à l'impression d'angoisse et d'étouffement ?
4. Quelles visions fantastiques et effrayantes l'état de Spleen fait-il naître ? Par quelles images cela est-il traduit dans le poème ?
► Les figures de style, p.466
5. En quoi ce poème peut-il être lu comme une lutte perdue d'avance de l'esprit contre le Spleen ? Analysez les étapes successives de ce combat.

Synthèse À partir de l'analyse précédente, montrez que le Spleen plonge l'esprit dans un état de délire faisant surgir des visions cauchemardesques.

Johann Heinrich Fussli, *Le Silence*, 1799, huile sur toile (63 × 51 cm), Kunsthaus, Zurich.

Charles Baudelaire, *Les Fleurs du mal* Œuvre intégrale

CONTEXTE
Après « Spleen et Idéal », la deuxième section des *Fleurs du mal* est intitulée « Tableaux parisiens ». Baudelaire introduit la ville, la foule et la modernité dans le champ poétique. La ville est à ses yeux l'espace du vice et de la misère, mais aussi de la nouveauté et de l'émerveillement.

L'avant-dernier poème de la section « Tableaux parisiens » décrit ce que Baudelaire appelle un « paysage de fantaisie ». L'imagination est pour Baudelaire « la reine des facultés » et les visions qu'elle suscite, créées par l'esprit humain seul, relèvent d'une beauté supérieure.

Rêve parisien

À Constantin Guys.[1]

I.

De ce terrible[2] paysage,
Tel que jamais mortel n'en vit,
Ce matin encore l'image,
Vague et lointaine, me ravit.

Le sommeil est plein de miracles !
Par un caprice[3] singulier,
J'avais banni de ces spectacles
Le végétal irrégulier,

Et, peintre fier de mon génie,
Je savourais dans mon tableau
L'enivrante monotonie
Du métal, du marbre et de l'eau.

Babel[4] d'escaliers et d'arcades,
C'était un palais infini,
Plein de bassins et de cascades
Tombant dans l'or mat ou bruni ;

Et des cataractes[5] pesantes,
Comme des rideaux de cristal,
Se suspendaient, éblouissantes,
À des murailles de métal.

1. peintre auquel Baudelaire a consacré une étude intitulée *Le Peintre de la vie moderne*.
2. extraordinaire, sublime.
3. fantaisie.
4. ville biblique, célèbre pour sa grandeur et sa tour élevée jusqu'aux cieux.
5. chutes d'eau.
6. sculptures représentant une divinité des sources et des ruisseaux.
7. fleuve d'Inde.
8. brillant.

Vocabulaire
Le poète emploie le mot « caprice » au vers 6. Quels sont les différents sens de ce terme ? Cherchez en particulier son sens artistique (► p. 289). En quoi peut-il éclairer le poème ?

Jean-François Rauzier, *Dédale 2*, 2010, tirage photographique (120 × 200 cm).

► Biographie p. 552

Non d'arbres, mais de colonnades
Les étangs dormants s'entouraient,
Où de gigantesques naïades[6],
Comme des femmes, se miraient.

Des nappes d'eau s'épanchaient, bleues,
Entre des quais roses et verts,
Pendant des millions de lieues,
Vers les confins de l'univers ;

C'étaient des pierres inouïes
Et des flots magiques ; c'étaient
D'immenses glaces éblouies
Par tout ce qu'elles reflétaient !

Insouciants et taciturnes,
Des Ganges[7], dans le firmament,
Versaient le trésor de leurs urnes
Dans des gouffres de diamant.

Architecte de mes féeries,
Je faisais, à ma volonté,
Sous un tunnel de pierreries
Passer un océan dompté ;

Et tout, même la couleur noire,
Semblait fourbi[8], clair, irisé ;
Le liquide enchâssait sa gloire
Dans le rayon cristallisé.

Nul astre d'ailleurs, nuls vestiges
De soleil, même au bas du ciel,
Pour illuminer ces prodiges,
Qui brillaient d'un feu personnel !

Et sur ces mouvantes merveilles
Planait (terrible[2] nouveauté !
Tout pour l'œil, rien pour les oreilles !)
Un silence d'éternité.

II.

En rouvrant mes yeux pleins de flamme
J'ai vu l'horreur de mon taudis,
Et senti, rentrant dans mon âme,
La pointe des soucis maudits ;

La pendule aux accents funèbres
Sonnait brutalement midi,
Et le ciel versait des ténèbres
Sur le triste monde engourdi.

Questions

1. Quels indices montrent que cette vision est apparue en rêve au poète ?
2. Le paysage décrit existe-t-il dans la réalité ou relève-t-il de la pure imagination ?
3. Comment le poète met-il en valeur et célèbre-t-il sa liberté de création ?
4. Le poète emploie le mot « tableau » au vers 10. Quels procédés apparentent ce poème à une peinture ?
5. La nature et l'homme sont-ils présents dans ce paysage ? De quoi est-il constitué ?
6. Montrez que cette vision représente une forme de beauté idéale et parfaite.
7. Pourquoi le poème est-il organisé en deux parties ? Quel sentiment ressurgit dans la 2e partie ?

Synthèse Dans un paragraphe argumenté, vous montrerez que ce poème exalte les pouvoirs de l'imagination, « reine des facultés » pour Baudelaire.

Paul Verlaine, *Poèmes saturniens* (1866)

► **Biographie p. 556**

⊕ CONTEXTE

Paul Verlaine oscille toute sa vie entre la quête d'un idéal féminin inaccessible et un penchant pour les amours homosexuelles. Il devient l'amant du jeune poète Arthur Rimbaud et abandonne plusieurs fois son épouse Mathilde et leur fils pour s'enfuir avec lui, en dépit de la morale de l'époque.

Placés d'après leur titre sous l'influence de la planète Saturne, responsable de la mélancolie d'après les astrologues, les Poèmes saturniens *de Verlaine traduisent un état d'inquiétude et d'angoisse permanent.*

Mon rêve familier

Je fais souvent ce rêve étrange et pénétrant
D'une femme inconnue, et que j'aime, et qui m'aime,
Et qui n'est, chaque fois, ni tout à fait la même
Ni tout à fait une autre, et m'aime et me comprend.

Car elle me comprend, et mon cœur, transparent
Pour elle seule, hélas ! cesse d'être un problème
Pour elle seule, et les moiteurs de mon front blême,
Elle seule les sait rafraîchir, en pleurant.

Est-elle brune, blonde ou rousse ? – Je l'ignore.
Son nom ? Je me souviens qu'il est doux et sonore,
Comme ceux des aimés que la Vie exila.

Son regard est pareil au regard des statues,
Et, pour sa voix, lointaine, et calme, et grave, elle a
L'inflexion[1] des voix chères qui se sont tues.

1. Intonation.

Eugène Carriere, *Nu de profil*, 1888, huile sur toile (78 × 59 cm), collection privée.

Questions

Vers, strophes et rimes

Quel procédé poétique Verlaine emploie-t-il dans l'enchaînement des vers 13 et 14 ? Quel effet souhaite-t-il produire ?

1. En quoi ce poème évoque-t-il un « rêve familier » ?
2. Quelle image de la femme se dégage de ce poème ? Qu'apporte-t-elle au poète ?
3. Le poète peut-il la distinguer ? Semble-t-il la connaître ?
4. Quels éléments tendent à lui donner un caractère inaccessible, mystérieux, voire inquiétant ?
5. Comment ce poème qui a pour sujet un amour idéal montre-t-il en fait la mélancolie du poète ?
6. Quels effets rythmiques et sonores contribuent à l'impression d'étrangeté de ce poème ? Appuyez-vous par exemple sur l'étude d'une strophe.

► **Vers, strophes et rimes, p. 484**

Synthèse Dans un paragraphe argumenté, vous montrerez que Verlaine évoque dans ce poème un idéal féminin inaccessible.

Vers le bac **S'entraîner au commentaire**

À partir des informations fournies dans cette page, rédigez l'introduction d'un commentaire de ce poème, en annonçant le plan suivant :

I. Un rêve étrange

II. Une femme idéale et inaccessible

► **Rédiger l'introduction, p. 530**

Paul Verlaine,
Jadis et naguère (1884)

CONTEXTE
Dans son « Art poétique » (*Jadis et naguère*), Verlaine demande au poète « de la musique avant toute chose ». Il ajoute que le poème doit être une « chanson grise/Où l'Indécis au Précis se joint. » Ses propres poèmes, souvent très musicaux, recherchent les effets de flou.

Le poème suivant révèle les liens qu'entretient la poésie de Verlaine, toute en nuance, avec le domaine du rêve. La ville évoquée est tout autant réelle que rêvée, synthèse peut-être des diverses villes où le poète a séjourné par le passé.

Kaléidoscope[1]

À Germain Nouveau

Dans une rue, au cœur d'une ville de rêve,
Ce sera comme quand on a déjà vécu :
Un instant à la fois très vague et très aigu…
Ô ce soleil parmi la brume qui se lève !

Ô ce cri sur la mer, cette voix dans les bois !
Ce sera comme quand on ignore des causes :
Un lent réveil après bien des métempsycoses[2] :
Les choses seront plus les mêmes qu'autrefois

Dans cette rue, au cœur de la ville magique
Où des orgues moudront[3] des gigues[4] dans les soirs,
Où les cafés auront des chats sur les dressoirs[5],
Et que traverseront des bandes de musique. […]

Ce sera comme quand on rêve et qu'on s'éveille !
Et que l'on se rendort et que l'on rêve encor
De la même féerie et du même décor,
L'été, dans l'herbe, au bruit moiré[6] d'un vol d'abeille.

1. instrument permettant de voir une image de manière fragmentée.
2. incarnations successives d'une âme humaine.
3. jouer un air.
4. air populaire dansant.
5. buffet.
6. qui présente des reflets ondoyants.

Questions

1. Comment Verlaine brouille-t-il les frontières entre rêve et réalité dans ce poème ? Et entre passé, présent et futur ?
2. Comment comprenez-vous le vers 3 ? Quelle figure de style le caractérise ? Comment les vers 4 et 5 peuvent-ils l'éclairer en partie ?
► Les figures de style, p. 466
3. Pourquoi la ville est-elle « magique » (v. 9) pour Verlaine ?
4. En quoi Verlaine propose-t-il une vision fragmentée, kaléidoscopique de la ville ?
5. Comment la construction des phrases contribue-t-elle à l'impression générale de confusion ?
6. Quels vers de ce poème demeurent énigmatiques ? Faut-il chercher à leur donner un sens ?

Synthèse Dans un paragraphe argumenté, montrez que dans ce poème « l'Indécis au Précis se joint » comme l'écrit Verlaine dans son « Art poétique ».

TEXTE 6

Arthur Rimbaud, *Illuminations* (1886)

► Biographie p. 555

⊕ CONTEXTE

L'aurore est représentée sous la forme d'une allégorie féminine depuis la poésie antique où elle apparaît comme une déesse « aux doigts de rose » (Homère, *Odyssée*). À la Renaissance, de nombreux poètes ont composé des poèmes dans lesquels la femme aimée fait concurrence par sa beauté à l'aurore elle-même. Au XIXe siècle, le lever et le coucher du soleil sont des lieux communs romantiques.

Le recueil Illuminations *est composé de poèmes en prose qui constituent autant de visions poétiques ou oniriques. Le jeune poète se libère ainsi des contraintes de la versification.*

Aube

J'ai embrassé l'aube d'été.

Rien ne bougeait encore au front des palais. L'eau était morte. Les camps d'ombres ne quittaient pas la route du bois. J'ai marché, réveillant les haleines vives et tièdes ; et les pierreries regardèrent, et les ailes se levèrent sans bruit.

La première entreprise fut, dans le sentier déjà empli de frais et blêmes éclats, une fleur qui me dit son nom.

Je ris au wasserfall[1] blond qui s'échevela à travers les sapins : à la cime argentée je reconnus la déesse.

Alors je levai un à un les voiles. Dans l'allée, en agitant les bras. Par la plaine, où je l'ai dénoncée au coq. À la grand'ville elle fuyait parmi les clochers et les dômes, et courant comme un mendiant sur les quais de marbre, je la chassais.

En haut de la route, près d'un bois de lauriers, je l'ai entourée avec ses voiles amassés, et j'ai senti un peu son immense corps. L'aube et l'enfant tombèrent au bas du bois.

Au réveil, il était midi.

1. mot allemand qui signifie « chute d'eau ».

Vincent Van Gogh, *Champs au soleil levant à Saint-Rémy*, 1889, huile sur toile (72 × 92 cm), collection privée.

TEXTE ÉCHO

Arthur Rimbaud, « Lettre à Paul Demeny » (1871)

[…] Je dis qu'il faut être *voyant*, se faire *voyant*.

Le Poète se fait *voyant* par un long, immense et raisonné *dérèglement* de *tous les sens*. Toutes les formes d'amour, de souffrance, de folie ; il cherche lui-même, il épuise en lui tous les poisons, pour n'en garder que les quintessences[1]. Ineffable[2] torture où il a besoin de toute la foi, de toute la force surhumaine, où il devient entre tous le grand malade, le grand criminel, le grand maudit, – et le suprême Savant ! – Car il arrive à *l'inconnu* ! Puisqu'il a cultivé son âme, déjà riche, plus qu'aucun ! Il arrive à l'inconnu, et quand, affolé, il finirait par perdre l'intelligence[3] de ses visions, il les a vues ! Qu'il crève dans son bondissement par les choses inouïes et innombrables : viendront d'autres horribles travailleurs[4] ; ils commenceront par les horizons où l'autre s'est affaissé !

1. substance la plus pure.
2. indescriptible.
3. compréhension.
4. métaphore désignant les poètes.

Questions

Vocabulaire

Comment le verbe « embrasser » est-il formé ? Quels sont ses deux sens et comment Rimbaud les exploite-t-il dans le poème « Aube » ?

Une vision onirique de l'aube

1. Comment ce poème met-il en scène l'éveil progressif de la nature au moment du lever du jour ?
2. Le poète est-il seulement spectateur de cet éveil de la nature ?
3. Quels éléments suggèrent que le poème relate un rêve ?

L'union du poète avec l'aube

4. Montrez que l'aube est représentée sous une forme humaine et féminine. Quelle figure de style est employée ?
► Les figures de style, p. 466
5. Quels procédés donnent l'impression d'une course-poursuite entre le poète et l'aube ?
6. Pourquoi peut-on interpréter l'union du poète avec l'aube comme une étreinte amoureuse ?

Lettre à Paul Demeny

7. Comment comprenez-vous le rôle de « *voyant* » assigné au poète par Rimbaud ?
8. Expliquez le paradoxe de l'expression : « un […] raisonné *dérèglement* de *tous les sens* ».
9. Pourquoi peut-on affirmer que ce texte théorique a lui-même une dimension poétique ?

Synthèse À partir de vos réponses au questionnaire, montrez que Rimbaud expose une de ses visions de poète « voyant » dans le poème « Aube ».

Vers le bac S'entraîner au sujet d'invention

À votre tour, composez un poème en prose relatant une tentative pour retenir le soleil au moment de son coucher. Vous donnerez à votre texte une dimension onirique et merveilleuse.

► Lire un sujet d'invention, p. 512

TEXTE 7

Robert Desnos, *Corps et biens* (1930)

► Biographie p. 553

CONTEXTE
Au tout début du xxe siècle, le psychanalyste Sigmund Freud a analysé les mécanismes du rêve et montré que celui-ci était une expression de l'inconscient et une manifestation des désirs enfouis. Les surréalistes s'inspirent librement de ses théories en explorant le domaine du rêve et du sommeil dans leurs productions littéraires et artistiques.

Robert Desnos participe aux séances de sommeil hypnotique organisées par les surréalistes. Le rêve et l'état de semi-conscience du dormeur éveillé inspirent ses poèmes.

Les Espaces du sommeil

Dans la nuit il y a naturellement les sept merveilles du monde et la grandeur et le tragique et le charme.
Les forêts s'y heurtent confusément avec des créatures de légendes cachées dans les fourrés.
Il y a toi.
Dans la nuit il y a le pas du promeneur et celui de l'assassin et celui du sergent de ville et la lumière du réverbère et celle de la lanterne du chiffonnier.
Il y a toi.
Dans la nuit passent les trains et les bateaux et le mirage des pays où il fait jour. Les derniers souffles du crépuscule et les premiers frissons de l'aube.
Il y a toi.
Un air de piano, un éclat de voix.
Une porte claque. Une horloge.
Et pas seulement les êtres et les choses et les bruits matériels.
Mais encore moi qui me poursuis ou sans cesse me dépasse.
Il y a toi l'immolée[1], toi que j'attends.
Parfois d'étranges figures naissent à l'instant du sommeil et disparaissent.
Quand je ferme les yeux, des floraisons[2] phosphorescentes apparaissent et se fanent et renaissent comme des feux d'artifice charnus[3].
Des pays inconnus que je parcours en compagnie de créatures.
Il y a toi sans doute, ô belle et discrète espionne.
Et l'âme palpable de l'étendue. […]
Dans la nuit, il y a les étoiles et le mouvement ténébreux de la mer, des fleuves, des forêts, des villes, des herbes, des poumons de millions et de millions d'êtres.
Dans la nuit il y a les merveilles du monde.
Dans la nuit, il n'y a pas d'anges gardiens mais il y a le sommeil.
Dans la nuit il y a toi.
Dans le jour aussi.

1. sacrifiée.
2. action de fleurir.
3. composés de chair.

Questions

Grammaire
Quelle est la particularité syntaxique des phrases de ce poème ? En quoi cela contribue-t-il à l'impression de confusion ?

1. En quoi la nuit est-elle perçue comme un univers merveilleux ?
2. À quels « espaces » donne-t-elle accès ?
3. Comment ce poème reproduit-il la confusion et le désordre de l'esprit en sommeil ?
4. Quelle place ce poème accorde-t-il à la femme aimée ?
5. Desnos respecte-t-il la versification traditionnelle ? Quels procédés contribuent à la musicalité du poème ?
► Vers, strophes et rimes, p. 484

Synthèse Montrez que ce poème manifeste la fascination des surréalistes pour la nuit et le sommeil.

LECTURE D'IMAGE

Salvador Dalí, *Rêve causé par le vol d'une abeille…* (1944)

La femme endormie ► représentée sur ce tableau est Gala, épouse et muse de Dalí. Un matin, celle-ci raconte au peintre surréaliste un étrange rêve provoqué par le bruit d'une abeille volant autour d'une pomme-grenade. Dalí, fasciné par ce rêve, décide immédiatement de le peindre. Le tableau est devenu l'un des plus célèbres du peintre espagnol.

Salvador Dalí, *Rêve causé par le vol d'une abeille autour d'une pomme-grenade une seconde avant l'éveil*, 1944, huile sur toile (51 x 41 cm), Thyssen Bornemisza collection, Madrid.

Prolongements

- L'éléphant s'inspire d'une sculpture du Bernin. Cherchez-en une reproduction. Pourquoi Dalí reprend-il cet élément d'après vous ?
- La pomme-grenade est l'attribut d'une déesse de la mythologie. Laquelle ? Quel éclairage cette information apporte-t-elle au tableau de Dalí ?

Questions

1. Après avoir observé attentivement ce tableau, décrivez précisément les différents éléments qui le composent.

2. Le décor semble-t-il réel ? Pourquoi ?

3. À quel endroit du tableau est représenté l'élément réel qui provoque le rêve ?

4. Quels liens percevez-vous entre la cause du rêve et les images qu'elle fait surgir ? Comment Dalí figure-t-il ces liens ?

5. L'attitude de la rêveuse correspond-elle aux images du rêve ? Pourquoi ?

6. Quel moment du rêve le peintre représente-t-il ?

7. Quels éléments rendent ce tableau surréaliste ?

► Repères artistiques, p. 308

Synthèse Rédigez un paragraphe montrant que le titre donne la clé du tableau de Dalí.

VOCABULAIRE LE RÊVE ET L'IMAGINAIRE

1 FORMATION DES MOTS

Analysez la formation des mots suivants. Quel sens a le préfixe de chacun d'entre eux ?
extraordinaire – irréel – surnaturel – extravagance – inconscient – surréaliste

2 DES MOTS CONNOTÉS

Indiquez si les adjectifs suivants sont neutres, connotés positivement ou négativement. Lesquels sont connotés différemment selon leur emploi ?
imaginaire – illusoire – bizarre – fabuleux – chimérique – idéal – merveilleux – délirant – hallucinatoire – fantastique – utopique – surnaturel – extraordinaire – onirique – extravagant – fantaisiste – étrange – féerique – insolite

3 EMPLOIS

Remplacez les termes en gras par l'un des adjectifs de la liste précédente.

a. *Alice au pays des merveilles* de Lewis Carroll met en scène des personnages **loufoques**.

b. L'Eldorado dans *Candide* de Voltaire est une société **idéale et irréalisable**.

c. Le Horla est une créature **surnaturelle et effrayante**.

d. *Aurélia* de Nerval est un récit plongé dans une atmosphère **de rêve**.

4 FANTAISIES ÉTYMOLOGIQUES

À partir de quel radical latin les mots suivants sont-ils tous composés ? Quel sens a-t-il ? Après avoir défini chacun de ces termes, cherchez d'autres mots composés à partir du même radical.
fantôme – fantasme – fantaisie

5 HISTOIRES DE MOTS

Retrouvez le mot correspondant aux définitions suivantes.

a. Dans la mythologie grecque, monstre fabuleux ayant généralement la tête d'un lion, le corps d'une chèvre, la queue d'un dragon et crachant du feu.

b. Genre littéraire créé par l'écrivain anglais Thomas More, dans lequel est représentée une société idéale souvent située sur une île isolée.

c. Terme d'origine anglaise utilisé par le poète Charles Baudelaire pour désigner un état de mélancolie très noire qui fait surgir des visions cauchemardesques dans l'imagination en délire.

6 CHAIR DE POULE

Cherchez le sens exact de ces adjectifs associés à la peur et au dégoût, puis écrivez un court texte dans lequel vous emploierez quelques-uns de ces termes.
monstrueux – funèbre – lugubre – terrifiant – glauque – angoissant – morbide – macabre – gore – horrible – effrayant – repoussant – épouvantable – ignoble – sinistre

7 MYTHOLOGIE

Que signifient les mots en italique ? Cherchez leur origine dans la mythologie gréco-romaine.

a. Les médecins l'ont mis sous *morphine* pour apaiser la douleur.

b. Ce jeune homme mène une vie *léthargique*.

c. Le public a été impressionné par le numéro de l'*hypnotiseur*.

d. La chouette est un oiseau *nyctalope*.

e. Mon frère est sujet au *somnambulisme*.

8 DEVINETTES

a. Qu'on est bien *entre les bras de Morphée* !
Que signifie cette expression et d'où vient-elle ?

b. On dit d'un animal qui vit la nuit qu'il est *nocturne*. Mais comment qualifie-t-on un animal qui vit le jour ?

c. Qu'ont de commun un *chanteur* et un *enchanteur* ?

d. On peut dire de quelqu'un d'impassible et mystérieux qu'il a une attitude de *sphinx*. À quoi renvoie cette expression ?

e. Un *spectre* est un fantôme, une apparition. Mais pourquoi parle-t-on de *spectre de la lumière* ?

f. Qu'est-ce que le *sort* dans les expressions *jeter un sort* et *tirer au sort* ?

g. En ancien français, le verbe « montrer » s'écrivait « monstrer ». Quel rapport ce verbe a-t-il avec le *monstre* ?

h. Dire de quelqu'un qu'il est *malin* est un compliment. Mais à l'origine qui appelle-t-on *le malin* et pourquoi ?

EXPRESSION ÉCRITE

Sujet 1

Écrivez un récit de cauchemar angoissant, en utilisant le vocabulaire de cette page.

Sujet 2

Deux poètes dialoguent : l'un affirme que la poésie doit explorer l'imaginaire, l'autre soutient qu'elle doit s'en tenir au réel. Écrivez leur dialogue.

SYNTHÈSE

L'IMAGINAIRE, DU ROMANTISME AU SURRÉALISME

Aux XVIIe et XVIIIe siècles, l'imagination est considérée comme « maîtresse d'erreur et de fausseté » (Pascal, *Pensées, 1670). Les arts et les lettres sont alors placés sous le signe de la raison. Cependant, à partir de 1750, l'imagination reprend progressivement ses droits…*

1 L'IMAGINAIRE, UNE SOURCE DE LIBERTÉ FORMELLE

Le rejet de la raison classique s'accompagne d'une libération progressive par rapport à la versification et aux formes poétiques, dont les règles avaient aussi été fixées à l'époque classique. Les poètes inventent des formes nouvelles pour ne pas entraver leur imagination et entrent ainsi dans la modernité.

Le poème en prose

La prose paraît plus appropriée pour décrire rêves et visions poétiques. Elle permet de traduire l'incohérence, la complexité du rêve.

Ex. : la création du poème en prose par Aloysius Bertrand dans *Gaspard de la nuit* ► **p. 286**

Ex. : le recueil de poèmes en prose *Illuminations* de Rimbaud ► **p. 300**

Le poème en vers libres

Les surréalistes privilégient les vers libres, de longueur variable, qui laissent l'inconscient s'exprimer librement, tout en conservant un rythme et une musicalité poétiques.

Ex. : le poème en vers libres « Les Espaces du sommeil » de Desnos ► **p. 302**

2 L'IMAGINAIRE MACABRE ET LE ROMANTISME NOIR

Au XVIIIe siècle, le roman noir venu d'Angleterre (Lewis, *Le Moine* ► **p. 287**) introduit cauchemars, spectres, créatures diaboliques et monstrueuses dans la littérature. Ces récits sont à l'origine de la face sombre du mouvement romantique au XIXe siècle, appelée « romantisme noir », qui se tourne vers un imaginaire macabre et effrayant.

Ex. : le « caprice » artistique de Goya, *Le Sommeil de la raison engendre des monstres* ► **p. 289**

Ex. : le cauchemar d'Aloysius Bertrand dans « Un rêve » ► **p. 286**

3 L'IMAGINATION POUR BAUDELAIRE ET LES SYMBOLISTES

La « reine des facultés »

Dans sa critique d'art, Baudelaire affirme que l'imagination est « la reine des facultés ». En tant que poète, son imagination personnelle est mise en éveil tant par l'exaltation procurée par la femme qui suscite des rêveries idéales (« Parfum exotique » ► **p. 294**), que par l'angoisse du Spleen qui fait au contraire surgir les pires cauchemars (« Spleen ► **p. 295**).

Le poète « voyant »

Rimbaud définit le poète comme un « voyant » (« Lettre à Paul Demeny » ► **p. 301**). Ainsi, les poètes symbolistes de la fin du XIXe siècle décrivent-ils les « visions » issues de leur imagination sans chercher à les rationaliser ou les expliquer.

Ex. : le rêve d'une femme qui est « chaque fois, ni tout à fait la même/Ni tout à fait une autre » dans « Mon rêve familier » de Verlaine ► **p. 298**

Ex. : la vision poétique du lever du jour dans « Aube » de Rimbaud ► **p. 300**

4 LE SURRÉALISME : IMAGINATION ET INCONSCIENT

S'inspirant de Baudelaire et Rimbaud, les surréalistes, au début du XXe siècle, laissent totalement libre cours à leur imagination. Ils veulent explorer l'inconscient, découvert par le psychanalyste Sigmund Freud, et comme lui, se passionnent pour le sommeil et le rêve. Ils pratiquent l'écriture automatique et le sommeil hypnotique pour empêcher la raison d'exercer un contrôle sur leur création (Desnos, « Les Espaces du sommeil » ► **p. 302**).

LE SURRÉALISME : UNE AVENTURE COLLECTIVE

Les surréalistes à l'école de Breton

• Pendant la Première Guerre mondiale est fondé en Suisse le groupe « Dada », mené par Tristan Tzara. Ce groupe est animé par un commun désir de destruction et un sentiment de révolte à l'égard des valeurs morales et artistiques. Les premiers surréalistes seront très influencés par ce mouvement.

Le groupe des surréalistes dans un avion dans un parc d'attractions, bibliothèque littéraire Jacques Doucet, Paris.

• En 1919, **Breton, Soupault et Aragon,** bientôt rejoints par **Eluard**, fondent la revue *Littérature*. Ils baptisent leur groupe « Surréalisme », terme emprunté au poète Apollinaire.

• Le groupe rassemble des poètes et artistes gravitant autour de **Breton**, chef de file charismatique. Tous sont animés par une aspiration commune, qui apparaît comme une révolution esthétique : il s'agit de libérer l'art des contraintes de la raison, pour explorer les domaines jusqu'alors négligés de l'imaginaire et de l'inconscient.

« **SURRÉALISME,** n. m. : automatisme psychique pur par lequel on se propose d'exprimer, soit verbalement, soit par écrit, soit de toute autre manière, le fonctionnement réel de la pensée. Dictée de la pensée, en l'absence de tout contrôle exercé par la raison, en dehors de toute préoccupation esthétique ou morale. » (Breton)

De l'âge d'or à la rupture

• Le groupe connaît d'abord un âge d'or : ses membres sont très unis, divers manifestes sont publiés, des œuvres collectives sont composées. Cependant, à la fin des années 1920, des tensions croissantes émergent. **Breton**, autoritaire et exigeant, est surnommé par ironie « pape du surréalisme ». Il exclut violemment certains membres du groupe qui s'éloignent selon lui de l'idéal surréaliste (**Desnos** et **Soupault** notamment).

• La révolution, mot d'ordre du surréalisme, n'est pas seulement esthétique, mais aussi politique, et se traduit par un ralliement commun au Parti Communiste Français. Cependant, en 1933, **Breton** quitte le PCF dont il n'approuve pas la politique culturelle, alors qu'**Aragon** et **Eluard** y restent fidèles. Les membres fondateurs se séparent et provoquent ainsi la dissolution du groupe. Les œuvres ultérieures d'**Aragon** et d'**Eluard** restent néanmoins très imprégnées par l'esprit surréaliste.

LA QUÊTE DU MERVEILLEUX

Les techniques surréalistes

Inspirés par les récentes découvertes du psychanalyste Sigmund Freud, les surréalistes cherchent à libérer l'inconscient par diverses techniques :
– séances de sommeil hypnotique, au cours desquelles les participants notent leurs délires et hallucinations (**Desnos** est particulièrement doué) ;
– récits et analyses de rêves (**Breton** considère que la réalité et le rêve sont des « vases communicants » et assigne au poète la tâche de retrouver le « fil conducteur qui les relie ») ;
– jeux d'écriture collectifs faisant intervenir le hasard ;
– pratique de l'écriture automatique laissant s'exprimer la voix intérieure inconsciente (**Breton** et **Soupault**, *Les Champs magnétiques* ► p. 320).

Questions

1. Qu'est-ce que la psychanalyse ?
2. Quel sens le psychanalyste Freud donne-t-il aux rêves ?

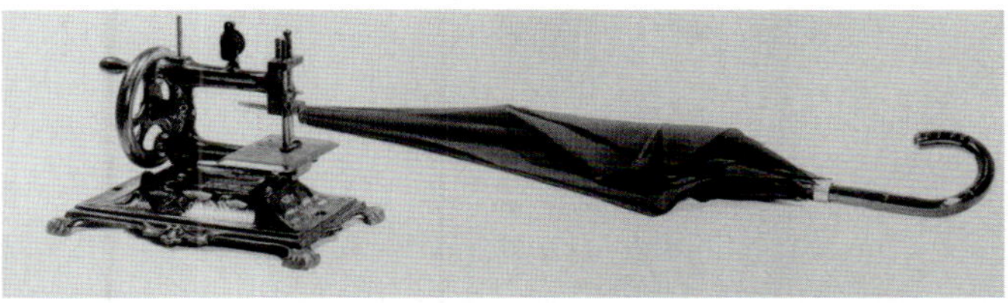

Man Ray, *Beau comme la rencontre fortuite sur une table de dissection d'une machine à coudre et d'un parapluie*, 1935.

▲ Lautréamont évoque la beauté de la « rencontre fortuite sur une table de dissection d'une machine à coudre et d'un parapluie ». Cette phrase est à la source de la réflecion des surréalistes sur l'image poétique.

www.lienmini.fr/magnard-el2-021

• Sur le site de l'association André Breton, cliquez sur la photographie représentant un mur de son appartement.

• À partir des descriptifs proposés pour chaque élément, proposez un classement des objets.

• Choisissez l'un de ces objets et expliquez pourquoi il est surréaliste.

Le merveilleux des surréalistes

• Les surréalistes visent à accéder au surréel, c'est-à-dire à un envers caché de la réalité, au merveilleux dissimulé dans le quotidien, à une dimension où réel et imaginaire ne sont plus opposés. Leur objectif est « la résolution future de ces deux états, en apparence si contradictoires, que sont le rêve et la réalité » (**Breton**, *Manifeste du surréalisme*, 1924).

• Convaincus que « le merveilleux est toujours beau » (**Breton**, *Manifeste du surréalisme*, 1924), ils le cherchent dans :
– la ville, qui favorise les rencontres et les hasards (**Breton** explore Paris dans *Nadja* ; **Aragon** écrit *Le Paysan de Paris*, 1926) ;
– les objets insolites, trouvés au hasard chez les antiquaires et collectionnés avec passion par **Breton** ;
– l'univers du rêve ;
– la femme qui, par la magie de l'amour, métamorphose le regard porté sur le monde (**Eluard**, *Capitale de la douleur*, 1926 ► p. 311).

L'image surréaliste

La métaphore est par excellence la figure poétique qui permet au merveilleux de jaillir : **Breton** évoque la « lumière de l'Image », l'étincelle qui se produit lorsque la métaphore associe deux réalités éloignées l'une de l'autre, et il ajoute : « pour moi, la plus forte est celle qui présente le degré d'arbitraire le plus élevé [...] ; celle qu'on met le plus longtemps à traduire en langage pratique » (*Manifeste du surréalisme*, 1924).

Raoul Hausmann, *New Home*, 1920, collage (29,5 × 21,9 cm), collection privée.

LE SURRÉALISME ET LES ARTS

• Le surréalisme est d'abord un mouvement littéraire. Cependant, les poètes surréalistes ne limitent pas leur domaine de création à l'écriture, et composent aussi des œuvres graphiques. Ils se passionnent par ailleurs pour les arts premiers (d'Afrique et d'Océanie), dont Breton devient un fervent collectionneur.
• Intrigués par les recherches des poètes surréalistes, des artistes (peintres, photographes) rejoignent le groupe et participent aux séances de sommeil hypnotique ou de création collective aux côtés des poètes. Les premières expositions de peinture surréaliste ont lieu dès 1925. Le surréalisme devient alors un mouvement artistique aussi bien que littéraire, proposant des voies diverses pour explorer l'inconscient et le surréel. En 1928, Breton publie un essai intitulé *Le Surréalisme et la Peinture*, et confirme ainsi qu'une peinture surréaliste a vu le jour.

LA PEINTURE : UNE PORTE D'ACCÈS VERS L'IMAGINAIRE

• S'inspirant des procédés d'écriture inventés par les poètes ► p. 307, les artistes surréalistes utilisent des techniques novatrices :
– **Picasso** et **Max Ernst** pratiquent le collage, en assemblant des papiers et parfois des objets sur la toile ;
– **Max Ernst** invente une technique qu'il appelle le frottage, consistant à poser une feuille sur une surface quelconque et à en prendre l'empreinte en frottant le crayon sur le papier ;
– **Masson** excelle dans la technique du dessin automatique.
• Ces techniques nouvelles remettent en cause le rôle de la volonté consciente dans la création artistique : alors que l'œuvre d'art est généralement conçue comme le produit de la volonté de son créateur, pour les surréalistes, elle est en grande partie le fruit du hasard ou d'un « automatisme psychique pur » auquel l'artiste laisse libre cours.

Des images surgies de l'inconscient

• Les artistes surréalistes cherchent à faire surgir des images inconscientes sur la toile. Pour **Max Ernst**, « il faut transcrire ce que l'on voit à l'intérieur ». Les tableaux surréalistes reflètent cauchemars, angoisses, et obsessions de l'inconscient. Par exemple, **Dalí** transpose des rêves sur la toile (► Lecture d'image, p. 303), et **Max Ernst** représente des univers angoissants, comme sortis des cauchemars (*The Sound of Silence*, 1944).

Max Ernst, *The Sound of Silence*, 1943, huile sur toile (108 × 141 cm), Washington University, Saint-Louis.

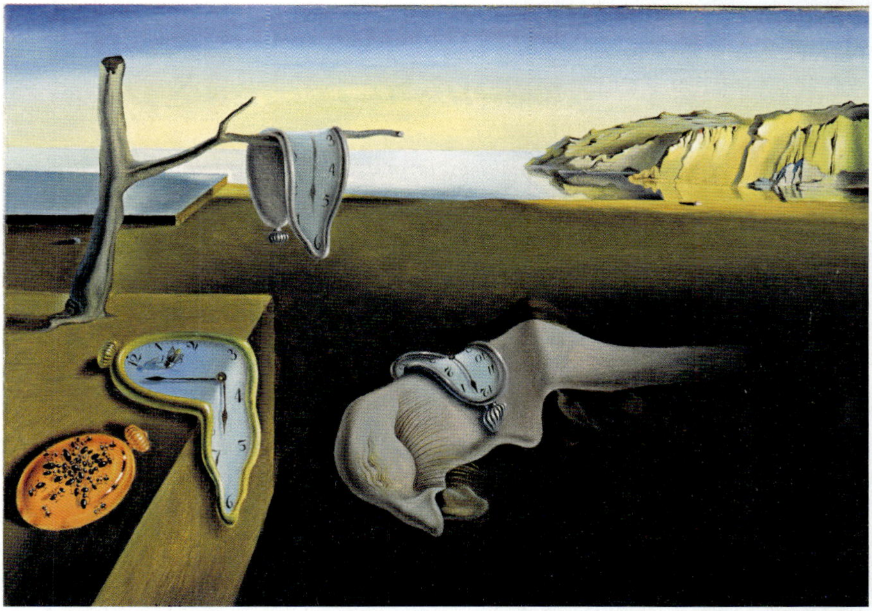

Salvador Dalí, *La Persistance de la mémoire*, 1931, huile sur toile (24 × 33 cm), Museum of modern art, New York.

• Les tableaux surréalistes de **Dalí, Max Ernst** ou **Yves Tanguy** produisent sur le spectateur une impression d'inquiétante étrangeté, par divers effets :
– la représentation de créatures extraordinaires et souvent angoissantes ;
– la déformation des objets (les « montres molles » de **Dalí** dans *Persistance de la mémoire*, 1931), qui semblent par ailleurs flotter comme en apesanteur dans l'espace ;
– une lumière diffuse et étrange, dont la source est difficile à situer ;
– un espace irréel, dans lequel les lois de la perspective et des proportions sont abolies (**Yves Tanguy**, *Jour de lenteur*, 1937).
• Dans la peinture surréaliste, l'œuvre du peintre belge **Magritte** se distingue par son univers poétique, insolite et souvent empreint d'humour noir. Ses tableaux, qui portent des titres plus déroutants qu'éclairants, détournent les objets de leur fonction, ouvrent des portes vers l'imaginaire, montrent l'envers du réel en renversant les apparences (**► Lecture d'image, p. 315**).

Questions

1. Comment le peintre Dalí métamorphose-t-il le réel ?
2. Pourquoi son tableau porte-t-il ce titre ?

www.lienmini.fr/magnard-el2-022

• Sur le site de la fondation Magritte, visitez la galerie.

• Trouvez le tableau intitulé *La Trahison des images*. Quelle réflexion sur le rapport entre l'art et le réel ce tableau suggère-t-il ?

LA PHOTOGRAPHIE : AU-DELÀ DES APPARENCES

• L'art photographique passionne les surréalistes, qui y trouvent un moyen de figer un instant éphémère et de révéler ce « merveilleux quotidien » dont parle Aragon. Certains textes surréalistes (*Nadja* de Breton par exemple) sont accompagnés de photographies, dont la fonction est moins d'illustrer le texte que d'ouvrir le champ de l'imaginaire.
• Le photographe américain **Man Ray**, qui réalise de nombreux portraits des membres du groupe surréaliste, invente des procédés faisant intervenir le hasard dans la création photographique :
– la rayographie : il pose des objets sur un papier photographique et ceux-ci apparaissent en blanc sur fond noir, une fois la photographie développée.
– la solarisation : il expose un négatif photographique à la lumière du soleil, ce qui crée des halos étranges après développement de l'image.
Man Ray reste aussi célèbre pour ses portraits de femmes, souvent étranges et d'une grande sensualité.

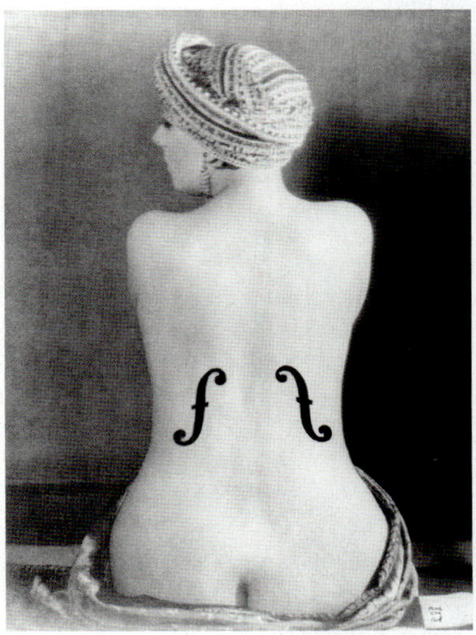

Man Ray, *Le Violon d'Ingres*, 1924, photographie.

TEXTE 1

Guillaume Apollinaire, *Poèmes à Yvonne* (1903)

► Biographie p. 552

Apollinaire est un précurseur du surréalisme (dont il a inventé le nom).

Aujourd'hui, de cinq à six heures,
suivi la voisine divine.
Restif[1] dirait « féïque ».
Pas osé lui donner les vers
faits hier.

Journal, 14 avril 1903.

Vous dont je ne sais pas le nom ô ma voisine
Mince comme une abeille ô fée apparaissant
Parfois à la fenêtre et quelquefois glissant
Serpentine onduleuse à damner ô voisine
Et pourtant sœur des fleurs ô grappe de glycine

En robe verte vous rappelez Mélusine[2]
Et vous marchez à petits pas comme dansant
Et quand vous êtes en robe bleu-pâlissant
Vous semblez Notre-Dame des fleurs ô voisine
Madone[3] dont la bouche est une capucine

Sinueuse comme une chaîne de monts bleus
Et lointains délicate et longue comme un ange
Fille d'enchantements mirage fabuleux
Une fée autrefois s'appelait Mélusine
Ô songe de mensonge avril miraculeux

Tremblante et sautillante ô vous l'oiselle[4] étrange
Vos cheveux feuilles mortes après la vendange
Madone d'automne et des printemps fabuleux
Une fée autrefois s'appelait Mélusine
Êtes-vous Mélusine ô fée ô ma voisine

1. Restif de la Bretonne (1734-1806). – **2.** fée qui se transforme en femme-serpent chaque samedi. – **3.** vierge à l'enfant. – **4.** femelle de l'oiseau.

Questions

Entre tradition et modernité

1. Ce poème est-il moderne ou traditionnel du point de vue de la versification ?

2. Quelle particularité fait surtout la nouveauté de ce poème ?

3. Quels sont les procédés traditionnels de l'éloge lyrique dans ce poème ?

4. Pour Breton, Apollinaire possédait un « don prodigieux d'émerveillement ». Comment le poème l'illustre-t-il ?

Une femme-fée

5. Relevez les images employées pour décrire la femme. Montrez qu'elles la rendent merveilleuse.

6. Comment la légèreté de la femme est-elle évoquée ? Comment l'écriture traduit-elle cette légèreté ?

7. Quels éléments révèlent le caractère changeant et mystérieux de la femme ?

Synthèse Montrez que ce poème évoque une femme-fée.

►►► **Francis Picabia,** *Lydia, transparence* (détail), 1929, huile sur toile (55 × 46 cm), collection privée.

TEXTE 2

Paul Eluard, *Capitale de la douleur* (1926)

► Biographie p. 553

CONTEXTE
Le blason, poème descriptif très en vogue au XVIe siècle, célèbre la beauté d'une personne (une femme souvent), d'un objet ou d'un animal, en se focalisant généralement sur un détail précis : l'œil, la main, la chevelure, etc. La tradition du blason amoureux subsiste jusque dans la poésie moderne.

L'œil est fondamental chez les surréalistes qui réclament et revendiquent un regard nouveau sur le monde et la vie. L'œil, en particulier celui de la femme, symbolise aussi l'accès à l'au-delà, au merveilleux. C'est à travers le regard de la femme aimée que le poète surréaliste se sent véritablement exister et qu'il découvre le monde qui l'entoure sous un nouveau jour.

La courbe de tes yeux fait le tour de mon cœur,
Un rond de danse et de douceur,
Auréole du temps, berceau nocturne et sûr,
Et si je ne sais plus tout ce que j'ai vécu
C'est que tes yeux ne m'ont pas toujours vu.

Feuilles de jour et mousse de rosée,
Roseaux du vent, sourires parfumés,
Ailes couvrant le monde de lumière,
Bateaux chargés du ciel et de la mer,
Chasseurs des bruits et sources des couleurs

Parfums éclos d'une couvée d'aurores
Qui gît toujours sur la paille des astres,
Comme le jour dépend de l'innocence
Le monde entier dépend de tes yeux purs
Et tout mon sang coule dans leurs regards.

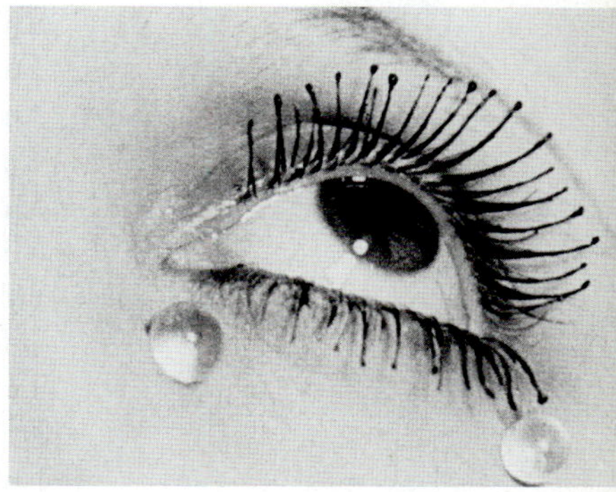

Man Ray, *Les Larmes (larmes de verre)*, 1931, photographie.

Questions

Grammaire

Observez la syntaxe des phrases dans ce poème. Qu'est-ce qui la caractérise ? Quel effet est produit ?

Le poème de l'œil

1. Quelle impression se dégage de la première lecture de ce poème ? En quoi la structure du poème, le rythme et les sonorités y contribuent-ils ?
► Vers, strophes et rimes, p. 484

2. Relevez dans la première strophe les termes renvoyant à la figure du cercle ou de la courbe. Quelle image de la femme suggèrent-ils ?

3. Observez le premier et le dernier vers. Pourquoi peut-on dire que le poème est lui-même circulaire ?

Une femme-monde

4. Comment comprenez-vous les métaphores employées aux vers 6 à 12 ? Quelles sont leurs diverses connotations ? En quoi montrent-elles le caractère merveilleux de la femme ?
► Les figures de style, p.466

5. Comment ces métaphores éclairent-elles le vers 14 du poème ?

6. Quelle relation entre le poète et la femme ce poème évoque-t-il ? Appuyez-vous sur une analyse précise.

7. Montrez que l'on peut parler à propos de ce poème de blason surréaliste.

Synthèse Montrez dans un paragraphe argumenté que, dans ce poème, le regard de la femme donne accès au merveilleux.

Vers le bac S'entraîner au commentaire

Préparez le plan détaillé d'un axe de commentaire de ce texte montrant que le regard de la femme donne accès au merveilleux.
► Élaborer un plan détaillé, p. 525

TEXTE 3

André Breton, *L'Air de l'eau* (1934)

► Biographie p. 552

⊕ CONTEXTE
La sirène, comme la fée, est l'une des figures fabuleuses auxquelles la femme est associée par les surréalistes. Cette femme-poisson, traditionnellement représentée face à son miroir, en train de se peigner, attire les hommes dans sa grotte en les séduisant par sa beauté et par son chant envoûtant.

André Breton, qui célèbre « l'amour fou » dans un texte portant ce titre, ne cesse de clamer la beauté sidérante de la femme. Tantôt femme-enfant, tantôt femme-fée, elle incarne pour lui l'accès possible à une autre sphère, à un envers du réel, promesse de merveilleux.

Je rêve je te vois superposée indéfiniment à toi-même
Tu es assise sur le haut tabouret de corail
Devant ton miroir toujours à son premier quartier
Deux doigts sur l'aile d'eau du peigne
Et en même temps
Tu reviens de voyage tu t'attardes la dernière dans la grotte
Ruisselante d'éclairs
Tu ne me reconnais pas
Tu es étendue sur le lit tu t'éveilles ou tu t'endors
Tu t'éveilles où tu t'es endormie ou ailleurs
Tu es nue la balle de sureau[1] rebondit encore
Mille balles de sureau bourdonnent au-dessus de toi
Si légères qu'à chaque instant ignorées de toi
Ton souffle ton sang sauvés de la folle jonglerie de l'air
Tu traverses la rue les voitures lancées sur toi ne sont plus que leur ombre
Et la même
Enfant
Prise dans un soufflet de paillettes
Tu sautes à la corde
Assez longtemps pour qu'apparaisse au haut de l'escalier invisible
Le seul papillon vert qui hante les sommets de l'Asie
Je caresse tout ce qui fut toi
Dans tout ce qui doit l'être encore
J'écoute siffler mélodieusement
Tes bras innombrables
Serpent unique dans tous les arbres
Tes bras au centre desquels tourne le cristal de la rose des vents
Ma fontaine vivante de Sivas[2]

1. pendule électrique permettant de déterminer si un objet est électrisé.
2. (Shiva) dieu hindou souvent représenté avec quatre bras tentaculaires symbolisant les points cardinaux.

Max Ernst, *Le Jardin de la France*, 1962, huile sur toile (114 × 168 cm), centre Georges Pompidou, Paris.

TEXTE ÉCHO

André Breton, *L'Union libre* (1931)

Salvador Dalí, *Ma femme nue regardant son propre corps*, 1945, huile sur panneau (61 × 52 cm), collection privée.

Ma femme à la chevelure de feu de bois
Aux pensées d'éclairs de chaleur
À la taille de sablier
Ma femme à la taille de loutre entre les dents du tigre
Ma femme à la bouche de cocarde et de bouquet d'étoiles de
[dernière grandeur
Aux dents d'empreintes de souris blanche sur la terre blanche
À la langue d'ambre et de verre frottés
Ma femme à la langue d'hostie poignardée
À la langue de poupée qui ouvre et ferme les yeux
À la langue de pierre incroyable
Ma femme aux cils de bâtons d'écriture d'enfant
Aux sourcils de bord de nid d'hirondelle
Ma femme aux tempes d'ardoise de toit de serre
Et de buée aux vitres
Ma femme aux épaules de champagne
Et de fontaine à têtes de dauphins sous la glace
Ma femme aux poignets d'allumettes
Ma femme aux doigts de hasard et d'as de cœur
Aux doigts de foin coupé
[…]

Questions

Grammaire

Expliquez les emplois des homonymes « ou » et « où » aux vers 9 et 10 de « Je rêve je te vois… ». Comment Breton crée-t-il une confusion ?

Le rôle de l'imagination

1. Les premiers mots du poème sont : « Je rêve je te vois ». En quoi le poème évoque-t-il un rêve, une vision imaginaire ?
2. Relevez dans ce poème des images surprenantes ou insolites.
3. Pourquoi ce poème peut-il sembler écrit selon les principes de l'écriture automatique ?

► Repères littéraires, p. 307

Une femme surréaliste

4. À quel(s) personnage(s) fabuleux est-il fait allusion dans cette évocation de la femme aimée ?
5. À quels éléments (air, eau, feu, terre) le poète fait-il appel pour évoquer la femme ?
6. En quoi les derniers vers du poème suggèrent-ils l'image d'une femme au centre du monde ?
7. Montrez que la femme apparaît comme un être merveilleux et insaisissable dans ce poème.

L'Union libre (texte écho)

8. Analysez les métaphores employées pour décrire les différentes parties du corps de la femme. Le lien entre le comparé et le comparant est-il toujours évident ? Quel effet ces métaphores visent-elles à produire ?

► Les figures de style, p.466

9. Sur quelle figure de répétition ce poème est-il construit ? Quel effet poétique est ainsi produit ?
10. En quoi ce poème fait-il de la femme aimée une incarnation de l'univers ?

Lecture d'image Comment ce tableau de Dalí montre-t-il la sensualité et le mystère de la femme ?

Synthèse Rédigez un paragraphe dans lequel vous montrerez que ces deux poèmes de Breton font l'éloge de la femme-monde.

TEXTE 4

Paul Eluard, *Une longue réflexion amoureuse* (1945)

► Biographie p. 553

CONTEXTE
D'après les récits mythologiques, Vénus (Aphrodite pour les Grecs), déesse de la beauté et de l'amour, naît en surgissant des flots de la mer, juchée sur une coquille. Ce motif dit de « Vénus anadyomène » (sortie des eaux) est fréquent en peinture (Botticelli, *La Naissance de Vénus*, 1485) et en poésie (Rimbaud, « Vénus anadyomène »).

Paul Eluard a intitulé l'un de ses recueils poétiques L'Amour la poésie, *suggérant ainsi combien amour et poésie sont indissociables à ses yeux. La majeure partie de son œuvre poétique est en effet consacrée à la femme et à l'amour, et ce jusqu'à la fin de sa vie.*

Surgis

Surgis fille d'une seule eau
Comme une jeune fille seule
Au milieu de ses robes nues
Comme une jeune fille nue
Au milieu des mains qui la prient
Je te salue

Je brûle d'une flamme nue
Je brûle de ce qu'elle éclaire
Surgis ma jeune revenante
Dans tes bras une île inconnue
Prendra la forme de ton corps
Ma souriante

Une île et la mer diminue
L'espace n'aurait qu'un frisson
Pour nous deux un seul horizon
Crois-moi surgis cerne ma vue
Donne la vie à tous mes rêves
Ouvre les yeux.

Questions

Grammaire
Quel mode verbal est présent dans les trois derniers vers ? Qu'exprime-t-il ?
► Modes, temps et valeurs, p. 438

1. À quel élément naturel la jeune fille évoquée dans ce poème est-elle associée ? Comment et pourquoi ?
2. À quelles figures féminines le vers 1 et les vers 5-6 peuvent-ils faire penser ? Quelles qualités de la jeune fille ces allusions suggèrent-elles ?
3. La jeune fille évoquée existe-t-elle ou est-elle le fruit d'un fantasme ? Justifiez votre réponse par une analyse.
4. Quels procédés traduisent le désir éprouvé par le poète de voir cette jeune fille surgir dans sa vie ? Que lui apporterait-elle ?
5. Comment la forme et la musicalité du poème contribuent-elles à l'impression de douceur et de sensualité ?
► Vers, strophes et rimes, p. 484

Synthèse Montrez que ce poème donne vie à une figure féminine issue de l'imaginaire et du désir du poète.

Prolongements
Cherchez une reproduction du tableau *La Naissance de Vénus* de Botticelli. En quoi la 1re strophe du poème peut-elle y faire penser ?

Vers le bac **S'entraîner à la question sur le corpus**
En quoi la femme est-elle merveilleuse dans les textes d'Eluard (« La courbe de tes yeux… » ► p. 311 et « Surgis »), de Breton (« Je rêve je te vois… » ► p. 312) et dans le tableau de Magritte (► p. 315) ?

LECTURE D'IMAGE

René Magritte, *La Magie noire* (1945)

René Magritte (1898-1967) est un peintre surréaliste belge. À propos de cette toile, dont il a réalisé plusieurs versions, il a affirmé : « C'est un acte de magie noire de transformer la chair de la femme en ciel. » Il représente ici son épouse, Georgette Magritte. ►

René Magritte, *La Magie noire*, 1945, huile sur toile (79 × 59 cm), musées royaux des Beaux-Arts de Belgique, Bruxelles.

Questions

Un tableau insolite et traditionnel

1. Quelle impression première ce tableau produit-il ? Pourquoi ?
2. Quels éléments contribuent à son étrangeté ?
3. Observez l'attitude, la pose du modèle féminin. À quelle forme d'art peut-on penser ? Comment le peintre inscrit-il son tableau dans la tradition artistique ?

Une image idéalisée de la femme

4. Comment l'artiste met-il en valeur la beauté de la femme tout en soulignant son mystère ?
5. Prolongez les lignes de perspective du mur à gauche et du parapet en pierre pour trouver le point de fuite. Où se situe-il précisément ? Quel effet le peintre veut-il produire ?
6. Comment transforme-t-il « la chair de la femme en ciel » ? Quelle peut être l'intention de l'artiste à travers ce procédé ?
7. Quelle image de la femme et du féminin se dégage de ce tableau ?

Synthèse Dans un paragraphe argumenté, vous montrerez que la femme représentée sur cette toile est à la fois un être de chair et un être céleste.

Prolongements

- Que raconte le mythe de Pygmalion et Galatée ?
- Cherchez des représentations artistiques de ce récit. En quoi la toile de Magritte peut-elle être rapprochée de ce mythe ?

TEXTE 5

Louis Aragon,
Les Yeux d'Elsa (1942)

► Biographie p. 552

CONTEXTE

Dans le recueil *Les Yeux d'Elsa*, composé sous l'Occupation, le chant patriotique et l'appel à la Résistance se mêlent à la célébration de la femme aimée. L'amour est une lumière vitale dans ce contexte : « à l'heure de la plus grande haine, j'ai un instant montré à ce pays déchiré le visage resplendissant de l'amour », écrit Aragon dans sa préface.

Aragon rencontre Elsa Triolet, romancière d'origine russe, en 1928. Elle devient sa compagne, sa muse, son « amour fou ». Il lui consacre plusieurs recueils poétiques : Les Yeux d'Elsa, Le Fou d'Elsa *(1963),* Il ne m'est Paris que d'Elsa *(1964).*

Cantique à Elsa

1. *Ouverture*

Je te touche et je vois ton corps et tu respires
Ce ne sont plus les jours du vivre séparés
C'est toi tu vas tu viens et je suis ton empire
Pour le meilleur et pour le pire
Et jamais tu ne fus si lointaine à mon gré

Ensemble nous trouvons au pays des merveilles
Le plaisir sérieux couleur de l'absolu
Mais lorsque je reviens à nous que je m'éveille
Si je soupire à ton oreille
Comme des mots d'adieu tu ne les entends plus

Elle dort Longuement je l'écoute se taire
C'est elle dans mes bras présente et cependant
Plus absente d'y être et moi plus solitaire
D'être plus près de son mystère
Comme un joueur qui lit aux dés le point perdant

Le jour qui semblera l'arracher à l'absence
Me la rend plus touchante et plus belle que lui
De l'ombre elle a gardé les parfums et l'essence
Elle est comme un songe des sens
Le jour qui la ramène est encore une nuit

Buissons quotidiens à quoi nous nous griffâmes
La vie aura passé comme un air entêtant
Jamais rassasié de ces yeux qui m'affament
Mon ciel mon désespoir ma femme
Treize ans[1] j'aurai guetté ton silence chantant

Comme le coquillage enregistre la mer
Grisant mon cœur treize ans treize hivers treize étés
J'aurai tremblé treize ans sur le seuil des chimères
Treize ans d'une peur douce-amère
Et treize ans conjuré des périls inventés

Ô mon enfant le temps n'est pas à notre taille
Que mille et une nuits sont peu pour des amants
Treize ans c'est comme un jour et c'est un feu de paille
Qui brûle à nos pieds maille à maille
Le magique tapis de notre isolement

1. Le poème est composé treize ans après la rencontre entre Aragon et Elsa.

TEXTE ÉCHO

La Bible,
« Le Cantique des cantiques »

Le « Cantique des cantiques » est l'un des livres de la Bible. Il est composé de chants d'amour et donne la parole tantôt au bien-aimé, comme c'est le cas ici, tantôt à la bien-aimée.

1 Tu me fais perdre le sens,
ma sœur[1], ô fiancée,
tu me fais perdre le sens
par un seul de tes regards,
par un anneau de ton collier !
2 Que ton amour a de charmes,
ma sœur, ô fiancée.
Que ton amour est délicieux, plus que le vin !
Et l'arôme de tes parfums,
plus que tous les baumes !
3 Tes lèvres, ô fiancée,
distillent le miel vierge.
Le miel et le lait
sont sous ta langue ;
et le parfum de tes vêtements
est comme le parfum du Liban.

Traduction française sous la direction de l'École biblique de Jérusalem, 1998, © Éditions du Cerf.

1. terme affectueux ici.

Marc Chagall, *Les Amoureux en vert*, vers 1916, huile sur carton (69,7 × 49,5 cm), musée national Marc Chagall, Nice.

Questions

Vocabulaire

Cherchez l'étymologie et les différents sens du mot « cantique ». Pour quelles raisons ces deux textes portent-ils ce titre ?

Un chant d'amour

1. Quelle importance et quel sens peut avoir le titre de ce poème ?

2. Quels procédés poétiques contribuent à la musicalité du poème ? Quelle impression le poète veut-il produire ?

3. Comment célèbre-t-il la femme aimée ? En quoi s'inscrit-il dans la tradition lyrique à travers cette célébration ?

► Les registres littéraires, p. 460

4. Montrez que la femme apparaît comme présente et absente à la fois. Comment le poète met-il en évidence ce paradoxe ? Est-ce pour lui une source de souffrance ou d'émerveillement ?

L'amour et le temps

5. Quelles images montrent le caractère merveilleux et magique de l'amour ?

6. Le sentiment amoureux s'épuise-t-il ou au contraire se renforce-t-il avec le temps d'après les strophes 5 et 6 ?

7. Étudiez précisément la dernière strophe du poème. Comment montre-t-elle le pouvoir exceptionnel de l'amour sur le temps ?

« Le Cantique des cantiques »

8. Comment le bien-aimé exprime-t-il son adoration pour celle qu'il aime ?

9. Quels procédés montrent que son amour s'accompagne de désir charnel ?

10. En quoi ce poème constitue-t-il un chant ?

Synthèse Dans un paragraphe argumenté, vous montrerez que le poème de Louis Aragon s'inscrit dans la tradition du lyrisme amoureux tout en la renouvelant de manière personnelle.

André Breton, *Nadja* (1928)

► Biographie p. 552

Ce récit, assorti de photographies et de dessins, évoque la relation fugitive de Breton avec une jeune femme qui, par son étrangeté, le fait entrer dans le monde du rêve. L'extrait qui suit relate leur rencontre.

Je venais de traverser ce carrefour dont j'oublie ou ignore le nom, là, devant une église. Tout à coup, alors qu'elle est peut-être encore à dix pas de moi, venant en sens inverse, je vois une jeune femme, très pauvrement vêtue, qui, elle aussi, me voit ou m'a vu. Elle va la tête haute, contrairement à tous les autres passants. Si frêle qu'elle se pose à peine en marchant. Un sourire imperceptible erre peut-être sur son visage. Curieusement fardée, comme quelqu'un qui, ayant commencé par les yeux, n'a pas eu le temps de finir, mais le bord des yeux si noir pour une blonde. Le bord, nullement la paupière [...]. Je n'avais jamais vu de tels yeux. Sans hésitation j'adresse la parole à l'inconnue, tout en m'attendant, j'en conviens du reste, au pire. Elle sourit, mais très mystérieusement, et, dirai-je, comme *en connaissance de cause*, bien qu'alors je n'en puisse rien croire. Elle se rend, prétend-elle, chez un coiffeur du boulevard Magenta (je dis : prétend-elle, parce que sur l'instant j'en doute et qu'elle devait reconnaître par la suite qu'elle allait sans but aucun). Elle m'entretient bien avec une certaine insistance de difficultés d'argent qu'elle éprouve, mais ceci, semble-t-il, plutôt en manière d'excuse et pour expliquer l'assez grand dénuement de sa mise[1]. Nous nous arrêtons à la terrasse d'un café proche de la gare du Nord. Je la regarde mieux. Que peut-il bien passer de si extraordinaire dans ces yeux ? Que s'y mire-t-il à la fois obscurément de détresse et lumineusement d'orgueil ?

1. tenue vestimentaire.

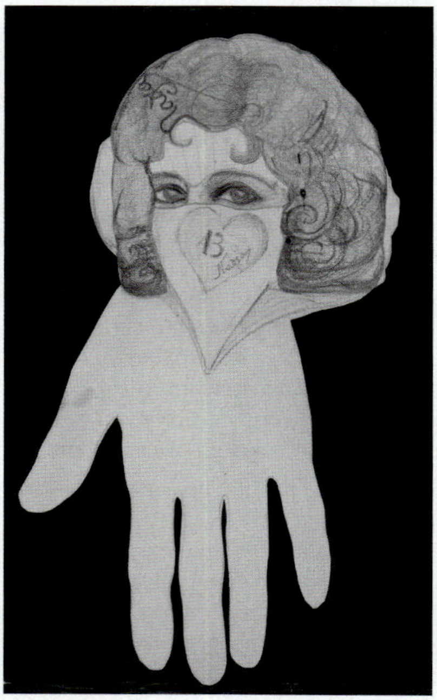

Léona Delcourt (Nadja), *Un regard d'or de Nadja*, xxe siècle, crayon de couleur, mine de plomb, papier noir (32,4 × 19,5 cm), musée national d'Art moderne, Paris.

Prolongements

- Lisez d'autres scènes de rencontre amoureuse (dans *La Princesse de Clèves* de Mme de La Fayette, *Le Rouge et le Noir* de Stendhal, *L'Éducation sentimentale* de Flaubert, par exemple). Qu'y a-t-il de commun à toutes ces rencontres ?
- Lisez le conte du *Petit Chaperon rouge* dans la version de Perrault. Quels rapprochements peut-on établir avec le texte de Gracq ?

Julien Gracq,
Un balcon en forêt (1958)

CONTEXTE
Julien Gracq (1910-2007), romancier et essayiste, refuse toute appartenance à une école littéraire, mais il est très influencé par le surréalisme, auquel il consacre plusieurs études. Il est l'auteur du célèbre roman *Le Rivage des Syrtes* (1951).

Dans le roman Un balcon en forêt*, le soldat Grange, en faction dans les Ardennes pendant la « drôle de guerre » de 1939-1940, rencontre une jeune femme en forêt.*

Comme il levait les yeux vers la perspective, il aperçut à quelque distance devant lui, encore à demi fondue dans le rideau de pluie, une silhouette qui trébuchait sur les cailloux entre les flaques. La silhouette était celle d'une petite fille enfouie dans une longue pèlerine[1] à capuchon et chaussée de bottes de caoutchouc ; à la voir ainsi patauger avec hésitation entre les flaques, le dos un peu cassé comme si elle avait calé contre ses reins sous la pèlerine un sac de cuir, on pensait d'abord à une écolière en chemin vers sa maison, mais, de maison, Grange savait qu'on n'en voyait pas à moins de deux lieues, et il se souvint tout à coup que c'était dimanche ; il se mit à observer la petite silhouette avec plus d'attention. Il y avait dans sa démarche quelque chose qui l'intriguait ; sous le crépitement maintenant serré de l'averse dont elle semblait ne se soucier mie[2], c'était à s'y méprendre celle même[3] d'une gamine en chemin pour l'école buissonnière. Tantôt elle sautait une flaque à pieds joints, tantôt elle s'arrêtait au bord du chemin pour casser une branche – une seconde, elle se retournait à demi et semblait jeter sous le capuchon de sa pèlerine un coup d'œil en arrière, comme pour mesurer de combien Grange s'était rapproché, puis elle repartait à cloche-pied en poussant un caillou, et courait l'espace de quelques pas en faisant rejaillir l'eau des flaques – une ou deux fois, malgré la distance, Grange crut discerner qu'elle sifflotait. La laie[4] s'enfonçait peu à peu dans la pire solitude ; l'averse autour d'eux faisait frire la forêt à perte de vue. « C'est une fille de la pluie », pensa Grange en souriant malgré lui derrière son col trempé, « une fadette[5] – une petite sorcière de la forêt. » Il commença à ralentir le pas, malgré l'averse, il ne voulait pas la rejoindre trop vite – il avait peur que le bruit de son pas n'effarouchât ce manège gracieux, captivant, de jeune bête au bois.

1. manteau ample muni d'une capuche, souvent porté par les enfants.
2. aucunement.
3. celle-là même (le démonstratif renvoie ici à la démarche).
4. petit chemin forestier.
5. petite fée.

Francis Picabia, *Lydia, transparence*, 1929, huile sur toile (55 × 46 cm), collection privée.

Questions

1. Relevez le vocabulaire de l'étrange et du merveilleux dans ces deux extraits.
2. Montrez que, dans ces deux textes, la jeune femme rencontrée représente une énigme pour le narrateur ou le personnage.
3. Quels procédés traduisent les doutes, les incertitudes de Breton et de Grange dans chacun des textes ?
4. Quels détails trahissent le jeu de séduction de la jeune femme dans ces deux textes ?
5. Comment et pourquoi Nadja fascine-t-elle Breton ?
6. Comment le décor de la rencontre évoquée dans *Un balcon en forêt* contribue-t-il au merveilleux ?

Les jeux d'écritures surréalistes

André Breton, *Manifeste du surréalisme* (1924)

Faites-vous apporter de quoi écrire, après vous être établi en un lieu aussi favorable que possible à la concentration de votre esprit sur lui-même. Placez-vous dans l'état le plus passif, ou réceptif, que vous pourrez. […] Écrivez vite sans sujet préconçu, assez vite pour ne pas retenir et ne pas être tenté de vous relire. La première phrase viendra toute seule, tant il est vrai qu'à chaque seconde il est une phrase étrangère à notre pensée consciente qui ne demande qu'à s'extérioriser. Il est assez difficile de se prononcer sur le cas de la phrase suivante ; elle participe sans doute à la fois de notre activité consciente et de l'autre, si l'on admet que le fait d'avoir écrit la première entraîne un minimum de perception.

André Masson, *Dessin automatique*, 1927, encre de chine et lavis d'encre brune sur papier beige (43,2 × 31,4 cm), musée national d'Art moderne, Paris.

Lecture d'image

Quelles formes distinguez-vous dans ce dessin automatique ?

Breton et Soupault, *Les Champs magnétiques* (1919)

La Glace sans tain

Prisonniers des gouttes d'eau, nous ne sommes que des animaux perpétuels. Nous courons dans les villes sans bruits et les affiches enchantées ne nous touchent plus. À quoi bon ces grands enthousiasmes fragiles, ces sauts de joie desséchés ? Nous ne savons plus rien que les astres morts ; nous regardons les visages ; et nous soupirons de plaisir. Notre bouche est plus sèche que les plages perdues ; nos yeux tournent sans but, sans espoir. Il n'y a plus que ces cafés où nous nous réunissons pour boire ces boissons fraîches, ces alcools délayés et les tables sont plus poisseuses que ces trottoirs où sont tombées nos ombres mortes de la veille.

Quelquefois, le vent nous entoure de ses grandes mains froides et nous attache aux arbres découpés par le soleil. Tous, nous rions, nous chantons, mais personne ne sent plus son cœur battre. La fièvre nous abandonne. […]

Questions

L'écriture automatique

1. Comment le mode d'emploi de l'écriture automatique éclaire-t-il le titre *Les Champs magnétiques* donné par Breton et Soupault à leur recueil ?
2. Quelles caractéristiques signalent que le poème « La Glace sans tain » relève de l'écriture automatique ?
3. Montrez que ce poème évoque le désenchantement du monde contre lequel luttent les surréalistes.

Atelier d'écriture En suivant le mode d'emploi proposé par André Breton, produisez vous-même un texte en écriture automatique.

André Breton, Jacques Hérold, Wifredo Lam, *Cadavre exquis*, 1re moitié du XXe siècle, technique mixte (29,8 × 22,9 cm), musée national d'Art moderne, Paris.

Lecture d'image

De quels éléments ce cadavre exquis est-il composé ?

Breton et Eluard, *Dictionnaire abrégé du surréalisme* (1938)

CADAVRE EXQUIS – Jeu de papier plié qui consiste à faire composer une phrase ou un dessin par plusieurs personnes, sans qu'aucune d'elles puisse tenir compte de la collaboration ou des collaborations précédentes. L'exemple, devenu classique, qui a donné son nom au jeu tient dans la première phrase obtenue de cette manière : *Le cadavre – exquis – boira – le vin – nouveau.*

Breton, *Le Surréalisme et la Peinture* (1965)

« Le cadavre exquis, son exaltation »

Voici, à titre de rappel, quelques-unes des phrases obtenues par ce moyen, choisies parmi celles qui nous ont procuré la plus grande impression de dépaysement et de jamais vu, dont nous avons le plus apprécié la valeur *secouante* :

La lumière toute noire pond jour et nuit la suspension impuissante à faire le bien.

*

La petite fille anémiée fait rougir les mannequins encaustiqués. […]

*

Caraco est une belle garce : paresseuse comme un loir et gantée de verre pour ne rien faire, elle enfile des perles avec le dindon de la farce.

Questions

Le cadavre exquis

1. Un cadavre exquis est-il produit par la volonté consciente de ses auteurs ? Pourquoi ?
2. Quelle impression le cadavre exquis doit-il produire sur le lecteur ?
3. Lequel des cadavres exquis qui vous sont proposés vous paraît le plus poétique ? et le plus drôle ? Pourquoi ?

Atelier d'écriture Constituez des groupes de quatre ou cinq, et pratiquez le jeu du cadavre exquis, en suivant le mode d'emploi proposé par Breton, et en vous imposant au préalable une structure syntaxique. Lisez ensuite vos cadavres exquis à l'ensemble de la classe et sélectionnez les plus « secouants ».

Débats littéraires La poésie doit-elle être utile et engagée ?

LAMARTINE

L'âme d'un seul, ouverte aux plaintes de la foule, a gémi toutes les douleurs.

Saint-Point, 15 septembre 1837.

Frère, le temps n'est plus où j'écoutais mon âme
Se plaindre et soupirer comme une faible femme
Qui de sa propre voix soi-même s'attendrit,
Où par des chants de deuil ma lyre intérieure
Allait multipliant, comme un écho qui pleure,
Les angoisses d'un seul esprit.

Dans l'être universel au lieu de me répandre,
Pour tout sentir en lui, tout souffrir, tout comprendre,
Je resserrais en moi l'univers amoindri ;
Dans l'égoïsme étroit d'une fausse pensée
La douleur en moi seul, par l'orgueil condensée,
Ne jetait à Dieu que mon cri. […]

Jeune, j'ai partagé le délire et la faute.
J'ai crié ma misère, hélas ! à voix trop haute :
Mon âme s'est brisée avec son propre cri !
De l'univers sensible atome insaisissable,
Devant le grand soleil j'ai mis mon grain de sable,
Croyant mettre le monde à l'abri.

Puis mon cœur, insensible à ses propres misères,
S'est élargi plus tard aux douleurs de mes frères ;
Tous leurs maux ont coulé dans le lac de mes pleurs,
Et, comme un grand linceul que la pitié déroule,
L'âme d'un seul, ouverte aux plaintes de la foule,
A gémi toutes les douleurs.

Alphonse de Lamartine, *Recueillements poétiques,* 1839.

SEGHERS

Les poètes ne sont pas d'éternels rêveurs.

[…] si « poésie = divertissement », de quoi se mêlent ces auteurs qui font intervenir à tout propos, hors de propos, les événements, c'est-à-dire la politique ? N'est-elle pas domaine réservé à ceux qui exercent le pouvoir ? Eh bien, non ! Si individualistes qu'ils soient, les poètes ne sont pas d'éternels rêveurs, des ludions[1], une troupe d'amuseurs et d'irresponsables. Artisans du langage, témoins et acteurs, il n'est pas dans leur nature de devenir sourds et muets quand le danger s'avance. Hommes parmi les hommes, la politique les concerne puisqu'elle les protège ou qu'elle les broie. L'esthétisme évanescent[2], la tour d'ivoire[3], la poursuite de l'ineffable[4] sont démodés…

Pierre Seghers, *La Résistance et ses poètes,* 1974, © Éditions Seghers.

1. danseur visant à divertir. – 2. la recherche du beau pour lui-même. – 3. métaphore qui traduit le retrait du poète par rapport à la société. – 4. ce qui ne peut être exprimé par des mots.

MUSSET

Ne lui demandez pas de se mêler de politique et de raisonner.

Ne lui[1] demandez pas de se mêler de politique et de raisonner sur telle circonstance qui se passerait même à deux pas de lui ; il ignore ces jeux de la fantaisie et ces variations de l'espèce humaine ; il ne connaît qu'un homme, celui de tous les temps. Le poète n'a jamais songé que la terre tourne autour du soleil ; il est indifférent aux affaires publiques, négligent des siennes ; c'est assez pour lui des ouvrages de la nature. Le plus petit être, la moindre créature, par cela seul qu'ils existent, excitent sa curiosité. [...] Regarder, sentir, exprimer, voilà sa vie. [...]

Alfred de Musset, *Le Poëte déchu*, 1839.

1. désigne le poète.

BAUDELAIRE

La Poésie [...] n'a pas d'autre but qu'Elle-même.

Une foule de gens se figurent que le but de la poésie est un enseignement quelconque, qu'elle doit tantôt fortifier la conscience, tantôt perfectionner les mœurs, tantôt enfin démontrer quoi que ce soit d'utile... La Poésie, pour peu qu'on veuille descendre en soi-même, interroger son âme, rappeler ses souvenirs d'enthousiasme, n'a pas d'autre but qu'Elle-même ; elle ne peut pas en avoir d'autre, et aucun poème ne sera si grand, si noble, si véritablement digne du nom de poème, que celui qui aura été écrit uniquement pour le plaisir d'écrire un poème.

Charles Baudelaire, *Théophile Gautier*, 1859.

JACCOTTET

Je crains que l'on ne finisse par me reprocher [...] d'y chercher un asile contre le monde et contre la douleur.

Je n'ai presque jamais cessé, depuis des années, de revenir à ces paysages qui sont aussi mon séjour. Je crains que l'on ne finisse par me reprocher, si ce n'est déjà fait, d'y chercher un asile contre le monde et contre la douleur, et que les hommes, et leurs peines (plus visibles et plus tenaces que leurs joies) ne comptent pas assez à mes yeux. Il me semble toutefois qu'à bien lire ces textes, on y trouverait cette objection presque toute réfutée. Car ils ne parlent jamais que du réel (même si ce n'en est qu'un fragment), de ce que tout homme aussi bien peut saisir (jusque dans les villes, au détour d'une rue, au-dessus d'un toit). Peut-être n'est-ce pas moins utile à celui-ci (en mettant les choses au pis) que de lui montrer sa misère [...].

Philippe Jaccottet, *Paysages avec figures absentes*, 1970, © Éditions Gallimard.

FAIRE DES RECHERCHES

- Faites des recherches sur le mouvement du Parnasse au XIXe siècle. Quelle conception de la poésie et de l'art les parnassiens défendent-ils ?
- Cherchez des poètes qui se sont engagés dans la Résistance sous l'Occupation. Lisez quelques-uns de leurs poèmes et retenez ceux qui vous semblent les plus représentatifs de leur combat.

PRÉPARER LE DÉBAT

1. Quels auteurs pensent que la poésie doit être utile et engagée ? Lesquels pensent le contraire ?
2. Quel est l'argument de chaque auteur ?
3. Quel est le but de la poésie d'après Baudelaire ?
4. En quoi Jaccottet dépasse-t-il ce débat dans l'extrait proposé ?

DÉBATTRE ► La poésie doit-elle être utile et engagée ?

5. Cherchez dans l'ensemble du chapitre (► p. 252 à 327) des exemples de poèmes servant une cause ou dénonçant une injustice. Cherchez d'autre part des poèmes qui vous semblent illustrer la thèse de Baudelaire.

Mise en jeu Constituez deux groupes. Engagez un débat portant sur la fonction de la poésie où chaque groupe soutient des arguments opposés.

Texte A • **Alfred de Musset,** « La Nuit de mai », *Les Nuits* (1835-1837)
Texte B • **Charles Baudelaire,** « L'Albatros », *Les Fleurs du mal* (1857)
Texte C • **Stéphane Mallarmé,** « Le vierge, le vivace… », *Poésies* (1887)
Texte D • **Paul Verlaine,** « Je ne sais pourquoi… », *Sagesse* (1881)

TEXTE A Alfred de Musset, *Les Nuits* (1835-1837)

La Nuit de mai

[…]
Les plus désespérés sont les chants les plus beaux,
Et j'en sais d'immortels qui sont de purs sanglots.
Lorsque le pélican, lassé d'un long voyage,
Dans les brouillards du soir retourne à ses roseaux,
Ses petits affamés courent sur le rivage
En le voyant au loin s'abattre sur les eaux.
Déjà, croyant saisir et partager leur proie,
Ils courent à leur père avec des cris de joie
En secouant leurs becs sur leurs goitres[1] hideux.
Lui, gagnant à pas lents une roche élevée,
De son aile pendante abritant sa couvée,
Pêcheur mélancolique, il regarde les cieux.
Le sang coule à longs flots de sa poitrine ouverte ;
En vain il a des mers fouillé la profondeur ;
L'Océan était vide et la plage déserte ;
Pour toute nourriture il apporte son cœur.
Sombre et silencieux, étendu sur la pierre
Partageant à ses fils ses entrailles de père,
Dans son amour sublime il berce sa douleur,
Et, regardant couler sa sanglante mamelle,
Sur son festin de mort il s'affaisse et chancelle,
Ivre de volupté, de tendresse et d'horreur.
Mais parfois, au milieu du divin sacrifice,
Fatigué de mourir dans un trop long supplice,
Il craint que ses enfants ne le laissent vivant ;
Alors il se soulève, ouvre son aile au vent,
Et, se frappant le cœur avec un cri sauvage,
Il pousse dans la nuit un si funèbre adieu,
Que les oiseaux des mers désertent le rivage,
Et que le voyageur attardé sur la plage,
Sentant passer la mort, se recommande à Dieu.
Poète, c'est ainsi que font les grands poètes.
Ils laissent s'égayer ceux qui vivent un temps ;
Mais les festins humains qu'ils servent à leurs fêtes
Ressemblent la plupart à ceux des pélicans.
Quand ils parlent ainsi d'espérances trompées,
De tristesse et d'oubli, d'amour et de malheur,
Ce n'est pas un concert à dilater le cœur.
Leurs déclamations sont comme des épées :
Elles tracent dans l'air un cercle éblouissant,
Mais il y pend toujours quelque goutte de sang.
[…]

1. gonflement de la partie antérieure du cou. Il s'agit ici de la poche située sous le bec du pélican.

TEXTE B Charles Baudelaire, *Les Fleurs du mal* (1857)

L'Albatros

Souvent, pour s'amuser, les hommes d'équipage
Prennent des albatros, vastes oiseaux des mers,
Qui suivent, indolents compagnons de voyage,
Le navire glissant sur les gouffres amers.

À peine les ont-ils déposés sur les planches,
Que ces rois de l'azur, maladroits et honteux,
Laissent piteusement leurs grandes ailes blanches
Comme des avirons traîner à côté d'eux.

Ce voyageur ailé, comme il est gauche et veule[1] !
Lui, naguère si beau, qu'il est comique et laid !
L'un agace son bec avec un brûle-gueule[2],
L'autre mime, en boitant, l'infirme qui volait !

Le Poète est semblable au prince des nuées
Qui hante la tempête et se rit de l'archer ;
Exilé sur le sol au milieu des huées,
Ses ailes de géant l'empêchent de marcher.

1. qui manque de force, d'énergie.
2. pipe.

TEXTE C Stéphane Mallarmé, *Poésies* (1887)

Le vierge, le vivace et le bel aujourd'hui
Va-t-il nous déchirer avec un coup d'aile ivre
Ce lac dur oublié que hante sous le givre
Le transparent glacier des vols qui n'ont pas fui !

Un cygne d'autrefois se souvient que c'est lui
Magnifique mais qui sans espoir se délivre
Pour n'avoir pas chanté la région où vivre
Quand du stérile hiver a resplendi l'ennui.

Tout son col secouera cette blanche agonie
Par l'espace infligée à l'oiseau qui le nie,
Mais non l'horreur du sol où le plumage est pris.

Fantôme qu'à ce lieu son pur éclat assigne,
Il s'immobilise au songe froid de mépris
Que vêt parmi l'exil inutile le Cygne.

TEXTE D Paul Verlaine, *Sagesse* (1881)

Je ne sais pourquoi
Mon esprit amer
D'une aile inquiète et folle vole sur la mer,
Tout ce qui m'est cher,
D'une aile d'effroi
Mon amour le couve au ras des flots. Pourquoi, pourquoi ?

Mouette à l'essor mélancolique.
Elle suit la vague, ma pensée.
À tous les vents du ciel balancée
Et biaisant quand la marée oblique,
Mouette à l'essor mélancolique.

Ivre de soleil
Et de liberté,
Un instinct la guide à travers cette immensité.
La brise d'été
Sur le flot vermeil
Doucement la porte en un tiède demi-sommeil.

Parfois si tristement elle crie
Qu'elle alarme au lointain le pilote
Puis au gré du vent se livre et flotte
Et plonge, et l'aile toute meurtrie
Revole, et puis si tristement crie !

Je ne sais pourquoi
Mon esprit amer
D'une aile inquiète et folle vole sur la mer,
Tout ce qui m'est cher,
D'une aile d'effroi
Mon amour le couve au ras des flots. Pourquoi, pourquoi ?

Sujet

I. Vous répondrez d'abord à la question suivante :

Quelle image le poète donne-t-il de lui-même en s'associant à un oiseau dans ces quatre poèmes ?

II. Vous traiterez ensuite, au choix, l'un des sujets suivants :

1. Commentaire

Vous ferez le commentaire du texte de Verlaine, « Je ne sais pourquoi... » (texte D).

2. Dissertation

« Les plus désespérés sont les chants les plus beaux », écrit Musset (texte A). Les poètes expriment-ils toujours leur désespoir et leur mélancolie dans leurs poèmes ?
Vous répondrez à cette question en vous appuyant sur les textes du corpus, sur ceux que vous avez étudiés en classe et sur vos lectures personnelles.

3. Écriture d'invention

Baudelaire répond à un lecteur qui n'a pas compris le sens de son poème (texte B). Dans sa lettre, il explique et justifie l'image de l'albatros qu'il a utilisée pour évoquer sa condition de poète.

Méthode Analyser un corpus de textes

ÉTAPE 1 Analyser la question posée

Repérez les mots-clés.

ÉTAPE 2 Rechercher les éléments de réponse en relevant des citations

- Identifiez l'oiseau auquel chacun des quatre poètes s'associe. Pourquoi ce choix ? Est-ce un bel oiseau ou non ? Un oiseau noble ou ridicule ? Qu'ont en commun ces quatre oiseaux ?
- Quels procédés signalent l'analogie entre le poète et l'oiseau dans chacun des quatre poèmes ?
- Comment la métaphore de l'oiseau permet-elle au poète d'évoquer sa mélancolie ?
- Quels rapports le poète-oiseau entretient-il avec les autres hommes ?
- Ces quatre poètes appartiennent à des époques différentes. Quelle évolution constatez-vous dans l'image que le poète a de lui-même et de sa condition ?

ÉTAPE 3 Construire un plan de réponse

- L'association du poète à un oiseau
- Le poète, un être mélancolique
- Le poète, un être à part

ÉTAPE 4 Rédiger la réponse

CHAPITRE 4

Genres et formes de l'argumentation : XVIIe et XVIIIe s.

►►► Philippe Mercier, *La Vue*, 1730, huile sur toile (61,5 × 74,5 cm).

REPÈRES HISTORIQUES • DE L'ABSOLUTISME…

1610 · 1620 · 1630 · 1640 · 1650 · 1660 · 1670 · 1680 · 1690 · 1700

POLITIQUE
Régence – Règne de Louis XIII – Régence – Règne de Louis XIV
1618-1648 *guerre de Trente Ans*
1648-1652 *Fronde*
1672-1679 *guerre de Hollande*
1688-169 *guerre de la Ligue d'Augsb*
Louis XIV à Versailles 1682
1685 révocation de l'édit de Na

SOCIÉTÉ
1633 condamnation de Galilée par le Saint-Office
1635 fondation de l'Académie française
1666 création de l'Académie des sciences par Colbert
1687 Loi de la gravitati

CULTURE
1616 *Les Tragiques* de **D'Aubigné** (1552-1630)
1664 *Maximes* de **La Rochefoucauld** (1613-1680)
1666 *Le Misanthrope* de **Molière** (1622-1673)
1688 *Les Caractères* de **La Bruyère** (1645-1
1694 *Fables* de **La Fontai** (1621-1695)

Pierre Mignard, *Portrait équestre de Louis XIV couronné par la victoire*, 1692, huile sur toile (359 × 260 cm), musée du Château, Versailles.

Question
Quels éléments du tableau soulignent la gloire militaire de Louis XIV ?

LE SIÈCLE DE LOUIS XIV : SPLENDEUR ET MISÈRES

Le Grand Siècle

Le XVIIe siècle est appelé le « siècle de Louis XIV », alors qu'il n'a régné qu'à partir de 1661. **Splendeur et grandeur** sont associées à sa personne et à sa politique, synonymes de toute-puissance (portrait du Roi dans les *Lettres* de Madame de Sévigné ► p. 351 et les *Fables* de La Fontaine ► p. 350). Il porte à son apogée la **monarchie absolue de droit divin**, et les débuts de son règne brillent d'un éclat particulier.

• Sur le plan économique et financier, il cherche, avec l'aide de Colbert, à donner à la France une authentique indépendance. Il encourage le commerce et l'industrie, en particulier dans le domaine du luxe (observations de La Bruyère sur la mode dans *Les Caractères* ► p. 342).

• Une authentique politique culturelle est élaborée de façon à opérer une glorification de la personne du roi (► Repères historiques, p. 145).

• Le roi multiplie les conquêtes de manière à asseoir sa politique expansionniste.

Les conflits extérieurs et intérieurs

• De nombreux conflits extérieurs rythment ainsi le règne de Louis XIV. L'armée est le principal vecteur de sa puissance et de sa gloire mais aussi la principale cause de l'appauvrissement progressif de l'État.

• Les troubles religieux perdurent. Si le massacre de la Saint-Barthélemy en 1572, ordonné par Charles IX et Catherine de Médicis, a constitué l'expression la plus violente de l'intolérance religieuse (dénoncée par Agrippa d'Aubigné dans *Les Tragiques* ► p. 412-413), le règne de Louis XIV n'est pas pour autant synonyme de pacification. La persécution des protestants s'intensifie et la révocation de l'Édit de Nantes (Édit de Fontainebleau daté du 18 octobre 1685) met fin à la liberté de culte.

• Confronté à la rébellion des nobles alors qu'il n'est qu'un enfant (La Fronde, 1648-1652), il est amené à développer une véritable politique de soumission de la noblesse.

Sébastien Bourdon, *Les Mendiants*, XVIIe siècle, huile sur bois (49 × 65 cm), musée du Louvre, Paris

Une noblesse soumise, un peuple misérable

• Réduite à un rôle politique mineur, la noblesse est utilisée par Louis XIV pour devenir l'emblème vivant de la grandeur du royaume. La cour et Versailles sont de véritables scènes sur lesquelles les nobles se doivent de paraître pour gagner la faveur du roi. Le parfait courtisan cultive cet **art du paraître** (► Séquence 1, p. 334-347). Mais derrière le masque de l'élégance et du savoir-vivre, les intérêts particuliers s'affrontent.

• Loin des fastes de la cour, **le peuple est accablé par les charges**. Les impôts ne cessent de croître pour renflouer les caisses de l'État. Les famines sont de véritables fléaux. Les révoltes paysannes sont réprimées dans le sang.

• À la fin du siècle, « la France entière n'est plus qu'un grand hôpital désolé et sans provisions. La révolte s'allume peu à peu » (Fénelon, *Lettre adressée à Louis XIV*, vers 1700).

…À LA RÉVOLUTION

1710 · 1720 · 1730 · 1740 · 1750 · 1760 · 1770 · 1780 · 1790 · 1800 · 1810

Régence — *Louis XV* — *Louis XVI*

1701-1714 *guerre de succession d'Espagne*

1756-1763 *guerre de Sept Ans*

• 1763 traité de Paris

1789 • Déclaration des droits de l'homme et du citoyen

• 1792 proclamation de la 1re République

• 1793 exécution de Louis XVI

Système de Law

Soulèvement populaire

iverselle

• 1720 épidémie de peste à Marseille

• 1730 invention du sextant

• 1746 1er métier à tisser automatique

• 1766 voyage de Bougainville

• 1721 *Lettres persanes* de **Montesquieu** (1689-1755)

• 1751 *Encyclopédie* 1re publication

• 1755 *Discours sur l'origine de l'inégalité parmi les hommes* de **Rousseau** (1712-1778)

• 1759 *Candide* de **Voltaire** (1694-1778)

• 1772 *Supplément au voyage de Bougainville* de **Diderot** (1713-1784)

• 1784 *Le Mariage de Figaro* de **Beaumarchais** (1732-1799)

LE SIÈCLE DES LUMIÈRES : EN MARCHE VERS LA RÉVOLUTION

Crise économique et sociale

Louis XIV meurt en 1715. La France est ruinée. Philippe d'Orléans, régent du Royaume de 1715 à 1723, confie à John Law la charge de réformer et relever les finances du pays mais la spéculation l'emporte et des émeutes éclatent. La crise économique nourrit l'instabilité sociale. Le règne de Louis XV (1723-1744), « le Bien-Aimé », est associé à des difficultés multiples qui accroissent cette mise à mal de la **société d'ordres**.

• La noblesse est confrontée à l'affaiblissement de son pouvoir et de sa richesse.

• Le clergé est visé par de virulentes critiques relatives à son train de vie.

• La bourgeoisie, issue du tiers-état, connaît un essor notable. Son influence s'accroît à mesure que grandit sa puissance économique.

• L'immense majorité du tiers-état porte le poids de l'impôt ce qui conduit en 1780 à une série de révoltes dans les campagnes et dans les villes.

Les philosophes se font les porte-parole du peuple. Ils glorifient le progrès et opèrent un **violent réquisitoire contre les privilèges**, héritage de la tradition.

Caricature des trois ordres, gravure à l'eau-forte coloriée, 1789, BnF, Paris.

Ouverture sur le monde et esprit critique

Les voyages de découverte qui rythment le siècle alimentent ce regard nouveau sur la société française. Les grandes expéditions scientifiques enrichissent certes les collections des naturalistes (► p. 398) mais sont aussi et surtout source de réflexion pour les philosophes (► Séquence 5, p. 384-403). L'expérience de l'altérité nourrit la critique (► Séquence 6, p. 404-411).

L'esprit révolutionnaire : un siècle de luttes

L'esprit révolutionnaire désigne avant tout une **révolte contre l'autorité absolue** (Diderot ► p. 371) du monarque et de l'Église. Les philosophes des Lumières défendent, contre ce modèle, celui de la démocratie et de la souveraineté populaire (Rousseau ► p. 372). Les luttes s'engagent sur de multiples fronts.

• Voltaire incarne le combat contre l'intolérance. Il veut « écras[er] l'Infâme » (Voltaire ► p. 418-419) et s'engage contre l'esclavage (Voltaire, *Candide* ► p. 386).

• Diderot et d'Alembert, à travers le projet de l'*Encyclopédie*, défendent l'accès à un savoir conçu comme un remède contre l'obscurantisme.

• Montesquieu raille la monarchie absolue (► p. 407).

Tous défendent les droits de chacun à la liberté de penser, d'agir et de s'exprimer (► Séquence 4, p. 368-383).

• Le 20 juin 1789, le serment du Jeu de Paume scelle l'union de la nation, portée par ces idéaux.

Jacques-Louis David, *Le Serment du jeu de Paume, le 20 juin 1789*, 1791, huile sur toile (65 × 88,7 cm), musée Carnavalet, Paris.

Questions

1. Quels éléments contribuent à l'idéalisation de la scène ?
2. Comment interpréter le rôle joué par la lumière dans la composition ?

LA RAISON CONTRE LES PASSIONS

• En réaction contre les excès du mouvement baroque (► **Repères artistiques, p. 146**), se développe un idéal de mesure dont les maîtres-mots sont l'ordre et l'équilibre. La raison est alors considérée comme le seul moyen d'accéder à la vérité universelle et à la perfection esthétique, ce qui se traduit par une recherche de pureté et clarté de la langue et de la rhétorique (► **Synthèse, p. 383**).
• Les passions, considérées comme trompeuses et sources de désordre, sont condamnées, notamment par des auteurs comme **La Rochefoucauld** ou **La Bruyère**. Ils reprochent aux hommes de succomber à ces « mouvements de l'âme » excessifs (► **Séquence 1, p. 334-347**). Molière s'empare de ce sujet et offre aux spectateurs des « caractères » soumis à une passion dominante (*Le Misanthrope* ► **p. 339**).

LES MORALISTES : CRITIQUE DES MŒURS ET CARACTÈRES

• L'ambition des moralistes est de **dénoncer les vices, ridicules et passions** pour guider l'homme vers la sagesse. La première définition du terme « moraliste » est proposée par le *Dictionnaire de Furetière* en 1690 : « auteur qui écrit, qui traite de la morale », cette dernière étant envisagée comme « la doctrine des mœurs, science qui enseigne à conduire sa vie. » Les formes littéraires principales sont les fables, les maximes, mais aussi les poèmes mondains et les lettres.
• Les moralistes sont passionnés par « l'anatomie de tous les replis du cœur » comme le dit **La Rochefoucauld** qui, dans ses *Maximes*, fait part de son pessimisme. À l'aide de très courtes sentences, il livre un portrait sévère de l'homme, influencé par la vanité, les passions et l'amour-propre (► **p. 336**). **La Bruyère** rejoint ce constat en brossant dans Les *Caractères* des portraits ironiques et sans complaisance (► **p. 342**). **Boileau** n'est pas plus clément et souligne dans ses *Satires* combien l'homme passe son temps à jouer un rôle sur la scène du théâtre mondain (► **p. 338**). Par la réflexion morale, tous visent à guider l'homme vers la sagesse.
• Les moralistes fréquentent les **salons littéraires** où se côtoient mondains et lettrés. Ils y trouvent l'inspiration et y rencontrent le succès.

Les Moralistes du XVIIe siècle (en haut, Blaise Pascal ; à droite, Jacques-Bénigne Bossuet ; à gauche, Fénelon ; en bas, Jean de La Bruyère), gravure sur bois d'après le dessin de **Félix Philippoteaux** (1815-1884).

Prolongement
Faites des recherches sur les salons littéraires au XVIIe siècle. Quelles sont les figures féminines principales qui sont associées à leur création ?

L'IDÉAL DE MESURE : ÉQUILIBRE ET HARMONIE

• **La raison** doit permettre à l'homme de dresser un constat lucide sur lui-même afin qu'il tende vers l'idéal de l'honnête homme.
• Ce dernier incarne socialement cet **idéal de mesure**. Il s'agit souvent d'un courtisan qui désire plaire à son souverain. Pour cela, il doit faire preuve d'élégance dans les divertissements mondains, manifester son art de la conversation, sa culture et sa finesse d'esprit sans jamais tomber dans la pédanterie. Il est un modèle de modération et se voit incarné, par exemple, par la figure de Philinte dans *Le Misanthrope* de **Molière** (► **p. 339**).

DE L'ÉCRIVAIN AU PHILOSOPHE

L'esprit des Lumières

• Il est défini par la confiance en **la raison** et la foi dans **le progrès humain.** Il nourrit en partie les valeurs sur lesquelles se fonde notre démocratie : défense des libertés individuelles, égalité des citoyens et respect de la dignité humaine (▶ Séquence 4, p. 368-383).

La lutte pour la liberté d'expression

• Au nom de la raison, les penseurs s'engagent dans une lutte contre les préjugés et les croyances, contre l'intolérance et le pouvoir absolu (Voltaire, « Fanatisme » ▶ p. 418, « Prière à Dieu » ▶ p. 419, Diderot, « Autorité politique » ▶ p. 371). Le philosophe des Lumières est en train de naître.

• La censure royale est cependant réelle : Voltaire est embastillé puis contraint à l'exil ; Montesquieu subit la censure de l'Église ; les œuvres de Rousseau sont brûlées en place publique.

• Les publications clandestines se multiplient : Montesquieu fait publier les *Lettres persanes* sous l'anonymat, à Amsterdam, en 1721 (▶ Séquence 6, p. 404-411).

Les Philosophes au café Procope à Paris, XVIIIe siècle, estampe.

LA DIFFUSION DES IDÉES

• Le commerce du livre se développe considérablement. Le monde de l'édition s'affranchit et inquiète le roi qui surveille, normalise et exerce une censure d'ailleurs codifiée en 1723 par le Code de la librairie.

• Malgré la censure, le nombre d'ouvrages édités ne cesse de progresser, grâce à la variété des formats adoptés : brochures, feuilles volantes, livres de tailles variées, etc.

• La vulgarisation des idées est essentiellement favorisée par le développement de la presse dont certains n'hésitent pas à faire l'éloge pour mieux défendre la liberté d'expression (Jaucourt, article « Presse » ▶ p. 368).

Des genres argumentatifs variés

• Sous l'influence des idées des Lumières, les débats se précisent et les jeux d'écriture et de société, très présents dans les salons au XVIIe siècle, laissent place, au XVIIIe siècle, à des revendications subversives.

• Les écrivains philosophes, soucieux de toucher un public de plus en plus nombreux, considèrent que la variété des supports et leur accessibilité permet une diffusion plus large des idées. L'essai, le dialogue et la fiction littéraire (contes philosophiques, romans, romans épistolaires) connaissent un développement important à côté de formes plus traditionnelles (traités, articles, discours). La littérature permet l'entrée dans le monde jusque-là très fermé de la philosophie.

L'*Encyclopédie*

• Dirigée par **Diderot** et **d'Alembert**, l'*Encyclopédie* est le résultat d'un long travail collectif auquel ont collaboré plus de deux cents intervenants. En 1748, le libraire Le Breton et trois de ses collègues obtiennent le « privilège royal » de publier l'ouvrage.

• Le sous-titre, *Dictionnaire raisonné des sciences, des arts et des métiers*, précise l'ambition des auteurs qui ne renoncent à aucun domaine de la connaissance. Les 60 000 articles offrent un savoir général d'une grande richesse en même temps qu'ils suscitent la réflexion critique des lecteurs.

La réalisation de l'*Encyclopédie* n'est pas sans heurts : violente polémique, condamnations, difficultés financières, etc. Mais l'ouvrage rencontre un vif succès.

Prolongement

Lisez l'article « Philosophe » extrait de l'*Encyclopédie*. Résumez les « qualités » d'un philosophe selon l'auteur Dumarsais.

TEXTE 1

Charles Perrault, *Peau d'Âne* (1694)

► Biographie p. 555

Inséré à partir de 1697 au recueil des Contes de ma mère l'Oye, *« Peau d'Âne » est issu de la tradition populaire. Identifié comme le premier conte merveilleux mis par écrit en langue française, il fait l'objet de nombreuses adaptations. Dans l'extrait suivant, la princesse a dû fuir le palais royal, dissimulée sous la peau d'un âne pour échapper au terrible dessein d'un père incestueux.*

L'Infante cependant poursuivait son chemin,
Le visage couvert d'une vilaine crasse
À tous Passants elle tendait la main,
Et tâchait pour servir de trouver une place.
Mais les moins délicats et les plus malheureux
La voyant si maussade[1] et si pleine d'ordure[2],
Ne voulaient écouter ni retirer[3] chez eux
Une si sale créature.

Elle alla donc bien loin, bien loin, encor plus loin ;
Enfin elle arriva dans une Métairie
Où la Fermière avait besoin
D'une souillon[4], dont l'industrie[5]
Allât jusqu'à savoir bien laver des torchons
Et nettoyer l'auge aux Cochons.

On la mit dans un coin au fond de la cuisine
Où les Valets, insolente vermine,
Ne faisaient que la tirailler,
La contredire et la railler ;
Ils ne savaient quelle pièce[6] lui faire,
La harcelant à tout propos ;
Elle était la butte ordinaire
De tous leurs quolibets et de tous leurs bons mots.

Elle avait le Dimanche un peu plus de repos ;
Car, ayant du matin fait sa petite affaire,
Elle entrait dans sa chambre et tenant son huis[7] clos,
Elle se décrassait, puis ouvrait sa cassette,
Mettait proprement sa toilette,
Rangeait dessus ses petits pots.
Devant son grand miroir, contente et satisfaite,
De la Lune tantôt la robe[8] elle mettait,
Tantôt celle où le feu du Soleil éclatait,
Tantôt la belle robe bleue
Que tout l'azur des Cieux ne saurait égaler,
Avec ce chagrin seul que leur traînante queue
Sur le plancher trop court ne pouvait s'étaler.
Elle aimait à se voir jeune, vermeille et blanche
Et plus brave[9] cent fois que nulle autre n'était ;

►►► **Antoine Trouvain,** *Portrait de la duchesse de Valentinois, Marie de Lorraine Armagnac, princesse de Monaco en robe de bal*, 1694, gravure, Bibliothèque des Arts décoratifs, Paris.

Ce doux plaisir la sustentait[10]
Et la menait jusqu'à l'autre Dimanche.

J'oubliais à dire en passant
Qu'en cette grande Métairie
D'un Roi magnifique et puissant
Se faisait la Ménagerie,
Que là, Poules de barbarie,
Râles, Pintades, Cormorans,
Oisons musqués, Canes Petières[11]
Et mille autres oiseaux de bizarres manières,
Entre eux presque tous différents,
Remplissaient à l'envi dix cours toutes entières.

Le fils du Roi dans ce charmant séjour
Venait souvent au retour de la Chasse
Se reposer, boire à la glace
Avec les Seigneurs de sa Cour.
Tel ne fut point le beau Céphale[12] :
Son air était Royal, sa mine martiale[13],
Propre à faire trembler les plus fiers bataillons.
Peau-d'Âne de fort loin le vit avec tendresse,
Et reconnut par cette hardiesse
Que sous sa crasse et ses haillons
Elle gardait encor le cœur d'une Princesse.

Peau-d'Âne, film de **Jacques Demy**, 1971.

1. déplaisante.
2. afin de n'être pas reconnue, la princesse ne quitte jamais la dépouille de l'âne.
3. recevoir.
4. servante destinée aux corvées salissantes.
5. le travail.
6. mauvais tour.
7. sa porte.
8. afin d'échapper au mariage avec son père, la princesse lui a réclamé des robes *a priori* irréalisables.
9. élégante.
10. contenter.
11. oiseaux.
12. chasseur de la mythologie, contraint de s'unir à une ourse qui se métamorphosa en femme.
13. combattive.

Questions

Un conte merveilleux

1. a. Quelles catégories sociales sont représentées dans ce conte ? Relevez et analysez les expressions permettant de les désigner.

b. À quels champs lexicaux chacune des catégories est-elle associée ? En quoi cela vous semble-t-il stéréotypé ?

2. Quels éléments renvoient à un univers merveilleux ?

► L'argumentation indirecte, p. 489

Réalité et apparences

3. a. Montrez l'importance et le rôle des vêtements dans le récit.

b. Expliquez par conséquent le choix du titre.

4. Quelle moralité les deux derniers vers de l'extrait pourraient-ils illustrer ? Rédigez-la de manière concise.

Synthèse Montrez que le conte de Perrault invite à réfléchir aux apparences par le recours à la fiction.

Vocabulaire

Recherchez l'étymologie de l'adjectif « charmant » (v. 50). Étudiez l'évolution du sens du mot et sa signification dans le texte.

Prolongement

Cherchez d'autres contes de Perrault dans lesquels les vêtements jouent un rôle clef.
- De quelles façons contribuent-ils au destin des personnages ?
- Que cherche à montrer Perrault ?

Vers le bac S'entraîner au commentaire

Rédigez un axe de commentaire montrant que le conteur cherche à délivrer efficacement un enseignement par le biais d'un récit.

► Construire un paragraphe de commentaire, p. 529

François de La Rochefoucauld, *Maximes* (1664)

► Biographie p. 556

CONTEXTE

Les moralistes du XVIIe siècle s'attachent à décrire les mœurs de leur temps en vue d'édifier les lecteurs. Ils ont pour modèle l'honnête homme classique auquel ils se réfèrent avec gravité et humour parfois. Leurs genres de prédilection, le conte, la fable, la maxime, le portrait, la satire et le sermon permettent à la fois de plaire et d'éduquer.

Maintes fois rééditées, les Maximes *de La Rochefoucauld frappent par leur ton sentencieux et pessimiste. La forme brève livre le jugement cinglant d'un aristocrate chrétien pour qui les « vertus ne sont le plus souvent que des vices déguisés ».*

15. La clémence[1] des princes n'est souvent qu'une politique pour gagner l'affection des peuples.

16. Cette clémence dont on fait une vertu se pratique tantôt par vanité[2], quelquefois par paresse, souvent par crainte, et presque toujours par tous les trois ensemble.

39. L'intérêt parle toutes sortes de langues, et joue toutes sortes de personnages, même celui de désintéressé.

62. La sincérité est une ouverture de cœur. On la trouve en fort peu de gens ; et celle que l'on voit d'ordinaire n'est qu'une fine[3] dissimulation pour attirer la confiance des autres.

74. Il n'y a que d'une sorte d'amour, mais il y en a mille différentes copies.

119. Nous sommes si accoutumés à nous déguiser aux autres qu'enfin nous nous déguisons à nous-mêmes.

121. On fait souvent du bien pour pouvoir impunément faire du mal.

149. Le refus des louanges est un désir d'être loué deux fois.

202. Les faux honnêtes gens sont ceux qui déguisent leurs défauts aux autres et à eux-mêmes. Les vrais honnêtes gens sont ceux qui les connaissent parfaitement et les confessent.

216. La parfaite valeur est de faire sans témoins ce qu'on serait capable de faire devant tout le monde.

254. L'humilité n'est souvent qu'une feinte soumission, dont on se sert pour soumettre les autres ; c'est un artifice de l'orgueil qui s'abaisse pour s'élever ; et bien qu'il se transforme en mille manières, il n'est jamais mieux déguisé et plus capable de tromper que lorsqu'il se cache sous la figure de l'humilité.

1. vertu qui consiste à pardonner.
2. orgueil.
3. rusée.

Vocabulaire

Quelle est l'origine étymologique du mot « maxime » ? Qu'en déduisez-vous quant au sens du mot ?

Questions

L'art de la concision

1. Observez la structure des phrases. Pourquoi est-elle efficace pour délivrer un enseignement ?
2. Quelle figure de style est employée dans la maxime 39 ? Analysez l'effet de chute dans cette maxime.
3. Quel paradoxe la maxime 121 exprime-t-elle ? De quelle manière ?

Le discours du moraliste

4. Quels vices sont évoqués ? À quels domaines se rapportent-ils ?
5. Expliquez la maxime 216.
6. Étudiez le jeu des oppositions dans les maximes 16, 74, 121, 149, 202 et 254. Que cherche à montrer le moraliste ?
7. Quel pronom est majoritairement employé ? Justifiez son utilisation.
8. Montrez que les maximes proposent une vision universelle de la nature humaine.

Synthèse Montrez à quelles valeurs morales l'auteur fait appel.

Vers le bac S'entraîner au sujet d'invention

Rédigez cinq maximes dénonçant un défaut humain de votre choix.

► Imiter un style, transposer un texte et le poursuivre, p. 516

LECTURE D'IMAGE

Georges de La Tour, *Le Tricheur à l'as de carreau* (vers 1636)

Georges de La Tour,
Le Tricheur à l'as de carreaux,
1635, huile sur toile
(106 × 146 cm),
musée du Louvre, Paris.

▲ Avec cette représentation des joueurs de cartes, **Georges de La Tour** (1593-1652) s'inscrit ouvertement dans la lignée du peintre italien Le Caravage qui a su renouveler la peinture de genre par la représentation de scènes profanes. Son influence se retrouve ici par la reprise du thème de la tricherie et par l'effet de clair-obscur.

Questions

Un jeu de dupes

1. Repérez les objets, attitudes et postures qui renvoient au thème de la tricherie.
2. Précisez le rôle de chaque personnage dans cette partie de cartes et déterminez leur relation.
3. Que trahissent les regards des trois personnages de gauche ?
4. Quels éléments sont mis en évidence par la lumière ? À l'inverse, lesquels restent dans l'ombre ? Expliquez ces choix.

La dénonciation du vice

5. Quelles vertus simulées permettent de mettre le jeune homme de droite en confiance ? Quelle maxime de La Rochefoucauld (► p. 336) le tableau pourrait-il illustrer ?
6. Comment le peintre permet-il aux spectateurs de se sentir concernés ?
7. Quelle leçon le tableau transmet-il ?

Synthèse Montrez que le peintre parvient à révéler le vice caché.

Prolongements

- Quel tableau du Caravage évoque lui aussi le thème de la tricherie ? Analysez les similitudes entre les deux œuvres.
- Documentez-vous sur la parabole du fils prodigue. Pourquoi le tableau de de La Tour pourrait-il illustrer cet épisode de la *Bible* ?

TEXTE 3

Nicolas Boileau, *Satires*, XI (1666)

► Biographie p. 552

CONTEXTE
Inspiré des poètes latins Horace et Juvénal, le recueil des *Satires* de Boileau a pour cible les contemporains de l'auteur. Les premiers poèmes moqueurs et cinglants remportent un vif succès, alimentant des querelles littéraires dont l'écho se perpétue au cœur des salons mondains. Le recueil évolue jusqu'en 1701 vers une réflexion plus profonde sur la nature humaine.

La satire XI consacrée au thème de l'honneur est dédiée à Monsieur de Valincourt, Secrétaire général de la Marine, futur historiographe du roi de France

En un mot, parcourons et la mer et la terre ;
Interrogeons marchands, financiers, gens de guerre,
Courtisans, magistrats : chez eux, si je les crois,
L'intérêt ne peut rien, l'honneur seul fait la loi.
Cependant, lorsqu'aux yeux leur portant la lanterne,
J'examine au grand jour l'esprit qui les gouverne,
Je n'aperçois partout que folle ambition,
Faiblesse, iniquité[1], fourbe[2], corruption,
Que ridicule orgueil de soi-même idolâtre.
Le monde, à mon avis, est comme un grand théâtre,
Où chacun en public, l'un par l'autre abusé,
Souvent à ce qu'il est joue un rôle opposé.
Tous les jours on y voit, orné d'un faux visage,
Impudemment le fou représenter le sage ;
L'ignorant s'ériger en savant fastueux,
Et le plus vil faquin[3] trancher du vertueux.
Mais, quelque fol espoir dont leur orgueil les berce,
Bientôt on les connaît, et la vérité perce.
On a beau se farder[4] aux yeux de l'univers :
À la fin sur quelqu'un de nos vices[5] couverts
Le public malin[6] jette un œil inévitable ;
Et bientôt la censure, au regard formidable,
Sait, le crayon en main, marquer nos endroits faux
Et nous développer avec tous nos défauts.
Du mensonge toujours le vrai demeure maître,
Pour paraître honnête homme, en un mot, il faut l'être ;
Et jamais, quoi qu'il fasse, un mortel ici-bas
Ne peut aux yeux du monde être ce qu'il n'est pas.

1. injustice.
2. fourberie.
3. personne méprisable.
4. se maquiller, au sens de dissimuler.
5. l'un de nos vices.
6. malveillant.

Questions

Les fonctions du moraliste

1. Que vous apprennent les marques de la 1re personne sur la démarche de Boileau ?
2. Que symbolise l'image de la « lanterne » au vers 5 ?
3. Commentez la présence du champ lexical du regard dans le texte.
4. Observez l'évolution des pronoms. Quelle conclusion en tirez-vous ?

La critique du théâtre mondain

5. Comment les vices sont-ils révélés ? Quels procédés Boileau emploie-t-il pour créer une impression d'excès ?
6. Quelle figure d'analogie lui permet de définir le monde ? Comment se déploie-t-elle ?

► Les figures de style, p. 466

7. Quelle leçon de morale apparaît à la fin de l'extrait ? Justifiez votre réponse.

Synthèse Rédigez un paragraphe montrant que Boileau fait l'éloge de la vérité.

Figures de style

Quelle figure de style identifiez-vous aux vers 22 à 24 ? Quel est son sens dans le texte ?

TEXTE 4

Molière,
Le Misanthrope (1666)

► Biographie p. 555

CONTEXTE
En 1666, Molière crée Alceste, un personnage irascible qui se heurte à la société mondaine de son siècle. Scandalisé par l'hypocrisie sociale, le misanthrope se positionne en juge cinglant, prêt à tout pour promouvoir la sincérité. Face à lui, Philinte, incarnation de l'honnête homme, croit qu'il est possible de fréquenter la cour et de se plier aux conventions sociales tout en préservant ses qualités morales.

La pièce s'ouvre sur une querelle qui oppose Philinte à Alceste. Ce dernier reproche à son ami ses excès d'amabilité à l'égard des hommes de la cour.

ACTE I, SCÈNE 1
ALCESTE, PHILINTE

ALCESTE. – […] Je veux qu'on me distingue ; et, pour le trancher net,
L'ami du genre humain n'est point du tout mon fait.
PHILINTE. – Mais, quand on est du monde, il faut bien que l'on rende
Quelques dehors civils[1] que l'usage demande.
ALCESTE. – Non, vous dis-je, on devrait châtier, sans pitié,
Ce commerce[2] honteux de semblants d'amitié.
Je veux que l'on soit homme, et qu'en toute rencontre
Le fond de notre cœur dans nos discours se montre,
Que ce soit lui qui parle, et que nos sentiments
Ne se masquent jamais sous de vains compliments.
PHILINTE. – Il est bien des endroits où la pleine franchise
Deviendrait ridicule et serait peu permise ;
Et parfois, n'en déplaise à votre austère honneur,
Il est bon de cacher ce qu'on a dans le cœur.
Serait-il à propos et de la bienséance
De dire à mille gens tout ce que d'eux on pense ?
Et quand on a quelqu'un qu'on hait ou qui déplaît,
Lui doit-on déclarer la chose comme elle est ?
ALCESTE. – Oui.
PHILINTE. – Quoi ? vous iriez dire à la vieille Émilie
Qu'à son âge il sied mal de faire la jolie,
Et que le blanc[3] qu'elle a scandalise chacun ?
ALCESTE. – Sans doute.

Edmond Geffroy, illustration d'Alceste dans *Le Misanthrope*, 1875.

1. propres à la vie en société.
2. échange.
3. fard.

Questions

Une société de conventions

1. Identifiez le milieu social auquel appartiennent les personnages. Justifiez votre réponse par des indices précis.
2. Quels codes régissent la vie en société d'après les personnages ?
3. À quelles conventions sociales Philinte se plie-t-il ?

Un débat vif

4. Quels arguments Alceste et Philinte opposent-ils l'un à l'autre ? Montrez que leurs positions sont tranchées.
5. Quelle est la fonction de l'exemple de « la vieille Émilie » (v. 20) ?

Synthèse Montrez que ce dialogue de théâtre invite à la réflexion de manière efficace.

Vocabulaire
Cherchez l'origine et le sens des mots « misanthrope » et « bienséance » (v. 15). En quoi vous éclairent-ils sur le sens du texte ?

Vers le bac S'entraîner au commentaire

Rédigez un paragraphe de commentaire montrant qu'Alceste refuse de se plier aux conventions sociales.
► Construire un paragraphe de commentaire, p. 529

CINÉMA • *LE MISANTHROPE* À L'ÉCRAN
PHILIPPE LE GUAY, *ALCESTE À BICYCLETTE* (2013)

Réalisation : Philippe Le Guay
Scénario, adaptation et dialogues : Philippe Le Guay
Interprétation : Serge Tanneur : Fabrice Luchini ; Gauthier Valence : Lambert Wilson ; Francesca : Maya Sansa
Distribution : Pathé Production

Synopsis : *Serge Tanneur, ancien acteur de théâtre, s'est retiré en ermite sur l'île de Ré. Trois ans plus tard, il reçoit la visite inattendue de l'acteur très apprécié Gauthier Valence qui lui propose de remonter sur les planches pour interpréter* Le Misanthrope *de Molière. Les deux hommes se donnent cinq jours pour décider ou non du projet : dans cet intervalle, ils répètent la scène première de l'acte I qui oppose Alceste à Philinte. Serge accepte finalement de revenir sur scène, il doit rencontrer l'équipe de production.*

Photogramme 1. 1 : 29 : 14
Musique classique. Serge est chez lui, statique. Il a revêtu son costume de scène, le visage dissimulé.

Photogramme 2. 1 : 29 : 26
La caméra contourne le personnage par l'arrière. Il se lève et se dirige vers la sortie, peu à peu révélée par le changement d'angle.

Photogramme 3. 1 : 29 : 45
Du plan d'ensemble au plan rapproché, Serge-Alceste nous apparaît dans la ville sur sa bicyclette.

Photogramme 4. 1 : 29 : 58
Changement de décor. Paroles et rires en bruit de fond. Fondu musical. Serge s'apprête à faire son entrée dans « le grand monde ».

Photogramme 5. 1 : 30 : 12
« Oh, ce costume vous va à ravir mon cher Serge », dit le metteur en scène de la pièce.

Photogramme 6. 1 : 30 : 40

Photogramme 7. 1 : 30 : 59
Le bruit de la nature (vent, mouettes) devient plus perceptible que celui de la société.

Une violente dispute éclate soudain entre Serge et Gauthier : Serge refuse, alors que la chose était convenue, d'alterner les rôles d'Alceste et de Philinte. Il veut obtenir l'exclusivité du rôle d'Alceste.

Photogramme 8. 1 : 34 : 08
Après l'empoignade, Serge récite quelques vers de l'acte V, scène 1 du *Misanthrope* de Molière : « Trop de perversité règne au siècle où nous sommes/Et je veux me tirer du commerce des hommes/Allons, c'est trop souffrir les chagrins qu'on nous forge :/Tirons-nous de ce bois et de ce coupe-gorge./Puisque entre humains ainsi vous vivez en vrais loups/Traîtres, vous ne m'aurez de ma vie avec vous. » Serge quitte l'assemblée dans un fondu noir.

De retour à Paris, Gauthier se prépare à entrer en scène pour la première du Misanthrope. *Le spectacle commence et l'acteur est vite sujet à un trou de mémoire qui le hantait déjà au cours des répétitions avec Serge.*

Photogramme 9. 1 : 37 : 07
En parallèle, Serge est seul sur la plage de l'île de Ré.

Photogramme 10. 1 : 37 : 35
Il semble souffler la réplique à son ami et rival : « Vous voulez un grand mal à la nature humaine !/Oui, j'ai conçu pour elle une effroyable haine » (I, 1). Il s'agit de la scène finale du film.

Questions

Les différents espaces

1. Quels sont les lieux présentés ?
2. Dans quels photogrammes le franchissement d'un lieu vers un autre est-il suggéré ? Grâce à quels éléments ?

La mise en abyme

3. Quelle importance prend le costume que décide de porter Serge ?
4. À quel moment avez-vous le sentiment que Serge entre en scène ? Quand en sort-il ? Justifiez votre réponse.
5. Retrouvez les photogrammes correspondant symboliquement à la loge de l'acteur, aux coulisses et au plateau scénique. Justifiez vos réponses.
6. Observez le photogramme 6. En quoi rappelle-t-il une scène de théâtre ?

La critique sociale

7. Observez les plans où Serge tourne le dos à la caméra et ceux où il apparaît de face. Que suggère le réalisateur ?
8. Le comportement de Serge vous semble-t-il excessif ?

Vocabulaire

Le fondu : effacement progressif de l'image ou du son. Le fondu peut suggérer l'ellipse, la persistance d'un souvenir, un *flash-back*, un changement de situation ou encore, dans le cas du fondu enchaîné, permettre d'associer deux éléments symboliques.

Prolongements

- Lisez la pièce. Vous semble-t-elle plus comique ou tragique que le film ?
- Alceste et Philinte sont-ils complémentaires ou opposés ? Qu'en est-il de Serge et de Gauthier dans le film ?

Jean de La Bruyère, *Les Caractères* (1688)

► Biographie p. 554

CONTEXTE
L'édit de 1608 proclamé par Henri IV et visant à interdire l'importation de tissus ornés d'or et d'argent provoque un réel engouement à l'égard des étoffes de luxe et favorise le commerce clandestin. Ce n'est que sous Louis XIII que l'industrie de la mode se développe en France.

Les Caractères de La Bruyère se présentent sous la forme d'un recueil de « remarques » associant les genres de la maxime, de l'essai et du portrait. Fondé sur l'observation des mœurs, l'ouvrage séduit et instruit par son ton satirique.

« De la mode »

Iphis voit à l'église un soulier d'une nouvelle mode, il regarde le sien, et en rougit, il ne se croit plus habillé : il était venu à la messe pour s'y montrer, et il se cache ; le voilà retenu par le pied dans sa chambre tout le reste du jour : il a la main douce, et il l'entretient avec une pâte de senteur ; il a soin de rire pour montrer ses dents ; il fait la petite bouche, et il n'y a guère de moments où il ne veuille sourire : il regarde ses jambes, il se voit au miroir, l'on ne peut être plus content de personne, qu'il l'est de lui-même : il s'est acquis une voix claire et délicate, et heureusement il parle gras[1] : il a un mouvement de tête, et je ne sais quel adoucissement dans les yeux, dont il n'oublie pas de s'embellir : il a une démarche molle[2] et le plus joli maintien qu'il est capable de se procurer : il met du rouge, mais rarement, il n'en fait pas habitude, il est vrai aussi qu'il porte des chausses et un chapeau, et qu'il n'a ni boucles d'oreilles ni collier de perles ; aussi ne l'ai-je pas mis dans le chapitre des femmes.

1. de grasseyer, prononcer indistinctement, notamment les « r », pour les adoucir.
2. efféminée.

Monsieur Jourdain (joué par Pascal Rénéric) fier d'exhiber son nouveau costume dans *Le Bourgeois gentilhomme* de Molière, pièce mise en scène par **Denis Podalydès** au théâtre des Bouffes du Nord à Paris en 2012.

Questions

Vocabulaire

Cherchez le sens de l'adverbe « aussi » (l. 16) lorsqu'il est employé en début de phrase. Comment participe-t-il à la construction du raisonnement ?

Le genre du portrait

1. Identifiez le temps verbal dominant. Quelle est sa valeur ?
2. Analysez le rythme et la structure des propositions. Que révèlent-ils implicitement du caractère d'Iphis ?
3. Dans quelles situations successives le personnage est-il présenté ? Quelle attitude s'en dégage à chaque fois ? Justifiez votre réponse par l'observation des champs lexicaux.

La visée satirique

4. En quoi Iphis est-il excessif ?
5. Quel est le registre dominant du portrait ? Appuyez-vous sur des éléments précis pour justifier votre réponse.

► Les registres littéraires, p. 460

6. Qu'apporte à l'extrait l'intervention finale de l'auteur ?

Synthèse Montrez comment La Bruyère passe de la critique individuelle à la critique sociale.

Vers le bac S'entraîner à la dissertation

La satire est-elle à même de nourrir la réflexion ? Élaborez un plan détaillé permettant de répondre à la question. Pour chaque sous-partie, indiquez un exemple littéraire de votre choix.

► Élaborer un plan détaillé, p. 538

ÉCHO DU XVIIIe SIÈCLE

Montesquieu, *Lettres persanes* (1721)

► Biographie p. 555

Marie-Antoinette, film de **Sofia Coppolan**, 2006.

⊕ CONTEXTE

Soucieux de se distinguer, les aristocrates des XVIIe et XVIIIe siècles adoptent les accessoires les plus extravagants pour agrémenter leur toilette. Masques, loups, plumes, cannes et perruques font l'objet de nombreuses critiques et inspirent les hommes de théâtre et les caricaturistes.

Le roman épistolaire de Montesquieu donne la parole à des personnages de fiction originaires de Perse.

LETTRE 99

Rica à Rhédi.

À Venise.

Je trouve les caprices de la mode, chez les Français, étonnants. Ils ont oublié comment ils étaient habillés cet été ; ils ignorent encore plus comment ils le seront cet hiver : mais, surtout, on ne saurait croire combien il en coûte à un mari, pour mettre sa femme à la mode.

Que me servirait de te faire une description exacte de leur habillement et de leurs parures ? Une mode nouvelle viendrait détruire tout mon ouvrage, comme celui de leurs ouvriers ; et, avant que tu eusses reçu ma lettre, tout serait changé. Une femme qui quitte Paris, pour aller passer six mois à la campagne, en revient aussi antique que si elle s'y était oubliée trente ans. Le fils méconnaît[1] le portrait de sa mère ; tant l'habit, avec lequel elle est peinte, lui paraît étranger : il s'imagine que c'est quelque Américaine qui y est représentée, ou que le peintre a voulu exprimer quelqu'une de ses fantaisies.

Quelquefois les coiffures montent insensiblement, et une révolution les fait descendre tout à coup. Il a été un temps que leur hauteur immense mettait le visage d'une femme au milieu d'elle-même : dans un autre, c'étaient les pieds qui occupaient cette place ; les talons faisaient un piédestal qui les tenait en l'air. Qui pourrait le croire ? les architectes ont été souvent obligés de hausser, de baisser et d'élargir leurs portes, selon que les parures des femmes exigeaient d'eux ce changement ; et les règles de leur art ont été asservies à ces caprices. On voit quelquefois, sur un visage, une quantité prodigieuse de mouches[2] ; et elles disparaissent toutes le lendemain. Autrefois, les femmes avaient de la taille et des dents[3] ; aujourd'hui il n'en est pas question. Dans cette changeante nation, quoi qu'en disent les mauvais plaisants, les filles se trouvent autrement faites que leurs mères.

Il en est, des manières et de la façon de vivre, comme des modes : les Français changent de mœurs, selon l'âge de leur roi. Le monarque pourrait même parvenir à rendre la nation grave, s'il l'avait entrepris. Le prince imprime le caractère de son esprit à la cour, la cour à la ville, la ville aux provinces. L'âme du souverain est un moule qui donne la forme à toutes les autres.

De Paris, le 8 de la lune de Saphar 1717.

1. ne reconnaît pas.
2. petits cercles de tissu noir collés sur le visage pour en faire ressortir la blancheur.
3. les femmes se préoccupaient d'avoir la taille fine et les dents éclatantes.

Questions

1. Quels indices permettent d'identifier l'origine étrangère du locuteur ?
2. Qu'apporte ce regard neuf à la description des mœurs françaises ? Justifiez votre réponse.
3. Relevez les indications temporelles. Que cherche à prouver Rica ?
4. Analysez les exemples hyperboliques employés par Rica. Quels en sont les effets ?
5. Qui sont les cibles du locuteur ?

Synthèse Montrez que La Bruyère (► p. 342) et Montesquieu s'attaquent aux apparences de manière satirique.

Vocabulaire

Cherchez l'étymon du mot « mode ». Expliquez alors l'effet produit par l'expression « caprices de la mode » (l. 1).

Dossier

HISTOIRE DES ARTS • CARICATURES ET APPARENCES

La caricature (de l'italien signifiant « charger ») est une forme de satire graphique, longtemps assimilée au grotesque. Elle consiste à représenter un sujet selon le principe de l'exagération des traits.

1 LA CARICATURE ET LA MODE

L'engouement de la société mondaine du XVIIIe siècle pour la mode et les parures les plus extravagantes donnent lieu à des excès qui n'échappent pas aux caricaturistes de l'époque.

Grandes coiffures excentriques à étages : des jeunes femmes de la noblesse coiffées par un perruquier, gravure de 1788, collection privée.

La coiffure à l'échelle, caricature du XVIIIe siècle, gravure, collection privée.

Molière, *L'École des maris*, 1661

Toujours au plus grand nombre on doit s'accommoder
Et jamais il ne faut se faire regarder.
L'un et l'autre excès choque, et tout homme bien sage
Doit faire des habits ainsi que du langage,
N'y rien trop affecter, et sans empressement,
Suivre ce que l'usage y fait de changement.
Mon sentiment n'est pas qu'on prenne la méthode
De ceux qu'on voit toujours renchérir sur la mode,
Et qui, dans ses excès dont ils sont amoureux,
Seraient fâchés qu'un autre eût été plus loin qu'eux ;
Mais je tiens qu'il est mal, sur quoi que l'on se fonde,
De fuir obstinément ce que suit tout le monde,
Et qu'il vaut mieux souffrir d'être au nombre des fous,
Que du sage parti se voir seul contre tous.

Acte I, scène 1.

Questions

1. Quel élément de la toilette féminine est immédiatement repérable sur les gravures du XVIIIe siècle ? Par quels procédés ?
2. Quels objets vous semblent inattendus dans les situations représentées ? Expliquez leur présence.
3. S'agit-il, selon vous, de caricatures individuelles ou sociales ? Justifiez votre réponse.
4. Quelle thèse développe Ariste dans *L'École des maris* de Molière ? Grâce à quels arguments ? Quel lien pouvez-vous établir avec les caricatures ci-dessus ?

2 LA CARICATURE SOCIALE

Les nouvelles techniques d'imprimerie favorisent la diffusion des périodiques et des « canards » (presse à sensation). Les types humains, ridiculisés et répertoriés telles des espèces animales, deviennent reconnaissables à leur apparence extérieure.

Buffon, « Le Dindon » (1770-1783)

Cet oiseau qui n'a rien dans son port ordinaire que d'humble et de simple, se rengorge tout-à-coup avec fierté ; sa tête et son cou se gonflent ; la caroncule[1] conique se déploie, s'allonge et descend deux ou trois pouces plus bas que le bec, qu'elle recouvre entièrement ; toutes ces parties charnues se colorent d'un rouge plus vif ; en même temps les plumes du cou et du dos se hérissent, et la queue se relève en éventail, tandis que les ailes s'abaissent en se déployant jusqu'à traîner par terre [...].

Histoire naturelle des Oiseaux, orthographe modernisée par les auteurs du manuel.

1. excroissance rouge située près du bec.

Granville, *Un banquier*, 1844, gravure, musée Carnavalet, Paris.

Questions

1. Quels aspects extérieurs du banquier Grandville met-il en évidence ? De quelles façons ?
2. D'après le texte de Buffon, comment expliquez-vous le choix du dindon ?
3. Comparez cette caricature à celle de Daumier (► p. 83).

3 LA CARICATURE POLITIQUE

Liée aux mouvements de pensée antimonarchiques et révolutionnaires, la caricature est un outil au service de la dénonciation. À partir du XVIe siècle, les caricaturistes révèlent au grand jour les vices et les faiblesses des hommes politiques par le recours à la zoomorphisation (représentation physique sous une forme animale) : Henri III devient une harpie menaçante et Louis XVI un roi-cochon.

Agrippa d'Aubigné, « Princes », 1616

Pensez quel beau spectacle, et comme il fit bon voir
Ce prince avec un busc[1], un corps de satin noir
Coupé à l'espagnole, où, des déchiquetures,
Sortaient des passements[2] et des blanches tirures ;
Et, afin que l'habit s'entresuivît de rang[3],
Il montrait des manchons[4] gaufrés de satin blanc,
D'autres manches encor qui s'étendaient fendues,
Et puis jusques aux pieds d'autres manches perdues.
Pour nouveau parement il porta tout ce jour
Cet habit monstrueux, pareil à son amour :
Si qu'au[5] premier abord chacun était en peine
S'il voyait un Roi femme ou bien un homme Reine.

Les Tragiques, orthographe modernisée par les auteurs du manuel.

1. baleine en acier d'un corset. – 2. tissu de fil d'or ou de soie. 3. fût harmonieux. – 4. fourreau permettant de garder les mains au chaud. – 5. si bien qu'au.

Questions

1. Observez l'image. Quels éléments contribuent à la monstruosité de ce portrait ? Que symbolisent-ils ?
2. Comment expliquez-vous la présence d'un chapelet dans la main gauche à hauteur du bas-ventre et d'un miroir dans la main droite reflétant le visage de Machiavel ?
3. En quoi l'« habit » décrit par d'Aubigné est-il lui aussi monstrueux ?

Portrait monstrueux et allégorique d'Henri III par les Ligueurs, illustration pour *Sorcelleries de Henri de Valois et des oblations qu'il faisait au diable dans le bois de Vincennes*, 1589, BnF, Paris.

▲ Machiavel (1469-1527) est un penseur italien de la Renaissance prônant la prise du pouvoir par tous les moyens, en particulier par la manipulation.

PERSPECTIVE DU XXe SIÈCLE

Marcel Proust, *Le Côté de Guermantes* (1922)

CONTEXTE

Proust (1871-1922) consacre les dix-sept dernières années de sa vie à la rédaction d'*À la recherche du temps perdu*, roman à caractère autobiographique composé de sept tomes. La finesse de ses observations et de ses analyses critiques le place dans la lignée de Balzac.

Henri Gervex, *Une soirée au Pré-Catelan* (détail), 1909, huile sur toile (217 × 318 cm), musée Carnavalet, Paris.

Aristocrate distingué et discret, Swann vient d'annoncer à la duchesse de Guermantes, alors attendue à un dîner mondain, qu'il est atteint d'une grave maladie et qu'il va bientôt mourir.

[…] « Vous voulez plaisanter ? » dit-elle à Swann.

« Ce serait une plaisanterie d'un goût charmant, répondit ironiquement Swann. Je ne sais pas pourquoi je vous dis cela, je ne vous avais pas parlé de ma maladie jusqu'ici. Mais comme vous me l'avez demandé et que maintenant je peux mourir d'un jour à l'autre… Mais surtout je ne veux pas que vous vous retardiez, vous dînez en ville », ajouta-t-il parce qu'il savait que, pour les autres, leurs propres obligations mondaines priment la mort d'un ami, et qu'il se mettait à leur place, grâce à sa politesse. Mais celle de la duchesse lui permettait aussi d'apercevoir confusément que le dîner où elle allait devait moins compter pour Swann que sa propre mort. Aussi, tout en continuant son chemin vers la voiture, baissa-t-elle les épaules en disant : « Ne vous occupez pas de ce dîner. Il n'a aucune importance ! » Mais ces mots mirent de mauvaise humeur le duc qui s'écria : « Voyons, Oriane, ne restez pas à bavarder comme cela et à échanger vos jérémiades avec Swann, vous savez bien pourtant que Mme de Saint-Euverte tient à ce qu'on se mette à table à huit heures tapant. Il faut savoir ce que vous voulez, voilà bien cinq minutes que vos chevaux attendent. Je vous demande pardon, Charles, dit-il en se tournant vers Swann, mais il est huit heures moins dix. Oriane est toujours en retard, il nous faut plus de cinq minutes pour aller chez la mère Saint-Euverte. »

Mme de Guermantes s'avança décidément[1] vers la voiture et redit un dernier adieu à Swann. « Vous savez, nous reparlerons de cela, je ne crois pas un mot de ce que vous dites, mais il faut en parler ensemble. On vous aura bêtement effrayé, venez déjeuner, le jour que vous voudrez (pour Mme de Guermantes tout se résolvait toujours en déjeuners), vous me direz votre jour et votre heure », et relevant sa jupe rouge elle posa son pied sur le marchepied. Elle allait entrer en voiture, quand, voyant ce pied, le duc s'écria d'une voix terrible : « Oriane, qu'est-ce que vous alliez faire, malheureuse. Vous avez gardé vos souliers noirs ! Avec une toilette rouge ! Remontez vite mettre vos souliers rouges, ou bien, dit-il au valet de pied, dites tout de suite à la femme de chambre de Mme la duchesse de descendre des souliers rouges. »

1. d'un pas décidé.

Questions

1. Quels éléments vous permettent d'identifier le milieu social auquel appartient Oriane ?
2. Qu'apportent au récit les interventions directes ou indirectes du narrateur ?
3. Relevez les références à la tenue vestimentaire. Étaient-elles prévisibles ?
4. De quels aspects de la société cet extrait fait-il la satire ?

Synthèse Montrez que le comportement du duc et de la duchesse dans *Le Côté de Guermantes* de Proust et celui d'Iphis dans *Les Caractères* de La Bruyère (► p. 342) présentent des similitudes.

SYNTHÈSE LES GENRES DE LA SATIRE

Les auteurs satiriques tournent en dérision les vices et les ridicules de leurs contemporains, mais ils rivalisent d'originalité pour atteindre leur but. Exploitant des formes littéraires multiples, ils usent de procédés différents qui ne cessent d'évoluer au fil des siècles.

1 LES ORIGINES ANTIQUES DE LA SATIRE

D'origine latine, le terme *satura* désigne au sens propre un plat composé de légumes ou de fruits variés. L'idée initiale de diversité se retrouve dans l'emploi littéraire du mot pour évoquer un « pot-pourri » musical improvisé sur scène par des comédiens railleurs qui mélangent les rythmes et les thèmes.

Par la suite, si le principe de la **diversité** de la satire est parfois abandonné, son **caractère critique** ne cesse de s'affirmer au fil des siècles. Le poète latin **Lucilius**, traditionnellement reconnu comme l'inventeur du genre, ouvre la voix à **Horace** et à **Juvénal** dont les vers ont très largement inspiré les **moralistes classiques du XVIIe siècle**.

2 LA DIVERSITÉ DES GENRES LITTÉRAIRES

Essais, lettres, discours

Les Caractères de La Bruyère (► p. 342) dressent des **portraits stéréotypés** à l'excès. Leur style fragmentaire, imité des *Maximes* de La Rochefoucauld (► p. 336), connaît le succès auprès de la haute société qui souhaite déceler la véritable identité des personnages caricaturés. Les essais, les lettres et les discours, plus informels, multiplient les **procédés persuasifs**.

L'apologue

Le burlesque, l'humour et l'ironie des contes divertissent autant qu'ils éduquent. Les moralités s'appuient sur un **récit dynamique et fictif** pour exprimer des **vérités universelles**.

Ex. : les interventions didactiques de Perrault dans ses *Contes*. ► p. 334

La poésie

Boileau perpétue le genre antique avec ses *Satires* **versifiées**. Son art de l'invective, ses attaques directes et cinglantes lui coûtent de fâcheuses querelles.

Ex. : le poète observe ses contemporains qui n'échappent pas à son regard critique. ► p. 338

Le théâtre

Les comédies de Molière prennent pour cible **les travers d'une catégorie sociale**. Le dramaturge met en scène des types humains au caractère exacerbé qu'il oppose à une incarnation de l'honnête homme. C'est de **cet affrontement entre la folie et la raison** que naît la critique comique.

Ex. : Alceste s'oppose à Philinte dans le *Misanthrope*. ► p. 339

Le roman

Les récits du XVIIe siècle de Charles Sorel ou de Paul Scarron ouvrent la voie aux romanciers contemporains. Les **interventions du narrateur** sont fréquentes et chargées d'**ironie**.

Ex. : Oriane est ridiculisée dans *Le Côté de Guermantes* de Proust. ► p. 346

3 LES ENJEUX DE LA SATIRE

La moquerie individuelle présente dans les discours et récits satiriques témoigne d'une **contestation sociale ou politique**. Les auteurs condamnent ce qu'ils ont pu observer ou subir. Ils en appellent à la sagesse et leurs divertissements littéraires d'apparence légère parfois sont autant de témoignages d'une société pervertie.

TEXTE 1

Jean de La Fontaine, *Fables* • livre VII, 1 (1668-1694)

Biographie p. 554

Les Animaux malades de la peste

Un mal qui répand la terreur,
Mal que le Ciel en sa fureur
Inventa pour punir les crimes de la terre,
La Peste (puisqu'il faut l'appeler par son nom)
Capable d'enrichir en un jour l'Achéron[1],
Faisait aux animaux la guerre.
Ils ne mouraient pas tous, mais tous étaient frappés :
On n'en voyait point d'occupés
À chercher le soutien d'une mourante vie ;
Nul mets n'excitait leur envie ;
Ni Loups ni Renards n'épiaient
La douce et l'innocente proie.
Les Tourterelles se fuyaient :
Plus d'amour, partant[2] plus de joie.
Le Lion tint conseil, et dit : Mes chers amis,
Je crois que le Ciel a permis
Pour nos péchés cette infortune ;
Que le plus coupable de nous
Se sacrifie aux traits du céleste courroux[3],
Peut-être il obtiendra la guérison commune.
L'histoire nous apprend qu'en de tels accidents
On fait de pareils dévouements :
Ne nous flattons donc point ; voyons sans indulgence
L'état de notre conscience.
Pour moi, satisfaisant mes appétits gloutons
J'ai dévoré force moutons.
Que m'avaient-ils fait ? Nulle offense :
Même il m'est arrivé quelquefois de manger
Le berger.
Je me dévouerai donc, s'il le faut ; mais je pense
Qu'il est bon que chacun s'accuse ainsi que moi :
Car on doit souhaiter selon toute justice
Que le plus coupable périsse.
– Sire, dit le Renard, vous êtes trop bon roi ;
Vos scrupules font voir trop de délicatesse.
Eh bien, manger moutons, canaille, sotte espèce,
Est-ce un péché ? Non, non. Vous leur fîtes Seigneur,
En les croquant beaucoup d'honneur.
Et quant au berger l'on peut dire
Qu'il était digne de tous maux,
Étant de ces gens-là qui sur les animaux
Se font un chimérique empire. »
Ainsi dit le Renard, et flatteurs d'applaudir.
On n'osa trop approfondir
Du Tigre, ni de l'Ours, ni des autres puissances,

►►► **Paul de Vos**, *Entrée des animaux dans l'Arche de Noé* (détail), XVIIe siècle, huile sur toile (230 x 360 cm), musée du Louvre, Paris.

Œuvre intégrale

Les moins pardonnables offenses.
Tous les gens querelleurs, jusqu'aux simples mâtins[4],
Au dire de chacun, étaient de petits saints.
L'Âne vint à son tour et dit: «J'ai souvenance
Qu'en un pré de Moines passant,
La faim, l'occasion, l'herbe tendre, et je pense
Quelque diable aussi me poussant,
Je tondis de ce pré la largeur de ma langue.
Je n'en avais nul droit, puisqu'il faut parler net.»
À ces mots on cria haro[5] sur le baudet.
Un Loup quelque peu clerc prouva par sa harangue
Qu'il fallait dévouer ce maudit animal,
Ce pelé, ce galeux, d'où venait tout leur mal.
Sa peccadille[6] fut jugée un cas pendable.
Manger l'herbe d'autrui! quel crime abominable!
Rien que la mort n'était capable
D'expier son forfait: on le lui fit bien voir.
Selon que vous serez puissant ou misérable,
Les jugements de cour vous rendront blanc ou noir.

1. fleuve des enfers. – 2. par conséquent. – 3. colère.
4. molosses. – 5. clameur de réprobation. – 6. faute légère.

DÉDICACE

À Madame de Montespan

L'apologue est un don qui vient des Immortels;
Ou si c'est un présent des hommes,
Quiconque nous l'a fait mérite des autels.
Nous devons, tous tant que nous sommes,
Ériger en divinité
Le Sage[1] par qui fut ce bel art inventé.
C'est proprement un charme: il rend l'âme attentive,
Ou plutôt il la tient captive,
Nous attachant à des récits
Qui mènent à son gré les cœurs et les esprits.
Ô vous qui l'imitez[2], Olympe[3], si ma Muse
A quelquefois pris place à la table des Dieux,
Sur ses dons aujourd'hui daignez porter les yeux,
Favorisez les jeux où mon esprit s'amuse.
Le temps qui détruit tout, respectant votre appui
Me laissera franchir les ans dans cet ouvrage:
Tout auteur qui voudra vivre encore après lui
Doit s'acquérir votre suffrage.

1. Ésope, fabuliste antique à qui l'on attribue la paternité du genre de la fable.
2. allusion au pouvoir exercé par Madame de Montespan sur le roi.
3. divination de Madame de Montespan.

Fables de La Fontaine, «Les Animaux malades de la peste», mise en scène de **Robert Wilson** à la Comédie-Française à Paris en 2004.

Lecture d'image

- Identifiez les personnages suivants : le Lion, le Renard, l'Âne et les courtisans. La place qu'ils occupent répond-elle au rôle qu'ils incarnent dans la fable ?
- Quelle est la signification symbolique des couleurs et de l'éclairage ? S'accorde-t-elle avec le contexte initial de la fable ?
- Le Lion vous semble-t-il effrayant ? Pourquoi, selon vous, ne porte-t-il par son masque ?

Questions

Le cadre de la fiction

1. Par quelle périphrase la peste est-elle désignée au début de la fable ? Quel est son rôle dans la mise en place du contexte ?
2. Repérez les différentes étapes du récit et leur fonction. Pourquoi La Fontaine n'évoque-t-il pas la situation finale qui suit l'exécution de l'Âne ?

Le pouvoir du Lion

3. Le discours du Lion vous semble-t-il sincère ou stratégique ? Justifiez votre réponse par une analyse des procédés persuasifs et des arguments utilisés.
4. Par quels arguments le Renard disculpe-t-il le Lion ? À l'inverse, de quoi l'Âne se juge-t-il coupable ? Que constatez-vous ?
5. En quoi la moralité est-elle particulièrement pessimiste ? Analysez sa construction.

« À Madame de Montespan »

6. À quel champ lexical le genre de l'apologue est-il associé au début de l'extrait ?
7. Quel est le pouvoir de la fable d'après La Fontaine ?
8. Qu'attend La Fontaine de Madame de Montespan ?

Synthèse Montrez que La Fontaine dénonce la monarchie absolue de droit divin.

TEXTE 2

La Fontaine, *Fables* • livre VII, 6

Œuvre intégrale

La Fontaine se plaît à mettre en scène le roi Louis XIV sous les traits d'un lion. Il fait intervenir le monarque dans des situations différentes de manière à révéler un trait de sa personnalité.

La cour du Lion

Sa Majesté Lionne[1] un jour voulut connaître
De quelles nations le Ciel l'avait fait maître.
Il manda donc par députés
Ses vassaux de toute nature,
Envoyant de tous les côtés
Une circulaire écriture,
Avec son sceau. L'écrit portait
Qu'un mois durant le Roi tiendrait
Cour plénière, dont l'ouverture
Devait être un fort grand festin,
Suivi des tours de Fagotin[2].
Par ce trait de magnificence
Le Prince à ses sujets étalait sa puissance.
En son Louvre il les invita.
Quel Louvre ! un vrai charnier, dont l'odeur se porta
D'abord au nez des gens. L'Ours boucha sa narine :
Il se fût bien passé de faire cette mine,
Sa grimace déplut. Le Monarque irrité
L'envoya chez Pluton[3] faire le dégoûté.
Le Singe approuva fort cette sévérité,
Et flatteur excessif il loua la colère
Et la griffe du Prince, et l'antre, et cette odeur :
Il n'était ambre, il n'était fleur,
Qui ne fût ail au prix[4]. Sa sotte flatterie
Eut un mauvais succès, et fut encore punie.
Ce Monseigneur du Lion-là
Fut parent de Caligula[5].
Le Renard étant proche : « Or çà, lui dit le Sire,
Que sens-tu ? dis-le-moi : parle sans déguiser. »
L'autre aussitôt de s'excuser,
Alléguant un grand rhume : il ne pouvait que dire
Sans odorat ; bref, il s'en tire.
Ceci vous sert d'enseignement :
Ne soyez à la cour, si vous voulez y plaire,
Ni fade adulateur, ni parleur trop sincère,
Et tâchez quelquefois de répondre en Normand[6].

1. adjectif s'accordant avec le nom « majesté ».
2. singe costumé que l'on montrait dans les foires.
3. dieu des Enfers.
4. qui ne soit comparable à l'ail.
5. empereur romain sanguinaire du Ier siècle.
6. ne dire ni oui, ni non.

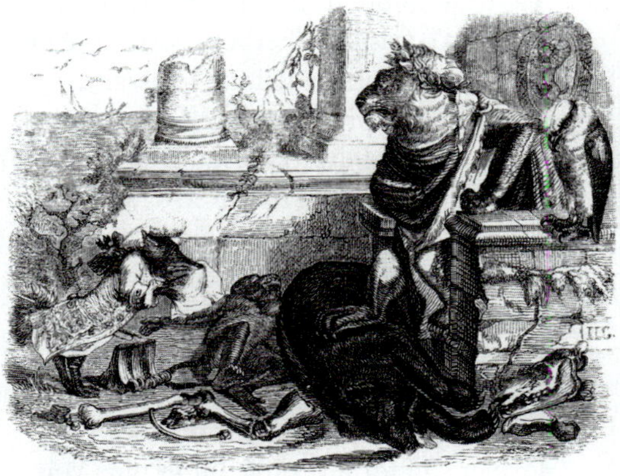

Grandville, *La Cour du Lion*, XIXe siècle, illustration reportée sur bois par Auguste Desperet et gravée par Franz Robert Richard Brend'Amour (18,5 x 12 cm), collection privée.

Questions

La fiction narrative

1. Dans quel contexte fictif l'intrigue de la fable s'inscrit-elle ?
2. Analysez la façon dont La Fontaine personnifie les animaux de la fable.

La critique de l'autorité royale

3. Comment le Lion affirme-t-il son autorité ? Quelle image du monarque est donnée ?
4. Qu'advient-il de l'Ours et du Singe ? Pour quelles raisons ?
5. Quel conseil le fabuliste donne-t-il aux courtisans ?

TEXTE ÉCHO

Madame de Sévigné, *Lettres* (1726)

François Marot, *Première promotion des chevaliers de l'ordre de Saint-Louis par Louis XIV à Versailles le 8 mai 1693* (détail), vers 1710, huile sur toile (51 x 76 cm), musée du château, Versailles.

CONTEXTE

La correspondance de Madame de Sévigné devient publique à partir de 1726, trente ans après sa mort. Les 764 lettres qui composent le recueil sont le fruit d'un amour maternel intense pour sa fille aînée partie vivre en Provence. Elles sont aussi un précieux témoignage de la vie de cour sous le règne de Louis XIV.

Madame de Sévigné relate à son ami Monsieur de Pompone une scène de vie de cour anecdotique révélatrice de l'influence du roi sur ses courtisans.

Lundi 1er décembre (1664).

À M. DE POMPONE

[…] Il faut que je vous conte une petite historiette, qui est très vraie, et qui vous divertira. Le Roi se mêle depuis peu de faire des vers ; MM. de Saint-Aignan et Dangeau lui apprennent comme il s'y faut prendre. Il fit l'autre jour un petit madrigal[1], que lui-même ne trouva pas trop joli. Un matin il dit au maréchal de Gramont : « Monsieur le maréchal, je vous prie, lisez ce petit madrigal, et voyez si vous en avez jamais vu un si impertinent. Parce qu'on sait que depuis peu j'aime les vers, on m'en apporte de toutes les façons. » Le maréchal, après avoir lu, dit au Roi : « Sire, Votre Majesté juge divinement bien de toutes choses : il est vrai que voilà le plus sot et le plus ridicule madrigal que j'aie jamais lu. » Le Roi se mit à rire, et lui dit : « N'est-il pas vrai que celui qui l'a fait est bien fat[2] ? – Sire, il n'y a pas moyen de lui donner un autre nom. – Oh bien ! dit le Roi, je suis ravi que vous m'en ayez parlé si bonnement ; c'est moi qui l'ai fait. – Ah ! Sire, quelle trahison ! Que Votre Majesté me le rende ; je l'ai lu brusquement. – Non, monsieur le maréchal ; les premiers sentiments sont toujours les plus naturels. » Le Roi a fort ri de cette folie, et tout le monde trouve que voilà la plus cruelle petite chose que l'on puisse faire à un vieux courtisan. Pour moi, qui aime toujours à faire des réflexions, je voudrais que le Roi en fît là-dessus, et qu'il jugeât par-là combien il est loin de connaître jamais la vérité.

1. petit poème.
2. sot et prétentieux.

Questions

1. Analysez la façon dont s'exprime le courtisan. Qu'en déduisez-vous sur ses intentions ?
2. En quoi consiste la « trahison » du roi ? Pourquoi est-elle jugée « cruelle » ?
3. Que nous apprend cette lettre sur la personnalité du monarque ?
4. À quelles réflexions sur le pouvoir royal Madame de Sévigné invite-t-elle à la fin de sa lettre ?

Synthèse Montrez que la critique des courtisans dissimule en réalité une critique du pouvoir royal dans la fable de La Fontaine (► p 350) et la lettre de Madame de Sévigné.

www.lienmini.fr/magnard-el2-023
Sur le site du musée de l'Histoire de France :
- Renseignez-vous sur l'événement représenté par le peintre.
- Étudiez de quelle façon il glorifie Louis XIV.

Vers le bac S'entraîner à la dissertation

Rédigez un paragraphe de dissertation dans lequel vous montrerez que les écrivains ne doivent pas s'interdire de juger les hommes au pouvoir.

► Construire un paragraphe de dissertation, p. 540

La Fontaine, *Fables* • livre VII, 8

Œuvre intégrale

S'inspirant des auteurs de l'Antiquité, Ésope et Phèdre, La Fontaine a su renouveler de façon originale le genre de la fable. Le plaisir qu'il prend à raconter devient tout aussi important que la portée moralisatrice du texte. La Fontaine opte pour la fable versifiée, alternant récit et discours, vers longs et brefs, variant les cibles, les thèmes et les registres, multipliant ainsi les effets de surprise.

Le Coche et la Mouche

Dans un chemin montant, sablonneux, malaisé,
Et de tous les côtés au Soleil exposé,
Six forts chevaux tiraient un Coche[1].
Femmes, moine, vieillards, tout était descendu.
L'attelage suait, soufflait, était rendu.
Une Mouche survient, et des chevaux s'approche,
Prétend les animer par son bourdonnement ;
Pique l'un, pique l'autre, et pense à tout moment
Qu'elle fait aller la machine,
S'assied sur le timon[2], sur le nez du cocher.
Aussitôt que le char chemine,
Et qu'elle voit les gens marcher,
Elle s'en attribue uniquement la gloire,
Va, vient, fait l'empressée ; il semble que ce soit
Un sergent de bataille allant en chaque endroit
Faire avancer ses gens et hâter la victoire.
La Mouche en ce commun besoin
Se plaint qu'elle agit seule, et qu'elle a tout le soin[3] ;
Qu'aucun n'aide aux chevaux à se tirer d'affaire.
Le moine disait son bréviaire[4] ;
Il prenait bien son temps ! une femme chantait ;
C'était bien de chansons qu'alors il s'agissait !
Dame Mouche s'en va chanter à leurs oreilles,
Et fait cent sottises pareilles.
Après bien du travail le Coche arrive au haut.
« Respirons maintenant, dit la Mouche aussitôt :
J'ai tant fait que nos gens sont enfin dans la plaine.
Çà, Messieurs les Chevaux, payez-moi de ma peine. »

Ainsi certaines gens, faisant les empressés,
S'introduisent dans les affaires :
Ils font partout les nécessaires,
Et, partout importuns, devraient être chassés.

1. grande voiture tirée par des chevaux.
2. longue pièce en bois à laquelle sont attelés les chevaux.
3. souci.
4. livre de prières.

Grandville, *Le Coche et la Mouche*, XIXe siècle, illustration reportée sur bois par Auguste Desperet et gravée par Franz Robert Richard Brend'Amour (18,5 x 12 cm), collection privée.

TEXTE SOURCE

Phèdre est surtout connu pour son recueil Fables, *composé de 123 fables versifiées. Son œuvre s'inscrit dans la tradition du fabuliste grec Ésope.*

La Mouche et la Mule

La mouche se posa sur le timon du char et, gourmandant la mule : « Que tu es lente ! lui dit-elle ; ne veux-tu pas marcher plus vite ? Prends garde que de mon stylet je ne perce ton cou de plusieurs piqûres. » La mule lui répondit : « Tes paroles ne m'émeuvent pas ; c'est le conducteur que je crains : sur le siège de devant où il est assis, il gouverne mon dos avec le fouet flexible, et retient ma bouche à l'aide du mors écumant. Laisse donc là ta futile arrogance ; là où il ne faut pas lambiner[1], je sais de moi-même que j'ai à courir. »

Par cette fable on peut à bon droit tourner en ridicule le personnage nul qui se livre à de vaines menaces.

Phèdre, *Fables*, livre III, 6, Iᵉʳ siècle, traduction d'Alice Brenot, 1989 © Les Belles Lettres.

1. agir lentement.

Anonyme italien, *Fable de la mouche sur une mule*, XVᵉ siècle, gravure sur bois (16 x 12,5 cm), musée du Louvre, Paris.

Questions

Vers strophes et rimes

Expliquez les effets sonores des vers 7 et 8 de la fable de La Fontaine. Montrez qu'ils miment efficacement l'action de la Mouche.

La vivacité de la fable

1. Quelles sont les différentes étapes du récit ?
2. Analysez la structure de la phrase qui s'ouvre au vers 6 :
   a. Combien de vers englobe-t-elle ? Combien d'actions y sont présentées ?
   b. Quelle est la valeur du temps utilisé ?
   c. Quelle est la particularité du rythme poétique ? Quels sont les effets produits ?

Le comique de situation

3. Quelles difficultés sont suggérées dans les premiers vers ? Pourquoi la situation devient-elle comique quand la Mouche intervient ?
4. Identifiez les passages au discours indirect libre. Les propos de la Mouche sont-ils entendus ? En quoi est-ce comique ?

► Les discours rapportés, p. 478

5. Quels sont les traits de caractère dominants de la Mouche ? Quel pouvoir s'octroie-t-elle ?

La voix du fabuliste

6. Par quelles expressions le narrateur désigne-t-il la Mouche ? Quel registre s'en dégage ?
7. Qu'est-ce qui différencie le récit de la moralité ? Observez en particulier les pronoms utilisés, les temps verbaux, les registres et les effets produits.
8. Quels éléments de la moralité font écho au récit ? Qu'en déduisez-vous du type de raisonnement utilisé par le fabuliste ?

► Les types de raisonnements, p. 492

Fables de Phèdre

9. Quel est l'interlocuteur de la Mouche ? Quelle est la fonction de ses propos ?
10. Quel trait de caractère se dégage de la Mouche ?
11. Les intentions de Phèdre sont-elles les mêmes que celles de La Fontaine ?

► Les fonctions du discours argumentatif, p. 496

Synthèse Montrez que la fable de La Fontaine est un enrichissement de celle de Phèdre.

Vers le bac S'entraîner à la dissertation

Dans l'*Avertissement* qui inaugure le livre VII, La Fontaine précise vouloir « remplir de plus de variété [son] Ouvrage ». Rédigez un paragraphe permettant d'illustrer cet argument en vous appuyant sur les fables et les iconographies de la séquence.

► Construire un paragraphe de dissertation, p. 540

TEXTE 4

La Fontaine, *Fables* • livre VII, 9

Œuvre intégrale

La Laitière et le Pot au lait

Perrette sur sa tête ayant un Pot au lait
Bien posé sur un coussinet,
Prétendait arriver sans encombre à la ville.
Légère et court vêtue elle allait à grands pas,
Ayant mis ce jour-là, pour être plus agile,
Cotillon[1] simple, et souliers plats.
Notre laitière ainsi troussée[2]
Comptait déjà dans sa pensée
Tout le prix de son lait, en employait l'argent,
Achetait un cent d'œufs, faisait triple couvée;
La chose allait à bien par son soin diligent[3].
« Il m'est, disait-elle, facile,
D'élever des poulets autour de ma maison:
Le renard sera bien habile,
S'il ne m'en laisse assez pour avoir un cochon.
Le porc à s'engraisser coûtera peu de son;
Il était quand je l'eus de grosseur raisonnable:
J'aurai le revendant de l'argent bel et bon.
Et qui m'empêchera de mettre en notre étable,
Vu le prix dont il est, une vache et son veau,
Que je verrai sauter au milieu du troupeau ? »
Perrette là-dessus saute aussi, transportée.
Le lait tombe; adieu, veau, vache, cochon, couvée;
La dame de ces biens, quittant d'un œil marri[4]
Sa fortune ainsi répandue,
Va s'excuser à son mari
En grand danger d'être battue.
Le récit en farce en fut fait;
On l'appela *le Pot au lait*.

Quel esprit ne bat la campagne ?
Qui ne fait châteaux en Espagne ?
Picrochole[5], Pyrrhus[6], la Laitière, enfin tous,
Autant les sages que les fous ?
Chacun songe en veillant, il n'est rien de plus doux;
Une flatteuse erreur emporte alors nos âmes:
Tout le bien du monde est à nous,
Tous les honneurs, toutes les femmes.
Quand je suis seul, je fais au plus brave un défi;
Je m'écarte, je vais détrôner le Sophi[7];
On m'élit roi, mon peuple m'aime;
Les diadèmes vont sur ma tête pleuvant:
Quelque accident fait-il que je rentre en moi-même;
Je suis Gros-Jean comme devant[8].

Jean-Honoré Fragonard, *Perrette et le Pot au lait*, vers 1770, huile sur toile ovale (53 x 63 cm), musée Cognacq-Jay, Paris.

1. jupon de paysanne. – **2.** vêtue. – **3.** zélé. – **4.** affligé. – **5.** voisin belliqueux de Grandgousier dans *Gargantua* de Rabelais. – **6.** roi d'Épire dans l'Antiquité. **7.** roi de Perse. – **8.** expression populaire qui signifie: « revenir au point de départ ».

Questions

L'art de plaire

1. Quelles sont les différentes étapes du récit ? Expliquez leur progression.

2. Quels vers semblent mimer les actions de Perrette par leur structure et leur rythme ?

3. Relevez une expression comique de votre choix et montrez son effet divertissant pour le lecteur.

Le piège de l'imagination

4. Comment les projets de Perette évoluent-ils ? Ses désirs vous semblent-ils réalisables ?

5. Quel vers marque le retour à la réalité ? Par quels procédés ?

Instruire les lecteurs

6. Comment La Fontaine parvient-il à rendre son personnage sympathique ? À quelles fins ?

7. Par quels procédés l'auteur s'identifie-t-il à son personnage ? Pourquoi ?

8. Analysez l'aspect universel de la moralité de la fable. Quel comportement y est dénoncé ?

Synthèse Montrez comment La Fontaine parvient à rendre son récit vivant.

TEXTE 5

Fables • livre VII, 15

Œuvre intégrale

► Biographie p. 554

Le Chat, la Belette et le petit Lapin

Du palais d'un jeune Lapin
Dame Belette un beau matin
S'empara ; c'est une rusée.
Le Maître étant absent, ce lui fut chose aisée.
Elle porta chez lui ses pénates[1] un jour
Qu'il était allé faire à l'Aurore sa cour,
Parmi le thym et la rosée.
Après qu'il eut brouté, trotté, fait tous ses tours,
Janot Lapin retourne aux souterrains séjours.
La Belette avait mis le nez à la fenêtre.
Ô Dieux hospitaliers, que vois-je ici paraître ?
Dit l'animal chassé du paternel logis :
Ô là, Madame la Belette,
Que l'on déloge sans trompette,
Ou je vais avertir tous les rats du pays.
La Dame au nez pointu répondit que la terre
Était au premier occupant.
C'était un beau sujet de guerre
Qu'un logis où lui-même il n'entrait qu'en rampant.
Et quand ce serait un Royaume
Je voudrais bien savoir, dit-elle, quelle loi
En a pour toujours fait l'octroi[2]
À Jean fils ou neveu de Pierre ou de Guillaume,
Plutôt qu'à Paul, plutôt qu'à moi.
Jean Lapin allégua la coutume et l'usage.
Ce sont, dit-il, leurs lois qui m'ont de ce logis
Rendu maître et seigneur, et qui de père en fils,
L'ont de Pierre à Simon, puis à moi Jean, transmis.
Le premier occupant est-ce une loi plus sage ?
– Or bien sans crier davantage,
Rapportons-nous, dit-elle, à Raminagrobis[3].
C'était un chat vivant comme un dévot ermite,
Un chat faisant la chattemite[4],
Un saint homme de chat, bien fourré, gros et gras,
Arbitre expert sur tous les cas.
Jean Lapin pour juge l'agrée.
Les voilà tous deux arrivés
Devant sa majesté fourrée.
Grippeminaud[5] leur dit : Mes enfants, approchez,
Approchez, je suis sourd, les ans en sont la cause.
L'un et l'autre approcha[6] ne craignant nulle chose.
Aussitôt qu'à portée il vit les contestants,
Grippeminaud le bon apôtre
Jetant des deux côtés la griffe en même temps,
Mit les plaideurs d'accord en croquant l'un et l'autre.
Ceci ressemble fort aux débats qu'ont parfois
Les petits souverains se rapportant aux Rois.

Martin Marvie, après **Jean-Baptiste Oudry**, *Le Chat, la Belette et le petit Lapin*, 1756, illustration colorée à la main.

1. divinités antiques protectrices du foyer.
2. droit accordé.
3. nom signifiant « qui affecte d'être grave ».
4. faux dévot qui cherche à tromper autrui.
5. chez Rabelais, archiduc des chats fourrés.
6. il faut comprendre : « L'un suivi de l'autre ».

Questions

1. Quel trait de caractère domine pour chaque personnage ? Quels éléments les rapprochent du genre humain ?
2. Que constatez-vous dans leur ordre d'apparition ? Pourquoi cet ordre est-il inversé dans le titre ?
3. Quel est l'objet du désaccord entre le Lapin et la Belette ? Quels arguments énoncent-ils respectivement ? De quels procédés persuasifs usent-ils tour à tour ?
4. Quel rôle le Chat incarne-t-il ? Analysez les noms et périphrases qui le désignent et son portrait. Quel registre se dégage de l'ensemble ?
5. Quelle action met fin au conflit ? Était-elle prévisible après le long débat qui oppose les plaideurs ? Qu'en déduisez-vous sur la justice de l'époque ?

Synthèse Montrez en quoi la portée critique de la fable est multiple.

Vers le bac S'entraîner au commentaire

Rédigez l'introduction du commentaire de la fable.

► Rédiger l'introduction, p. 542

La Fontaine, *Fables* • livre VII, 16

Œuvre intégrale

Cette fable envisage la condition nécessaire à un gouvernement efficace. Dénonçant l'absolutisme, le fabuliste prend exemple sur Charles II, roi des Anglais, présenté comme perspicace et pacifiste dans la dernière fable du livre VII.

La Tête et la Queue du Serpent

Le serpent a deux parties
Du genre humain ennemies,
Tête et Queue ; et toutes deux
Ont acquis un nom fameux
Auprès des Parques[1] cruelles :
Si bien qu'autrefois entre elles
Il survint de grands débats
Pour le pas[2].
La Tête avait toujours marché devant la Queue.
La Queue au Ciel se plaignit,
Et lui dit :
« Je fais mainte et mainte lieue,
Comme il plaît à celle-ci.
Croit-elle que toujours j'en veuille user ainsi ?
Je suis son humble servante.
On m'a faite, Dieu merci,
Sa sœur et non sa suivante.
Toutes deux de même sang,
Traitez-nous de même sorte :
Aussi bien qu'elle je porte
Un poison prompt et puissant[3].
Enfin voilà ma requête :
C'est à vous de commander,
Qu'on me laisse précéder
À mon tour ma sœur la Tête.
Je la conduirai si bien,
Qu'on ne se plaindra de rien. »
Le Ciel eut pour ses vœux une bonté cruelle.
Souvent sa complaisance a de méchants effets.
Il devrait être sourd aux aveugles souhaits.
Il ne le fut pas lors : et la guide[4] nouvelle,
Qui ne voyait au grand jour
Pas plus clair que dans un four,
Donnait tantôt contre un marbre,
Contre un passant, contre un arbre.
Droit aux ondes du Styx[5] elle mena sa sœur.
Malheureux les États tombés dans son erreur.

1. les trois divinités romaines du destin.
2. préséance, supériorité reconnue.
3. selon la croyance populaire, la queue du serpent porte le venin.
4. substantif féminin au XVIIe siècle.
5. fleuve des Enfers.

Willy Aractingi, *La Tête et la Queue du Serpent,* 1993, huile sur toile (81 x 100 cm).

Questions

1. En quoi la Tête et la Queue du Serpent se ressemblent-elles ? Qu'incarnent-elles toutes deux ?
2. Que souhaite la Queue du Serpent ? Sur quels arguments fonde-t-elle sa « requête » ?
3. Que lui manque-t-il par ailleurs pour assumer sa nouvelle fonction ? Analysez l'expression « aveugles souhaits » (v. 30). Quel type de gouvernement le moraliste condamne-t-il implicitement ?
4. À quel champ lexical le Serpent est-il associé ?
5. De quelle façon « le Ciel » intervient-il ? En quoi son action est-elle fatale au Serpent ?
6. Pourquoi La Fontaine a-t-il fait le choix d'un Serpent ? Quelles idées et croyances sont associées à cet animal ?

Synthèse Montrez que, selon La Fontaine, la puissance seule ne suffit pas pour diriger l'État.

Vers le bac S'entraîner au sujet d'invention

La Tête du Serpent intervient à son tour. Elle cherche à convaincre sa sœur qu'elle doit absolument conserver son pouvoir. Imaginez son discours en prose.

► Lire un sujet d'invention, p. 512

SYNTHÈSE LA FABLE

D'origine antique, la fable est une forme d'apologue constituée d'un récit imaginaire bref dont la fonction est de divertir et d'une moralité à visée didactique.

1 DES RÉCITS VARIÉS POUR PLAIRE

La diversité des publics

La fable offre aux jeunes lecteurs un **modèle d'éducation** inspiré de la vie des animaux. Parfois, les personnages s'humanisent et les thèmes deviennent plus graves.
Ex. : Le premier recueil des *Fables* de La Fontaine est dédié au Dauphin du roi, alors que le second s'adresse à Madame de Montespan. ► p. 349

Le choix des thèmes

Les domaines abordés sont **multiples**. Au sein d'un même livre, les thèmes alternent sans transition ou s'enchaînent avec logique.
Ex. : Dans l'« Avertissement » qui ouvre le livre VII, La Fontaine évoque « d'autres enrichissements » et dit avoir « étendu davantage les circonstances de ces récits ».

Les personnages et leur histoire

Les **animaux** et **êtres humains** des fables se distinguent les uns des autres, mais tous sont **fortement caractérisés**. Issus d'anecdotes de la vie sociale ou de vérités zoologiques (« Le Chat, la Belette et le petit Lapin » ► p. 355), les étapes de leur histoire se distinguent les unes des autres au gré des **rebondissements inattendus**.

La diversité des registres

Le fabuliste établit une **complicité** avec ses lecteurs. Contrairement aux auteurs antiques Ésope et Phèdre qui privilégient la visée didactique, La Fontaine développe ses récits et les enrichit de **multiples effets poétiques**. Le **rire** et la **compassion** peuvent coïncider.
Ex. : Perrette suscite autant la moquerie que la pitié dans « La Laitière et le Pot au lait ». ► p. 354

2 DES RÉFÉRENCES POUR INSTRUIRE

Des fabulistes chroniqueurs

Les récits des fables, bien que fictifs, font écho aux **réalités politiques et sociales** de leur temps.
Ex. : « Le Rat qui s'est retiré du monde » (VII, 3) : guerre de 1675 opposant la France à la Hollande.
Ex. : « Les Devineresses » (VII, 14) : procès pour empoisonnement de 1676 et de 1679.
Ex. : les fables 11 et 13 du livre VII traitent de la politique coloniale de Colbert et du commerce maritime.

La satire de la cour et du genre humain

La **visée critique** est réelle et nul n'échappe au regard du moraliste.
Ex. : dénonciation du **pouvoir absolu** de Louis XIV (« Les Animaux malades de la peste », ► p. 348, « La cour du Lion », ► p. 350) au profit d'un gouvernement clairvoyant au service de son peuple (« La Tête et la Queue du Serpent », ► p. 350).
Ex. : condamnation d'une société aveuglée par les **superstitions** (« Les Devineresses »), **l'appât du gain** (« La Laitière et le Pot au lait », ► p. 354) et la **prétention** (« Le Coche et la Mouche » ► p. 352, « Les deux Coqs » ► Séquence 7, p. 414).

L'enseignement d'une morale

Partant d'une situation concrète et stéréotypée, le fabuliste recourt au **raisonnement inductif** pour exprimer des **vérités universelles**. Les moralités, subtilement articulées au récit, délivrent un enseignement qui prône la **mesure** et la **raison**. En l'absence de moralité explicite, les interventions du fabuliste prennent le relais pour persuader les lecteurs.
Ex. : La moralité de la fable « Le Coche et la Mouche » est annoncée dans le récit. ► p. 352

TEXTE 1

Voltaire, *Jeannot et Colin* (1764)

▸ Biographie p. 556

Le conte philosophique Jeannot et Colin *pose la question de l'origine du bonheur. En opposant l'itinéraire et le tempérament de deux amis d'enfance, Voltaire invite à choisir entre les plaisirs de la société mondaine et la simplicité de la vie à la campagne. Le philosophe des Lumières, par le détour d'un récit fictif et divertissant, ouvre les yeux de ses lecteurs sur les difficultés et les travers de l'existence.*

Plusieurs personnes dignes de foi ont vu Jeannot et Colin à l'école dans la ville d'Issoire, en Auvergne, ville fameuse dans tout l'univers par son collège et par ses chaudrons. Jeannot était fils d'un marchand de mulets très renommé, et Colin devait le jour à un brave laboureur des environs, qui cultivait la terre avec quatre mulets, et qui, après avoir payé la taille, le taillon, les aides et gabelles, le sou pour livre, la capitation et les vingtièmes[1], ne se trouvait pas puissamment riche au bout de l'année.

Jeannot et Colin étaient fort jolis pour des Auvergnats ; ils s'aimaient beaucoup, et ils avaient ensemble de petites privautés[2], de petites familiarités, dont on se ressouvient toujours avec agrément quand on se rencontre ensuite dans le monde.

Le temps de leurs études était sur le point de finir, quand un tailleur apporta à Jeannot un habit de velours à trois couleurs, avec une veste de Lyon de fort bon goût ; le tout était accompagné d'une lettre à monsieur de La Jeannotière. Colin admira l'habit, et ne fut point jaloux ; mais Jeannot prit un air de supériorité qui affligea Colin. Dès ce moment Jeannot n'étudia plus, se regarda au miroir, et méprisa tout le monde. Quelque temps après un valet de chambre arrive en poste[3], et apporte une seconde lettre à monsieur le marquis de La Jeannotière : c'était un ordre de monsieur son père de faire venir monsieur son fils à Paris. Jeannot monta en chaise[4] en tendant la main à Colin avec un sourire de protection assez noble. Colin sentit son néant, et pleura. Jeannot partit dans toute la pompe de sa gloire.

Les lecteurs qui aiment à s'instruire doivent savoir que monsieur Jeannot le père avait acquis assez rapidement des biens immenses dans les affaires. Vous demandez comment on fait ces grandes fortunes ? C'est parce qu'on est heureux[5]. Monsieur Jeannot était bien fait, sa femme aussi, et elle avait encore de la fraîcheur. Ils allèrent à Paris pour un procès qui les ruinait, lorsque la fortune, qui élève et qui abaisse les hommes à son gré, les présenta à la femme d'un entrepreneur des hôpitaux des armées, homme d'un grand talent, et qui pouvait se vanter d'avoir tué plus de soldats en un an que le canon n'en fait périr en dix. Jeannot plut à madame ; la femme de Jeannot plut à monsieur. Jeannot fut bientôt de part dans l'entreprise[6] ; il entra dans d'autres affaires. Dès qu'on est dans le fil de l'eau, il n'y a qu'à se laisser aller ; on fait sans peine une fortune immense. Les gredins, qui du rivage vous regardent voguer à pleines voiles, ouvrent des yeux étonnés ; ils ne savent comment vous avez pu parvenir ; ils vous envient au hasard, et font contre vous des brochures que vous ne lisez point. C'est ce qui arriva à Jeannot le père, qui fut bientôt monsieur de La Jeannotière, et qui ayant acheté un marquisat[7] au bout de six mois, retira de l'école monsieur le marquis son fils, pour le mettre à Paris dans le beau monde.

▸▸▸ **Francisco de Goya,** *Garçons cueillant des fruits* (détail), vers 1779, huile sur toile (119 × 122 cm), musée du Prado, Madrid.

Texte intégral

Louis Testelin, *La Roue de la Fortune*, vers 1651, dessin (11,3 x 30 cm), musée du Louvre, Paris.

Colin, toujours tendre, écrivit une lettre de compliments à son ancien camarade, et lui fit ces lignes pour le congratuler. Le petit marquis ne lui fit point de réponse: Colin en fut malade de douleur.

Le père et la mère donnèrent d'abord un gouverneur au jeune marquis: ce gouverneur, qui était un homme du bel air, et qui ne savait rien, ne put rien enseigner à son pupille. Monsieur voulait que son fils apprît le latin, madame ne le voulait pas. Ils prirent pour arbitre un auteur qui était célèbre alors par des ouvrages agréables. Il fut prié à dîner. Le maître de la maison commença par lui dire d'abord: « Monsieur, comme vous savez le latin, et que vous êtes un homme de la cour… – Moi, monsieur, du latin! je n'en sais pas un mot, répondit le bel esprit, et bien m'en a pris; il est clair qu'on parle beaucoup mieux sa langue quand on ne partage pas son application entre elle et les langues étrangères. Voyez toutes nos dames, elles ont l'esprit plus agréable que les hommes; leurs lettres sont écrites avec cent fois plus de grâce; elles n'ont sur nous cette supériorité que parce qu'elles ne savent pas le latin.

– Eh bien! n'avais-je pas raison? dit madame. Je veux que mon fils soit un homme d'esprit, qu'il réussisse dans le monde; et vous voyez bien que, s'il savait le latin, il serait perdu. Joue-t-on, s'il vous plaît, la comédie et l'opéra en latin? Plaide-t-on en latin quand on a un procès? Fait-on l'amour en latin? » Monsieur, ébloui de ces raisons, passa condamnation[8], et il fut conclu que le jeune marquis ne perdrait point son temps à connaître Cicéron, Horace, et Virgile. « Mais qu'apprendra-t-il donc? car encore faut-il qu'il sache quelque chose; ne pourrait-on pas lui montrer un peu de géographie? – À quoi cela lui servira-t-il? répondit le gouverneur. Quand monsieur le marquis ira dans ses terres les postillons ne sauront-ils pas les chemins? ils ne l'égareront certainement pas. On n'a pas besoin d'un quart de cercle pour voyager, et on va très commodément de Paris en Auvergne, sans qu'il soit besoin de savoir sous quelle latitude on se trouve. – Vous avez raison, répliqua le père; mais j'ai entendu parler d'une belle science qu'on appelle, je crois, l'astronomie. – Quelle pitié! repartit le gouverneur; se conduit-on par les astres dans ce monde? et faudra-t-il que monsieur le marquis se tue à calculer une éclipse, quand il la trouve à point nommé dans l'almanach, qui lui enseigne de plus les fêtes mobiles, l'âge de la lune, et celui de toutes les princesses de l'Europe? »

Madame fut entièrement de l'avis du gouverneur. Le petit marquis était au comble de la joie; le père était très indécis. « Que faudra-t-il donc apprendre à mon fils? disait-il. – À être aimable, répondit l'ami que l'on consultait; et s'il sait les moyens de plaire, il saura tout: c'est un art qu'il apprendra chez madame sa mère, sans que ni l'un ni l'autre se donnent la moindre peine. »

1. divers impôts.
2. familiarités.
3. avec des chevaux de poste, mis à disposition des voyageurs.
4. en voiture à cheval.
5. chanceux.
6. associé.
7. domaine d'un marquis.
8. accepta les arguments adverses.

Madame, à ce discours, embrassa le gracieux ignorant, et lui dit : « On voit bien, monsieur, que vous êtes l'homme du monde le plus savant ; mon fils vous devra toute son éducation : je m'imagine pourtant qu'il ne serait pas mal qu'il sût un peu d'histoire. – Hélas ! madame, à quoi cela est-il bon ? répondit-il ; il n'y a certainement d'agréable et d'utile que l'histoire du jour. Toutes les histoires anciennes, comme le disait un de nos beaux esprits, ne sont que des fables convenues ; et pour les modernes, c'est un chaos qu'on ne peut débrouiller. Qu'importe à monsieur votre fils que Charlemagne ait institué les douze pairs de France[9], et que son successeur ait été bègue ?

– Rien n'est mieux dit ! s'écria le gouverneur : on étouffe l'esprit des enfants sous un amas de connaissances inutiles ; mais de toutes les sciences la plus absurde, à mon avis, et celle qui est la plus capable d'étouffer toute espèce de génie, c'est la géométrie. Cette science ridicule a pour objet des surfaces, des lignes, et des points, qui n'existent pas dans la nature. On fait passer en esprit cent mille lignes courbes entre un cercle et une ligne droite qui le touche, quoique dans la réalité on n'y puisse pas passer un fétu. La géométrie, en vérité, n'est qu'une mauvaise plaisanterie. »

Monsieur et madame n'entendaient pas trop ce que le gouverneur voulait dire ; mais ils furent entièrement de son avis.

« Un seigneur comme monsieur le marquis, continua-t-il, ne doit pas se dessécher le cerveau dans ces vaines études. Si un jour il a besoin d'un géomètre sublime pour lever le plan de ses terres, il les fera arpenter[10] pour son argent. S'il veut débrouiller l'antiquité de sa noblesse, qui remonte aux temps les plus reculés, il enverra chercher un bénédictin. Il en est de même de tous les arts. Un jeune seigneur heureusement né n'est ni peintre, ni musicien, ni architecte, ni sculpteur ; mais il fait fleurir tous ces arts en les encourageant par sa magnificence. Il vaut sans doute mieux les protéger que de les exercer ; il suffit que monsieur le marquis ait du goût ; c'est aux artistes à travailler pour lui ; et c'est en quoi on a très grande raison de dire que les gens de qualité (j'entends ceux qui sont très riches) savent tout sans avoir rien appris, parce qu'en effet ils savent à la longue juger de toutes les choses qu'ils commandent et qu'ils payent. »

L'aimable ignorant prit alors la parole, et dit : « Vous avez très bien remarqué, madame, que la grande fin de l'homme est de réussir dans la société. De bonne foi, est-ce par les sciences qu'on obtient ce succès ? S'est-on jamais avisé dans la bonne compagnie de parler de géométrie ? Demande-t-on jamais à un honnête homme quel astre se lève aujourd'hui avec le soleil ? S'informe-t-on à souper si Clodion le Chevelu[11] passa le Rhin ? – Non, sans doute, s'écria la marquise de La Jeannotière, que ses charmes avaient initiée quelquefois dans le beau monde ; et monsieur mon fils ne doit point éteindre son génie par l'étude de tous ces fatras, mais enfin que lui apprendra-t-on ? Car

9. les douze seigneurs constituant la garde d'honneur de Charlemagne. Ils sont douze comme les apôtres du Christ.
10. mesurer.
11. roi de la dynastie des Mérovingiens.

Jean-Baptiste Greuze, *Le Petit Paresseux*, 1755, huile sur toile (65 x 54,5 cm), musée Fabre, Montpellier.

► Biographie p. 556

il est bon qu'un jeune seigneur puisse briller dans l'occasion, comme dit monsieur mon mari. Je me souviens d'avoir ouï dire à un abbé que la plus agréable des sciences était une chose dont j'ai oublié le nom, mais qui commence par un *B*. – Par un *B*, madame ? ne serait-ce point la botanique ? – Non, ce n'était point de botanique qu'il me parlait ; elle commençait, vous dis-je, par un *B*, et finissait par un *on*. – Ah ! j'entends, madame ; c'est le blason : c'est, à la vérité, une science fort profonde ; mais elle n'est plus à la mode depuis qu'on a perdu l'habitude de faire peindre ses armes aux portières de son carrosse ; c'était la chose du monde la plus utile dans un État bien policé. D'ailleurs, cette étude serait infinie : il n'y a point aujourd'hui de barbier qui n'ait ses armoiries ; et vous savez que tout ce qui devient commun est peu fêté. » Enfin, après avoir examiné le fort et le faible des sciences, il fut décidé que monsieur le marquis apprendrait à danser.

La nature, qui fait tout, lui avait donné un talent qui se développa bientôt avec un succès prodigieux : c'était de chanter agréablement des vaudevilles[12]. Les grâces de la jeunesse, jointes à ce don supérieur, le firent regarder comme le jeune homme de la plus grande espérance. Il fut aimé des femmes ; et ayant la tête toute pleine de chansons, il en fit pour ses maîtresses. Il pillait Bacchus et l'Amour dans un vaudeville, la nuit et le jour dans un autre, les charmes et les alarmes dans un troisième ; mais, comme il y avait toujours dans ses vers quelques pieds de plus ou de moins qu'il ne fallait, il les faisait corriger moyennant vingt louis d'or par chanson ; et il fut mis dans l'*Année littéraire*[13] au rang des La Fare, des Chaulieu, des Hamilton, des Sarrasin, et des Voiture[14].

Madame la marquise crut alors être la mère d'un bel esprit, et donna à souper aux beaux esprits de Paris. La tête du jeune homme fut bientôt renversée ; il acquit l'art de parler sans s'entendre, et se perfectionna dans l'habitude de n'être propre à rien. Quand son père le vit si éloquent, il regretta vivement de ne lui avoir pas fait apprendre le latin, car il lui aurait acheté une grande charge dans la robe[15]. La mère, qui avait des sentiments plus nobles, se chargea de solliciter un régiment pour son fils ; et en attendant il fit l'amour[16]. L'amour est quelquefois plus cher qu'un régiment. Il dépensa beaucoup, pendant que ses parents s'épuisaient encore davantage à vivre en grands seigneurs.

Une jeune veuve de qualité, leur voisine, qui n'avait qu'une fortune médiocre, voulut bien se résoudre à mettre en sûreté les grands biens de monsieur et de madame de La Jeannotière, en se les appropriant, et en épousant le jeune marquis. Elle l'attira chez elle, se laissa aimer, lui fit entrevoir qu'il ne lui était pas indifférent, le conduisit par degrés, l'enchanta, le subjugua sans peine. Elle lui donnait tantôt des éloges, tantôt des conseils ; elle devint la meilleure amie du père et de la mère. Une vieille voisine proposa le mariage ; les parents, éblouis de la splendeur de cette alliance, acceptèrent avec joie la proposition : ils donnèrent leur fils unique à leur amie intime. Le jeune marquis allait épouser une femme qu'il adorait et dont il était aimé ; les amis de la maison les félicitaient ; on allait rédiger les articles, en travaillant aux habits de noce et à l'épithalame[17].

Il était, un matin, aux genoux de la charmante épouse que l'amour, l'estime, et l'amitié, allaient lui donner ; ils goûtaient, dans une conversation tendre et animée, les prémices de leur bonheur ; ils s'arrangeaient pour mener

12. comédies légères.
13. périodique littéraire créé en 1754.
14. auteurs des XVIIe et XVIIIe siècles.
15. désigne par métonymie les gens de justice.
16. fit la cour.
17. poème pour célébrer un mariage.

une vie délicieuse, lorsqu'un valet de chambre de madame la mère arrive tout effaré. « Voici bien d'autres nouvelles, dit-il; des huissiers déménagent la maison de monsieur et de madame; tout est saisi par des créanciers; on parle de prise de corps, et je vais faire mes diligences pour être payé de mes gages. – Voyons un peu, dit le marquis, que c'est que ça, ce que c'est que cette aventure-là. – Oui, dit la veuve, allez punir ces coquins-là, allez vite. » Il y court, il arrive à la maison; son père était déjà emprisonné: tous les domestiques avaient fui chacun de leur côté, en emportant tout ce qu'ils avaient pu. Sa mère était seule, sans secours, sans consolation, noyée dans les larmes; il ne lui restait rien que le souvenir de sa fortune, de sa beauté, de ses fautes et de ses folles dépenses.

Après que le fils eut longtemps pleuré avec la mère, il lui dit enfin: « Ne nous désespérons pas; cette jeune veuve m'aime éperdument; elle est plus généreuse encore que riche, je réponds d'elle; je vole à elle, et je vais vous l'amener. » Il retourne donc chez sa maîtresse, il la trouve tête à tête avec un jeune officier fort aimable. « Quoi! c'est vous, monsieur de La Jeannotière; que venez-vous faire ici? abandonne-t-on ainsi sa mère? Allez chez cette pauvre femme, et dites-lui que je lui veux toujours du bien: j'ai besoin d'une femme de chambre, et je lui donnerai la préférence. – Mon garçon, tu me parais assez bien tourné, lui dit l'officier; si tu veux entrer dans ma compagnie je te donnerai un bon engagement. »

Le marquis stupéfait, la rage dans le cœur, alla chercher son ancien gouverneur, déposa ses douleurs dans son sein, et lui demanda des conseils. Celui-ci lui proposa de se faire, comme lui, gouverneur d'enfants. « Hélas! je ne sais rien, vous ne m'avez rien appris, et vous êtes la première cause de mon malheur »; et il sanglotait en lui parlant ainsi. « Faites des romans, lui dit un bel esprit qui était là; c'est une excellente ressource à Paris. »

Le jeune homme, plus désespéré que jamais, courut chez le confesseur de sa mère: c'était un théatin[18] très accrédité, qui ne dirigeait que les femmes de la première considération[19]; dès qu'il le vit, il se précipita vers lui. « Eh! mon Dieu! monsieur le marquis, où est votre carrosse? comment se porte la respectable madame la marquise votre mère? » Le pauvre malheureux lui conta le désastre de sa famille. À mesure qu'il s'expliquait, le théatin prenait une mine plus grave, plus indifférente, plus imposante: « Mon fils, voilà où Dieu vous voulait; les richesses ne servent qu'à corrompre le cœur; Dieu a donc fait la grâce à votre mère de la réduire à la mendicité? – Oui, monsieur. – Tant mieux, elle est sûre de son salut. – Mais, mon père, en attendant, n'y aurait-il pas moyen d'obtenir quelques secours dans ce monde? – Adieu, mon fils; il y a une dame de la cour qui m'attend. »

Le marquis fut prêt à s'évanouir; il fut traité à peu près de même par ses amis, et apprit mieux à connaître le monde dans une demi-journée que dans tout le reste de sa vie.

Comme il était plongé dans l'accablement du désespoir, il vit avancer une chaise roulante[20] à l'antique, espèce de tombereau couvert, accompagné de rideaux de cuir, suivi de quatre charrettes énormes toutes chargées. Il y avait dans la chaise un jeune homme grossièrement vêtu; c'était un visage rond et frais qui respirait la douceur et la gaieté. Sa petite femme brune et assez gros-

18. religieux.
19. femmes de la noblesse.
20. voiture tirée par des chevaux.

► Biographie p. 556

sièrement agréable était cahotée à côté de lui. La voiture n'allait pas comme le char d'un petit-maître : le voyageur eut tout le temps de contempler le marquis immobile, abîmé dans sa douleur. « Eh ! mon Dieu ! s'écria-t-il, je crois que c'est là Jeannot. » À ce nom, le marquis lève les yeux, la voiture s'arrête : « C'est Jeannot lui-même, c'est Jeannot. » Le petit homme rebondi ne fait qu'un saut, et court embrasser son ancien camarade. Jeannot reconnut Colin ; la honte et les pleurs couvrirent son visage. « Tu m'as abandonné, dit Colin ; mais tu as beau être grand seigneur, je t'aimerai toujours. » Jeannot, confus et attendri, lui conta en sanglotant une partie de son histoire. « Viens dans l'hôtellerie où je loge me conter le reste, lui dit Colin ; embrasse ma petite femme, et allons dîner ensemble. »

Ils vont tous trois à pied, suivis du bagage. « Qu'est-ce donc que tout cet attirail ? vous appartient-il ? – Oui, tout est à moi et à ma femme. Nous arrivons du pays ; je suis à la tête d'une bonne manufacture de fer étamé et de cuivre. J'ai épousé la fille d'un riche négociant en ustensiles nécessaires aux grands et aux petits ; nous travaillons beaucoup ; Dieu nous bénit ; nous n'avons point changé d'état, nous sommes heureux, nous aiderons notre ami Jeannot. Ne sois plus marquis ; toutes les grandeurs de ce monde ne valent pas un bon ami. Tu reviendras avec moi au pays, je t'apprendrai le métier, il n'est pas bien difficile ; je te mettrai de part, et nous vivrons gaiement dans le coin de terre où nous sommes nés. »

Jeannot, éperdu, se sentait partagé entre la douleur et la joie, la tendresse et la honte ; et il se disait tout bas : « Tous mes amis du bel air m'ont trahi, et Colin, que j'ai méprisé, vient seul à mon secours. Quelle instruction ! » La bonté d'âme de Colin développa dans le cœur de Jeannot le germe du bon naturel, que le monde n'avait pas encore étouffé. Il sentit qu'il ne pouvait abandonner son père et sa mère. « Nous aurons soin de ta mère, dit Colin ; et quant à ton bonhomme de père, qui est en prison,

Pierre-Nicolas Huilliot, *Nature morte « à la mappemonde et aux instruments de musique »*, 1re moitié du XVIIIe siècle, huile sur toile (150 x 142 cm), châteaux de Versailles et de Trianon.

Lecture d'image

1. Identifiez les éléments représentés sur la nature morte.
2. À quels extraits du conte de Voltaire renvoient-ils ?
3. Analysez la dimension allégorique de cette nature morte.

▸ Biographie p. 556

j'entends un peu les affaires; ses créanciers, voyant qu'il n'a plus rien, s'accommoderont pour peu de chose; je me charge de tout. » Colin fit tant qu'il tira le père de prison. Jeannot retourna dans sa patrie avec ses parents, qui reprirent leur première profession. Il épousa une sœur de Colin, laquelle, étant de même humeur que le frère, le rendit très heureux. Et Jeannot le père, et Jeannotte la mère, et Jeannot le fils, virent que le bonheur n'est pas dans la vanité.

Questions

L'art du conteur

1. Observez le contexte spatio-temporel. Le récit s'inscrit-il dans une époque précise ? De quelle façon la ville est-elle présentée ? En quoi ces indices sont-ils typiques des contes merveilleux ?

2. Repérez, en les délimitant précisément, les différentes étapes du récit et donnez-leur un titre.

3. a. Dressez le portrait des deux personnages principaux au début du récit. Mettez en évidence les éléments qui les rapprochent et ceux qui les différencient.
b. En quoi vous paraissent-ils stéréotypés ?
c. Ces caractéristiques permettent-elles de savoir comment vont évoluer les personnages dans la suite du récit ?

Les sciences et l'éducation

4. Qui participe au débat lors du dîner organisé par la famille de Jeannot ? Quelles sont leurs thèses respectives sur l'éducation ? Comment le narrateur les ridiculise-t-il ?

5. Quelle décision est finalement prise pour l'éducation de Jeannot ? Comment expliquez-vous ce choix ?

6. Faites la liste des disciplines évoquées au cours du repas. Par quels arguments sont-elles tour à tour dénigrées ? En quoi ces arguments permettent-ils aussi de révéler les travers de la société ?

La voix du philosophe

7. Quelles références permettent de situer le récit à l'époque des Lumières ?

8. Analysez la valeur du présent de l'indicatif dans le 4e paragraphe (l. 23-40). Quels en sont les effets ?

9. Expliquez les sous-entendus contenus dans les citations suivantes :
– « un entrepreneur des hôpitaux des armées, homme d'un grand talent, et qui pouvait se vanter d'avoir tué plus de soldats en un an que le canon n'en fait périr en dix » (l. 29-31) ;
– « Jeannot plut à Madame ; la femme de Jeannot plut à monsieur » (l. 31) ;
– « c'était un théatin très accrédité, qui ne dirigeait que les femmes de la première considération » (l. 208-209).

10. a. Relevez les expressions qui désignent l'« arbitre » qui participe au dîner. En quoi sont-elles ironiques ?
b. Quelle relation Voltaire crée-t-il ainsi avec ses lecteurs ? À quelles fins ?

La quête du bonheur

11. Comment le personnage de Jeannot évolue-t-il dès que sa famille devient riche ? Observez notamment son nom, ses vêtements, ses activités et son attitude.

12. a. Quels modes de vie des parisiens du XVIIIe siècle Voltaire dénonce-t-il ?
b. Quelles sont ses différentes cibles ?

13. D'après le portrait qui est fait de Colin au moment des retrouvailles, précisez quelles sont les valeurs de la vie à la campagne d'après l'auteur. Justifiez votre réponse avec précision.

14. a. Quel sens donnez-vous au dernier mot du conte : « vanité » (l. 264) ? Aidez-vous d'un dictionnaire et illustrez votre réponse par des références précises au texte.
b. En quoi la dernière phrase s'apparente-t-elle à une moralité ?

Synthèse Montrez que le genre du conte philosophique a pour fonction de divertir et éduquer les lecteurs.

LECTURE D'IMAGE

Chardin, *Un philosophe occupé à sa lecture* (1734)

Considéré comme l'un des plus grands peintres du XVIIIe siècle, **Jean-Baptiste Siméon Chardin** (1699-1779) est reçu à l'Académie en 1728. Maître incontesté de la nature morte, il séduit aussi par ses scènes de genre et de la vie familiale. Lors du Salon de 1765, Diderot rend hommage à ce maître de l'illusion par une formule devenue célèbre : « Vous revoilà donc, grand magicien, avec vos compositions muettes ! Qu'elles parlent éloquemment à l'artiste ! ».

Jean-Baptiste Siméon Chardin, *Un chimiste dans son laboratoire ou Un philosophe occupé à sa lecture*, 1734, huile sur toile (138 x 105 cm), musée du Louvre, Paris.

Questions

1. Comment le peintre suggère-t-il la simplicité de l'action représentée ?
2. D'où provient l'impression de silence et d'isolement ? Observez le décor, les couleurs et les effets de lumière.
3. Étudiez l'expression du visage, la posture et les gestes du personnage. Qu'en déduisez-vous sur son état d'absorption ? Mettez votre réponse en rapport avec le double titre du tableau.
4. Décrivez les vêtements du personnage du tableau. Que vous apprennent-ils sur l'importance qu'il donne à l'acte de lire ?
5. Identifiez les objets posés sur la table. Que cherche à signifier le peintre par leur présence ?
6. D'après ce tableau, quelle importance le peintre donne-t-il au savoir ? Quelles activités délaisse-t-il, selon vous ?

Synthèse Montrez que, selon Chardin, la lecture est bien plus qu'un divertissement improvisé.

VOCABULAIRE L'ÉDUCATION

1 FORMATION DES MOTS

a. **Cherchez dans un dictionnaire l'étymon des mots suivants et précisez son sens.**

b. **Trouvez deux dérivés pour chaque mot de la liste.**
docte – scolaire – éduquer – enseigner – apprendre

2 DÉFINITIONS

À quelle définition les mots suivants se rattachent-ils ?
cursus – professorat – inné – doctorat – cognitif pédagogie – discipline – acquis

a. grade universitaire le plus élevé
b. relatif au mécanisme de l'apprentissage
c. matière enseignée
d. exercice de la fonction de professeur
e. parcours scolaire
f. science de l'éducation
g. obtenu par l'apprentissage ou l'expérience
h. que l'on possède naturellement sans nécessiter d'apprentissage

3 DU VERBE AU SUBSTANTIF

Trouvez un substantif dérivé des verbes suivants.
réciter – étudier – réviser – apprendre – s'instruire – s'initier – se cultiver – expérimenter – assimiler – progresser – comprendre – se former

4 DÉRIVÉS

Le mot grec *didaskein* signifie *enseigner*. Associez les dérivés suivants à leur définition.

1. didacticien
2. didactique (adj.)
3. didactique (subst.)
4. autodidacte
5. didacticiel
6. didascalie

a. qualifie un ouvrage destiné à enseigner quelque chose
b. indications de mise en scène données dans une œuvre théâtrale
c. en informatique, logiciel à visée pédagogique
d. art d'enseigner de manière méthodique
e. personne qui apprend par elle-même sans l'intervention d'un maître
f. auteur d'ouvrages ou de logiciels éducatifs

5 NUANCES DE SENS

Rédigez une définition nuancée pour chaque mot des listes suivantes.

a. analphabète/illettré/inculte
b. éduquer/dresser/endoctriner
c. s'initier/bachoter/s'instruire
d. érudition/science/connaissances
e. difficulté/lacune/incompétence

6 ÉTYMOLOGIE

Retrouvez dans la liste suivante les mots issus du même étymon.

a. écolier – scolaire – scolastique – scarole – scalaire – école – scolarité – écologie – scolie – scoliose
b. pédagogue – pédagogique – pédant – pédaler – démagogie – pédestre – pédopsychiatre
c. savoir – sagesse – saveur – savant – savon – savate – sage – sapiens – sagacité

7 DEVINETTES

a. Vous connaissez l'expression *être vulgaire*, mais qu'appelle-t-on la *vulgarisation* ?
b. Ces mots désignent tous un établissement scolaire européen. Vrai ou Faux ?
collège – athénée – gymnase – bahut – pensionnat
c. Vous pouvez *repasser votre linge*, mais pouvez-vous *repasser vos leçons* ?
d. Il vous arrive parfois d'aller chez le *docteur*, mais qui rencontreriez-vous si vous alliez chez un *docteur ès lettres* ?
e. Vous savez ce qu'est la *chair*, mais savez-vous la définir lorsqu'elle prend un « e » final ?
f. Vous savez que le mot *crabe* désigne un animal caractérisé par sa marche de côté. Mais savez-vous quel mot ayant le même étymon désigne un élève dont la progression est elle aussi difficile ?
g. Vous savez ce qu'est un *bonnet d'âne*, mais savez-vous ce que désignait une *peau d'âne* ?

EXPRESSION ÉCRITE

Sujet 1
Rédigez un paragraphe dans lequel vous définissez l'éducation idéale selon vous. Vous veillerez à diversifier votre vocabulaire.

Sujet 2
Un orateur, porte-parole du ministère de l'Éducation, s'exprime à l'Assemblée nationale pour défendre l'idée selon laquelle l'accès à l'éducation est primordial. Rédigez son discours.

SYNTHÈSE LE CONTE PHILOSOPHIQUE

Le conte philosophique appartient au genre de l'apologue. Récit fictif bref à visée didactique, il transmet par le recours à l'argumentation indirecte les idées des philosophes. Il fut inventé par Voltaire en 1747 avec Zadig.

1 LES CARACTÉRISTIQUES DU CONTE

Le cadre et la fiction de la narration

Le conte philosophique **s'inspire du conte merveilleux**: contexte imprécis ou lointain, intrigue imaginaire, invraisemblances, exagérations…
Ex.: *Jeannot et Colin* se passe dans la ville d'Issoire «ville fameuse dans tout l'univers». ► p. 358

Les étapes du récit

L'intrigue évolue suivant un **schéma attendu**, multipliant les **péripéties** et les **effets de surprise**. Les personnages vivent des situations extravagantes jusqu'au **dénouement qui fixe leur sort.**
Ex.: La fin de *Jeannot et Colin* annonce le bonheur à venir (► p. 364) à l'instar des contes merveilleux traditionnels: «Ils vécurent heureux et eurent beaucoup d'enfants».

Des personnages attachants

Les héros de contes philosophiques sont souvent **naïfs** et **victimes de la société**. S'ils présentent parfois des défauts, leur innocence juvénile les rend **sympathiques** aux lecteurs.
Ex.: sincérité et spontanéité affective de Colin (► p. 363) et de Candide (► Séquence 5, p. 386).

2 LA VISÉE DIDACTIQUE

La stratégie argumentative

Le conteur dissimule une **argumentation indirecte** au cœur de sa fiction.
Ex.: *Jeannot et Colin* propose une réflexion sur la vanité et le bonheur. ► p. 364

La quête du héros

Le thème du **voyage** et les **déplacements** du héros traduisent son cheminement intellectuel, sa **quête initiatique** et son **apprentissage philosophique**.
Ex.: Jeannot part à Paris puis revient en Auvergne, riche de ses échecs. ► p. 358 et 363

La fonction morale

Les **interventions du conteur** établissent un **dialogue à visée éducative** avec les lecteurs.
Ex.: les formules proverbiales au présent de vérité générale dans *Jeannot et Colin*. ► p. 358

3 LE DISCOURS PHILOSOPHIQUE: UNE ARME EFFICACE

Une lecture à deux niveaux

La fiction, d'apparence simplifiée et répétitive, développe des **idées subversives** en évitant la censure. Les auteurs expriment leurs opinions implicitement en jouant sur les registres.
Ex.: la naïveté de Candide permet de révéler l'horreur de l'esclavage. ► Séquence 5, p. 386

Les cibles des conteurs

Les contes de Voltaire prônent le triomphe de la raison sur l'obscurantisme (*Zadig* ► p. 386), celui de la justice sur le despotisme (*Candide* ► p. 386), de l'humilité sur l'arrogance (*Micromégas*, 1752), de la tolérance sur le fanatisme religieux (*L'Ingénu*, 1767) et de l'amitié sur les relations d'intérêt (*Jeannot et Colin* ► p. 364).

Des thèmes philosophiques

Les contes philosophiques abordent des thèmes universels: religion, politique, éducation, destinée… Les auteurs dénoncent les travers de leur siècle et offrent une réflexion implicite sur le bonheur, cherchant ainsi à rendre les lecteurs actifs et capables d'esprit critique.

TEXTE 1

Louis de Jaucourt, *Encyclopédie* (1751-1772)

Presse *(Droit polit.)*. On demande si la liberté de la presse[1] est avantageuse ou préjudiciable à un État. La réponse n'est pas difficile. Il est de la plus grande importance de conserver cet usage dans tous les États fondés sur la liberté : je dis plus, les inconvénients de cette liberté sont si peu considérables vis-à-vis de ses avantages, que ce devrait être le droit commun de l'univers, et qu'il est à propos de l'autoriser dans tous les gouvernements.

Nous ne devons point appréhender[2] de la liberté de la presse les fâcheuses conséquences qui suivaient les discours des harangues[3] d'Athènes et des tribuns[4] de Rome. Un homme dans son cabinet lit un livre ou une satire tout seul et très froidement. Il n'est pas à craindre qu'il contracte les passions et l'enthousiasme d'autrui, ni qu'il soit entraîné hors de lui par la véhémence[5] d'une déclamation. Quand même il y prendrait une disposition à la révolte, il n'a jamais sous la main d'occasion de faire éclater ses sentiments. La liberté de la presse ne peut donc, quelque abus qu'on en fasse, exciter des tumultes populaires. Quant aux murmures[6], et aux secrets mécontentements qu'elle peut faire naître, n'est-il pas avantageux que, n'éclatant qu'en paroles, elle avertisse à temps les magistrats d'y remédier ? Il faut convenir que partout le public a une très grande disposition à croire ce qui lui est rapporté au désavantage de ceux qui le gouvernent ; mais cette disposition est la même dans les pays de liberté et dans ceux de servitude. Un avis à l'oreille peut courir aussi vite, et produire d'aussi grands effets qu'une brochure. Cet avis même peut être également pernicieux[7] dans les pays où les gens ne sont pas accoutumés à penser tout haut, et à discerner le vrai du faux, et cependant on ne doit pas s'embarrasser de pareils discours.

Enfin, rien ne peut tant multiplier les séditions[8] et les libelles[9] dans un pays où le gouvernement subsiste dans un état d'indépendance[10], que de défendre cette impression non autorisée, ou de donner à quelqu'un des pouvoirs illimités de punir tout ce qui lui déplaît ; de telles concessions[11] de pouvoir dans un pays libre, deviendraient un attentat contre la liberté ; de sorte qu'on peut assurer que cette liberté serait perdue dans la Grande-Bretagne[12], par exemple, au moment que les tentatives de la gêne[13] de la presse réussiraient ; aussi n'a-t-on garde d'établir cette espèce d'inquisition[14].

1. autorisation d'imprimer et de publier. – 2. craindre. – 3. discours publics. – 4. magistrats. – 5. emportement passionné. – 6. rumeurs. – 7. nuisible. – 8. révoltes. 9. écrits brefs et satiriques. – 10. qui ne subit aucune pression. – 11. accords. – 12. modèle d'État libéral au XVIIIe siècle. – 13. contrainte, censure. – 14. contrôle abusif.

Questions

1. Quels indices inscrivent le texte dans le genre encyclopédique ?
2. Quels indices, au contraire, confirment l'implication personnelle de l'auteur ?
3. Quelle est la thèse de l'auteur ? Reformulez les arguments qui la développent.
4. Quels arguments adverses l'auteur admet-il ? Comment les réfute-t-il néanmoins ? À quelles fins ?
5. Quels champs lexicaux s'opposent dans le dernier paragraphe ? Pourquoi donnent-ils à l'article une dimension universelle ?

Synthèse Montrez que Louis de Jaucourt use d'une stratégie argumentative précise.

►►► *Liberté de la presse sous la Révolution française : article 10 de la Déclaration des Droits de l'homme*, gravure du XVIIIe siècle, BnF, Paris.

ÉCHO DU XXe SIÈCLE

Jean Jaurès, *Discours à la jeunesse* (1903)

CONTEXTE
Devenu vice-président de la Chambre des Députés, Jaurès (1859-1914) fonde le journal *L'Humanité* en 1904 et lutte contre la montée du nationalisme. Dix ans plus tard, il est froidement assassiné en pleine rue, à deux pas du siège du journal où il travaille, alors qu'il s'apprête à rédiger un article de mobilisation pacifiste.

Ce discours est prononcé face aux élèves du lycée d'Albi où Jaurès a commencé sa carrière de professeur de philosophie.

Jaurès prononçant un discours au Pré-Saint-Gervais le 25 mai 1913, photographie de **Maurice-Louis Branger**.

Dans notre France moderne, qu'est-ce donc que la République? C'est un grand acte de confiance. Instituer la République, c'est proclamer que des millions d'hommes sauront tracer eux-mêmes la règle commune de leur action; qu'ils sauront concilier la liberté et la loi, le mouvement et l'ordre; qu'ils sauront se combattre sans se déchirer; que leurs divisions n'iront pas jusqu'à une fureur chronique de guerre civile, et qu'ils ne chercheront jamais dans une dictature passagère une trêve funeste et un lâche repos. Instituer la République, c'est proclamer que les citoyens des grandes nations modernes, obligés de suffire par un travail constant aux nécessités de la vie privée et domestique, auront cependant assez de temps et de liberté d'esprit pour s'occuper de la chose commune. Et si cette République surgit dans un monde monarchique encore, c'est assurer qu'elle s'adaptera aux conditions compliquées de la vie internationale, sans entreprendre sur l'évolution plus lente des autres peuples, mais sans rien abandonner de sa fierté juste et, sans atténuer l'éclat de son principe.

Questions

Vocabulaire
Cherchez l'origine du mot « république » et expliquez l'expression « chose commune » (l. 19).

1. Quelles valeurs Jaurès attribue-t-il à la République ? Par quels procédés les met-il en relief ? Reformulez ses arguments.
2. Selon Jaurès, quelle doit être la participation individuelle des citoyens à la vie politique de la République ?
3. Que recommande Jaurès sur le plan international ? Expliquez le sens de la dernière phrase.

Synthèse Au regard des textes de Louis de Jaucourt (► p. 368) et de Jean Jaurès, montrez que la parole peut-être efficace pour revendiquer toute forme de liberté.

Vers le bac **S'entraîner au sujet d'invention**

À votre tour, rédigez un discours destiné à la jeunesse dans lequel vous développerez des arguments favorables à la liberté d'expression. Vous adapterez votre discours à votre époque et vous veillerez à diversifier les procédés de l'éloquence.

► Écrire un texte argumentatif, p. 520

TEXTE 2

Beaumarchais, *Le Mariage de Figaro* (1784)

► Biographie p. 552

CONTEXTE
À l'époque médiévale, le « droit de cuissage » permettait aux seigneurs de profiter des charmes de l'épouse de leur vassal la première nuit de leurs noces. La pratique de ce prétendu pouvoir fut largement contestée jusqu'au XXe siècle dans les milieux ouvriers.

Eric Herson-Macare (Figaro) dans *Le Mariage de Figaro* de Beaumarchais, pièce mise en scène par **Jean-Paul Tribout** au théâtre 14 à Paris en 2015.

Le comte Almaviva projette d'exercer son « droit de cuissage » avec Suzanne, la future épouse de son valet Figaro. Désemparé, le jeune homme quitte son rôle de serviteur soumis pour exprimer sa révolte dans un monologue éloquent.

ACTE V, SCÈNE 3

FIGARO, *seul, se promenant dans l'obscurité, dit du ton le plus sombre.* – Ô femme ! femme ! femme ! créature faible et décevante !... nul animal créé ne peut manquer à son instinct : le tien est-il donc de tromper ?... Après m'avoir obstinément refusé quand je l'en pressais devant sa maîtresse ; à l'instant qu'elle me donne sa parole, au milieu même de la cérémonie... Il riait en lisant, le perfide ! et moi comme un benêt... Non, monsieur le Comte, vous ne l'aurez pas... vous ne l'aurez pas. Parce que vous êtes un grand seigneur, vous vous croyez un grand génie !... Noblesse, fortune, un rang, des places, tout cela rend si fier ! Qu'avez-vous fait pour tant de biens ? Vous vous êtes donné la peine de naître, et rien de plus. Du reste, homme assez ordinaire ; tandis que moi, morbleu ! perdu dans la foule obscure, il m'a fallu déployer plus de science et de calculs, pour subsister seulement, qu'on n'en a mis depuis cent ans à gouverner toutes les Espagnes : et vous voulez jouter... On vient... c'est elle... ce n'est personne. – La nuit est noire en diable, et me voilà faisant le sot métier de mari, quoique je ne le sois qu'à moitié ! *(Il s'assied sur un banc.)* Est-il rien de plus bizarre que ma destinée ? Fils de je ne sais pas qui, volé par des bandits, élevé dans leurs mœurs, je m'en dégoûte et veux courir une carrière honnête ; et partout je suis repoussé !

Questions

L'éloquence du personnage

1. Qu'éprouve Figaro au début de son monologue ? Justifiez votre réponse par une analyse précise des procédés oratoires.
2. Quels sont les effets produits par les indications de mise en scène ? Aidez-vous notamment des didascalies.
3. En quoi la ponctuation et le rythme des phrases traduisent-ils les émotions de Figaro ?

La révolte d'un valet

4. Quelles sont les différentes étapes du monologue ? À qui Figaro s'adresse-t-il tour à tour ? Qu'en déduisez-vous sur ses véritables préoccupations ?
5. Grâce à quels arguments Figaro conteste-t-il l'autorité de son maître ?

► Les types d'arguments, p. 493

6. Par quels procédés de persuasion le valet exprime-t-il sa révolte ?

Synthèse Montrez que le choix du monologue est judicieux pour exprimer une révolte.

Figures de style

Expliquez le sens de la périphrase : « le sot métier de mari » (l. 15). Que dénonce Figaro ?

Vers le bac S'entraîner au sujet d'invention

Dans la scène suivante, Figaro décide d'aller parler au comte Almaviva pour lui faire part de son refus catégorique du « droit de cuissage ». Rédigez sa tirade en conservant le ton et le rythme de l'extrait de Beaumarchais.

► Imiter un style, transposer un texte et le poursuivre, p. 516

Denis Diderot, *Encyclopédie* (1751-1772)

► Biographie p. 553

⊕ CONTEXTE

Au siècle des Lumières, l'autorité absolue est fortement contestée. En 1748, Montesquieu prône la séparation des pouvoirs judiciaire, législatif et exécutif selon le modèle anglais. Quelques années plus tard, Voltaire, inspiré de l'exemple de Frédéric II de Prusse et Catherine II de Russie, légitime le despotisme éclairé, gouvernement monarchique mis au service de la raison et du peuple.

*Dirigée par Diderot et d'Alembert, l'*Encyclopédie *a contribué à la diffusion des idées des Lumières. Dans cet article, le philosophe s'interroge sur l'origine de l'autorité. Sa définition dissimule en réalité une contestation du pouvoir monarchique.*

AUTORITÉ POLITIQUE. Aucun homme n'a reçu de la nature le droit de commander aux autres. La liberté est un présent du ciel, et chaque individu de la même espèce a le droit d'en jouir aussitôt qu'il jouit de la raison. Si la nature a établi quelque autorité, c'est la puissance paternelle : mais la puissance paternelle a ses bornes ; et dans l'état de nature elle finirait aussitôt que les enfants seraient en état de se conduire. Toute autre autorité vient d'une autre origine que de la nature. Qu'on examine bien, et on la fera toujours remonter à l'une de ces deux sources : ou la force et la violence de celui qui s'en est emparé ; ou le consentement de ceux qui s'y sont soumis par un contrat fait ou supposé entre eux, et celui à qui ils ont déféré l'autorité.

La puissance qui s'acquiert par la violence n'est qu'une usurpation, et ne dure qu'autant que la force de celui qui commande l'emporte sur celle de ceux qui obéissent ; en sorte que si ces derniers deviennent à leur tour les plus forts, et qu'ils secouent le joug, ils le font avec autant de droit et de justice que l'autre qui le leur avait imposé. La même loi qui a fait l'autorité la défait alors : c'est la loi du plus fort.

Quelquefois l'autorité qui s'établit par la violence change de nature ; c'est lorsqu'elle continue et se maintient du consentement exprès de ceux qu'on a soumis : mais elle rentre par-là dans la seconde espèce dont je vais parler ; et celui qui se l'était arrogée devenant alors prince, cesse d'être tyran.

La puissance qui vient du consentement des peuples, suppose nécessairement des conditions qui en rendent l'usage légitime, utile à la société, avantageux à la république, et qui la fixent et la restreignent entre des limites : car l'homme ne doit ni ne peut se donner entièrement et sans réserve à un autre homme ; parce qu'il a un maître supérieur au-dessus de tout, à qui seul il appartient tout entier. C'est Dieu, dont le pouvoir est toujours immédiat sur la créature, maître aussi jaloux qu'absolu, qui ne perd jamais de ses droits, et ne les communique point. Il permet pour le bien commun et le maintien de la société, que les hommes établissent entre eux un ordre de subordination, qu'ils obéissent à l'un d'eux : mais il veut que ce soit par raison et avec mesure, et non pas aveuglément et sans réserve, afin que la créature ne s'arroge pas les droits du créateur.

Questions

Vocabulaire

Précisez le sens des termes « prince » (l. 20) et « tyran » (l. 20) dans le texte en mettant en évidence ce qui les différencie.

1. Selon le philosophe, quels sont les deux types d'autorité ? Quelles sont leurs limites ?
2. Par quels arguments légitime-t-il l'autorité religieuse ?
3. À partir de quel postulat Diderot fonde-t-il son raisonnement ? Sur quel ton ?
4. Comment Diderot donne-t-il l'impression de s'exprimer avec objectivité ?
5. Suivant quelle logique l'article progresse-t-il ?
6. À quels champs lexicaux la notion d'autorité est-elle associée ? Qu'en déduisez-vous sur l'opinion de Diderot ?

Synthèse Montrez que cet article constitue un éloge de la démocratie.

TEXTE 4

Jean-Jacques Rousseau, *Essai sur l'origine des langues* (1781)

► Biographie p. 556

⊕ CONTEXTE
Le concept de démocratie a été inventé en Grèce dans l'Antiquité. Ce régime permet au peuple d'exercer un pouvoir politique. Le principe de souveraineté populaire est défendu par Rousseau en 1762 dans *Du Contrat social*, texte fondateur de la République française. Le philosophe y démontre que seul un pacte établi avec le peuple peut garantir la liberté et l'égalité de chacun.

Dans cet essai, Rousseau cherche à prouver que la langue et le langage évoluent au rythme des mutations sociales et des changements politiques.

Les langues se forment naturellement sur les besoins des hommes ; elles changent et s'altèrent selon les changements de ces mêmes besoins. Dans les anciens temps, où la persuasion tenait lieu de force publique, l'éloquence était nécessaire. À quoi servirait-elle, aujourd'hui que la force publique supplée à la persuasion ? L'on n'a besoin ni d'art ni de figure pour dire, *tel est mon plaisir*[1].

Quels discours restent donc à faire au peuple assemblé ? des sermons. Et qu'importe à ceux qui les font de persuader le peuple, puisque ce n'est pas lui qui nomme aux bénéfices[2] ? Les langues populaires nous sont devenues aussi parfaitement inutiles que l'éloquence. Les sociétés ont pris leur dernière forme : on n'y change plus rien qu'avec du canon et des écus ; et comme on n'a plus rien à dire au peuple, sinon, *donnez de l'argent*, on le dit avec des placards[3] au coin des rues, ou des soldats dans les maisons. Il ne faut assembler personne pour cela : au contraire, il faut tenir les sujets épars ; c'est la première maxime[4] de la politique moderne.

1. formule qui concluait les édits royaux sous la monarchie absolue.
2. avantages liés à une fonction.
3. avis affichés sur la voie publique.
4. loi générale.

Questions

Éloquence et politique

1. Quelle thèse est exprimée explicitement dans le premier paragraphe ?
► L'argumentation directe, p. 488
2. Quelle est l'influence de la politique sur l'usage de l'éloquence ?
3. Expliquez le sens de la phrase : « L'on n'a besoin ni d'art ni de figure pour dire, *tel est mon plaisir*. » (l. 5-6)

La parole populaire

4. Quel argument le philosophe illustre-t-il avec l'exemple du « canon » et des « écus » (l. 11) ?
► Les types d'arguments, p. 493
5. Repérez les allusions au peuple dans le texte. Quel rôle tient-il dans la « politique moderne » telle que la définit Rousseau ?
6. En quoi la violence est-elle contraire à la démocratie ?

Synthèse Montrez que, d'après Rousseau, éloquence et démocratie sont étroitement unies.

ÉCHO DE L'ANTIQUITÉ

Cicéron, *Catilinaires* (Ier s. av. J.-C.)

Cesare Maccari, *Cicéron au Sénat accuse Catilina, le 8 novembre 63 av. J.-C.*, 1882-1888, fresque, palais Madama, Rome.

CONTEXTE

Cicéron (106 – 43 av. J.-C.) est un philosophe et consul de Rome. Avocat et grand orateur, ses discours l'ont rendu célèbre dans le monde politique. Dans les *Catilinaires*, composées de quatre discours, il parvient à déjouer et révéler publiquement le complot contre la République organisé par le sénateur Catilina.

Le 8 novembre 63 avant J.-C., Cicéron accuse Catilina devant les sénateurs romains. L'extrait qui suit correspond à la péroraison du discours, dernière étape de la première Catilinaire *qui marque la fin de l'argumentation.*

Or donc, que les méchants se retirent, qu'ils se séparent des honnêtes gens, qu'ils se rassemblent en un seul lieu, qu'un mur, enfin, les sépare de nous, comme je l'ai souvent demandé ; qu'ils cessent d'attenter à la vie du consul dans sa propre maison[1], de faire cercle autour du tribunal du préteur urbain[2], d'assiéger en armes la curie[3], de préparer des flèches incendiaires et des torches pour embraser Rome ; qu'on puisse enfin lire sur le front de chacun ses sentiments à l'égard de la république. Je vous promets, Pères conscrits[4], qu'il y aura chez vos consuls assez de vigilance, en vous assez d'autorité, chez les chevaliers romains assez de courage, entre tous les honnêtes gens assez d'accord pour que, Catilina sitôt parti, tous les complots soient dévoilés, mis en pleine lumière, étouffés et punis.

Avec de tels présages, Catilina, pour le salut suprême de la république, pour ton malheur et pour ta ruine, pour la perte de ceux qui se sont liés à toi par un pacte de crimes et de parricides, pars pour cette guerre impie et monstrueuse. Et toi, Jupiter, que Romulus[5] a consacré sous les mêmes auspices[6] que la ville, toi que nous appelons justement le protecteur de cette cité et de cet empire, tu garderas de ce criminel et de ses complices ton temple et les temples de tous nos dieux, nos maisons et nos murailles, la vie et la fortune de tous les citoyens ; et ces hommes qui haïssent les gens de bien, ces ennemis de la patrie, ces ravageurs de l'Italie, associés pour le crime par une complicité maudite, tu les voueras, vivants et morts, à des supplices sans fin !

1. allusion à la tentative d'assassinat à son encontre.
2. magistrat qui subissait les violences des conjurés endettés.
3. ensemble des sénateurs.
4. sénateurs, inscrits au registre officiel.
5. fondateur de Rome, à l'origine de la création du temple de *Jupiter Stator* où est prononcée la première *Catilinaire*.
6. présages tirés du vol des oiseaux et permettant de connaître la volonté des dieux.

Questions

Un discours public

1. Analysez la situation d'énonciation en observant les pronoms.
2. Dans quel but Cicéron s'adresse-t-il à chacun de ses destinataires ?

L'éloquence du discours

3. Quels champs lexicaux désignent les actes de Catilina ? Quels sentiments Cicéron cherche-t-il à provoquer ?
4. Quels sont les principaux procédés rhétoriques ? Commentez-les.
5. Comment l'orateur affirme-t-il sa présence ?
6. Dans quelle situation l'éloquence est-elle nécessaire selon Cicéron ? Défend-il les mêmes valeurs que Rousseau (► p. 372) et Diderot (► p. 371) ?

Synthèse Montrez, au regard du texte de Cicéron, que « dans les anciens temps, [...] la persuasion tenait lieu de force publique » comme l'indique Rousseau dans son essai (► p. 372).

Prolongement

Regardez le film *Le Discours d'un roi* (2010) et expliquez pourquoi éloquence et politique sont indissociables.

HISTOIRE DES ARTS • ARCHITECTURE ET ÉLOQUENCE

1 LE PALAIS BOURBON ET L'HÉRITAGE ANTIQUE

LES LIEUX DE L'ÉLOQUENCE DANS L'ANTIQUITÉ

Dans l'Antiquité, la parole joue un rôle politique fondamental. Les Athéniens viennent en foule écouter les orateurs et participer à la vie de la cité à l'*Agora*, berceau de la démocratie. À Rome, le centre de la cité se situe au *Forum*. C'est au cœur de ces lieux de l'Antiquité, sous le patronat des dieux, que la parole s'est exercée à des fins politiques, économiques et juridiques. Le pouvoir décisif de l'éloquence confère alors aux orateurs une autorité réelle dont l'excès fut remis en question par les philosophes.

L'Héphaïstéion, unique bâtiment préservé de l'Agora, Ve s. av. J.-C.

Peter Connolly, *Reconstitution du Forum romain à l'époque d'Auguste*, aquarelle.

Questions

1. Quelles sont les fonctions de la rhétorique selon Gorgias et Cicéron ?
2. À quelles « valeurs » est-elle associée selon eux ?
3. Quelle évolution constatez-vous ?

Platon, *Gorgias*, IVe s. av. J.-C.

SOCRATE. – [...] Réponds-nous, dis-nous quel est ce bien, que toi, tu sais produire et dont tu prétends qu'il est pour tous les hommes le bien suprême.

GORGIAS. – En vérité, Socrate, ce bien est le bien suprême, il est à la fois cause de liberté pour les hommes qui le possèdent et principe du commandement que chaque individu, dans sa propre cité, exerce sur autrui.

SOCRATE. – Mais enfin de quoi parles-tu ?

GORGIAS. – Je parle du pouvoir de convaincre, grâce aux discours, les juges au Tribunal, les membres du Conseil au Conseil de la Cité, et l'ensemble des citoyens à l'Assemblée, bref, du pouvoir de convaincre dans n'importe quelle réunion de citoyens. En fait, si tu disposes d'un tel pouvoir, tu feras du médecin un esclave, un esclave de l'entraîneur[1] et, pour ce qui est de ton homme d'affaires, il aura l'air d'avoir fait de l'argent, pas pour lui-même – plutôt pour toi, qui peux parler aux masses et qui sais les convaincre.

Traduction de Monique Canto-Sperber, 1987,
© Flammarion, coll. « GF ».

1. entraîneur physique.

Cicéron, *Rhétorique ou De l'Invention oratoire*, 84-83 av. J.-C.

Ainsi, après un mûr examen, la raison elle-même me porte à croire que la sagesse sans l'éloquence est peu utile aux États, mais que l'éloquence sans la sagesse n'est souvent que trop funeste, et ne peut jamais être utile. Aussi l'homme qui, oubliant la sagesse et le devoir, s'écartera des sentiers de l'honneur et de la vertu, pour donner tous ses soins à l'étude de l'éloquence, ne peut être qu'un citoyen inutile à lui-même, et dangereux pour sa patrie ; mais s'armer de l'éloquence pour défendre, et non pour attaquer les intérêts de l'État, c'est se rendre aussi utile à soi-même qu'à son pays, et mériter l'amour de ses concitoyens.

Livre I, traduction de M. Nisard.

L'architecture extérieure du Palais Bourbon

Le Palais Bourbon est le siège de l'Assemblée nationale française situé sur le Quai d'Orsay à Paris. Érigé entre 1722 et 1728, le bâtiment fut d'abord une résidence aristocratique construite pour la duchesse de Bourbon, fille de Louis XIV. À partir de 1791, le Palais Bourbon est déclaré bien de la Nation.

◄ Le fronton de l'Assemblée nationale est réalisé par Jean-Pierre Cortot : *La France entre la Liberté et l'Ordre public, appelant à elle les génies du Commerce, de l'Agriculture, de la Paix, de la Guerre et de l'Éloquence* (1841).

▲ La colonnade du Palais Bourbon est construite en 1806 par l'architecte Bernard Poyet.

Philippe-Laurent Roland, statue de la déesse Athéna, XVIIIe siècle.

Questions

4. Quels éléments architecturaux du Palais Bourbon sont d'influence antique ?
5. Quelles sont les valeurs représentées par les statues placées de part et d'autre des marches de la façade ?

www.lienmini.fr/magnard-el-024

Sur le site de l'Assemblée nationale, identifiez les figures représentées et les valeurs auxquelles elles renvoient.

Jean-Antoine Houdon, statue de la déesse Thémis, XVIIIe siècle.

2 L'HÉMICYCLE, SYMBOLE DÉMOCRATIQUE

La circularité de la Salle des Séances, inspirée des théâtres antiques, assure une meilleure diffusion de la parole et confère aux orateurs la même autorité.
Le Bureau du Président, de taille réduite, ne dépasse pas la dernière rangée de l'hémicycle. Dessous, un bas-relief présente deux allégories : à gauche, l'Histoire écrivant le mot « République », à droite, la Renommée publiant les événements.

▲ L'hémicycle est conçu par **Jules de Joly** en 1828-1832. Sa configuration est héritée du Conseil des Cinq-Cent qui s'y est installé en 1798. La salle peut accueillir 577 députés.

▲ Le bas-relief en marbre de la Tribune de l'orateur et le « perchoir » du Président sont réalisés par François Lemot en 1798.

▲ Quatre visages en bronze parfaitement identiques, symbole d'équité, ornent le Bureau du Président.

Question

1. Identifiez et expliquez les différents symboles qui figurent au centre du bas-relief.

www.lienmini.fr/magnard-el2-025

Sur le site de l'Assemblée nationale, renseignez-vous sur les règles qui régissent la prise de parole des députés.

Emmanuelle Danblon, « Quels mots pour convaincre ? », 2013

E. Danblon est professeur de rhétorique à l'université libre de Bruxelles en Belgique.

Historiquement, la rhétorique correspond à un changement politique profond : celui de la naissance de la démocratie. En effet, si nous n'avons pas droit à la parole, qu'importe de ne pas savoir parler. Mais si notre opinion acquiert autant de valeur que celle d'un autre, alors l'art de convaincre devient aussi précieux que l'or. La rhétorique comme art de convaincre est avant tout utile au citoyen impliqué dans la vie civile. L'enseignement de cet art devrait être nécessaire et même vital en démocratie. Or c'est précisément au moment où la rhétorique est devenue utile qu'elle fut en même temps critiquée parce qu'assimilée à de la manipulation. Les sophistes[1] grecs qui, quatre siècles avant Jésus-Christ, furent les premiers maîtres dans l'art de convaincre, les premiers initiateurs à la parole publique, ont été en même temps accusés d'être des imposteurs cyniques et manipulateurs. Alors même que la démocratie directe avait besoin d'exercer la prise de parole publique du citoyen, la technique qui devait l'enseigner fut trop rapidement condamnée.

© *Sciences Humaines*, n° 246, mars 2013.

1. orateurs et professeurs d'éloquence de la Grèce antique

Questions

2. D'après Emmanuelle Danblon, pourquoi la rhétorique est-elle indispensable à la démocratie ?
3. Quelles nuances l'auteur exprime-t-il, néanmoins ?

3 LE SÉNAT GALACTIQUE DANS *STAR WARS*

Star Wars, épisode 3 : La revanche des Sith, film de **George Lucas**, 2005. Le Sénat Galactique contient 1024 plates-formes flottantes contenant un sénateur et sa délégation.

▲ À la sortie de *Star Wars, épisode III : La Revanche des Sith*, le réalisateur George Lucas déclare lors de la conférence de presse : « En effet, toute la série des *Star Wars* tourne autour de cette question [...] : comment une démocratie peut-elle en arriver à se livrer à un dictateur ? Pour écrire le scénario, j'ai beaucoup étudié l'histoire de l'Empire romain après la mort de César et certaines allusions directes s'y rapportent. » (cité par Olivier Seguret, *Libération*, 16 mai 2005, « Les guerres du Vietnam, d'Irak et... des étoiles. »)

Questions

4. Quelles références architecturales ont pu servir de source pour l'élaboration du sénat galactique ?
5. Que symbolise la figure du cercle dans l'ensemble des documents (► p. 376-377) ?

TEXTE 5

Olympe de Gouges, *Déclaration des Droits de la Femme et de la Citoyenne* (1791)

CONTEXTE
Olympe de Gouges (1748-1793) est une femme de lettres et femme politique. Après le décès de son époux, elle fera le choix du célibat afin de pouvoir écrire librement. En effet, la loi obligeait les épouses à obtenir le consentement de leur mari pour publier leurs ouvrages. Elle est morte guillotinée pour avoir revendiqué le droit à la liberté.

En pleine Révolution, Olympe de Gouges réécrit les articles de la Déclaration des Droits de l'Homme et du Citoyen *de 1789 en mettant en avant le statut de la femme, absente, selon elle, des lois françaises. L'extrait suivant constitue l'avant-propos de sa* Déclaration.

(Avant-propos)

Homme, es-tu capable d'être juste ? C'est une femme qui t'en fait la question ; tu ne lui ôteras pas du moins ce droit. Dis-moi ? qui t'a donné le souverain empire[1] d'opprimer mon sexe ? ta force ? tes talents ? Observe le créateur dans sa sagesse ; parcours la nature dans toute sa grandeur, dont tu sembles vouloir te rapprocher, et donne-moi, si tu l'oses, l'exemple de cet empire tyrannique.

Remonte aux animaux, consulte les éléments, étudie les végétaux, jette enfin un coup d'œil sur toutes les modifications de la matière organisée ; et rends-toi à l'évidence quand je t'en offre les moyens ; cherche, fouille et distingue, si tu peux, les sexes dans l'administration de la nature. Partout tu les trouveras confondus, partout ils coopèrent avec un ensemble harmonieux à ce chef-d'œuvre immortel.

L'homme seul s'est fagoté[2] un principe de cette exception. Bizarre, aveugle, boursouflé de sciences et dégénéré, dans ce siècle de lumières et de sagacité, dans l'ignorance la plus crasse, il veut commander en despote un sexe qui a reçu toutes les facultés intellectuelles ; il prétend jouir de la Révolution, et réclamer ses droits à l'égalité, pour ne rien dire de plus.

1. pouvoir.
2. composé (familier).

Marie Gouze, dite Marie Olympe de Gouges présentant sa déclaration à la reine Marie-Antoinette et au roi Louis XIV, gravure allégorique.

Questions

Prolongement
Que pensent les philosophes des Lumières du statut social des femmes ? Reportez-vous à un texte du XVIIIe siècle de votre choix et expliquez les arguments qui y sont développés.

Un discours véhément

1. Quelle est la particularité des questions qui ouvrent l'avant-propos ?
2. Sur quel ton Olympe de Gouges ouvre-t-elle son avant-propos ? À qui s'adresse-telle ? Quel est le registre de l'extrait ? Analysez les procédés utilisés.
► Les registres littéraires, p. 460
3. Quels reproches formule-t-elle à l'encontre des hommes ?

Un plaidoyer pour les femmes

4. Par quel argument Olympe de Gouges légitime-t-elle la liberté de la femme dans le deuxième paragraphe ? Sur quelle stratégie argumentative s'appuie-t-elle ?
► Les types d'arguments, p. 493
5. Quels champs lexicaux s'opposent dans le dernier paragraphe ? Qu'apporte au plaidoyer la référence au siècle des Lumières ?

Vers le bac **S'entraîner au commentaire**

Rédigez l'introduction d'un commentaire de l'extrait traitant la problématique suivante : comment l'auteure dénonce-t-elle l'emprise des hommes sur les femmes ?
► Rédiger l'introduction, p. 530

TEXTE ÉCHO

Montesquieu, *Lettres persanes* (1721)

► Biographie p. 555

⊕ CONTEXTE

Le harem d'Orient est, par définition, un lieu « interdit aux hommes ». Il s'agit du palais d'un sultan vivant au milieu de femmes captives sélectionnées pour son plaisir exclusif. Le harem constitue une société très hiérarchisée dans laquelle le sultan exerce une autorité politique. Les complots, empoisonnements et massacres n'y sont pas rares.

Le roman épistolaire de Montesquieu met en scène le personnage de Roxane, favorite retenue dans le palais d'Usbek, en Perse, sous l'étroite surveillance des serviteurs du sultan. Ce dernier s'étant absenté pour un long voyage en Europe, Roxane lui écrit une ultime lettre dans laquelle elle se révèle pour la première fois.

Lettre 161

ROXANE À USBEK,

à Paris.

Oui, je t'ai trompé; j'ai séduit tes eunuques[1]; je me suis jouée de ta jalousie; et j'ai su, de ton affreux sérail, faire un lieu de délices et de plaisirs.

Je vais mourir; le poison va couler dans mes veines car que ferais-je ici, puisque le seul homme qui me retenait à la vie n'est plus[2]? Je meurs; mais mon ombre s'envole bien accompagnée: je viens d'envoyer devant moi ces gardiens sacrilèges qui ont répandu le plus beau sang du monde.

Comment as-tu pensé que je fusse assez crédule[3] pour m'imaginer que je ne fusse dans le monde que pour adorer tes caprices? que, pendant que tu te permets tout, tu eusses le droit d'affliger[4] tous mes désirs? Non: j'ai pu vivre dans la servitude; mais j'ai toujours été libre: j'ai réformé tes lois sur celles de la nature; et mon esprit s'est toujours tenu dans l'indépendance.

Tu devrais me rendre grâces encore du sacrifice que je t'ai fait; de ce que je me suis abaissée jusqu'à te paraître fidèle; de ce que j'ai lâchement gardé dans mon cœur ce que j'aurais dû faire paraître à toute la terre; enfin, de ce que j'ai profané[5] la vertu, en souffrant[6] qu'on appelât de ce nom ma soumission à tes fantaisies.

Tu étais étonné de ne point trouver en moi les transports de l'amour: si tu m'avais bien connue, tu y aurais trouvé toute la violence de la haine.

Mais tu as eu longtemps l'avantage de croire qu'un cœur comme le mien t'était soumis: nous étions tous deux heureux; tu me croyais trompée, et je te trompais.

Ce langage, sans doute, te paraît nouveau. Serait-il possible qu'après t'avoir accablé de douleurs, je te forçasse encore d'admirer mon courage? Mais c'en est fait, le poison me consume, ma force m'abandonne; la plume me tombe des mains; je sens affaiblir jusqu'à ma haine: je me meurs.

Du sérail d'Ispahan, le 8 de la lune de Rebiab, I, 1720.

1. esclaves castrés chargés d'assurer l'ordre dans le harem.
2. le jour même, les eunuques du palais ont assassiné le jeune homme qu'aimait Roxane.
3. naïve.
4. abattre, ruiner.
5. souillé quelque chose de sacré.
6. supportant.

Questions

L'émancipation par la parole

1. Étudiez le jeu des pronoms dans la phrase liminaire. Que révèle-t-il des émotions de Roxane? Qu'en est-il dans la phrase finale? Expliquez cette évolution.
2. D'où proviennent les effets d'oralité de la lettre? Qu'en déduisez-vous sur le registre utilisé?

► Les registres littéraires, p. 460

Le blâme de l'autorité

3. Comment Roxane juge-t-elle l'autorité d'Usbek?
4. Quelles sont les conséquences de cette autorité dans le comportement de ceux qui la subissent?
5. Quelles valeurs Roxane oppose-t-elle à l'autorité du sérail?

Synthèse Montrez que Montesquieu s'exprime par l'intermédiaire de Roxane pour faire l'éloge de la liberté individuelle.

Vocabulaire

Quel est l'étymon du mot « agonie ». Quel sens prend ce mot dans le contexte de la lettre de Roxane?

ÉCHO DU XXe SIÈCLE

Simone de Beauvoir, *Le Deuxième Sexe* (1949)

CONTEXTE
Le féminisme est un engagement politique, culturel et social en faveur de la femme. Il est apparu en Angleterre dans la seconde partie du XIXe siècle lors des manifestations féminines en faveur du droit de vote. En France, la condition des femmes est d'abord dénoncée par certains philosophes du XVIIIe siècle qui seront relayés par des militantes féministes à l'époque romantique.

Simone de Beauvoir signe avec cette œuvre le premier essai féministe de la littérature française. Alors que le droit de vote est accordé aux femmes depuis 1945, Simone de Beauvoir revendique toujours plus d'égalité sociale. Son engagement influencera les mouvements féministes et les lois en faveur de la liberté de la femme dans le monde entier.

Le code français ne range plus l'obéissance au nombre des devoirs de l'épouse et chaque citoyenne est devenue une électrice ; ces libertés civiques demeurent abstraites quand elles ne s'accompagnent pas d'une autonomie économique ; la femme entretenue – épouse ou courtisane – n'est pas affranchie du mâle parce qu'elle a dans les mains un bulletin de vote ; si les mœurs lui imposent moins de contraintes qu'autrefois, ces licences négatives n'ont pas modifié profondément sa situation ; elle reste enfermée dans sa condition de vassale. C'est par le travail que la femme a en grande partie franchi la distance qui la séparait du mâle ; c'est le travail qui peut seul lui garantir une liberté concrète. Dès qu'elle cesse d'être une parasite, le système fondé sur sa dépendance s'écroule ; entre elle et l'univers il n'est plus besoin d'un médiateur masculin. [...] Cependant il ne faudrait pas croire que la simple juxtaposition du droit de vote et d'un métier soit une parfaite libération : le travail aujourd'hui n'est pas la liberté. C'est seulement dans un monde socialiste que la femme en accédant à l'un s'assurerait l'autre. La majorité des travailleurs sont aujourd'hui des exploités. D'autre part, la structure sociale n'a pas été profondément modifiée par l'évolution de la condition féminine ; ce monde qui a toujours appartenu aux hommes conserve encore la figure qu'ils lui ont imprimée. Il ne faut pas perdre de vue ces faits d'où la question du travail féminin tire sa complexité. Une dame importante et bien pensante a fait récemment une enquête auprès des ouvrières des usines Renault : elle affirme que celles ci préféreraient rester au foyer plutôt que de travailler à l'usine. Sans doute, elles n'accèdent à l'indépendance économique qu'au sein d'une classe économiquement opprimée ; et d'autre part les tâches accomplies à l'usine ne les dispensent pas des corvées du foyer. Si on leur avait proposé de choisir entre quarante heures de travail hebdomadaire à l'usine *ou* dans la maison, elles auraient sans doute fourni de tout autres réponses ; et peut être même accepteraient-elles allègrement le cumul si en tant qu'ouvrières elles s'intégraient à un monde qui serait leur monde, à l'élaboration duquel elles participeraient avec joie et orgueil.

« Vers la libération »

Questions

1. Quelle est la thèse de Simone de Beauvoir ? Quels termes utilise-t-elle pour qualifier la femme ?

2. Relevez les connecteurs logiques. Comment le raisonnement progresse-t-il ?

3. À quelles conditions, selon elle, l'émancipation féminine est-elle possible ?

Synthèse Montrez que les auteures usent de procédés oratoires efficaces pour défendre leur cause. Vous vous appuierez sur les textes de Olympe de Gouges (► p. 378) et Simone de Beauvoir et sur la photographie de Willy Ronis (► p. 381).

Rose Zehner, déléguée syndicale durant les grèves aux usines Citroën à Paris, photographie de **Willy Ronis**, 1938.

Simone Veil lors des débats à l'Assemblée nationale sur le projet de loi relatif à l'avortement, le 15 décembre 1974.

www.lienmini.fr/magnard-el2-026

Sur le site vie-publique.fr, lisez le dossier intitulé « Parité et égalité hommes-femmes: une réalité ? »

- Quelles sont les dates majeures à retenir pour la France?
- Quels enjeux et problèmes soulèvent ce dossier?

Questions

1. Les prises de discours de Rose Zehner et de Simone Veil semblent-elles improvisées ou organisées ? Justifiez votre réponse.
2. Où les oratrices se situent-t-elles ? À qui s'adressent-elles ? Leur entourage est-il essentiellement masculin ou féminin ?
3. De quel point de vue les photographies sont-t-elles prises ? Quels sont les effets produits par ces choix ?
4. Faites des recherches sur les revendications des deux femmes.
5. L'usage de l'éloquence vous semble-t-il comparable dans les deux situations ?

VOCABULAIRE LA RHÉTORIQUE

1 DÉFINITIONS

Le mot grec *rhêtôr* désigne celui qui prononce des discours. Cherchez dans un dictionnaire les différents sens du mot « rhétorique » et employez-les tour à tour dans une phrase de votre invention.

2 NUANCES DE SENS

Les mots suivants désignent de manière péjorative certains orateurs. Reliez chaque mot à la définition qui convient.

A. sophiste
B. rhéteur
C. rhétoriqueur
D. discoureur
E. parleur
F. phraseur

1. personne qui parle trop sans réelles qualités oratoires
2. du grec *sophos* (« sage, savant »), maître de philosophie qui enseigne l'art de parler en public et de défendre n'importe quelle thèse à des fins personnelles
3. personne qui s'exprime de manière artificielle et recherchée
4. orateur privilégiant l'art du discours au détriment de la vérité
5. personne qui se plaît à parler longuement de manière inutile
6. orateur ou écrivain usant avec excès des procédés de rhétorique

3 *LOGOS, ETHOS, PATHOS*

Selon les orateurs de l'Antiquité, l'efficacité d'un discours dépend de trois éléments : le *logos*, l'*ethos* et le *pathos*.

a. **Recherchez le sens de ces trois mots d'origine grecque.**
b. **Trouvez un dérivé pour chacun d'eux et employez-le dans une phrase de votre invention.**

4 L'ORGANISATION DU DISCOURS

Le discours est traditionnellement composé de quatre parties présentées ci-dessous dans le désordre :
la narration, la péroraison, l'exorde, l'argumentation.

a. **Retrouvez le sens de ces quatre mots.**
b. **Retrouvez leur ordre logique dans un discours.**

5 ÉLOGE OU BLÂME

Les listes suivantes sont constituées de mots faisant référence soit à l'éloge, soit au blâme. Dans chacune d'elle s'est glissé un intrus. Classez ces mots dans un tableau de deux colonnes et réécrivez l'intrus dans la colonne qui convient.

a. vilipender – bafouer – admonester – canoniser – fustiger
b. diffamer – aduler – honnir – avilir – fronder
c. enguirlander – encenser – déifier – admirer – dénigrer
d. glorifier – vitupérer – morigéner – gourmander – gronder

6 DEVINETTES

a. Qui est *Calliope* dans la mythologie ? Que signifie son nom ? Quels sont ses attributs ?
b. Vous savez ce qu'est une tribune dans un stade de football, mais de quoi s'agit-il dans une Assemblée politique ?
c. Vous connaissez le sens du mot *répétition* mais qu'est-ce que la *prétérition* ?
d. Lequel de ces deux mots désigne une figure de style : *périphrase* ou *paraphrase* ?
e. Un enfant peut-il souffrir de problèmes d'*allocution* ou d'*élocution ?*
f. Vous savez ce qu'est un *forum* de discussion sur internet. Mais que désignait-il sous l'Antiquité ?
g. Le *Parlement* est un mot composé des verbes « parler » et « mentir » : vrai ou faux ?

EXPRESSION ÉCRITE

En vous inspirant des textes et des images des pages 378 à 381, rédigez un discours en faveur de l'égalité des sexes. Vous l'adresserez au destinataire de votre choix et vous veillerez à utiliser des procédés rhétoriques.

EXPRESSION ORALE

Sujet

Vous choisissez de louer ou de blâmer l'autorité. En vous aidant de l'exercice 4, rédigez un discours que vous prononcerez à la classe. Vous pouvez vous aider de cette page de vocabulaire ainsi que des textes de la séquence.

SYNTHÈSE L'ART ORATOIRE DE L'ANTIQUITÉ À NOS JOURS

L'art du discours est apparu en Sicile au Ve siècle avant J.-C. Il s'est ensuite développé dans la Grèce et la Rome antiques.

1 LES ORIGINES DE L'ART ORATOIRE

Une parole publique

Au IVe siècle avant J.-C., l'*Agora* athénienne, place publique et lieu de vie démocratique, est un lieu d'échanges et de débats animés. À Rome, c'est au *Forum* que les citoyens se réunissent pour discuter des affaires politiques et judiciaires.

Ex. : Cicéron blâme publiquement les agissements de Catilina pour préserver la république. ▸ p. 373

Le genre des discours

La parole devient un instrument de pouvoir et de force. Trois genres apparaissent : délibératif (pour/contre), épidictique (éloge/blâme), judiciaire (plaidoyer/réquisitoire).

Ex. : Socrate et Gorgias discutent de l'influence de la parole dans le texte de Platon. ▸ p. 374

2 LES RÈGLES DE LA RHÉTORIQUE

Une discipline à part entière

La rhétorique est enseignée dans les écoles supérieures d'Athènes et de Rome. Elle nécessite une parfaite maîtrise de la parole et de ses effets. Aujourd'hui encore, des concours d'éloquence sont organisés dans les écoles.

Ex. : E. Danblon rappelle que les sophistes sont accusés d'user de techniques manipulatrices. ▸ p. 377

Les moments du discours

C'est le philosophe grec Aristote (Ier siècle après J.-C.) qui détermine les différents temps du discours (en latin) : l'***inventio*** : recherche des arguments ; la ***dispositio*** : élaboration du plan du discours ; l'***elocutio*** : choix du style et des artifices ; l'***actio*** : énoncé du discours et gestuelle adaptée ; la ***memoria*** : mémorisation du discours.

La structure du discours

La ***dispositio*** répond à une organisation rigoureuse :

- l'exorde : exposition du sujet dans le but d'informer et de capter la bienveillance de l'auditoire ;
- la narration : exposé de l'affaire ;
- la confirmation : réfutation des arguments adverses et développement des arguments personnels ;
- la péroraison : conclusion énergique et émouvante.

Ex. : L'article « Autorité » de Diderot évolue suivant un raisonnement logique précis. ▸ p. 371

3 LA VOIX : UNE ARME EN FAVEUR DU PROGRÈS

Une arme révolutionnaire

La verve des philosophes des Lumières nourrit leurs discours critiques, mais la censure ne leur permet pas de s'exprimer ouvertement. Il faut attendre la fin du XVIIIe siècle et la Révolution, pour entendre des discours publics enflammés et fédérateurs.

Ex. : dictionnaire, roman épistolaire et théâtre permettent respectivement à Jaucourt (▸ p. 368), Montesquieu (▸ p. 379) et Beaumarchais (▸ p. 370) de défendre la liberté.

Une arme universelle

La rhétorique se retrouve de nos jours dans les discours judiciaires et politiques. Si l'emphase et les effets visuels tendent à disparaître, les discours ont conservé leur efficacité persuasive lorsqu'il s'agit de dénoncer l'intolérable, la peine de mort pour Robert Badinter, la colonisation pour Aimé Césaire.

Ex. : Simone de Beauvoir (▸ p. 380) défend la cause féministe dans la lignée d'Olympe de Gouges (▸ p. 378) ; Rousseau fixe les valeurs de la République française (▸ p. 372).

TEXTE 1

Voltaire, *Zadig* (1747)

► Biographie p. 556

Au cœur d'une Europe affaiblie, l'empire ottoman représente au XVIIIe siècle l'une des dernières grandes puissances. L'Orient dépayse et effraie les Français qui rêvent de palais, de sérails et de brigandage. Les contes philosophiques permettent aux lecteurs de voyager au sein d'un univers fascinant tout en dénonçant indirectement les travers de leur époque. Dans le chapitre III, « Le Chien et le Cheval », le héros babylonien, Zadig, trahi par les femmes, s'isole sur les bords de l'Euphrate et « cherch [e] son bonheur dans l'étude de la nature ».

Un jour, se promenant auprès d'un petit bois, il[1] vit accourir à lui un eunuque de la reine, suivi de plusieurs officiers qui paraissaient dans la plus grande inquiétude, et qui couraient çà et là comme des hommes égarés qui cherchent ce qu'ils ont perdu de plus précieux : « Jeune homme, lui dit le premier eunuque, n'avez-vous point vu le chien de la reine ? » Zadig répondit modestement : « C'est une chienne, et non pas un chien. – Vous avez raison, reprit le premier eunuque. – C'est une épagneule très petite, ajouta Zadig. Elle a fait depuis peu des chiens ; elle boite du pied gauche de devant, et elle a les oreilles très longues. – Vous l'avez donc vue ? dit le premier eunuque tout essoufflé. – Non, répondit Zadig, je ne l'ai jamais vue, et je n'ai jamais su si la reine avait une chienne. »

Précisément dans le même temps, par une bizarrerie ordinaire de la fortune, le plus beau cheval de l'écurie du roi s'était échappé des mains d'un palefrenier dans les plaines de Babylone. Le grand veneur et tous les autres officiers couraient après lui avec autant d'inquiétude que le premier eunuque après la chienne. Le grand veneur s'adressa à Zadig, et lui demanda s'il n'avait point vu passer le cheval du roi. « C'est, répondit Zadig, le cheval qui galope le mieux ; il a cinq pieds de haut, le sabot fort petit ; il porte une queue de trois pieds et demi de long ; les bossettes[2] de son mors sont d'or à vingt-trois carats ; ses fers sont d'argent à onze deniers. Quel chemin a-t-il pris ? où est-il ? demanda le grand veneur. – Je ne l'ai point vu, répondit Zadig, et je n'en ai jamais entendu parler. »

Le grand veneur et le premier eunuque ne doutèrent pas que Zadig n'eût volé le cheval du roi et la chienne de la reine ; ils le firent conduire devant l'assemblée du grand Desterham[3], qui le condamna au knout[4], et à passer le reste de ses jours en Sibérie. À peine le jugement fut-il rendu qu'on retrouva le cheval et la chienne. Les juges furent dans la douloureuse nécessité de réformer leur arrêt ; mais ils condamnèrent Zadig à payer quatre cents onces d'or, pour avoir dit qu'il n'avait point vu ce qu'il avait vu. Il fallut d'abord payer cette amende ; après quoi il fut permis à Zadig de plaider sa cause au conseil du grand Desterham ; il parla en ces termes :

« Étoiles de justice, abîmes de science, miroirs de vérité, qui avez la pesanteur du plomb, la dureté du fer, l'éclat du diamant, et beaucoup d'affinité avec l'or, puisqu'il m'est permis de parler devant cette auguste assemblée, je vous jure par Orosmade[5] que je n'ai jamais vu la chienne respectable de la reine, ni le cheval sacré du roi des rois[6]. Voilà ce qui m'est arrivé. Je me promenais vers le petit bois où j'ai rencontré depuis le vénérable eunuque et le très illustre grand veneur. J'ai vu sur le sable les traces d'un animal, et j'ai jugé aisément que c'étaient celles d'un petit chien. Des sillons légers et longs, imprimés sur

►►► **Francesco Maria Bassi l'Ancien**, *Vue de Constantinople* (détail), XVIIIe siècle, huile sur toile (38 x 35 cm), musée des Beaux-Arts, Ajaccio.

de petites éminences de sable entre les traces des pattes, m'ont fait connaître que c'était une chienne dont les mamelles étaient pendantes, et qu'ainsi elle avait fait des petits il y a peu de jours. D'autres traces en un sens différent, qui paraissaient toujours avoir rasé la surface du sable à côté des pattes de devant, m'ont appris qu'elle avait les oreilles très longues; et comme j'ai remarqué que le sable était toujours moins creusé par une patte que par les trois autres, j'ai compris que la chienne de notre auguste reine était un peu boiteuse, si je l'ose dire.

Miniature persane du XVIe siècle, collection privée.

« À l'égard du cheval du roi des rois, vous saurez que, me promenant dans les routes de ce bois, j'ai aperçu les marques des fers d'un cheval; elles étaient toutes à égales distances. Voilà, ai-je dit, un cheval qui a un galop parfait. La poussière des arbres, dans une route étroite qui n'a que sept pieds de large, était un peu enlevée à droite et à gauche, à trois pieds et demi du milieu de la route. Ce cheval, ai-je dit, a une queue de trois pieds et demi, qui, par ses mouvements de droite et de gauche, a balayé cette poussière. J'ai vu sous les arbres qui formaient un berceau de cinq pieds de haut, les feuilles des branches nouvellement tombées; et j'ai connu que ce cheval y avait touché, et qu'ainsi il avait cinq pieds de haut. Quant à son mors, il doit être d'or à vingt-trois carats; car il en a frotté les bossettes contre une pierre que j'ai reconnue être une pierre de touche[7], et j'ai fait l'essai. J'ai jugé enfin par les marques que ses fers ont laissées sur des cailloux d'une autre espèce, qu'il était ferré d'argent à onze deniers de fin. »

Tous les juges admirèrent le profond et subtil discernement de Zadig; la nouvelle en vint jusqu'au roi et à la reine. On ne parlait que de Zadig dans les antichambres, dans la chambre, et dans le cabinet; et quoique plusieurs mages opinassent qu'on devait le brûler comme sorcier, le roi ordonna qu'on lui rendît l'amende des quatre cents onces d'or à laquelle il avait été condamné. Le greffier, les huissiers, les procureurs, vinrent chez lui en grand appareil lui rapporter ses quatre cents onces; ils en retinrent seulement trois cent quatre-vingt-dix-huit pour les frais de justice, et leurs valets demandèrent des honoraires.

1. il s'agit de Zadig.
2. ornement des deux côtés du mors.
3. grand trésorier.
4. terme d'origine russe désignant une bastonnade.
5. principe du Bien dans la religion mazdéenne.
6. périphrase utilisée par les Grecs pour désigner le roi de Perse.
7. pierre utilisée pour tester les métaux précieux.

Questions

La structure du récit de Voltaire

1. Comment le narrateur parvient-il à reproduire le contexte et le style des contes orientaux ?

2. Repérez les péripéties successives auxquelles le héros doit faire face. Quelle attitude adopte-t-il pour chacune d'elles ? Quelle conséquence subit-il à chaque fois ?

La satire de la justice

3. Quels éléments sont illogiques ? Quels en sont les effets ?

4. Quelles sont les qualités dont fait preuve Zadig pour résoudre l'énigme ? Pourquoi ne sont-elles pas reconnues dans le monde qui l'entoure ?

Synthèse Montrez que Voltaire fait la satire de la justice.

TEXTE 2

Voltaire, *Candide* (1759)

▸ Biographie p. 556

CONTEXTE

Au XVIe siècle, les Européens débattent de l'humanité de l'homme noir : les Noirs ont-ils une âme ? Doit-on les traiter comme des animaux ? Il faut attendre le siècle des Lumières pour voir des philosophes lutter fermement contre le Code noir, promulgué en 1685, et le commerce triangulaire, première forme de mondialisation et sinistre symbole de prospérité économique.

Aux abords de Surinam, capitale de la Guyane hollandaise, Candide, accompagné de son valet Cacambo, croise un esclave cruellement mutilé par son maître. Dans cet extrait, le jeune héros fait l'expérience de l'esclavagisme : pour la première fois, il doute de la philosophie de son mentor Pangloss, selon laquelle « tout est pour le mieux dans le meilleur des mondes possibles ».

En approchant de la ville, ils rencontrèrent un nègre étendu par terre, n'ayant plus que la moitié de son habit, c'est-à-dire d'un caleçon de toile bleue ; il manquait à ce pauvre homme la jambe gauche et la main droite.

« Eh ! mon Dieu ! lui dit Candide en hollandais, que fais-tu là, mon ami, dans l'état horrible où je te vois ?

– J'attends mon maître, M. Vanderdendur, le fameux négociant, répondit le nègre.

– Est-ce M. Vanderdendur, dit Candide, qui t'a traité ainsi ?

– Oui, monsieur, dit le nègre, c'est l'usage. On nous donne un caleçon de toile pour tout vêtement deux fois l'année. Quand nous travaillons aux sucreries, et que la meule nous attrape le doigt, on nous coupe la main ; quand nous voulons nous enfuir, on nous coupe la jambe : je me suis trouvé dans les deux cas. C'est à ce prix que vous mangez du sucre en Europe. Cependant, lorsque ma mère me vendit dix écus patagons[1] sur la côte de Guinée, elle me disait : « Mon cher enfant, bénis nos fétiches[2], adore-les toujours, ils te feront vivre heureux ; tu as l'honneur d'être esclave de nos seigneurs les blancs, et tu fais par là la fortune de ton père et de ta mère. » Hélas ! je ne sais pas si j'ai fait leur fortune, mais ils n'ont pas fait la mienne. Les chiens, les singes et les perroquets sont mille fois moins malheureux que nous. Les fétiches hollandais qui m'ont converti me disent tous les dimanches que nous sommes tous enfants d'Adam, blancs et noirs. Je ne suis pas généalogiste ; mais si ces prêcheurs disent vrai, nous sommes tous cousins issus de germains. Or vous m'avouerez qu'on ne peut pas en user avec ses parents d'une manière plus horrible.

– Ô Pangloss ! s'écria Candide, tu n'avais pas deviné cette abomination ; c'en est fait, il faudra qu'à la fin je renonce à ton optimisme.

– Qu'est-ce qu'optimisme ? disait Cacambo.

– Hélas ! dit Candide, c'est la rage de soutenir que tout est bien quand on est mal. »

Et il versait des larmes en regardant son nègre, et, en pleurant, il entra dans Surinam.

1. monnaie espagnole.
2. objets de superstition.

12 years a Slave de **Steve McQueen** (2013), inspiré du récit autobiographique de Solomon Northup.

TEXTE ÉCHO

Joseph Brugevin, *Le Voyage d'un navire négrier bordelais au Mozambique* (1787-1788)

Joseph Brugevin, commandant du négrier La Licorne *parti en expédition pour le Mozambique, transcrit dans son journal de bord les activités commerciales de l'équipage.*

1 Le 23 à 8 heures, la visite de santé vint à bord et ne trouva aucune maladie contagieuse. En conséquence il fut permis d'aller et venir à terre et à bord. Le même jour l'administration se transporta à bord à 10 heures du matin. Tous les nègres furent comptés, chaque espèce en particulier. Il s'en trouva 390 de tout âge et de tout sexe. [...] Le 25, j'ouvris la vente. Je convins avec les négociants et habitants qui voulaient acheter des nègres, qu'ils me payeraient un tiers comptant, un tiers dans un an, et l'autre tiers en avril 1790. Tout étant d'accord, je vendis et livrai à tous ceux qui voulurent en acheter et du 25 avril au 10 mai ma vente fut entièrement finie et les 390 nègres que j'avais introduits produisirent une vente de 723 000 livres argent de la colonie.

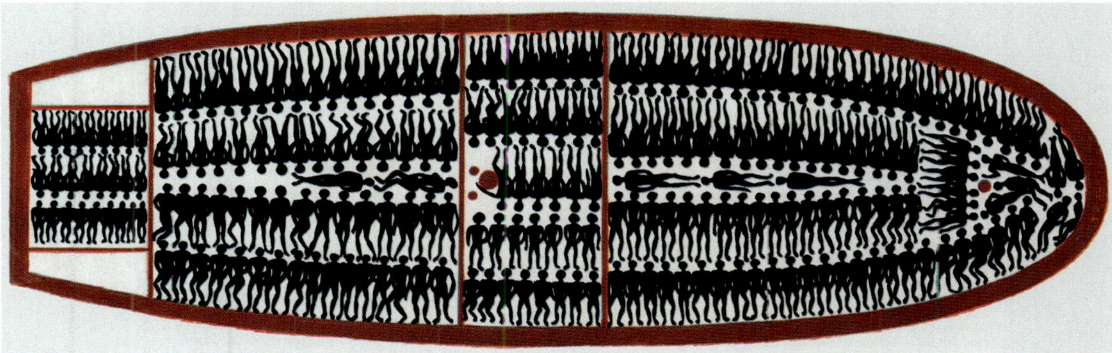

Plan d'un navire de transport d'esclaves, lithographie, 1825.

Questions

1. À quels indices perçoit-on que le texte de Voltaire est une fiction ?
► L'argumentation indirecte, p. 489
2. Commentez l'état physique de l'esclave de Surinam et la condition dans laquelle il se trouve au début de l'extrait.
3. Analysez l'ironie et ses effets en repérant notamment l'implicite, les antiphrases et les effets de décalage.
4. Quels aspects de la traite des Noirs Voltaire dénonce-t-il ? Justifiez votre réponse.
► Les types d'arguments, p. 493
5. D'où provient dans les propos du « nègre » de Surinam et dans ceux du commandant Brugevin (► texte écho, ci-dessus) l'impression de constat et de passivité ?

Synthèse Montrez que l'épisode de *Candide* peut s'apparenter à un apologue, c'est-à-dire à un récit bref qui allie fiction narrative et argumentation.

Vocabulaire

Recherchez le sens philosophique d'« optimisme ». En quoi éclaire-t-il le texte de Voltaire ?

Vers le bac S'entraîner au commentaire

Rédigez un axe de commentaire montrant que le recours à la fiction est habile pour sensibiliser les lecteurs et susciter leur réflexion.

► Élaborer un plan détaillé, p. 525

LECTURE D'IMAGES

François Bourgeon, *Les Passagers du vent* (1981)

Les Passagers du vent de **François Bourgeon,** 1981, © Éditions Delcourt.

▲ Les héros de la série historique illustrée *Les Passagers du vent* ont embarqué à bord du navire négrier nantais *La Marie-Caroline*. Dans le troisième album, « Le Comptoir de Juda », Isa découvre les activités des hommes blancs aux abords de la « côte des esclaves » en Afrique.

Vignette 2

1. nanti : personne fortunée.

2. « bois d'ébène » : métaphore pour désigner l'ensemble des esclaves embarqués sur les négriers.

Vignette 6

3. barbaresque : terme péjoratif qui désigne les pirates musulmans qui sévissaient sur le bassin méditerranéen.

Joseph Vernet, *Intérieur du port de Marseille* (1754)

Joseph Vernet, *Intérieur du port de Marseille* (détail), 1754, huile sur toile (165 x 265 cm), musée du Louvre, Paris.

▲ Le 27 septembre 1753, Louis xv commande à Joseph Vernet la série des « Ports de France ». Les deux vues du port de Marseille (*Intérieur du port de Marseille* et *L'Entrée du port de Marseille*), sont toutes deux exposées au Salon de 1755. Ce genre de tableau est une *veduta* (terme italien signifiant « vue »), une peinture détaillée d'un paysage urbain panoramique.

Questions

Bourgeon, une dénonciation du commerce triangulaire

1. À quelles « professions » est-il fait allusion dans la bande dessinée de Bourgeon ?
2. Quelles informations obtenons-nous sur le fonctionnement du commerce triangulaire ?
3. Qu'est-ce qui, dans le texte et les images, suggère l'enrichissement des Européens ?
4. Par quels arguments la jeune femme s'oppose-t-elle au commerce humain ?
5. Comment l'illustrateur rend-il compte du débat animé qui oppose les différents interlocuteurs ?

Vernet, une autre vision de l'industrie maritime

6. Observez et décrivez les différentes activités et professions représentées sur le quai.
7. D'où provient l'impression de dynamisme de l'activité portuaire ?
8. Analysez la composition du tableau par un repérage précis des lignes de force et des différents plans. Comment justifiez-vous le choix de cette prise de vue ?

Prolongements

- Cherchez d'autres vues portuaires de Vernet.
- Quels aspects du commerce triangulaire le peintre met-il en évidence dans ses toiles ?

TEXTE 3

Philibert Commerson, *Journal* (1769)

CONTEXTE

Au XVIIIe siècle, à Tahiti, la polygamie s'est imposée comme une nécessité afin d'assurer la naissance d'un héritier de sexe masculin. Les nombreuses femmes du foyer assuraient aussi une main-d'œuvre artisanale non négligeable, à l'origine des richesses du chef de famille et de sa lignée.

Embarqué en 1766 sur le navire L'Étoile *avec sa compagne Jeanne Barret qu'il fait passer pour son valet, Philibert Commerson consigne par écrit les découvertes et les observations scientifiques et ethnologiques qu'il fait tout au long de l'expédition menée par Bougainville.*

Je reviens sur mes pas pour vous tracer une légère esquisse de cette île heureuse, dont je ne vous ai fait mention qu'en passant dans le dénombrement des nouvelles terres que nous avons vues en courant le monde. Je lui avais appliqué le nom d'*Utopie* que Thomas Morus avait donné à sa république idéale en le dérivant des racines grecques (*eus* et *topus*[1], *quasi felix locus*[2]). Je ne savais pas encore que M. de Bougainville l'avait nommée *Nouvelle-Cythère*, et ce n'est que bien postérieurement qu'un prince de cette nation, que l'on conduisit en Europe, nous a appris qu'elle se nommait Tahiti par ses propres habitants. La position en longitude et latitude est le secret du gouvernement, sur lequel je m'impose le silence, mais je puis vous dire que c'est le seul coin de la terre où habitent des hommes sans vices, sans préjugés, sans besoins, sans dissensions. Nés sous le plus beau ciel, nourris des fruits d'une terre féconde sans culture, régis par des pères de famille plutôt que par des rois, ils ne connaissent d'autre dieu que l'Amour. Tous les jours lui sont consacrés, toute l'île est son temple, toutes les femmes en sont les autels, tous les hommes les sacrificateurs. Et quelles femmes, me demanderez-vous ? les rivales des Géorgiennes en beauté, et les sœurs des Grâces[3] toutes nues. Là, ni la honte, ni la pudeur n'exercent leur tyrannie : la plus légère des gazes[4] flotte toujours au gré des vents et des désirs : l'acte de créer son semblable est un acte de religion ; les préludes en sont encouragés par les vœux et les chants de tout le peuple assemblé, et la fin est célébrée par des applaudissements universels ; tout étranger est admis à participer à ces heureux mystères ; c'est même un des devoirs de l'hospitalité que de les inviter, de sorte que le bon Utopien jouit sans cesse ou du sentiment de ses propres plaisirs ou du spectacle de ceux des autres.

Quelque censeur à double rabat[5] ne verra peut-être en tout cela qu'un débordement de mœurs, une horrible prostitution, le cynisme le plus effronté ; mais il se trompera lui-même grossièrement en méconnaissant l'état de l'homme naturel, né essentiellement bon, exempt de tout préjugé et suivant, sans défiance comme sans remords, les douces impulsions d'un instinct toujours sûr, parce qu'il n'a pas encore dégénéré en raison.

1. le mot « utopie » est formé à partir de la racine grecque *topos* signifiant « lieu » précédé de la synthèse des préfixes *eu* (« bien ») et *ou* (privatif).
2. l'utopie est donc « un lieu bon mais inexistant ».
3. divinités de la beauté.
4. étoffe légère et transparente.
5. allusion ironique aux hommes d'Église et à leur robe noire au grand col rabattu.

Paul Gauguin, *Où vas-tu ?*, 1893, huile sur toile (82 x 73 cm), musée de l'Ermitage, Saint-Pétersbourg.

TEXTE ÉCHO

Jean-Jacques Rousseau, *Discours sur l'origine...* (1755)

► Biographie p. 556

Tant que les hommes se contentèrent de leurs cabanes rustiques, tant qu'ils se bornèrent à coudre leurs habits de peaux avec des épines ou des arêtes, à se parer de plumes et de coquillages, à se peindre le corps de diverses couleurs, à perfectionner ou à embellir leurs arcs et leurs flèches, à tailler avec des pierres tranchantes quelques canots de pêcheurs ou quelques grossiers instruments de musique ; en un mot tant qu'ils ne s'appliquèrent qu'à des ouvrages qu'un seul pouvait faire, et qu'à des arts qui n'avaient pas besoin du concours de plusieurs mains, ils vécurent libres, sains, bons, et heureux autant qu'ils pouvaient l'être par leur nature, et continuèrent à jouir entre eux des douceurs d'un commerce indépendant : mais dès l'instant qu'un homme eut besoin du secours d'un autre ; dès qu'on s'aperçut qu'il était utile à un seul d'avoir des provisions pour deux, l'égalité disparut, la propriété s'introduisit, le travail devint nécessaire, et les vastes forêts se changèrent en des campagnes riantes qu'il fallut arroser de la sueur des hommes, et dans lesquelles on vit bientôt l'esclavage et la misère germer et croître avec les moissons.

John Webber, *Portrait de Pœdooa*, 1777, huile sur toile (145,5 x 95,9 cm), National Maritime Museum, Greenwich.

Discours sur l'origine et les fondements de l'inégalité parmi les hommes, 1755.

Questions

Grammaire

Justifiez l'emploi du présent de l'indicatif dans le texte de Commerson.

► Modes, temps et valeurs, p. 438

Une île heureuse

1. Quels éléments du début de l'extrait de Commerson situent le lecteur dans un contexte d'utopie ?
2. Analysez les figures d'analogie qui associent l'amour et la religion.
3. Comment le locuteur suggère-t-il que la vie tahitienne est avant tout une vie en communauté ?
4. À quelle conclusion le scientifique Commerson aboutit-il à la fin de l'extrait ? Repérez et commentez la logique de son raisonnement.

► Les types de raisonnements, p. 492

Le bonheur selon Rousseau

5. Observez la progression du raisonnement de Rousseau. À quelle stratégie argumentative recourt-il pour remporter l'adhésion des lecteurs ?

► Les fonctions du discours argumentatif, p. 496

6. Quel idéal de vie dépeint Rousseau ? Quels reproches formule-t-il à l'encontre de la civilisation occidentale ?

Lecture d'image Quelles différences constatez-vous entre les deux tableaux représentant une Tahitienne ?

Synthèse Montrez que le journal de Commerson célèbre le mode de vie des Tahitiens. Aidez-vous, pour repérer les éléments les plus importants, du tableau de Paul Gauguin qui lui fait écho.

Prolongement

Effectuez des recherches sur l'île de Cythère et expliquez le choix de Bougainville qui baptise ainsi Tahiti. Quels artistes et poètes ont également été influencés par cette île ?

Vers le bac S'entraîner à la dissertation

En vous appuyant sur les textes de Commerson et de Rousseau, vous montrerez dans un paragraphe argumentatif comment le mythe du bon sauvage permet une critique de la civilisation occidentale.

► Construire un paragraphe de dissertation, p. 540

TEXTE 4

Denis Diderot, *Supplément au voyage de Bougainville* (1772)

► Biographie p. 553

CONTEXTE
Le 15 novembre 1766, Bougainville, mathématicien et avocat, quitte Nantes à bord de la frégate *La Boudeuse* pour les îles Malouines. Il s'agit à l'origine d'une expédition diplomatique ordonnée par Louis xv pour céder l'archipel aux Espagnols. Bougainville poursuit ensuite son périple vers l'océan Pacifique jusqu'à Tahiti.

Un an après la parution du Voyage autour du monde *de Bougainville, Diderot en rédige un commentaire sous la forme d'un dialogue entre A et B. Dans la seconde partie, il imagine l'intervention d'un vieillard tahitien qui s'adresse au navigateur et à son équipage au moment de leurs adieux.*

Puis s'adressant à Bougainville, il ajouta : « Et toi, chef des brigands qui t'obéissent, écarte promptement ton vaisseau de notre rive : nous sommes innocents, nous sommes heureux ; et tu ne peux que nuire à notre bonheur. Nous suivons le pur instinct de la nature ; et tu as tenté d'effacer de nos âmes son caractère. Ici tout est à tous ; et tu nous as prêché je ne sais quelle distinction du tien et du mien. Nos filles et nos femmes nous sont communes ; tu as partagé ce privilège avec nous ; et tu es venu allumer en elles des fureurs inconnues. Elles sont devenues folles dans tes bras ; tu es devenu féroce entre les leurs. Elles ont commencé à se haïr ; vous vous êtes égorgés pour elles ; et elles nous sont revenues teintes de votre sang. Nous sommes libres ; et voilà que tu as enfoui dans notre terre le titre de notre futur esclavage. Tu n'es ni un dieu, ni un démon : qui es-tu donc, pour faire des esclaves ? Orou[1] ! toi qui entends la langue de ces hommes-là, dis-nous à tous, comme tu me l'as dit à moi-même, ce qu'ils ont écrit sur cette lame de métal : *Ce pays est à nous*. Ce pays est à toi ! et pourquoi ? parce que tu y as mis le pied ? Si un Tahitien débarquait un jour sur vos côtes, et qu'il gravât sur une de vos pierres ou sur l'écorce d'un de vos arbres : *Ce pays est aux habitants de Tahiti*, qu'en penserais-tu ? Tu es le plus fort ! – et qu'est-ce que cela fait ? Lorsqu'on t'a enlevé une des méprisables bagatelles[2] dont ton bâtiment[3] est rempli, tu t'es récrié, tu t'es vengé ; et dans le même instant tu as projeté au fond de ton cœur le vol de toute une contrée ! Tu n'es pas esclave : tu souffrirais plutôt la mort que de l'être, et tu veux nous asservir ! Tu crois donc que le Tahitien ne sait pas défendre sa liberté et mourir ? Celui dont tu veux t'emparer comme de la brute, le Tahitien est ton frère. Vous êtes deux enfants de la nature ; quel droit as-tu sur lui qu'il n'ait pas sur toi ? Tu es venu ; nous sommes-nous jetés sur ta personne ? avons-nous pillé ton vaisseau ? t'avons-nous saisi et exposé aux flèches de nos ennemis ? t'avons-nous associé dans nos champs au travail de nos animaux ? Nous avons respecté notre image en toi. Laisse-nous nos mœurs ; elles sont plus sages et plus honnêtes que les tiennes ; nous ne voulons plus troquer ce que tu appelles notre ignorance, contre tes inutiles lumières. Tout ce qui nous est nécessaire et bon, nous le possédons.

1. habitant de Tahiti.
2. choses de faible valeur.
3. navire.

Vangro, *Louis Antoine de Bougainville brandit le drapeau français dans le détroit de Magellan*, gravure, 1767.

ÉCHO DU XXe SIÈCLE

Aimé Césaire, *Discours sur le colonialisme* (1950)

CONTEXTE
Aimé Césaire (1913-2008) est un poète et homme politique français. Ses discours et écrits dénoncent avec virulence le colonialisme. Il est une figure essentielle de la négritude, mouvement culturel rassemblant des écrivains noirs francophones soucieux de valoriser leur culture et de s'opposer à la négation de l'homme noir.

Mais alors je pose la question suivante : la colonisation a-t-elle vraiment mis en contact ? Ou, si l'on préfère, de toutes les manières d'« établir contact », était-elle la meilleure ?

Je réponds non.

Et je dis que de la colonisation à la civilisation, la distance est infinie ; que, de toutes les expéditions coloniales accumulées, de tous les statuts coloniaux élaborés, de toutes les circulaires ministérielles expédiées, on ne saurait réussir à extirper une seule valeur humaine. […]

Il faudrait d'abord étudier comment la colonisation travaille à *déciviliser* le colonisateur, à l'*abrutir* au sens propre du mot, à le dégrader, à le réveiller aux instincts enfouis, à la convoitise, à la violence, à la haine raciale, au relativisme moral, et montrer que, chaque fois qu'il y a au Viêtnam une tête coupée et un œil crevé et qu'en France on accepte, une fillette violée et qu'en France on accepte, un Malgache supplicié et qu'en France on accepte, il y a un acquis de la civilisation qui pèse de son poids mort, une régression universelle qui s'opère, une gangrène qui s'installe, un foyer d'infection qui s'étend et qu'au bout de tous ces traités violés, de tous ces mensonges propagés, de toutes ces expéditions punitives tolérées, de tous ces prisonniers ficelés et interrogés, de tous ces patriotes torturés, au bout de cet orgueil racial encouragé, de cette jactance étalée, il y a le poison instillé dans les veines de l'Europe, et le progrès lent, mais sûr, de l'*ensauvagement* du continent.

Questions

Énonciation
Repérez dans la 1re phrase du Tahitien (l. 1-3) les indices d'énonciation qui confirment l'implication du locuteur et l'adresse appuyée au destinataire.

Le réquisitoire et le plaidoyer

1. Quels vices de la civilisation européenne sont dénoncés par le vieillard tahitien ?

2. À l'inverse, quels aspects vertueux des coutumes tahitiennes son discours met-il en évidence ?

► Les types d'arguments, p. 493

La stratégie argumentative

3. Montrez comment le vieillard passe de la condamnation directe de Bougainville à celle du despotisme en général.

4. Par quels procédés rhétoriques le Tahitien tente-t-il de persuader son destinataire ?

► Les fonctions du discours argumentatif, p. 496

5. Par quels arguments Diderot et Césaire (► texte écho, ci-dessus) démontrent-ils que les pays civilisés sont paradoxalement responsables de l'« ensauvagement » de leur propre continent ?

Lecture d'image Quelles caractéristiques de l'homme blanc l'iconographie met-elle en évidence ?

Synthèse Montrez dans un paragraphe rédigé que le discours du vieillard est un éloge de la liberté et de la tolérance.

Vers le bac S'entraîner au commentaire

Choisissez et analysez un passage du discours du vieillard tahitien qui illustre cette pensée de Diderot extraite des *Fragments échappés du portefeuille d'un philosophe* : « Un homme ne peut être la propriété d'un souverain, un enfant la propriété d'un père, la femme la propriété de son mari, un domestique la propriété d'un maître, un nègre la propriété d'un colon. »

TEXTE 5

Marivaux, *L'Île des esclaves* (1725)

► Biographie p. 554

⊕ CONTEXTE
Le genre de l'utopie est lié aux récits de voyages dont le cadre principal est un lieu idéal qui n'existe pas. Il permet aux auteurs d'éviter la censure tout en dénonçant indirectement les vices de leur siècle sous le regard d'un personnage imaginaire et critique. Thomas More est le précurseur du genre (*Utopia*, 1516).

Iphicrate et Arlequin ont fait naufrage sur une île gouvernée par Trivelin, un ancien esclave révolté. Dès la scène d'exposition, Arlequin profite de la situation pour s'affranchir de l'autorité de son maître, tout heureux de voir enfin leur statut social et leur identité s'inverser.

Scène 1

(Iphicrate s'avance tristement sur le théâtre avec Arlequin.)

Iphicrate, *après avoir soupiré.* – Arlequin !

Arlequin, *avec une bouteille de vin qu'il a à sa ceinture.* – Mon patron.

Iphicrate. – Que deviendrons-nous dans cette île ?

Arlequin. – Nous deviendrons maigres, étiques[1], et puis morts de faim : voilà mon sentiment et notre histoire.

Iphicrate. – Nous sommes seuls échappés du naufrage ; tous nos camarades ont péri, et j'envie maintenant leur sort.

Arlequin. – Hélas ! ils sont noyés dans la mer, et nous avons la même commodité.

Iphicrate. – Dis-moi : quand notre vaisseau s'est brisé contre le rocher, quelques-uns des nôtres ont eu le temps de se jeter dans la chaloupe ; il est vrai que les vagues l'ont enveloppée, je ne sais ce qu'elle est devenue ; mais peut-être auront-ils eu le bonheur d'aborder en quelque endroit de l'île, et je suis d'avis que nous les cherchions.

Arlequin. – Cherchons, il n'y a pas de mal à cela ; mais reposons-nous auparavant pour boire un petit coup d'eau-de-vie : j'ai sauvé ma pauvre bouteille, la voilà ; j'en boirai les deux tiers, comme de raison, et puis je vous donnerai le reste.

Iphicrate. – Eh ! ne perdons point de temps, suis-moi, ne négligeons rien pour nous tirer d'ici ; si je ne me sauve, je suis perdu, je ne reverrai jamais Athènes, car nous sommes dans l'Île des esclaves.

Arlequin. – Oh, oh ! Qu'est-ce que c'est que cette race-là ?

Iphicrate. – Ce sont des esclaves de la Grèce révoltés contre leurs maîtres, et qui depuis cent ans sont venus s'établir dans une île, et je crois que c'est ici : tiens, voici sans doute quelques-unes de leurs cases ; et leur coutume, mon

1. d'une extrême maigreur.

Lubna Azbal, Stéphanie Lagarde, Sidney Wernicke et Fabio Zenoni dans *L'Île des esclaves* de Marivaux, pièce mise en scène par **Irina Brook** au théâtre de l'Atelier à Paris en 2005.

L'Île des esclaves de Marivaux, pièce mise en scène par **Éric Massé** à la Comédie de Clermont-Ferrand en 2006.

cher Arlequin, est de tuer tous les maîtres qu'ils rencontrent, ou de les jeter dans l'esclavage.

ARLEQUIN. – Eh ! chaque pays a sa coutume ; ils tuent les maîtres, à la bonne heure, je l'ai entendu dire aussi, mais on dit qu'ils ne font rien aux esclaves comme moi.

IPHICRATE. – Cela est vrai.

ARLEQUIN. – Eh ! encore vit-on.

IPHICRATE. – Mais je suis en danger de perdre la liberté, et peut-être la vie ; Arlequin, cela ne te suffit-il pas pour me plaindre ?

ARLEQUIN, *prenant sa bouteille pour boire.* – Ah ! je vous plains de tout mon cœur, cela est juste.

IPHICRATE. – Suis-moi donc.

ARLEQUIN, *siffle.* – Hu, hu, hu.

IPHICRATE. – Comment donc, que veux-tu dire ?

ARLEQUIN, *distrait, chante.* – Tala ta lara.

IPHICRATE. – Parle donc, as-tu perdu l'esprit, à quoi penses-tu ?

ARLEQUIN, *riant.* – Ah ! ah ! ah ! Monsieur Iphicrate, la drôle d'aventure ; je vous plains, par ma foi, mais je ne saurais m'empêcher d'en rire.

IPHICRATE, *à part les premiers mots.* – Le coquin abuse de ma situation, j'ai mal fait de lui dire où nous sommes. Arlequin, ta gaieté ne vient pas à propos, marchons de ce côté.

ARLEQUIN. – J'ai les jambes si engourdies.

IPHICRATE. – Avançons, je t'en prie.

ARLEQUIN. – Je t'en prie, je t'en prie ; comme vous êtes civil et poli ; c'est l'air du pays qui fait cela.

IPHICRATE. – Allons, hâtons-nous, faisons seulement une demi-lieue sur la côte pour chercher notre chaloupe, que nous trouverons peut-être avec une partie de nos gens ; et en ce cas-là, nous nous rembarquerons avec eux.

ARLEQUIN, *en badinant.* – Badin, comme vous tournez cela.

Il chante.

L'embarquement est divin
Quand on vogue, vogue, vogue,
L'embarquement est divin
Quand on vogue avec Catin[2].

IPHICRATE, *retenant sa colère.* – Mais je ne te comprends point, mon cher Arlequin.

ARLEQUIN. – Mon cher patron, vos compliments me charment ; vous avez coutume de m'en faire à coups de gourdin qui ne valent pas ceux-là, et le gourdin est dans la chaloupe.

IPHICRATE. – Eh ! ne sais-tu pas que je t'aime ?

2. diminutif péjoratif de Catherine. Nom donné à une fille de mauvaises mœurs ; prostituée.

L'Île des esclaves de Marivaux, pièce mise en scène par **Paulo Correia**, compagnie collectif8, au Théâtre National de Nice en 2011.

ARLEQUIN. – Oui; mais les marques de votre amitié tombent toujours sur mes épaules, et cela est mal placé. Ainsi tenez, pour ce qui est de nos gens, que le ciel les bénisse; s'ils sont morts, en voilà pour longtemps; s'ils sont en vie, cela se passera, et je m'en goberge[3].

IPHICRATE, *un peu ému.* – Mais j'ai besoin d'eux, moi.

ARLEQUIN, *indifféremment.* – Oh! cela se peut bien, chacun a ses affaires; que je ne vous dérange pas.

IPHICRATE. – Esclave insolent!

ARLEQUIN, *riant.* Ah! ah! vous parlez la langue d'Athènes, mauvais jargon que je n'entends plus.

IPHICRATE. – Méconnais-tu ton maître, et n'es-tu plus mon esclave?

ARLEQUIN, *se reculant d'un air sérieux.* – Je l'ai été, je le confesse à ta honte; mais va, je te le pardonne: les hommes ne valent rien. Dans le pays d'Athènes j'étais ton esclave, tu me traitais comme un pauvre animal, et tu disais que cela était juste, parce que tu étais le plus fort: eh bien, Iphicrate, tu vas trouver ici plus fort que toi; on va te faire esclave à ton tour; on te dira aussi que cela est juste, et nous verrons ce que tu penseras de cette justice-là, tu m'en diras ton sentiment, je t'attends là. Quand tu auras souffert, tu seras plus raisonnable, tu sauras mieux ce qu'il est permis de faire souffrir aux autres. Tout en irait mieux dans le monde, si ceux qui te ressemblent recevaient la même leçon que toi. Adieu, mon ami, je vais trouver mes camarades et tes maîtres. *(Il s'éloigne.)*

IPHICRATE, *au désespoir, courant après lui l'épée à la main.* – Juste ciel! peut-on être plus malheureux et plus outragé que je le suis? Misérable, tu ne mérites pas de vivre.

ARLEQUIN. – Doucement; tes forces sont bien diminuées, car je ne t'obéis plus, prends-y garde.

3. je m'en moque.

Questions

1. Pourquoi peut-on dire que le choix du lieu contribue à la mise en place d'un contexte utopique?
2. Analysez l'évolution du comportement d'Arlequin étape par étape.
3. Quels sont les reproches formulés par Arlequin à l'encontre de son maître?
4. Identifiez les différents registres littéraires utilisés et analysez les effets produits par cette diversité.

► Les registres littéraires, p. 460

Lecture d'images Observez les photographies des différentes mises en scène. Quels ambiances et registres s'en dégagent? Justifiez votre réponse par une analyse précise des éléments représentés.

Synthèse Montrez que le contexte de la pièce, à la fois léger et sérieux, sert à l'argumentation.

Grammaire

Retrouvez dans le texte les phrases injonctives. Comment participent-elles à l'argumentation?

Vers le bac S'entraîner à la dissertation

En prenant appui sur votre réponse à la lecture d'images, vous montrerez dans un paragraphe argumenté l'intérêt d'assister à des représentations différentes de *L'Île des esclaves*.

► Construire un paragraphe de dissertation, p. 540

ÉCHO DE L'ANTIQUITÉ

Aristote, *Politique* (IVe s. av. J.-C.)

CONTEXTE

Aristote (384 – 322 av. J.-C.) est un auteur grec de l'Antiquité. Il est un des philosophes les plus influents notamment dans les domaines de la politique, de la science et de l'éloquence. Dans la *Politique*, il décrit le fonctionnement de la famille et de la Cité.

Dans l'Antiquité, les esclaves sont le plus souvent des prisonniers de guerre étrangers. Ils sont la propriété d'un maître, au même titre qu'une terre ou qu'un animal. Considéré comme un « outil parlant » (instrumentum vocale *en latin), l'esclave participe aux tâches domestiques et agricoles.*

On soutient d'une part qu'il y a une science[1] propre au maître et qu'elle se confond avec celle de père de famille, de magistrat et de roi, ainsi que nous l'avons dit en débutant. D'autres, au contraire, prétendent que le pouvoir du maître est contre nature ; que la loi seule fait des hommes libres et des esclaves, mais que la nature ne met aucune différence entre eux ; et même, par suite, que l'esclavage est inique[2], puisque la violence l'a produit.

D'un autre côté, la propriété est une partie intégrante de la famille ; et la science de la possession fait aussi partie de la science domestique, puisque, sans les choses de première nécessité, les hommes ne sauraient vivre, ni vivre heureux. Il s'ensuit que, comme les autres arts, chacun dans sa sphère, ont besoin, pour accomplir leur œuvre, d'instruments spéciaux, la science domestique doit avoir également les siens. Or, parmi les instruments, les uns sont inanimés, les autres vivants ; par exemple, pour le patron du navire, le gouvernail est un instrument sans vie, et le matelot qui veille à la proue, un instrument vivant, l'ouvrier, dans les arts, étant considéré comme un véritable instrument. D'après le même principe, on peut dire que la propriété n'est qu'un instrument de l'existence, la richesse une multiplicité d'instruments, et l'esclave une propriété vivante ; seulement, en tant qu'instrument, l'ouvrier est le premier de tous. […]

Il faut voir maintenant s'il est des hommes ainsi faits par la nature, ou bien s'il n'en existe point ; si, pour qui que ce soit, il est juste et utile d'être esclave, ou bien si tout esclavage est un fait contre nature. La raison et les faits peuvent résoudre aisément ces questions. L'autorité et l'obéissance ne sont pas seulement choses nécessaires ; elles sont encore choses éminemment utiles. Quelques êtres, du moment même qu'ils naissent, sont destinés, les uns à obéir, les autres à commander, bien qu'avec des degrés et des nuances très diverses pour les uns et pour les autres.

Livre I, traduction de Barthélémy Saint-Hilaire, 1874.

1. pratique résultant d'un savoir.
2. injuste.

Questions

1. Reformulez les deux thèses adverses présentes dans le premier paragraphe. À quel moment ces thèses contraires apparaissent-elles encore ? Qu'en déduisez-vous sur la stratégie argumentative utilisée par l'auteur ?
2. Quel verbe du premier paragraphe permet de comprendre à quelle thèse adhère Aristote ? Que cherche-t-il à prouver dans les paragraphes suivants à propos de la « propriété » et de la « nature » ?
3. Comment faut-il considérer les esclaves selon Aristote ? À quel champ lexical recourt-il ? Quels exemples illustrent son point de vue ?

Synthèse Montrez qu'Aristote légitime la possession d'esclaves par une démonstration rigoureuse.

HISTOIRE DES ARTS • LES CABINETS DE CURIOSITÉS

À L'ORIGINE DES MUSÉES

Apparus au XVIe siècle, les cabinets de curiosités sont des lieux privés ou publics dans lesquels sont exposés des objets de collection traditionnellement répartis en plusieurs catégories :
- les *artificialia* issus de l'art et de l'artisanat ;
- les *naturalia* représentatifs des trois règnes naturels : végétal, minéral et animal ;
- et les *exotica* en provenance d'autres continents.

L'hétéroclisme y attire autant les férus de sciences que les amateurs d'art et de légendes populaires à la recherche d'éléments insolites.

VOYAGES MARITIMES ET PIÈCES DE COLLECTION

Depuis la découverte de l'Amérique par Christophe Colomb en 1492, les grandes expéditions se multiplient. Les explorateurs partent à la rencontre des nouveaux mondes pour enrichir leur collection d'objets rares. En Europe, les voyages maritimes contribuent aux progrès scientifiques par l'invention de nouveaux instruments de mesure et d'optique. Ces objets de précision luxueux, aussi utiles que beaux, sont fièrement exhibés aux côtés des découvertes issues des contrées lointaines.

LE CABINET DE JOSEPH BONNIER DE LA MOSSON

Aristocrate passionné de mécanique, le baron de la Mosson (1704-1744) est célèbre pour sa collection privée exposée dans le somptueux décor des sept cabinets en enfilade de son hôtel particulier de Paris. Chaque salle originale est consacrée à une discipline : la chimie, l'histoire naturelle, la mécanique et la physique, etc. Certaines pièces de cette collection sont aujourd'hui visibles au *Jardin des Plantes* à Paris.

Questions

1. Quels objets reconnaissez-vous ? À quelles activités renvoient-ils ?
2. D'où provient l'impression de mise en scène et de théâtralité ?
3. Quels éléments symbolisent l'univers ? Pourquoi le peintre a-t-il choisi de représenter un lieu ouvert sur l'extérieur ?
4. Analysez la composition du tableau : effet de profondeur, jeux de lumière, proportions, place et attitude de l'homme. Qu'en déduisez-vous sur l'importance attribuée au savoir ?
5. Pourquoi peut-on dire que les cabinets de curiosités sont de véritables microcosmes (lieux représentatifs de l'univers en miniature) ?

Jacques de Lajoüe, *Cabinet de physique de Bonnier de la Mosson*, 1734, huile sur toile
collection Alfred Beit, Russborough, Blessington, Irlande.

Le personnage est dissimulé dans un coin de la salle. Son apparence lui donne l'allure d'un philosophe ayant soif de connaissances.

La voûte du cabinet de curiosités imite, par ses couleurs et sa lumière, la voûte céleste qui apparaît à l'arrière-plan.

La figure mythologique de Pégase donne un caractère merveilleux à la pièce d'exposition.

La diversité des objets exposés et des matériaux nourrit l'impression de profusion.

L'arrière-plan s'ouvre sur un chantier en construction et montre l'utilité des instruments exposés dans le cabinet.

PERSPECTIVE DU XXIe SIÈCLE

Laurent Gaudé, « Sang négrier » (2007)

CONTEXTE

Laurent Gaudé (né en 1972) est un passionné de théâtre, dramaturge et comédien ayant connu un succès immédiat. Il est aussi l'auteur de romans initiatiques. Il reçoit le prix Goncourt en 2004 pour son roman *Le Soleil des Scorta*.

Le narrateur, capitaine d'un navire négrier, décide de rapatrier à Saint-Malo la dépouille du commandant, mort au large de Gorée. Le navire accoste en fin d'après-midi lorsque cinq esclaves africains s'enfuient. Commence alors une chasse à l'homme impitoyable dans les rues de la ville. Les membres de l'équipage, aidés des Malouins, parviennent à mettre la main sur quatre fugitifs. Le dernier reste introuvable.

Nous cherchâmes partout, scrutant chaque mètre de ces rues obscures où les chats affolés nous faisaient sursauter. Nous fouillâmes chaque cave. Des hommes descendaient dans les souterrains qui allaient jusqu'au port. La lueur de leurs torches faisait danser les flaques d'eau croupissantes. D'autres montaient sur les toits de la ville. Une vraie battue, lente et systématique. Nous ne ménageâmes pas notre peine. Mais rien : pas d'autre bruit que celui de notre propre agitation, pas d'autre silhouette que celles de nos corps qui s'épuisaient à fouiller les entrailles de la ville.

Au petit matin, la plupart des hommes rentrèrent chez eux. Nous, non. Il ne fallait laisser au fugitif aucun répit. Une nouvelle idée était née en moi. Crombec[1], sur mon ordre, fit descendre dix nègres du navire. À chacun d'entre eux, il passa une épaisse chaîne autour du cou. Nous prîmes chacun le nôtre, comme un chien que l'on va promener, et nous nous dispersâmes dans la ville. Le son des chaînes sur le pavé annonçait à tous notre arrivée. Nous, nous ne faisions que marcher, l'esclave, lui, devait appeler sans cesse le fugitif, lui répéter qu'il valait mieux se rendre, qu'il ne lui serait pas fait de mal, que c'était fini, qu'il ne pourrait pas aller bien loin…

À la fin de la journée, nous étions toujours bredouilles. Les autorités de la ville me convoquèrent. J'essayai de leur démontrer que le fugitif ne pouvait être que mort : il avait dû se terrer dans un coin, les chiens le retrouveraient lorsqu'il se mettrait à sentir. Ils ne me crurent pas et décidèrent d'établir une garde de nuit, pour être certains que le fugitif, s'il vivait, ne puisse pas créer d'incident.

Nous prîmes notre tour de garde pour cette deuxième nuit de traque, comme sur un navire, les uns après les autres, patrouillant mollement sur la place de la cathédrale ou le long des murailles. Nous étions persuadés que tout était fini. Je passai la nuit à laisser défiler en mon esprit les images de la chasse de la veille : tous ces hommes au visage défiguré par tant d'excitation.

Ce fut là, au milieu de cette seconde nuit d'attente, que j'entendis le cri de Kermarec[1]. Près de la porte Saint-Pierre. Il appelait avec force. Je courus dans sa direction, persuadé qu'il allait falloir se battre mais, dès que j'aperçus Kermarec, dès que je le vis, pâle comme un linge, les lèvres entrouvertes, me désignant de la main la porte d'une maison, je sentis que le nègre n'était pas mort et que c'était à son tour de jouer avec nous.

Sur la porte, il y avait un doigt, cloué au bois, un doigt noir, encore saignant, accroché là, comme un porte-malheur. Comment était-ce possible ? Nous restâmes stupéfaits. Les mêmes questions tournaient dans notre esprit sans que nous ayons besoin d'échanger un mot. Pourquoi s'était-il coupé un doigt ? Était-il armé ? Où avait-il trouvé ce clou ? Que voulait-il ? Pendant longtemps nous restâmes face à cette énigme puis, enfin, nous retrouvâmes nos esprits et prévînmes les autres. Les troupes furent regroupées, les torches

1. membre de l'équipage.

Asensio Julià, *Le Colosse*, 1808-1812, huile sur toile (116 x 105 cm), musée du Prado, Madrid.

rallumées. On refit une battue, puis une autre : rien. Un médecin examina le doigt et fut formel : il s'agissait de l'auriculaire de la main gauche. Le fugitif essayait peut-être de nous faire peur. Il ne fallait pas se laisser impressionner. Mais malgré ce que nous essayions de nous dire pour nous rassurer, chacun de nous était terrifié par ce doigt amputé.

Les jours suivants, la chasse reprit. Les gardes avaient maintenant l'habitude mais rien, sinon le vent, ne vint déranger le calme de nos rues endormies.

Les autorités de la ville finirent par décréter une fouille systématique de tous les souterrains. Nous y passâmes des heures, découvrant des boyaux où nul d'entre nous n'était jamais allé. Nous marchions avec la pénible certitude que cela ne servait à rien et que ce n'était pas ici que nous le trouverions. Le soir, lorsque nous remontâmes bredouilles de notre expédition souterraine, la ville était à nouveau dans une excitation inhabituelle. On venait de retrouver un autre doigt cloué, comme le premier, sur une porte. Un index, d'après le médecin.

Le plus extraordinaire, ce qui fit véritablement frissonner les badauds, c'est que le doigt avait été cloué sur les battants de la porte de l'hôtel particulier de l'armateur. Celui-là même qui avait affrété notre bateau. Comment le nègre avait-il su ? Les rumeurs coururent en tous sens. La panique saisit véritablement la ville lorsque le soir même, la fille de l'armateur – une gamine de huit ans – fut écrasée par une calèche. Personne ne put s'empêcher de faire le lien entre les deux événements. Le doigt avait appelé le malheur. Le ciel, désormais, nous regardait avec menace, parce que nous lui faisions horreur.

[…] Il me semblait, moi, que la ville s'était mise à vivre, et qu'elle avait entrepris de nous perdre. Elle était l'alliée du fugitif et lui offrait son ombre pour qu'il continue à s'y dissimuler. Ce sentiment, depuis, n'a fait que croître. Aujourd'hui, des années plus tard, je sais qu'elle m'épie. Les murs me regardent. Les pavés des rues ricanent à mon passage. Les maisons ont des doigts, des yeux, des bouches qui m'insultent. Elle vit autour de nous et je sais qu'elle ne me laissera pas en paix. Tout m'observe et conspire.

Dans la nuit Mozambique, « Sang négrier », 2007, © Actes Sud.

Questions

1. Quels éléments du décor suscitent l'inquiétude dès le premier paragraphe ?
2. Par quels procédés le narrateur parvient-il à tenir ses lecteurs en haleine ?
3. En quoi la traque est-elle inhumaine ?
4. Comment s'opère la personnification de la ville ? Était-elle prévisible ?
5. Qu'éprouvent les personnages ? Pourquoi peut-on parler de gradation croissante ? Justifiez votre réponse.

1 ÉTYMOLOGIE

Recherchez l'origine des mots suivants ainsi qu'un dérivé. Précisez le sens des mots et des étymons que vous ne connaissez pas.

franc – serf – chef – dominer – suprématie – capitaine – geôle – domestique – servante – omnipotence – capituler – prince – impérieux – travail

2 DU VERBE AU SUBSTANTIF

Retrouvez le substantif construit à partir des verbes suivants.

a. opprimer : (fém.)...
b. assujettir : (masc.)...
c. étouffer : (masc.)...
d. accabler : (masc.)...
e. asservir : (masc.)...
f. soumettre : (fém.)...
g. contraindre : (fém.)...
h. anéantir : (masc.)...

3 PRÉFIXES

Les mots suivants sont construits à partir des préfixes latins *super* et *sub*. Reliez chaque mot à son préfixe d'origine. Attention aux pièges !

A. *super*
B. *sub*

1. soumission
2. surpasser
3. surclasser
4. suprématie
5. subjuguer
6. supérieur
7. subordination
8. subalterne
9. sous-fifre
10. surmonter
11. surplomber
12. submerger
13. sujet
14. soutenir
15. souverain
16. subir

4 VAINQUEURS ET VAINCUS

Cherchez le sens des mots suivants et trouvez l'intrus dans chaque liste.

a. oppressif – coercitif – tyrannique – totalitaire – anarchique – despotique – dictatorial
b. claquemurer – relaxer – emprisonner – incarcérer – séquestrer – écrouer – embastiller
c. astreindre – acculer – contraindre – dompter – sommer – affranchir – contrôler – discipliner
d. terrasser – édifier – briser – anéantir – écraser – décimer – exterminer – ruiner

5 POLYSÉMIE

Précisez le sens des mots en italique dans les phrases suivantes.

a. *Enchanté* de faire votre connaissance.
b. La princesse Aurore fut victime d'un *enchantement*.
c. Je suis *ravi* de vous revoir.
d. Quel *ravissement* de la revoir après tant d'années.
e. Cette fille a beaucoup de *charme*.
f. Ulysse fut *charmé* par le chant des sirènes.
g. Le football est sa *passion*.
h. La *passion* qu'il éprouve pour cette jeune femme le fait souffrir.

6 LA TOUTE-PUISSANCE

Les mots suivants sont construits à partir du grec *kratos* qui signifie « puissance » et « force ». Reliez chaque mot au type de gouvernement auquel il renvoie.

A. autocratie
B. aristocratie
C. monocratie
D. gérontocratie
F. bureaucratie
E. démocratie
G. phallocratie
H. ploutocratie

1. pouvoir de quelques privilégiés.
2. pouvoir absolu du souverain lui-même.
3. pouvoir de l'administration et de la hiérarchie.
4. pouvoir des riches.
5. pouvoir des vieillards.
6. pouvoir des hommes.
7. pouvoir d'un seul chef de l'État.
8. pouvoir du peuple.

7 DEVINETTES

a. Vous savez ce qu'est une *joue*, mais savez-vous ce que désigne un *joug*, au sens propre et au sens figuré ?
b. Quels sont les différents sens du mot *vilain* ? Comment expliquez-vous cette évolution ?
c. Comment nomme-t-on le collier de fer des condamnés : un *boulet*, un *carcan*, un *garrot*, un *gibet*, une *chaîne* ou un *pilori* ?
d. Celui qui *galère* est-il toujours un *galérien* ?
e. Quelle différence faites-vous entre un *serf* et un *vilain* à l'époque médiévale ?

EXPRESSION ÉCRITE

Sujet 1

Utilisez le vocabulaire de cette page pour rédiger un texte dans lequel vous dénoncerez le traitement réservé à un groupe d'esclaves.

Sujet 2

Développez de manière structurée différents arguments par lesquels vous défendez la tolérance et l'égalité.

SYNTHÈSE — LA QUESTION DE L'AUTRE DANS LA LITTÉRATURE DE VOYAGE

À partir du XVIe siècle, les hommes ont entrepris de longs et périlleux voyages à la rencontre de nouvelles terres et de nouveaux peuples. Cette découverte de l'altérité a incité les écrivains à observer les coutumes étrangères et à rendre compte de leurs réflexions sur l'espèce humaine.

1 LA LITTÉRATURE DE VOYAGE

• Les premiers récits de voyages remontent à l'Antiquité. Les explorateurs décrivent avec minutie **les éléments de leurs découvertes** dans leur journal de bord.

Ex. : Les écrits de Brugevin (► p. 387) ou de Commerson (► p. 390) sont de précieux documents pour les hommes restés au pays.

• Cherchant à répondre aux attentes des lecteurs en soif d'évasion, les écrivains imaginent à leur tour des voyages, parfois **inspirés de récits authentiques**, parfois totalement **fictifs.**

Ex. : Diderot s'inspire du voyage de Bougainville (► p. 392) ; Voltaire publie des contes philosophiques dans lesquels les héros de son imagination parcourent le monde (► p. 384 et 386) ; Marivaux crée une utopie théâtrale (► p. 394).

• Les écrivains ont l'idée de faire accoster des étrangers sur nos terres. Ces incursions souvent **humoristiques** offrent aux lecteurs européens un **regard neuf** sur des coutumes établies mais discutables.

Ex. : Voltaire, *L'Ingénu* ; Montesquieu, *Lettres persanes*.

• La rencontre des sauvages est l'occasion d'une remise en question de l'humanité. Les mœurs jugées barbares ou immorales ne lassent pas les lecteurs qui se délectent de ces descriptions taboues. Le récit devient pour certains le **lieu de l'interdit**, pour d'autres, il ouvre à une **nouvelle forme de bonheur.**

Ex. : Dans son *Journal*, Commerson fait de la polygamie un symbole de paix et de liberté. ► p. 390

2 RÉFLEXIONS SUR L'ALTERITÉ

Le mythe du « bon sauvage »

La découverte de l'Amérique contribue à développer l'image d'un **homme pur et innocent** vivant **au contact de la nature**.

Ex. : Rousseau démontre que l'homme est naturellement bon et que les vices naissent de la civilisation dans son *Discours sur l'origine et les fondements de l'inégalité parmi les hommes.* ► p. 391

La remise en cause de la civilisation occidentale

À partir du XVIIIe siècle, les récits de voyages dissimulent un **discours critique**. Ils diffusent les **idées philosophiques** tout autant qu'ils divertissent, laissant place au XXe siècle à de virulents discours contre le racisme et l'ethnocentrisme.

Ex. : Aimé Césaire, principal représentant de la négritude, s'érige contre la colonisation et la suprématie de l'homme blanc dans son *Discours sur le colonialisme.* ► p. 393

Réflexions sur l'Homme

En invitant les lecteurs à s'interroger sur l'altérité, les philosophes et écrivains provoquent implicitement une **réflexion sur l'être humain en général.**

Ex. : En condamnant la barbarie du négociant M. Vanderdendur, Voltaire remet en cause tout un système économique mis en place par les européens. ► p. 386

TEXTE 1

Montesquieu, *Lettres persanes* (1721)

Œuvre intégrale

► Biographie p. 555

Au XVIIIe siècle, le goût pour la culture et les coutumes orientales ne cesse de se confirmer. Soucieux de nourrir la fascination des lecteurs européens et de se préserver de la censure, Montesquieu choisit pour son roman le genre épistolaire.

Introduction

Je ne fais point ici d'épître dédicatoire[1] et je ne demande point de protection pour ce livre : on le lira, s'il est bon ; et, s'il est mauvais, je ne me soucie pas qu'on le lise.

J'ai détaché ces premières lettres, pour essayer le goût du public : j'en ai un grand nombre d'autres dans mon portefeuille, que je pourrai lui donner dans la suite.

Mais, c'est à condition que je ne serai pas connu car, si l'on vient à savoir mon nom, dès ce moment je me tais. Je connais une femme qui marche assez bien, mais qui boite dès qu'on la regarde. C'est assez des défauts de l'ouvrage, sans que je présente encore à la critique ceux de ma personne. Si l'on savait qui je suis, on dirait : « Son livre jure avec son caractère ; il devrait employer son temps à quelque chose de mieux ; cela n'est pas digne d'un homme grave. » Les critiques ne manquent jamais ces sortes de réflexions, parce qu'on les peut faire sans essayer beaucoup son esprit.

Les Persans qui écrivent ici étaient logés avec moi ; nous passions notre vie ensemble. Comme ils me regardaient comme un homme d'un autre monde, ils ne me cachaient rien. En effet, des gens transplantés de si loin ne pouvaient plus avoir de secrets. Ils me communiquaient la plupart de leurs lettres ; je les copiai. J'en surpris même quelques-unes dont ils se seraient bien gardés de me faire confidence, tant elles étaient mortifiantes[2] pour la vanité et la jalousie persane.

Je ne fais donc que l'office de traducteur : toute ma peine a été de mettre l'ouvrage à nos mœurs. J'ai soulagé le lecteur du langage asiatique, autant que je l'ai pu, et l'ai sauvé d'une infinité d'expressions sublimes, qui l'auraient envoyé jusque dans les nues[3].

1. dédicace. – 2. humiliantes. – 3. qui auraient égaré son esprit.

Questions

Le masque de l'auteur

1. Quel rôle Montesquieu prétend-il exercer dans l'élaboration des *Lettres persanes* ? Quelles ont été les différentes étapes de son travail ?
2. Quels arguments et exemples confirment la nécessité selon lui de se mettre en retrait par rapport à l'ouvrage ?
3. Comment parvient-il à susciter la curiosité des lecteurs ?

Une œuvre entre réalité et fiction

4. Dans quel paragraphe Montesquieu quitte-t-il le discours pour le récit ? Qu'en déduisez-vous sur le caractère fictif de l'œuvre présentée ?
5. Par quels arguments Montesquieu justifie-t-il l'authenticité et la fiabilité des propos contenus dans son ouvrage ?

Synthèse Montrez que cette introduction opère un véritable jeu avec le lecteur.

►►► **Joseph Aved,** *Portrait en pied de Mehemet Saïd Pacha, bey de Roumélie* (détail), 1742, huile sur toile (238 × 161 cm), châteaux de Versailles et de Trianon.

LECTURE D'IMAGE

Charles-Amédée-Philippe van Loo, *Le Déjeuner* (1770)

▲ À partir du XVIIIe siècle, la fascination pour l'Orient s'exprime à travers les arts et s'affiche dans les palais royaux les plus prestigieux de France. Cinq toiles d'inspiration orientale, commandées dans un premier temps au peintre Carle van Loo avant sa mort, sont destinées à la création de tapisseries ornementales pour les appartements privés de Madame de Pompadour, maîtresse de Louis XV. C'est son neveu, Charles-Amédée-Philippe van Loo, qui réalisera quatre de ces toiles pour la chambre dite « à la turque » du château de Bellevue.

Charles-Amédée-Philippe van Loo, *Le Déjeuner ou La Sultane favorite avec ses femmes, servie par des eunuques blancs et des eunuques noirs*, vers 1770, huile sur toile (320 × 480 cm), musée des Beaux-Arts Jules Chéret, Nice.

Questions

www.lienmini.fr/magnard-el2-027

Regardez sur le site du château de Bellevue les différentes toiles qui ornent la chambre de Madame de Pompadour.

• Quelle image de l'Orient ces toiles transmettent-elles ?

• Quelles fonctions jouent-elles dans les appartements de la favorite de Louis XV ?

1. Quels éléments du décor renvoient à la culture orientale ? Quelle ambiance se dégage de ce cadre ?
2. Distinguez la sultane et sa suite des autres personnages placés à son service. Comment la sultane est-elle mise en valeur par le peintre ?
3. Quelles sont les activités des personnages qui gravitent autour d'elle ?
4. Comment les attitudes, les éléments du décor et les jeux de lumière renforcent-ils l'impression de respect et de hiérarchie ?
5. Pourquoi peut-on parler d'une mise en scène de l'univers oriental ? Analysez la composition du tableau et le thème choisi.
6. Quelle est l'intention du peintre au-delà de l'anecdote orientale ?

Synthèse Montrez que le tableau contribue à nourrir la fascination des Européens pour l'Orient.

Montesquieu, *Lettres persanes* • Un étranger à Paris

CONTEXTE
Usbek, riche sultan de Perse, entreprend un voyage de neuf années en Europe en compagnie de son ami Rica. Les deux étrangers entretiennent une riche correspondance avec leurs amis et épouses restés au pays. Ce voyage est l'occasion de confronter deux cultures et d'ouvrir la réflexion sur l'altérité.

Dans une lettre adressée au négociant Ibben, Rica se livre à un récit anecdotique révélateur de la rencontre des cultures européenne et orientale.

Lettre 30

Rica au même.

À Smyrne.

Les habitants de Paris sont d'une curiosité qui va jusqu'à l'extravagance. Lorsque j'arrivai, je fus regardé comme si j'avais été envoyé du ciel : vieillards, hommes, femmes, enfants, tous voulaient me voir. Si je sortais, tout le monde se mettait aux fenêtres ; si j'étais aux Tuileries, je voyais aussitôt un cercle se former autour de moi ; les femmes mêmes faisaient un arc-en-ciel nuancé de mille couleurs, qui m'entourait : si j'étais aux spectacles, je trouvais d'abord cent lorgnettes dressées contre ma figure : enfin, jamais homme n'a tant été vu que moi. Je souriais quelquefois d'entendre des gens qui n'étaient presque jamais sortis de leur chambre, qui disaient entre eux : « Il faut avouer qu'il a l'air bien Persan. » Chose admirable ! je trouvais de mes portraits partout ; je me voyais multiplié dans toutes les boutiques, sur toutes les cheminées, tant on craignait de ne m'avoir pas assez vu.

Tant d'honneurs ne laissent pas d'être à charge : je ne me croyais pas un homme si curieux et si rare et, quoique j'aie très bonne opinion de moi, je ne me serais jamais imaginé que je dusse troubler le repos d'une grande ville, où je n'étais point connu. Cela me fit résoudre à quitter l'habit persan et à en endosser un à l'européenne, pour voir s'il resterait encore, dans ma physionomie, quelque chose d'admirable. Cet essai me fit connaître ce que je valais réellement. Libre de tous les ornements étrangers, je me vis apprécié au plus juste. J'eus sujet de me plaindre de mon tailleur, qui m'avait fait perdre, en un instant, l'attention et l'estime publique ; car j'entrai tout à coup dans un néant affreux. Je demeurais quelquefois une heure dans une compagnie, sans qu'on m'eût regardé et qu'on m'eût mis en occasion d'ouvrir la bouche. Mais, si quelqu'un, par hasard, apprenait à la compagnie que j'étais Persan, j'entendais aussitôt autour de moi un bourdonnement : « Ah ! ah ! monsieur est Persan ? C'est une chose bien extraordinaire. Comment peut-on être Persan ? »

De Paris, le 6 de la lune de Chalval 1712.

Gérard Jean-Baptiste Scotin, *Le Persan*, gravure colorisée, XVIIIe siècle, parue dans le *Recueil d'Estampes sur les Costumes du Levant*, Bibliothèque des Arts Décoratifs, Paris.

Vocabulaire

Étudiez la composition et le sens littéral des mots « extravagance » (l. 1) et « extraordinaire » (l. 26). En quoi ces mots vous éclairent-ils sur le sens du texte ?

Questions

L'étranger, objet de curiosité

1. Comment Montesquieu suggère-t-il que le Persan est seul face à un peuple tout entier ? Observez notamment le lexique utilisé et les procédés grammaticaux.
2. Repérez et analysez les procédés exprimant la surprise et l'admiration. En quoi sont-ils excessifs ?

Une critique de la société

3. À quelle expérience le voyageur se livre-t-il ? Que constate-t-il ? Étudiez notamment l'évolution de ses sentiments personnels.
4. Quels aspects de la société parisienne Montesquieu dénonce-t-il ?
5. Expliquez la critique contenue dans la dernière phrase.

Synthèse Montrez que Montesquieu invite à une réflexion sur l'apparence.

Vers le bac **S'entraîner au commentaire**

Rédigez le premier axe d'un commentaire soulignant le rôle du regard étranger.

TEXTE 3

Lettres persanes • Le portrait du roi

Œuvre intégrale

CONTEXTE

L'intrigue des *Lettres persanes* couvre la fin du règne du Roi-Soleil qui meurt en 1715. Les personnages sont donc censés rencontrer un roi vieillissant, autoritaire et intolérant, bien déterminé à ne supporter aucune critique. Le regard des voyageurs faussement naïfs permet au philosophe des Lumières de développer la réflexion critique tout en préservant sa liberté d'expression.

Lettre 37

Usbek à Ibben.

À Smyrne.

Le roi de France est vieux. Nous n'avons point d'exemple, dans nos histoires, d'un monarque qui ait si longtemps régné. On dit qu'il possède à un très haut degré le talent de se faire obéir : il gouverne avec le même génie sa famille, sa cour, son État : on lui a souvent entendu dire que, de tous les gouvernements du monde, celui des Turcs, ou celui de notre auguste sultan, lui plairait le mieux ; tant il fait cas de la politique orientale !

J'ai étudié son caractère, et j'y ai trouvé des contradictions qu'il m'est impossible de résoudre : par exemple, il a un ministre qui n'a que dix-huit ans[1] et une maîtresse qui en a quatre-vingts[2] ; il aime sa religion, et il ne peut souffrir ceux qui disent qu'il la faut observer à la rigueur ; quoiqu'il fuie le tumulte des villes, et qu'il se communique peu, il n'est occupé, depuis le matin jusqu'au soir, qu'à faire parler de lui ; il aime les trophées et les victoires, mais il craint autant de voir un bon général à la tête de ses troupes qu'il aurait sujet de le craindre à la tête d'une armée ennemie. Il n'est, je crois, jamais arrivé qu'à lui, d'être, en même temps, comblé de plus de richesses qu'un prince n'en saurait espérer, et accablé d'une pauvreté qu'un particulier ne pourrait soutenir.

Il aime à gratifier ceux qui le servent ; mais il paie aussi libéralement[3] les assiduités, ou plutôt l'oisiveté de ses courtisans, que les campagnes laborieuses de ses capitaines ; souvent il préfère un homme qui le déshabille, ou qui lui donne la serviette lorsqu'il se met à table, à un autre qui lui prend des villes ou lui gagne des batailles, il ne croit pas que la grandeur souveraine doive être gênée dans la distribution des grâces ; et, sans examiner si celui qu'il comble de biens est homme de mérite, il croit que son choix va le rendre tel : aussi lui a-t-on vu donner une petite pension à un homme qui avait fui deux lieues, et un beau gouvernement à un autre qui en avait fui quatre.

Il est magnifique, surtout dans ses bâtiments : il y a plus de statues dans les jardins de son palais que de citoyens dans une grande ville. Sa garde est aussi forte que celle du prince devant qui les trônes se renversent ; ses armées sont aussi nombreuses, ses ressources aussi grandes et ses finances aussi inépuisables.

De Paris, le 7 de la lune de Maharram, 1713.

1. le marquis de Cany, secrétaire d'État.
2. Madame de Maintenon.
3. avec générosité.

Questions

Vocabulaire

Cherchez l'origine des mots « talent » (l. 3) et « génie » (l. 3). Observez leur emploi dans le texte et précisez le point de vue d'Usbek sur le roi.

Le regard de l'étranger

1. Quels indices d'énonciation rappellent le caractère étranger du locuteur au début de la lettre ? Qu'en déduisez-vous sur le type d'argumentation utilisé ?
2. Quels éléments permettent de comprendre qu'Usbek est ignorant des coutumes et de l'histoire de la France ? Observez notamment la façon dont il s'exprime. Que cherche à prouver Montesquieu par ce regard étranger ?

La visée satirique de la lettre

3. Selon quelle logique les 2e et 3e paragraphes sont-ils construits ?
4. Quels exemples illustrent les « contradictions » de Louis XIV ? Expliquez-les.
5. Quel portrait de Louis XIV apparaît dans le dernier paragraphe ? Quelle impression générale en découle ? Analysez les procédés qui y contribuent.

Synthèse Montrez que les termes mélioratifs nourrissent en réalité la critique du monarque.

Montesquieu, *Lettres persanes* • L'éloge de l'industrie

CONTEXTE

Marqué par le progrès scientifique, le siècle des Lumières est aussi celui de la naissance de l'industrie moderne. Les expéditions maritimes, la mode et les produits de luxe en provenance de contrées lointaines sont autant de facteurs du développement économique. Sous l'influence britannique, les états prennent conscience d'une nouvelle forme de pouvoir, dont rend compte le philosophe et économiste Adam Smith, père du libéralisme.

Dans la lettre 106, Usbek offre une image élogieuse de Paris en tant que siège des arts et de l'industrie.

Lettre 106

Usbek à Rhédi[1].

À Venise.

Paris est peut-être la ville du monde la plus sensuelle, et où l'on raffine le plus sur les plaisirs ; mais c'est peut-être celle où l'on mène une vie plus dure. Pour qu'un homme vive délicieusement, il faut que cent autres travaillent sans relâche. Une femme s'est mis dans la tête qu'elle devait paraître à une assemblée avec une certaine parure ; il faut que, dès ce moment, cinquante artisans ne dorment plus et n'aient plus le loisir de boire et de manger : elle commande, et elle est obéie plus promptement que ne serait notre monarque, parce que l'intérêt est le plus grand monarque de la terre.

Cette ardeur pour le travail, cette passion de s'enrichir, passe de condition en condition, depuis les artisans jusqu'aux grands. Personne n'aime à être plus pauvre que celui qu'il vient de voir immédiatement au-dessous de lui. Vous voyez, à Paris, un homme qui a de quoi vivre jusqu'au jour du jugement, qui travaille sans cesse, et court risque d'accourcir ses jours, pour amasser, dit-il, de quoi vivre.

Le même esprit gagne la nation : on n'y voit que travail et qu'industrie. Où est donc ce peuple efféminé dont tu parles tant ?

Je suppose, Rhédi, qu'on ne souffrît dans un royaume que les arts[2] absolument nécessaires à la culture des terres, qui sont pourtant en grand nombre, et qu'on en bannît tous ceux qui ne servent qu'à la volupté, ou à la fantaisie ; je le soutiens : cet État serait un des plus misérables qu'il y eût au monde.

Quand les habitants auraient assez de courage, pour se passer de tant de choses qu'ils doivent à leurs besoins, le peuple dépérirait tous les jours, et l'État deviendrait si faible qu'il n'y aurait si petite puissance qui ne pût le conquérir.

Il me serait aisé d'entrer dans un long détail et de te faire voir que les revenus des particuliers cesseraient presque absolument, et par conséquent ceux du prince. Il n'y aurait presque plus de relation de facultés entre les citoyens : on verrait finir cette circulation de richesses et cette progression de revenus, qui vient de la dépendance où sont les arts les uns des autres : chaque particulier vivrait de sa terre et n'en retirerait que ce qu'il lui faut précisément pour ne pas mourir de faim. Mais, comme ce n'est pas quelquefois la vingtième partie des revenus d'un État, il faudrait que le nombre des habitants diminuât à proportion et qu'il n'en restât que la vingtième partie.

1. compatriote d'Usbek voyageant en Europe.
2. métiers.

Joseph Gabriel Maria Rossetti, *La Fabrique d'indiennes des frères Wetter : l'atelier d'impression*, 1764-1765, huile sur toile, musée municipal, Orange.

► Biographie p. 555

Fais bien attention jusqu'où vont les revenus de l'industrie. Un fonds[3] ne produit, annuellement, à son maître, que la vingtième partie de sa valeur ; mais, avec une pistole de couleur, un peintre fera un tableau qui lui en vaudra cinquante. On en peut dire de même des orfèvres, des ouvriers en laine, en soie, et de toutes sortes d'artisans.

De tout ceci, on doit conclure, Rhédi, que, pour qu'un prince soit puissant, il faut que les sujets vivent dans les délices ; il faut qu'il travaille à leur procurer toutes sortes de superfluités, avec autant d'attention que les nécessités de la vie.

De Paris, le 14 de la lune de Chalval 1717.

3. terre cultivée

La fabrique Wetter, d'abord implantée à Marseille puis à Orange, est créée en 1757. Spécialisée dans la production textile, elle prospère grâce à la vente de ses indiennes, tissus de coton peints ou imprimés au décor de fleurs et d'oiseaux initialement importés des Indes, dont elle fait commerce dans toute l'Europe. La fabrique employait plus de 500 ouvriers, essentiellement des femmes. ►

Joseph Gabriel Maria Rossetti, *La Fabrique d'indiennes des frères Wetter : l'atelier de pinceautage* (détail), 1764-1765, huile sur toile, musée municipal, Orange

Questions

Figures de style

Identifiez la figure de style suivante : « L'intérêt est le plus grand monarque de la terre » (l. 8). En quoi annonce-t-elle la thèse du texte ?

L'éloge de l'industrie du luxe

1. À quel domaine de la vie publique cette lettre est-elle consacrée ?
2. Quels champs lexicaux antithétiques relevez-vous au début de la lettre ? Comment expliquez-vous cette association *a priori* inattendue ?

La démonstration logique

3. Pourquoi l'exemple de la mondaine est-il une parfaite représentation de l'industrie du luxe ?
4. Par quel enchaînement logique Usbek parvient-il à prouver que la puissance politique dépend principalement d'un système économique libéral ?
5. Sur quel type de raisonnement Usbek construit-il son argumentation ?

Lecture d'images

6. Comment le peintre parvient-il à créer une impression d'immensité et d'activité intense (► p. 408) ?
7. Identifiez la catégorie sociale des personnages au premier plan (► p. 408). En quoi leur présence est-elle importante ?
8. Selon vous, les tableaux (► p. 408-409) illustrent-ils fidèlement le premier paragraphe du texte de Montesquieu ?

Synthèse Montrez que la lettre d'Usbek est un éloge de la civilisation industrielle.

Montesquieu, *Lettres persanes* • Les lois du sérail

CONTEXTE
Le sérail oriental, luxueux palais interdit d'accès, nourrit l'imaginaire des lecteurs européens du XVIIIe siècle. La présence de ces femmes oisives et silencieuses qui sont la propriété d'un sultan dont elles doivent combler les désirs ne manque pas de fasciner et d'inquiéter.

Usbek, seigneur d'un sérail d'Ispahan, vient d'apprendre la mort du grand eunuque chargé de veiller sur ses femmes. Cette mort est l'occasion pour elles de se libérer de l'emprise des règles strictes du harem.

Lettre 159

Solim[1] à Usbek.

À Paris.

Je me plains, magnifique seigneur, et je te plains : jamais serviteur fidèle n'est descendu dans l'affreux désespoir où je suis. Voici tes malheurs et les miens ; je ne t'en écris qu'en tremblant.

Je jure, par tous les prophètes du ciel, que, depuis que tu m'as confié tes femmes, j'ai veillé nuit et jour sur elles ; que je n'ai jamais suspendu un moment le cours de mes inquiétudes. J'ai commencé mon ministère par les châtiments ; et je les ai suspendus sans sortir de mon austérité naturelle.

Mais que dis-je ? Pourquoi te vanter ici une fidélité qui t'a été inutile ? Oublie tous mes services passés ; regarde-moi comme un traître ; et punis-moi de tous les crimes que je n'ai pu empêcher.

Roxane, la superbe Roxane, ô ciel ! à qui se fier désormais ? Tu soupçonnais Zélis[2], et tu avais pour Roxane une sécurité entière mais sa vertu farouche était une cruelle imposture ; c'était le voile de sa perfidie. Je l'ai surprise dans les bras d'un jeune homme, qui, dès qu'il s'est vu découvert, est venu sur moi ; il m'a donné deux coups de poignard : les eunuques, accourus au bruit, l'ont entouré : il s'est défendu longtemps, en a blessé plusieurs ; il voulait même rentrer dans la chambre, pour mourir, disait-il, aux yeux de Roxane. Mais enfin, il a cédé au nombre, et il est tombé à nos pieds.

Je ne sais si j'attendrai, sublime seigneur, tes ordres sévères. Tu as mis ta vengeance en mes mains ; je ne dois pas la faire languir.

Du sérail d'Ispahan, le 8 de la lune de Rebiab, I, 1720.

1. esclave d'Usbek et confident du grand eunuque.
2. Zélis et Roxane sont les femmes d'Usbek.

Gabriel Jacques de Saint-Aubin, *Deux femmes assises sur des coussins, vêtues à la turque*, (détail) 2e moitié du XVIIIe siècle, aquarelle, gouache (12,6 × 16,9 cm), musée du Louvre, Paris.

Questions

L'exotisme oriental

1. Quels termes renvoient à la culture orientale ?
2. Quels éléments de l'action permettent de répondre au goût des lecteurs du XVIIIe siècle ?

Les rapports hiérarchiques

3. Quels indices vous permettent de connaître le statut de Solim par rapport à Usbek ? Quel portrait d'Usbek est indirectement dévoilé ? Analysez le lexique employé.
4. Quels procédés de persuasion sont révélateurs des émotions du locuteur ? Quels effets produisent-ils ?

Fiction et argumentation

5. Comment Montesquieu parvient-il à susciter l'attente des lecteurs ?
6. Quelle image du sérail l'auteur transmet-il ? Quelle réflexion suscite-t-il sur les relations entre les individus ?

Synthèse Montrez que le genre épistolaire permet de divertir les lecteurs tout en les invitant à la réflexion.

Vocabulaire

Cherchez l'étymon et l'évolution du sens du mot « magnifique » (l. 1). En quoi explique-t-elle la relation entre les personnages ?

Vers le bac S'entraîner au sujet d'invention

Imaginez la réponse d'Usbek sous forme de lettre. Vous veillerez à respecter le contexte évoqué dans la lettre de Solim et vous vous aiderez des réponses aux questions.

► Imiter un style, transposer un texte et le poursuivre, p. 516

SYNTHÈSE GENRE ÉPISTOLAIRE ET ARGUMENTATION INDIRECTE

Afin d'échapper à la censure, les auteurs du XVIIIe siècle cherchent à dissimuler leur véritable identité sans pour autant renoncer à la libre expression. Le genre épistolaire et ses feintes sont alors mis au service de l'argumentation indirecte.

1 LE ROMAN PAR LETTRES

L'artifice du genre épistolaire

Les recueils par lettres permettent de **ne pas engager la responsabilité des auteurs**. Ils contribuent par ailleurs à créer un **effet de réel**.

Ex. : Dans l'« Introduction » de 1721 (► p. 404), Montesquieu revendique son statut de simple traducteur. Ce n'est qu'en 1754 dans ses « Quelques réflexions sur les *Lettres persanes* » qu'il assumera son rôle. Les lettres rédigées par les Persans et l'« Introduction » sont un gage d'authenticité.

La lettre, moteur de l'intrigue

Le roman épistolaire permet de jouer avec le **délai de réception** des lettres et leur **polyphonie**. Nourrissant l'intrigue et ses rebondissements, le genre alimente le **plaisir de lire**.

Ex. : La lettre 159 (► p. 410) s'inscrit dans un ensemble d'échanges débutés à la lettre 147. Il faut attendre la lettre ultime de Roxane (► Séquence 4, p. 379), pour comprendre l'échec du sérail.

L'écriture simultanée

Un même énonciateur peut être amené à répéter son discours à des **destinataires différents** : le **ton et les registres changent** et permettent aux lecteurs de mieux cerner les caractères.

Ex. : Les actions évoquées par Solim à la lettre 159 (► p. 410) sont racontées par d'autres locuteurs. La situation d'énonciation n'est jamais la même, bien que le sujet soit identique.

2 LE DÉTOUR PAR LA FICTION

Un cadre spatio-temporel défini

L'argumentation indirecte s'inscrit dans un **contexte narratif précis** pour divertir les lecteurs. **L'Orient**, très à la mode au XVIIIe siècle, notamment depuis la traduction des contes des *Mille et une nuits* par Antoine Galland (1704), offre un **univers fascinant et mystérieux**.

Ex. : les lettres de Solim (► p. 410) et de Roxane (► Séquence 4, p. 379) apportent aux lecteurs l'exotisme tant apprécié.

Un regard neuf

La réalité des lecteurs est présentée sous un nouveau jour, de manière à susciter leur **curiosité** et à solliciter leur **esprit critique**. Éloignés de leur patrie, Usbek et Rica font part de leurs impressions **spontanées** au contact d'une civilisation dont ils ignorent tout.

Ex. : L'effet de surprise, le vocabulaire utilisé, les efforts de précision (lettre 99 ► Séquence 1, p. 343) et les expériences auxquelles se livrent les voyageurs (lettre 30 ► p. 406) traduisent leur volonté de comprendre les mœurs européennes.

3 LA DÉNONCIATION

La critique du XVIIIe siècle

Le regard étranger est un outil efficace pour **dénoncer les mœurs européennes**. La naïveté et l'ignorance feintes encouragent la critique.

Ex. : La critique est politique (► p. 407) et sociale (► Séquence 1, p. 343).

La réflexion philosophique

Dans les œuvres de fiction argumentative, la dénonciation se développe en rapport avec d'autres références sociales plus sages et raisonnables faisant office de **modèle à atteindre**.

Ex. : La lettre 106 fait l'éloge de la civilisation industrielle inspirée du modèle britannique. ► p. 408

TEXTE 1

Agrippa D'Aubigné, *Les Tragiques* (1616)

Avec le recueil Les Tragiques, *composé de près de dix mille vers, le poète protestant dénonce les horreurs de la guerre civile liées aux affrontements entre catholiques et protestants. Le premier chant s'inspire des jumeaux Esaü et Jacob, frères ennemis de la* Bible.

Misères

Je veux peindre la France une mère affligée,
Qui est entre ses bras de deux enfants chargée.
Le plus fort, orgueilleux, empoigne les deux bouts
Des tétins[1] nourriciers ; puis, à force de coups
D'ongles, de poings, de pieds, il brise le partage
Dont nature donnait à son besson[2] l'usage ;
Ce voleur acharné, cet Esaü[3] malheureux,
Fait dégât du doux lait qui doit nourrir les deux,
Si que[4], pour arracher à son frère la vie,
Il méprise la sienne et n'en a plus d'envie.
Mais son Jacob, pressé d'avoir jeûné meshui[5],
Ayant dompté longtemps en son cœur son ennui[6],
À la fin se défend, et sa juste colère
Rend à l'autre un combat dont le champ est la mère.
Ni les soupirs ardents, les pitoyables cris,
Ni les pleurs réchauffés ne calment leurs esprits ;
Mais leur rage les guide et leur poison les trouble,
Si bien que leur courroux par leurs coups se redouble.
Leur conflit se rallume et fait[7] si furieux
Que d'un gauche[8] malheur ils se crèvent les yeux.
Cette femme éplorée, en sa douleur plus forte,
Succombe à la douleur, mi-vivante, mi-morte ;
Elle voit les mutins[9] tout déchirés, sanglants,
Qui, ainsi que du cœur, des mains se vont cherchant.
Quand, pressant à son sein d'une amour[10] maternelle
Celui qui a le droit et la juste querelle,
Elle veut le sauver, l'autre qui n'est pas las
Viole en poursuivant l'asile de ses bras.
Adonc[11] se perd le lait, le suc de sa poitrine ;
Puis, aux derniers abois[12] de sa proche ruine,
Elle dit : « Vous avez, félons[13], ensanglanté,
Le sein qui vous nourrit et qui vous a porté ;
Or vivez de venin, sanglante géniture[14],
Je n'ai plus que du sang pour votre nourriture ! »

Livre I, orthographe modernisée par les auteurs du manuel.

1. seins. – 2. frère jumeau. – 3. Esaü représente les catholiques, Jacob les protestants. Dans la Bible, Esaü a vendu son droit d'aînesse à son frère Jacob. Leur père, Isaac, veut rétablir Esaü dans ses droits mais Jacob se substitue à son frère et obtient l'héritage paternel. – 4. si bien que. – 5. jusqu'à aujourd'hui. – 6. tourment. – 7. devient. 8. sinistre. – 9. rebelles. – 10. nom féminin.
11. alors. – 12. dans une situation désespérée. – 13. traîtres. – 14. descendance.

▶▶▶ **François Dubois**, *Le Massacre de la Saint-Barthélemy* (détail), vers 1572-1584, huile sur bois de noyer (93,5 × 154,1 cm), musée des Beaux-Arts, Lausanne.

La Reine Margot, film de **Patrice Chéreau**, 1994.

▲ Introduction du film *La Reine Margot* : « 1572. La France est déchirée par les guerres de religion. [...] Charles IX a laissé à sa mère Catherine de Médicis les rênes du pouvoir. [...] Pour calmer les haines, Catherine échafaude une alliance pour la paix : le mariage de sa fille Margot avec Henri de Bourbon, roi de Navarre, son cousin protestant. [...] Les noces de Margot, symbole de paix et de réconciliation vont servir de détonateur au plus grand massacre de l'Histoire de France. »

Questions

Vers, strophes, rimes

Comment le rythme des vers 3 à 5 mime-t-il la violence du conflit ?

Un récit allégorique

1. Sur quelle comparaison le récit poétique s'ouvre-t-il ? Quels personnages interviennent dans les vers qui suivent ? Quelle est l'origine de leur dispute ?
2. Faites le portrait des deux enfants. Qu'est-ce qui les différencie ? Auquel des deux frères le poète semble-t-il donner sa préférence ? Justifiez votre réponse.
3. Qu'advient-il de la mère ? Quel registre est associé à ce personnage ?

Une lutte acharnée

4. Analysez les mots et expressions qui traduisent la violence des actions et des sentiments. En quoi contribuent-ils à l'amplification épique ?
5. Repérez les enjambements du poème. Quels effets produisent-ils ?
6. Observez la structure de la phrase des vers 15 à 18. Suivant quelle logique progresse-t-elle ? Quelles répétitions sonores suggèrent le redoublement des coups ?

La révolte du poète

7. Analysez le lexique qui renvoie aux trois éléments liquides présents dans le poème. Que symbolisent-ils respectivement ? Lesquels dominent ? Expliquez leur ordre d'apparition dans le texte.
8. Comment le poète affirme-t-il sa présence au premier vers ? Par quels procédés semble-t-il se substituer à la mère nourricière dans les derniers vers ? Comment comprenez-vous la malédiction finale ?
9. En quoi la lutte des nouveau-nés est-elle tragique et absurde ? Que signifie le fait que les enfants se crèvent les yeux au vers 20 ?

Synthèse Montrez que d'Aubigné cherche à la fois à convaincre et à persuader les lecteurs.

Vers le bac S'entraîner au commentaire

Rédigez un axe de commentaire consacré au jeu des oppositions dans le poème. Vous analyserez notamment les éléments suivants : les frères ennemis, la haine et l'amour, la vie et la mort.

► **Construire un paragraphe de commentaire, p. 529**

TEXTE 2

Jean de La Fontaine, *Fables*, livre VII, 12 (1668-1694)

► **Biographie p. 554**

CONTEXTE
Le règne de Louis XIV est marqué par sa politique de conquête. Ouvrant les conflits sur des fronts multiples, le roi belliqueux s'enorgueillit de sa puissance militaire.

Marc Chagall, *Les Deux Coqs*, vers 1952, aquarelle (41,8 x 33, 6 cm), musée d'Israël, Jérusalem.

La Fontaine réécrit le célèbre combat qui oppose Achille à Hector lors de la guerre de Troie tout en adaptant son récit à son époque.

« Les deux Coqs »

Deux Coqs vivaient en paix : une Poule survint,
Et voilà la guerre allumée.
Amour, tu perdis Troie ; et c'est de toi que vint
Cette querelle envenimée,
Où du sang des Dieux même on vit le Xanthe[1] teint.
Longtemps entre nos Coqs le combat se maintint :
Le bruit s'en répandit par tout le voisinage.
La gent qui porte crête au spectacle accourut.
Plus d'une Hélène au beau plumage
Fut le prix du vainqueur ; le vaincu disparut.
Il alla se cacher au fond de sa retraite,
Pleura sa gloire et ses amours,
Ses amours qu'un rival tout fier de sa défaite
Possédait à ses yeux. Il voyait tous les jours
Cet objet rallumer sa haine et son courage.
Il aiguisait son bec, battait l'air et ses flancs,
Et s'exerçant contre les vents
S'armait d'une jalouse rage.
Il n'en eut pas besoin. Son vainqueur sur les toits
S'alla percher, et chanter sa victoire.
Un Vautour entendit sa voix :
Adieu les amours et la gloire.
Tout cet orgueil périt sous l'ongle du Vautour.
Enfin par un fatal retour
Son rival autour de la Poule
S'en revint faire le coquet[2] :
Je laisse à penser quel caquet[3],
Car il eut des femmes en foule.
La Fortune se plaît à faire de ces coups ;
Tout vainqueur insolent à sa perte travaille.
Défions-nous du sort, et prenons garde à nous
Après le gain d'une bataille.

1. autre nom du Scamandre, fleuve de la plaine de Troie.
2. charmeur et, par jeu de mots, petit coq.
3. gloussement de la poule et, familièrement, bavardage indiscret.

Questions

1. À quels indices repérez-vous un changement de situation aux vers 1 et 2 ?
2. Relevez les références à la guerre de Troie et à l'épopée. Quel registre s'en dégage ?
3. Quels sentiments animent les coqs ? Pourquoi sont-ils une parodie des guerriers antiques ?
4. Quels termes et expressions renvoient au monde animal et à la basse-cour ? Lesquels renvoient à la noblesse ? Que constatez-vous ?
5. Analysez les effets produits par les sonorités des vers 24 à 28.
6. Quelle est la situation finale ? En quoi est-elle risible ?

Synthèse Montrez que l'auteur se moque tout autant du vaincu que du vainqueur.

ÉCHO DE L'ANTIQUITÉ

Homère, *Iliade* (VIIIe siècle av. J.-C)

Guerre de Troie : la déesse Athéna luttant entre Hector et Achille, VIe siècle av. J.-C., kylix (coupe à boire) à figures noires en céramique, musée archéologique de Catalogne, Barcelone.

CONTEXTE

Poète grec de l'Antiquité, **Homère** (VIIIe siècle av. J.-C) est l'auteur de deux épopées qui relatent les exploits des héros de la mythologie : l'*Iliade* et l'*Odyssée*. Rattachés à la tradition orale, ces récits versifiés donnèrent naissance au genre romanesque.

Son[1] cou délicat fut de part en part traversé par la pointe ; mais la pique de frêne, alourdie par le bronze, ne coupa point la trachée ; elle permit à Hector de répondre et de dire quelques mots à Achille. Hector tomba dans la poussière, et le divin Achille exultant s'écria :

« Hector, tu te disais sans doute, en dépouillant Patrocle[2], que tu serais indemne, et tu n'étais pas en garde contre moi qui restais à l'écart, insensé ! mais loin d'ici, en arrière et près des vaisseaux, se tenait un vengeur beaucoup plus fort que lui : c'était moi qui viens de rompre tes genoux. Toi, les chiens et les rapaces te déchireront ignominieusement, tandis qu'à Patrocle, les Achéens[3] rendront les honneurs funèbres. »

Exténué, Hector au casque à panache oscillant lui répondit :

« Je t'en supplie, par ton âme, tes genoux, tes parents, ne laisse pas les chiens me dévorer auprès des nefs achéennes[4]. Mais accepte du bronze et de l'or à ta suffisance, dons que te feront mon père et ma mère vénérable. Quant à mon corps, rends-le dans ma demeure, afin que les Troyens et les épouses troyennes m'accordent, une fois mort, les flammes du bûcher. »

En le toisant d'un regard de travers, Achille aux pieds rapides lui répondit alors :

« Ne me supplie pas, chien, ni par mes genoux, ni par mes parents. Ah ! comme je voudrais que ma fureur et mon cœur me poussent à couper tes chairs en morceaux et à les manger crues, pour tout le mal que tu m'as fait ! Non, personne ne saurait éloigner les chiens de ta tête, dût-on m'apporter et déposer ici des rançons dix et vingt fois plus lourdes, et me promettre d'autres choses encore ; non, pas même si Priam[5], le fils de Dardanos, ordonnait de te racheter toi-même à ton poids d'or ; non, même à ce prix, elle ne te pleurera pas, après t'avoir exposé sur un lit funéraire, la vénérable mère qui t'a donné le jour. Mais chiens et rapaces te dévoreront tout entier. »

Sur le point d'expirer, Hector au casque à panache oscillant répondit :

« Oui, je te vois bien tel que je te connais, et je ne devais pas parvenir à te toucher, car tu as un cœur de fer dans le fond de ton âme. Mais prends garde à présent que mon sort ne te vaille la rancune des dieux, le jour où Pâris[6] et Phoebos Apollon[7] te feront périr, si brave que tu sois, devant la Porte Scée[8]. »

Comme il parlait ainsi, le terme de la mort enveloppa Hector ; son âme, s'envolant de ses membres, s'en alla chez Hadès[9], gémissant sur son sort, abandonnant et vigueur et jeunesse.

Traduction de Mario Meunier, 1972, © Éditions Le Livre de Poche.

1. Hector vient d'être touché par Achille.
2. cousin d'Achille, tué par Hector.
3. les Grecs.
4. flotte grecque.
5. roi de Troie et père d'Hector.
6. frère d'Hector.
7. dieu du soleil et de la beauté, protecteur des Troyens.
8. porte de la ville de Troie.
9. divinité des enfers.

Questions

1. Quel souhait formule Achille au moment de tuer Hector ? Par quels arguments successifs Hector tente-t-il de le raisonner ?
2. La requête d'Hector est-elle efficace ?
3. Quel sentiment anime Achille ?

TEXTE 3

Jean de La Bruyère, *Les Caractères* (1688)

► Biographie p. 554

CONTEXTE
L'homme est-il un animal raisonnable ? La question se pose depuis l'Antiquité : animal pensant, doué de raison et de parole, ou homme trompé par ses sens, ignorant et orgueilleux. L'homme a toujours cherché à affirmer sa nature prétendument supérieure mais ses excès font douter de sa légitimité les philosophes et les moralistes de tous temps.

Des jugements

[…] J'entends corner[1] sans cesse à mes oreilles : l'*homme est un animal raisonnable* ; qui vous a passé cette définition, sont-ce les loups, les singes, et les lions, ou si vous vous l'êtes accordée à vous-mêmes ? c'est déjà une chose plaisante, que vous donniez aux animaux, vos confrères, ce qu'il y a de pire, pour prendre pour vous ce qu'il y a de meilleur, laissez-les un peu se définir eux-mêmes, et vous verrez comme ils s'oublieront, et comme vous serez traités. Je ne parle point, ô hommes, de vos légèretés, de vos folies et de vos caprices qui vous mettent au-dessous de la taupe et de la tortue, qui vont sagement leur petit train, et qui suivent, sans varier, l'instinct de la nature ; mais écoutez-moi un moment. Vous dites d'un tiercelet[2] de faucon qui est fort léger, et qui fait une belle descente sur la perdrix, voilà un bon oiseau ; et d'un lévrier qui prend un lièvre corps à corps, c'est un bon lévrier, je consens aussi que vous disiez d'un homme qui court le sanglier, qui le met aux abois, qui l'atteint et qui le perce, voilà un brave homme[3] : mais si vous voyez deux chiens qui s'aboient, qui s'affrontent, qui se mordent et se déchirent, vous dites, voilà de sots animaux, et vous prenez un bâton pour les séparer : que si l'on vous disait que tous les chats d'un grand pays se sont assemblés par milliers dans une plaine, et qu'après avoir miaulé tout leur soûl, ils se sont jetés avec fureur les uns sur les autres, et ont joué ensemble de la dent et de la griffe ; que de cette mêlée il est demeuré de part et d'autre neuf à dix mille chats sur la place, qui ont infecté l'air à dix lieues de là par leur puanteur, ne diriez-vous pas, voilà le plus abominable *sabbat*[4] dont on ait jamais ouï parler ? et si les loups en faisaient de même, quels hurlements ! quelle boucherie ! et si les uns ou les autres vous disaient qu'ils aiment la gloire, concluriez-vous de ce discours qu'ils la mettent à se trouver à ce beau rendez-vous, à détruire ainsi et à anéantir leur propre espèce ou après l'avoir conclu, ne ririez-vous pas de tout votre cœur de l'ingénuité de ces pauvres bêtes ? Vous avez déjà en animaux raisonnables, et pour vous distinguer de ceux qui ne se servent que de leurs dents et de leurs ongles, imaginé les lances, les piques, les dards, les sabres et les cimeterres[5], et à mon gré fort judicieusement ; car avec vos seules mains que pouviez-vous vous faire les uns aux autres, que vous arracher les cheveux, vous égratigner au visage, ou tout au plus vous arracher les yeux de la tête ? au lieu que vous voilà munis d'instruments commodes, qui vous servent à vous faire réciproquement de larges plaies d'où peut couler votre sang jusqu'à la dernière goutte, sans que vous puissiez craindre d'en échapper.

1. sonner.
2. faucon mâle, plus petit d'un tiers par rapport à la femelle.
3. au sens noble : un homme brave, courageux.
4. selon la superstition, assemblée nocturne des sorcières.
5. sabre à lame courbée.

Questions

1. Quelle thèse initiale La Bruyère propose-t-il d'examiner ? Quels indices révèlent d'emblée son point de vue ?
2. À quels exemples animaliers recourt-il ? Quelles nuances apparaissent ?
3. À quelles fins La Bruyère reprend-il l'expression « animaux raisonnables » ?
4. Quel champ lexical est utilisé dans les dernières lignes ? À quel passage de l'extrait fait-il écho ?
5. Comment l'auteur suggère-t-il l'absence de limites de la violence ?

Synthèse Montrez que l'auteur dénonce le caractère bestial de l'homme.

Énonciation
Repérez les indices d'énonciation dans le texte de La Bruyère. Quels sont les effets produits par leur emploi ?

Étienne-Noël Damilaville, *Encyclopédie* (1751-1772)

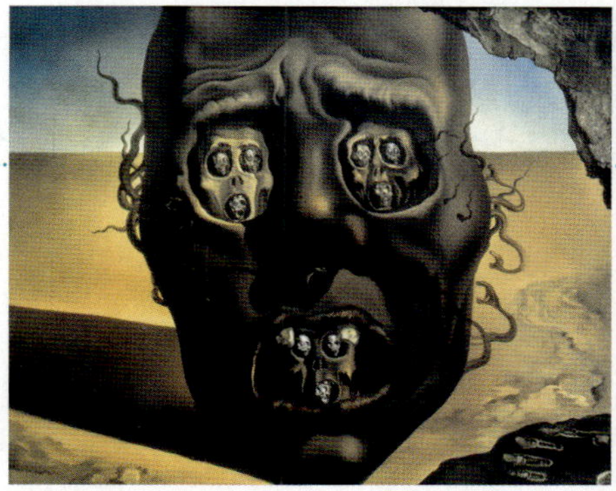

Salvador Dalí, *Le Visage de la guerre*, 1940, huile sur toile (64 x 79 cm), Musée Boymans Van Beuningen, Rotterdam.

CONTEXTE
Dirigée par Diderot et d'Alembert, l'*Encyclopédie* est le résultat d'un long travail auquel ont collaboré des centaines d'intervenants. Les auteurs y abordent tous les domaines de la connaissance dans plus de 60 000 articles. La publication de l'ouvrage ne se fera pas sans heurts : polémiques, condamnations, difficultés financières, etc.

Paix. […] La guerre est un fruit de la dépravation[1] des hommes ; c'est une maladie convulsive et violente du corps politique ; il n'est en santé, c'est-à-dire dans son état naturel, que lorsqu'il jouit de la paix ; c'est elle qui donne de la vigueur aux empires ; elle maintient l'ordre parmi les citoyens ; elle laisse aux lois la force qui leur est nécessaire ; elle favorise la population, l'agriculture et le commerce ; en un mot, elle procure au peuple le bonheur qui est le but de toute société. La guerre au contraire dépeuple les États ; elle y fait régner le désordre ; les lois sont forcées de se taire à la vue de la licence qu'elle introduit ; elle rend incertaines la liberté et la propriété des citoyens ; elle trouble et fait négliger le commerce ; les terres deviennent incultes et abandonnées. Jamais les triomphes les plus éclatants ne peuvent dédommager une nation de la perte d'une multitude de ses membres que la guerre sacrifie ; ses victoires même lui font des plaies profondes que la paix seule peut guérir.

Si la raison gouvernait les hommes, si elle avait sur les chefs des nations l'empire qui lui est dû, on ne les verrait point se livrer inconsidérément aux fureurs de la guerre ; ils ne marqueraient point cet acharnement qui caractérise les bêtes féroces.

1. attitude contraire à la morale.

Questions

Vocabulaire
Recherchez les différents sens du mot « empire » (l. 7). Que signifie-t-il dans le texte ?

La dénonciation de la guerre

1. Sur quelle métaphore filée Damilaville ouvre-t-il son article ? Quels aspects de la guerre met-elle en évidence ?
2. Par quels arguments dénonce-t-il la guerre ? Expliquez-les.
3. Par quels arguments Damilaville fait-il l'éloge de la paix ? À quels domaines renvoient-ils ?
4. Quel champ lexical apparaît dans le dernier paragraphe (l. 19 à 22) ? Commentez-le. À quel mot de la phrase s'oppose-t-il ?

La stratégie argumentative

5. Quel est le rôle des exemples dans le texte ?
6. Selon quelle logique l'article est-il construit ? Qu'en déduisez-vous sur sa fonction ?
7. Par quels procédés l'auteur met-il en évidence les oppositions ?

Synthèse Montrez que cet article de l'*Encyclopédie* dépasse le rôle que l'on attribue généralement à un article de dictionnaire.

Vers le bac S'entraîner au sujet d'invention

En vous inspirant de l'article « Paix », rédigez à votre tour un article d'encyclopédie dans lequel vous définirez un sujet de votre choix par son contraire.

► Imiter un style, transposer un texte et le poursuivre, p. 516

TEXTE 5

Voltaire, *Dictionnaire philosophique* (1764)

▶ Biographie p. 556

Le dictionnaire dit « portatif » de Voltaire s'apparente à une œuvre de combat virulente contre le mal.

Fanatisme

[…] Le plus détestable exemple de fanatisme est celui des bourgeois de Paris qui coururent assassiner, égorger, jeter par les fenêtres, mettre en pièces, la nuit de la Saint-Barthélemy, leurs concitoyens qui n'allaient point à la messe.

Il y a des fanatiques de sang-froid : ce sont les juges qui condamnent à la mort ceux qui n'ont d'autre crime que de ne pas penser comme eux ; et ces juges-là sont d'autant plus coupables, d'autant plus dignes de l'exécration du genre humain que, n'étant pas dans un excès de fureur comme les Clément, les Châtel, les Ravaillac, les Damiens[1], il semble qu'ils pourraient écouter la raison.

Lorsqu'une fois le fanatisme a gangréné un cerveau, la maladie est presque incurable. J'ai vu des convulsionnaires[2] qui, en parlant des miracles de saint Pâris[3], s'échauffaient par degrés malgré eux : leurs yeux s'enflammaient, leurs membres tremblaient, la fureur défigurait leur visage ; et ils auraient tué quiconque les eût contredits.

Il n'y a d'autre remède à cette maladie épidémique que l'esprit philosophique qui, répandu de proche en proche, adoucit enfin les mœurs des hommes, et qui prévient les accès du mal ; car dès que ce mal fait des progrès, il faut fuir et attendre que l'air soit purifié. Les lois et la religion ne suffisent pas contre la peste des âmes ; la religion, loin d'être pour elles un aliment salutaire, se tourne en poison dans les cerveaux infectés. Ces misérables ont sans cesse présent à l'esprit l'exemple d'Aod qui assassine le roi Églon ; de Judith qui coupe la tête d'Holopherne en couchant avec lui ; de Samuel qui hache en morceaux le roi Agag[4]. Ils ne voient pas que ces exemples, qui sont respectables dans l'Antiquité, sont abominables dans le temps présent ; ils puisent leurs fureurs dans la religion même qui les condamne.

Les lois sont encore très impuissantes contre ces accès de rage : c'est comme si vous lisiez un arrêt du Conseil[5] à un frénétique[6]. Ces gens-là sont persuadés que l'Esprit saint qui les pénètre est au-dessus des lois, que leur enthousiasme[7] est la seule loi qu'ils doivent entendre.

Que répondre à un homme qui vous dit qu'il aime mieux obéir à Dieu qu'aux hommes, et qui en conséquence est sûr de mériter le ciel en vous égorgeant ?

1. fanatiques coupables d'attentats contre les rois Henri III, Henri IV et Louis XV.
2. jansénistes fanatiques pris de convulsions dans un moment de transe religieuse.
3. au XVIIIe siècle, des guérisons miraculeuses auraient eu lieu autour de la tombe de François de Pâris, diacre janséniste.
4. Aod, Judith et Samuel sont des personnages bibliques.
5. assemblée délibérative et exécutive.
6. individu exalté, hors de contrôle.
7. état de possession par un dieu.

Questions

Un réquisitoire contre le fanatisme

1. Par quel champ lexical Voltaire définit-il le fanatisme dans le premier paragraphe ? Quels exemples y font écho ?
2. Quelle métaphore filée est développée dans la suite du texte ? Analysez-la.
3. Quels procédés de persuasion Voltaire exploite-t-il ? Quels en sont les effets ?

La stratégie argumentative

4. Quel est le rôle des exemples dans l'article ? Quelle place occupent-ils ?
5. À quel constat Voltaire aboutit-il ?

Synthèse Montrez que l'article « Fanatisme » est représentatif du genre de l'argumentation directe.

TEXTE ÉCHO

Voltaire, *Traité sur la tolérance* (1763)

► Biographie p. 556

CONTEXTE
Le *Traité sur la tolérance* retrace les étapes du procès de Jean Calas, protestant accusé d'avoir assassiné son fils. En 1762, le vieillard est torturé à mort et périt sur la roue. Convaincu de son innocence, Voltaire parvient à obtenir sa réhabilitation en 1765. Au chapitre XXIII, le philosophe en appelle à la liberté de chacun.

Prière à Dieu

Ce n'est donc plus aux hommes que je m'adresse ; c'est à toi, Dieu de tous les êtres, de tous les mondes et de tous les temps : s'il est permis à de faibles créatures perdues dans l'immensité, et imperceptibles au reste de l'univers, d'oser te demander quelque chose, à toi qui a tout donné, à toi dont les décrets sont immuables comme éternels, daigne regarder en pitié les erreurs attachées à notre nature ; que ces erreurs ne fassent point nos calamités. Tu ne nous as point donné un cœur pour nous haïr, et des mains pour nous égorger ; fais que nous nous aidions mutuellement à supporter le fardeau d'une vie pénible et passagère ; que les petites différences entre les vêtements qui couvrent nos débiles[1] corps, entre tous nos langages insuffisants, entre tous nos usages ridicules, entre toutes nos lois imparfaites, entre toutes nos opinions insensées, entre toutes nos conditions si disproportionnées à nos yeux, et si égales devant toi ; que toutes ces petites nuances qui distinguent les atomes appelés *hommes* ne soient pas des signaux de haine et de persécution ; que ceux qui allument des cierges en plein midi pour te célébrer supportent ceux qui se contentent de la lumière de ton soleil ; que ceux qui couvrent leur robe d'une toile blanche pour dire qu'il faut t'aimer ne détestent pas ceux qui disent la même chose sous un manteau de laine noire[2] ; qu'il soit égal de t'adorer dans un jargon formé d'une ancienne langue[3], ou dans un jargon plus nouveau ; que ceux dont l'habit est teint en rouge[4] ou en violet[5], qui dominent sur une petite parcelle d'un petit tas de la boue de ce monde, et qui possèdent quelques fragments arrondis d'un certain métal[6], jouissent sans orgueil de ce qu'ils appellent *grandeur* et *richesse*, et que les autres les voient sans envie : car tu sais qu'il n'y a dans ces vanités[7] ni de quoi envier, ni de quoi s'enorgueillir.

Puissent tous les hommes se souvenir qu'ils sont frères ! Qu'ils aient en horreur la tyrannie exercée sur les âmes, comme ils ont en exécration le brigandage qui ravit par la force le fruit du travail et de l'industrie paisible ! Si les fléaux de la guerre sont inévitables, ne nous haïssons pas, ne nous déchirons pas les uns les autres dans le sein de la paix, et employons l'instant de notre existence à bénir également en mille langages divers, depuis Siam[8] jusqu'à la Californie, ta bonté qui nous a donné cet instant.

1. faibles.
2. allusions aux rites protestants et catholiques que Voltaire refuse de distinguer les uns des autres.
3. le latin.
4. les cardinaux.
5. les évêques.
6. des pièces d'or.
7. caractère de ce qui est vain.
8. Thaïlande.

Questions

La prière d'un philosophe

1. En quoi le texte s'apparente-t-il à une prière ?
2. Distinguez les trois mouvements de l'extrait. Quel est leur rôle respectif ?
3. Analysez l'énonciation. Qui sont les véritables destinataires du texte ?

Un plaidoyer pour la tolérance

4. Quelles expressions écartent la responsabilité de Dieu et engagent celle des hommes ?
5. Quelles périphrases désignent les hommes d'Église et les pratiquants ? Pourquoi sont-elles dévalorisantes ? En quoi s'opposent-elles à la façon dont Voltaire présente Dieu au début du texte ?
6. Quels comportements humains Voltaire dénonce-t-il ? À l'inverse, quelles valeurs morales prône-t-il ?

Synthèse Montrez que la « prière » de Voltaire est universelle.

Voltaire, *Candide* (1759)

► Biographie p. 556

CONTEXTE

La guerre de Sept Ans (1756-1763) est un conflit européen qui oppose la Prusse et l'Angleterre à l'Autriche, la France, la Suède, la Russie, l'Espagne et la plupart des princes allemands. Le conflit militaire et civil, étendu sur mer et sur terre, a pour origine la constitution d'un empire colonial en Inde et en Amérique.

Voltaire s'inspire de la guerre de Sept Ans pour décrire dans Candide *un conflit européen généralisé. Le héros se retrouve enrôlé malgré lui dans l'armée bulgare. Au sein d'une guerre à laquelle il ne comprend rien, le jeune héros fait l'apprentissage du Mal.*

Rien n'était si beau, si leste[1], si brillant, si bien ordonné que les deux armées. Les trompettes, les fifres, les hautbois, les tambours, les canons, formaient une harmonie telle qu'il n'y en eut jamais en enfer. Les canons renversèrent d'abord à peu près six mille hommes de chaque côté; ensuite la mousqueterie[2] ôta du meilleur des mondes[3] environ neuf à dix mille coquins qui en infectaient la surface. La baïonnette fut aussi la raison suffisante de la mort de quelques milliers d'hommes. Le tout pouvait bien se monter à une trentaine de mille âmes. Candide, qui tremblait comme un philosophe, se cacha du mieux qu'il put pendant cette boucherie héroïque.

Enfin, tandis que les deux rois faisaient chanter des *Te Deum*[4] chacun dans son camp, il prit le parti d'aller raisonner ailleurs des effets et des causes. Il passa par-dessus des tas de morts et de mourants, et gagna d'abord un village voisin; il était en cendres: c'était un village abare que les Bulgares[5] avaient brûlé, selon les lois du droit public[6]. Ici des vieillards criblés de coups regardaient mourir leurs femmes égorgées, qui tenaient leurs enfants à leurs mamelles sanglantes; là des filles, éventrées après avoir assouvi les besoins naturels de quelques héros rendaient les derniers soupirs; d'autres, à demi brûlées, criaient qu'on achevât de leur donner la mort. Des cervelles étaient répandues sur la terre à côté de bras et de jambes coupés.

Candide s'enfuit au plus vite dans un autre village: il appartenait à des Bulgares, et des héros abares l'avaient traité de même. Candide, toujours marchant sur des membres palpitants, ou à travers des ruines, arriva enfin hors du théâtre de la guerre, portant quelques petites provisions dans son bissac, et n'oubliant jamais mademoiselle Cunégonde[7].

1. élégant.
2. salve, décharge de fusils.
3. allusion à la philosophie optimiste de Leibniz (1646-1716) défendue par Pangloss, le mentor de Candide.
4. chants religieux à la gloire de Dieu.
5. dans le texte, les termes « abares » et « Bulgares » renvoient moins à des pays qu'à des tribus armées.
6. droit international.
7. jeune fille dont il est épris.

Questions

Une description ironique

1. Quels éléments le narrateur décrit-il? Sont-ils attendus dans un tel contexte?
2. En quoi réside la « beauté » du spectacle qui s'offre à Candide?
3. Quels mots et expressions sont, selon vous, ironiques? Justifiez votre réponse. Quels en sont les effets? Commentez en particulier la formule employée à la ligne 9: « boucherie héroïque ».

La violence du champ de bataille

4. Par quels procédés Voltaire rend-il sensible la démesure de la bataille?
5. Quelles allusions condamnent implicitement les autorités politiques?
6. Comment les victimes de la guerre sont-elles présentées dans la deuxième partie de l'extrait? Quels indices permettent de comprendre qu'il s'agit de civils? En quoi leur description est-elle révoltante?

Synthèse Montrez l'efficacité de l'argumentation indirecte pour exprimer une indignation.

Vocabulaire

Dans le texte de Voltaire, comment faut-il comprendre le mot « théâtre » à la ligne 23?

ÉCHO DU XXe SIÈCLE

Boris Vian, *Les Fourmis* (1949)

CONTEXTE
Boris Vian (1920-1959) est ingénieur, musicien et homme de lettres. Il traite dans son œuvre de la cruauté des hommes sur un ton léger, empreint d'humour noir et de révolte. Ses écrits et chansons témoignent de sa vision poétique et originale du monde.

Il faut sauver le soldat Ryan, film de **Steven Spielberg**, 1998.

Le récit Les Fourmis *qui donne son nom au recueil composé de onze nouvelles s'ouvre sur un décor de plage ravagée par la guerre. Le narrateur-personnage nous fait part du spectacle qui s'offre à lui.*

On est arrivés ce matin et on n'a pas été bien reçus, car il n'y avait personne sur la plage que des tas de types morts ou des tas de morceaux de types, de tanks et de camions démolis. Il venait des balles d'un peu partout et je n'aime pas ce désordre pour le plaisir. On a sauté dans l'eau, mais elle était plus profonde qu'elle n'en avait l'air et j'ai glissé sur une boîte de conserves. Le gars qui était juste derrière moi a eu les trois quarts de la figure emportés par le pruneau qui arrivait, et j'ai gardé la boîte de conserves en souvenir. J'ai mis les morceaux de sa figure dans mon casque et je les lui ai donnés, il est reparti se faire soigner, mais il a l'air d'avoir pris le mauvais chemin parce qu'il est entré dans l'eau jusqu'à ce qu'il n'ait plus pied et je ne crois pas qu'il y voie suffisamment au fond pour ne pas se perdre.

J'ai couru ensuite dans le bon sens et je suis arrivé juste pour recevoir une jambe en pleine figure. J'ai essayé d'engueuler le type, mais la mine n'en avait laissé que des morceaux pas pratiques à manœuvrer, alors j'ai ignoré son geste, et j'ai continué.

Dix mètres plus loin, j'ai rejoint trois autres gars qui étaient derrière un bloc de béton et qui tiraient sur un coin de mur, plus haut. Ils étaient en sueur et trempés d'eau et je devais être comme eux, alors je me suis agenouillé et j'ai tiré aussi. Le lieutenant est revenu, il tenait sa tête à deux mains et ça coulait rouge de sa bouche. Il n'avait pas l'air content et il a vite été s'étendre sur le sable, la bouche ouverte et les bras en avant. Il a dû salir le sable pas mal. C'était un des seuls coins qui restaient propres. […]

Là, j'étais à peu près tranquille. Du haut de la plage, on pouvait profiter de la vue. Sur la mer, ça fumait dans tous les coins et l'eau jaillissait très haut. On voyait aussi les éclairs des salves des gros cuirassés et leurs obus passaient au-dessus de la tête avec un drôle de bruit sourd, comme un cylindre de son grave foré dans l'air.

Questions

1. Qu'apporte au récit l'emploi de la 1re personne ?
2. Quels aspects de la guerre Boris Vian dénonce-t-il ?
3. Comment l'ironie de Boris Vian s'exprime-t-elle ?
4. Sa vision de la guerre vous semble-t-elle tout aussi cruelle que celle de Voltaire (► p. 420) ? Pour quelles raisons ?

Grammaire

Identifiez les temps verbaux utilisés dans l'extrait des *Fourmis*. Quels en sont les effets ?

► Modes, temps et valeurs, p. 438

LECTURE D'IMAGES

Pablo Picasso, *La Guerre et la Paix* (1952)

Pablo Picasso, *La Guerre et la Paix*, huile sur isorel (deux panneaux de 4700 × 10200 cm), 1952, décors de la chapelle du château de Vallauris, musée national Picasso, Vallauris.

▲ À l'âge de soixante-dix ans, **Picasso** (1881-1973) décide de décorer la voûte du vestibule attenant à la chapelle romane du château de Vallauris où il vit depuis 1948. Le peintre cubiste d'origine espagnole est un fervent défenseur de la paix.

Questions

« La Guerre »

1. Décrivez les deux figures nues des combattants qui se font face. Pourquoi peut-on parler ici d'allégories ?
2. Au centre, apparaissent plusieurs images de la destruction et de la mort. Identifiez-les et expliquez-les.

« La Paix »

3. Observez les trois personnages près de l'arbre. Que symbolisent leurs activités ?
4. En quoi le cheval est-il différent de ceux de «La Guerre» ?
5. Comment le peintre a-t-il cherché à montrer qu'en temps de paix tout est possible ?

Synthèse Déterminez l'ordre de lecture des différentes parties peintes dans la chapelle et justifiez votre réponse en précisant le message que l'artiste a cherché à exprimer.

Prolongements

Cherchez une vue d'ensemble de cette voûte.

• De combien de parties l'œuvre se compose-t-elle au total ? Quels éléments se font écho ?

• Comment les couleurs évoluent-elles d'un panneau à l'autre ?

PERSPECTIVE DU XXIe SIÈCLE

Laurent Gaudé, *La Mort du roi Tsongor* (2002)

Dans son roman, Laurent Gaudé (► p. 400*) retrace l'histoire imaginaire du haïssable et vénéré roi Tsongor. Après sa mort, sa descendance s'entre-déchire et connaît les souffrances de la guerre, le fratricide, l'errance et la honte.*

Liboko[1], comme un démon, se rua sur l'ennemi. Il perça des ventres, sectionna des membres. Il transperça des torses et défigura des hommes. Liboko se battait sur son sol, pour défendre sa ville et l'ardeur qui l'animait semblait ne jamais devoir le quitter. Il frappait sans cesse. Éventrant les lignes ennemies de toute sa fureur. Les ennemis tombaient à la renverse sous la force de ses charges. Soudain, il suspendit son bras. Un homme était à ses pieds. Là. À sa merci. Il pouvait lui fendre le crâne mais ne le faisait pas. Il resta ainsi. Le bras suspendu. Un temps infini. Il avait reconnu son ennemi. C'était Sango Kerim[2]. Leurs yeux se croisèrent. Liboko regardait le visage de cet homme qui, pendant si longtemps, avait été son ami. Il ne pouvait se résoudre à le frapper. Il sourit doucement. C'est alors qu'Orios[3] s'élança. Il avait vu toute la scène. Il voyait que Sango Kerim pouvait mourir à tout moment. Il n'hésita pas et de tout le poids de sa masse, écrasa le visage de Liboko. Son corps s'affaissa. La vie, déjà, l'avait quitté. Un puissant grognement de satisfaction sortit de la poitrine d'Orios. Sango Kerim, abattu, s'effondra à genoux. Il lâcha ses armes, enleva son casque et prit dans ses bras le corps de celui qui n'avait pas voulu le tuer. Son visage était un cratère de chair. Et c'est en vain que Sango Kerim y cherchait le regard qu'il avait croisé quelques secondes auparavant. Il pleurait sur Liboko tandis que la bataille faisait rage autour de lui. La garde spéciale avait assisté à la scène et une fureur profonde souleva les hommes. Ils poussèrent de toutes leurs forces les cendrés. Ils voulaient récupérer le corps de leur chef. Ne pas l'abandonner à l'ennemi. Ils voulaient l'enterrer avec ses armes auprès de son père.

1. un des fils de Tsongor.
2. ami d'enfance de Liboko.
3. chef de l'armée des cendrés qui se bat aux côtés de Sango Kerim.

Questions

1. Quelles caractéristiques propres à l'épopée identifiez-vous dans cet extrait ?
2. Comment le narrateur parvient-il à représenter le caractère à la fois humain et inhumain de ses guerriers ?
3. Quels éléments contribuent au pathétique ?
► Les registres littéraires, p. 460
4. De quelle façon le corps est-il représenté dans l'extrait ? En quoi ce parti pris sert-il l'argumentation ?

Prolongement

Lisez *Désert* de Le Clézio : comment y est exprimé l'héroïsme des nomades ?

CINÉMA • L'ENFER DE LA GUERRE
FRANCIS FORD COPPOLA, *APOCALYPSE NOW* (1979)

Réalisation : Francis Ford Coppola (1979, 2001)
Interprétation : Willard : Martin Sheen ; Kurtz : Marlon Brando ; lieutenant-colonel Bill Kilgore : Robert Duvall ; journaliste-photographe : Dennis Hopper.
Société de production : Omni Zoetrope
Sociétés de distribution : United Artists, Gaumont Buena Vista International, 3 août 2001 (Redux)

Synopsis : *En pleine guerre du Viêt-Nam, le capitaine Willard est chargé d'une mission particulière : retrouver et abattre le colonel Kurtz. Ce dernier règne par la terreur sur une contrée isolée au-delà de la frontière cambodgienne et mène contre l'ennemi des actions d'une barbarie absolue. En remontant le fleuve qui doit le mener jusqu'à Kurtz, c'est l'enfer et l'absurdité de la guerre que côtoie le jeune capitaine.*

Photogramme 1. 00 : 21 : 32
L'embarquement : Willard découvre ses coéquipiers. Le voyage commence.

Photogramme 2. 00 : 59 : 32
Surimpression du fleuve et du personnage de Willard. On pénètre les pensées de Willard : « Jamais quitter le bateau, on pourrait pas mieux dire, à moins d'être prêt à aller jusqu'au bout. Kurtz avait quitté le bateau. »

Photogramme 3. 01 : 12 : 38
Lance Johnson, membre de l'équipe et *surfer* professionnel, profite d'un moment de calme pour s'adonner à sa passion, la glisse.
La radio du bateau diffuse la chanson « *Satisfaction* » des Rolling Stones.

Photogramme 4. 01 : 17 : 57
Vision en surplomb du fleuve et de la jungle.
En fond sonore, musique au synthétiseur inspirée par « Mars, celui qui apporte la guerre » tiré des *Planètes*, suite symphonique du compositeur Gustav Holst.

Photogramme 5. 01 : 51 : 43

Photogramme 6. 02 : 22 : 54
La remontée du fleuve touche à son but. Willard et ses coéquipiers pénètrent dans le territoire de Kurtz.

Photogramme 7. 02 : 23 : 49
Willard fait face au « peuple » de Kurtz.

Photogramme 8. 02 : 59 : 51
Willard émerge lentement des eaux du fleuve. Il s'apprête à tuer Kurtz et semble accomplir un rituel. Son visage est recouvert de peintures couleur camouflage qui s'apparentent à des peintures de guerre.
En fond sonore : la chanson des Doors, « *The End* ».

Perspectives

Jean-Pierre Vernant, *La Mort héroïque chez les Grecs*

Ulysse au bout du voyage, arrivant à la bouche des Enfers, à la limite du monde, au-delà de l'Océan, fait venir les morts ; alors la "crainte verte" le saisit lorsqu'il voit monter la masse des ombres ; elles sont sans visage, sans voix [...] ; il y a une sorte de brouhaha affreux, inaudible. Et il vient à l'idée d'Ulysse qu'il pourrait devenir, lui aussi, une ombre inconsistante ».

Christian Zimmer, « *Apocalypse Now* ou la fuite dans le symbole »

La remontée du fleuve est une remontée dans le temps, et l'état sauvage, l'état de nature font progressivement retour à mesure que le bateau approche du terme de sa course [...]. Mais, toujours [...], c'est le visage de l'horreur qui se découvre derrière celui de la nature originelle. La pureté primitive est à jamais inaccessible, car l'Amérique a commis la faute capitale, [...] : l'entreprise exterminatrice qu'elle a menée au Viêt-Nam (« Nous le ramènerons à l'âge de pierre », disait le général Curtis LeMay) n'est que la répétition du meurtre fondateur [...].

Questions

Une odyssée infernale

1. Quelles indications nous sont données sur le photogramme 1 ? Quels indices ce photogramme nous livre-t-il sur l'issue du voyage entrepris ? Analysez en particulier le plan choisi, les couleurs et le travail de la lumière.
2. Quels photogrammes soulignent le mieux la régression infernale que constitue la remontée du fleuve ? Commentez les choix du réalisateur : cadrage, angle de vue couleurs, lumière.
3. Quel point de vue le spectateur adopte-t-il dans le photogramme 7 ? Pourquoi ce choix ? Quelle interprétation de cette image la lecture du texte de Vernant nous offre-t-elle ?

La guerre : barbarie et folie

4. Que symbolise le bateau ? Commentez, à ce titre, la technique utilisée dans le photogramme 2 et explicitez les pensées de Willard en les inscrivant dans le contexte guerrier qui est celui du film.
5. Comment interpréter le photogramme 3 et le choix musical ? Comment le contraste avec les autres photogrammes est-il mis en valeur ?
6. Quel est l'angle de prise de vue du photogramme 4 ? Justifiez ce choix. En quoi l'article de Zimmer (ci-dessus) vous aide-il à comprendre la nature du voyage accompli par Willard et ses coéquipiers ?
7. Faites l'analyse précise du photogramme 8. Quel sens donnez-vous à cette ultime séquence ?

Prolongements

- Dans la mythologie grecque, cherchez quel célèbre héros de l'*Iliade* a été plongé dans les eaux du Styx par sa mère. À quelle fin ? Quel lien peut-on établir avec le capitaine Willard ?
- Renseignez-vous sur l'ouvrage *Au cœur des ténèbres* de J. Conrad, qui a inspiré le film. Quel motif majeur Coppola emprunte-t-il à ce texte ?
- Écoutez les morceaux musicaux mentionnés et justifiez leur emploi.

VOCABULAIRE LE CONFLIT

1 ÉTYMOLOGIE

Quelle est l'origine des mots suivants ? Précisez leur sens et celui de leur étymon.
belligérant – pugilat – carnage – échauffourée – matamore – duel – polémique – bagarre – sarcasme

2 ANTONYMIE

Reliez chacun des termes suivants à son antonyme. Cherchez les mots que vous ne connaissez pas dans le dictionnaire.

A. belliqueux	1. ameuter
B. amitié	2. déconfiture
C. pacifier	3. inimitié
D. victoire	4. pacifiste

3 LA DÉRIVATION

Pour chacun des mots suivants, trouvez deux dérivés par préfixation ou par suffixation. Vérifiez le sens des mots que vous obtenez.
paix – battre – camp – arme – assaut – conflit

4 CONFLIT VERBAL ET PHYSIQUE

Cherchez le sens des mots suivants et trouvez l'intrus dans chaque liste.

a. rétorquer – objecter – ratifier – récuser – réfuter – contester – répliquer
b. querelle – dispute – altercation – algarade – approbation – brouille – rébellion
c. raillerie – diatribe – escarmouche – persiflage – pamphlet – quolibet – panégyrique
d. ennemi – rival – détracteur – adversaire – antagoniste – opposant – protagoniste

5 EMPLOIS

Remplacez l'expression en italique par son synonyme choisi dans la liste proposée.
stratège – trêve – diplomate – rixe – ultimatum

a. Les deux chefs ennemis conclurent *la cessation des hostilités* pendant trois jours.
b. *La violente querelle* qui opposait les jeunes gens fut réprimée par les forces de l'ordre.
c. C'est avec stupeur que l'État eut connaissance de *l'obligation de céder sans discussion possible* qui lui était imposée.
d. *Le chef qui dirige les opérations militaires* a vu juste dans la façon de mettre à mal l'armée adverse.
e. Le gouvernement a dû faire appel à des *négociateurs chargés de représenter le pays* pour intervenir auprès des ambassadeurs étrangers et éviter l'engagement des hostilités.

6 NÉOLOGISMES

Remplacez les néologismes du poème de Michaux par des mots appartenant au champ lexical du combat. Vous veillerez à reproduire au mieux les sons et le rythme d'origine.

LE GRAND COMBAT

Il l'emparouille et l'endosque contre terre ;
Il le rague et le roupète jusqu'à son drâle ;
Il le pratèle et le libucque et lui barufle les ouillais ;
Il le tocarde et le marmine,
Le manage rape à ri et ripe à ra.
Enfin il l'écorcobalisse.
L'autre hésite, s'espudrine, se défaisse, se torse et se ruine.
C'en sera bientôt fini de lui ;
Il se reprise et s'emmargine... mais en vain
Le cerveau tombe qui a tant roulé. [...]

Henri MICHAUX, *Qui je fus*, 1927, © Éditions Gallimard.

7 DEVINETTES

a. Vous connaissez le sens de l'adjectif *différent*. Mais savez-vous ce qu'est un *différend* ?
b. Tout le monde connaît le mot *soldat*. Mais qui peut transformer ce substantif en adjectif ?
c. Vous savez ce qu'est un *champ*. Mais que désigne-t-il dans l'expression *champ de Mars* ?
d. *Zizanie* est un mot qui désigne à l'origine une mauvaise herbe. D'où l'expression *semer la zizanie*. Vrai ou faux ?
e. Doit-on dire *contreverse* ou *controverse* ?
f. Dans l'Antiquité, *Mars* était le dieu de la guerre. Quel adjectif renvoyant au domaine de la guerre a été créé à partir de son nom ?
g. Doit-on dire *la concorde* ou *le concorde* lorsque l'on parle d'un accord entre deux parties ?
h. Quelle orthographe est correcte : des *pour-parlers* ; des *pourparler* ; des *pourparlers* ; des *poursparlers* ; des *pourparlés* ?

EXPRESSION ÉCRITE

Sujet 1

Présentez un sujet d'actualité qui fait polémique. Reformulez les arguments qui s'opposent en ayant soin d'employer le vocabulaire du débat.

Sujet 2

À partir des arguments énoncés dans le sujet 1, écrivez un dialogue dans lequel s'opposent deux adversaires. Utilisez le registre polémique.

SYNTHÈSE LITTÉRATURE ET ENGAGEMENT

Marqués par les guerres, la colonisation et l'esclavagisme, ***les XVII***

Marqués par les guerres, la colonisation et l'esclavagisme, ***les XVIIe et XVIIIe siècles sont des périodes propices à l'engagement****. De même, les nouvelles formes de diffusion du savoir (salons féminins, nouvelles techniques d'imprimerie et publication de l'*Encyclopédie*) favorisent* ***l'expression des idées****. Si l'engagement existe depuis le XVIe siècle pour dénoncer une réalité, il se développe considérablement au lendemain des guerres mondiales.*

1 LES FORMES LITTÉRAIRES

L'argumentation directe

Essais, maximes, discours, pamphlets et articles de dictionnaires développent sans détour de virulentes critiques.

Ex. : L'article « Paix » de Damilaville (► p. 417), *Les Caractères* de La Bruyère (► p. 416).

L'argumentation indirecte

Apologues, pièces de théâtre et récits permettent d'éviter la censure. Les idées circulent sous couvert du divertissement.

Ex. : « Les Deux Coqs » de La Fontaine (► p. 414), *Candide* de Voltaire (► p. 420).

2 LES PROCÉDÉS D'ÉCRITURE

Les registres

Les auteurs cherchent à ridiculiser leurs cibles et à choquer les lecteurs. Les registres sont variés et parfois inattendus.

Ex. : Voltaire et Vian usent d'ironie (► p. 420-421) ; La Fontaine (► p. 414) et Gaudé (► p. 423) recourent au registre épique.

Les indices d'énonciation

Les auteurs affichent leur force de conviction et interpellent leurs destinataires.

Ex. : Agrippa d'Aubigné affirme son engagement dans *Les Tragiques* (► p. 412) ; les moralités de La Fontaine s'adressent aux lecteurs (► p. 414).

La structure argumentative

Les démonstrations des auteurs sont d'une logique implacable. Le circuit argumentatif permet de suivre chacune des étapes du raisonnement.

Ex. : L'extrait des *Caractères* de La Bruyère (► p. 416) est rigoureusement agencé.

3 IDÉES ET IDÉAUX

Dénoncer les faits

Les textes engagés s'opposent à une réalité historique. Les guerres provoquent les appels à la paix et suscitent la réflexion.

Ex. : Agrippa d'Aubigné dénonce les guerres de religion dans *Les Tragiques* (► p. 412).

Dénoncer les comportements

L'espèce humaine est la première cible des pamphlétaires. Remis en cause pour son orgueil, sa bêtise et sa cupidité, l'homme est dépeint sous les traits d'une créature brutale et absurde.

Ex. : Homère, La Fontaine et La Bruyère animalisent les combattants (► p. 414, 415, 416).

Défendre des valeurs universelles

L'ancrage historique s'estompe par le biais de figures allégoriques et de valeurs universelles : la liberté, la fraternité, la justice, l'égalité.

Ex. : Damilaville, article « Paix » (► p. 417) ; Voltaire, *Traité sur la tolérance* (► p. 419) ; Picasso, *La Guerre et La Paix* (► p. 422).

RABELAIS — Rire est le propre de l'homme.

Aux lecteurs,
Amis lecteurs, qui lisez ce livre,
Libérez-vous de toute émotion,
Et ne soyez pas scandalisés en le lisant.
Il ne contient ni mal ni perversion.
Il est vrai qu'ici vous ne trouverez
Que peu de perfection, sauf en matière de rire ;
Un autre sujet mon cœur ne peut choisir
Quand je vois le chagrin qui vous mine et vous consume.
Il vaut mieux écrire sur le rire que sur les larmes,
Parce que rire est le propre de l'homme.

Rabelais, *Gargantua*, 1534, traduction en français moderne de Christine Girodias-Majeune, 2012, © Éditions Magnard, coll. Classiques & Patrimoine.

BERGSON — Le rire exerce sans doute une fonction utile.

Le rire est, avant tout, une correction. Fait pour humilier, il doit donner à la personne qui en est l'objet une impression pénible. La société se venge par lui des libertés qu'on a prises avec elle. Il n'atteindrait pas son but s'il portait la marque de la sympathie et de la bonté.

Dira-t-on que l'intention au moins peut être bonne, que souvent on châtie parce qu'on aime, et que le rire, en réprimant les manifestions extérieures de certains défauts, nous invite ainsi, pour notre plus grand bien, à corriger ces défauts eux-mêmes et à nous améliorer intérieurement ?

Il y aurait beaucoup à dire sur ce point. En général et en gros, le rire exerce sans doute une fonction utile. Toutes nos analyses tendaient d'ailleurs à le démontrer. Mais il ne suit pas de là que le rire frappe toujours juste, ni qu'il s'inspire d'une pensée de bienveillance ou même d'équité.

Pour frapper toujours juste, il faudrait qu'il procédât d'un acte de réflexion.

Henri Bergson, *Le Rire*, 1900, © Editions PUF.

HEES

Les seules limites sont précisément celles de l'autre.

Rien n'est plus important, pour un républicain, pour un démocrate, que l'attachement à la liberté d'opinion et d'expression. C'est la vertu cardinale[1], sur laquelle repose tout notre système politique. J'aimerais citer ici l'article 11 de la *Déclaration des droits de l'homme et du citoyen* de 1789 : « *La libre communication des pensées et des opinions est un des droits les plus précieux de l'homme ; tout citoyen peut donc parler, écrire, imprimer librement, sauf à répondre de l'abus de cette liberté dans les cas déterminés par la loi.* » Nous sommes donc tous d'accord : les libertés d'opinion, d'expression, d'association, de manifestation sont les piliers de notre socle démocratique.

Comme citoyen, je suis l'héritier, fier de l'être, de cette tradition démocratique française. Comme responsable d'un grand média, je suis dépositaire du devoir impérieux de la mettre en œuvre en permanence. C'est mon honneur, et c'est ma conviction. Et puis, il y a l'humour. L'humour a tous les droits, et d'abord ceux de l'outrance, de la caricature et même de la méchanceté. Il se trouve que l'humoriste n'a que deux limites : celle de l'acceptabilité des citoyens (dont il est le premier juge). Et puis celle des grandes valeurs morales qui scellent le pacte républicain. C'est là que le bât blesse.

Face à un principe fondamental, il faut aussi savoir défendre les limites de ce principe. Les seules limites sont précisément celles de l'autre, de l'autre individu, qui, lui aussi, a droit à la protection de sa liberté. Enfin, il y a la limite du pacte républicain, qui unit tous les citoyens.

Jean-Luc Hees, *Le Monde*, « Je persiste et signe : l'humour a ses frontières », 10 avril 2010.

1. fondamentale.

FAIRE DES RECHERCHES

- Quelles sont les origines de la caricature ? A-t-elle toujours eu une visée satirique ?
- Cherchez un texte littéraire comique pour chaque siècle (du XVIe à nos jours) et précisez quelle est sa fonction.

PREPARER LE DEBAT

1. Le rire exerce-t-il un pouvoir particulier selon les auteurs du corpus ? Justifiez votre réponse.
2. Qu'est-ce qui, d'après les textes, peut être à l'origine de l'usage du rire ?
3. Quelles sont les limites à son efficacité et à son utilisation ?

DÉBATTRE ► À quoi sert le rire ?

4. Cherchez dans l'ensemble du chapitre (► p. 334 à 433) et dans vos connaissances personnelles des textes et documents permettant de nourrir ce débat.

Mise en jeu Constituez deux groupes. Un groupe défend l'idée que le rire est une arme efficace pour revendiquer le droit à la liberté, l'autre groupe développe la thèse selon laquelle le rire n'exerce aucun pouvoir politique ou social. Engagez le débat et illustrez vos arguments par des références précises aux textes et documents de votre connaissance.

TEXTE A Marivaux, *L'Indigent Philosophe* (1727)

[…] [Hier] en me couchant, je n'avais pas un sol[1] pour le lendemain, aujourd'hui je me retire avec plus d'argent qu'il ne m'en faut pour vivre dix jours; et je ne donnerais pas ces dix jours-là pour une année de la vie d'un ministre d'État; personne ne viendra m'escroquer les moments que je prétends passer à ne rien faire: vive les plaisirs de ceux qui n'en ont guère; il n'y a rien qui les rendent si piquants que d'en avoir rarement, sans compter qu'il ne faut pas bien de l'apprêt pour être aise, quand on ne l'est pas souvent[2]; on se réjouit où les autres ne sentent rien; il faut des machines[3] aux gens du monde pour les divertir. À gens comme moi, il ne faut presque rien: par exemple, me voilà charmé parce que je vais être huit ou dix jours sans travailler. Allez-vous-en proposer l'oisiveté comme un plaisir à un ambitieux, à un homme de cour; c'est lui proposer un martyre: il faut qu'il aille, qu'il parle, qu'il agisse, qu'il s'inquiète, qu'il n'ait ni le temps de dormir ni celui de manger: il ne vit plus dès qu'on lui laisse le temps de vivre. Et cependant le misérable qu'il est, de combien de choses qui me manquent son repos serait-il assaisonné? il est riche, il pourrait faire bonne chère, il a des maisons de campagne, il peut s'y aller promener, il a des amis qui valent mieux que lui, et qu'il pourrait avoir chez lui quand il voudrait, il est logé comme un roi dans son Louvre, il a du vin de Champagne et de Bourgogne dans ses caves; et tout cela ne lui sert de rien, son âme jeûne de tout au milieu de cette abondance de douceurs dont elle peut jouir; savez-vous bien pourquoi? c'est que la folle fait pénitence des excès de cupidité[4] où elle s'est jetée: oh! parbleu, je n'ai jamais laissé prendre un si mauvais pli à la mienne, je l'ai stylée à tout, c'est une vraie aventurière: aujourd'hui que mon lit est dur, je n'en souhaite pas un plus mollet; je mets seulement mon ragoût à pouvoir y dormir la grasse matinée. Je n'ai point d'amis qui me viennent voir, mais en revanche, je vais voir tout le monde dans les rues, je m'amuse des hommes qui passent, et quand je vois passer un coquin[5] que je connais, je le méprise, sans avoir la peine maudite de lui faire encore des compliments, et de le traiter comme un homme estimable, comme je ferais si j'étais dans le monde. Je ne fais pas bonne chère, mais j'ai bon appétit; je ne bois pas de bon vin, mais comme je n'en bois guère en tout temps le mauvais me paraît du nectar; et, quand je n'ai que de l'eau, je ne la bois qu'à ma soif, cela la rend délicieuse.

1. un sou.
2. on se contente du peu que l'on possède quand on vit dans la pauvreté.
3. machinerie permettant les effets spectaculaires au théâtre ou à l'opéra.
4. amour de l'argent.
5. homme vil et malhonnête.

TEXTE B Rousseau, *Discours sur les sciences et les arts* (1750)

Convaincu que les sciences et les arts éloignent les hommes de la vertu, Rousseau dénonce l'excès de raffinement lié au savoir. Il oppose à cette société qu'il juge futile, la vigueur de l'homme simple et ignorant.

D'autres maux pires encore suivent les Lettres et les Arts. Tel est le luxe, né comme eux de l'oisiveté et de la vanité des hommes. Le luxe va rarement sans les sciences et les arts, et jamais ils ne vont sans lui. Je sais que notre philosophie, toujours féconde en maximes singulières, prétend, contre l'expérience de tous les siècles, que le luxe fait la splendeur des États; mais après avoir oublié la nécessité des lois somptuaires[1], osera-t-elle nier encore que les bonnes mœurs ne soient essentielles à la durée des empires, et que le luxe ne soit diamétralement opposé aux bonnes mœurs? Que le luxe soit un signe certain des richesses; qu'il serve même si l'on veut à les multiplier: Que faudra-t-il conclure de ce paradoxe si digne d'être né de nos jours; et que deviendra la vertu, quand il faudra s'enrichir à quelque prix que ce soit? Les anciens politiques parlaient sans cesse de mœurs et de vertu; les nôtres ne parlent que de commerce et d'argent.

1. lois qui règlementent les dépenses excessives.

TEXTE C Saint-Lambert, *Encyclopédie* (1751-1772)

LUXE, c'est l'usage qu'on fait des richesses et de l'industrie pour se procurer une existence agréable.

[...] Dans un pays où les richesses se seraient entassées en masse dans une capitale, et ne se partageraient qu'entre un petit nombre de citoyens chez lesquels régnerait sans doute le plus grand *luxe*, ce serait une grande absurdité de mettre tout à coup les hommes opulents dans la nécessité de diminuer leur *luxe*; ce serait fermer les canaux par où les richesses peuvent revenir du riche au pauvre; et vous réduiriez au désespoir une multitude innombrable de citoyens que le *luxe* fait vivre; ou bien ces citoyens, étant des artisans moins attachés à leur patrie que l'agriculteur, ils passeraient en foule chez l'étranger.

Avec un commerce aussi étendu, une industrie aussi universelle, une multitude d'arts perfectionnés, n'espérez pas aujourd'hui ramener l'Europe à l'ancienne simplicité; ce serait la ramener à la faiblesse et à la barbarie. Je prouverai d'ailleurs combien le *luxe* ajoute au bonheur de l'humanité; je me flatte qu'il résulte de cet article que le *luxe* contribue à la grandeur et à la force des états et qu'il faut l'encourager, l'éclairer et le diriger.

TEXTE D Voltaire, *Dictionnaire philosophique* (1764)

LUXE. […] Si par le luxe vous entendez l'excès, on sait que l'excès est pernicieux[1] en tout genre, dans l'abstinence comme dans la gourmandise, dans l'économie comme dans la libéralité[2]. Je ne sais comment il est arrivé que dans mes villages où la terre est ingrate, les impôts lourds, la défense d'exporter le blé qu'on a semé intolérable, il n'y a guère pourtant de colon qui n'ait un bon habit de drap[3], et qui ne soit bien chaussé et bien nourri. Si ce colon laboure avec son bel habit, avec du linge blanc, les cheveux frisés et poudrés, voilà certainement le plus grand luxe, et le plus impertinent ; mais qu'un bourgeois de Paris ou de Londres paraisse au spectacle vêtu comme ce paysan, voilà la lésine[4] la plus grossière et la plus ridicule.

Est modus in rebus, sunt certi denique fines,
Quos ultra citraque nequit consistere rectum[5].

Lorsqu'on inventa les ciseaux, qui ne sont certainement pas de l'antiquité la plus haute, que ne dit-on pas contre les premiers qui se rognèrent les ongles, et qui coupèrent une partie des cheveux qui leur tombaient sur le nez ? On les traita sans doute de petits-maîtres et de prodigues[6], qui achetaient chèrement un instrument de la vanité, pour gâter l'ouvrage du Créateur. Quel péché énorme d'accourcir la corne que Dieu fait naître au bout de nos doigts ! C'était un outrage à la Divinité. Ce fut bien pis quand on inventa les chemises et les chaussons. On sait avec quelle fureur les vieux conseillers, qui n'en avaient jamais porté, crièrent contre les jeunes magistrats qui donnèrent dans ce luxe funeste.

1. nocif.
2. profusion.
3. étoffe de laine.
4. avarice.
5. « Il est un milieu en tout ; chaque chose a ses bornes fixes, au-delà et en-deçà desquelles rien n'est bien. » (Horace, livre I, *Satire* I, vers 106).
6. qui dilapide son bien avec excès.

Sujet

I. Vous répondrez d'abord à la question suivante :

Quelles visions du luxe les auteurs de ce corpus nous transmettent-ils ?

II. Vous traiterez ensuite, au choix, l'un des sujets suivants :

1. Commentaire

Vous ferez le commentaire de l'article « Luxe » de Voltaire (texte D). Vous mettrez d'abord en évidence la fonction de l'article puis vous analyserez la force des exemples.

2. Dissertation

Pensez-vous que la littérature puisse apporter des réponses efficaces aux lecteurs en quête de bonheur ? Vous répondrez à cette question en vous appuyant sur les textes du corpus, sur ceux que vous avez étudiés en classe et sur vos lectures personnelles.

3. Écriture d'invention

À votre tour, rédigez l'article « Luxe » d'un dictionnaire philosophique adapté à votre époque. Vous choisirez de vous positionner soit en partisan du luxe, soit en détracteur.

Méthode Analyser un corpus de textes

ÉTAPE 1 Analyser la question posée

Repérez les mots-clés de la question.

ÉTAPE 2 Rechercher les éléments de réponse en relevant des citations

- Analysez les champs lexicaux liés à la notion de luxe. Sont-ils péjoratifs ou mélioratifs ?
- Repérez les marques de jugement personnel directes ou indirectes. Par quels procédés d'écriture les locuteurs s'impliquent-ils ? Quels sont les procédés persuasifs utilisés ? Cherchez la présence de certains registres : ironique, polémique, satirique…
- Retrouvez la phrase permettant de comprendre la thèse défendue. Y a-t-il une thèse réfutée, un débat, une concession au sein d'un même texte ? Reformulez les opinions de chacun.
- Identifiez et expliquez les arguments et les exemples utilisés.
- Effectuez des rapprochements entre les textes et justifiez-les.

ÉTAPE 3 Construire un plan de réponse

- Le luxe, un bien pour l'individu et la nation
- Le luxe, un progrès contesté et nuisible à l'humanité
- La relativité du luxe et la nécessité de le définir en fonction des cultures et des époques

ÉTAPE 4 Rédiger la réponse

PARTIE II

Étude de la langue

▸▸▸ **Alighiero Boetti,** *Sans titre*, 1987, broderie (111 x 109,5 cm), Neue Galerie, Kassel, Allemagne.

FICHE 1

CLASSES ET FONCTIONS

LES CLASSES GRAMMATICALES

Le déterminant	• placé devant le nom commun, forme avec lui le groupe nominal minimum. • **détermine le nom** en en signalant le genre et le nombre.	Ex. : • articles définis : **le, la, les, l'…** • articles indéfinis : **un, une, des…** • déterminants possessifs : **mon, ma, mes…** • déterminants démonstratifs : **ce, cet, cette, ces…** • adjectif indéfini : **certain, quelque, tout…**
Le nom	• est l'**élément central du groupe nominal.** • représente un **objet**, un **être** ou une **abstraction.**	Ex. : le **chapeau**, la **lionne**, l'**amour**.
L'adjectif qualificatif	**apporte des informations** sur le nom ou pronom auquel il se rapporte et s'accorde en genre et en nombre avec lui.	Ex. : Elle porte une **jolie** robe./ Il a un manteau **élégant**.
Le pronom	• **remplace le nom ou le groupe nominal** dont il peut remplir les mêmes fonctions. • son emploi permet souvent d'éviter les répétitions.	Ex. : • pronoms personnels : **je, tu, il…** • pronoms démonstratifs : **celui-ci, celles-là…** • pronoms possessifs : **le mien, le nôtre, le vôtre…** • pronoms interrogatifs : **qui ? quoi ?…** • pronoms relatifs : **qui, que, dont…** • pronoms indéfinis : **on, nul, aucun…**
L'adverbe	invariable, **précise le sens** d'un verbe, d'une phrase, **indique un lieu, un moment.**	Ex. : Il mange **vite**./Il dort **souvent**./Il reste **là**.
La préposition	invariable, **unit un mot à son complément.**	Ex. : **à, dans, par, pour, en, vers, avec, de, sans, sous…**
Le verbe	• est l'**élément central de la phrase.** • peut être **transitif direct** (admet un COD), **transitif indirect** (admet un COI), **intransitif** (n'admet ni COD, ni COI).	Ex. : • transitifs directs : **manger quelque chose, regarder quelqu'un…** • transitifs indirects : **adresser à quelqu'un, parler de quelque chose…** • intransitifs : **pleurer, mourir, être…**
La conjonction de coordination	invariable, **unit deux éléments** en établissant **un lien logique.**	Ex. : **mais, ou, et, donc, or, ni, car.**
La conjonction de subordination	invariable, **introduit une proposition subordonnée conjonctive.**	Ex. : **comme, puisque, parce que, lorsque, quand, après que…**
L'interjection	invariable, exprime une **émotion**, un **sentiment**, un **bruit**, un **cri**…	Ex. : **aïe, youpi, boum, oh, hélas…**

LES FONCTIONS

• Les fonctions liées au verbe

Le sujet	• **régit le verbe** et en détermine la personne et l'accord. • peut être un **nom**, un **pronom**, un **infinitif** ou une **proposition subordonnée.**	Ex. : **Qui** dit cela ? **L'enfant** dit cela.
Le COD	complète un **verbe transitif direct.**	Ex. : Il regarde **le ciel.**
Le COI	• complète un **verbe transitif indirect** à l'aide d'une préposition. • indique le destinataire ou sur quoi porte l'action.	Ex. : Il parle **à sa sœur.**/Il parle **de lui.**
Le COS	intervient lorsque l'on a affaire à des verbes transitifs, directs ou indirects, qui peuvent avoir **deux compléments essentiels.**	Ex. : Marc offre un café **à son ami.**/Il a parlé de toi **à ses parents.**
Le complément d'agent	• complète un verbe au passif. • introduit par « par » ou « de », désigne en **fait l'auteur de l'action.**	Ex. : Les élèves sont encouragés **par le professeur.**
L'attribut du sujet	**donne une information** sur le sujet grâce à un verbe d'état (*sembler, être, demeurer*…).	Ex. : Il est **gentil.**/Il est **notaire.**

• Les fonctions liées au nom ou au pronom

L'adjectif épithète	• **qualifie le nom** auquel il se rapporte et s'accorde en genre et en nombre avec lui. • placé immédiatement avant ou après le nom.	Ex. : Il a peint une **grande** toile **bleue.**
L'épithète détachée ou apposition	est placée avant ou après le **nom qu'elle caractérise** et en est **séparée par une virgule.**	Ex. : **Courtois,** l'homme répondit immédiatement.
Le complément du nom	• **détermine un nom.** • introduit par une préposition : *de, à, en*…	Ex. : C'est le chien **de ma sœur.**/ Donne-moi une cuillère **à café.**

• Les fonctions liées à la phrase

Les compléments circonstanciels	• peuvent être **supprimés ou déplacés.** • apportent des informations sur **le temps, le lieu, la cause,** etc., c'est-à-dire sur les circonstances de l'action.	Ex. : Ils ne sortent pas **à cause de la pluie.**/Il viendra **après son rendez-vous.**

MODES, TEMPS ET VALEURS

Il existe des **modes impersonnels**, sans conjugaison (infinitif, participe, gérondif) et des **modes personnels** (indicatif, subjonctif, impératif). Ces modes comportent un certain nombre de **temps**.

LE MODE INDICATIF

L'**indicatif** est le mode du réel, de la certitude.

• Les temps simples

Le présent	**présent d'énonciation** : correspond au présent du locuteur.	**Ex. :** « Je **forme** une entreprise qui n'eut jamais d'exemple. » ROUSSEAU, *Les Confessions*, 1782.
	présent de vérité générale : énonce un fait vrai de tous temps.	**Ex. :** « Le temps **guérit** les douleurs et les querelles. » PASCAL, *Pensées*, 1670.
	présent de narration : employé avec des temps du passé, met en valeur l'action en l'actualisant.	**Ex. :** « Maître Corbeau, sur un arbre perché,/Tenait en son bec un fromage. […]/À ces mots le Corbeau ne se **sent** pas de joie. » LA FONTAINE, *Fables*, 1668.
L'imparfait	• place l'action dans le passé sans en préciser ni début ni fin. • exprime la **répétition** ou les **actions de second plan**. • temps privilégié de la **description**.	**Ex. :** L'ondée **reprenait**, la noce venait d'ouvrir les parapluies […], le défilé s'**espaçait** dans la crotte tenant d'un trottoir à l'autre. Alors, deux voyous **crièrent** à la chienlit ; des promeneurs **accoururent** ; des boutiquiers, l'air amusé, se **haussèrent** derrière leurs vitrines. ZOLA, *L'Assommoir*, 1877.
Le passé simple	• met en avant les actions passées **par opposition à l'imparfait**. • traduit des **faits ponctuels**, **limités dans le temps**, et qui ont eu lieu à un moment précis. • temps privilégié du **récit**.	
Le futur simple	**futur de certitude** : montre un fait futur comme **certain**.	**Ex. :** « Je vous **paierai**, lui dit-elle,/Avant l'août, foi d'animal. » LA FONTAINE, *Fables*, 1668.
	futur de vérité générale : a la même valeur que le présent de **vérité générale**.	**Ex. :** « Selon que vous **serez** puissant ou misérable,/Les jugements de cour vous **rendront** blanc ou noir. » LA FONTAINE, *Fables*, 1668.

• Les temps composés

Le passé composé	exprime **l'accompli** ou **l'antériorité par rapport au présent**.	**Ex. :** Venez à table, j'**ai préparé** le repas./Depuis que son père **est parti**, il n'est plus le même.
Le plus-que-parfait	exprime **l'antériorité par rapport à l'imparfait**	**Ex. :** Je savais qu'il nous **avait caché** une partie de sa vie.
Le passé antérieur	exprime **l'antériorité par rapport au passé simple, au passé composé, à l'imparfait.**	**Ex. :** Tout le monde se mit à rire dès qu'il **eut quitté** la table.
Le futur antérieur	exprime **l'antériorité par rapport au futur**	**Ex. :** Quand tu **auras terminé** ton repas, tu pourras aller jouer.

LE MODE SUBJONCTIF

Le **subjonctif** indique que l'action est soumise à un sentiment, à un doute, une incertitude.
Il compte quatre temps : présent, passé, imparfait, plus-que-parfait.

Dans les indépendantes ou les principales	exprime **l'ordre** (pour les personnes qui n'existent pas à l'impératif) ou **le souhait.**	**Ex. :** Qu'il **sorte** immédiatement. / **Puissent** les dieux m'entendre.
Dans les propositions subordonnées conjonctives	**après le verbe de la principale :** quand le verbe de la principale exprime ordre, défense, doute, crainte, souhait… (*préférer, ordonner, approuver…*), le verbe de la proposition subordonnée complétive est au subjonctif.	**Ex. :** Je doute qu'il **ait obtenu** satisfaction.
	après certaines locutions conjonctives, le verbe est au subjonctif dans la proposition subordonnée circonstancielle quand celle-ci est introduite par : *à condition que* / *de façon que* / *pour peu que* *à moins que* / *de peur que* / *pour que* *à supposer que* / *en admettant que* / *pourvu que* *afin que* / *encore que* / *quoique* *avant que* / *jusqu'à ce que* / *si tant est que* *bien que* / *non que* / *soit que… soit que…* *de crainte que* / *sans que* **Attention :** la conjonction *après que* est suivie de l'indicatif. **Ex. :** Il est arrivé juste après qu'on l'**a appelé**.	**Ex. :** Je le verrai avant qu'il **ait embarqué**.

LE MODE IMPÉRATIF

L'**impératif** exprime l'ordre ou le conseil.

LE CONDITIONNEL

Le **conditionnel** exprime l'éventualité, les faits incertains voire irréels.

Valeur temporelle		**futur dans le passé :** marque un fait futur par rapport à un moment passé.	**Ex. :** Il affirma qu'il **reviendrait**.
Valeur modale	**Expression du potentiel**	fait présenté comme encore possible.	**Ex. :** Si tu venais demain, je **serais** content.
	Expression de l'irréel	**irréel du présent :** l'action n'est pas réalisable dans le présent.	**Ex. :** Si j'étais en ce moment en vacances, je me **reposerais**.
		irréel du passé : l'action ne s'est pas réalisée dans le passé.	**Ex. :** Si tu étais venu hier, j'**aurais été** content.
	L'incertitude	• exprime un fait incertain. • souvent employé par les journalistes.	**Ex. :** Le criminel **serait** sur le point d'être arrêté.
	La demande atténuée	• permet de **nuancer le propos.** • souligne **la politesse de la demande.**	**Ex. :** M'**aideriez**-vous à porter ma valise ?

1 RECONNAÎTRE LES CLASSES GRAMMATICALES ✱

1. Indiquez la classe grammaticale des mots en gras dans les phrases suivantes.

a. Ce **scientifique** fait des découvertes extraordinaires grâce à son **savoir** exceptionnel.
b. Même s'il se livre parfois à des expériences **scientifiques** dangereuses, son patron ne veut pas le **savoir**.
c. Je **parcours** chaque jour une vingtaine de kilomètres pour aller travailler.
d. Le **parcours** de la manifestation va de la place de la Bastille à celle de la République.
e. Mon chien respire **fort**, il a chaud.
f. Le **fort** déploie ses remparts au bord du fleuve.
g. Seul un homme exceptionnellement **fort** pourrait soulever cette masse !
h. Cette **tâche** est au-dessus de mes forces.
i. **Tâche** de te dépêcher !

2. Indiquez la classe grammaticale des mots en gras dans le texte suivant.

On partit, et le petit Poucet ne découvrit rien de tout ce qu'il savait **à ses** frères. Ils allèrent dans **une** forêt **fort** épaisse, **où** à dix pas de distance **on** ne se voyait pas l'un l'autre. Le Bûcheron se mit à couper du bois et **ses** enfants à ramasser les broutilles pour faire **des** fagots. Le père et la mère, les voyant occuper à travailler, s'éloignèrent d'eux **insensiblement, et puis** s'enfuirent tout à coup par un sentier détourné. […] **Lorsque ces** enfants se virent seuls, il se mirent à crier et à pleurer de toute **leur** force.

Charles Perrault, *Le Petit Poucet*, 1697.

2 RECONNAÎTRE LES COMPLÉMENTS D'OBJET ✱✱

Dans les phrases suivantes, tous les verbes conjugués sont transitifs. Repérez les COD, COI et COS.

a. Il observait le jardin et espérait le retour du beau temps.
b. Le professeur parle des résultats de Marc à ses parents.
c. Il songe sans cesse à son amie hospitalisée.
d. Il sua sang et eau pour achever son marathon.
e. Paul ne respecte rien ni personne, il ne s'occupe que de lui.
f. Elle a demandé à son frère de l'aider à déménager.
g. Les fourmis traînaient péniblement une énorme brindille.
h. Il s'adressa grossièrement à la jeune femme.
i. L'auteur a écrit une lettre à son éditeur.

3 IDENTIFIER LA CONSTRUCTION DU VERBE ✱✱

Indiquez si les verbes en gras sont transitifs directs, transitifs indirects ou intransitifs.

a. Il **dîne** rapidement puis **essaie** de lire, mais il ne **comprend** pas toujours ce qu'il **lit** car sa vue **baisse** et il **distingue** à peine les mots.
b. Comme minuit **approchait**, le carrosse **redevint** citrouille. Cendrillon **devint** pâle et **courut** pour échapper aux regards des invités.
c. Les jours **passent**, il **s'ennuie** et **tourne** en rond. Il ne **parle** plus à personne. Il **semble** bien morose.

4 INDIQUER ET ANALYSER LES FONCTIONS ✱✱✱

1. Dans le texte suivant, indiquez la fonction des éléments en gras : sujet, COD, complément d'agent ou CCL.

a. Ce garçon aime **la nuit**.
b. Mon père travaille **la nuit**.
c. Alors, sombre et douce, arriva **la nuit**
d. Je n'aime pas **la pluie**.
e. Soudain, violente mais bienfaitrice, tomba **la pluie** que les habitants n'espéraient plus.
f. Elle est passée **par la fenêtre**.
g. L'enfant désobéissant a été grondé **par ses parents**.

2. Indiquez la fonction des éléments en gras et précisez leur importance dans la création de l'« effet de réel ».

Le Doubs coule **à quelques centaines de pieds au-dessous de ses fortifications** bâties jadis **par les Espagnols**, et maintenant ruinées.

Verrières est abritée du côté nord **par une haute montagne**, c'est une des branches du Jura. Les cimes brisées du Verra se couvrent **de neiges dès les premiers froids d'octobre**. Un torrent, qui se précipite de la montagne, traverse Verrières **avant de se jeter dans le Doubs**, et donne le mouvement **à un grand nombre de scies à bois** ; c'est une industrie fort simple et qui procure un certain bien-être **à la majeure partie des habitants plus paysans que bourgeois.** […]

Stendhal, *Le Rouge et le noir*, 1830.

5 BÂTIR UNE INTERPRÉTATION ✱✱✱

a. Indiquez la classe grammaticale et la fonction des éléments en gras.

b. Quel rôle jouent-ils dans la satire développée par La Rochefoucauld ?

294. **Nous** aimons toujours **ceux qui nous** admirent ; et **nous** n'aimons pas toujours **ceux que nous** admirons.

La Rochefoucauld, *Maximes et réflexions diverses*, 1664.

1 RECONNAITRE LES VALEURS DU PRÉSENT ❁

Indiquez les valeurs des présents mis en gras.

1 Vers dix heures, dans une sorte d'agonie, je me traînai au monastère. [...]

Un peuple immense remplissait l'église. On me **conduit** au banc du sanctuaire; je me **précipite** à genoux sans presque savoir où j'étais, ni à quoi j'étais résolu. Déjà le prêtre attendait à l'autel; tout à coup la grille mystérieuse s'**ouvre**, et Amélie s'**avance** [...].

CHATEAUBRIAND, *René*, 1802

2 Il **faut**, autant qu'on **peut**, obliger tout le monde:
On **a** souvent besoin d'un plus petit que soi.

Jean DE LA FONTAINE, *Fables*, 1668.

3 *Croisset, le 16 septembre 1853*

Enfin me revoilà en train! [...] Ne **blâme** pas mes roidissements[1], bonne chère Muse, **j'ai** l'expérience[2] qu'ils servent. Rien ne s'**obtient** qu'avec effort; tout **a** son sacrifice. [...] N'en **est**-il pas de la vie d'artiste, ou plutôt d'une œuvre d'Art à accomplir, comme d'une grande montagne à escalader? Dur voyage, et qui **demande** une volonté acharnée! D'abord on **aperçoit** d'en bas une haute cime. Dans les cieux, elle est étincelante de pureté, elle est effrayante de hauteur, et elle vous **sollicite** cependant à cause de cela même. On **part**. Mais à chaque plateau de la route, le sommet **grandit**, l'horizon se **recule**, on **va** par les précipices, les vertiges et les découragements.

1. mon intransigeance (mon exigence) – 2. assurance.

Gustave FLAUBERT, *Lettres à Louise Colet*, 1845-1855.

2 DISTINGUER LES VALEURS DE L'IMPARFAIT ❁❁

Indiquez la valeur des verbes à l'imparfait.

1 Tout le jour, sans s'arrêter, Mme Kergaran montait et descendait cette spirale, occupée dans ce logis en tiroir comme un capitaine à son bord.

Guy DE MAUPASSANT, *La Patronne*, 1884.

2 Le prêtre [...] expliqua même à Bovary que le Seigneur, quelquefois, prolongeait l'existence des personnes lorsqu'il le jugeait convenable pour leur salut [...].

Gustave FLAUBERT, *Madame Bovary*, 1857.

3 Eugène de Rastignac avait un visage tout méridional, le teint blanc, des cheveux noirs, des yeux bleus. Sa tournure, ses manières, sa pose habituelle dénotaient le fils d'une famille noble.

BALZAC, *Le Père Goriot*, 1835.

3 REPÉRER LES VALEURS DU CONDITIONNEL ❁❁

Relevez les verbes au conditionnel dans le texte suivant et donnez leur valeur.

Tu devrais me rendre grâces encore du sacrifice que je t'ai fait; de ce que je me suis abaissée jusqu'à te paraître fidèle; de ce que j'ai lâchement gardé dans mon cœur ce que j'aurais dû faire paraître à toute la terre; enfin, de ce que j'ai profané la vertu en souffrant qu'on appelât de ce nom ma soumission à tes fantaisies.

Tu étais étonné de ne point trouver en moi les transports de l'amour; si tu m'avais bien connue, tu y aurais trouvé toute la violence de la haine.

Mais tu as eu longtemps l'avantage de croire qu'un cœur comme le mien t'était soumis: nous étions tous deux heureux; tu me croyais trompée, et je te trompais.

Ce langage sans doute te paraît nouveau. Serait-il possible qu'après t'avoir accablé de douleurs, je te forçasse encore d'admirer mon courage?

MONTESQUIEU, *Lettres persanes*, lettre 161, 1721.

4 INDIQUER TEMPS ET VALEUR ❁❁❁

Indiquez les temps des verbes et leur valeur.

1 Lucien ne voyait rien de ces choses; l'accueil plus que froid dont il était l'objet, il ne l'attribuait qu'à l'éloignement des êtres grossiers pour les gens de bonne compagnie. Il eût repoussé comme un leurre tout témoignage de bienveillance, et néanmoins cette haine contenue, mais unanime, qu'il lisait dans tous les yeux, lui serrait le cœur. Le lecteur est supplié de ne pas le prendre tout à fait pour un sot: ce cœur était bien jeune encore. [...]

STENDHAL, *Lucien Leuwen*, 1834.

2 J'habitais alors, dit Georges Kervelen, une maison meublée, rue des Saints-Pères. Quand mes parents décidèrent que j'irais faire mon droit à Paris, de longues discussions eurent lieu pour régler toutes choses. Le chiffre de ma pension avait été d'abord fixé à deux mille cinq cents francs, mais ma pauvre mère fut prise d'une peur qu'elle exposa à mon père: «S'il allait dépenser mal tout son argent et ne pas prendre une nourriture suffisante, sa santé en souffrirait beaucoup. Ces jeunes gens sont capables de tout.»
Alors il fut décidé qu'on me chercherait une pension, une pension modeste et confortable, et que ma famille en paierait directement le prix, chaque mois. [...]
Des voisins à qui on demanda conseil indiquèrent une compatriote, Mme Kergaran, qui prenait des pensionnaires. Mon père donc traita par lettres avec cette personne respectable, chez qui j'arrivai, un soir, accompagné d'une malle.

Guy DE MAUPASSANT, *La Patronne*, 1884.

LE GROUPE NOMINAL – LA PROPOSITION SUBORDONNÉE RELATIVE

Le groupe nominal est composé d'au minimum un nom et de son déterminant, le **noyau** du groupe, auquel on peut ajouter différentes **expansions du nom : adjectif qualificatif épithète**, **apposition**, **complément du nom** ou **proposition subordonnée relative**.
La proposition subordonnée relative est introduite par un **pronom relatif** et complète l'**antécédent**.

LA PROPOSITION SUBORDONNÉE RELATIVE

• La construction d'une proposition relative

	Types	Fonctions	Exemples
Le pronom relatif	• pronoms **relatifs simples** : *qui, que (qu'), quoi, dont, où*. • pronoms **relatifs composés** : *lequel, laquelle, lesquels, lesquelles, duquel*, etc.	• sujet • COD • complément du nom • complément circonstanciel de temps • complément d'agent…	**Ex. :** J'aime les tableaux **que Friedrich a peints** (*que* : pronom relatif COD du verbe « peindre »).
Les relatives déterminatives et explicatives	**déterminative :** la supprimer modifie le sens de la phrase.	épithète	**Ex. :** Les élèves de seconde **qui ont l'option italien** feront un voyage à Rome. / Les élèves de seconde**, qui ont l'option italien,** feront un voyage à Rome.
	explicative : • la supprimer ne modifie pas le sens de la phrase. • est en principe séparée de l'antécédent par une virgule et peut être parfois très éloignée du nom	apposition	

• Les modes de la proposition subordonnée relative

L'indicatif	exprime un **fait réel.**	**Ex. :** Les élèves **dont les dossiers étaient complets** ont pu s'inscrire.
Le subjonctif	exprime un **fait souhaité, possible.**	**Ex. :** Je cherche une maison **qui soit disponible tout de suite.**

LES AUTRES EXPANSIONS DU NOM

L'épithète	adjectif qualificatif **qui se place soit avant soit après le nom**, selon l'usage.	**Ex. :** une **vieille** voiture/une voiture **blanche.**
L'apposition	nom ou groupe de mots qui **complète le nom** (« apposé » signifie « posé à côté »), **mais qui en est séparé par une pause**, matérialisée par une virgule.	**Ex. : Noirs et menaçants,** les nuages envahissent le ciel.
Le complément du nom	**groupe constitué d'une préposition** (*de, à, en* le plus souvent) **et d'un nom**, éventuellement d'un pronom ou d'un infinitif.	**Ex. :** Barbe-Noire était le capitaine **des corsaires.** Il surveillait le rôle **de chacun.** Les matelots vivaient dans la crainte **de couler.**

LES SUBORDONNÉES COMPLÉTIVES ET CIRCONSTANCIELLES

• Les propositions subordonnées complétives sont **essentielles** dans la phrase : **elles ne peuvent être ni déplacées ni supprimées.**

• Les propositions subordonnées circonstancielles sont **facultatives** : elles **peuvent être déplacées ou supprimées.**

LES PROPOSITIONS SUBORDONNÉES COMPLÉTIVES

	Emploi	Fonctions	Exemples
Conjonctives	• **introduites par** la conjonction ***que*** ou par les locutions conjonctives ***à, de, en ce que.*** • peuvent occuper la plupart des **fonctions du nom** dans la phrase.	COD	Ex. : Je voudrais **que tu viennes.**
		COI	Ex. : Je m'attends **à ce qu'il arrive d'un instant à l'autre.**
		sujet	Ex. : **Que tu sois si heureux** me réjouit.
		attribut	Ex. : L'important est **que nous soyons tous réunis.**
Interrogatives indirectes	introduites par ***si, (ce) qui, quand, où, pourquoi…***	toujours COD d'un verbe exprimant l'interrogation ou l'ignorance	Ex. : Je me demande **s'il trouvera la maison.**

LES PROPOSITIONS SUBORDONNÉES CIRCONSTANCIELLES

Emploi	Fonctions	Exemples
• introduites par **une conjonction de subordination** (*quand, puisque…*) ou **une locution conjonctive** (*pour que, bien que…*). • occupent **la fonction de compléments circonstanciels.**	temps	Ex. : **Quand les beaux jours arriveront,** nous irons en week-end à la campagne.
	cause	Ex. : **Puisqu'il ne nous a pas attendus,** nous rentrons sans lui.
	conséquence	Ex. : Ils sont **tellement** heureux **qu'ils sautent de joie.**
	concession	Ex. : **Bien qu'il soit paresseux,** il arrive à progresser.
	but	Ex. : Prends tes dispositions **afin que nous puissions nous voir la semaine prochaine.**
	hypothèse	Ex. : **S'il fait beau demain,** nous irons à la plage.

1 RECONNAÎTRE LES EXPANSIONS DU NOM ✻

Indiquez quel est le type d'expansion des noms en gras.

1 La mère répondait : « Qu'a-t-il besoin de tant savoir ? Nous en ferons un **homme** des champs, un **gentilhomme** campagnard. Il cultivera ses terres comme font beaucoup de nobles. Il vivra et vieillira heureux dans cette **maison** où nous aurons vécu avant lui, où nous mourrons. Que peut-on demander de plus ? »

Guy de Maupassant, *Une vie*, 1883.

2 Nous courions à pleine **voile** vers la terre, lorsque nous aperçûmes une **pirogue** qui venait du large et voguait vers la côte, se servant de sa voile et de ses pagaies. Elle nous passa de l'avant et se joignit à une infinité d'**autres** qui de toutes les parties de l'île accouraient au-devant de nous.

Louis-Antoine de Bougainville, *Voyage autour du monde*, 1771.

3 J'étais le seul garçon dans cette ronde, où j'avais amené une compagne toute jeune encore, Sylvie, une petite **fille** du hameau voisin, si vive et si fraîche avec ses yeux noirs, son profil singulier et sa peau légèrement hâlée !

Gérard de Nerval, « Sylvie » *Les Filles du feu*, 1854.

4 C'était une de ces coiffures d'ordre composite, où l'on retrouve les éléments du **bonnet** à poil, du chapska, du **chapeau** rond, de la **casquette** de loutre et du **bonnet** de coton, une de ces pauvres **choses**, enfin, dont la **laideur** muette a des **profondeurs** d'expression comme le **visage** d'un imbécile.

Gustave Flaubert, *Madame Bovary*, 1857.

2 ANALYSER LES EXPANSIONS DU NOM ✻✻

Identifiez les expansions du nom dans l'extrait qui suit. Quel rôle ont-elles dans la description ?

Bientôt la veuve se montre, attifée de son bonnet de tulle sous lequel pend un tour de faux cheveux mal mis, elle marche en traînassant ses pantoufles grimacées. Sa face vieillotte, grassouillette, du milieu de laquelle sort un nez à bec de perroquet, ses petites mains potelées, sa personne dodue comme un rat d'église, son corsage trop plein et qui flotte, sont en harmonie avec cette salle où suinte le malheur, où s'est blottie la spéculation, et dont Mme Vauquer respire l'air chaudement fétide sans en être écœurée.

Honoré de Balzac, *Le Père Goriot*, 1835.

3 REPÉRER DÉTERMINATIVES ET EXPLICATIVES ✻✻

Dans les extraits suivants, repérez les propositions subordonnées relatives, et précisez si elles sont explicatives ou déterminatives.

1 Ma veste, que les villageois m'avaient offerte lors de mon arrivée, présentait un pêle-mêle de poils de moutons, tantôt longs, tantôt courts, à l'extérieur, et une peau nue à l'intérieur. Je passai un long moment à choisir le texte, à cause de la superficie limitée de ma veste, dont la peau, par endroits, était abîmée, crevassée. Je recopiai le chapitre où Ursule voyage en somnambule.

Dai Sijie, *Balzac et la Petite Tailleuse chinoise*, 2000,
© Éditions Gallimard.

2 Je voudrais essayer de dire l'impression que la mer m'a causée, lors de notre première entrevue.

Pierre Loti, *Le Roman d'un enfant*, 1890.

3 Ayant poussé la porte qui chancelle,
Je me suis promené dans le petit jardin
Qu'éclairait doucement le soleil du matin,
Pailletant chaque fleur d'une humide étincelle.

Paul Verlaine, « Après trois ans », *Poèmes saturniens*, 1866.

4 REPÉRER LES RELATIVES ✻✻

Repérez les relatives, précisez leur nature – déterminative ou explicative – et indiquez la fonction de chaque pronom relatif.

Mme de Clèves, dont l'esprit avait été si agité, tomba dans une maladie violente sitôt qu'elle fut arrivée chez elle ; cette nouvelle vint à la cour. M. de Nemours était inconsolable ; sa douleur allait au désespoir et à l'extravagance. […] ; on sut enfin qu'elle était hors de cet extrême péril où elle avait été ; mais elle demeura dans une maladie de langueur qui ne laissait guère d'espérance de la vie.

Cette vue si longue et si prochaine de la mort fit paraître à Mme de Clèves les choses de cette vie de cet œil si différent dont on les voit dans la santé. La nécessité de mourir, dont elle se voyait si proche, l'accoutuma à se détacher de toutes choses, et la longueur de sa maladie lui en fit une habitude.

Madame de La Fayette, *La Princesse de Clèves*, 1678.

Écriture d'invention **Rédigez le portrait d'un personnage effrayant en utilisant au moins quatre propositions relatives. Prenez soin de changer à chaque fois de pronom relatif. Convoquez aussi les autres formes d'expansion du nom : adjectif qualificatif épithète, apposition, complément du nom.**

5 DISTINGUER RELATIVES ET CONJONCTIVES ✱✱

Identifiez les propositions subordonnées et précisez s'il s'agit de relatives ou de complétives.

En se promenant avec Corinne, Oswald s'aperçut que le souffle du vent avait un son harmonieux, et répandait dans l'air des accords qui semblaient venir du balancement des fleurs, de l'agitation des arbres, et prêter une voix à la nature. Corinne lui dit que c'étaient des harpes éoliennes que le vent faisait résonner et qu'elle avait placées dans quelques grottes du jardin, pour remplir l'atmosphère de sons aussi bien que de parfums.

Madame de STAËL, *Corinne ou l'Italie*, 1807.

6 TROUVER LA FONCTION DES CONJONCTIVES ✱✱

Indiquez la fonction des propositions subordonnées complétives conjonctives en gras.

a. Crois-tu **que le temps va s'améliorer** ?
b. Je me souviens **que nous nous étions bien amusés.**
c. **Que tu sois fatigué après ce long voyage** n'est pas très étonnant.
d. L'idéal serait **que tu arrives assez tôt.**
e. Nous veillerons **à ce qu'il se sente comme chez lui.**

7 INDIQUER LA VALEUR DES CIRCONSTANCIELLES ✱✱

Dans les phrases suivantes, relevez la conjonction ou la locution conjonctive introduisant la proposition subordonnée circonstancielle et indiquez-en la valeur.

a. Pendant que nous travaillons, ils s'amusent !
b. Je vais acheter ce livre, puisque tu me l'as recommandé.
c. Nous étions si impatients de vous voir que nous sommes venus tout de suite.
d. Bien qu'il ne fasse pas très froid, j'ai pris un pull.
e. Si tu t'appliques, tu peux réussir.
f. Elle est stressée parce qu'elle passe un examen.
g. Je vais vous expliquer les faits précisément, afin que vous compreniez ma réaction.

8 IDENTIFIER LES INTERROGATIVES INDIRECTES ✱✱

Identifiez les propositions subordonnées complétives interrogatives indirectes dans l'extrait suivant. Relevez le terme introducteur de chacune d'elles.

Cacambo demanda à un grand officier comment il fallait s'y prendre pour saluer Sa Majesté ; si on se jetait à genoux ou ventre à terre ; si on mettait les mains sur la tête ou sur le derrière ; si on léchait la poussière de la salle ; en un mot quelle était la cérémonie.

VOLTAIRE, *Candide*, 1759.

9 TRANSFORMER LES INTERROGATIVES DIRECTES ✱✱✱

Transformez les propositions interrogatives directes du texte en propositions subordonnées complétives interrogatives indirectes en variant les verbes introducteurs au passé simple, à la 3e personne du singulier. Veillez à opérer les changements qui s'imposent.

L'amour en lui-même est-il un crime ? N'est-il pas le plus pur ainsi que le plus doux penchant de la nature ? N'a-t-il pas une fin bonne et louable ? Ne dédaigne-t-il pas les âmes basses et rampantes ? N'anime-t-il pas les âmes grandes et fortes ? N'anoblit-il pas tous leurs sentiments ? Ne double-t-il pas leur être ? Ne les élève-t-il pas au-dessus d'elles-mêmes ? [...] Qu'as-tu donc fait que tu puisses te reprocher ? N'as-tu pas fait le choix d'un honnête homme ? N'est-il pas libre ? Ne l'es-tu pas ? Ne mérite-t-il pas toute ton estime ? N'as-tu pas toute la sienne ?

Jean-Jacques ROUSSEAU, *La Nouvelle Héloïse*, 1761.

10 IDENTIFIER LES PROPOSITIONS ✱✱✱

a. Identifiez les propositions subordonnées relatives, complétives et circonstancielles dans les textes suivants.

b. Quel est le rôle des propositions circonstancielles dans l'argumentation de Dom Juan ?

1 Il monta donc à tâtons à la Chambre de ses filles et s'approcha du lit où étaient les petits garçons, qui dormaient tous, excepté le petit Poucet, qui eut bien peur lorsqu'il sentit la main de l'Ogre qui lui tâtait la tête, comme il avait tâté celles de tous ses frères. L'Ogre qui sentit les Couronnes d'or :

« Vraiment, dit-il, j'allais faire là un bel ouvrage ; je vois bien que je bus trop hier au soir ».

Charles PERRAULT, *Le Petit Poucet*, 1697.

2 Ah ! Charlotte, je vois bien que vous ne me connaissez pas encore. Vous me faites grand tort de juger de moi par les autres ; et s'il y a des fourbes dans le monde, des gens qui ne cherchent qu'à abuser des filles, vous devez me tirer du nombre, et ne pas mettre en doute la sincérité de ma foi. Et puis votre beauté vous assure de tout. Quand on est faite comme vous, on doit être à couvert de toutes ces sortes de crainte ; vous n'avez point l'air, croyez-moi, d'une personne qu'on abuse ; et pour moi, je l'avoue, je me percerais le cœur de mille coups, si j'avais eu la moindre pensée de vous trahir.

MOLIÈRE, *Dom Juan*, 1665.

LES ACCORDS : GENRE ET NOMBRE

LE PRINCIPE DE BASE

Accords	Règles	Exemples
Pour accorder au féminin…	… on ajoute un « **e** ».	**Ex. :** le petit garçon → la petit**e** fille.
Pour accorder au pluriel…	… on ajoute un « **s** ».	**Ex. :** les petit**s** garçons → les petit**es** fille**s**.

LES CAS PARTICULIERS

• Les accords particuliers au féminin

Les adjectifs **en *-el, -eil, -en, -on, -et***	**doublent la consonne finale au féminin**, ainsi que ***pâlot, sot, vieillot***. **Exceptions :** *complet, concret, désuet, discret, inquiet, replet* et *secret*.	**Ex. :** partiel → partie**lle** ; simplet → simple**tte**.
Les adjectifs **en *-f, -x, -eau, -ou, -er, -eur***	**modifient la consonne ou la syllabe finale** et implique leur **transformation** au féminin.	**Ex. :** nouveau → nouve**lle** ; fou → fo**lle** ; enchanteur → enchant**eresse**.

• Les accords particuliers au pluriel : les pluriels en -x

Les adjectifs **en *-eau*** ou **en *-eu***	font leur **pluriel en *-x***. **Exceptions :** bleu/bleus.	**Ex. :** beau → beau**x** ; hébreu → hébreu**x**.
Les adjectifs **en *-al***	font leur **pluriel en *-aux***.	**Ex. :** cordial → cordia**ux**.
	Exceptions : *bancals, banals, fatals, finals, glacials, natals, navals, tonals…*	**Ex. :** un accord final → des accords finals.

• L'accord des adjectifs composés

Les adjectifs composés de **deux adjectifs**	on les **accorde tous les deux.**	**Ex. :** des enfants sourd**s**-muet**s**.
Les adjectifs composés **d'un adverbe et d'un adjectif**	on **accorde seulement l'adjectif** ; l'adverbe, lui, reste invariable.	**Ex. :** bien-aimé → bien-aimé**e**/ bien-aimé**s**/bien-aimé**es**.

• L'accord des adjectifs de couleur

En principe l'adjectif de couleur **s'accorde avec le nom.**

Ex. : un arbre vert, une robe verte, des yeux verts, des pommes vertes.

Les adjectifs de couleur étant **un nom à l'origine**	sont **invariables** (comme *or, argent, corail, orange, pêche, citron, marron, prune, lilas…*). **Exceptions :** *écarlate, fauve, mauve, pourpre, rose, incarnat*.	**Ex. :** un pull **marron**/des yeux **marron** (de la couleur du marron), un fauteuil **prune** (de la couleur d'une prune), une robe **corail** (de la couleur du corail).
Les adjectifs de couleur composés avec **adjectif + nom** ou **adjectif + adjectif**	sont **invariables**, comme *bleu ciel* (adjectif + nom) ou *gris-vert* (adjectif + adjectif).	**Ex. :** des foulards **jaune paille**, une chemise **vert tendre**.

1 ACCORDER AU FÉMININ ✲

Remplacez le nom masculin par un nom féminin de votre choix et faites l'accord nécessaire.

1. un enfant charmant – un garçon coquet – un goût amer – un signe discret – un regard furieux – un pull neuf – un plat bourguignon – un chien gentil – un terrain mou – un teint vermeil – un costume désuet – un visage pâlot – un malentendu idiot – un hôtel cher – un décor vieillot – un voyage aventureux – un beau travail – un élève attentif
2. un fil directeur – un regard songeur – un paysage enchanteur – un calme trompeur – un enfant majeur – un geste vengeur – un oiseau voleur – un enfant boudeur – un principe directeur – un vêtement tapageur – un regard réprobateur – un morceau mineur

2 ACCORDER AU PLURIEL ✲✲

Mettez les expressions suivantes au pluriel.

un grand foulard – un avis général – un tarif spécial – un vent glacial – un pays natal – un œil bleu – un invité snob – un centre commercial – un manteau kaki – un art martial – un conflit tribal – un fol espoir – un rideau épais – un cabinet médical

3 ACCORDER LES ADJECTIFS ✲✲

a. **Accordez les adjectifs avec le nom auquel ils se rapportent.**

b. **Remplacez ensuite « tous les hommes » par « toutes les femmes », dans la première proposition, et accordez les adjectifs en conséquence.**

Tous les hommes sont (menteur), (inconstant), (faux), (bavard), (hypocrite), (orgueilleux) et (lâche), (méprisable) et (sensuel) ; toutes les femmes sont (perfide), (artificieux), (vaniteux), (curieux) et (dépravé) ; le monde n'est qu'un égout sans fond où les phoques les plus informes rampent et se tordent sur des montagnes de fange.

Alfred de Musset, *On ne badine pas avec l'amour*, 1834.

4 DISTINGUER LE GENRE DES NOMS ✲✲

En vous aidant d'un dictionnaire, vérifiez le genre des noms de la liste 1, puis associez à ces noms les adjectifs de la liste 2, en faisant l'accord nécessaire.

1. armistice – octave – arôme – otarie – antidote – omoplate – intervalle – hymne – solde – effluve – ivoire – orbite – pétale – obélisque – tentacule – oasis – azalée
2. immédiat – musical – artificiel – apprivoisé – radical – déboîté – court – national – privé – délicat – blanc – facial – bleu – égyptien – long – verdoyant – fleuri

5 DISTINGUER ADJECTIFS ET ADVERBES ✲✲✲

Accordez les mots entre parenthèses s'ils sont adjectifs, ne les accordez pas s'ils sont adverbes.

a. La corde s'est cassée (net).
b. Ces photos sont (net).
c. Des herbes (dru) envahissent la cour.
d. L'avoine pousse (dru).
e. Ces tableaux valent (cher).
f. Cette toile-là n'est pas très (cher).
g. Les temps sont (dur).
h. Les rayons du soleil tapent (dur).
i. La cantatrice chante (fort).
j. Les rois ont construit des châteaux (fort).

6 ACCORDER LES ADJECTIFS COMPOSÉS ✲✲✲

Accordez les adjectifs composés avec le nom auquel ils se rapportent.

a. Je me méfie des gens (bien-pensant).
b. Les divinités grecques étaient (tout-puissant).
c. Les corbeaux aiment être (haut perché).
d. Dans le noir, il garde les yeux (grand ouvert).
e. Ses projets de film sont (mort-né).
f. Ce sont des personnages (héroï-comique).
g. Il a prononcé des paroles (aigre-doux).
h. Les chauffards étaient (ivre mort) au volant.
i. Des drapeaux (rouge et blanc).

7 ACCORDER LES ADJECTIFS DE COULEUR ✲✲✲

Accordez les adjectifs de couleur avec le nom auquel ils se rapportent.

a. Quelles belles roses (rouge) !
b. Au milieu des nuages (noir), vole un oiseau (jaune clair).
c. La mer (vert émeraude) s'offre à nous comme un trésor.
d. Elle déteste ses cheveux (châtain). Elle voudrait des reflets (blond cuivré).
e. Les robes des demoiselle d'honneur étaient (mauve) et décorées de rubans (vert pomme).
f. Ses lèvres (écarlate) attiraient le regard.

Écriture d'invention **Imaginez la description d'un paysage naturel féerique. Mobilisez les adjectifs suivants en procédant aux accords nécessaires en fonction des noms auxquels ils se rapportent.**

mauve – opalescent – merveilleux – jaune foncé – bleu turquoise – enchanteur – pourpre – azuré – violet – radieux – banal

L'ACCORD DU PARTICIPE PASSÉ

Le participe passé sert à former les temps composés ou la forme passive. Mais il peut aussi être employé comme adjectif qualificatif.

LA FORMATION DU PARTICIPE PASSÉ

1er groupe : -é
Ex. : Il a chant**é**

2e groupe : -i
Ex. : Il a r**i**

3e groupe : -u, -s, -t
Ex. : Il a cour**u**, promi**s**, écri**t**

L'ACCORD DU PARTICIPE PASSÉ

	Règles	Exemple
Sans auxiliaire	s'accorde en genre et en nombre **comme un adjectif.**	Ex. : **Accompagnée** de ses amis, elle s'est éloignée.
Employé avec l'auxiliaire *être*	s'accorde en genre et en nombre **avec le sujet du verbe conjugué.**	Ex. : « Vous êtes **assurés** de votre récompense. » MOLIÈRE, *L'École des femmes*, 1662.
Employé avec l'auxiliaire *avoir*	**ne s'accorde jamais avec le sujet du verbe conjugué,**	Ex. : Elle a **suivi** les conseils.
	mais s'**accorde avec le COD si celui-ci est placé avant l'auxiliaire.**	Ex. : « Répare tous les maux que m'a **faits** ton caprice ! » MOLIÈRE, *L'École des femmes*, 1662.
	Attention : il ne s'accorde pas si le COD est le pronom « en ».	Ex. : Les fleurs étaient nombreuses : il **en** a **cueilli** beaucoup.
Participe passé des verbes pronominaux	**Verbes essentiellement pronominaux ou à sens passif :** Le participe passé suit les mêmes règles que s'il était employé avec l'auxiliaire *être*. Il s'accorde avec le sujet du verbe.	Ex. : « Nous ne nous sommes pas **souvenus** de ce point. » MOLIÈRE, *L'École des femmes*, 1662.
	Verbes pronominaux à sens réfléchi ou réciproque : • **sans COD**, l'accord se fait **comme avec l'auxiliaire *être*.**	Ex. : Elle s'est **brûlée**.
	• **avec COD**, l'accord se fait **comme avec l'auxiliaire *avoir*.**	Ex. : Elle s'est **brûlé** les bras/ **les bras** qu'elle s'est **brûlés**.
	Attention : les participes passés des verbes dont la forme simple est **transitive indirecte** ne s'accordent pas.	Ex. : Ils se sont **plu/nui.** (*plaire* et *nuire* sont des transitifs indirects.)
Suivi d'un infinitif	• s'accorde avec le sujet de l'infinitif, si ce sujet est placé avant le verbe. • ne s'accorde pas dans les autres cas.	Ex. : Cette violoniste, nous l'avons **entendue** jouer à de nombreuses reprises./Il **les** a **vus** courir.
	Attention : les participes passés *laissé* et *fait* suivis d'un infinitif ne s'accordent pas.	Ex. : Il les a **laissé** entrer mais nous les avons **fait** patienter.

1 CONJUGUER AU PASSÉ COMPOSÉ ✿

Conjuguez tous les verbes au passé composé.

1 Et le soir descendit ainsi sur moi, – et les ténèbres vinrent, s'installèrent, et puis s'en allèrent, – et un jour nouveau parut, – et les brumes d'une seconde nuit s'amoncelèrent autour de moi, – et toujours je restais immobile dans cette chambre solitaire [...].

Edgar Allan Poe, « Bérénice », *Nouvelles histoires extraordinaires*, 1857, traduction de Charles Baudelaire.

2 Pamphile ne s'entretient pas avec les gens qu'il rencontre dans les salles ou dans les cours : si l'on en croit sa gravité et l'élévation de sa voix, il les reçoit, leur donne audience, les congédie. Il a des termes tout à la fois civils et hautains, une honnêteté impérieuse et qu'il emploie sans discernement ; il a une fausse grandeur qui l'abaisse, et qui embarrasse fort ceux qui sont des amis, et qui ne veulent pas le mépriser.

Jean de La Bruyère, « Pamphile », *Les Caractères*, 1688.

2 ACCORDER AVEC L'AUXILIAIRE AVOIR ✿✿

Accordez le participe passé des verbes entre parenthèses.

a. Les médias en ont (dire) beaucoup trop.
b. La surprise qu'on a (organiser) en son honneur lui a (faire) très plaisir.
c. Ses affaires, elle les a (détruire) sans remords.
d. Les candidats qu'elle a (entendre) n'étaient pas bons.
e. Comment as-tu (pouvoir) les croire ?
f. Les États-Unis l'ont toujours (fasciner).
g. Ignores-tu le nombre de lettres qu'elle leur a (écrire) ?
h. Ces fenêtres, je les ai (ouvrir) !
i. Les livres et les revues que Cathy a (feuilleter) à la librairie ne l'ont guère (inspirer)

3 CONJUGUER DES VERBES PRONOMINAUX ✿✿

a. Conjuguez les verbes entre parenthèses au passé composé.
b. Justifiez l'accord du participe passé.

a. Les livres (se vendre) très bien.
b. Elles (se sourire), elles (se parler), elles (se quitter),
c. Elles (s'embrasser).
d. Les manifestants (se rassembler) sur la place.
e. Les citadins (s'évader) à la campagne.
f. Il est important de respecter une règle qu'on (se fixer).
g. Les professeurs (s'arrêter) de travailler.
h. Ils (s'écrire) régulièrement pendant les vacances.
i. Il se (brûler) la main en bricolant un moteur.
j. Dès qu'ils s'(apercevoir), ils (se plaire).

4 ACCORDER LE PARTICIPE PASSÉ SUIVI D'UN INFINITIF ✿✿✿

Accordez le participe passé des verbes entre parenthèses.

a. Les footballeurs que j'ai (voir) jouer formaient une équipe formidable.
b. La moto, ils l'ont (faire) réparer par leur voisin !
c. Je les ai (laisser) faire des bêtises.
d. Sa passion est intacte comme une flamme qu'on a (oublier) d'éteindre.
e. L'air que nous avons (entendre) chanter est très drôle.
f. Elle ne les a pas (voir) souffrir.
g. Elle a (devoir) en rêver...
h. Tu as (aimer) les rencontrer.

5 CONJUGUER AU PASSÉ COMPOSÉ ✿✿✿

Recopiez ce texte en mettant tous les verbes conjugués à l'indicatif au passé composé.

Vous serez bien étonnée, Madame, en apprenant que je pars de chez vous aussi précipitamment. Cette démarche va vous paraître bien extraordinaire : mais que votre surprise va redoubler encore quand vous en saurez les raisons ! Peut-être trouverez-vous qu'en vous les confiant, je ne respecte pas assez la tranquillité nécessaire à votre âge ; que je m'écarte même des sentiment de vénération qui vous sont dus à tant de titres ? [...] Ayez pour moi les bontés maternelles ; je les implore.

Choderlos de Laclos, *Les Liaisons dangereuses*, lettre 102, 1782.

6 CONJUGUER AU PLUS-QUE-PARFAIT ✿✿✿

Recopiez ce texte en conjuguant les verbes en gras au plus-que-parfait.

[...] le berger, soigneux et attentif, **est** debout auprès de ses brebis ; il ne les **perd** pas de vue, il les **suit**, il les **conduit**, il les **change** de pâturages ; si elles se **dispersent**, il les **rassemble** ; si un loup avide **paraît**, il **lâche** son chien, qui le **met** en fuite ; il les **nourrit**, ils les **défend** ; l'aurore le **trouve** déjà en pleine campagne, d'où il ne se **retire** qu'avec le soleil : quels soins ! quelle vigilance ! quelle servitude !

Jean de La Bruyère, *Les Caractères*, 1688.

LES HOMONYMES

Les homonymes sont des mots distincts qui **une prononciation identique et des sens différents.**
Ils ont souvent des étymologies distinctes donc des entrées différentes dans les dictionnaires, ce qui permet de **distinguer homonymie et polysémie** (plusieurs sens pour un même terme).
Ex. : *opéra* est un terme polysémique. Il peut désigner : un lieu, un art, une pâtisserie.
Ils doivent être dissociés des **paronymes** : ce sont des mots qui ont une prononciation très proche pouvant occasionner des confusions.
Ex. : collision/collusion, dénuement/dénouement.

HOMOGRAPHES/HOMOPHONES

Homographes	homonymes ayant la même **forme écrite.**	**Ex. :** Le hibou ne **vole** que la nuit. « Celui qui a faim ? Il souffre, **vole** ou tue, mais il ne fait pas de phrases. » Jules RENARD, *Journal*, 1897.
Homophones	homonymes ayant **seulement la même prononciation.**	**Ex. :** « [La pension] est située dans le bas de la rue Neuve-Sainte-Geneviève, à l'endroit où le terrain s'abaisse **vers** la rue de l'Arbalète. » Honoré DE BALZAC, *Le Père Goriot*, 1835. « La vieille demoiselle Michonneau gardait sur ses yeux fatigués un crasseux abat-jour en taffetas **vert.** » Honoré DE BALZAC, *Le Père Goriot*, 1835. « Après avoir rempli le **verre** d'Eugène et celui du père Goriot, il s'en versa lentement quelques gouttes. » Honoré DE BALZAC, *Le Père Goriot*, 1835.

HOMONYMES LEXICAUX/HOMONYMES GRAMMATICAUX

Homonymes lexicaux	différenciés grâce à une meilleure connaissance du vocabulaire.	**Ex. :** Le caporal **sent** bien qu'une seule escouade de **cent** hommes ne peut **s'en** sortir sans que le **sang** ne coule. **Ex. :** Le **mousse** prit peur lorsqu'il aperçut la **mousse** qui s'était formée à bâbord. Elle indiquait une zone de récifs dangereuse.
Homonymes grammaticaux	• reconnus en s'appuyant sur les **règles de la grammaire.** • ces termes appartiennent à des **catégories grammaticales différentes,** s'écrivent de manières différentes, mais sont source de nombreuses confusions.	**Ex. :** L'homme **est** dans la voiture **et** il attend patiemment jusqu'à ce que son complice lui **ait** donné le signal.

LES HOMONYMES GRAMMATICAUX LES PLUS COURANTS

Ce	déterminant (***ce*** *vase*) ou pronom démonstratif (***ce*** *qui les motive*).
Se	pronom personnel (toujours employé avec les verbes pronominaux : *il* ***se*** *lave*).
Ceux	pronom démonstratif masculin pluriel (***ceux*** *d'entre vous*).

À	préposition : elle établit un lien de subordination entre des mots.
A	verbe *avoir*, présent, 3e pers. du sing.
As	verbe *avoir*, présent, 2e pers. du sing.
Ah	interjection (*Ah ! Que c'est beau !*).
Ha	interjection (*Ha ! Vous ici !*) ou onomatopée (*Je ris ! Ha, ha, ha !*).

1 DÉFINIR DES HOMONYMES ✻

Donnez le sens de chaque homonyme.

a. cœur/chœur
b. héros/héraut
c. ancre/encre
d. filtre/philtre

2 CHERCHER DES HOMONYMES ✻

Cherchez un ou plusieurs homonymes pour les termes suivants puis composez une phrase contenant chaque série d'homonymes.

a. pair b. air c. sens d. chair

3 ANALYSER LES EFFETS DE L'HOMONYMIE ✻✻

Dans le texte suivant, relevez les jeux de mots basés sur l'utilisation de l'homonymie. Analysez l'effet produit.

Mon père est marinier
Dans cette péniche
Ma mère dit la paix niche
Dans ce mari niais
Ma mère est habile
Mais ma bile est amère
Car mon père et ses verres
Ont les pieds fragiles.

Bobby Lapointe, « Mon père et ses verres », *Comprend qui peut* (CD), 2009, © Label Mercury.

4 DISTINGUER *SES/CES/C'EST/S'EST/SAIT* ✻✻

Complétez les phrases suivantes par la forme grammaticale adéquate.

a. ... au XVIIe siècle que la tragédie classique ... imposée comme le genre majeur.
b. On ... que Racine et Corneille sont deux représentants de l'esthétique classique.
c. ... auteurs explorent l'âme et le cœur humains en exhibant, sur la scène, vices et passions.
d. ... pour cette raison que leur projet ... heurté à de vives critiques développées par certains doctes et moralistes
e. En effet, le théâtre classique, ... vu reprocher son immoralité.
f. On critiquait ... auteurs en les accusant de se complaire dans une description immorale de la passion et de ... expressions.

5 DISTINGUER *CE/SE/CEUX* ✻✻

Complétez les phrases suivantes par la forme grammaticale adéquate.

a. ... dont tu me parles sont des hypocrites qui ... moquent de ... que tu ressens.
b. Il faut que je parle de ... que je ressens, il faut que l'on ... voie.

6 SAVOIR DISTINGUER : *EST/ES/ET/AI/AIE/AIES/AIT/AIENT* ✻✻✻

Complétez les phrases suivantes par la forme grammaticale adéquate en justifiant vos réponses.

a. ... confiance en toi, n'... pas peur ... tu parviendras à gravir cette montagne.
b. Il faut que tu ... ton examen. Il ... nécessaire que tu décroches ce diplôme. Tu en ... capable, contrairement à ce que tu crois ... à ce que l'on dit.
c. Qu'ils ... raison ou tort, peu importe. Ce qui ... important c'est que tu ... suffisamment d'arguments pour remettre en cause leur point de vue.
d. ...-tu sûr d'avoir pris le bon chemin ? Que tu ... hésité m'inquiète. Il ne faudrait pas que l'on ... des problèmes en route ... que l'on n'arrive pas à l'heure.

7 DISTINGUER *QUOIQUE/QUOI QUE* ET *QUAND/QUANT/QU'EN* ✻✻✻

Complétez les phrases suivantes par la forme grammaticale adéquate en justifiant vos réponses.

a. (Quand, Quant, Qu'en) j'ai du temps libre, je lis.
b. Il affirme avoir raison (quoiqu', quoi qu') il dise.
c. (Quoique, Quoi que) très jeune, il fait preuve d'une grande volonté.
d. (Quant, Quand, Qu'en) à Elise, elle affirme (quand, quant, qu'en) passant par l'autre chemin, on arrive plus rapidement à destination.

8 CRÉER DES VERS HOLORIMES ✻✻✻

a. Lisez les vers suivants du Victor Hugo. Comment définiriez-vous des vers holorimes ?
b. Composez à votre tour deux vers holorimes qui fassent sens.

Et ma blême araignée, ogre illogique et las
Aimable, aime à régner, au gris logis qu'elle a

Victor Hugo, *Vers holorimes.*

Écriture d'invention **Écrivez un texte ayant du sens en convoquant un maximum d'homonymes grammaticaux et lexicaux. Identifiez-les clairement en les soulignant.**

PARTIE III

Outils d'analyse

▸▸▸ **Heinrich Campendonk,** *Le Faucheur rouge*, 1914, huile sur toile (80 x 90,5 cm), Kurpfälzisches Museum, Heidelberg, Allemagne.

LES FORMES DE DISCOURS

Le locuteur peut avoir diverses intentions : décrire, raconter, expliquer ou argumenter. Ces intentions déterminent le type de discours.

	But	Caractéristiques	Genres concernés	Fonctions
Le discours descriptif	Faire voir (lieu, personnage)	• Verbes d'état et de perception • Indications spatiales • Expansions du nom • Neutralité ou subjectivité (éloge, blâme)	• Nouvelle, roman • Théâtre (action impossible à représenter) • Poésie (épopée, fable) • Fait-divers, témoignage, etc.	• Informer • Expliquer (la psychologie par le portrait) • Fonction poétique ou symbolique
Le discours narratif	Raconter des faits ou des actions	• Verbes d'action • Organisation logique ou chronologique • Présence de personnages	• Nouvelle, roman, conte • Poésie (fable)	• Informer (biographie, récit historique) • Fonction esthétique (divertir) ou symbolique (mythe, légende)
Le discours explicatif	Faire comprendre	• Registre didactique • Présent de vérité générale • Vocabulaire précis et technique	• Dictionnaires, encyclopédies, romans • Notices d'utilisations, mode d'emploi, etc.	• Informer, expliquer • Donner l'illusion du réel (fonctionnement d'une machine dans un roman réaliste, etc.)
Le discours argumentatif	Défendre ou réfuter une thèse	• Implication du locuteur • Raisonnements • Arguments • Connecteurs logiques • Registre ironique, pathétique, polémique	• Littérature d'idées (essai, apologue, réquisitoire, plaidoyer, article de presse) • Roman • Poésie • Discours politique • Publicité	• Démontrer le bien-fondé d'une thèse • Faire adhérer le destinataire à la thèse
Le discours injonctif	Exprimer conseils ou ordres	• Modes de l'ordre (impératif 1re et 2e personne, subjonctif 3e personne, indicatif futur) et du conseil (infinitif) • Verbes exprimant l'ordre, le conseil, la défense • Présence du destinataire	• Mêmes genres que pour le discours argumentatif • Notices d'emploi, manuels de cuisine, etc.	• Agir sur le destinataire en lui donnant conseils ou recommandations

L'ÉNONCIATION

Le **locuteur** s'adresse à un **destinataire** pour lui transmettre un message, l'**énoncé**, dans un **lieu** et à un **moment** précis. Repérer les indices d'énonciation permet de mieux cerner les intentions du locuteur.

LES SITUATIONS D'ÉNONCIATION

Dialogue et débat	• Plusieurs **interlocuteurs** dialoguent. • **Le récit est interrompu** le temps du dialogue.	Ex. : Bouvard **dit** tout à coup : – « Ma foi ! si nous dînions ensemble ? » – « J'en avais l'idée ! » **reprit** Pécuchet » Gustave FLAUBERT, *Bouvard et Pécuchet*, 1881.
La parole solitaire	• **Monologue** de théâtre, **interventions** du narrateur ou de l'auteur. • **Débat fictif** ou **avec soi-même.** • Expression d'une **réflexion personnelle**.	Ex. : LORENZO, ***seul.*** – De quel tigre a rêvé ma mère enceinte de moi ? Alfred DE MUSSET, *Lorenzaccio*, 1834.
L'échange par lettres	• C'est le genre **épistolaire**. • Exclusivement fondé sur une situation de communication **écrite**. • On y retrouve **tous les indices de l'énonciation.**	Ex. : « **Savez-vous, Vicomte,** que **votre Lettre** est d'une insolence rare, et qu'il ne tiendrait qu'à **moi** de **m'**en fâcher ? » Choderlos DE LACLOS, *Les Liaisons dangereuses*, 1782.

LES INDICES D'ÉNONCIATION

• … qui varient en fonction de la situation d'énonciation

Les marques de la personne	**1re** et **2e** personnes qui permettent de repérer le locuteur et le destinataire.	Ex. : Ce n'est donc plus aux hommes que **je** m'adresse ; c'est à **toi**, Dieu de tous les êtres […]. VOLTAIRE, *Traité sur la tolérance*, 1763.
Les temps verbaux	temps du discours : **présent, passé composé** et **futur.**	Ex. : « Ne **craignez** point, mes frères ; mon Père et ma Mère nous **ont laissés** ici, mais je vous ramènerai bien au logis, suivez-moi seulement. » Charles PERRAULT, *Le Petit Poucet*, 1697.
Les indices de lieu, de temps et les démonstratifs	n'ont de sens que **par rapport à la position du locuteur.**	Ex. : « **Un jour** que je m'entretenais là-dessus avec un homme de **ce pays-ci** […] MONTESQUIEU, *Lettres persanes*, 1721.

• … qui révèlent l'avis du locuteur

Le lexique évaluatif	mots **péjoratifs** ou **mélioratifs** qui sont explicitement révélateurs d'une opinion.	Ex. : « Ô divinités de l'Olympe et du Styx, […] hâtez-vous de confondre ce **perfide**, cet **ingrat**, cet **impie**. » François FÉNELON, *Les Aventures de Télémaque*, 1699.
Les modalisateurs	termes qui expriment un degré de **certitude** ou d'**incertitude**, de **vérité** ou de **fausseté**.	Ex. : peut-être, assurément, certainement, paraître, sembler, croire…
Le conditionnel	exprime des faits **irréels** ou dont la réalisation est soumise à certaines **conditions**. Il suggère donc le **doute** du locuteur.	Ex. : Que **serais**-je sans toi qui vins à ma rencontre. Louis ARAGON, *Le Roman inachevé*, 1956.
Les effets d'expressivité	témoignent du sentiment ou du jugement du locuteur : les **types de phrases,** le **niveau de langue**, les **figures d'insistance**, etc.	Ex. : Manger l'herbe d'autrui ! quel **crime abominable** ! Jean DE LA FONTAINE, *Fables*, 1678-1679.

1 RECONNAÎTRE UNE FORME DE DISCOURS

Repérez la ou les formes de discours présente(s) dans les textes suivants en justifiant vos réponses.

1 *Dans une même diligence, se retrouvent huit voyageurs quittant la ville de Rouen : d'un côté six personnes de la bonne société, de l'autre un homme et une femme marginaux.*

Par un hasard étrange, toutes les femmes se trouvaient sur le même banc ; et la comtesse avait encore pour voisines deux bonnes sœurs qui égrenaient de longs chapelets en marmottant des *Pater* et des *Ave*[1]. L'une était vieille avec une face défoncée par la petite vérole[2] comme si elle eût reçu à bout portant une bordée de mitraille en pleine figure. L'autre, très chétive, avait une tête jolie et maladive sur une poitrine de phtisique[3] rongée par cette foi dévorante qui fait les martyrs et les illuminés.

En face des deux religieuses, un homme et une femme attiraient les regards de tous. [...]

La femme, une de celles appelées galantes, était célèbre par son embonpoint précoce qui lui avait valu le surnom de Boule de Suif. Petite, ronde de partout, grasse à lard, avec des doigts bouffis, étranglés aux phalanges, pareils à des chapelets de courtes saucisses ; avec une peau luisante et tendue, une gorge énorme qui saillait sous sa robe, elle restait cependant appétissante et courue, tant sa fraîcheur faisait plaisir à voir. Sa figure était une pomme rouge, un bouton de pivoine prêt à fleurir ; et là-dedans s'ouvraient, en haut, deux yeux noirs magnifiques, ombragés de grands cils épais qui mettaient une ombre dedans ; en bas, une bouche charmante, étroite, humide pour le baiser, meublée de quenottes luisantes et microscopiques.

Elle était de plus, disait-on, pleine de qualités inappréciables.

Aussitôt qu'elle fut reconnue, des chuchotements coururent parmi les femmes honnêtes, et les mots de « prostituée », de « honte publique » furent chuchotés si haut qu'elle leva la tête. Alors elle promena sur ses voisins un regard tellement provocant et hardi qu'un grand silence aussitôt régna, et tout le monde baissa les yeux à l'exception de Loiseau, qui la guettait d'un air émoustillé.

Mais bientôt la conversation reprit entre les trois dames, que la présence de cette fille avait rendues subitement amies, presque intimes. Elles devaient faire, leur semblait-il, comme un faisceau de leurs dignités d'épouses en face de cette vendue sans vergogne ; car l'amour légal le prend toujours de haut avec son libre confrère.

Guy De Maupassant, *Boule de Suif*, 1880.

1. prières. – 2. maladie affectant la peau. – 3. atteint de phtisie, une affection pulmonaire.

2 Lui. – Vous croyez que le même bonheur est fait pour tous. Quelle étrange vision ! Le vôtre suppose un certain tour d'esprit romanesque que nous n'avons pas ; une âme singulière, un goût particulier. Vous décorez cette bizarrerie du nom de vertu ; vous l'appelez philosophie. Mais la vertu, la philosophie sont-elles faites pour tout le monde ? En a qui peut. En conserve qui peut. Imaginez l'univers sage et philosophe ; convenez qu'il serait diablement triste.

Denis Diderot, *Le Neveu de Rameau*, 1762.

3 Traite des nègres (*Commerce d'Afrique*). C'est l'achat des nègres que font les Européens sur les côtes d'Afrique, pour employer ces malheureux dans leurs colonies en qualité d'esclaves. Cet achat de nègres, pour les réduire en esclavage, est un négoce qui viole la religion, la morale, les lois naturelles, et tous les droits de la nature humaine.

Chevalier Louis De Jaucourt, « Traite des nègres », *Encyclopédie*, 1766.

2 ANALYSER FORMES ET FONCTIONS

Après avoir indiqué la (les) forme(s) de discours présente(s) dans les extraits suivants, analysez pour chacun d'entre eux les intentions de l'auteur.

1 *Albe et Rome sont en guerre : un combat entre trois guerriers de chaque camp, les Horaces pour Rome contre les Curiaces pour Albe, doit décider de la victoire. Or les deux familles sont liées : Camille, une sœur des Horaces, est fiancée à l'un des Curiaces et inversement, Sabine, une sœur des Curiaces a épousé l'un des Horaces.*

Valère. –
Il fuit pour mieux combattre, et cette prompte ruse
Divise adroitement trois frères qu'elle abuse.
Chacun le suit d'un pas ou plus ou moins pressé,
Selon qu'il se rencontre[1] ou plus ou moins blessé ;
Leur ardeur est égale à poursuivre sa fuite ;
Mais leurs coups[2] inégaux séparent leur poursuite[3].
Horace, les voyant l'un de l'autre écartés,
Se retourne, et déjà les croit demi-domptés :
Il attend le premier, et c'était votre gendre[4].
L'autre, tout indigné qu'il ait osé l'attendre,
En vain en l'attaquant fait paraître un grand cœur[5] ;
Le sang qu'il a perdu ralentit sa vigueur.
Albe à son tour commence à craindre un sort contraire ;
Elle crie au second qu'il secoure son frère :
Il se hâte et s'épuise en efforts superflus ;
Il trouve en les joignant[6] que son frère n'est plus.
Camille. – Hélas !
Valère. – Tout hors d'haleine il prend pourtant sa place,
Et redouble bientôt la victoire d'Horace :
Son courage sans force est un débile[7] appui ;
Voulant venger son frère, il tombe auprès de lui.
L'air résonne des cris qu'au ciel chacun envoie ;
Albe en jette d'angoisse, et les Romains de joie.
[...]

La victoire entre eux deux n'était pas incertaine ;
L'Albain percé de coups ne se traînait qu'à peine[8],
Et comme une victime aux marches de l'autel,
Il semblait présenter sa gorge au coup mortel :
Aussi le reçoit-il, peu s'en faut, sans défense,
Et son trépas de Rome établit la puissance.

Pierre CORNEILLE, *Horace*, 1640.

1. il se trouve. – 2. les coups qu'ils ont reçus. – 3. séparent les poursuivants. – 4. Curiace fiancé à Camille. – 5. courage. – 6. rejoignant. – 7. physiquement faible. – 8. avec peine.

2 Quoiqu'elle fût au fond une excellente femme, madame Mauperin manquait rarement l'occasion de rabaisser ainsi, avec des expressions d'un mépris et d'un dégoût superbes, la fortune, l'origine, la position de toutes les personnes qu'elle connaissait. Ce n'était point par méchanceté, par plaisir de calomnier ou de médire ; ce n'était point davantage par envie : elle niait la considération, l'honorabilité, elle niait même les revenus qu'on prêtait aux gens, simplement par un prodigieux orgueil bourgeois, par la conviction que, hors de son sang, il n'y avait point de sang pur, hors de sa famille point d'honnête famille, hors des siens rien que des gueux ou à peu près [...].

Edmond et Jules DE GONCOURT, *Renée Mauperin*, 1864.

3 *Gervaise, héroïne du roman, est emmenée par Coupeau, zingueur qui la courtise, à l'Assommoir, débit de boissons : elle veut savoir comment fonctionne l'alambic (appareil qui permet la distillation de l'alcool).*

Elle eut la curiosité d'aller regarder, au fond, derrière la barrière de chêne, le grand alambic de cuivre rouge, qui fonctionnait sous le vitrage clair de la petite cour ; et le zingueur[1], qui l'avait suivie, lui expliqua comment ça marchait, indiquant du doigt les différentes pièces de l'appareil, montrant l'énorme cornue d'où tombait un filet limpide d'alcool. L'alambic, avec ses récipients de forme étrange, ses enroulements sans fin de tuyaux, gardait une mine sombre ; pas une fumée ne s'échappait ; à peine entendait-t-on un souffle intérieur, un ronflement souterrain ; c'était comme une besogne de nuit faite en plein jour, par un travailleur morne, puissant et muet.

Émile ZOLA, *L'Assommoir*, 1877.

1. ouvrier spécialisé dans les travaux de couverture en zinc.

Écriture d'invention **En une vingtaine de lignes, traitez l'un des sujets suivants.**

Sujet 1 : Rédigez une fable (en prose ou en vers) qui, tout en contenant un récit, délivrera explicitement un enseignement de votre choix.

Sujet 2 : Écrivez, en vers ou en prose, un court texte injonctif invitant vos camarades lycéens à se montrer écoresponsables et à respecter leur environnement.

3 REPÉRER LES CARACTÉRISTIQUES DES DISCOURS ✻✻✻

D'après **Paul Hadol**, *Caricature de Napoléon III*, vers 1870, lithographie, The British Library.

a. En vous appuyant sur la représentation qui est faite de Napoléon III, dites en quoi le dessin et le poème sont argumentatifs.

b. Quel temps et quel mode verbal dominent dans le poème ?

c. À qui s'adresse le poète ? Repérez les marques désignant le destinataire de ce poème.

d. À partir des réponses aux questions b et c, identifiez une autre forme de discours présente dans cet extrait et expliquez sa fonction.

Victor Hugo était un opposant virulent à Napoléon III dont il contestait la légitimité.

– Français ! craignez d'avoir un jour pour repentirs
Les pleurs des innocents et les os des martyrs !
Brise l'homme sépulcre[1], ô France ! ressuscite !
Arrache de ton flanc ce Néron[2] parasite !
Sors de terre sanglante et belle, et dresse-toi,
Dans une main le glaive et dans l'autre la loi ! –
Jeter ce cri du fond de son âme proscrite[3],
Attaquer le forban[4], démasquer l'hypocrite.

Victor HUGO, « Le Parti du Crime »,
Les Châtiments, 1853.

1. tombeau ou monument funéraire.
2. empereur romain connu pour être un tyran.
3. bannie, exclue.
4. homme qui ne respecte aucun droit.

1 REPÉRER LES INDICES D'ÉNONCIATION

a. Repérez les indices permettant d'identifier le locuteur, le destinataire, le lieu et le moment de l'énonciation.
b. Résumez la situation d'énonciation dans un paragraphe rédigé.

À Madame de Grignan[1]

À Livry, ce mardi saint 24e mars 1671.

Il y a trois heures que je suis ici, ma pauvre bonne. Je suis partie de Paris avec l'abbé Hélène, Hébert et Marphise, dans le dessein de me retirer ici du monde et du bruit jusqu'à jeudi au soir. Je prétends être en solitude ; je fais de ceci une petite Trappe[2] ; je veux y prier Dieu, y faire mille réflexions. J'ai dessein d'y jeûner beaucoup par toutes sortes de raisons ; marcher pour tout le temps que j'ai été dans ma chambre, et sur le tout m'ennuyer pour l'amour de Dieu. Mais, ma pauvre bonne, ce que je ferai beaucoup mieux que tout cela, c'est de penser à vous. Je n'ai pas encore cessé depuis que je suis arrivée, et ne pouvant tenir tous mes sentiments, je me suis mise à vous écrire au bout de cette petite allée sombre que vous aimez, assise sur ce siège de mousse où je vous ai vue quelquefois couchée. Mais, mon Dieu, où ne vous ai-je point vue ici ? et de quelle façon toutes ces pensées me traversent-elles le cœur ? Il n'y a point d'endroit, point de lieu, ni dans la maison, ni dans l'église, ni dans le pays, ni dans le jardin, où je ne vous aie vue ; il n'y en a point qui ne me fasse souvenir de quelque chose de quelque manière que ce soit ; et de quelque façon que ce soit aussi, cela me perce le cœur. Je vous vois, vous m'êtes présente ; je pense et repense à tout ; ma tête et mon esprit se creusent : mais j'ai beau tourner, j'ai beau chercher ; cette chère enfant que j'aime avec tant de passion est à deux cents lieues de moi ; je ne l'ai plus. Sur cela je pleure sans pouvoir m'en empêcher ; je n'en puis plus, ma chère bonne : voilà qui est bien faible, mais pour moi, je ne sais point être forte contre une tendresse si juste et si naturelle. Je ne sais en quelle disposition vous serez en lisant cette lettre. Le hasard peut faire qu'elle viendra mal à propos, et qu'elle ne sera peut-être pas lue de la manière qu'elle est écrite. À cela je ne sais point de remède ; elle sert toujours à me soulager présentement ; c'est tout ce que je lui demande. L'état où ce lieu ici m'a mise est une chose incroyable. Je vous prie de ne me point parler de mes faiblesses ; mais vous devez les aimer et respecter mes larmes, qui viennent d'un cœur tout à vous.

Mme DE SÉVIGNÉ, *Lettres*, 1671.

1. Mme de Sévigné s'adresse à sa fille.
2. allusion à l'abbaye de Notre-Dame.

2 ÉTUDIER LA SITUATION D'ÉNONCIATION

a. Repérez les indices permettant d'identifier le genre littéraire auquel appartient l'extrait. Qu'en déduisez-vous sur le destinataire ?
b. Analysez les champs lexicaux dominants. Quelle évolution constatez-vous ?
c. Comment les effets d'expressivité sont-ils révélateurs de l'état dans lequel se trouve le locuteur ?

16 MAI.
Je suis malade, décidément ! Je me portais si bien le mois dernier ! J'ai la fièvre, une fièvre atroce, ou plutôt un énervement fiévreux, qui rend mon âme aussi souffrante que mon corps ! J'ai sans cesse cette sensation affreuse d'un danger menaçant, cette appréhension d'un malheur qui vient ou de la mort qui approche, ce pressentiment qui est sans doute l'atteinte d'un mal encore inconnu, germant dans le sang et dans la chair. […]
25 MAI.
Aucun changement ! Mon état, vraiment, est bizarre. À mesure qu'approche le soir, une inquiétude incompréhensible m'envahit, comme si la nuit cachait pour moi une menace terrible. Je dîne vite, puis j'essaie de lire ; mais je ne comprends pas les mots ; je distingue à peine les lettres. Je marche alors dans mon salon de long en large, sous l'oppression d'une crainte confuse et irrésistible, la crainte du sommeil et la crainte du lit.

Guy DE MAUPASSANT, *Le Horla*, 1887.

3 ANALYSER LE MESSAGE EXPRIMÉ

a. À quelle époque les indices temporels renvoient-ils ?
b. Repérez les marques de la personne. À qui le poète s'adresse-t-il ?
c. Montrez que les deux strophes présentent des portraits contradictoires. Comment expliquez-vous ces oppositions ?

Strophe pour se souvenir. 1955.
Vous n'avez réclamé la gloire ni les larmes
Ni l'orgue ni la prière aux agonisants
Onze ans déjà que cela passe vite onze ans
Vous vous étiez servi simplement de vos armes
La mort n'éblouit pas les yeux des Partisans[1]

Vous aviez vos portraits sur les murs de nos villes
Noirs de barbe et de nuit hirsutes menaçants
L'affiche[2] qui semblait une tache de sang
Parce qu'à prononcer vos noms sont difficiles
Y cherchait un effet de peur sur les passants […]

Louis ARAGON, *Le Roman inachevé*, 1956,

1. il s'agit ici du groupe Manouchian, Résistants étrangers fusillés par les nazis en 1944.
2. « L'Affiche rouge » : affiche de propagande nazie annonçant l'exécution des Résistants.

4 ANALYSER ET INTERPRÉTER

a. Combien de voix identifiez-vous ? Qui sont les locuteurs et quelle thèse chacun défend-il ? Quels arguments développent-ils ? Reformulez-les.

b. Analysez les indices d'énonciation qui rendent compte des sentiments et des jugements des locuteurs.

1 *Rodrigue vient de tuer le père de sa fiancée Chimène au cours d'un duel. Il demande à la voir mais Elvire, la gouvernante, interdit à Chimène de répondre favorablement à cette demande.*

ELVIRE. – Reposez-vous, Madame.
CHIMÈNE. – Ah ! que mal à propos
Dans un malheur si grand tu parles de repos !
Par où sera jamais ma douleur apaisée,
Si je ne puis haïr la main qui l'a causée ?
Et que dois-je espérer qu'un tourment éternel,
Si je poursuis un crime, aimant le criminel ?
ELVIRE. – Il vous prive d'un père, et vous l'aimez encore !
CHIMÈNE. – C'est peu de dire aimer, Elvire : je l'adore ;
Ma passion s'oppose à mon ressentiment ;
Dedans mon ennemi je trouve mon amant ;
Et je sens qu'en dépit de toute ma colère,
Rodrigue dans mon cœur combat encor mon père :
Il l'attaque, il le presse, il cède, il se défend,
Tantôt fort, tantôt faible, et tantôt triomphant ;
Mais, en ce dur combat de colère et de flamme,
Il déchire mon cœur sans partager mon âme ;
Et quoi que mon amour ait sur moi de pouvoir,
Je ne consulte point pour suivre mon devoir :
Je cours sans balancer où mon honneur m'oblige.
Rodrigue m'est bien cher, son intérêt m'afflige ;
Mon cœur prend son parti ; mais, malgré son effort,
Je sais ce que je suis, et que mon père est mort.

Pierre CORNEILLE, *Le Cid*, Acte III, scène 3, 1637.

2 Ceux qui jugent et qui condamnent disent la peine de mort nécessaire. D'abord, – parce qu'il importe de retrancher de la communauté sociale un membre qui lui a déjà nui et qui pourrait lui nuire encore. – S'il ne s'agissait que de cela, la prison perpétuelle suffirait. À quoi bon la mort ? Vous objectez qu'on peut s'échapper d'une prison ? faites mieux votre ronde. Si vous ne croyez pas à la solidité des barreaux de fer, comment osez-vous avoir des ménageries ?
– Pas de bourreau où le geôlier suffit.
– Mais, reprend-on, il faut que la société se venge, que la société punisse. – Ni l'un, ni l'autre. Se venger est de l'individu, punir est de Dieu.
La société est entre deux. Le châtiment est au-dessus d'elle, la vengeance au-dessous. Rien de si grand et de si petit ne lui sied. Elle ne doit pas « punir pour se venger » ; elle doit corriger pour améliorer. Transformez de cette façon la formule des criminalistes, nous la comprenons et nous y adhérons.
Reste la troisième et dernière raison, la théorie de l'exemple. – Il faut faire des exemples ! il faut épouvanter par le spectacle du sort réservé aux criminels ceux qui seraient tentés de les imiter !
– Voilà bien à peu près textuellement la phrase éternelle dont tous les réquisitoires des cinq cents parquets de France ne sont que des variations plus ou moins sonores. Eh bien ! nous nions d'abord qu'il y ait exemple. Nous nions que le spectacle des supplices produise l'effet qu'on en attend. Loin d'édifier le peuple, il le démoralise, et ruine en lui toute sensibilité, partant toute vertu.

Victor HUGO, « Préface », *Le Dernier Jour d'un condamné*, 1832.

5 ÉTUDIER L'ÉNONCIATION DANS UN DÉBAT

a. Relevez et analysez les indices d'énonciation qui révèlent l'opinion du locuteur.

b. Quels sont les interlocuteurs qui participent à ce débat fictif ? Par quels arguments soutiennent-ils leur point de vue ?

Que faut-il penser de cette éducation barbare qui sacrifie le présent à un avenir incertain, qui charge un enfant de chaînes de toute espèce, et commence par le rendre misérable, pour lui préparer au loin je ne sais quel prétendu bonheur dont il est à croire qu'il ne jouira jamais ? Quand je supposerais cette éducation raisonnable dans son objet, comment voir sans indignation de pauvres infortunés soumis à un joug insupportable et condamnés à des travaux continuels comme des galériens sans être assurés que tant de soins leur seront jamais utiles ! L'âge de la gaieté se passe au milieu des pleurs, des châtiments, des menaces, de l'esclavage. On tourmente le malheureux pour son bien ; et l'on ne voit pas la mort qu'on appelle, et qui va le saisir au milieu de ce triste appareil. Qui sait combien d'enfants périssent victimes de l'extravagante sagesse d'un père ou d'un maître ? Heureux d'échapper à sa cruauté, le seul avantage qu'ils tirent des maux qu'il leur a fait souffrir est de mourir sans regretter la vie, dont ils n'ont connu que les tourments.
Hommes, soyez humains, c'est votre premier devoir ; soyez-le pour tous les états, pour tous les âges, pour tout ce qui n'est pas étranger à l'homme. Quelle sagesse y a-t-il pour vous hors de l'humanité ? Aimez l'enfance ; favorisez ses jeux, ses plaisirs, son aimable instinct. […] Pères, savez-vous le moment où la mort attend vos enfants ? Ne vous préparez pas des regrets en leur ôtant le peu d'instants que la nature leur donne : aussitôt qu'ils peuvent sentir le plaisir d'être, faites qu'ils en jouissent ; faites qu'à quelque heure que Dieu les appelle, ils ne meurent point sans avoir goûté la vie.

Jean-Jacques ROUSSEAU, *Émile ou De l'Éducation*, 1762.

FICHE 3

LES REGISTRES LITTÉRAIRES

Les registres sont les différents **effets du texte.** Ils se définissent par la réaction ou l'émotion que l'auteur souhaite produire chez le lecteur.

	Définition	Principaux procédés	Exemples
Le registre tragique → effet produit : **effroi et pitié**	• peint le destin de personnages soumis à une **fatalité** qui les mène à une **issue malheureuse** (souvent la mort). La puissance du **destin** inspire l'**effroi** et ses conséquences suscitent la **pitié.** • issu de la **tragédie** à l'origine, peut se rencontrer dans tous les genres littéraires.	• Lexique du destin, de la fatalité, de la mort • Interrogations • Tournures passives ou impersonnelles • Verbes exprimant la nécessité	• Racine, *Phèdre*, Acte V, scène 7, 1677 ► p. 202 • Balzac, *Le Colonel Chabert*, 1844 ► p. 70
Le registre pathétique → effet produit : **compassion**	• consiste à faire **partager la douleur d'un personnage** au point que le lecteur soit **touché** voire ému aux larmes.	• Lexique de la souffrance • Interrogations, exclamations • Interjections • Hyperboles	• Racine, *Bérénice*, Acte V, scène 5, 1670, ► p. 170 • Frères Goncourt, *Germinie Lacerteux*, 1864 ► p. 49
Le registre lyrique → effet produit : **expression d'une émotion intérieure**	• consiste à exprimer ses **sentiments personnels**, heureux ou malheureux, de manière **spontanée** et souvent **musicale**, afin de les faire partager au lecteur.	• 1re personne du singulier • Lexique des sentiments • Exclamations, interrogations • Interjections et apostrophes lyriques • Métaphores • Anaphores, répétitions • Assonances, allitérations	• Lamartine, « Le Lac », *Méditations poétiques*, 1820 ► p. 252 • Racine, *Phèdre*, Acte II, scène 5, 1677 ► p. 188
Le registre élégiaque → effet produit : **expression de la plainte**	• consiste à exprimer une **lamentation lyrique** face à un **deuil personnel** ou à la perspective **de la mort.** • issu de l'**élégie antique**, poème de deuil.	• Procédés du registre lyrique • Lexiques du deuil, de la mort, de la plainte	• Hugo, « Oh ! je fus comme fou... », *Les Contemplations*, 1856 ► p. 261
Le registre comique → effet produit : **rire**	• vise à provoquer **le rire** chez le lecteur en mettant en scène une **situation cocasse**, un **personnage ridicule**, ou en **jouant avec les mots.**	• Jeux de mots • Quiproquos • Répétitions • Hyperboles • Dialogues rapides • Pantomime	• Molière, *Le Malade imaginaire*, Acte III, scènes 11 et 12, 1673 ► p. 215-216 • La Fontaine, « Le Coche et la Mouche », *Fables*, 1678-1679 ► p. 352
Le registre ironique → effet produit : **raillerie implicite**	• se caractérise par **un écart entre le sens apparent et le sens implicite**, sous-entendu. • Le lecteur doit être attentif aux signes de l'ironie pour ne pas faire de contre-sens.	• Antiphrases • Antithèses et oxymores • Hyperboles • Guillemets ou italiques soulignant la distance de l'auteur • Décalage entre deux discours	• Voltaire, *Candide*, 1759 ► p. 420 • Stendhal, *La Chartreuse de Parme*, 1839 ► p. 76

	Définition	Principaux procédés	Exemples
Le registre satirique → effet produit : **critique par le rire**	• consiste à utiliser **le rire, la moquerie pour critiquer** quelqu'un ou quelque chose.	• Vocabulaire péjoratif • Hyperboles • Accumulations • Comparaisons ou métaphores dévalorisantes	• La Bruyère, *Les Caractères*, 1688 ► p. 342
Le registre polémique → effet produit : **indignation**	• consiste à exprimer **sa colère, son indignation** sur un sujet faisant débat, de manière à scandaliser le lecteur et le faire adhérer à la thèse soutenue.	• Exclamations • Interrogations rhétoriques • Implication du lecteur (2de personne du singulier ou du pluriel) • Anaphores, répétitions • Accumulations, gradations • Vocabulaire violent, agressif	• Hugo, « Melancholia », *Les Contemplations*, 1856 ► p. 274 • Pinard, *Réquisitoire*, 1857 ► p. 40
Le registre didactique → effet produit : **acquisition d'un savoir**	• vise à **faire partager un savoir, à apporter un enseignement** au lecteur en le faisant réfléchir par lui-même et en mettant le savoir ou la thèse défendue à sa portée.	• Présent de vérité générale • Tournures impersonnelles • Analogies ou comparaisons concrètes • Connecteurs logiques	• Damilaville, article « Paix », *L'Encyclopédie*, 1751-1772 ► p. 417
Le registre fantastique → effet produit : **peur et doute**	• consiste à **introduire un élément surnaturel dans un contexte réel,** ce qui produit un effet de peur chez le lecteur. • amène à **faire hésiter le lecteur** entre une hypothèse rationnelle et une hypothèse irrationnelle.	• Lexique de la peur et de l'étrange • Personnification d'objets • Modalisateurs exprimant le doute • Interrogations • Comparaisons-hypothèses (« comme si… »)	• Balzac, *Le Colonel Chabert*, 1844 ► p. 60
Le registre épique → effet produit : **impression d'agrandissement, de spectaculaire**	• vise à **inspirer l'admiration ou l'effroi face à une scène spectaculaire et souvent violente.** • met généralement les **hommes aux prises avec les éléments.** • issu de l'**épopée** à l'origine, peut se rencontrer dans tous les genres littéraires.	• Hyperboles • Personnifications (des éléments, de la nature) • Métaphores hyperboliques • Accumulations, gradations • Anaphores ou répétitions • Effets de masse (qui possède une dimension collective et non individuelle)	• Hugo, *Les Misérables*, 1862 ► p. 78 • Zola, *Germinal*, 1885 ► p. 90

1 DISTINGUER LES REGISTRES ✻

Quel est le registre des extraits suivants ? Appuyez-vous sur des indices précis pour répondre.

1 L'inquisition est, comme on sait, une invention admirable et tout à fait chrétienne pour rendre le pape et les moines plus puissants et pour rendre tout un royaume hypocrite.

VOLTAIRE, *Dictionnaire philosophique*, 1764.

2 Liboko, comme un démon, se rua sur l'ennemi. Il perça des ventres, sectionna des membres. Il transperça des torses et défigura des hommes. Liboko se battait sur son sol, pour défendre sa ville et l'ardeur qui l'animait semblait ne jamais devoir le quitter.

Laurent GAUDÉ, *La Mort du roi Tsongor*, 2002, © Éditions Actes Sud.

3 Pardonnez si j'achève en peu de mots un récit qui me tue. Je vous raconte un malheur qui n'eut jamais d'exemple. Toute ma vie est destinée à le pleurer.

ABBÉ PRÉVOST, *Manon Lescaut*, 1731.

4 Bientôt la veuve se montre, attifée de son bonnet de tulle sous lequel pend un tour de faux cheveux mal mis ; elle marche en traînassant ses pantoufles grimacées. Sa face vieillotte, grassouillette, du milieu de laquelle sort un nez à bec de perroquet ; ses petites mains potelées, sa personne dodue comme un rat d'église, son corsage trop plein et qui flotte, sont en harmonie avec cette salle où suinte le malheur.

Honoré DE BALZAC, *Le Père Goriot*, 1835.

5 TITUS. – Je sentis le fardeau qui m'était imposé ;
Je connus que bientôt, loin d'être à ce que j'aime,
Il fallait, cher Paulin, renoncer à moi-même ;
Et que le choix des dieux, contraire à mes amours,
Livrait à l'univers le reste de mes jours.

Jean RACINE, *Bérénice*, 1670.

6 Ici commence le court bonheur de ma vie ; ici viennent les paisibles, mais rapides moments qui m'ont donné le droit de dire que j'ai vécu. Moments précieux et si regrettés ! ah ! recommencez pour moi votre aimable cours, coulez plus lentement dans mon souvenir, s'il est possible, que vous ne fîtes réellement dans votre fugitive succession. Comment ferai-je pour prolonger à mon gré ce récit si touchant et si simple, pour redire toujours les mêmes choses, et n'ennuyer pas plus mes lecteurs en les répétant, que je ne m'ennuyais moi-même en les recommençant sans cesse ?

Jean-Jacques ROUSSEAU, *Les Confessions*, 1765-1770.

2 IDENTIFIER LE REGISTRE DOMINANT ✻✻

Pour chacun des extraits suivants, répondez à ces questions :

a. Quel effet l'auteur souhaite-t-il produire ? Quel est par conséquent le registre dominant ?

b. Quels procédés caractéristiques de ce registre pouvez-vous identifier dans l'extrait proposé ?

1 [Mâtho] avait gardé son fort ceinturon, où luisait une hache à double tranchant, et avec sa grande épée dans les deux mains il s'était précipité par la brèche, impétueusement. Comme un émondeur[1] qui coupe des branches de saule, et qui tâche d'en abattre le plus possible afin de gagner plus d'argent, il marchait en fauchant autour de lui les Carthaginois. Ceux qui tentaient de le saisir par les flancs, il les renversait à coups de pommeau ; quand ils l'attaquaient en face, il les perçait ; s'ils fuyaient, il les fendait. Deux hommes à la fois sautèrent sur son dos ; il recula d'un bond contre une porte et les écrasa. Son épée s'abaissait, se relevait. Elle éclata sur l'angle d'un mur. Alors il prit sa lourde hache, et par-devant, par-derrière, il éventrait les Carthaginois comme un troupeau de brebis. Ils s'écartaient de plus en plus, et il arriva tout seul devant la seconde enceinte, au bas de l'Acropole. [...] Mâtho cria un commandement : tous les boucliers se rabattirent sur les casques ; il sauta dessus, pour s'accrocher quelque part afin de rentrer dans Carthage ; et, tout en brandissant la terrible hache, il courait sur les boucliers, pareils à des vagues de bronze, comme un dieu marin sur des flots et qui secoue son trident[2].

Gustave FLAUBERT, *Salammbô*, 1862.

1. personne qui taille les arbres.
2. fourche à trois pointes.

2 *Il s'agit d'un extrait d'un article sur la guerre.*
Le merveilleux de cette entreprise infernale, c'est que chaque chef des meurtriers fait bénir ses drapeaux et invoque Dieu solennellement, avant d'aller exterminer son prochain. Si un chef n'a eu que le bonheur de faire égorger deux ou trois mille hommes, il n'en remercie point Dieu ; mais lorsqu'il y en a eu environ dix mille d'exterminés par le feu et par le fer, et que pour comble de grâce quelque ville a été détruite de fond en comble, alors on chante à quatre parties une chanson assez longue, composée dans une langue inconnue à tous ceux qui ont combattu, et de plus toute farcie de barbarismes. La même chanson sert pour les mariages et pour les naissances, ainsi que pour les meurtres ; ce qui n'est pas pardonnable, surtout dans la nation la plus renommée pour les chansons nouvelles.

VOLTAIRE, article « Guerre », *Dictionnaire philosophique*, 1764.

3 *Phèdre évoque sa rencontre avec Hippolyte, fils aîné de son époux Thésée.*

PHÈDRE. – [...] Je le vis, je rougis, je pâlis à sa vue ;
Un trouble s'éleva dans mon âme éperdue ;
Mes yeux ne voyaient plus, je ne pouvais parler,
Je sentis tout mon corps et transir et brûler.
Je reconnus Vénus et ses feux redoutables,
D'un sang qu'elle poursuit tourments inévitables.
Par des vœux assidus je crus les détourner :
Je lui bâtis un temple, et pris soin de l'orner ;
De victimes[1] moi-même à toute heure entourée,
Je cherchais dans leurs flancs ma raison égarée.
D'un incurable amour remèdes impuissants !
En vain sur les autels ma main brûlait l'encens [...].
Pour bannir l'ennemi dont j'étais idolâtre,
J'affectai les chagrins d'une injuste marâtre[2] ;
Je pressai son exil, et mes cris éternels
L'arrachèrent du sein et des bras paternels. [...]
Vaines précautions ! Cruelle destinée !
Par mon époux lui-même à Trézène amenée,
J'ai revu l'ennemi que j'avais éloigné :
Ma blessure trop vive aussitôt a saigné.
Ce n'est plus une ardeur dans mes veines cachée :
C'est Vénus tout entière à sa proie attachée.

Jean RACINE, *Phèdre*, 1677.

1. victimes sacrificielles.
2. belle-mère cruelle.

4 Où donc s'en sont allés mes jours évanouis ?
Est-il quelqu'un qui me connaisse ?
Ai-je encor quelque chose en mes yeux éblouis,
De la clarté de ma jeunesse ?

Tout s'est-il envolé ? Je suis seul, je suis las ;
J'appelle sans qu'on me réponde ;
Ô vents ! ô flots ! ne suis-je aussi qu'un souffle, hélas !
Hélas ! ne suis-je aussi qu'une onde ?

Ne verrai-je plus rien de tout ce que j'aimais ?
Au dedans de moi le soir tombe.
Ô terre, dont la brume efface les sommets,
Suis-je le spectre, et toi la tombe ?

Victor HUGO, « Paroles sur la dune »,
Les Contemplations, 1856.

5 Hélas ! que je suis à plaindre de ne partager pas mes douleurs avec vous, et d'être toute seule malheureuse. Cette pensée me tue, et je meurs de frayeur que vous n'ayez jamais été extrêmement sensible à tous nos plaisirs. [...] Je ne sais ni ce que je suis, ni ce que je fais, ni ce que je désire : je suis déchirée par mille mouvements contraires. Peut-on s'imaginer un état si déplorable ? Je vous aime éperdument, et je vous ménage assez pour n'oser, peut-être, souhaiter que vous soyez agité des mêmes transports : je me tuerais, ou je mourrais de douleurs sans me tuer, si j'étais assurée que vous n'avez jamais aucun repos, que votre vie n'est que trouble et qu'agitation, que vous pleurez sans cesse, et que tout vous est odieux ; je ne puis suffire à mes maux ; comment pourrais-je supporter la douleur que me donneraient les vôtres, qui me seraient mille fois plus sensibles ?

Gabriel DE GUILLERAGUES, *Lettres portugaises*, 1669.

6 Je m'assoupis en rêvant ainsi au vent frais du soir. Or, ayant dormi environ quarante minutes, je rouvris les yeux sans faire un mouvement, réveillé par je ne sais quelle émotion confuse et bizarre. Je ne vis rien d'abord, puis tout à coup, il me sembla qu'une page du livre resté ouvert sur ma table venait de tourner toute seule. Aucun souffle d'air n'était entré par ma fenêtre. Je fus surpris et j'attendis. Au bout de quarante minutes environs, je vis, je vis, oui, je vis de mes yeux une autre page se soulever et se rabattre sur la précédente, comme si un doigt l'eût feuilletée. Mon fauteuil était vide, semblait vide ; mais je compris qu'il était là, lui, assis à ma place, et qu'il lisait. D'un bond furieux, d'un bond de bête révoltée, qui va éventrer son dompteur, je traversai ma chambre pour le saisir, pour l'étreindre, pour le tuer !... Mais mon siège, avant que je l'eusse atteint, se renversa comme si on eût fui devant moi... ma table oscilla, ma lampe tomba et s'éteignit, et ma fenêtre se ferma comme si un malfaiteur surpris se fût élancé dans la nuit, en prenant à pleines mains les battants.

Guy DE MAUPASSANT, *Le Horla*, 1887.

7 *Gnathon* ne vit que pour soi, et tous les hommes ensemble sont à son égard comme s'ils n'étaient point : non content de remplir à une table la première place, il occupe lui seul celle de deux autres ; il oublie que le repas est pour lui et pour toute la compagnie [...] : il ne se sert à table que de ses mains, il manie les viandes, les remanie, démembre, déchire, et en use de manière qu'il faut que les conviés, s'ils veulent manger, mangent ses restes : il ne leur épargne aucune de ces malpropretés dégoûtantes, capables d'ôter l'appétit aux plus affamés ; le jus et les sauces lui dégouttent du menton et de la barbe ; s'il enlève un ragoût de dessus un plat, il le répand en chemin dans un autre plat et sur la nappe ; on le suit à la trace ; [...] il embarrasse tout le monde, ne se contraint pour personne, ne plaint personne, ne connaît de maux que les siens, que sa réplétion[1] et sa bile ; ne pleure point la mort des autres, n'appréhende que la sienne, qu'il rachèterait volontiers de l'extinction du genre humain.

Jean DE LA BRUYÈRE, *Les Caractères*, 1688.

1. excès de nourriture dans l'estomac.

3 ÉTUDIER LES REGISTRES DE L'ARGUMENTATION

Les deux textes argumentatifs suivants portent sur l'esclavage au XVIIIe siècle.

a. Au moyen de quel registre Rousseau (texte 1) rejette-t-il l'esclavage ? Justifiez.

b. De quel registre relèvent les propos de l'opposant à l'esclavage dans l'*Histoire des deux Indes* (texte 2) ?

c. Selon vous, quel texte emportera l'adhésion du lecteur le plus facilement ? Pourquoi ?

1 Quand chacun pourrait s'aliéner lui-même, il ne peut aliéner ses enfants ; ils naissent hommes et libres ; leur liberté leur appartient, nul n'a droit d'en disposer qu'eux. Avant qu'ils soient en âge de raison le père peut en leur nom stipuler des conditions pour leur conservation, pour leur bien-être ; mais non les donner irrévocablement et sans condition ; car un tel don est contraire aux fins de la nature et passe les droits de la paternité. Il faudrait donc pour qu'un gouvernement arbitraire fût légitime qu'à chaque génération le peuple fût le maître de l'admettre ou de le rejeter : mais alors ce gouvernement ne serait plus arbitraire. Renoncer à sa liberté, c'est renoncer à sa qualité d'homme, aux droits de l'humanité, même à ses devoirs. Il n'y a nul dédommagement possible pour quiconque renonce à tout. Une telle renonciation est incompatible avec la nature de l'homme, et c'est ôter toute moralité à ses actions que d'ôter toute liberté à sa volonté.

Jean-Jacques ROUSSEAU, « De l'esclavage », *Du contrat social*, 1762.

2 *Un opposant à l'esclavage répond à un esclavagiste.*

– Mais les nègres sont une espèce d'hommes nés pour l'esclavage. Ils sont bornés, fourbes, méchants ; ils conviennent eux-mêmes de la supériorité de notre intelligence, et reconnaissent presque la justice de notre empire.

– Les nègres sont bornés, parce que l'esclavage brise tous les ressorts de l'âme. Ils sont méchants, pas assez avec vous. Ils sont fourbes, parce qu'on ne doit pas la vérité à ses tyrans. Ils reconnaissent la supériorité de notre esprit, parce que nous avons perpétué leur ignorance ; la justice de notre empire, parce que nous avons abusé de leur faiblesse. Dans l'impossibilité de maintenir notre supériorité par la force, une criminelle politique s'est rejetée sur la ruse. Vous êtes presque parvenus à leur persuader qu'ils étaient une espèce singulière, née pour l'abjection[1] et la dépendance, pour le travail et le châtiment. Vous n'avez rien négligé pour dégrader ces malheureux, et vous leur reprochez ensuite d'être vils.

– Mais ces nègres étaient nés esclaves.

– À qui, barbares, ferez-vous croire qu'un homme peut-être la propriété d'un souverain ; un fils, la propriété d'un père ; une femme, la propriété d'un mari ; un domestique, la propriété d'un maître ; un nègre, la propriété d'un colon ? Être superbe et dédaigneux qui méconnais tes frères, ne verras-tu jamais que ce mépris rejaillit sur toi ?

L'Histoire des deux Indes (passage attribué à Denis DIDEROT), 1770.

1. état d'infériorité, d'abaissement.

4 ANALYSER LE MÉLANGE DES REGISTRES

a. Quels procédés caractéristiques du registre tragique Arnolphe emploie-t-il dans ce monologue ?

b. Comment trahit-il sa colère ? Celle-ci est-elle compatible avec la dignité du personnage tragique ? En quoi ce monologue prend-il un caractère comique ?

Arnolphe vient de découvrir qu'Agnès, la jeune fille qu'il a élevée dans l'ignorance et compte épouser, aime en secret un jeune homme, Horace. Il se retrouve seul en scène.

ARNOLPHE. –
Comme il faut devant lui que je me mortifie !
Quelle peine à cacher mon déplaisir cuisant !
Quoi ? pour une innocente un esprit si présent !
Elle a feint d'être telle à mes yeux, la traîtresse,
Ou le diable à son âme a soufflé cette adresse.
Enfin me voilà mort par ce funeste écrit.
Je vois qu'il a, le traître, empaumé son esprit[1],
Qu'à ma suppression[2] il s'est ancré chez elle ;
Et c'est mon désespoir et ma peine mortelle.
Je souffre doublement dans le vol de son cœur,
Et l'amour y pâtit[3] aussi bien que l'honneur,
J'enrage de trouver cette place usurpée[4],
Et j'enrage de voir ma prudence trompée.
Je sais que, pour punir son amour libertin,
Je n'ai qu'à laisser faire à son mauvais destin,
Que je serai vengé d'elle par elle-même ;
Mais il est bien fâcheux de perdre ce qu'on aime.
Ciel ! puisque pour un choix j'ai tant philosophé,
Faut-il de ses appas m'être si fort coiffé[5] !
Elle n'a ni parents, ni support, ni richesse ;
Elle trahit mes soins, mes bontés, ma tendresse :
Et cependant je l'aime, après ce lâche tour,
Jusqu'à ne me pouvoir passer de cet amour.
Sot, n'as-tu point de honte ? Ah ! je crève, j'enrage,
Et je soufflèterais mille fois mon visage.
Je veux entrer un peu, mais seulement pour voir
Quelle est sa contenance après un trait si noir.
Ciel, faites que mon front soit exempt de disgrâce ;
Ou bien, s'il est écrit qu'il faille que j'y passe,
Donnez-moi tout au moins, pour de tels accidents,
La constance qu'on voit à de certaines gens !

MOLIÈRE, *L'École des femmes*, Acte III, scène 5, 1662.

1. subjugué. – 2. pour prendre ma place. – 3. souffrir. – 4. volée. – 5. être séduit.

5 INTERPRÉTER

a. Quel est le registre des paroles de Rodolphe ?
b. Analysez l'enchevêtrement du discours du président et celui de Rodolphe. Quel effet produit-il ?
c. En quoi peut-on dire que ce passage relève du registre ironique ? Quelle est l'intention de l'auteur ?

Emma Bovary assiste à la fête agricole des Comices. Pendant que le président du jury décerne des récompenses aux agriculteurs, Rodolphe tente de séduire Emma.

Du magnétisme, peu à peu, Rodolphe en était venu aux affinités, et, tandis que M. le Président citait Cincinnatus[1] à sa charrue, Dioclétien[2] plantant ses choux, et les empereurs de la Chine inaugurant l'année par des semailles, le jeune homme expliquait à la jeune femme que ces attractions irrésistibles tiraient leur cause de quelque existence antérieure.

– Ainsi, nous, disait-il, pourquoi nous sommes-nous connus ? Quel hasard l'a voulu ? C'est qu'à travers l'éloignement, sans doute, comme deux fleuves qui coulent pour se rejoindre, nos pentes particulières nous avaient poussés l'un vers l'autre.

Et il saisit sa main ; elle ne la retira pas.

« Ensemble de bonnes cultures ! » cria le président.

– Tantôt, par exemple, quand je suis venu chez vous…

« À M. Bizet, de Quincampoix. »

– Savais-je que je vous accompagnerais ?

« Soixante et dix francs ! »

– Cent fois même, j'ai voulu partir, et je vous ai suivie, je suis resté.

« Fumiers »

– Comme je resterais ce soir, demain, les autres jours, toute ma vie !

« À M. Caron, d'Argueil, une médaille d'or ! »

– Car jamais je n'ai trouvé dans la société de personne un charme aussi complet.

« À M. Bain, de Givry-Saint-Martin ! »

– Aussi, moi, j'emporterai votre souvenir.

« Pour un bélier mérinos… »

– Mais vous m'oublierez, j'aurai passé comme une ombre.

« À M. Belot, de Notre-Dame… »

– Oh ! non, n'est-ce pas, je serai quelque chose dans votre pensée, dans votre vie ?

« Race porcine, prix *ex aequo* : à MM. Lehérissé et Cullembourg ; soixante francs ! »

Rodolphe lui serrait la main, et il la sentait toute chaude et frémissante comme une tourterelle captive qui veut reprendre sa volée ; mais, soit qu'elle essayât de la dégager ou bien qu'elle répondît à cette passion, elle fit un mouvement des doigts ; il s'écria :

– Oh ! merci ! Vous ne me repoussez pas ! Vous êtes bonne ! Vous comprenez que je suis à vous ! Laissez que je vous voie, que je vous contemple !

Gustave Flaubert, *Madame Bovary*, 1857.

1. dictateur romain – 2. empereur romain.

6 ÉTUDIER LES REGISTRES D'UN RÉCIT

Lisez la fable de La Fontaine suivante.
a. Quelle leçon ce récit vise-t-il à délivrer ? Quel vers synthétise cette leçon et qu'a-t-il de particulier (place, formulation) ?
b. Quel autre passage du texte propose un enseignement ? Qui le dispense et à qui ?
c. Le personnage qui donne une leçon à l'autre est-il pour autant un modèle à suivre ? Pourquoi ?
d. En quoi ce récit relève-t-il du registre comique ? Appuyez-vous sur des éléments précis.
e. Quelles autres caractéristiques rendent ce récit agréable ?
f. D'après vos réponses aux questions précédentes, de quel registre argumentatif relève cette fable ?

Le Renard et le Bouc

Capitaine Renard allait de compagnie
Avec son ami Bouc des plus haut encornés[1] :
Celui-ci ne voyait pas plus loin que son nez ;
L'autre était passé maître en fait de tromperie.
La soif les obligea de descendre en un puits :
Là chacun d'eux se désaltère.
Après qu'abondamment tous deux en eurent pris,
Le Renard dit au Bouc : « Que ferons-nous, compère ?
Ce n'est pas tout de boire, il faut sortir d'ici.
Lève tes pieds en haut, et tes cornes aussi :
Mets-les contre le mur : le long de ton échine
Je grimperai premièrement ;
Puis sur tes cornes m'élevant,
À l'aide de cette machine[2],
De ce lieu-ci je sortirai,
Après quoi je t'en tirerai.
- Par ma barbe, dit l'autre, il est bon ; et je loue
Les gens bien sensés comme toi.
Je n'aurais jamais, quant à moi,
Trouvé ce secret[3], je l'avoue. »
Le Renard sort du puits, laisse son compagnon,
Et vous lui fait un beau sermon
Pour l'exhorter à la patience.
« Si le ciel t'eût, dit-il, donné par excellence[4]
Autant de jugement que de barbe au menton,
Tu n'aurais pas, à la légère,
Descendu dans ce puits. Or adieu, j'en suis hors[5].
Tâche de t'en tirer, et fais tous tes efforts.
Car pour moi, j'ai une certaine affaire
Qui ne me permet pas d'arrêter en chemin. »
En toute chose il faut considérer la fin.

Jean de La Fontaine, « Le Renard et le bouc », *Fables*, 1668-1674.

1. doté de cornes.
2. stratagème.
3. idée, invention.
4. don.
5. dehors.

LES FIGURES D'INSISTANCE, D'AMPLIFICATION ET D'ATTÉNUATION

On appelle figures de style les procédés d'expression qui s'éloignent de l'usage habituel de la langue pour créer un effet littéraire. Elles peuvent être divisées en quatre grandes catégories.

LES FIGURES D'INSISTANCE ET D'AMPLIFICATION

La répétition	procédé qui consiste à **reprendre un terme ou une expression plusieurs fois.**	Ex. : « Elle rencontra Candide en revenant au château, et **rougit** ; Candide **rougit** aussi » VOLTAIRE, *Candide*, 1759.
L'anaphore	• **répétition** d'un mot ou d'une expression en **tête de phrase, de vers ou de strophe.** • met le mot en valeur et contribue au rythme au texte.	Ex. : « **Te voici** à Marseille au milieu des pastèques **Te voici** à Coblence à l'hôtel du géant **Te voici** à Rome assis sous un néflier du Japon. » APOLLINAIRE, « Zone », *Alcools*, 1913.
Le parallélisme	**répétition de la même construction syntaxique** pour mettre en évidence des similitudes ou des différences.	Ex. : « Nous aimons toujours ceux qui nous admirent ; et nous n'aimons pas toujours ceux que nous admirons. » LA ROCHEFOUCAULD, *Maximes*, 1665.
L'accumulation	**succession de plusieurs termes ayant la même fonction** dans la phrase, avec ou sans effet de gradation.	Ex. : « Quand on m'aura jeté, vieux flacon **désolé**, **Décrépi, poudreux, sale, abject, visqueux, fêlé.** » Charles BAUDELAIRE, *Les Fleurs du mal*, 1857.
La gradation	**succession de termes de plus en plus forts** (gradation ascendante) **ou de moins en moins forts** (gradation descendante).	Ex. : « je me **meurs**, je **suis mort**, je **suis enterré** » MOLIÈRE, *L'Avare*, 1668.
L'hyperbole	procédé d'**exagération**, qui vise à produire un **effet d'amplification** par rapport à la réalité.	Ex. : « Je couche d'un revers mille ennemis à bas » CORNEILLE, *L'Illusion comique*, 1636.
Le pléonasme	**redondance inutile d'une même idée.**	Ex. : « Et la bouche, fiévreuse et d'**azur bleu** vorace » MALLARMÉ, « Les Fenêtres », *Poésies*, 1887.

LES FIGURES D'ATTÉNUATION

L'euphémisme	**atténuation d'une réalité désagréable ou choquante**, grâce à une expression adoucie ou implicite.	Ex. : « Je répandis **la terre du sommeil** sur un front de dix-huit printemps. » [pour évoquer la mort] François-René DE CHATEAUBRIAND, *Atala*, 1801.
La litote	procédé qui consiste à **dire moins pour suggérer plus**, dans un **souci de retenue ou d'élégance.**	Ex. : « Va, **je ne te hais point.** » [pour dire je t'aime] CORNEILLE, *Le Cid*, 1637.

LES FIGURES D'OPPOSITION, DE SUBSTITUTION ET D'ANALOGIE

LES FIGURES D'OPPOSITION

L'antithèse	**rapprochement de deux termes de sens contraire.**	Ex. : « Paris est **triste ou gai, laid ou beau, vivant ou mort** » BALZAC, *Ferragus*, 1833.
L'oxymore	**association de deux mots de sens inconciliables** dans le même groupe syntaxique.	Ex. : « Mon luth constellé/**Porte** le ***Soleil noir*** de la *Mélancolie*. » NERVAL, « El Desdichado », *Les Chimères*, 1854.
Le chiasme	**parallélisme** qui dispose ses termes en **AB/BA**, c'est-à-dire en inversant les termes employés.	Ex. : « Après avoir souffert, il faut souffrir encore ;/Il faut **aimer** sans cesse, après avoir **aimé**. » MUSSET, *La Nuit d'août*, 1836.
L'antiphrase	• procédé qui **sous-entend le contraire de ce qui est dit**, sans laisser de doute sur le sens réel des propos. • c'est la **figure essentielle de l'ironie**.	Ex. : « Vous vivrez trop contente avec un tel mari. » [Le mari dont il est question est vieux et possède de nombreux défauts.] MOLIÈRE, *Tartuffe*, 1664.

LES FIGURES DE SUBSTITUTION ET D'ANALOGIE

La comparaison	**mise en relation de deux éléments** (le comparé et le comparant) ayant un point commun, **à l'aide d'un outil de comparaison** (*tel que, ainsi que, comme, plus que…*).	Ex. : « Il était **seul comme une barque abandonnée au milieu de l'océan** » STENDHAL, *Le Rouge et le Noir*, 1830.
La métaphore	• **association d'un comparé et un comparant sans outil de comparaison.** Le comparant peut même se substituer au comparé. • la métaphore est **filée quand elle se poursuit** sur plusieurs lignes ou vers.	Ex. : « Ma jeunesse ne fut qu'**un ténébreux orage**,/Traversé çà et là par de brillants soleils » BAUDELAIRE, « L'Ennemi », *Les Fleurs du mal*, 1857.
La métonymie	procédé qui consiste à **remplacer un mot par un autre mot qui entretient avec lui un rapport logique** : le contenu pour le contenant, le lieu pour l'activité, le matériau pour l'objet…	Ex. : « **Paris** a faim, **Paris** a froid. » [Paris désigne ici ses habitants.] ÉLUARD, « Courage », *Au rendez-vous allemand*, 1944.
La synecdoque	procédé qui consiste à **désigner la partie pour le tout, ou le tout pour la partie.**	Ex : « Je ne regarderai ni l'or du soir qui tombe,/Ni **les voiles** au loin descendant vers Harfleur » HUGO, *Les Contemplations*, 1856.
La personnification	procédé qui **donne des caractères humains à quelque chose d'inanimé.**	Ex : « La **Nature** est un temple où de **vivants piliers/Laissent parfois sortir de confuses paroles** » BAUDELAIRE, « Correspondances », *Les Fleurs du mal*, 1857.
L'allégorie	représentation d'une **réalité abstraite de manière concrète.**	Ex. : « Je vis **cette faucheuse**. Elle était dans son champ./Elle allait à grands pas moissonnant et fauchant » [Hugo fait de la mort, idée abstraite, une faucheuse dans les champs, figure concrète.] HUGO, « Mors », *Les Contemplations*, 1856.

1 IDENTIFIER LES FIGURES D'INSISTANCE ET D'AMPLIFICATION

Identifiez les figures d'insistance et d'amplification dans les extraits suivants.

1

J'aime, et je veux pâlir ; j'aime et je veux souffrir ;
J'aime, et pour un baiser je donne mon génie ;
J'aime, et je veux sentir sur ma joue amaigrie
Ruisseler une source impossible à tarir.

Alfred DE MUSSET, *La Nuit d'août*, 1836.

2 S'il s'assied, vous le voyez s'enfoncer dans un fauteuil, croiser les jambes l'une sur l'autre, froncer le sourcil, abaisser son chapeau sur ses yeux pour ne voir personne, ou le relever ensuite, et découvrir son front par fierté, ou par audace. Il est enjoué, grand rieur, impatient, présomptueux, colère, libertin, politique, mystérieux sur les affaires du temps : il se croit des talents et de l'esprit ; il est riche.

LA BRUYÈRE, « Des biens de fortune »,
Les Caractères, 1688.

3 MONSIEUR PURGON. – Je viens d'apprendre là-bas à la porte de jolies nouvelles ; qu'on se moque ici de mes ordonnances, et qu'on a fait refus de prendre le remède que j'avais prescrit.
ARGAN.- Monsieur, ce n'est pas…
MONSIEUR PURGON. – Voilà une hardiesse bien grande, une étrange rébellion d'un malade contre son médecin.
TOINETTE. – Cela est épouvantable. […]
MONSIEUR PURGON. – C'est une action exorbitante.
TOINETTE. – Cela est vrai.
MONSIEUR PURGON. – Un attentat énorme contre la médecine.
ARGAN, *montrant Beralde* – Il est cause…
MONSIEUR PURGON. – Un crime de lèse-faculté, qui ne se peut assez punir.

MOLIÈRE, *Le Malade imaginaire*, Acte III, scène 5, 1673.

4 [Le] roi doit être plus sobre, plus ennemi de la mollesse, plus exempt de faste et de hauteur, qu'aucun autre. Il ne doit point avoir plus de richesses et de plaisirs, mais plus de sagesse, de vertu et de gloire que le reste des hommes.

François FÉNELON, *Les Aventures de Télémaque*, 1699.

2 RECONNAÎTRE LES FIGURES D'ATTÉNUATION

Identifiez la figure d'atténuation présente dans chaque extrait.

1

La servante au grand cœur dont vous étiez jalouse,
Et qui dort son sommeil sous une humble pelouse,
Nous devrions pourtant lui porter quelques fleurs.

Charles BAUDELAIRE, *Les Fleurs du mal*, 1857.

2 Ce prince était fait d'une sorte, qu'il était difficile de n'être pas surprise de le voir quand on ne l'avait jamais vu, surtout ce soir-là, où le soin qu'il avait pris de se parer, augmentait encore l'air brillant qui était dans sa personne ; mais il était difficile aussi de voir Mme de Clèves pour la première fois, sans avoir un grand étonnement.

Madame DE LA FAYETTE, *La Princesse de Clèves*, 1678.

3 DISTINGUER LES FIGURES D'OPPOSITION

Nommez la ou les figure(s) d'opposition utilisée(s) dans chacun de ces extraits.

1 Cette obscure clarté qui tombe des étoiles
Enfin avec le flux nous fait voir trente voiles.

Pierre CORNEILLE, *Le Cid*, Acte IV, scène 3, 1637.

2 THOMAS DIAFOIRUS. – Avec la permission aussi de monsieur, je vous invite à venir voir l'un de ces jours, pour vous divertir, la dissection d'une femme, sur quoi je dois raisonner.
TOINETTE. – Le divertissement sera agréable. Il y en a qui donnent la comédie à leurs maîtresses ; mais donner une dissection est quelque chose de plus galant.

MOLIÈRE, *Le Malade imaginaire*, Acte II, scène 5, 1673.

3

Viens-tu du ciel profond ou sors-tu de l'abîme,
Ô beauté ? ton regard, infernal et divin,
Verse confusément le bienfait et le crime,
Et l'on peut pour cela te comparer au vin.

Charles BAUDELAIRE, « Hymne à la Beauté »,
Les Fleurs du mal, 1857.

4

Le vieillard, qui revient vers la source première,
Entre aux jours éternels et sort des jours changeants ;
Et l'on voit de la flamme aux yeux des jeunes gens,
Mais dans l'œil du vieillard on voit de la lumière.

Victor HUGO, « Booz endormi »,
La Légende des siècles, 1859.

4 ÉTUDIER LES FIGURES DE SUBSTITUTION ET D'ANALOGIE

Identifiez la figure de substitution ou d'analogie utilisée dans chaque extrait.

1 Les sons que rendent les passions dans le vide d'un cœur solitaire ressemblent au murmure que les vents et les eaux font entendre dans le silence d'un désert : on en jouit, mais on ne peut les peindre.

François-René DE CHATEAUBRIAND, *René*, 1802.

2 Il trouvait « ces gredins de légumes » extravagants, fous, sublimes. Et il soutenait qu'ils n'étaient pas morts, qu'arrachés de la veille, ils attendaient le soleil du lendemain pour lui dire adieu sur le pavé des Halles. Il les voyait vivre, ouvrir leurs feuilles, comme s'ils eussent encore les pieds tranquilles et chauds dans le fumier.

Émile Zola, *Le Ventre de Paris*, 1873.

3

[...] C'est alors
Qu'élevant tout à coup sa voix désespérée,
La Déroute, géante à la face effarée,
Qui, pâle, épouvantant les plus fiers bataillons,
Changeant subitement les drapeaux en haillons,
À de certains moments, spectre fait de fumées,
Se lève grandissante au milieu des armées,
La Déroute apparut au soldat qui s'émeut,
Et, se tordant les bras, cria : Sauve qui peut !

Victor Hugo, « L'Expiation », *Les Châtiments*, 1853

4 L'amour, croyait-elle, devait arriver tout à coup, avec de grands éclats et des fulgurations, – ouragan des cieux qui tombe sur la vie, la bouleverse [...].

Gustave Flaubert, *Madame Bovary*, 1857.

5

Rome a choisi mon bras, je n'examine rien :
Avec une allégresse aussi pleine et sincère
Que j'épousai la sœur, je combattrai le frère ;
Et pour trancher enfin ces discours superflus,
Albe vous a nommé, je ne vous connais plus.

Pierre Corneille, *Horace*, 1640.

5 COMMENTER DES FIGURES D'INSISTANCE ET D'AMPLIFICATION ✲✲✲

a. Relevez les figures d'insistance (accumulation, anaphore, parallélisme) dans le discours suivant. Quel effet l'auteur souhaite-t-il produire ?

b. Identifiez les figures d'amplification (hyperbole, gradation) utilisées par Hugo. À quels moments du discours se situent-elles ? Pourquoi ?

c. En quoi l'ensemble de ces figures de style contribuent-elles à rendre ce discours plus persuasif ?

Le mois passé, pendant la recrudescence du choléra, on a trouvé une mère et ses quatre enfants qui cherchaient leur nourriture dans les débris immondes et pestilentiels des charniers de Montfaucon !

Eh bien, messieurs, je dis que ce sont là des choses qui ne doivent pas être ; je dis que la société doit dépenser toute sa force, toute sa sollicitude, toute son intelligence, toute sa volonté, pour que de telles choses ne soient pas ! Je dis que de tels faits, dans un pays civilisé, engagent la conscience de la société tout entière ; que je m'en sens, moi qui parle, complice et solidaire, et que de tels faits ne sont pas seulement des torts envers l'homme, que ce sont des crimes envers Dieu !

Voilà pourquoi je suis pénétré, voilà pourquoi je voudrais pénétrer tous ceux qui m'écoutent de la haute importance de la proposition qui vous est soumise. [...] je voudrais que cette assemblée n'eût qu'une seule âme pour marcher à ce grand but, à ce but magnifique, à ce but sublime, l'abolition de la misère !

Victor Hugo, *Discours devant l'Assemblée nationale*, 9 juillet 1849.

6 COMMENTER DES FIGURES D'ANALOGIE ✲✲✲

a. Relevez les comparaisons et métaphores utilisées dans l'extrait suivant.

b. À quoi associent-elles la Lison ? Comment nomme-t-on cette figure de style ?

c. Relevez d'autres procédés qui contribuent à cette même figure de style dans le texte.

d. En quoi Zola dépasse-t-il le réel dans ce passage ?

À la suite d'un accident de train, le personnage principal assiste à l'extinction de sa locomotive, qu'il appelle la Lison.

La pauvre Lison n'en avait plus que pour quelques minutes. Elle se refroidissait, les braises de son foyer tombaient en cendre, le souffle qui s'était échappé si violemment de ses flancs ouverts, s'achevait en une petite plainte d'enfant qui pleure. [...] Un instant, on avait pu voir, par ses entrailles crevées, fonctionner ses organes, les pistons[1] battre comme deux cœurs jumeaux, la vapeur circuler dans les tiroirs[2] comme le sang de ses veines ; mais, pareilles à des bras convulsifs, les bielles[3] n'avaient plus que des tressaillements, les révoltes dernières de la vie ; et son âme s'en allait avec la force qui la faisait vivante, cette haleine immense dont elle ne parvenait pas à se vider toute. La géante éventrée s'apaisa encore, s'endormit peu à peu d'un sommeil très doux, finit par se taire. Elle était morte. Et le tas de fer, d'acier et de cuivre, qu'elle laissait là, ce colosse broyé, avec son tronc fendu, ses membres épars, ses organes meurtris, mis au plein jour, prenait l'affreuse tristesse d'un cadavre humain, énorme, de tout un monde qui avait vécu et d'où la vie venait d'être arrachée, dans la douleur.

Émile Zola, *La Bête humaine*, 1890.

1. disques des roues.
2. cylindres dans lesquels la vapeur est distribuée.
3. tiges qui mettent les roues en mouvement.

FICHE 6

NARRATEUR ET FOCALISATIONS

LE NARRATEUR

- Le narrateur, « voix » qui raconte, **appartient à la fiction.** Il n'est pas forcément personnage et n'est **l'auteur** que dans le cas de l'autobiographie.
- Il peut être **personnage** (héros ou simple témoin) dans un récit à la 1re personne.
- Il peut être **extérieur** à l'histoire, « voix » anonyme plus ou moins présente : il peut s'effacer ou intervenir en manifestant ses sentiments, ses opinions, en s'adressant au lecteur.
- Plusieurs narrateurs peuvent intervenir dans le cas de **récits emboîtés** (un récit dans un autre récit).

FOCALISATIONS (POINTS DE VUE)

- La focalisation désigne le point de vue à partir duquel une scène est racontée, la situation du narrateur par rapport au récit.
- Différentes focalisations peuvent cohabiter.

	Définition	Exemple
La focalisation zéro	• ne se focalise sur aucun personnage. • permet au lecteur une vision **dominante, surplombante.** • Le narrateur est dit **« omniscient »** : – il en sait **plus que ses personnages** ; – il pénètre leurs pensées, **circule dans l'espace et dans le temps** (connaît le passé des personnages, sait de quoi leur futur sera fait).	**Ex. :** « [Saccard] prit les pincettes, se mit à tisonner. Cette manie de fouiller les cendres, pendant qu'il causait d'affaires, était chez lui un calcul qui avait fini par devenir une habitude. [...] Renée souffrait, le regardait faire un grand trou dans la cendre. » Émile ZOLA, *La Curée*, 1872.
La focalisation interne	• se focalise sur un personnage. • le point de vue est **à hauteur d'homme.** • Le narrateur : – **raconte ce que sait, voit, ressent ce personnage.** – en sait **autant qu'un personnage** ;	**Ex. :** « Julien était fort embarrassé, il ne savait comment se conduire, il n'avait pas d'amour du tout. Dans son embarras, il pensa qu'il fallait oser, il essaya d'embrasser Mathilde. » STENDHAL, *Le Rouge et le Noir*, 1830.
La focalisation externe	• donne l'impression qu'une caméra a enregistré la scène. **Le lecteur voit, entend** ce qui se passe mais ignore les pensées des personnages ; il n'apprend d'eux que ce qu'ils ont l'occasion de raconter, à voix haute. • Le récit peut être **énigmatique.** • Le narrateur est un **témoin objectif** : – il en sait **moins que ses personnages.** – il **constate sans commenter.**	**Ex. :** « Il se leva ; sa casquette tomba. Toute la classe se mit à rire. Il se baissa pour la reprendre. Un voisin la fit tomber d'un coup de coude, il la ramassa encore une fois. » Gustave FLAUBERT, *Madame Bovary*, 1857.

STRUCTURE D'UN RÉCIT

Un récit est constitué de plusieurs événements qui créent **l'intrigue**. Il peut être organisé de façon plus ou moins complexe.

LA STRUCTURE SIMPLE

Centré autour d'une intrigue principale – voire unique – le récit suit les étapes du schéma narratif. C'est le **schéma classique du conte, de la nouvelle et d'un certain nombre de romans.**

La situation initiale	• **met en place** le récit (cadre, personnage principal, intrigue à venir). • se trouve dans l'***incipit*** (début du récit), qui peut être ***in medias res*** (lecteur plongé au cœur de l'action) descriptif ou commentatif.	**Ex. :** **Guy de Maupassant, « La Parure », 1885** L'*incipit* décrit les frustrations de Mathilde Loisel, femme d'un modeste employé. Un jour, son époux et elle sont invités à un bal au ministère ; sa riche amie Mme Forestier lui prête une rivière de diamants. Le couple passe une soirée magnifique.
L'événement perturbateur	• **déclenche la quête** du héros.	En rentrant, Mathilde s'aperçoit qu'elle ne porte plus le collier.
Les péripéties	• sont **le centre du récit.** Le héros s'accomplit au fil des péripéties.	Après de vaines recherches, le couple achète, à crédit, un collier identique à celui qui a été perdu et le remet à Mme Forestier sans rien dire. Pendant dix ans, les Loisel travaillent très dur pour rembourser la somme empruntée, Mathilde y perd sa jeunesse et sa beauté. Un jour qu'elle rencontre son amie, elle décide de lui dire toute la vérité.
La résolution et la situation finale	• Le héros parvient **au bout de sa quête** : le lecteur peut apprécier son évolution depuis l'*incipit*. • La résolution peut être **surprenante** dans le cas de la nouvelle, c'est la chute. Elle aboutit à un nouvel équilibre. • La fin est **ouverte** quand le récit reste **en suspens** et que le lecteur peut **imaginer une suite.**	Très émue, Mme Forestier explique à son amie que le collier prêté était une imitation qui ne valait rien. Le récit reste en suspens : il n'indique pas la réaction de Mathilde.

LA STRUCTURE COMPLEXE

Des séquences narratives se combinent : c'est le schéma classique de la plupart des romans.

Récit linéaire et jeux avec la chronologie	On suit les aventures du héros, avec éventuellement des **analepses** et des **prolepses**.	**Ex. :** voir analepse et prolepse ► p. 472
Récit à tiroirs	**Le récit cadre (récit principal) inclut d'autres récits**, selon la logique des poupées russes.	**Ex. :** Dans *Jacques le fataliste* (1796) de Diderot, on trouve comme récit-cadre le voyage de Jacques et de son maître et de nombreux sous-récits.

HISTOIRE ET RÉCIT

TEMPS ET CHRONOLOGIE

• Temps de l'histoire/temps du récit

L'histoire est composée des événements fictifs construisant une intrigue ; **le récit** narre ces événements censés s'être déroulés dans un cadre spatio-temporel précis.

Le temps de l'histoire	• concerne **le déroulement des événements fictifs.** • ressemble à celui d'une histoire réelle : **comporte une chronologie** et se mesure en **heures, en mois, en années**, etc.
Le temps du récit	• concerne **la manière dont les événements de l'histoire sont racontés.** • dépend des choix de la narration. • se mesure en **nombre de lignes, de paragraphes, de pages**, etc. • **ne suit pas forcément la chronologie.**

• Chronologie et distorsions

L'analepse	Le récit ne respecte pas l'ordre chronologique : il propose un **retour en arrière.**	Ex. : « Monsieur Charles Grandet, beau jeune homme de vingt-deux ans, produisait en ce moment un singulier contraste avec les bons provinciaux [...]. **Quelques jours avant cette soirée, son père lui avait dit d'aller pour quelques mois chez son frère à Saumur.** » Honoré DE BALZAC, *Eugénie Grandet*, 1834.
La prolepse	Le récit ne respecte pas la chronologie de l'histoire : il évoque un **fait futur**. Il s'agit d'une **anticipation du récit sur l'histoire.**	Ex. : « **On verra plus tard** que, pour de tout autres raisons, **le souvenir de cette impression devait jouer un rôle important dans ma vie.** » Marcel PROUST, *À la recherche du temps perdu*, 1913-1927.

RYTHMES DU RÉCIT

On appelle **rythme du récit** le rapport entre le temps de l'histoire (la durée fictive des événements racontés) et le temps du récit (la durée de la lecture).

La scène	• **temps de l'histoire et temps du récit se superposent.** • détaille et installe souvent une intensité dramatique, comporte souvent des dialogues.	Ex. : ZOLA, *L'Assommoir* (1877) ► p. 44 Au cours du dialogue Coupeau refuse d'aider sa femme, qui est affamée et incite Gervaise à se prostituer : la scène consacre la fin de leur couple.
Le sommaire	• **temps du récit inférieur au temps de l'histoire.**	Ex. : Ils vécurent heureux et eurent beaucoup d'enfants.
La pause	• **interruption de l'intrigue** pour une description, un discours explicatif.	Ex. : ZOLA, *L'Assommoir* (1877) ► p. 116 Le narrateur interrompt le récit pour décrire la façade misérable de l'hôtel où loge Gervaise.
L'ellipse	• **passe un ou plusieurs événements de l'histoire sous silence**, soit parce que ces événements sont sans intérêt, soit parce que le contenu de l'ellipse est laissé à l'imagination du lecteur.	Ex. : *Mme de Rênal promet à sa femme de chambre Élisa d'intercéder en sa faveur.* – Je veux tenter un dernier effort, dit-elle à sa femme de chambre, je parlerai à M. Julien. **Le lendemain** après le déjeuner, Mme de Rênal se donna la délicieuse volupté de plaider la cause de sa rivale, et de voir la main et la fortune d'Élisa refusées constamment pendant une heure. STENDHAL, *Le Rouge et le Noir*, 1830.

1 DISTINGUER AUTEUR ET NARRATEUR

a. Pour chacun des extraits suivants, indiquez qui est l'auteur, qui est le narrateur.
b. Indiquez les indices qui vous ont permis d'identifier le narrateur.

1 Ai-je été nourri par ma mère, est-ce une paysanne qui m'a donné son lait ? Je n'en sais rien. Quel que soit le sein que j'ai mordu, je ne me rappelle pas une caresse du temps où j'étais tout petit ; je n'ai pas été dorloté, tapoté, baisotté ; j'ai été beaucoup fouetté.

Jules Vallès, *L'Enfant*, 1879.

2 Je forme une entreprise qui n'eut jamais d'exemple et dont l'exécution n'aura point d'imitateur. Je veux montrer à mes semblables un homme dans toute la vérité de la nature ; et cet homme ce sera moi.

Jean-Jacques Rousseau, *Confessions*, 1782.

3 Mon père était avocat, il avait épousé ma mère dans un âge assez avancé ; il en eut trois filles [...]. Comme nous étions venues au monde à peu de distance les unes des autres, nous devînmes grandes toutes les trois ensemble.

Denis Diderot, *La Religieuse*, 1796.

4 Je plus à la duchesse [...] Quand nous revînmes de vêpres[1], elle me questionna sur ma famille et me demanda si le Vandenesse occupé déjà dans la diplomatie était mon parent. – Il est mon frère, lui dis-je. Elle devint alors affectueuse à demi. [...] Son regard perdit cette expression de hauteur par laquelle les princes de la terre vous font mesurer la distance qui se trouve entre eux et vous.

Honoré de Balzac, *Le Lys dans la vallée*, 1836.

1. office religieux célébré le soir.

2 RECONNAÎTRE UNE FOCALISATION

a. Quelle est la focalisation des extraits suivants ?
b. Relevez les éléments qui vous ont permis de répondre et justifiez votre réponse.

1 Dans les premiers jours du mois d'octobre 1815, [...] un homme qui voyageait à pied entrait dans la petite ville de Digne. [...] Il était difficile de rencontrer un passant d'un aspect plus misérable. C'était un homme de moyenne taille, trapu et robuste, dans la force de l'âge. Il pouvait avoir quarante-six ou quarante-huit ans [...] Sa chemise de grosse toile jaune, rattachée au col par une petite ancre d'argent, laissait voir sa poitrine velue ».

Victor Hugo, *Les Misérables*, 1862.

2 [...] elle regarda tout autour d'elle, lentement, comme quelqu'un qui se réveille d'un songe ; puis, d'une voix distincte, elle demanda son miroir, et elle resta penchée dessus quelque temps, jusqu'au moment où de grosses larmes lui découlèrent des yeux. Alors elle se renversa la tête en poussant un soupir et retomba sur l'oreiller.

Gustave Flaubert, *Madame Bovary*, 1857.

3 Tous deux avaient fini par se rendre une foule de services, à l'hôtel Boncœur. Coupeau allait lui chercher son lait, se chargeait de ses commissions, portait ses paquets de linge ; souvent, le soir, comme il revenait du travail le premier, il promenait les enfants sur les boulevards extérieurs. Gervaise, pour lui rendre ses politesses, montait dans l'étroit cabinet où il couchait sous les toits et elle visitait ses vêtements, remettant des boutons, reprisant les vestes de toile.

Émile Zola, *L'Assommoir*, 1877.

4 Elle marchait, en effet, d'une si agréable façon, qu'il prenait le plus beau plaisir du monde à entendre le petit claquement de ses bottines sur la terre dure de l'allée. Jamais il n'avait fait attention au balancement de sa taille, à la traînée vivante de sa jupe, qui la suivait d'un frôlement de couleuvre. C'était une joie qu'il n'épuiserait pas, de la voir ainsi s'en aller posément à côté de lui, tant il découvrait de nouveaux charmes dans la moindre souplesse de ses membres. [...] Il se faisait très doux, pour ne pas l'effrayer davantage : car il voyait qu'elle était encore frissonnante, bien qu'elle eût repris sa marche lente, à son côté.

Émile Zola, *La Faute de l'abbé Mouret*, 1875.

3 ANALYSER LES EFFETS PRODUITS

Les extraits suivants sont rédigés en focalisation zéro. Mais la présence de la voix narrative varie.
a. Classez les extraits en fonction de cette présence : du narrateur le plus effacé au narrateur le plus manifeste.
b. Expliquez quels sont les effets produits par cette plus ou moins grande présence. Quand le narrateur se manifeste, quel rôle joue-t-il ?

1 Jacques commença l'histoire de ses amours. C'était l'après-midi : il faisait un temps lourd ; son maître s'endormit [...]. Vous voyez, lecteur, que je suis en beau chemin, et qu'il ne tiendrait qu'à moi de vous faire attendre un an, deux ans, trois ans, le récit des amours de Jacques, en le séparant de son maître et ne leur faisant courir à chacun tous les hasards qu'il me plairait. Qu'est-ce qui m'empêcherait de marier le maître et de le faire cocu ?

Denis Diderot, *Jacques le fataliste et son maître*, 1773.

2 Micromégas, après avoir bien tourné, arriva dans le globe de Saturne. [...] il ne put d'abord, en voyant la petitesse du globe et de ses habitants, se défendre de ce sourire de supériorité qui échappe quelquefois aux plus sages. Car enfin Saturne n'est guère que neuf cents fois plus gros que la terre, et les citoyens de ce pays-là sont des nains qui n'ont que mille toises de haut ou environ. Il s'en moqua un peu d'abord avec ses gens, à peu près comme un musicien italien se met à rire de la musique de Lulli quand il vient en France. Mais comme le Sirien avait un bon esprit, il comprit bien vite qu'un être pensant peut fort bien n'être pas ridicule pour n'avoir que six mille pieds de haut.

VOLTAIRE, *Micromégas*, 1752.

3 Deux hommes parurent.
L'un venait de la Bastille, l'autre du Jardin des Plantes.
[...]
Quand ils furent arrivés au milieu du boulevard, ils s'assirent, à la même minute, sur le même banc.
Pour s'essuyer le front, ils retirèrent leurs coiffures, que chacun posa près de soi ; et le petit homme aperçut, écrit dans le chapeau de son voisin : Bouvard ; pendant que celui-ci distinguait aisément dans la casquette du particulier en redingote le mot : Pécuchet.

Gustave FLAUBERT, *Bouvard et Pécuchet*, 1881.

4 Nous avons tous une mère, la terre. On rendit Fantine à cette mère.
Le curé crut bien faire, et fit bien peut-être, en réservant, sur ce que Jean Valjean avait laissé, le plus d'argent possible aux pauvres. Après tout, de qui s'agissait-il ? d'un forçat et d'une fille publique. C'est pourquoi il simplifia l'enterrement de Fantine, et le réduisit à ce strict nécessaire qu'on appelle la fosse commune.
Fantine fut donc enterrée dans ce coin gratis du cimetière qui est à tous et à personne, et où l'on perd les pauvres. Heureusement Dieu sait où retrouver l'âme.

Victor HUGO, *Les Misérables*, 1862.

4 VARIER LES FOCALISATIONS ✲✲

À partir du scénario suivant, rédigez trois courts récits dont les événements seront identiques. Inventez les circonstances et le dénouement.

« Deux hommes s'approchent d'un puits, l'un des deux tombe à l'intérieur. »

a. Rédigez le premier récit en focalisation zéro (n'oubliez pas de faire circuler votre narrateur omniscient dans l'espace, les pensées des personnages et le temps).

b. Rédigez le second en focalisation interne (choisissez librement le personnage dont vous adoptez le point de vue).

c. Rédigez le troisième en focalisation externe.

5 CHANGER DE POINT DE VUE ✲✲

a. Identifiez la focalisation adoptée et donnez les éléments permettant de justifier votre réponse.

b. Quels effets produit ce choix de narration ?

Frédéric Moreau, jeune bachelier, remonte la Seine à bord d'un navire ; il y fait la connaissance de Jacques Arnoux.

Frédéric, pour rejoindre sa place, poussa la grille des Premières, dérangea deux chasseurs avec leurs chiens.
Ce fut comme une apparition :
Elle était assise, au milieu du banc, toute seule ; ou du moins il ne distingua personne dans l'*éblouissement que lui envoyèrent ses yeux. En même temps qu'*il passait, elle leva la tête ; il fléchit involontairement les épaules ; et, quand il se fut mis plus loin, du même côté, il la regarda.
Elle avait un large chapeau de paille, avec des rubans roses qui palpitaient au vent, derrière elle. Ses bandeaux noirs, contournant la pointe de ses grands sourcils, descendaient très bas et semblaient presser amoureusement l'ovale de sa figure. Sa robe de mousseline claire, tachetée de petits pois, se répandait à plis nombreux. Elle était en train de broder quelque chose ; et son nez droit, son menton, toute sa personne se découpait sur le fond de l'air bleu. [...]
Jamais il n'avait vu cette splendeur de sa peau brune, la séduction de sa taille, ni cette finesse des doigts que la lumière traversait. Il considérait son panier à ouvrage avec ébahissement, comme une chose extraordinaire. Quels étaient son nom, sa demeure, sa vie, son passé ? Il souhaitait connaître les meubles de sa chambre, toutes les robes qu'elle avait portées, les gens qu'elle fréquentait ; et le désir de la possession physique même disparaissait sous une envie plus profonde, dans une curiosité douloureuse qui n'avait pas de limites. [...]
Cependant, un long châle à bandes violettes était placé derrière son dos, sur le bordage de cuivre. [...]
Mais, entraîné par les franges, il glissait peu à peu, il allait tomber dans l'eau, Frédéric fit un bond et le rattrapa. Elle lui dit :
– Je vous remercie, monsieur.
Leurs yeux se rencontrèrent.
– Ma femme, es-tu prête ? cria le sieur Arnoux apparaissant dans le capot de l'escalier.

Gustave FLAUBERT, *L'Éducation sentimentale*, 1869.

Écriture d'invention **Réécrivez le texte en conservant la 3e personne, mais en adoptant le point de vue de Madame Arnoux.**

6 MAÎTRISER LES ÉTAPES DU SCHÉMA NARRATIF

Remettez dans l'ordre les quatre étapes du schéma de « Mademoiselle FiFi » (1882), de Maupassant.

a. Révoltée contre l'occupant, Rachel poignarde Mademoiselle FiFi ; elle s'enfuit et demeure introuvable.

b. Les officiers font venir des prostituées. Après s'être montré brutal avec l'une d'entre elles nommée Rachel, Mademoiselle Fifi, sous l'emprise de l'alcool, finit par insulter la France.

c. Réfugiée dans le clocher, Rachel est nourrie par le curé qui fait de nouveau retentir la cloche. Après la guerre, elle épouse un patriote touché par son courage et devient une « dame ».

d. Pendant la guerre de 1870, des officiers prussiens occupent en Normandie un château qu'ils saccagent par désœuvrement. Le plus cruel d'entre eux, efféminé et méprisant, est surnommé « Mademoiselle Fifi ». Personne n'ose rien dire : seul le curé proteste en refusant de faire sonner la cloche de son église.

7 ÉTUDIER UNE NOUVELLE À CHUTE

a. Repérez les trois premières étapes du schéma narratif.

b. Imaginez les deux dernières étapes et rédigez-les.

c. Trouvez sur Internet la fin de la nouvelle : en relisant le texte indiquez quels éléments en préparaient la chute.

Mon pied-à-terre, j'aime mieux vous le dire tout de suite, est une simple chambre portant le numéro 80 et sise en l'hôtel des Trois-Hémisphères, rue des Victimes. […]

Depuis quelques jours, le 81 était vacant.

Un soir, en rentrant, je constatai que, de nouveau, j'avais un voisin, ou plutôt une voisine.

Ma voisine était-elle jolie ? Je l'ignorais, mais ce que je pouvais affirmer, c'est qu'elle chantait adorablement.

Elle devait être jeune, car le timbre de sa voix était d'une fraîcheur délicieuse, avec quelque chose, dans les notes graves, d'étrange et de profondément troublant. […]

Bientôt la chanson prit fin et une voix d'homme se fit entendre.

– Bravo ! Miss Ellen, vous chantez à ravir, et vous m'avez causé le plus vif plaisir… Et vous, maître Sem, n'allez-vous pas nous dire une chanson de votre pays ?

Une grosse voix enrouée répondit en patois négro-américain :

– Si ça peut vous faire plaisir, monsieur George.

Et le vieux nègre (car, évidemment, c'était un vieux nègre) entonna une burlesque chanson dont il accompagnait le refrain en dansant la gigue[1], à la grande joie d'une petite fille qui jetait de perçants éclats de rire.

– À votre tour, Doddy, fit l'homme, dites-nous une de ces belles fables que vous dites si bien.

Et la petite Doddy récita une belle fable sur un rythme si précipité, que je ne pus en saisir que de vagues bribes.

– C'est très joli, reprit l'homme ; comme vous avez été bien gentille, je vais vous jouer un petit air de guitare, après quoi nous ferons tous un beau dodo.

L'homme me charma avec sa guitare.

À mon gré, il s'arrêta trop tôt, et la chambre voisine tomba dans le silence le plus absolu. […]

Le lendemain, je fus réveillé par un bruit endiablé. C'était maître Sem qui se dégourdissait les jambes en exécutant une gigue nationale.

Ce divertissement fut suivi d'une petite chanson de Doddy, d'une adorable romance de miss Ellen, et d'un solo de piston véritablement magistral.

Tout à coup, une voix monta de la cour.

– Eh bien ! George ; êtes-vous prêt ? Je vous attends.

– Voilà, voilà, je brosse mon chapeau et je suis à vous.

Effectivement, la minute d'après, George sortait.

Je l'examinai par l'entrebâillement de ma porte.

C'était un grand garçon, rasé de près, convenablement vêtu, un gentleman tout à fait.

Dans la chambre, tout s'était tu.

J'avais beau prêter l'oreille, je n'entendais rien.

Ils se sont rendormis, pensai-je.

Pourtant, ce diable de Sem semblait bien éveillé.

Quels drôles de gens !

Il était neuf heures, à peu près. J'attendis.

Les minutes passèrent, et les quarts d'heure, et les heures. Toujours pas un mouvement.

Il allait être midi.

Ce silence devenait inquiétant.

Une idée me vint.

Je tirai un coup de revolver dans ma chambre, et j'écoutai. Pas un cri, pas un murmure, pas une réflexion de mes voisins. Alors j'eus sérieusement peur. J'allai frapper à leur porte.

– *Open the door, Sem* !… *Miss Ellen* !… *Doddy* ! *Open the door*…

Rien ne bougeait ! Plus de doute, ils étaient tous morts. Assassinés par George, peut-être ou asphyxiés ! Je voulus regarder par le trou de la serrure. La clef était sur la porte. Je n'osai pas entrer. Comme un fou, je me précipitai au bureau de l'hôtel.

Alphonse ALLAIS, « Cruelle énigme », À se tordre, 1891.

1. danse populaire d'origine anglaise au rythme vif.

Écriture d'invention **a. Imaginez une nouvelle qui repose sur un malentendu, une méprise (comme *La Parure* de Maupassant ▸ p. 471). Établissez-en le schéma narratif.**

b. Rédigez la résolution et la chute de votre nouvelle.

8 RESTITUER UNE CHRONOLOGIE

Dans chacun des extraits suivants :

a. Placez les événements évoqués dans le récit dans l'ordre dans lequel ils ont eu lieu dans le temps de l'histoire.

b. Nommez le procédé utilisé par la narration.

c. Expliquez son rôle, pour chacun des extraits, dans la connaissance des personnages évoqués.

1 *L'action se passe au XIXe siècle à Saumur sous la Restauration.*

Après avoir suivi les détours de ce chemin pittoresque […] vous apercevez un renfoncement assez sombre, au centre duquel est cachée la porte à monsieur Grandet. Il est impossible de comprendre la valeur de cette expression provinciale sans donner la biographie de monsieur Grandet. […]

Monsieur Grandet […] était en 1789 un maître tonnelier fort à son aise, sachant lire, écrire et compter.

Honoré DE BALZAC, *Eugénie Grandet*, 1834.

2 Alors, Frédéric se rappela les jours déjà lointains où il enviait l'inexprimable bonheur de se trouver dans une de ces voitures, à côté d'une de ces femmes. Il le possédait, ce bonheur-là, et n'en était pas *joyeux*.

Gustave FLAUBERT, *L'Éducation sentimentale*, 1869.

3 À l'époque de ses malheurs il y avait près d'une année que la duchesse avait fait une rencontre singulière : un jour qu'elle avait la *luna*[1], comme on dit dans le pays, elle était allée à l'improviste, sur le soir, à son château de Sacca, situé au-delà de Colorno, sur la colline qui domine le Pô.

STENDHAL, *La Chartreuse de Parme*, 1839.

1. état mélancolique (l'histoire se passe en Italie).

4 L'ami de David Séchard était un jeune homme, alors âgé d'environ vingt et un ans, nommé Lucien Chardon, et fils d'un ancien chirurgien-major des armées républicaines mis hors de service par une blessure. La nature avait fait un chimiste de M. Chardon le père, et le hasard l'avait établi pharmacien à Angoulême.

Honoré DE BALZAC, *Illusions perdues*, 1837.

9 ÉTUDIER UNE PROLEPSE

Les extraits suivants présentent une prolepse.

a. Repérez-la.

b. Expliquez sa fonction : quels effets cela produit-il sur le lecteur ?

1 – Laisse-moi, Lisbeth, je t'expliquerai tout cela demain !…

Mais, comme on va le voir, Valérie ne devait bientôt plus pouvoir rien expliquer à personne.

Honoré DE BALZAC, *La Cousine Bette*, 1846.

2 Je voudrais tant la retrouver, m'écriai-je. Tranquillisez-vous, on se retrouve toujours », répondit Albertine. Dans le cas particulier, elle se trompait ; je n'ai jamais retrouvé ni identifié la belle jeune fille à la cigarette. On verra du reste pourquoi, pendant longtemps je dus cesser de la chercher.

Marcel PROUST, *Sodome et Gomorrhe*, 1921-1922.

3 La même nuit elle eut le bonheur de lui faire parvenir une lettre. […]. Ce fut huit jours après qu'eut lieu le mariage de la sœur du marquis Crescenzi, où la duchesse commit une énorme imprudence dont nous rendrons compte en son lieu.

STENDHAL, *La Chartreuse de Parme*, 1839.

10 ANALYSER UN *INCIPIT*

a. Cet *incipit* est-il *in medias res*, descriptif ou commentatif (► p. 471) ? Qui est le narrateur ? Quand se situe la narration par rapport au moment de l'histoire ? Quel procédé est employé ?

b. Qu'a d'étonnant cet *incipit* ? D'après les indices donnés, quelle explication vraisemblable peut être envisagée ?

c. Quels effets cet *incipit* produit-il sur le lecteur ? Quelle atmosphère installe-t-il ?

C'est un samedi, à six heures du matin, que je suis mort après trois jours de maladie. Ma pauvre femme fouillait depuis un instant dans la malle, où elle cherchait du linge. Lorsqu'elle s'est relevée et qu'elle m'a vu rigide, les yeux ouverts, sans un souffle, elle est accourue, croyant à un évanouissement, me touchant les mains, se penchant sur mon visage. Puis la terreur l'a prise ; et affolée, elle a bégayé, en éclatant en larmes :

– Mon Dieu ! mon Dieu ! il est mort !

J'entendais tout, mais les sons affaiblis, semblaient venir de très loin. Seul, mon œil gauche percevait encore une lueur confuse, une lumière blanchâtre où les objets se fondaient ; l'œil droit se trouvait complètement paralysé. C'était une syncope de mon être entier comme un coup de foudre qui m'avait anéanti. Ma volonté était morte, plus une fibre de ma chair ne m'obéissait. Et, dans ce néant, au-dessus de mes membres inertes, la pensée seule demeurait, lente et paresseuse, mais d'une netteté parfaite. Ma pauvre Marguerite pleurait, tombée à genoux devant le lit, répétant d'une voix déchirée :

– Il est mort, mon Dieu ! il est mort !

Était-ce donc la mort, ce singulier état de torpeur, cette chair frappée d'immobilité, tandis que l'intelligence fonctionnait toujours ? Était-ce mon âme qui s'attardait ainsi dans mon crâne, avant de prendre son vol ?

Émile ZOLA, *La Mort d'Olivier Bécaille*, 1879

11 ÉTUDIER LA FIN D'UN RÉCIT

a. Identifiez le rythme du récit du premier paragraphe : quel état d'esprit de Jeanne traduit-il ?
b. À partir des dialogues, étudiez les portraits opposés de Jeanne et de Rosalie.
c. Dans le 6e paragraphe, expliquez l'évolution de Jeanne. Comment le rythme du récit met-il en valeur ce changement ?
d. Quelle leçon de vie Rosalie délivre-t-elle ? La fin est-elle ouverte ou fermée (► p. 471) ?

De temps en temps elle regardait l'horloge. – Encore dix minutes. – Encore cinq minutes. – Encore deux minutes. – Voici l'heure. – Rien n'apparaissait sur la voie lointaine. Puis tout à coup, elle aperçut une tache blanche, une fumée, puis au-dessous un point noir qui grandit, accourant à toute vitesse. La grosse machine enfin, ralentissant sa marche, passa, en ronflant, devant Jeanne qui guettait avidement les portières. Plusieurs s'ouvrirent ; des gens descendaient, des paysans en blouse, des fermières avec des paniers, des petits-bourgeois en chapeau mou. Enfin elle aperçut Rosalie qui portait en ses bras une sorte de paquet de linge.

Elle voulut aller vers elle, mais elle craignait de tomber tant ses jambes étaient devenues molles. Sa bonne, l'ayant vue, la rejoignit avec son air calme ordinaire ; et elle dit : « Bonjour, madame ; me v'là revenue, c'est pas sans peine. »

Jeanne balbutia : « Eh bien ? »

Rosalie répondit : « Eh bien, elle est morte, c'te nuit. Ils sont mariés, v'là la petite. » Et elle tendit l'enfant qu'on ne voyait point dans ses linges.

Jeanne la reçut machinalement et elles sortirent de la gare, puis montèrent dans la voiture. [...]

Et Jeanne regardait droit devant elle en l'air, dans le ciel que coupait, comme des fusées, le vol cintré des hirondelles. Et soudain une tiédeur douce, une chaleur de vie traversant ses robes, gagna ses jambes, pénétra sa chair ; c'était la chaleur du petit être qui dormait sur ses genoux.

Alors une émotion infinie l'envahit. Elle découvrit brusquement la figure de l'enfant qu'elle n'avait pas encore vue : la fille de son fils. Et comme la frêle créature, frappée par la lumière vive, ouvrait ses yeux bleus en remuant la bouche, Jeanne se mit à l'embrasser furieusement, la soulevant dans ses bras, la criblant de baisers.

Mais Rosalie, contente et bourrue, l'arrêta. « Voyons, voyons, madame Jeanne, finissez ; vous allez la faire crier. »

Puis elle ajouta, répondant sans doute à sa propre pensée : « La vie, voyez-vous, ça n'est jamais si bon ni si mauvais qu'on croit. »

Guy DE MAUPASSANT, *Une vie*, 1883.

12 ÉTUDIER LES RYTHMES D'UN RÉCIT

a. En comparant le temps de l'histoire et le temps du récit, nommez le (ou les) procédé(s) utilisé(s) dans les passages surlignés.
b. Justifiez le choix de ces différents rythmes.
c. Repérez une ellipse. Quelle scène n'est pas racontée ici ? Pourquoi ?

Un souvenir qui me fait frémir encore et rire tout à la fois, est celui d'une chasse aux pommes qui me coûta cher. Ces pommes étaient au fond d'une dépense[1] qui, par une jalousie[2] élevée, recevait du jour de la cuisine. Un jour que j'étais seul dans la maison, je montai sur la maie[3] pour regarder dans le jardin des Hespérides[4] ce précieux fruit dont je ne pouvais approcher. J'allai chercher la broche pour voir si elle y pourrait atteindre : elle était trop courte. Je l'allongeai par une autre petite broche qui servait pour le menu gibier ; car mon maître aimait la chasse. Je piquai plusieurs fois sans succès ; enfin je sentis avec transport que j'amenais une pomme. Je tirai très doucement : déjà la pomme touchait à la jalousie : j'étais prêt à la saisir. Qui dira ma douleur ? La pomme était trop grosse, elle ne put passer par le trou. Que d'inventions ne mis-je point en usage pour la tirer ! Il fallut trouver des supports pour tenir la broche en état, un couteau assez long pour fendre la pomme, une latte pour la soutenir. À force d'adresse et de temps je parvins à la partager, espérant tirer ensuite les pièces l'une après l'autre : mais à peine furent-elles séparées, qu'elles tombèrent toutes deux dans la dépense. Lecteur pitoyable, partagez mon affliction.

Je ne perdis point courage ; mais j'avais perdu beaucoup de temps. Je craignais d'être surpris ; je renvoie au lendemain une tentative plus heureuse, et je me remets à l'ouvrage tout aussi tranquillement que si je n'avais rien fait, sans songer aux deux témoins indiscrets qui déposaient contre moi dans la dépense.

Le lendemain, retrouvant l'occasion belle, je tente un nouvel essai. Je monte sur mes tréteaux, j'allonge la broche, je l'ajuste ; j'étais prêt à piquer... Malheureusement le dragon ne dormait pas ; tout à coup la porte de la dépense s'ouvre : mon maître en sort, croise les bras, me regarde, et me dit : « Courage !... » La plume me tombe des mains.

Bientôt, à force d'essuyer de mauvais traitements, j'y devins moins sensible [...].

Jean-Jacques ROUSSEAU, *Les Confessions*, 1782.

1. lieu où l'on range les provisions.
2. ouverture partiellement fermée par des lattes.
3. auge de pierre destinée à recevoir l'huile d'olive dans un pressoir.
4. jardin réservé aux Dieux dans la mythologie grecque.

FICHE 9

LES DISCOURS RAPPORTÉS

• À côté de la narration d'actions et d'événements, l'œuvre littéraire peut donner à **entendre les paroles des personnages** qui sont au cœur de la fiction.
• Il existe alors différents moyens pour rapporter leurs paroles : **le discours direct, le discours indirect, le discours indirect libre, le discours narrativisé.**
• **Tous les genres peuvent être concernés** même si le roman est celui qui convoque de la manière la plus variée ces différents moyens.

	Définition et caractéristiques	Enjeux	Exemples
Le discours direct	• rapporte les paroles **comme elles ont été prononcées.** • les paroles sont introduites par : – **des guillemets** ou **un tiret** ; – **un verbe de dialogue** (en amont, précédé de deux points, ou en incise, encadré par des signes de ponctuation).	• crée un **effet de réel.** • apporte **rythme et variété** à un récit. • permet aussi d'attribuer **une voix à chaque personnage.** • révèle donc des caractères, une origine sociale.	Ex. : « Bonjour ! s'exclama-t-elle, bonjour à tous. » Ex. : **Il dit :** « Merci. » [Le verbe introducteur de dialogue est précédé par deux points.] Ex. : L'homme **reprit** : – Si ça s'peut ? Pourqué que ça n'se pourrait point ? Pisqu'on fait ben couver d's œufs dans une boîte chaude, on peut ben en mett'couver dans un lit. [Le discours direct révèle l'origine paysanne du personnage.] Guy DE MAUPASSANT, *Toine*, 1885.
Le discours indirect	• rapporte des paroles **dans une proposition subordonnée.** • n'est pas aussi fidèle que le discours direct ; les **marques d'oralité** disparaissent : les exclamations, les points de suspension indiquant une hésitation, par exemple.	• **évite d'interrompre le récit.**	Ex. : Il **demanda si** la table était mise.
Le discours indirect libre	• présente à la fois des marques du **discours direct** et du **discours indirect.** • est un outil de la focalisation interne puisqu'il **fait entendre la voix ou les pensées** du personnage au sein même de la narration.	• **permet à la voix du narrateur et à la voix du personnage de se superposer** sans qu'on sache exactement qui parle. • **évite une rupture dans la narration.** • permet au lecteur d'**entrer dans la tête du personnage**, de percevoir ses paroles ou ses pensées comme dans un monologue intérieur.	Ex. : « Il met bas son fagot, il songe à son malheur./Quel plaisir a-t-**il** eu depuis qu'il est au monde ? » [Le deuxième vers présente du discours indirect libre : le temps et la forme directe de l'interrogative appartiennent au discours direct ; la 3e personne appartient au discours indirect.] Jean DE LA FONTAINE, « La Mort du Bûcheron », *Fables*, 1678.
Le discours narrativisé	• **évoque des paroles** sans les détailler.	• **permet de résumer un échange.**	Ex. : « Il y eut encore **des promesses et de grandes effusions.** » Marcel AYMÉ, *Contes du chat perché*, 1863.

1 TRANSPOSER AU DISCOURS INDIRECT ✱

Transposez les paroles au discours indirect.

a. Il m'a dit : « Je suis venu hier. »
b. « Est-ce une plaisanterie ? » demanda-t-il.
c. Il affirma : « Je viendrai demain. »
d. « Où se trouve la gare ? demanda-t-il. Je me suis perdu. »
e. Il l'apostropha en ces termes : « Comment oses-tu bien passer ainsi sans cesse devant ma maison, et lancer des regards impertinents sur les fenêtres de ma fille ? »

2 TRANSPOSER AU DISCOURS NARRATIVISÉ ✱

Transposez les paroles au discours narrativisé.

a. Il dit : « Je suis né un 14 juillet. C'était un soir d'orage et ma mère faillit mourir. »
b. « Quel spectacle magnifique ! s'exclama Hélène, cette représentation théâtrale m'a émerveillée ! »
c. « Il faut que je me mette au travail, il faut absolument que je me mette au travail », se répétait-il.
d. « Maintenant, attends-toi à ce qu'il y a de pire. »

3 IDENTIFIER LES TYPES DE DISCOURS RAPPORTÉS ✱✱

Retrouvez les paroles rapportées et identifiez leur type.

Charles Bovary, un médecin, est en visite chez la jeune Emma Bovary.

Elle se plaignit d'éprouver, depuis le commencement de la saison, des étourdissements ; elle demanda si les bains de mer lui seraient utiles ; elle se mit à causer du couvent, Charles de son collège, les phrases leur vinrent. Ils montèrent dans sa chambre. Elle lui fit voir ses anciens cahiers de musique, les petits livres qu'on lui avait donnés en prix et les couronnes en feuilles de chêne, abandonnées dans un bas d'armoire. Elle lui parla encore de sa mère, du cimetière, et même lui montra dans le jardin la plate-bande dont elle cueillait les fleurs, tous les premiers vendredis de chaque mois, pour les aller mettre sur sa tombe. Mais le jardinier qu'ils avaient n'y entendait rien ; on était si mal servi !

Gustave FLAUBERT, *Madame Bovary*, 1857.

4 ANALYSER UN DISCOURS DIRECT ✱✱

Expliquez l'intérêt du discours direct dans ce récit en vous appuyant sur les révélations contenues dans les paroles des personnages.

Le héros Candide se retrouve par hasard face à son ancien professeur, Pangloss, mais il ne le reconnaît pas car il a l'apparence d'un mendiant.

Candide, effrayé, recule. « Hélas ! dit le misérable à l'autre misérable, ne reconnaissez-vous plus votre cher Pangloss ? – Qu'entends-je ? Vous, mon cher maître, vous, dans cet état horrible ! Quel malheur vous est-il donc arrivé ? Pourquoi n'êtes-vous plus dans le plus beau des châteaux ? Qu'est devenue Mlle Cunégonde[1], la perle des filles, le chef-d'œuvre de la nature ? – Je n'en peux plus », dit Pangloss. Aussitôt Candide [...] lui fit manger un peu de pain ; et quand Pangloss fut refait : « Eh bien ! lui dit-il, Cunégonde ? – Elle est morte », reprit l'autre.

VOLTAIRE, *Candide ou l'Optimisme*, 1759.

1. jeune femme dont Candide est amoureux.

5 ANALYSER UN DISCOURS INDIRECT LIBRE ✱✱✱

a. Relevez les passages de discours indirect libre.
b. Montrez qu'ils s'intègrent dans un point de vue interne en relevant les procédés (► p. 470).
c. Pourquoi l'usage du discours indirect libre rend-il le passage plus pathétique ?

Gervaise, alcoolique et sans le sou, s'apprête à se prostituer. Elle erre et s'arrête devant L'Assommoir, un cabaret.

Plantée devant *L'Assommoir*, Gervaise songeait. Si elle avait eu deux sous, elle serait entrée boire la goutte. Peut-être qu'une goutte lui aurait coupé la faim. Ah ! elle en avait bu des gouttes ! Ça lui semblait bien bon tout de même. Et, de loin, elle contemplait la machine à soûler, en sentant que son malheur venait de là, et en faisant le rêve de s'achever avec de l'eau-de-vie, le jour où elle aurait de quoi. Mais un frisson lui passa dans les cheveux, elle vit que la nuit était noire. Allons, la bonne heure arrivait. C'était l'instant d'avoir du cœur et de se montrer gentille, si elle ne voulait pas crever au milieu de l'allégresse générale. D'autant plus que de voir les autres bâfrer ne lui remplissait pas précisément le ventre. Elle ralentit encore le pas, regarda autour d'elle. [...] Une émotion de petite fille la serrait à la gorge ; elle ne sentait pas si elle avait honte, elle agissait dans un vilain rêve. Pendant un quart d'heure, elle se tint toute droite. Des hommes filaient, sans tourner la tête. Alors, elle se remua à son tour, elle osa accoster un homme qui sifflait, les mains dans les poches, et elle murmura d'une voix étranglée : « Monsieur, écoutez donc... »

Émile ZOLA, *L'Assommoir*, 1877.

LE VOCABULAIRE DU THÉÂTRE

Dramaturge	• du grec *drama*, « action » et *ergon*, « l'œuvre » • auteur de la pièce de théâtre.
Metteur en scène	• organisateur et coordonnateur du spectacle. • sa lecture du texte détermine l'orientation de la représentation.
Scénographe	• assistant du metteur en scène. • élabore l'espace scénique afin qu'il traduise les parti-pris du metteur en scène.
Spectateur	• du latin *spectator*, « celui qui regarde ». • celui qui assiste à un spectacle.
Didascalies	• du grec *didaskalia*, « enseignement, instruction ». • texte rédigé à l'intention du metteur en scène, des comédiens, du costumier, etc., qui offre des informations sur le lieu, l'époque, les intonations, les accessoires, les mouvements. • ne sont pas prononcées par les personnages.

Acte	subdivision principale d'une pièce regroupant plusieurs scènes et correspondant à une étape majeure de l'action.
Scène	• division de l'acte. • c'est l'entrée ou la sortie d'un personnage qui détermine le changement de scène.
Exposition	première partie d'une pièce de théâtre dont la fonction est d'informer le spectateur et de le mettre en condition pour la suite de l'action.
Nœud	partie centrale de l'action correspondant au moment où la situation se complique.
Péripétie	• revirement de situation qui engage le changement de destin du héros. • désigne aussi les événements qui bouleversent le cours de l'action dramatique.
Dénouement	• ultime partie d'une pièce de théâtre. • comme son nom l'indique, il « dénoue les fils » de l'intrigue et permet ainsi l'achèvement de l'action.

Aparté	• de l'italien *a parte*, « à l'écart ». • convention par laquelle un personnage feint de se parler à lui-même pour, en réalité, éclairer le public sur ses sentiments ou intentions.
Monologue	• discours que le personnage s'adresse à lui-même, ou adresse à un personnage absent ou à une abstraction. • comble de la convention théâtrale, permet en fait de renseigner le public sur l'intériorité du personnage.
Stichomythie	• du grec *stikhos*, « vers » et *muthos* », « parole ». • échange marqué par l'enchaînement de répliques brèves, souvent réduites à un vers chacune.
Tirade	réplique, au sein d'un dialogue, caractérisée par sa longueur et sa structure rhétorique.

Illusion	• du latin *illusio*, lui-même dérivé de *ludo*, « jouer », « se jouer de ». • désigne l'art qui consiste à faire croire au spectateur que ce à quoi il assiste est réel, vrai. • c'est la visée majeure du théâtre classique et la source de plaisir du spectateur.
Mimésis	• terme grec traduit par les termes « imitation » ou « représentation ». • Aristote, dans la *Poétique*, envisage la *mimésis* comme l'enjeu du travail du dramaturge qui imite par le langage et les actions représentées la réalité.
Catharsis	• terme grec signifiant « purgation » ou « purification ». • pour Aristote, le spectacle tragique libère les spectateurs d'émotions intenses – la terreur et la pitié – grâce à l'illusion générée par la représentation.

LA DOUBLE ÉNONCIATION

DÉFINITION

• L'énonciation désigne une situation de communication : un émetteur adresse un énoncé – écrit ou oral – à un destinataire.
• La communication au théâtre présente **un double niveau d'énonciation** :
– 1er niveau : les personnages dialoguent entre eux comme si le public était absent ;
– 2e niveau : à travers leurs paroles, l'auteur s'adresse aussi aux spectateurs.
• Un énoncé au théâtre compte le plus souvent **deux émetteurs** (le personnage et l'auteur) et **deux destinataires** (le personnage et le spectateur).

INFORMER LE SPECTATEUR

Dans le cadre de l'exposition	La prise de parole renseigne sur le lieu, l'époque et les personnages.	Ex. : ACOMAT. - Instruis-moi des secrets que peut t'avoir appris/Un voyage si long pour moi seul entrepris./De ce qu'ont vu tes yeux parle en témoin sincère : /Songe que du récit, Osmin, que tu vas faire/Dépendent les destins de l'empire ottoman. RACINE, *Bajazet*, Acte I, scène 1, 1672.
Le cas du monologue	Ces types de répliques permettent : • d'entrer dans les pensées d'un personnage qui semble s'adresser à lui-même (**1er niveau**) ; • mais, à travers cette adresse, c'est le spectateur, auquel on offre une information (**2e niveau**) qui est visé.	Ex. : *Scapin ordonne à Géronte de se cacher dans un sac pour échapper à ses « ennemis ».* GÉRONTE. – L'invention est bonne. SCAPIN. – La meilleure du monde. Vous allez voir. (*À part*) Tu me paieras l'imposture. MOLIÈRE, *Les Fourberies de Scapin*, Acte III, scène 2, 1671.
Le cas de l'aparté		

CRÉER UNE COMPLICITÉ

Lors d'un quiproquo	Le spectateur perçoit d'emblée le malentendu comique et s'en amuse.	Ex. : Un exemple célèbre de quiproquos se trouve dans la scène 5 de l'acte II de *L'École des femmes* (1662) : Agnès n'ose dire à Arnolphe ce qu'un jeune homme qui la courtise lui a « pris ». Ce n'est qu'après une dizaine de répliques qu'elle avoue : « Il m'a pris le ruban que vous m'aviez donné ».
Avec l'ironie tragique	Le spectateur perçoit le décalage entre le destin tragique, inéluctable, du héros et ses propos qui révèlent son aveuglement.	Ex. : ŒDIPE. — Eh bien moi, je remonterai aux racines ! [...] Celui qui a été l'assassin, qui sait s'il ne songe pas à m'infliger à moi aussi un pareil coup de force ! [...] Dites-vous bien que j'irai jusqu'au bout. SOPHOCLE, *Œdipe roi*, 430 av. J.-C. [Le spectateur qui connaît le mythe d'Œdipe sait que l'assassin que recherche Œdipe n'est autre que lui-même.]
Porter la parole du dramaturge	À travers ses personnages, l'auteur peut diffuser ses idées (critiquer certains aspects de la société, exprimer les valeurs en lesquelles il croit, etc.) en se protégeant de la censure.	Ex. : En imaginant dans *L'Île des esclaves* (1725) (► p. 395) un échange provisoire de rôle entre maîtres et esclaves de l'Antiquité, Marivaux fustige les mauvais traitements infligés aux domestiques de son époque et donne aux maîtres « un cours d'humanité ».

1 ANALYSER DIFFÉRENTS TYPES DE RÉPLIQUES

a. Lisez les extraits suivants et précisez pour chacun d'eux s'il s'agit d'un monologue, d'une tirade, d'une stichomythie. Justifiez votre réponse.
b. Quelle est la fonction de ces prises de paroles ? Quel est l'effet recherché ?

1

DON RODRIGUE. –
Ô miracle d'amour !
CHIMÈNE. –
Ô comble de misères !
DON RODRIGUE. –
Que de maux et de pleurs nous coûteront nos pères !
CHIMÈNE. –
Rodrigue, qui l'eût cru ?
DON RODRIGUE. –
Chimène, qui l'eût dit ?
CHIMÈNE. –
Que notre heur fût si proche, et sitôt se perdît ?
DON RODRIGUE. –
Et que si près du port, contre toute apparence,
Un orage si prompt brisât notre espérance ?
CHIMÈNE. –
Ah ! mortelles douleurs !
DON RODRIGUE. –
Ah ! regrets superflus !
CHIMÈNE. –
Va-t-en, encore un coup, je ne t'écoute plus.

Pierre CORNEILLE, *Le Cid*, Acte III, scène 4, 1637.

2

ALCESTE. –
La résolution en est prise, vous dis-je.
PHILINTE. –
Mais, quel que soit ce coup, faut-il qu'il vous oblige ?
ALCESTE. –
Non : vous avez beau faire et beau me raisonner,
Rien de ce que je dis ne me peut détourner :
Trop de perversité règne au siècle où nous sommes,
Et je veux me tirer du commerce des hommes.
Quoi ? contre ma partie on voit tout à la fois
L'honneur, la probité, la pudeur, et les lois ;
On publie en tous lieux l'équité de ma cause ;
Sur la foi de mon droit mon âme se repose :
Cependant je me vois trompé par le succès ;
J'ai pour moi la justice, et je perds mon procès !
Un traître, dont on sait la scandaleuse histoire,
Est sorti triomphant d'une fausseté noire !
Toute la bonne foi cède à sa trahison !
Il trouve, en m'égorgeant, moyen d'avoir raison !
Le poids de sa grimace, où brille l'artifice,
Renverse le bon droit, et tourne la justice !

MOLIÈRE, *Le Misanthrope*, Acte V, scène 1, 1666.

3

JASON. – Depuis que mon esprit est capable de flamme,
Jamais un trouble égal n'a confondu mon âme.
Mon cœur, qui se partage en deux affections,
Se laisse déchirer à mille passions.
Je dois tout à Médée, et je ne puis sans honte
Et d'elle et de ma foi tenir si peu de conte[1]
Je dois tout à Créon, et d'un si puissant roi
Je fais un ennemi, si je garde ma foi :
Je regrette Médée, et j'adore Créuse ;
Je vois mon crime en l'une, en l'autre mon excuse ;
Et dessus mon regret mes désirs triomphants
Ont encor le secours du soin de mes enfants.
Mais la princesse vient ; l'éclat d'un tel visage
Du plus constant du monde attirerait l'hommage,
Et semble reprocher à ma fidélité
D'avoir osé tenir contre tant de beauté.

CORNEILLE, *Médée*, Acte I, scène 2, 1635.

1. compte

2 IDENTIFIER ET EMPLOYER LE VOCABULAIRE DU THEÂTRE

a. Observez l'enchaînement des répliques. Comment l'appelle-t-on ? Quelle est l'impression créée ?
b. Dans quelle étape de l'action dramatique se situe-t-on selon vous ? Quelles sont les informations délivrées ?
c. Imaginez pour chaque réplique la didascalie qui pourrait lui correspondre.

OCTAVE. – Ah ! fâcheuses nouvelles pour un cœur amoureux ! Dures extrémités où je me vois réduit ! Tu viens, Silvestre, d'apprendre au port que mon père revient ?
SILVESTRE. – Oui.
OCTAVE. – Qu'il arrive ce matin même ?
SILVESTRE. – Ce matin même.
OCTAVE. – Et qu'il revient dans la résolution de me marier ?
SILVESTRE. – Oui.
OCTAVE. – Avec une fille du seigneur Géronte ?
SILVESTRE. – Du seigneur Géronte.
OCTAVE. – Et que cette fille est mandée de Tarente ici pour cela ?
SILVESTRE. – Oui.
OCTAVE. – Et tu tiens ces nouvelles de mon oncle ?
SILVESTRE. – De votre oncle.
OCTAVE. – À qui mon père les a mandées par une lettre ?
SILVESTRE. – Par une lettre.
OCTAVE. – Et cet oncle, dis-tu, sait toutes nos affaires ?
SILVESTRE. – Toutes nos affaires.
OCTAVE. – Ah ! parle, si tu veux, et ne te fais point, de la sorte, arracher les mots de la bouche.

MOLIÈRE, *Les Fourberies de Scapin*, Acte I, scène 1, 1671.

Écriture d'invention **Rédigez brièvement la note d'intention d'un metteur en scène correspondant aux choix opérés pour la représentation de cet extrait.**

3 ÉTUDIER UN QUIPROQUO

a. Expliquez sur quoi porte le quiproquo.
b. Quels mots permettent ce quiproquo ? Lequel l'interrompt ? Justifiez votre réponse.

Arnolphe, tuteur d'Agnès, a élevé la jeune fille dans une ignorance et un isolement complets, espérant pouvoir l'épouser. Mais il apprend qu'elle a reçu le jeune Horace en son absence : il décide de contre-attaquer et lui propose alors de se marier.

AGNÈS. –
N'est-ce plus un péché lorsque l'on se marie ?
ARNOLPHE. –
Non.
AGNÈS. –
Mariez-moi donc promptement, je vous prie.
ARNOLPHE. –
Si vous le souhaitez, je le souhaite aussi,
Et pour vous marier on me revoit ici.
AGNÈS. –
Est-il possible ?
ARNOLPHE. –
Oui.
AGNÈS. –
Que vous me ferez aise !
ARNOLPHE. –
Oui, je ne doute point que l'hymen ne vous plaise.
AGNÈS. –
Vous nous voulez, nous deux…
ARNOLPHE. –
Rien de plus assuré.
AGNÈS. –
Que, si cela se fait, je vous caresserai !
ARNOLPHE. –
Hé ! La chose sera de ma part réciproque.
[…]
AGNÈS. –
Nous serons mariés ?
ARNOLPHE. –
Oui.
AGNÈS. –
Mais quand ?
ARNOLPHE. –
Dès ce soir.
[…]
AGNÈS. –
Hélas ! que je vous ai grande obligation,
Et qu'avec lui j'aurai de satisfaction !
ARNOLPHE. –
Avec qui ?
AGNÈS. –
Avec…, là.
ARNOLPHE. –
Là… : là n'est pas mon compte.
À choisir un mari vous êtes un peu prompte.
C'est un autre, en un mot, que je vous tiens tout prêt.

MOLIÈRE, *L'École des femmes*, Acte II, scène 5, 1662.

4 ANALYSER UN MONOLOGUE ARGUMENTATIF

a. Étudiez les didascalies et l'énonciation. Quels sont les destinataires fictifs et réels de son énoncé ? Que nous révèle ce monologue de l'état d'esprit de Figaro ?
b. Quelles critiques concernant la société de son temps le dramaturge peut-il ainsi exprimer ?
c. Imaginez un échange entre un dramaturge et son scénographe qui réfléchissent à la mise en scène de cet extrait. Montrez qu'ils s'appuient sur les éléments du texte pour opérer des choix.

Le valet Figaro croit que Suzanne – qu'il a épousée le jour même – a accepté d'accorder un rendez-vous galant à son maître, le comte Almaviva. Désemparé, il se livre à une série de réflexions.

FIGARO, *seul, se promenant dans l'obscurité, dit du ton le plus sombre.* – […] Non, monsieur le Comte, vous ne l'aurez pas… vous ne l'aurez[1] pas. Parce que vous êtes un grand seigneur, vous vous croyez un grand génie !… Noblesse, fortune, un rang, des places, tout cela rend si fier ! Qu'avez-vous fait pour tant de biens ? Vous vous êtes donné la peine de naître, et rien de plus. Du reste, homme assez ordinaire ; tandis que moi, morbleu ! perdu dans la foule obscure, il m'a fallu déployer plus de science et de calculs pour subsister seulement, qu'on n'en a mis depuis cent ans à gouverner toutes les Espagnes : et vous voulez jouter… On vient… c'est elle… ce n'est personne. – La nuit est noire en diable, et me voilà faisant le sot métier de mari, quoique je ne le sois qu'à moitié ! (*Il s'assied sur un banc.*) Est-il rien de plus bizarre que ma destinée ? Fils de je ne sais pas qui, volé par des bandits, élevé dans leurs mœurs, je m'en dégoûte et veux courir une carrière honnête ; et partout je suis repoussé ! J'apprends la chimie, la pharmacie, la chirurgie, et tout le crédit d'un grand seigneur peut à peine me mettre à la main une lancette vétérinaire[2] ! […] Il s'élève une question sur la nature des richesses ; […] j'écris sur la valeur de l'argent et sur son produit net[3] : sitôt je vois du fond d'un fiacre baisser pour moi le pont d'un château fort, à l'entrée duquel je laissai l'espérance et la liberté.

BEAUMARCHAIS, *Le Mariage de Figaro*, Acte V, scène 3, 1784.

1. Figaro parle de Suzanne.
2. instrument de chirurgie.
3. bénéfice.

Écriture d'invention **Imaginez un dialogue basé sur un quiproquo comme dans le texte de l'exercice 3. Jouez de toutes les ressources du langage dramatique (répliques, didascalies...).**

VERS, STROPHES ET RIMES / FORMES POÉTIQUES

VERS

Le vers ou mètre	• se définit par son nombre de syllabes. • les vers classiques sont souvent pairs : **octosyllabe** : 8 syllabes ; **décasyllabe** : 10 ; **alexandrin** : 12, etc. • la **césure** (//) coupe l'alexandrin classique en deux hémistiches. Le vers a aussi des **coupes** secondaires (/). Ex. : « Allez,/rassurez-vous,// et cessez/de vous plaindre » Jean Racine, *Britannicus*, 1669.
Le vers libre	apparu plus récemment, le **vers libre** n'a ni longueur fixée ni rimes imposées mais il est marqué par un retour à la ligne. Ex. : Desnos, *Corps et bien*, « les Espaces du sommeil » ► p. 302
Le décompte des syllabes	• le « e » muet se prononce devant une consonne, mais ni devant une voyelle ni en fin de vers. • la **diérèse** consiste à séparer les deux voyelles d'une diphtongue et à les prononcer en 2 syllabes. Ex. : « Les vi|olons vibrant derrière les collin (es). » Charles Baudelaire, *Les Fleurs du mal*, 1857.

STROPHES

Distique	2 vers	**Quatrain**	4 vers	**Sizain**	6 vers
Tercet	3 vers	**Quintil**	5 vers	**Dizain**	10 vers

RIMES

• La qualité et le genre des rimes

Pauvres	un son commun	Ex : « vécu/vu »
Suffisantes	deux sons communs	Ex : « amour/jour »
Riches	au moins trois sons communs	Ex : « inévitable/redoutable »
Féminines	rimes finissant par un « e » muet	Ex : « misère/frère »
Masculines	autres rimes	Ex. : « songeait/plongeait »

• La disposition des rimes

Plates/Suivies	AABB	Ex : « splendeur/grandeur/enflammée/armée »
Croisées	ABAB	Ex : « abîme/divin/crime/vin »
Embrassées	ABBA	Ex : « cœur/mortelle/querelle/rigueur »

DISCORDANCES

L'enjambement	prolongement de la phrase d'un vers à l'autre.	Ex : « Puisque l'oiseau des bois voltige **et chante encore** / **Sur la branche où ses œufs sont brisés dans le nid** » Alfred de Musset, *La Nuit d'août*, 1836.
Le rejet	débordement au début d'un vers d'un segment très court (1 à 2 mots) lié syntaxiquement au vers précédent.	Ex. : « Il dort dans le soleil, la main sur sa poitrine / **Tranquille**. […] » Arthur Rimbaud, « Le Dormeur du val », *Poésies*, 1871.
Le contre-rejet	isolement en fin de vers d'un segment très court (1 à 2 mots) lié syntaxiquement au vers suivant.	Ex. : « Nous le déshabillions en silence. **Sa bouche**, / Pâle, s'ouvrait […] » Victor Hugo, « Souvenir de la nuit du 4 », *Les Châtiments*, 1853.

SONORITÉS

Assonance	répétition d'une voyelle	Ex. : « U, cycles, vibrements divins des mers virides » Arthur RIMBAUD, « Voyelles », *Poésies*, 1871 (assonance en [i])
Allitération	répétition d'une consonne	Ex. : « Pour qui sont ces serpents qui sifflent sur vos têtes ? » Jean RACINE, *Andromaque*, Acte V, scène 5, 1667 (allitération en [s])

FORMES FIXES

Le sonnet	• forme empruntée à la poésie italienne et apparue en France à la Renaissance, composée de deux quatrains et deux tercets, sur un schéma de rimes fixe : [ABBA] x 2 puis [CCD/EDE ou EED]. • le dernier vers crée un effet : c'est la chute (ou la pointe).	Ex : Paul VERLAINE, « Mon rêve familier », *Poèmes saturniens*, 1866 ► p. 298
L'ode	• forme poétique très appréciée à la Renaissance, composée de strophes présentant la même longueur et un schéma de rimes identique. • célèbre souvent un personnage, un événement, un dieu, un héros ou une idée.	Ex : Pierre DE RONSARD, « Mignonne, allons voir... », *Odes*, 1550.

FORMES MOINS STRICTES

La fable	• poème narratif contenant une morale. • La Fontaine, par exemple, alterne souvent octosyllabes et alexandrins.	Ex : Jean DE LA FONTAINE, « La Laitière et le Pot au lait », *Fables*, 1668-1694 ► p. 354
L'épopée	long poème racontant les exploits historiques ou mythiques d'un héros ou d'un peuple.	Ex. : *L'Iliade* et *L'Odyssée* d'HOMÈRE, VIIIe siècle av. J.-C.
Le calligramme	poème dont la disposition représente visuellement le sujet évoqué.	Ex : Guillaume APOLLINAIRE, « La Cravate et la montre », *Calligrammes*, 1918.

FORMES LIBRES

Le poème en prose	poème composé en prose mais constituant une unité autonome et présentant un travail poétique sur la musicalité et les images.	Ex : Arthur RIMBAUD, « Aube », *Illuminations*, 1886 ► p. 300
Le poème en vers libres	poème composé de vers de longueur variable qui ne correspondent pas à des mètres traditionnels et ne sont pas rimés.	Ex : Robert DESNOS, « Les Espaces du sommeil », *Corps et biens*, 1930 ► p. 302

1 IDENTIFIER LES TYPES DE VERS

a. Pour chaque extrait, identifiez le type de vers utilisé.
b. Quels « e » muets doivent être prononcés ? Lesquels ne doivent pas l'être ? Justifiez.

1 Juin ton soleil ardente lyre
Brûle mes doigts endoloris
Triste et mélodieux délire
J'erre à travers mon beau Paris
Sans avoir le cœur d'y mourir

Guillaume APOLLINAIRE, « La Chanson du mal-aimé », *Alcools*, 1913.

2 *Ô blanche fiancée !*
Ô jeune vierge en fleur !
Amante délaissée,
Que flétrit la douleur !

Gérard DE NERVAL, « Les Cydalises », *Odelettes*, 1832.

3

Mon cœur est en repos, mon âme est en silence !
Le bruit lointain du monde expire en arrivant,
Comme un son éloigné qu'affaiblit la distance,
À l'oreille incertaine apporté par le vent.

Alphonse DE LAMARTINE, « Le Vallon », *Méditations poétiques*, 1820.

4 Triste à peine tant s'effacent
Ces apparences d'automne,
Toutes mes langueurs rêvassent,
Que berce l'air monotone.

Paul VERLAINE, « Bruxelles. Simples fresques, I », *Romances sans paroles*, 1874.

5 J'aime le luxe, et même la mollesse,
Tous les plaisirs, les arts de toute espèce,
La propreté, le goût, les ornements :
Tout honnête homme a de tels sentiments.

VOLTAIRE, *Le Mondain*, 1736.

2 PLACER LES CÉSURES

L'exercice précédent comporte un extrait composé d'alexandrins.
a. Situez la césure de chaque vers.
b. Quels mots sont placés à la césure ? Sur quoi le poète veut-il insister en mettant ces mots en valeur ?

3 ÉTUDIER LES RIMES

Pour chaque extrait, étudiez la disposition, la qualité et le genre des rimes.

1

Tout conjugue le verbe aimer. Voici les roses.
Je ne suis pas en train de parler d'autres choses.
Premier mai ! l'amour gai, triste, brûlant, jaloux,
Fait soupirer les bois, les nids, les fleurs, les loups

Victor HUGO, « Premier mai », *Les Contemplations*, 1856.

2 Je dormais dans ta mémoire
Et tu m'oubliais tout bas
Ou c'était l'inverse histoire
Étais-je où tu n'étais pas

Je me rendors pour t'atteindre
Au pays que tu songeas
Rien n'y fait que fuir et feindre
Toi tu l'as quitté déjà

Louis ARAGON, « Les Lilas », *Le Fou d'Elsa*, 1963, © Éditions Gallimard.

3 L'Océan sonore
Palpite sous l'œil
De la lune en deuil
Et palpite encore,

Tandis qu'un éclair
Brutal et sinistre
Fend le ciel de bistre[1]
D'un long zigzag clair

Paul VERLAINE, « Marine », *Poèmes saturniens*, 1866.

1. couleur de suie.

4 REPÉRER LES DISCORDANCES

a. Dans les extraits suivants, identifiez les procédés de discordance employés : enjambement, rejet, contre-rejet.
b. Pourquoi les rejets et contre-rejets heurtent davantage la lecture que les enjambements ? Comment la ponctuation les met-elle en évidence ?

1

Je ne crois pas en Dieu, j'abjure et je renie
Toute pensée, et quant à la vieille ironie,
L'Amour, je voudrais bien qu'on ne m'en parlât plus.

Lasse de vivre, ayant peur de mourir, pareille
Au brick[1] perdu jouet du flux et du reflux,
Mon âme pour d'affreux naufrages appareille.

Paul VERLAINE, « L'Angoisse », *Poèmes saturniens*, 1866.

1. bateau.

2

Je veux parler au Temps ! criais-je. Oh ! quelque engrais
Anonyme ! Moi ! Mon Sacré-cœur ! – J'espérais
Qu'à ma mort, tout frémirait, du cèdre à l'hysope

Jules LAFORGUE, « Préludes autobiographiques », *Les Complaintes*, 1885.

2

La Cigale, ayant chanté
Tout l'été,
Se trouva fort dépourvue
Quand la bise fut venue :
Pas un seul petit morceau
De mouche ou de vermisseau.

Jean de LA FONTAINE, « La Cigale et la fourmi », *Fables*, 1668-1674.

5 IDENTIFIER LES DIÉRÈSES

a. Identifiez le type de vers utilisé dans chaque extrait et relevez les diérèses.
b. Quels mots sont mis en valeur par ce procédé ? Pourquoi le poète souhaite-t-il les souligner ?

1

Médecins au Lion viennent de toutes parts;
De tous côtés lui vient des donneurs de recettes.

Jean DE LA FONTAINE, « Le Lion, le loup et le renard », *Fables*, 1668-1674.

2 Je t'adore, ô ma frivole,
Ma terrible passion !
Avec la dévotion
Du prêtre pour son idole.

Charles BAUDELAIRE, « Chanson d'après-midi », *Les Fleurs du mal*, 1857.

3

Un jour, tout était calme et la mer Pacifique,
Par ses vagues d'azur, d'or et de diamant,
Renvoyait ses splendeurs au soleil du tropique.
Un navire y passait majestueusement

Alfred DE VIGNY, « La Bouteille à la mer », *Les Destinées*, 1864.

6 ANALYSER UNE FORME POÉTIQUE FIXE

a. En vous appuyant sur le schéma strophique, identifiez la forme poétique adoptée par Rimbaud.
b. Observez le schéma de rimes. Correspond-il au schéma le plus régulier de cette forme poétique ? Justifiez.
c. En quoi le dernier vers crée-t-il un effet de surprise ? Comment appelle-t-on cet effet ?
d. Par quels procédés le poète a-t-il cependant gêné la lecture tout au long du poème afin de préparer le lecteur à cette surprise finale ?

Le Dormeur du val

C'est un trou de verdure où chante une rivière
Accrochant follement aux herbes des haillons
D'argent; où le soleil, de la montagne fière,
Luit: c'est un petit val qui mousse de rayons.

Un soldat jeune, bouche ouverte, tête nue,
Et la nuque baignant dans le frais cresson bleu,
Dort; il est étendu dans l'herbe, sous la nue,
Pâle dans son lit vert où la lumière pleut.

Les pieds dans les glaïeuls, il dort. Souriant comme
Sourirait un enfant malade, il fait un somme:
Nature, berce-le chaudement: il a froid.

Les parfums ne font pas frissonner sa narine;
Il dort dans le soleil, la main sur sa poitrine
Tranquille. Il a deux trous rouges au côté droit.

7 octobre 1870.

Arthur RIMBAUD, « Le Dormeur du val », *Poésies*, 1871.

7 ÉTUDIER UNE FORME LIBRE

a. Pouvez-vous identifier des types de vers traditionnels dans le poème suivant ? Peut-on pour autant parler de prose ? Comment appelle-t-on ce genre de poème ?
b. En quoi le choix de ces vers de longueur variable vous semble-t-il correspondre au sujet du poème ?
c. Par quels procédés l'auteur accentue-t-il la musicalité de son poème ?

La Pluie

Longue comme des fils sans fin, la longue pluie
Interminablement, à travers le jour gris,
Ligne les carreaux verts avec ses longs fils gris,
Infiniment, la pluie,
La longue pluie,
La pluie.

Elle s'effile ainsi, depuis hier soir,
Des haillons mous qui pendent,
Au ciel maussade et noir.
Elle s'étire, patiente et lente,
Sur les chemins, depuis hier soir,
Sur les chemins et les venelles[1],
Continuelle.

Au long des lieues,
Qui vont des champs vers les banlieues,
Par les routes interminablement courbées,
Passent, peinant, suant, fumant,
En un profil d'enterrement,
Les attelages, bâches[2] bombées;
Dans les ornières[3] régulières
Parallèles si longuement
Qu'elles semblent, la nuit, se joindre au firmament,
L'eau dégoutte, pendant des heures;
Et les arbres pleurent et les demeures,
Mouillés qu'ils sont de longue pluie,
Tenacement, indéfinie.

Les rivières, à travers leurs digues pourries,
Se dégonflent sur les prairies,
Où flotte au loin du foin noyé;
Le vent gifle aulnes[4] et noyers;
Sinistrement, dans l'eau jusqu'à mi-corps,
De grands bœufs noirs beuglent vers les cieux tors[5];
Le soir approche, avec ses ombres,
Dont les plaines et les taillis s'encombrent,
Et c'est toujours la pluie
La longue pluie
Fine et dense, comme la suie.
[…]

Émile VERHAEREN, « La Pluie », *Les Villages illusoires*, 1894.

1. petit chemin.
2. toile qui protège la marchandise.
3. sillon creusé par les roues.
4. variété d'arbre.
5. courbés.

L'ARGUMENTATION DIRECTE

DÉFINITION

- Appartenant à la littérature d'idées qui défend ou réfute des opinions dans des domaines variés (philosophie, science, politique, etc.), l'argumentation est dite directe lorsque **le locuteur énonce explicitement sa thèse** ; elle relève donc exclusivement du **discours argumentatif, sans recourir à la fiction**, et revêt de multiples formes (discours, dialogue d'idées, articles de presse et d'encyclopédie, préface, sermon, etc.). Le XVIIIe siècle, qui célèbre les pouvoirs de la raison, lui réserve une place de choix.
- L'argumentation directe **énonce de façon non ambiguë la thèse défendue par l'auteur**, contrairement à l'argumentation indirecte dont les leçons ne sont pas toujours explicites.

GENRES CONCERNÉS

L'essai	• écrit en **prose**, souvent enraciné dans l'**actualité** de l'auteur, il lui permet de **confronter très librement son point de vue à d'autres thèses**, souvent par le biais de citations commentées. • se caractérise par sa **démarche expérimentale** et sa **forme souple** « par sauts et à gambades » (Montaigne). • est écrit à la **première personne** et fait participer activement le lecteur en entamant une sorte de **dialogue** avec lui.	Ex. : Montaigne inaugure le genre avec ses *Essais* (1580-1592).
La lettre ouverte	• présente toutes les **caractéristiques de la lettre** (en-tête, destinataire particulier, usage fréquent de la deuxième personne). • rendue **publique**, généralement dans un journal, elle est accessible à tous.	Ex. : L'article « J'accuse… ! » de Zola, publié dans le quotidien *L'Aurore* en 1898, défend Dreyfus condamné à mort pour trahison et révèle les vrais coupables.
Le manifeste	**déclaration solennelle** par laquelle une personnalité ou un groupe expose et défend de façon souvent polémique son **programme**, dans les domaines **politique, social ou artistique**.	Ex. : • Karl MARX, *Manifeste du parti communiste*, 1848 ; • BRETON, *Manifeste du surréalisme*, 1924.
Le pamphlet	**écrit satirique bref** qui s'attaque sans nuances à une institution ou à un personnage connu.	Ex. : Victor Hugo, en exil, rédige *Les Châtiments* (1853), un recueil poétique pamphlétaire pour fustiger Napoléon III. ► p. 278
L'article de dictionnaire philosophique et d'encyclopédie	• propose une **définition subjective** d'un mot. • la visée informative s'efface **au profit de l'argumentation**.	Ex. : Les articles de *l'Encyclopédie* de Diderot (► p. 371) et d'Alembert permettent la diffusion des idées contestataires des Lumières.
Le traité	ouvrage à dimension didactique qui explique de façon systématique un sujet.	Ex. : Voltaire, *Traité sur la tolérance*, 1763 ► p. 419
Le discours	• développement argumentatif mobilisant des procédés oratoires. • texte destiné à être lu ou prononcé.	Ex. : • Jean JAURÈS, *Discours à la jeunesse*, 1903 ► p. 369 • Aimé CÉSAIRE, *Discours sur le colonialisme*, 1950 ► p. 393

L'ARGUMENTATION INDIRECTE

DÉFINITION

- L'argumentation indirecte **véhicule des idées par le biais de la fiction, mêlant ainsi discours narratif et discours argumentatif**. Les personnages, déterminés par un nombre de traits limités, incarnent les diverses positions en présence.
- Le détour par la fiction permet à l'auteur d'énoncer de violentes critiques, sans les assumer en son nom, et ainsi contourner la censure.

Ex. : *Candide* et *L'Ingénu* sont des contes philosophiques de Voltaire qui dénoncent les injustices de son temps.

- De lecture en apparence plus facile que la littérature d'idées, l'argumentation indirecte **cherche à séduire le lecteur** (charme de l'histoire, identification aux personnages, représentation animale plaisante des humains, rebondissements narratifs). Elle peut ainsi toucher tous les lecteurs, l'enfant comme l'universitaire.
- Ne délivrant pas toujours une leçon explicite, l'argumentation indirecte incite le lecteur à « faire la moitié du chemin » (Voltaire) en la dégageant lui-même et à **développer ainsi son esprit critique**.

GENRES CONCERNÉS

L'apologue	**Court récit, en vers ou en prose**, qui débouche, par le biais d'une analogie, sur une **leçon**, explicite ou non : fable, conte merveilleux ou philosophique, parabole évangélique, utopie.	Ex. : • Le conte *Peau d'âne* (1694) de Perrault ► p. 334 • les *Fables* (1668-1694) de La Fontaine ► p. 348-357 • le conte philosophique *Candide* (1759) de Voltaire ► p. 386 • l'utopie *Robinson Crusoé* (1719) de Defoe.
Le théâtre	Le dialogue théâtral **oppose deux thèses** par le biais de personnages qui s'affrontent.	Ex. : Le serviteur Arlequin et son maître Iphicrate s'affrontent dans *l'Ile des esclaves* (1725) de Marivaux. ► p. 394
La poésie engagée	Un **engagement politique ou social** est mis en valeur par le travail poétique.	Ex. : Louis Aragon, René Char, Paul Eluard et Robert Desnos soutiennent la cause des Résistants pendant la Seconde Guerre mondiale.
Le roman ou la nouvelle à thèse	Les personnages et le récit fictif illustrent la **thèse** de l'auteur. Certains indices permettent de **contextualiser** l'intrigue.	Ex. : Les romans de Zola dénoncent la misère sociale du XIXe siècle sous le Second Empire. ► p. 116
La description, le portrait	Les textes descriptifs permettent de **révéler au grand jour** et **de manière caricaturale ou stéréotypée** une réalité, une attitude contestée.	Ex. : Dans *Les Caractères* (1688), La Bruyère souligne, au fil de ses portraits, les travers de la société du Grand Siècle. ► p. 342
L'image	Les arts visuels ont une **fonction persuasive immédiate** : formes, couleurs, traits, symboles sensibilisent efficacement.	Ex. : Le message exprimé par Picasso avec *La Guerre et La Paix* est d'autant plus efficace que les panneaux sont créés suivant un principe d'opposition. ► p. 422

1 CONNAÎTRE LE VOCABULAIRE DE L'ARGUMENTATION ✻

Les termes suivants renvoient à des écrits ou à des discours argumentatifs fréquemment utilisés : en vous aidant d'un dictionnaire, définissez précisément chacun de ces genres.

une apologie – un blason – une caricature – une diatribe – une philippique – un dithyrambe – une oraison funèbre – un panégyrique – un plaidoyer – un réquisitoire.

2 ÉTUDIER DIFFÉRENTS GENRES ARGUMENTATIFS ✻✻

a. En vous aidant du paratexte et des indices du texte, repérez s'il s'agit d'une argumentation directe ou indirecte et identifiez le genre précis de chaque texte.
b. Dégagez la thèse soutenue par l'auteur ou les thèses en présence.
c. Dans le texte 1, quels procédés utilise-t-il pour le critiquer ? Quels défauts le moraliste veut-il blâmer à travers le comportement de Philémon ?

1 L'or éclate, dites-vous, sur les habits de *Philémon* ; Il éclate de même chez les marchands : Il est habillé des plus belles étoffes ; le sont-elles moins toutes déployées dans les boutiques et à la pièce ? mais la broderie et les ornements y ajoutent encore la magnificence : je loue donc le travail de l'ouvrier : si on lui demande quelle heure il est, il tire une montre qui est un chef-d'œuvre ; la garde de son épée est un onyx[1] ; il a au doigt un gros diamant qu'il fait briller aux yeux, et qui est parfait ; il ne lui manque aucune de ces curieuses bagatelles que l'on porte sur soi autant pour la vanité que pour l'usage, et il ne se plaint non plus toute sorte de parure qu'un jeune homme qui a épousé une riche vieille[2]. Vous m'inspirez enfin de la curiosité, il faut voir du moins des choses si précieuses ; envoyez-moi cet habit et ces bijoux de Philémon ; je vous quitte[3] de la personne.
Tu te trompes, Philémon, si avec ce carrosse brillant, ce grand nombre de coquins qui te suivent, et ces six bêtes qui te traînent, tu penses que l'on t'en estime davantage ; l'on écarte tout cet attirail qui t'est étranger, pour pénétrer jusques à toi, qui n'es qu'un fat[4].
Ce n'est pas qu'il faut quelquefois pardonner à celui qui avec un grand cortège, un habit riche et un magnifique équipage, s'en croit plus de naissance et plus d'esprit : il lit cela dans la contenance et dans les yeux de ceux qui lui parlent.

Jean DE LA BRUYÈRE, « Du mérite personnel », *Les Caractères*, 1688.

1. variété d'agate, pierre précieuse. – 2. comme un jeune homme qui a épousé une riche vieille, il ne se refuse aucune parure. 3. je vous tiens quitte de. – 4. sot et prétentieux.

2 Je sais qu'un gentilhomme, ayant traité chez lui une bonne compagnie, se vanta trois ou quatre jours après, par manière de jeu (car il n'en était rien), de leur avoir fait manger un chat en pâte ; de quoi une demoiselle de la troupe prit une telle horreur qu'en étant tombée en un grand dévoiement d'estomac et fièvre, il fut impossible de la sauver. Les bêtes mêmes se voient comme nous sujettes à la force de l'imagination. Témoin les chiens qui se laissent mourir de deuil lors de la perte de leurs maîtres.

Michel DE MONTAIGNE, « De la force de l'imagination », *Essais*, 1580.

3 **Fable ou histoire**

Un jour, maigre et sentant un royal appétit,
Un singe d'une peau de tigre se vêtit.
Le tigre avait été méchant ; lui, fut atroce.
Il avait endossé le droit d'être féroce.
Il se mit à grincer des dents, criant : je suis
Le vainqueur des halliers[1], le roi sombre des nuits !
Il s'embusqua, brigand des bois, dans les épines ;
Il entassa l'horreur, le meurtre, les rapines,
Egorgea les passants, dévasta la forêt,
Fit tout ce qu'avait fait la peau qui le couvrait.
Il vivait dans un antre, entouré de carnage.
Chacun, voyant la peau, croyait au personnage.
Il s'écriait, poussant d'affreux rugissements :
Regardez, ma caverne est pleine d'ossements ;
Devant moi, tout recule et frémit, tout émigre,
Tout tremble ; admirez-moi, voyez, je suis un tigre !
Les bêtes l'admiraient, et fuyaient à grands pas.
Un belluaire[2] vint, le saisit dans ses bras,
Déchira cette peau comme on déchire un linge,
Mit à nu ce vainqueur, et dit : tu n'es qu'un singe.

Jersey, septembre 1852.
Victor HUGO, *Les Châtiments*, 1853.

1. buissons.
2. un dompteur.

4 L'autre jour, au fond d'un vallon,
Un serpent piqua Jean Fréron[1] ;
Que croyez-vous qu'il arriva ?
Ce fut le serpent qui creva.

VOLTAIRE, *Épigramme contre Jean Fréron*, 1762.

1. écrivain et philosophe polémiste qui s'est attaqué aux philosophes des Lumières.

Écriture d'invention **Rédigez un texte descriptif où vous dénoncez un comportement social de votre époque qui vous semble ridicule (grande importance accordée aux marques, utilisation incessante du portable, d'Internet, etc.). Vous pouvez utiliser les procédés employés par La Bruyère (texte 1).**

3 ÉTUDIER UNE ARGUMENTATION DIRECTE

a. **À quel genre littéraire ces extraits appartiennent-ils ?**
b. **Quel est à votre avis le « prince » visé par Montesquieu dans le texte 1 ? Que lui reproche-t-il ?**
c. **Suivant quelle logique le texte 1 progresse-t-il ? Quel en est l'effet produit ?**
d. **À qui Rousseau s'adresse-t-il dans le texte 2 ? Que cherche-t-il à justifier ?**
e. **Reformulez les arguments développés dans le texte 2.**
f. **Le discours argumentatif de Rousseau (texte 2) vous semble-t-il nécessaire dans un récit autobiographique ?**

1 La monarchie se perd, lorsqu'un prince croit qu'il montre plus sa puissance en changeant l'ordre des choses qu'en les suivant ; lorsqu'il ôte les fonctions naturelles des uns pour les donner arbitrairement à d'autres, et lorsqu'il est plus amoureux de ses fantaisies que de ses volontés.
La monarchie se perd, lorsqu'un prince, rapportant tout uniquement à lui, appelle l'État à sa capitale, la capitale à sa cour, et la cour à sa seule personne.
Enfin elle se perd, lorsqu'un prince méconnaît son autorité, sa situation, l'amour de ses peuples ; et lorsqu'il ne sent pas bien qu'un monarque doit se juger en sûreté, comme un despote doit se croire en péril.
Le principe de la monarchie se corrompt lorsque les premières dignités sont les marques de la première servitude, lorsqu'on ôte aux grands le respect des peuples, et qu'on les rend de vils instruments du pouvoir arbitraire.

MONTESQUIEU, *De l'esprit des lois*, 1748.

2 Avant que d'aller plus loin, je dois au lecteur mon excuse ou ma justification, tant sur les menus détails où je viens d'entrer que sur ceux où j'entrerai dans la suite, et qui n'ont rien d'intéressant à ses yeux. Dans l'entreprise que j'ai faite de me montrer tout entier au public, il faut que rien de moi ne lui reste obscur ou caché ; il faut que je me tienne incessamment sous ses yeux ; qu'il me suive dans tous les égarements de mon cœur, dans tous les recoins de ma vie ; qu'il ne me perde pas de vue un seul instant, de peur que, trouvant dans mon récit la moindre lacune, le moindre vide, et se demandant : Qu'a-t-il fait durant ce temps-là ? il ne m'accuse de n'avoir pas voulu tout dire. Je donne assez de prise à la malignité des hommes par mes récits, sans lui en donner encore par mon silence.

Jean-Jacques ROUSSEAU, *Les Confessions*, 1782.

4 ÉTUDIER UNE ARGUMENTATION INDIRECTE

a. **Déterminez le genre du texte et repérez tous les procédés employés pour assurer le succès de ce texte auprès du public.**
b. **Que dénonce précisément le poète ?**
c. **Quelles réactions Hugo cherche-t-il à susciter ?**

Le poète oppose Napoléon Ier à Napoléon III qu'il surnomme « Napoléon le petit ».

Sa grandeur éblouit l'histoire.
Quinze ans, il fut
Le dieu que traînait la victoire
Sur un affût[1] ;
L'Europe sous sa loi guerrière
Se débattit. –
Toi, son singe, marche derrière,
Petit, petit.

Napoléon dans la bataille,
Grave et serein,
Guidait à travers la mitraille
L'aigle d'airain[2].
Il entra sur le pont d'Arcole[3],
Il en sortit. –
Voici de l'or, viens, pille et vole,
Petit, petit.

Berlin, Vienne, étaient ses maîtresses ;
Il les forçait,
Leste, et prenant les forteresses
Par le corset ;
Il triompha de cent bastilles
Qu'il investit. –
Voici pour toi, voici des filles[4],
Petit, petit.

Il passait les monts et les plaines,
Tenant en main
La palme, la foudre et les rênes[5]
Du genre humain ;
Il était ivre de sa gloire
Qui retentit. –
Voici du sang, accours, viens boire,
Petit, petit.

Quand il tomba, lâchant le monde,
L'immense mer
Ouvrit à sa chute profonde
Le gouffre amer ;
Il y plongea, sinistre archange,
Et s'engloutit. –
Toi, tu te noîras dans la fange,
Petit, petit.

Victor HUGO, « Chanson », *Les Châtiments*, 1853.

1. pièce de métal qui supporte le canon. – 2. enseigne militaire en bronze – 3. victoire de Napoléon en Vénétie (1796). – 4. des prostituées. – 5. attributs des chefs militaires.

FICHE 15

LES TYPES DE RAISONNEMENTS

Un raisonnement sert à **valider une thèse** lors d'une démonstration ou d'une argumentation.

Le raisonnement déductif	• part **d'une loi générale** et en tire **une conséquence logique pour un cas particulier.** • Le **syllogisme** est un cas particulier de raisonnement déductif en trois étapes. Attention aux faux syllogismes dont la structure formelle semble logique : « Tous les chats sont mortels, Socrate est mortel, donc Socrate est un chat. » Eugène IONESCO, *Rhinocéros*, 1959.	Ex. : « ARISTE. – **Toujours au plus grand nombre on doit s'accommoder**/Et jamais il ne faut se faire regarder/L'un et l'autre excès choque, et tout homme bien sage/Doit faire des habits ainsi que du langage » MOLIERE, *L'École des maris*, 1661. Ex. : **syllogisme** : « **Tous** les hommes sont mortels [loi générale concernant tous les hommes] **Or** Socrate est un homme [cas particulier] **Donc** Socrate est mortel. » [conséquence pour ce cas particulier]
Le raisonnement inductif	part **d'observations particulières** pour aboutir à **un principe général.** Attention aux généralisations abusives qui font la part belle aux préjugés : de l'accueil malpoli d'un hôte étranger, on ne peut conclure que tous les habitants de ce pays se comportent de la même façon.	Ex. : « **Quand je m'y suis mis quelquefois à considérer les diverses agitations** des hommes, et les périls, et les peines où ils s'exposent, dans la Cour, dans la guerre, d'où naissent tant de querelles, de passions, […] etc., **j'ai dit souvent que** tout le malheur des hommes vient d'une seule chose, qui est de ne savoir pas demeurer en repos dans une chambre. » Blaise PASCAL, *Pensées*, VIII, 1670.
Le raisonnement par analogie	consiste à **établir un rapprochement avec un domaine familier** au destinataire.	Ex. : *Un vieux chef tahitien s'adresse au navigateur français Bougainville.* « Ce pays est à toi ! Et pourquoi ? Parce que tu y as mis le pied ? **Si un Tahitien débarquait un jour sur vos côtes et qu'il gravât sur une de vos pierres ou sur l'écorce de l'un de vos arbres : ce pays appartient aux habitants de Tahiti, qu'en penserais-tu ?** » Denis DIDEROT, *Supplément au voyage de Bougainville*, 1773.
Le raisonnement concessif	Le locuteur admet **un argument qui s'oppose** à sa thèse (concession), mais c'est souvent **pour mieux montrer les faiblesses de la thèse adverse** et renforcer finalement son point de vue.	Ex. : « On voit quels changements Louis XIV fit dans l'État, changements utiles puisqu'ils subsistent. Ses ministres le secondèrent à l'envi. On leur doit **sans doute** tout le détail, toute l'exécution ; **mais** on lui doit l'arrangement général. » VOLTAIRE, *Le Siècle de Louis XIV*, 1751.
Le raisonnement par l'absurde	employé dans un contexte polémique, il **imagine avec ironie les conséquences absurdes d'une thèse et l'absence de logique** entre causes et conséquences.	Ex. : *Dans un de ses discours, Rousseau dénonce les effets pervers du progrès sur l'homme. Voltaire répond.* **« On n'a jamais employé tant d'esprit à vouloir nous rendre bêtes ; il prend envie de marcher à quatre pattes, quand on lit votre ouvrage. Cependant, comme il y a plus de soixante ans que j'en ai perdu l'habitude, je sens malheureusement qu'il m'est impossible de la reprendre. »** VOLTAIRE, *Lettre à Rousseau*, 1755.

LES TYPES D'ARGUMENTS

Un argument permet de **soutenir une thèse.** Un contre-argument sert à **réfuter une thèse.**

L'argument logique	• est construit suivant une **relation logique de cause, de conséquence, d'opposition ou d'adjonction.** • vise à démontrer une idée en **sollicitant l'intelligence du destinataire.**	Ex. : ARLEQUIN. – Doucement ; tes forces sont bien diminuées, **car** je ne t'obéis plus, prends-y garde. MARIVAUX, *L'Île aux esclaves*, 1725.
L'argument affectif	• développe des **affirmations d'ordre affectif** pour **exprimer ou provoquer des émotions.** • Les **procédés de persuasion** sont omniprésents.	Ex. : « **Malheur à celui** qui, au milieu de la jeunesse, **s'abandonne à un amour sans espoir ! Malheur à celui** qui se livre à une douce rêverie, avant de savoir où sa chimère le mène, et s'il peut être payé de retour ! » Alfred DE MUSSET, *Les Caprices de Marianne*, 1833.
L'argument d'expérience	s'appuie sur **l'observation de faits** (tirés de l'expérience vécue, de l'histoire, de l'actualité, etc.) dont la **réalité semble incontestable.**	Ex. : **L'histoire** ne nous fournit que **trop d'exemples** de souverains aveuglés par un zèle dangereux, ou guidés par une politique barbare [...]. Denis DIDEROT, article « Persécuter », *Encyclopédie*, 1771-1772.
L'argument d'autorité	s'appuie sur **la renommée** d'une **personne**, d'un **texte**, d'une **institution**, sur **la raison** ou sur des valeurs universelles.	Ex. : **Comme le souligne Voltaire dans *Le Traité sur la tolérance***, le fanatisme est le pire des maux.
L'argument *ad hominem*	**discrédite l'adversaire,** s'attaque à son physique, à sa personnalité, à son passé plutôt qu'à ses idées.	Ex. : Rousseau a abandonné ses enfants, donc on ne peut, selon ses détracteurs, prendre au sérieux *L'Émile*, son traité d'éducation.
La question rhétorique	C'est en réalité une affirmation déguisée en interrogation, qui impose la réponse à l'auditoire.	Ex. : *Alors que Céphise lui conseille d'épouser le Grec Pyrrhus, Andromaque, veuve d'Hector et fidèle à la mémoire de son mari, s'exclame :* « Dois-je oublier Hector privé de funérailles, Et traîné sans honneur autour de nos murailles ? » Jean RACINE, *Andromaque*, 1667.
L'alternative	limite le choix à deux positions extrêmes, sans permettre d'adopter un parti pris nuancé.	Ex. : Qu'on examine bien, et on la [l'autorité] fera toujours remonter à l'une de ces deux sources : **ou** la force et la violence de celui qui s'en est emparé, **ou** le consentement de ceux qui s'y sont soumis par un contrat fait ou supposé entre eux et celui à qui ils ont déféré l'autorité. Denis DIDEROT, article « Autorité politique », *Encyclopédie*, 1751-1772..

1 IDENTIFIER UN TYPE DE RAISONNEMENT

a. Repérez dans ces trois extraits la thèse défendue et le (les) type(s) de raisonnement(s) employé(s).
b. Reformulez les arguments utilisés pour étayer la (les) thèse(s) en présence.

1 *Voltaire répond à Rousseau qui dénonce les effets pervers du progrès sur l'homme.*

J'ai reçu, monsieur, votre nouveau livre contre le genre humain ; je vous en remercie. Vous plairez aux hommes, à qui vous dites leurs vérités, mais vous ne les corrigerez pas. On ne peut peindre avec des couleurs plus fortes les horreurs de la société humaine, dont notre ignorance et notre faiblesse se promettent tant de consolations. On n'a jamais employé tant d'esprit à vouloir nous rendre bêtes ; il prend envie de marcher à quatre pattes, quand on lit votre ouvrage. Cependant, comme il y a plus de soixante ans que j'en ai perdu l'habitude, je sens malheureusement qu'il m'est impossible de la reprendre, et je laisse cette allure naturelle à ceux qui en sont plus dignes que vous et moi. Je ne peux non plus m'embarquer pour aller trouver les sauvages du Canada : premièrement, parce que les maladies dont je suis accablé me retiennent auprès du plus grand médecin de l'Europe, et que je ne trouverais pas les mêmes secours chez les Missouris[1] ; secondement parce que la guerre est portée dans ce pays-là, et que les exemples de nos nations ont rendu les sauvages presque aussi méchants que nous. Je me borne à être un sauvage paisible dans la solitude que j'ai choisie auprès de votre patrie, où vous devriez être.

VOLTAIRE, *Lettre à Rousseau*, 1755.

1. peuple amérindien.

2 Jetez les yeux sur toutes les nations du monde, parcourez toutes les histoires. Parmi tant de cultes inhumains et bizarres, parmi cette prodigieuse diversité de mœurs et de caractères, vous trouverez partout les mêmes idées de justice et d'honnêteté, partout les mêmes notions de bien et de mal. […]
Il est donc au fond des âmes un principe inné de justice et de vertu, sur lequel malgré nos propres maximes nous jugeons nos actions et celles d'autrui comme bonnes ou mauvaises, et c'est à ce principe que je donne le nom de conscience.

Jean-Jacques ROUSSEAU, *Émile ou De l'éducation*, 1762.

3 – Ce tremblement de terre n'est pas une chose nouvelle, répondit Pangloss ; la ville de Lima éprouva les mêmes secousses en Amérique l'année passée ; mêmes causes, mêmes effets : il y a certainement une traînée de soufre sous terre depuis Lima jusqu'à Lisbonne.

VOLTAIRE, *Candide*, 1759.

2 IDENTIFIER UN TYPE D'ARGUMENT

a. Repérez le(s) type(s) d'argument(s) employés dans les extraits suivants : indiquez leur nom.
b. Dégagez la thèse soutenue par le locuteur.

1 *Hugo cherche à sensibiliser et faire réfléchir les partisans de la peine de mort.*

De deux choses l'une :
Ou l'homme que vous frappez est sans famille, sans parents, sans adhérents dans ce monde. Et dans ce cas, il n'a reçu ni éducation, ni instruction, ni soins pour son esprit, ni soins pour son cœur ; et alors de quel droit tuez-vous ce misérable orphelin ? […] Personne ne lui a appris à savoir ce qu'il faisait. Cet homme ignore. Sa faute est à sa destinée, non à lui. Vous frappez un innocent.
Ou cet homme a une famille ; et alors croyez-vous que le coup dont vous l'égorgez ne blesse que lui seul ? que son père, que sa mère, que ses enfants n'en saigneront pas ? Non. En le tuant, vous décapitez toute sa famille. Et ici encore vous frappez des innocents.
Gauche et aveugle pénalité, qui, de quelque côté qu'elle se tourne, frappe l'innocent !

Victor HUGO, seconde Préface du *Dernier Jour d'un condamné*, 1832.

2 *Cette oraison funèbre fut prononcée à l'occasion des obsèques solennelles de l'épouse du Duc d'Orléans, morte brutalement à l'âge de vingt-six ans.*

Ô vanité ! ô néant ! ô mortels ignorants de leurs destinées ! L'eût-elle cru il y a dix mois ? et vous, Messieurs, eussiez-vous pensé, pendant qu'elle versait tant de larmes en ce lieu, qu'elle dût sitôt vous y rassembler pour la pleurer elle-même ? Princesse, le digne objet de l'admiration de deux grands royaumes, n'était-ce pas assez que l'Angleterre pleurât votre absence sans être encore réduite à pleurer votre mort ? et la France, qui vous revit, avec tant de joie, environnée d'un nouvel éclat, n'avait-elle plus d'autres pompes et d'autres triomphes pour vous, au retour de ce voyage fameux, d'où vous aviez remporté tant de gloire et de si belles espérances ? « Vanité des vanités, et tout est vanité[1]. » C'est la seule parole qui me reste ; c'est la seule réflexion que me permet, dans un accident si étrange, une si juste et si sensible douleur. Aussi n'ai-je point parcouru les livres sacrés pour y trouver quelque texte que je pusse appliquer à cette princesse. J'ai pris, sans étude et sans choix, les premières paroles que me présente l'*Ecclésiaste*, où, quoique la vanité ait été si souvent nommée, elle ne l'est pas encore assez à mon gré pour le dessein que je me propose. Je veux dans un seul malheur déplorer toutes les calamités du genre humain, et dans une seule mort faire voir la mort et le néant de toutes les grandeurs humaines.

BOSSUET, *Oraison funèbre d'Henriette-Anne d'Angleterre*, 1670.

1. extrait du livre biblique *L'Ecclésiaste*.

3 ÉTUDIER UN RAISONNEMENT

a. Repérez et reformulez la thèse que prétend défendre le locuteur en début d'extrait. Montrez que ce texte possède une structure argumentative en apparence rigoureuse.

b. Repérez plusieurs raisonnements qui vous semblent mal étayer la thèse. Pourquoi ces raisonnements sont-ils irrecevables en dépit de leur logique apparente ?

c. Dégagez le registre du texte et la thèse implicitement défendue par l'auteur.

Si j'avais à soutenir le droit que nous avons eu de rendre les nègres esclaves, voici ce que je dirais :

Les peuples d'Europe ayant exterminé ceux de l'Amérique, ils ont dû mettre en esclavage ceux de l'Afrique, pour s'en servir à défricher tant de terres.

Le sucre serait trop cher, si l'on ne faisait travailler la plante qui le produit par des esclaves.

Ceux dont il s'agit sont noirs depuis les pieds jusqu'à la tête ; et ils ont le nez si écrasé qu'il est presque impossible de les plaindre.

On ne peut se mettre dans l'esprit que Dieu, qui est un être très sage, ait mis une âme, surtout bonne, dans un corps tout noir. […]

On peut juger de la couleur de la peau par celle des cheveux, qui, chez les Égyptiens, les meilleurs philosophes du monde, étaient d'une si grande conséquence, qu'ils faisaient mourir tous les hommes roux qui leur tombaient entre les mains.

Une preuve que les nègres n'ont pas le sens commun, c'est qu'ils font plus de cas d'un collier de verre que de l'or, qui, chez des nations policées, est d'une si grande conséquence.

Il est impossible que nous supposions que ces gens-là soient des hommes ; parce que, si nous les supposions des hommes, on commencerait à croire que nous ne sommes pas nous-mêmes chrétiens.

MONTESQUIEU, « De l'esclavage des nègres »,
De l'Esprit des lois, 1748.

4 ANALYSER UN ARGUMENT

a. Reformulez la thèse explicite (texte 1) ou implicite (texte 2) défendue dans les extraits suivants.

b. Quels types d'arguments identifiez-vous ?

c. Expliquez et analysez les arguments développés dans les deux textes.

1 MORALITÉ

La curiosité malgré tous ses attraits,
Coûte souvent bien des regrets ;
On en voit tous les jours mille exemples paraître.
C'est, n'en déplaise au sexe[1], un plaisir bien léger ;
Dès qu'on le prend il cesse d'être,
Et toujours il coûte trop cher.

Charles PERRAULT, *La Barbe bleue*, 1697.

1. aux femmes.

2 *Cléonte vient de demander la main de la fille de Monsieur Jourdain. Ce dernier l'interroge sur ses origines sociales.*

CLÉONTE. – […] Pour moi, je vous l'avoue, j'ai les sentiments sur cette matière un peu plus délicats : je trouve que toute imposture est indigne d'un honnête homme, et qu'il y a de la lâcheté à déguiser ce que le Ciel nous a fait naître, à se parer aux yeux du monde d'un titre dérobé, à se vouloir donner pour ce qu'on n'est pas. Je suis né de parents, sans doute, qui ont tenu des charges honorables. Je me suis acquis dans les armes l'honneur de six ans de service, et je me trouve assez de bien pour tenir dans le monde un rang assez passable. Mais, avec tout cela, je ne veux point me donner un nom où d'autres en ma place croiraient pouvoir prétendre, et je vous dirai franchement que je ne suis point gentilhomme.

MOLIERE, *Le Bourgeois gentilhomme*, 1670.

Écriture d'invention **Sur le modèle du texte de Montesquieu (exercice 3) proposez en une trentaine de lignes une argumentation censée défendre une injustice sociale ou politique largement tolérée dans le monde (travail ou prostitution des enfants, absence d'eau potable dans certains pays, sexisme, intolérance religieuse, etc.), mais le ton ironique et le choix de vos raisonnements et de vos arguments doivent faire comprendre que vous cherchez en réalité à la dénoncer.**

Écriture d'invention **À partir de cette photographie, rédigez en une trentaine de lignes un article de presse dénonçant les désastres de la guerre ; il doit au moins comporter un raisonnement inductif, par analogie, concessif, ainsi qu'un argument d'autorité.**

Enfants fuyant le village de Tran Bang au Vietnam bombardé au napalm ; Kim Phuc, la petite fille nue, vient de se débarrasser de ses vêtements en feu, 8 juin 1972, photographie de Nick Ut.

LES FONCTIONS DU DISCOURS ARGUMENTATIF

Argumenter consiste à **développer une thèse dans le but de remporter l'adhésion** du destinataire. Différentes stratégies et fonctions apparaissent selon le but recherché par l'auteur.

LA FONCTION DIDACTIQUE

Définition	• Il s'agit de **démontrer** une idée pour aboutir à une **conclusion irréfutable.** • L'argumentation est **objective, scientifique, logique** : elle part d'une vérité et s'appuie sur des **preuves universelles pour transmettre un savoir.**	**Ex. :** « Mme de Rênal avait été pour moi comme une mère. Mon crime est atroce, et il fut *prémédité.* J'ai **donc** mérité la mort, Messieurs les jurés. » STENDHAL, *Le Rouge et le Noir*, 1830.

LA FONCTION DIALECTIQUE

Définition	• Les interlocuteurs vont **ouvrir le débat** et **délibérer, examiner** tous les aspects d'un problème **avant d'aboutir à une décision.** • Le **monologue délibératif** est un débat que l'on fait avec soi-même dans le cas d'un **dilemme.**	**Ex. :** • CORNEILLE, *Le Cid,* Acte I, scène 6 ► p. 174 • RACINE, *Andromaque*, Acte V, scène 1 ► p. 176

LA FONCTION RÉFLEXIVE

Définition	• Le locuteur cherche à **convaincre** en faisant appel à la **réflexion.** • Le locuteur énonce parfois une **thèse réfutée** pour mieux s'y opposer et faire entendre sa voix. Il recourt à différents types de raisonnements.	**Ex. :** Aucun homme n'a reçu de la nature le droit de commander aux autres. La liberté est un présent du Ciel, et chaque individu de la même espèce a le droit d'en jouir aussitôt qu'il jouit de la raison. Denis DIDEROT, article « Autorité politique », *Encyclopédie*, 1751-1772.

LA FONCTION PERSUASIVE

Définition	• La persuasion repose sur une **stratégie de séduction** et le **recours aux sentiments** : crainte, pitié, dégoût, indignation… • **Les procédés sont multiples** : champ lexical des émotions, termes évaluatifs, indices d'énonciation, interrogatives, exclamatives, impératives, registre pathétique, figures d'insistance…	**Ex. :** « Ô temps ! suspends ton vol, et vous, heures propices !/Suspendez votre cours :/ **Laissez-nous** savourer les rapides **délices/Des plus beaux** de nos jours ! » Alphonse DE LAMARTINE, *Méditations poétiques*, 1820.

1 RECONNAÎTRE UNE STRATÉGIE ARGUMENTATIVE ❁

Quelle est la fonction de l'argumentation dans l'extrait suivant ? Justifiez votre réponse par des indices précis.

Je passe maintenant à votre question, touchant les causes qui nous incitent souvent à aimer une personne plutôt qu'une autre, avant que nous en connaissions le mérite ; et j'en remarque deux, qui sont, l'une dans l'esprit, et l'autre dans le corps. Mais pour celle qui n'est que dans l'esprit, elle présuppose tant de choses touchant la nature de nos âmes, que je n'oserais entreprendre de les déduire dans une lettre. Je parlerai seulement de celle du corps. Elle consiste dans la disposition des parties de notre cerveau, soit que cette disposition ait été mise en lui par les objets des sens, soit par quelque autre cause. Car les objets qui touchent nos sens meuvent par l'entremise des nerfs quelques parties de notre cerveau, et y font comme certains plis, qui se défont lorsque l'objet cesse d'agir ; mais la partie où ils ont été faits demeure par après disposée à être pliée derechef[1] en la même façon par un autre objet qui ressemble en quelque chose au précédent, encore qu'il ne lui ressemble pas en tout.

1. à nouveau.

René DESCARTES, *Lettre à Chanut*, 1647.

2 ÉTUDIER DES ARGUMENTS ET DES EXEMPLES ❁❁

a. Quels arguments viennent nourrir la thèse défendue par Rousseau ? Repérez-les et reformulez-les. Repérez les exemples qui illustrent son point de vue.
b. Quelle relation logique le connecteur « et » de la dernière phrase établit-il ? Justifiez votre réponse.

Je ne conçois qu'une manière de voyager plus agréable que d'aller à cheval ; c'est d'aller à pied. On part à son moment, on s'arrête à sa volonté, on fait tant et si peu d'exercice qu'on veut. On observe tout le pays ; on se détourne à droite, à gauche ; on examine tout ce qui nous flatte ; on s'arrête à tous les points de vue. Aperçois-je une rivière, je la côtoie ; un bois touffu, je vais sous son ombre ; une grotte, je la visite ; une carrière, j'examine les minéraux. Partout où je me plais, j'y reste. À l'instant que je m'ennuie, je m'en vais. Je ne dépends ni des chevaux ni du postillon. Je n'ai pas besoin de choisir des chemins tout faits, des routes commodes ; je passe partout où un homme peut passer ; je vois tout ce qu'un homme peut voir ; et, ne dépendant que de moi-même, je jouis de toute la liberté dont un homme peut jouir.

Jean-Jacques ROUSSEAU, *Émile ou De l'éducation*, 1762.

3 ÉTUDIER UN MONOLOGUE DÉLIBÉRATIF ❁❁❁

a. Quel type de phrase domine dans ce monologue ? En quoi nous renseigne-t-il sur l'état émotionnel du locuteur ?
b. Lorenzo ne cesse de s'interroger sur son identité. Quelles réponses envisage-t-il ? En quoi sont-elles contradictoires ?
c. À quels indices et références culturelles comprenez-vous que Lorenzo est voué à la mort ?
d. Quelle est la fonction du discours de Lorenzo ? Justifiez votre réponse avec précision.

Lorenzo, âgé de dix-neuf ans, veut assassiner son cousin Alexandre de Médicis qui règne en tyran sur Florence. Le meurtre est prévu dans la soirée.

LORENZO, *seul.* – De quel tigre a rêvé ma mère enceinte de moi ? Quand je pense que j'ai aimé les fleurs, les prairies et les sonnets de Pétrarque[1], le spectre de ma jeunesse se lève devant moi en frissonnant. Ô Dieu ! pourquoi ce seul mot : « à ce soir », fait-il pénétrer jusque dans mes os cette joie brûlante comme un fer rouge ? De quelles entrailles fauves, de quels velus embrassements suis-je donc sorti ? Que m'avait fait cet homme ? Quand je pose ma main là, sur mon cœur, et que je réfléchis, – qui donc m'entendra dire demain : « Je l'ai tué », sans me répondre : « Pourquoi l'as-tu tué ? » Cela est étrange. Il a fait du mal aux autres, mais il m'a fait du bien, du moins à sa manière. Si j'étais resté tranquille au fond de mes solitudes de Cafaggiuolo, il ne serait pas venu m'y chercher, et moi je suis venu le chercher à Florence. Pourquoi cela ? Le spectre de mon père me conduisait-il, comme Oreste, vers un nouvel Égisthe[2] ? M'avait-il offensé alors ? Cela est étrange, et cependant pour cette action j'ai tout quitté. La seule pensée de ce meurtre a fait tomber en poussière les rêves de ma vie ; je n'ai plus été qu'une ruine, dès que ce meurtre, comme un corbeau sinistre, s'est posé sur ma route et m'a appelé à lui. Que veut dire cela ? Tout à l'heure, en passant sur la place, j'ai entendu deux hommes parler d'une comète. Sont-ce bien les battements d'un cœur humain que je sens là, sous les os de ma poitrine ? Ah ! pourquoi cette idée me vient-elle si souvent depuis quelque temps ? – Suis-je le bras de Dieu ? Y a-t-il une nuée au-dessus de ma tête ? Quand j'entrerai dans cette chambre, et que je voudrai tirer mon épée du fourreau, j'ai peur de tirer l'épée flamboyante de l'archange, et de tomber en cendres sur ma proie.
(Il sort.)

Alfred DE MUSSET, *Lorenzaccio*, 1834.

1. poète italien du XIVe siècle, célèbre pour son recueil de poèmes d'amour, le *Canzonniere*.
2. Oreste a assassiné Égisthe, amant de sa mère et meurtrier de son père dans la mythologie.

DÉCRIRE UNE IMAGE

L'étymologie du terme « image » évoque à la fois l'imitation et la représentation d'une réalité selon un point de vue. L'artiste, par la médiation d'un support visuel – qu'il délivre comme un message – peut ainsi proposer sa vision du monde.

OBSERVER UNE IMAGE

Œuvre et contexte	• Quel est l'**auteur** ? le **titre** ? • Quelle est la **date de création** (contexte historique, social, politique et esthétique) ? • Quel est le **lieu de conservation** ?
Technique, dimensions	• **Nature** de l'image (tableau, photographie, affiche, etc.). • **Technique** utilisée (peinture à l'huile, dessin, aquarelle, etc.). • **Dimensions**, **cadre** (rectangulaire, carré, ovale), support.

ANALYSER LES CHOIX DE L'ARTISTE

Nature de la représentation	• Représentation **figurative** (dont le réel est le modèle). • Représentation **abstraite** (n'ayant aucun référent dans le réel). • S'agit-il d'un objet, d'un lieu, d'un personnage, etc. ? • La représentation est-elle chargée ou épurée ?
Choix du cadrage	• Définir le **champ visuel** (ce qui est représenté dans l'espace de l'image). • Interroger le **hors-champ** (ce qui est laissé à l'imagination du spectateur).
Point(s) de vue	• **Au niveau du personnage.** • **Plongée** : depuis une position supérieure. • **Contre-plongée** : depuis une position inférieure.
Échelle des plans	• **Plan général** : cadrage très large du paysage, du décor. • **Plan d'ensemble** : cadrage qui privilégie l'inscription du personnage dans son décor, son milieu. • **Plan moyen** : cadrage de la tête aux pieds. • **Plan américain** : cadrage de la tête au haut des cuisses. • **Plan rapproché** : cadrage de la tête à la poitrine. • **Gros plan** : cadrage sur une partie (visage, main, etc.). • **Très gros plan** : mise en relief d'un détail d'une partie.
Organisation et lignes de force	• Repérer les **lignes de force** : sont-elles verticales, horizontales, obliques ? • Tenir compte de l'organisation : est-elle symétrique, pyramidale, en arabesque ?
Perspective	• Un **effet de profondeur** est-il créé ? • Les **lignes de fuite** (axes qui donnent l'illusion de la profondeur) convergent-elles vers le **point de fuite** ?
Couleurs et lumière	• Quelles sont les **couleurs dominantes** ? Sont-elles chaudes (rouge, jaune) ou froides (bleu, vert) ? Que symbolisent-elles ? • Y-a-t-il des effets de contraste ? L'image joue-t-elle du clair-obscur ?

INTERPRÉTER UNE IMAGE

C'est au récepteur de l'œuvre de faire émerger le(s) sens en s'appuyant sur sa propre sensibilité et sur l'émotion que suscite en lui la vision de l'image.

ÉTUDIER LE CONTEXTE DE L'IMAGE

Contexte historique, social, politique	• La **biographie** de l'auteur : peut-on établir un lien avec l'œuvre ? • Quelles sont les **conditions de création** de l'œuvre ? • L'œuvre fait-elle écho à un événement ? Est-elle engagée ?
Contexte artistique	• **Hiérarchie des genres** définie par l'Académie Royale de peinture au XVIIe siècle : – peinture d'histoire (sujet historique, mythologique ou religieux) ; – genre du portrait ; – scènes de genre ; – natures mortes ; – paysage. • L'œuvre est-elle être inscrite dans un **mouvement** artistique ?

COMPRENDRE LE SENS ET LES ENJEUX DE L'IMAGE

Dénotation/connotation de l'image	• La **dénotation** : on s'appuie sur le niveau explicite de signification. • La **connotation** : on s'appuie sur plusieurs procédés pour construire sa signification : – y-a-t-il un jeu de comparaisons, d'oppositions ? – offre-t-elle une allégorie ? – trouve-t-on des symboles ? – convoque-t-elle des clichés ? – obéit-elle à l'hyperbole ? • On peut en déduire la **relation établie au réel** : dimension **réaliste, illusionniste, symbolique, métaphorique**, etc.
Fonctions de l'image	• **Fonction référentielle** : ancrage dans le réel. • **Fonction narrative** : récit. • **Fonction symbolique** : représentation allégorique. • **Fonction argumentative** : au service d'une thèse. • **Fonction épidictique** : au service d'un éloge, d'un blâme.

METTRE EN RELATION LES ŒUVRES

Reprise d'un mythe, d'un thème, d'un motif	• L'œuvre reprend-elle un **mythe**, un **thème**, un **motif** ? • Constitue-t-elle un **hommage** ? Comment affirme-t-elle sa singularité par rapport à sa source ?
Mise en relation des peintres et des arts	• L'artiste a-t-il trouvé son inspiration dans une œuvre littéraire ? • Son œuvre a-t-elle **influencé**, à son tour, d'autres peintres, des romanciers, dramaturges, poètes, cinéastes ?

DÉCRIRE ET INTERPRÉTER UN TABLEAU

Nicolas Poussin, *L'Enlèvement des Sabines*, vers 1637-1638, huile sur toile (159 cm × 206 cm), musée du Louvre, Paris.

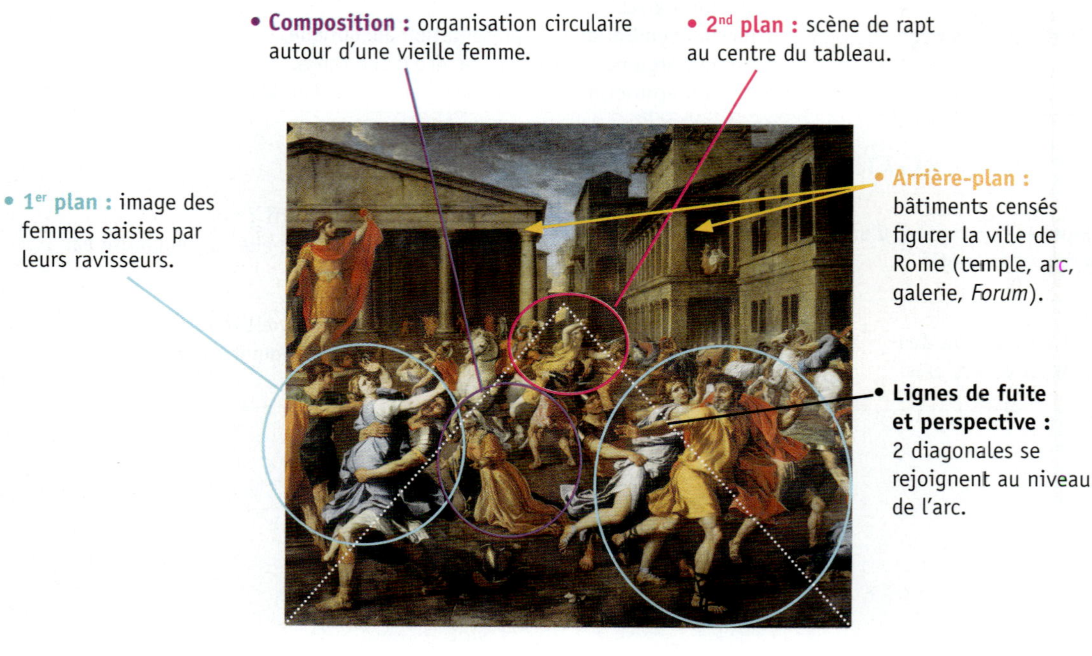

DESCRIPTION

- **Œuvre et contexte :** *L'Enlèvement des Sabines* date de 1637-1638.

  Le **titre** fait référence à un célèbre épisode de la Rome antique, à mi-chemin entre le mythe et l'Histoire. C'est dans *L'Histoire romaine* de Tite-Live ou dans la *Vie de Romulus* de Plutarque que l'on peut trouver l'un des récits de cet épisode. Romulus, après avoir fondé la ville de Rome (peu après 753 av. J.-C.), décide, avec ses compagnons, de trouver des femmes chez les peuples avoisinants. Mais ils se heurtent à une série de refus. Il décide alors de faire appel à la ruse et prétexte une fête en l'honneur de Neptune pour les attirer. Le tableau retrace le moment de panique lié à la découverte de la ruse et à l'accomplissement du plan ordonné par Romulus.

- **Technique, dimensions**

  L'œuvre est conservée au musée du Louvre, à Paris. Il s'agit d'une **huile sur toile**, aux **dimensions raisonnables** (159 x 206 cm), dont le cadrage est rectangulaire.

- **Cadrage / plans / lignes de force / perspective**

  • En bas à droite, une vieille femme à genoux n'est pas représentée dans son intégralité ; son corps, ainsi tronqué, laisse imaginer un **hors-champ** vers lequel fuient les Sabins. Le spectateur voit son imagination sollicitée puisque lui est suggéré un espace plus vaste où se prolonge la scène de rapt.

  • Un personnage féminin, placé légèrement à droite, dont la robe est retenue par un Romain, regarde **dans la direction du spectateur**. La panique et l'effroi se lisent sur son visage ce qui redouble le sentiment d'impuissance du spectateur.

  • Les **diagonales** organisent la représentation de l'ensemble des personnages.

  • Le **point de fuite** est central, il crée l'illusion de la profondeur et donne un caractère dynamique à la **composition**. La **construction géométrique triangulaire** permet la mise en relief de la symétrie des scènes de violence. Par contraste, un personnage impose sa présence, à la gauche du tableau avec une pose qui rappelle la statuaire impériale antique.

- **Couleurs et lumière**

  • Les **couleurs** sont réparties de manière équilibrée avec des effets de rappel d'un personnage à l'autre. Dominent les teintes fortes : le jaune et le rouge avec des effets de contraste créés par l'insertion de touches de bleu.

  • La **lumière**, diffuse, provient de la gauche et le ciel, bleuissant au fond, est inondé de soleil.

INTERPRÉTATION

- **Contexte artistique**

  Cette œuvre appartient au genre le plus prestigieux : la **peinture d'histoire**.

- **Dénotation/connotation de l'imag**

  • L'image joue d'une **opposition radicale** entre l'audace romaine, incarnée par Romulus triomphant (toge pourpre qui attire l'œil, position surplombante) et la panique des Sabins. La stabilité de Romulus s'oppose à l'attitude de la vieille femme suppliante et l'assurance marquée de son visage aux expressions et rictus des visages des Sabins. À la posture statique des Romains qui, à l'arrière-plan, regardent la scène, répond le mouvement des corps aux premier et deuxième plans.

  • Les trois couples antagonistes (dont l'opposition est accrue par le jeu des corps et les contrastes chromatiques) qui sont placés sur les lignes de fuite du tableau attirent successivement le regard et guident le spectateur dans le parcours de l'œuvre tout en rejouant la scène de rapt au fil du parcours spatial.

  • Le jeu d'oppositions est renforcé par le traitement du décor. Au moment de cet épisode, Rome vient tout juste d'être créée. On imagine mal un tel accomplissement architectural. Le but est donc de donner l'impression d'une Rome à son apogée alors qu'elle n'est que naissante.

- **Fonctions de l'image**

  • L'œuvre a une **fonction narrative** : relater un épisode célèbre associé à la fondation de Rome.

  • Il est difficile de parler d'une **fonction référentielle** ; ce qui compte, c'est surtout la **fonction symbolique** de l'épisode. Il s'agit de souligner la folle audace du peuple romain qui impose sa volonté.

- **Mise en relation des peintres et des arts**

  La **référence** est reprise par David, peintre néoclassique, héritier de Poussin qui compose *Les Sabines* entre 1796 et 1799 ; Picasso, lui, en 1962, peint *L'Enlèvement des Sabines,* alors que le contexte politique fait craindre le massacre de nouveaux innocents.

DÉCRIRE ET INTERPRÉTER UNE PHOTOGRAPHIE

▲ La Macédoine – qui a acquis son indépendance par rapport à la Yougoslavie en 1991 – possède une frontière commune avec le Kosovo. Une guerre éclate en 1999 entre les armées yougoslave et serbe d'une part, et l'armée de libération du Kosovo (fondée par des Albanais radicaux) d'autre part. Serbes et Albanais, qui constituent les deux principales communautés, se déchirent depuis 1996, date de création de l'Armée de libération du Kosovo. Les forces yougoslaves et serbes lancent une offensive massive contre l'Armée de libération et contre la minorité albanaise. Ils chassent plus de 90 % d'entre eux de leurs foyers, les jetant sur les routes de l'exil. De nombreux camps de réfugiés sont créés, en particulier en Macédoine où la communauté albanaise est nombreuse. La photographie a été prise dans l'un de ces camps.

Stenkovac, Macédoine, 29 avril 1999.
La main d'un réfugié albanais attrape le message qui lui est tendu par un parent de nationalité macédonienne.
Photographie de **Mladen Antonov**.

Michel-Ange, *La Création d'Adam* (détail), 1508-1512, fresque du plafond de la Chapelle Sixtine, Musei Vaticani, Italie.

◄ La photographie ci-dessus rappelle ce détail de *La Création d'Adam* de Michel-Ange. La main de Dieu (à droite) est tendue vers celle de l'homme (qui, elle, traduit une certaine langueur, à peine levée, elle attend d'être saisie). La fresque entière s'articule autour de la rencontre de ces deux mains qu'un faible espace sépare. Dieu est entièrement tendu vers le don de « l'étincelle de vie » qui signe son indéfectible alliance avec l'homme.

DESCRIPTION

• Œuvre et contexte

Il s'agit d'une photographie prise par un ***photo-reporter***, Mladen Antonov, et envoyée à l'AFP (Agence France-Presse), agence de presse chargée de collecter, vérifier, recouper et diffuser l'information. La légence offre les indications nécessaires à la compréhension du contexte dans lequel cette photographie a été prise.

• Cadrage / plans / lignes de force / perspective

• La photographie se concentre sur deux mains que sépare un grillage. Elles sont réunies par la transmission d'un message sans, pour autant, qu'elles ne se touchent. Ces mains occupent le **premier plan**, **l'arrière-plan** étant complètement flouté.

• Le **cadrage** offre donc un **gros-plan** sur ces mains ; les corps étant relégués dans le **hors-champ.**

• Le cadrage choisi est **frontal.** Le spectateur est invité à partager le point de vue du photographe, comme si lui-même était témoin de la scène.

• **Pas de perspective**, seul le premier plan compte : il joue de l'**horizontalité** dans la ligne que dessine la réunion des deux mains et de la **verticalité** qui est celle du grillage qui les sépare. On peut parler d'une **organisation perpendiculaire** des éléments. La ligne horizontale est située quasiment au milieu de l'image.

INTERPRÉTATION

• Contexte artistique

Le choix du photographe frappe par sa singularité. Il ne s'agit pas de montrer la réalité de l'horreur mais de se concentrer, par le choix même du cadrage, sur un geste unique comme isolé du contexte immédiat s'il n'y avait la légende pour le rappeler.

• Dénotation/connotation de l'image

• La photographie joue de l'**opposition entre séparation et réunion**, selon la modalité du « si loin, si proche ». Le cadrage dessine lui-même une opposition entre espace du camp qui est réduit à un quart de la photographie et espace de la Macédoine, synonyme d'espace possible de vie et de liberté retrouvée qui occupe la majeure partie de l'image.

• Une autre déclinaison de l'opposition se fait au niveau des mains : celle du réfugié, entravée, ne peut se déployer pleinement quand l'autre se tend de façon maximale pour parvenir à transmettre le message. L'autre main du réfugié, prend appui sur le grillage et ne traverse pas cette barrière.
La réunion se fait véritablement par le petit bout de papier qui occupe, symboliquement, le centre de l'image. Sa taille réduite dit l'infime lien que les deux êtres peuvent parvenir à maintenir dans de telles circonstances.

• Fonctions de l'image

• La **fonction référentielle** de l'image signalée par la légende s'efface derrière la **fonction symbolique** de la photographie qui touche à l'universel et dont la portée est susceptible d'être comprise de tous même hors connaissance du contexte complexe de la guerre du Kosovo. L'image devient alors allégorie et dit la tragédie humaine de l'exil et de la rétention dans des camps de réfugiés, quel que soit le conflit. Le **parti-pris** de l'anonymat absolu (seul le caractère féminin de la main de droite peut être posé grâce à la touche de vernis à ongle sur le pouce) amplifie cette **dimension allégorique** et lui confère sa puissance.

• Le spectateur peut aussi prendre appui sur la **fonction narrative** de cette image en retraçant le parcours et les conditions dans lesquelles se fait cette difficile transmission.

• Le **pathétique** et le **tragique** sont présents mais sous une forme épurée, permise par le parti-pris du photographe qui saisit, à travers le naturel, la puissance évocatoire de cet instant.

• Reprise d'un mythe, d'un thème, d'un motif

• Si la puissance de cette image est si forte, c'est aussi parce qu'elle mobilise une **référence majeure dans l'imaginaire occidental** : *La Création d'Adam* de Michel-Ange, dont le détail est extrêmement célèbre.

• Dans la photographie de Mladen Antonov, la liaison est matérialisée par la transmission d'un message, source de vie et d'espoir pour le réfugié mais dont la saisie est manifestement difficile. Le motif de l'alliance et de l'espoir contribue à l'évidence de la relation entre les deux images.

FICHE 20

ÉTUDIER UN FILM

Le terme « cinéma » désigne par abréviation le « cinématographe » du grec *kinéma* (mouvement) et *graphein* (écrire). À l'origine, il s'agit de l'appareil destiné à « l'analyse et à la synthèse des mouvements » débouchant sur la projection. Le terme a surtout l'intérêt de mêler les deux démarches à prendre en compte pour l'étude d'un film : l'écriture et la mise en mouvement d'images fixes.

CONSIDÉRER L'HISTOIRE REPRESENTÉE

Regarder un film, c'est pénétrer un univers composé d'espaces, de temps, d'événements et de personnages, c'est entrer dans une **histoire**.

Espace-temps	• À quelle(s) époque(s) l'**action** se situe-t-elle ? Dans quel(s) **lieu(x)** ? • Les **décors** sont-ils **naturels** ou élaborés **en studio** ? Des **images virtuelles** sont-elles utilisées ? • L'action privilégie-t-elle les **espaces extérieurs** ou **intérieurs** ? • L'action se développe-t-elle dans un **temps restreint** ou couvre-t-elle de **larges périodes temporelles** ?
Personnages	• Quelle est leur **identité** ? Quelles sont leurs **caractéristiques** ? Comment sont-ils habillés ? De quelle façon s'expriment-ils ? • Quels sont leurs liens ? Comment interagissent-ils ? • De quelle façon apparaissent-ils ? Quelle est la nature des scènes clefs dans lesquelles ils figurent ? Sont-ils ponctuellement ou souvent à l'écran ?
Événements	• Sur quelle séquence le film s'ouvre-t-il ? • Les **événements** sont-ils nombreux? • Quelles sont les **scènes privilégiées** (action, dialogue, etc.) ? • Quels événements relèvent de l'**explicite** et de l'**implicite** ? • Sur quelle séquence le film se clôt-il ?

ÉTUDIER LES CHOIX DE LA NARRATION

Comme dans un roman, il s'agit d'analyser la manière dont l'histoire est mise en récit, c'est-à-dire la façon dont les événements sont relatés, qui traduit les partis-pris du réalisateur.

► Structure d'un récit, p. 471
► Histoire et récit, p. 472

Point(s) de vue	• La narration est-elle impersonnelle, **objective** ? • La narration adopte-t-elle un **point de vue subjectif** ?
Chronologie	• L'ordre des images suit-il la linéarité du récit ? • Le montage est-il **chronologique** ou opère-t-il des ruptures ? – **analepse** (ou *flashback*) : retours en arrière ; – **prolepse** (ou *flashforward*) : anticipation. • Quelle est la vitesse du récit par rapport à celle des événements ? • Comprend-il des **ellipses** ?
Montage	• **Montage chronologique** : la linéarité est respectée. • **Montage *cut*** : passage d'un plan à un autre sans effet de liaison. • **Montage alterné** : actions simultanées juxtaposées. • **Montage parallèle** : actions éloignées juxtaposées. • **Montage court** : succession de plans extrêmement brefs.

Raccord (juxtaposition entre les plans)	• Raccord par le **son.** • Raccord par le **mouvement.** • Raccord par une variation d'**échelle de plans.** • **Sans raccord** (création d'une discontinuité).
Fondu (transition entre les plans)	• **Fondu au noir** : assombrissement progressif de la scène jusqu'à ce que l'écran devienne noir. • **Fondu au blanc** : l'image pâlit et devient blanche. • **Fondu enchaîné** : deux prises de vue sont superposées. La luminosité de la première est diminuée quand celle de la seconde est augmentée.

ANALYSER LE TRAVAIL DE L'IMAGE ET DU SON

L'image repose sur un travail esthétique qui engage le cadrage, la prise de vue, les mouvements de caméra et la lumière. Cette esthétique varie en fonction des réalisateurs et constitue la signature propre à chacun.

• Le cadrage et l'échelle des plans

Cadrage	Choix des limites de l'image en fonction des côtés de l'écran.
Champ	• **Champ** : ce qui est visible à l'écran. • **Hors-champ** : ce que le spectateur doit imaginer. • **Contrechamp** : portion d'espace opposée à la précédente. • **Profondeur de champ** : représentation de différents plans proposant la même netteté à l'image.
Échelle des plans	permet de donner plus ou moins d'informations au spectateur et de mettre l'accent sur certains éléments. ► fiche 19, p. 498
Lumière	• Lumière **naturelle.** • Lumière **artificielle.** • Travail de **clair-obscur**, etc.

• Les angles de prise de vue

Angle horizontal	Caméra à **hauteur d'homme** (angle le plus couramment utilisé).
Plongée	Prise de vue faite d'un point d'observation **supérieur** au personnage.
Contre-plongée	Prise de vue faite d'un point d'observation situé **plus bas** que le personnage.

ÉTUDIER UN FILM

• Les mouvements de la caméra

Travelling	Mouvement par lequel la caméra se déplace dans l'espace. Il s'agit souvent d'un **travelling avant** ou **arrière**.
Mouvement panoramique	La caméra pivote autour de son axe horizontalement ou verticalement.
Zoom	La caméra ne se déplace pas mais l'image passe d'un plan plus large à un plan moins large ou inversement (**zoom avant** et **zoom arrière**).

• La bande sonore

Travail du mixage	• **Synchronisme** : son et image sont en osmose (**Ex. :** technique du *mickeymousing* par laquelle on met en valeur un événement par la bande sonore, ponctuation). • **Asynchronisme** : son et image sont en décalage (**Ex. :** cas de la voix *off*).
Fondu par le son	Le fondu (transition entre les plans) peut se faire par le son. • **Fondu de fermeture** : baisse du niveau sonore jusqu'au silence. • **Fondu d'ouverture** : amplification puis stabilisation du niveau sonore. • **Fondu enchaîné** : baisse progressive d'un niveau sonore et augmentation parallèle d'un autre.

• Sources et fonctions du son

Son ambiant	• Bruits reproduisant les **éléments naturels** et les déplacements des comédiens (dimension réaliste). • Travail souvent accompli en studio.
Musique de scène	• « ***in*** » : – la source est visible à l'écran (champs) ; – la source est entendue des personnages mais sans être visible (hors-champs). • « ***off*** » : ajoutée pour composer l'ambiance, souligner la tension, etc.
Silence	Le film nous fait-il entendre le silence ? Le représente-t-il ? Quelle est la signification de ce choix ?

1 IDENTIFIER LE GENRE PICTURAL

a. Quelles sont les dimensions de l'œuvre ? Quelle est l'impression créée par un tel format ?
b. De quel genre relève-t-elle ? Faites des recherches sur l'épisode auquel elle renvoie.
c. Comment joue-t-elle des effets de contraste ? Dans quel but ?
d. Comment la composition célèbre-t-elle l'union et la résolution des Horaces ?

Jacques-Louis David, *Le Serment des Horaces,* 1784, huile sur toile (330 × 425 cm), musée du Louvre, Paris.

2 ANALYSER LA COMPOSITION

a. Repérez les lignes de force qui organisent l'espace du tableau. Montrez que s'opère un jeu entre lignes géométriques strictes et torsions.
b. Commenter le choix et la répartition des couleurs et de la lumière.
c. Relevez les éléments de décor. Quels sont ceux auxquels vous pouvez donner une dimension symbolique ?

Jean-Honoré Fragonard, *Le Verrou*, 1778, huile sur toile (73 × 93 cm), musée du Louvre, Paris.

3 ANALYSER UN EFFET D'ILLUSION

a. Comment le peintre joue-t-il des frontières entre espace intérieur et espace extérieur ? Comment appelle-t-on ce procédé ?
b. Commentez l'expression du jeune garçon. Quel sentiment suscite-t-elle chez le spectateur ?
c. Cherchez d'autres tableaux jouant sur le même procédé. Précisez pour chacun d'eux la technique utilisée par le peintre pour créer l'illusion.

Écriture d'invention Ce tableau suscite l'imaginaire : inventez un récit susceptible de justifier la situation dans laquelle se trouve cet enfant.

Pere Borell del Caso, *Jeune garçon sortant du tableau,* 1874, huile sur toile (55 × 65cm), Madrid.

4 INSCRIRE UNE ŒUVRE DANS SON CONTEXTE

a. À quel événement historique ce tableau fait-il référence ? La démarche est-elle figurative ou abstraite ?
b. Comment l'espace est-il structuré ? Quelle est l'impression ainsi créée ?
c. Montrez que cette œuvre renouvelle les représentations traditionnelles de la guerre.

Félix Valloton, *Verdun*, 1917, huile sur toile (114 × 146 cm), musée de l'Armée, Paris.

5 ANALYSER UN DESSIN DE PRESSE

a. Relevez les éléments qui composent le dessin. Dans quel sens est-on invité à le parcourir ?
b. Commentez le choix de l'unique couleur utilisée.
c. Quelle est la fonction de cette image ? Pourquoi fait-elle immédiatement sens ?

Patrick Chappatte dans *Le Temps*, Genève.

6 ANALYSER LA REPRÉSENTATION D'UN MYTHE

a. À quel épisode mythologique cette peinture fait-elle référence ?
b. Comment justifier le choix du support rond ?
c. Comment le peintre parvient-il à suggérer les volumes ?
d. Le peintre s'est lui-même choisi comme modèle pour le visage de Méduse. Comment comprendre un tel parti-pris ? Que lit-on sur ce visage ?
e. Chercher d'autres représentations picturales de Méduse. Comparez les partis-pris esthétiques.

Le Caravage, *Méduse*, vers 1595-1598, peinture sur le revers d'un bouclier recouvert de toile (diamètre 60 cm), musée des Offices, Florence.

7 COMPARER DEUX REPRÉSENTATIONS D'UN MÊME MYTHE

a. Faites des recherches sur l'épisode mythologique représenté dans les deux tableaux.
b. Dans le tableau du Titien, qui accompagne Danaé ? Justifiez sa présence et la place qu'il occupe dans le tableau.
c. Commentez la pose et l'expression du visage de Danaé dans le tableau du Titien. Que suggèrent-elles?
d. Cherchez les différentes versions du mythe proposées par Titien. Identifiez et interrogez les variations opérées.
e. Observez le cadrage et la pose de Danaé dans le tableau de Klimt. En quoi la lecture du mythe diffère-t-elle ?
f. Quels éléments contribuent à la sensualité et à l'érotisme dans la représentation de Klimt ?

Le Titien, *Danaé et Cupidon*, 1545-1546, huile sur toile (149 × 202 cm), musée national de Capodimonte, Naples.

Gustav Klimt, *Danaé*, 1907, huile sur toile (77 × 83 cm), Galerie Würthle, Vienne.

8 ANALYSER UNE PHOTOGRAPHIE

a. Décrivez brièvement l'image.
b. De quelle façon l'espace est-il organisé ? Comment peut-on interpréter l'importance de la verticalité ? Que connote cette dernière?
c. Comment le photographe accroît-il l'effet de grandeur? Quel sens donner à ce jeu de proportions?
d. Commentez le jeu des points de vue permis par la position adoptée par le photographe.
e. À partir des éléments de composition analysés, rédigez un court paragraphe justifiant le choix du titre.

Henri Cartier-Bresson, *New York City. Manhattan. Downtown*, 1947.

9 ANALYSER UN PHOTOGRAMME

a. Quel est le cadrage choisi ? Justifiez.
b. Quel est l'angle de prise de vue ? Quelle impression est ainsi créée ?
c. Commentez la position et l'attitude des personnages. Analysez le choix des costumes.
d. Quel effet d'attente suscite ce photogramme ?

Citizen Kane, film d'**Orson Welles,** 1941.

10 ANALYSER UNE AFFICHE DE FILM

a. Décrivez la composition de l'image. Quels indices délivre-t-elle concernant le contenu du film ?
b. Dans quel sens le spectateur est-il invité à lire l'affiche ? Quel élément attire son attention ?
c. Quel rapport semble se dessiner entre le lieu et le personnage?
d. De quoi l'île est-elle composée ? Quelles hypothèses peut-on formuler ?
e. Quel effet d'attente suscite cette affiche?

Shutter Island, affiche du film de **Martin Scorsese,** 2010.

11 METTRE EN RELATION DES ŒUVRES

a. À quelle œuvre Basquiat fait-il référence dans sa propre création ? Qui l'a peinte ? Quand ?
b. Comment Basquiat s'approprie-t-il cette œuvre ? Que conserve-t-il du modèle original ? De quelle façon le modifie-t-il ? Quelles sont ses intentions ?
c. Cherchez d'autres variations picturales de *La Joconde*. Quelles relations l'œuvre produite entretient-elle avec le modèle original ?

Jean-Michel Basquiat, *La Joconde*, 1983, huile sur toile, collection privée.

PARTIE IV

Méthode

▸▸▸ **Giacomo Balla,** *Lignes forces de passage + améthyste,* 1917, huile sur toile, collection privée.

MÉTHODE 1. LIRE UN SUJET D'INVENTION

Au bac, un sujet d'invention est toujours lié à un texte. Certains sujets d'invention invitent à argumenter.
Un sujet d'invention demande donc de mettre son imagination au service d'un sujet en tenant compte d'un texte. Il faut être capable de jongler avec plusieurs paramètres à la fois.

▶▶▶ÉTAPE 1 IDENTIFIER LE TYPE D'EXERCICE

- **Quel est le type d'écriture demandé ?**

– écrire la suite d'un texte ;
– ou imiter, détourner, transposer ;
– ou développer une argumentation.

- **Quelles sont les précisions apportées ?**

Longueur du texte (nombre de lignes, etc.), noms des personnages, etc.

▶▶▶ÉTAPE 2 DÉTERMINER LES CONTRAINTES IMPOSÉES

▶ Le genre

- Faut-il rédiger un dialogue théâtral ? Un dialogue de roman ? Une narration ? Un monologue ? Une page de journal intime ?
- Quand le genre est déterminé, il faut lister toutes les caractéristiques à respecter (personne grammaticale, disposition du texte, temps verbaux, composition, ponctuation, etc.).

▶ Le (ou les) registre(s) à employer

Ils peuvent être clairement indiqués par le sujet ou à induire du genre demandé.

Ex. : Si le sujet demande de rédiger un monologue de tragédie, les registres tragique et pathétique seront présents même si le sujet ne les évoque pas).

▶ La situation d'énonciation

- Qui parle ? À qui le locuteur (narrateur, personnage, etc.) s'adresse-t-il ?

▶ Le thème

- Quel est le sujet du texte à inventer ? Quelles connaissances personnelles peut-on solliciter ?

APPLICATION

Développer une argumentation — Thème — Situation — Genre

Exemple de sujet : « Vous avez remporté le 1er prix du concours de **poésie** organisé dans votre lycée et le rédacteur en chef **du journal de l'établissement** vous demande d'écrire un **article** dans lequel vous **défendez** votre conception de la poésie et le rôle que, personnellement, vous lui attribuez. **Rédigez cet article.** »

▶▶▶ÉTAPE 1 IDENTIFIER LE TYPE D'EXERCICE

- Le sujet demande de développer une argumentation sur la poésie.
- Il est est précisé que la demande vient du « rédacteur en chef du journal » et qu'il s'agit d'« écrire un article ».

▶▶▶ÉTAPE 2 DÉTERMINER LES CONTRAINTES IMPOSÉES

Le genre

- L'argumentation doit être élaborée dans le cadre et le style journalistique.
- Éléments caractéristiques de l'article de journal :

– un titre : « Un poète en herbe », « Naissance d'un poète », « Le concours de poésie du lycée », etc.

– un chapeau : « Le concours de poésie du lycée a été remporté par Augustine Lefort, élève de 1re L. Nous la félicitons et lui accordons cet espace pour exprimer sa conception de la poésie. »

Le registre

Le sujet n'indique rien de précis quant au registre à employer, mais « vous défendez » incite à orienter l'argumentation vers l'éloge et le plaidoyer. Avec « votre conception » et « personnellement », le sujet vous invite à ne défendre qu'une seule thèse, mais il vous suggère d'évoquer éventuellement d'autres thèses puisque votre conception personnelle du rôle de la poésie peut se définir par opposition à d'autres. Par conséquent, les registres didactique et polémique peuvent être utilisés.

La situation d'énonciation

Vous vous adressez à un public de lycéens, ainsi cet aspect doit être évoqué. Cela implique donc d'adapter son niveau de langue au public, sans pour autant tomber dans l'écueil du registre familier.

Le thème

Le thème de l'article est la poésie :

– la formulation invite à évoquer le poème qui a permis de remporter le prix. Attention, il ne s'agit pas de le composer mais de l'évoquer. Quel était son thème ? Quels sentiments exprimait-il ? Dans quelles circonstances a-t-il été écrit ?

– quelques poèmes ou poètes peuvent être évoqués : parce qu'ils vous ont inspiré, parce qu'ils vous accompagnent partout, parce que vous les admirez, parce qu'ils vous touchent, etc.

1 IDENTIFIER LES CONTRAINTES D'UN SUJET

a. Après avoir lu le sujet, précisez si les affirmations suivantes sont vraies ou fausses. Vous indiquerez quels éléments du sujet vous ont permis de répondre.

Harpagon veut marier sa fille Elise au seigneur Anselme car il est riche. Élise refuse car elle ne l'aime pas.

ÉLISE. – Je suis très humble servante au seigneur Anselme ; mais, *(faisant encore la révérence)* avec votre permission, je ne l'épouserai point.
HARPAGON. – Je suis votre très humble valet *(contrefaisant Élise)* ; mais, avec votre permission, vous l'épouserez dès ce soir.
ÉLISE. – Dès ce soir ?
HARPAGON. – Dès ce soir.
ÉLISE, *faisant encore la révérence.* – Cela ne sera pas, mon père.
HARPAGON, *contrefaisant Elise.* – Cela sera, ma fille.
ÉLISE. – Non.
HARPAGON. – Si.
ÉLISE. – Non, vous dis-je.
HARPAGON. – Si, vous dis-je.
ÉLISE. – C'est une chose où vous ne me réduirez point.
HARPAGON. – C'est une chose où je te réduirai.
ÉLISE. – Je me tuerai plutôt que d'épouser un tel mari.
HARPAGON. – Tu ne te tueras point, et tu l'épouseras. Mais voyez quelle audace ! A-t-on jamais vu une fille parler de la sorte à son père ?
ÉLISE. – Mais a-t-on jamais vu un père marier sa fille de la sorte ?

MOLIÈRE, *L'Avare*, acte I, scène 4, 1668.

Sujet 1 À la façon de Molière, imaginez une scène dans laquelle une jeune fille d'aujourd'hui s'opposerait à son père quant à son avenir.

Affirmations

1. Le texte attendu est obligatoirement du théâtre.
2. On peut imaginer un dialogue dans un récit.
3. On peut changer le nom des personnages.
4. Il faut écrire la suite du dialogue.
5. Le sujet de la dispute doit obligatoirement être le mariage.
6. La scène peut se passer au XVIIe siècle, comme dans le texte de Molière.

b. Lisez ce sujet portant sur le même texte de Molière. Reproduisez le tableau ci-dessous et complétez-le (certaines réponses sont à inventer, d'autres sont dans le sujet).

Sujet 2 Imaginez la suite du dialogue entre le père et sa fille. Quels arguments utilisent-ils ? Comment leur échange finit-il ?

Genre du texte à inventer	
Nombre de personnages	
Nom des personnages	
Thème de la dispute	
Époque de la dispute	
Registre utilisé	

2 RESPECTER LES CARACTÉRISTIQUES D'UN GENRE

Le sujet suivant vous invite à respecter le genre du journal intime. Après l'avoir lu, répondez aux questions.

Sujet 3

« Ayant surmonté ces faiblesses, mon domicile et mon ameublement étant établis aussi bien que possible, je commençai mon journal dont je vais vous donner ici la copie. »

Daniel DEFOE, *Robinson Crusoé*, 1719.

Vous rédigerez deux ou trois pages de ce journal dans lesquelles Robinson, à partir des éléments de sa vie quotidienne sur l'île, réfléchit à la condition de tout naufragé.

a. Quels termes vous permettent de comprendre qu'il s'agit d'un journal intime ?
b. Combien de dates utiliserez-vous ? Une ou plusieurs ? Justifiez votre réponse.
c. Utiliserez-vous l'en-tête « Cher journal » caractéristique du journal intime ? Justifiez votre réponse.
d. Pour évoquer « des éléments de sa vie quotidienne sur l'île », utiliserez-vous le passé simple ou le passé composé ? Justifiez votre réponse.
e. Quel temps utiliserez-vous pour introduire les méditations de Robinson concernant « la condition de tout naufragé » ? Indiquez le temps et sa valeur.

3 IDENTIFIER LES CARACTÉRISTIQUES DE LA LETTRE

Le sujet suivant vous invite à rédiger une lettre. Après l'avoir lu, répondez aux questions.

Sujet 4 Dans une lettre datée du 20 avril 1751, Jean-Jacques Rousseau, en réponse à une lettre de Mme de Francueil, se justifie d'avoir abandonné ses cinq enfants. Écrivez la lettre dans laquelle celle-ci formule des reproches argumentés qu'elle adresse à Rousseau.

a. Qui sont l'expéditeur et le destinataire de la lettre que le sujet vous demande de composer ?
b. Parmi les dates suivantes, une seule conviendra à la lettre demandée. Laquelle ?
12 janvier 1751 – 15 avril 1751 – 20 avril 1751 – 27 avril 1751
c. Justifiez votre réponse : pourquoi les autres ne conviennent-elles pas ?

4 TROUVER DES ARGUMENTS ✲✲

a. Indiquez si les sujets suivants vous invitent à trouver des arguments pour une seule thèse ou si vous devrez confronter deux thèses.
b. Justifiez votre réponse en vous appuyant sur les mots du sujet qui vous ont permis de répondre.

Sujet 5 Composez un apologue en prose (fable ou conte) qui fera l'éloge de la curiosité ou de l'audace. Vous prendrez le temps de préciser le contexte et de caractériser nettement les personnages dont l'histoire s'achèvera par une morale explicite.

Sujet 6 Face à Antigone qui a enfreint les lois de la cité édictées par son oncle Créon, roi de Thèbes, pour enterrer son frère, Ismène sa sœur défend les lois de la cité. Rédigez le dialogue théâtral qui oppose les deux sœurs.

Sujet 7 « Être ou ne pas être ? » (William Shakespeare, *Hamlet*, 1603). Partir ou ne pas partir ? Pardonner ou ne pas pardonner ? À votre tour, composez un monologue théâtral qui commence par l'expression d'une alternative et qui appartienne au registre tragique. Vous veillerez à ce que le lecteur ou le spectateur dispose des éléments nécessaires à la bonne compréhension de la situation.

Sujet 8 À sa parution, le texte de Victor Hugo, « Réponse à un acte d'accusation » publié dans les *Contemplations* en 1856, suscite un vif débat dans la presse. Vous écrivez alors un article polémique dans lequel vous défendez ou, au contraire, vous attaquez sa conception de la poésie selon laquelle celle-ci doit employer tous les moyens expressifs qu'elle désire, sans se plier aux règles.

Sujet 9 Le théâtre, au XVIIe siècle, est accusé de corrompre les esprits et les mœurs des spectateurs. Imaginez le réquisitoire d'un opposant au théâtre. Vous veillerez à prendre appui sur des exemples précis, empruntés à la comédie et à la tragédie, de façon à souligner combien l'illusion théâtrale met en péril la morale en offrant la représentation des vices et passions.

5 INDIQUER LE GENRE ET SES CARACTÉRISTIQUES ✲✲

a. Indiquez le genre imposé en soulignant les termes qui vous ont permis de répondre pour chaque sujet.
b. Listez les caractéristiques du genre qu'il vous faut respecter et mettre en œuvre dans votre production.

Sujet 10 Un personnage de votre invention se trouve confronté à un dilemme. Dans un monologue théâtral, il envisage de manière raisonnée ses deux alternatives afin de prendre une décision. Rédigez ce monologue.

Sujet 11 Composez un apologue (fable ou conte) pour lequel vous inventerez deux dénouements possibles qui aboutiront à deux morales différentes, voire opposées.

Sujet 12 Vous avez composé un recueil de poèmes, en prose ou en vers, faisant une large part au rêve et à l'imaginaire. Vous écrivez à un éditeur pour le convaincre de publier cet ouvrage et défendre votre démarche poétique.

Sujet 13 Dans le cadre d'une conversation avec un ami, vous engagez un débat sur la nécessité de refuser l'hypocrisie dans les relations avec autrui.

6 CHOISIR LE (OU LES) REGISTRE(S) ✲✲

Relisez tous les sujets et indiquez quel(s) registre(s) ils imposent ou suggèrent.

7 DÉTERMINER LES CONTRAINTES DU SUJET ✲✲

a. Lisez le sujet suivant.

Le Port

Un port est un séjour charmant pour une âme fatiguée des luttes de la vie. L'ampleur du ciel, l'architecture mobile des nuages, les colorations changeantes de la mer, le scintillement des phares, sont un prisme merveilleusement propre à amuser les yeux sans jamais les lasser. Les formes élancées des navires, au gréement compliqué, auxquels la houle imprime des oscillations harmonieuses, servent à entretenir dans l'âme le goût du rythme et de la beauté. Et puis, surtout, il y a une sorte de plaisir mystérieux et aristocratique pour celui qui n'a plus ni curiosité ni ambition, à contempler, couché dans le belvédère ou accoudé sur le môle, tous ces mouvements de ceux qui partent et de ceux qui reviennent, de ceux qui ont encore la force de vouloir, le désir de voyager ou de s'enrichir.

Charles BAUDELAIRE, « Le Port »,
Petits poèmes en prose, 1869.

Sujet 14 À la façon de Baudelaire, décrivez un lieu qui vous plaît. Il peut s'agir d'un paysage (la plage, la forêt…) ou d'un lieu urbain (le métro, le bus, l'aéroport…).

b. À quel genre le texte à rédiger doit-il appartenir ?
c. Le texte attendu doit-il être en vers ou en prose ?
d. Repérez, dans le poème de Baudelaire, les passages qui décrivent le port et ceux qui évoquent les sentiments de celui qui l'observe.
e. Quels procédés majeurs Baudelaire utilise-t-il pour nourrir sa description ?
f. Choisissez un lieu parmi ceux proposés par le sujet. Quel sentiment pouvez-vous associer à ce lieu ?

Transposition, imitation et poursuite d'un texte sont des travaux d'invention possibles. Ils font appel à des qualités d'observation du texte à imiter et à une bonne connaissance des genres et registres.

▶▶▶ÉTAPE 1 IDENTIFIER L'EXERCICE DEMANDÉ

▶ Poursuivre

Il s'agit de **continuer** un texte donné en imitant l'auteur au plus près. Ce peut être un récit ou un discours.

▶ Transposer

Il faut **réécrire** un texte en changeant :
- de contexte (historique, social, etc.) ;
- de genre (passer du récit au théâtre, de la poésie au récit, etc.) ;
- de registre (du registre didactique au registre fantastique, etc.) ;
- de thèse ou de point de vue.

▶ Détourner

Le sujet demande de réécrire un texte :
- soit pour en caricaturer les procédés et s'en moquer (la **parodie**) ;
- soit pour imiter fidèlement un auteur et lui rendre hommage (le **pastiche**).

▶▶▶ÉTAPE 2 IDENTIFIER LES TRAITS D'ÉCRITURE

▶ Le genre

Faut-il imiter un dialogue romanesque ? un texte théâtral ? une lettre argumentative ? un discours oratoire ? Il faut penser à la date et à l'adresse pour une lettre, aux didascalies pour le théâtre, etc.

▶ La situation d'énonciation

Il est nécessaire d'observer soigneusement qui parle (le locuteur), à qui (le ou les interlocuteurs), et dans quel contexte (époque, lieu).

▶ Le registre

Quels traits propres aux registres connus pouvez-vous repérer ? Un registre polémique dans un débat argumentatif ? Un registre tragique dans une pièce de théâtre ? Y a-t-il de l'ironie ?

▶ Les registres littéraires, p. 460

▶ Les procédés

- Quelles sont les figures de style (anaphores, phrases inachevées, etc.) propres à l'auteur ?
- Quelle syntaxe particulière peut-on noter (phrases très longues, phrases nominales, etc.) ?
- Quel est le lexique employé (vocabulaire technique, mots familiers, etc.) ? Y a-t-il des jeux de mots, des noms propres significatifs ?

▶▶▶ÉTAPE 3 RÉDIGER UN TEXTE

▶ Poursuivre

On reprend la dernière phrase du texte. Le travail est construit ; il se clôt sur une fin.

▶ Transposer

Selon l'énoncé, il faut adapter un genre ou un registre (dont on retrouve les caractéristiques au brouillon), lister des arguments, savoir précisément quelle thèse est défendue ou attaquée.

▶ Détourner

- La parodie joue sur l'amplification, l'inversion, les anachronismes, les calembours et divers jeux de mots.
- Le pastiche demande de trouver un autre thème, un autre objet, d'autres personnages, mais reprend fidèlement les traits d'écriture de l'auteur à imiter.

APPLICATION

Exemple de sujet : « C'était une de ces coiffures d'ordre composite, où l'on retrouve les éléments du bonnet à poil, du chapska, du chapeau rond, de la casquette de loutre et du bonnet de coton, une de ces pauvres choses, enfin, dont la laideur muette a des profondeurs d'expression comme le visage d'un imbécile. Ovoïde et renflée de baleines, elle commençait par trois boudins circulaires ; puis, s'alternaient, séparés par une bande rouge, des losanges de velours et de poils de lapin ; venait ensuite une façon de sac qui se terminait par un polygone cartonné, couvert d'une broderie en soutache compliquée, et d'où pendait, au bout d'un long cordon trop mince, un petit croisillon de fils d'or, en manière de gland. Elle était neuve ; la visière brillait. »

Gustave FLAUBERT, *Madame Bovary*, 1857.

Pastichez Flaubert en décrivant un objet remarquable.

►►►ÉTAPE 1 IDENTIFIER L'EXERCICE DEMANDÉ

► Un pastiche

Le but de l'exercice est de reproduire fidèlement les traits d'écriture de cette description tant dans sa composition que dans son rythme.

►►►ÉTAPE 2 IDENTIFIER LES TRAITS D'ÉCRITURE

► Le genre

- Il s'agit de la description d'une casquette. La structure du texte est à l'image de l'objet décrit : une construction assez désordonnée qui donne l'impression que le narrateur ne sait pas par quel bout se saisir de cette « coiffe ». Mais on remarque une logique « commençait… puis… ensuite… se terminait… »
- La description associe des formes, des couleurs, des matières extrêmement variées. Le lexique est précis, voire technique.

► Les procédés

- On remarque des accumulations par énumérations, une comparaison (« comme le visage d'un imbécile »), la présence d'une phrase longue suivie d'une phrase très courte de manière à créer un effet de chute.
- Le narrateur multiplie les précisions et utilise de nombreuses expansions du nom (► p. 442) pour caractériser l'objet : les formes géométriques, les matières, les couleurs sont précisées. Les comparaisons sont révélatrices, le couvre-chef décrit est le reflet de celui qui le porte.

►►►ÉTAPE 3 RÉDIGER UN TEXTE

Le lit des deux époux était à lui seul un monument. Entouré, comme un château, de tourelles et de colonnes qui se tordaient et se déroulaient, recouvert de couvertures à franges et de draps brodés, caché sous un baldaquin qui avait été un voile de mariée et dont les trous laissaient passer les mouches, la couche se dressait vers le ciel, temple du sommeil et pyramide des temps modernes. Il était confortable. Ignace ronflait.

On rend compte de la surcharge, du ridicule, du mauvais goût, de l'aspect hétéroclite et indescriptible du lit. Une comparaison apparaît. La première phrase est très longue, la suivante, très courte, de manière à créer un effet de chute identique à celui proposé par Flaubert.

1 TRANSPOSER

Réécrivez le texte de Victor Hugo en supprimant les marques de la subjectivité pour en faire un texte totalement neutre.

Démontez-moi cette vieille échelle boiteuse des crimes et des peines et refaites-la. Refaites votre pénalité, refaites vos codes, refaites vos prisons, refaites vos juges. Remettez-y les lois au pas des mœurs. Messieurs, il se coupe trop de têtes par an en France. Puisque vous êtes en train de faire des économies, faites-en là-dessus. Puisque vous êtes en verve de suppressions, supprimez le bourreau. Avec la solde de vos quatre-vingts bourreaux, vous payerez six cents maîtres d'école. Songez au gros du peuple. Des écoles pour les enfants, des ateliers pour les hommes. Savez-vous que la France est un des pays de l'Europe où il y ait le moins de natifs qui sachent lire ? Quoi ! la Suisse sait lire, la Belgique sait lire, le Danemark sait lire, la Grèce sait lire, l'Irlande sait lire et la France ne sait pas lire ? C'est une honte.

Victor HUGO, *Claude Gueux*, 1834.

2 CHANGER DE FOCALISATION

a. En vue de transposer ce texte, identifiez la focalisation utilisée ici. Quels en sont les indices ?
b. Réécrivez le texte en focalisation interne du point de vue de l'hôte.

L'hôte avait compté sur onze jours de maladie à un écu par jour ; mais il avait compté sans son voyageur. Le lendemain, dès cinq heures du matin, d'Artagnan se leva, descendit lui-même à la cuisine, demanda, outre quelques autres ingrédients dont la liste n'est pas parvenue jusqu'à nous, du vin, de l'huile, du romarin, et, la recette de sa mère à la main, se composa un baume dont il oignit ses nombreuses blessures, renouvelant ses compresses lui-même et ne voulant admettre l'adjonction d'aucun médecin. Grâce sans doute à l'efficacité du baume de Bohême, et peut-être aussi grâce à l'absence de tout docteur, d'Artagnan se trouva sur pied dès le soir même, et à peu près guéri le lendemain. Mais, au moment de payer ce romarin, cette huile et ce vin, seule dépense du maître qui avait gardé une diète absolue, tandis qu'au contraire le cheval jaune, au dire de l'hôtelier du moins, avait mangé trois fois plus qu'on n'eût raisonnablement pu le supposer pour sa taille, d'Artagnan ne trouva dans sa poche que sa petite bourse de velours râpé ainsi que les onze écus qu'elle contenait ; mais quant à la lettre adressée à M. de Tréville, elle avait disparu.

Alexandre DUMAS, *Les Trois Mousquetaires*, 1844.

3 CHANGER DE SUJET

Dans cette fable, La Fontaine montre que l'homme dénigre ce qu'il ne peut avoir. À la manière de La Fontaine, écrivez une fable qui montre que l'homme aime étaler ses connaissances, même lorsqu'il en a peu.

Certain Renard Gascon, d'autres disent Normand,
Mourant presque de faim, vit au haut d'une treille
Des raisins mûrs apparemment,
Et couverts d'une peau vermeille.
Le galant en eut fait volontiers un repas.
Mais comme il n'y pouvait atteindre :
« Ils sont trop verts, dit-il, et bons pour des goujats. »
Fit-il pas mieux que de se plaindre ?

Jean de LA FONTAINE, « Le Renard et les Raisins », *Fables*, 1668-1674.

4 TRANSFORMER UN POÈME EN ROMAN

Faites de ce poème de Baudelaire une scène de rencontre romanesque.

La rue assourdissante autour de moi hurlait.
Longue, mince, en grand deuil, douleur majestueuse,
Une femme passa, d'une main fastueuse
Soulevant, balançant le feston et l'ourlet ;

Agile et noble, avec sa jambe de statue.
Moi, je buvais, crispé comme un extravagant,
Dans son œil, ciel livide où germe l'ouragan,
La douceur qui fascine et le plaisir qui tue.

Un éclair… puis la nuit ! — Fugitive beauté
Dont le regard m'a fait soudainement renaître,
Ne te verrai-je plus que dans l'éternité ?

Ailleurs, bien loin d'ici ! trop tard ! *jamais* peut-être !
Car j'ignore où tu fuis, tu ne sais où je vais,
Ô toi que j'eusse aimée, ô toi qui le savais !

Charles BAUDELAIRE, « À une passante », *Les Fleurs du mal*, 1857.

5 COMPARER DEUX VERSIONS

a. Le texte 2 est-il une parodie ou un pastiche du texte 1 ? Quelle est l'intention de l'imitation ?
b. Détaillez les procédés utilisés par Apollinaire dans son imitation.

1 « Il pleure dans mon cœur
Comme il pleut sur la ville.
Quelle est cette langueur
Qui pénètre mon cœur ? »

Paul VERLAINE, *Romances sans paroles*, 1874.

2 « Il flotte dans mes bottes
Comme il pleut sur la ville
Au diable cette flotte
Qui pénètre mes bottes. »

Guillaume APOLLINAIRE, *Œuvres poétiques*, 1956,

6 ANALYSER DES PROCÉDÉS DE TRANSFORMATION

a. L'écriture journalistique et publicitaire est un réservoir de parodies. Trouvez-en cinq exemples et nommez à chaque fois le procédé utilisé.

b. Renseignez-vous sur *Le Chapelain Décoiffé* de Racine et Boileau et détaillez les procédés utilisés dans cette parodie du *Cid* de Corneille :

Ô rage, ô désespoir ! Ô perruque m'amie !
N'as-tu donc tant vécu que pour cette infamie ?
N'as-tu trompé l'espoir de tant de perruquiers
Que pour voir en un jour flétrir tant de lauriers ?

Nicolas BOILEAU, *Le Chapelain Décoiffé*, 1664.

c. Dans quel genre de texte les procédés du registre épique sont-ils souvent utilisés ? À quel univers Boileau les applique-t-il ici ? Pourquoi y a-t-il parodie ?

Vingt carrosses bientôt arrivant à la file
Y sont en moins de rien suivis de plus de mille ;
Et, pour surcroît de maux, un sort malencontreux
Conduit en cet endroit un grand troupeau de bœufs ;
Chacun prétend passer ; l'un mugit, l'autre jure;
Des mulets en sonnant augmentent le murmure.
Aussitôt cent chevaux dans la foule appelés
De l'embarras qui croit ferment les défilés,
Et partout les passants, enchaînant les brigades,
Au milieu de la paix font voir les barricades.
On n'entend que des cris poussés confusément :
Dieu, pour s'y faire ouïr, tonnerait vainement.

Nicolas BOILEAU, « Les embarras de Paris », *Satires*, 1660.

d. Les critiques littéraires ont souvent repris les titres des auteurs étudiés pour leur propre ouvrage. Identifiez ces œuvres.

Splendeurs et misères d'Honoré de Balzac – La Tentation de saint Gustave – À l'ombre de Marcel Proust – Le Parti Pris des Mots – À la Recherche de Marcel Proust.

7 RÉDIGER UNE SUITE DE TEXTE

a. Quelles sont les intentions du pastiche de Marcel Proust ci-dessous ?

b. Quels traits de style propres à Flaubert pouvez-vous reconnaître ? (Aidez-vous du texte de l'exercice 8.)

c. Rédigez deux phrases qui pourraient prolonger le pastiche de Proust.

À la manière de Flaubert.

La chaleur devenait étouffante, une cloche tinta, des tourterelles s'envolèrent, et, les fenêtres ayant été fermées sur l'ordre du président, une odeur de poussière se répandit. Il était vieux, avec un visage de pitre, une robe trop étroite pour sa corpulence, des prétentions à l'esprit ; et ses favoris égaux, qu'un reste de tabac salissait, donnaient à toute sa personne quelque chose de décoratif et de vulgaire.

Marcel PROUST, *Pastiches et mélanges*, 1919.

8 POURSUIVRE UN TEXTE

En respectant le genre, le registre et les traits d'écriture des textes suivants, rédigez une suite d'une vingtaine de lignes.

1 *Emma, accompagnée de Léon son amant, va rendre visite à sa fille mise en nourrice.*

Pour arriver chez la nourrice il fallait, après la rue, tourner à gauche, comme pour gagner le cimetière, et suivre, entre des maisonnettes et des cours, un petit sentier que bordaient des troènes. Ils étaient en fleur et les véroniques aussi, les églantiers, les orties, et les ronces légères, qui s'élançaient des buissons. Par le trou des haies, on apercevait, dans les masures, quelque pourceau sur un fumier, ou des vaches embricolées[1], frottant leurs cornes contre le tronc des arbres. Tous les deux, côte à côte, ils marchaient doucement, elle s'appuyant sur lui et lui retenant son pas qu'il mesurait sur les siens ; devant eux, un essaim de mouches voltigeait, en bourdonnant dans l'air chaud. Ils reconnurent la maison à un vieux noyer qui l'ombrageait. Basse et couverte de tuiles brunes, elle avait en dehors, sous la lucarne de son grenier, un chapelet d'oignons suspendu. Des bourrées, debout contre la clôture d'épines, entouraient un carré de laitues, quelques pieds de lavande et des pois à fleurs montés sur des rames. De l'eau sale coulait en s'éparpillant sur l'herbe, et il y avait tout autour plusieurs guenilles indistinctes, des bas de tricot, une camisole d'indienne rouge, et un grand drap de toile épaisse étalé en long sur la haie. Au bruit de la barrière, la nourrice parut, tenant sur son bras un enfant qui tétait. Elle tirait de l'autre main un pauvre marmot chétif, couvert de scrofules[2] au visage, le fils d'un bonnetier de Rouen, que ses parents trop occupés de leur négoce laissaient à la campagne.

Gustave FLAUBERT, *Madame Bovary*, 1857.

1. vache attachée avec une lanière pour l'empêcher de brouter.
2. maladie de peau liée à des carences alimentaires.

2 *La marquise de Merteuil écrit à Valmont, son ami et rival dans le domaine de la séduction.*

Et qu'avez-vous fait que je n'aie surpassé mille foi ? Vous avez séduit, perdu même beaucoup de femmes mais quelles difficultés avez-vous eues à vaincre ? quels obstacles à surmonter ? où est le mérite qui soit véritablement à vous ? Une belle figure, pur effet du hasard ; des grâces, que l'usage donne presque toujours, de l'esprit à la vérité, mais auquel le jargon suppléerait au besoin ; une impudence assez louable, mais peut-être uniquement due à la facilité de vos premiers succès ; si je ne me trompe, voilà tous vos moyens.

Choderlos DE LACLOS, *Les Liaisons dangereuses*, lettre 81, 1782.

L'écriture d'un texte argumentatif invite à développer une thèse, un point de vue, sur un sujet qui peut être général ou littéraire.

▸▸▸ÉTAPE 1 IDENTIFIER LES CARACTÉRISTIQUES

▸ Le genre

L'argumentation demandée peut être :

- **une argumentation directe** (▸ p. 488) : le discours ; l'essai ; l'article de journal ; la lettre ouverte, etc.
- **une argumentation indirecte** (▸ p. 489)

– le dialogue : deux personnages confrontent leur point de vue. Il peut être employé dans un texte narratif (dans ce cas, attention à l'insertion du discours direct et à l'emploi des temps à respecter) ou dans un texte de théâtre (utilisation possible des didascalies, indications des noms des personnages, etc.) ;
– la lettre : respect de la présentation de la lettre (adresse, date, formules initiale et finale) ;
– l'apologue : certains récits brefs ont une visée argumentative et permettent de développer une thèse.

▸ La situation d'énonciation

- Qui est l'énonciateur dans un discours, un essai ? Quels personnages développent leur point de vue dans un dialogue ? À qui s'adresse-t-on dans un discours ou une lettre ?

▸▸▸ÉTAPE 2 DÉTERMINER LA THÈSE À DÉVELOPPER

- Il est nécessaire de déterminer la thèse qui va être défendue, réfutée ou questionnée.
- Pour appuyer sa thèse, on détermine la stratégie argumentative que l'on va déployer : éloge, blâme, etc.

▸▸▸ÉTAPE 3 RECHERCHER DES ARGUMENTS ET DES EXEMPLES

- On détermine des arguments distincts (au moins trois) et variés. Si deux personnages dialoguent, il faudra chercher les arguments de chaque personnage et vérifier qu'ils se répondent ou s'opposent.
- Il faut privilégier des exemples précis. Dans certains sujets, on peut faire référence à des œuvres littéraires.

▸▸▸ ÉTAPE 4 RÉDIGER UN TEXTE

▸ La progression des arguments

- La progression de l'argumentation doit apparaître en utilisant des connecteurs logiques (*de plus, par ailleurs, cependant*...).
- Dans un dialogue, les personnages peuvent s'opposer, concéder, réfuter, accepter les arguments de l'autre. Il faut jouer des effets de rythme pour animer le débat (alternance de répliques longues et brèves, etc.).

▸ Les procédés argumentatifs

- Pour appuyer sa thèse, on peut utiliser un vocabulaire péjoratif ou mélioratif, des images frappantes... On peut argumenter avec éloquence : questions rhétoriques, anaphores, interpellation du destinataire.
- On peut varier les registres (polémique, ironique, pathétique).

▸ La fin du texte argumentatif

Selon le genre, la fin doit respecter certaines contraintes :
– une lettre, un discours, un essai comportent forcément une conclusion ;
– l'apologue peut formuler explicitement la morale ;
– comment les personnages concluent-ils leur dialogue ? L'un a-t-il convaincu l'autre ?

Exemple de sujet : *Le jeune Rastignac, venu à Paris pour réussir, rencontre Vautrin, un homme mystérieux qui lui explique comment s'enrichir.*

« [...] Voilà le carrefour de la vie, jeune homme, choisissez. [...] L'honnêteté ne sert à rien. [...] La corruption est en force, le talent est rare. Ainsi, la corruption est l'arme de la médiocrité qui abonde, et vous en sentirez partout la pointe. Vous verrez des femmes dont les maris ont six mille francs d'appointements pour tout potage, et qui dépensent plus de dix mille francs à leur toilette. Vous verrez des employés à douze cents francs acheter des terres. Vous verrez des femmes se prostituer pour aller dans la voiture du fils d'un pair de France, qui peut courir à Longchamp sur la chaussée du milieu. Vous avez vu le pauvre bêta de père Goriot obligé de payer la lettre de change endossée par sa fille, dont le mari a cinquante mille livres de rente. Je vous défie de faire deux pas dans Paris sans rencontrer des manigances infernales. »

Honoré de Balzac, *Le Père Goriot*, 1835.

Imaginez la réponse de Rastignac qui réfute la vision de la vie proposée par Vautrin.

— Je vous défie de faire deux pas dans Paris sans rencontrer des manigances infernales.

Visiblement satisfait, Vautrin se tut. Le jeune homme resta un moment silencieux avant de répondre :

— Vous vous trompez, Monsieur. Il est vrai je suis au carrefour de ma vie. Mais si je désire aller plus avant, ce n'est pas pour tourner le dos à mes convictions. L'honnêteté ne sert à rien, dites-vous ? Mais l'honnêteté n'a pas à être utile. Elle est une valeur à laquelle certains comme moi ne sont pas prêts à renoncer. Croyez-vous que je serai fier de ma réussite quand je l'aurai acquise par le meurtre, la corruption et les manigances ? Je veux réussir sans perdre mon âme. Par ailleurs, on peut être honnête et talentueux. Chacun a en lui un talent qu'il doit révéler. Regardez autour de vous. Vous verrez des musiciens finir par être écoutés après avoir été méconnus. Vous verrez des femmes trouver l'amour après avoir désespéré dans la solitude. Vous verrez de petits commerçants agrandir leur commerce et s'enrichir par leur travail. J'aspire à réussir par mon labeur ; peut-être aussi par l'amour : être aimé d'une femme riche, pourquoi pas ? Mais tricher, trahir, tuer, non, je m'y refuse ! De plus, vous avez tort de vous moquer des gens honnêtes. Vous ne voyez que le but à atteindre. Mais la façon dont on remplit sa vie n'importe-t-elle pas aussi ? Certes, le pauvre père Goriot paie les dettes de sa fille, mais c'est un être généreux. Il est faible mais admirable, ruiné mais plein de son amour paternel. Son honnêteté suffit à remplir son cœur d'homme. Ainsi, Monsieur, je vous remercie d'avoir voulu m'aider mais je refuse la voie que vous m'indiquez. Je réussirai dans Paris sans avoir à rougir de mes actes.

Le genre : discours direct dans un texte narratif

La situation d'énonciation : Rastignac s'adresse à Vautrin (2e pers. du pluriel)

La stratégie argumentative : réfutation de la vision de la vie de Vautrin

Argument 1. Rastignac réfute un argument de Vautrin : « L'honnêteté n'a pas à être utile. Elle est une valeur »

Question rhétorique

Argument 2. On peut être honnête et talentueux.

« Vous verrez » : reprise de l'anaphore du texte pour introduire des exemples

« De plus » : connecteur logique

Argument 3. Il ne faut pas se moquer des gens honnêtes.

Le pauvre père Goriot : reprise d'un exemple du texte

La conclusion du discours

1 IDENTIFIER LE GENRE DU TEXTE ARGUMENTATIF

Pour chaque sujet, indiquez quel genre est attendu (lettre, discours, dialogue dans un récit ou une scène de théâtre, etc.) et définissez ses caractéristiques.

Ariste reproche à son frère Sganarelle de ne pas suivre la mode, ce qui lui donne « un air bizarre ».

SGANARELLE. –
Je voudrais bien savoir, puisqu'il faut tout entendre,
Ce que ces beaux censeurs[1] en moi peuvent reprendre.
ARISTE. –
Cette farouche humeur, dont la sévérité
Fuit toutes les douceurs de la société,
À tous vos procédés inspire un air bizarre,
Et jusques à l'habit, vous rend chez vous barbare.
[…]
SGANARELLE. –
Quoi qu'il en soit, je suis attaché fortement
À ne démordre point de mon habillement.
Je veux une coiffure, en dépit de la mode,
Sous qui toute ma tête ait un abri commode ;
Un beau pourpoint bien long et fermé comme il faut,
Qui, pour bien digérer, tienne l'estomac chaud ;
Un haut-de-chausses fait justement pour ma cuisse ;
Des souliers où mes pieds ne soient point au supplice,
Ainsi qu'en ont usé sagement nos aïeux :
Et qui me trouve mal, n'a qu'à fermer les yeux.

MOLIÈRE, *L'École de maris*, Acte I, scène 1, 1661.

1. personnes qui critiquent les autres.

Sujet 1 Transposez ce dialogue dans un contexte moderne : deux frères débattent de la nécessité de suivre la mode, l'un des deux trouvant que l'autre se désintéresse trop des tendances.

Sujet 2 Imaginez la suite du texte : comment Sganarelle condamne-t-il ceux qui suivent la mode ? Que répond Ariste ?

Sujet 3 Vous écrivez un article pour le journal du lycée et vous donnez votre opinion sur l'importance de la mode pour les élèves.

Sujet 4 Vous rédigez une lettre destinée à un magazine pour critiquer la place démesurée accordée, dans leurs articles, à la question de la mode.

2 COMPRENDRE UN SUJET D'ARGUMENTATION

a. Lisez ces deux sujets d'invention.

La Maheude est la mère de sept enfants, dans une famille de mineurs pauvres. Elle vient trouver les Grégoire, un riche couple, pour leur demander une aide financière.

Les Grégoire chargeaient Cécile de leurs aumônes. Cela rentrait dans leur idée d'une belle éducation. Il fallait être charitable, ils disaient eux-mêmes que leur maison était la maison du bon Dieu. Du reste, ils se flattaient de faire la charité avec intelligence, travaillés de la continuelle crainte d'être trompés et d'encourager le vice. Ainsi, ils ne donnaient jamais d'argent, jamais, pas dix sous, pas deux sous, car c'était un fait connu, dès qu'un pauvre avait deux sous, il les buvait. Leurs aumônes étaient donc toujours en nature, surtout en vêtements chauds, distribués pendant l'hiver aux enfants indigents.
– Oh ! les pauvres mignons ! s'écria Cécile, sont-ils pâlots d'être allés au froid !.... Honorine, va donc chercher le paquet, dans l'armoire. […]
– Vous n'avez que ces deux-là ? demanda Mme Grégoire, pour rompre le silence.
– Oh ! Madame, j'en ai sept.
M. Grégoire, qui s'était remis à lire son journal, eut un sursaut indigné.
– Sept enfants, mais pourquoi ? bon Dieu !
– C'est imprudent, murmura la vieille dame.
La Maheude eut un geste vague d'excuse. Que voulez-vous ? on n'y songeait point, ça poussait naturellement. Et puis, quand ça grandissait, ça rapportait, ça faisait aller la maison.

Émile ZOLA, *Germinal*, 1885.

Sujet 5 Après avoir réfléchi, Mme Grégoire veut aider La Maheude, elle explique pourquoi, mais son mari s'oppose à son choix.

Sujet 6 Mme Grégoire refuse de donner de l'argent à La Maheude et elle explique pourquoi à cette dernière dans un discours argumenté.

b. Indiquez si les affirmations suivantes sont vraies ou fausses.

1. La réponse de Mme Grégoire peut être une lettre.
2. Les deux sujets impliquent du discours direct dans un texte narratif.
3. Dans le sujet 5, le mari peut être d'accord avec sa femme.
4. Dans le sujet 6, le mari peut être d'accord avec sa femme.
5. Dans le sujet 5, le mari et la femme débattent et donnent leur opinion.
6. Dans le sujet 6, le mari et la femme débattent et donnent leur opinion.

c. Formulez la thèse que Mme Grégoire peut défendre dans le sujet 6.

3 RECHERCHER DES ARGUMENTS ET DES EXEMPLES ✲✲

a. Après avoir lu le sujet suivant, recherchez trois arguments pour chaque élève.
b. Quels exemples littéraires pouvez-vous utiliser ?

[U]n roman est un miroir qui se promène sur une grande route. Tantôt il reflète à vos yeux l'azur des cieux, tantôt la fange des bourbiers de la route. Et l'homme qui porte le miroir dans sa hotte sera par vous accusé d'être immoral ! Son miroir montre la fange, et vous accusez le miroir ! Accusez bien plutôt le grand chemin où est le bourbier [...].

STENDHAL, *Le Rouge et le Noir*, 1830.

Sujet 7 Deux élèves échangent leurs impressions après la lecture d'un roman réaliste. L'un pense que le roman doit montrer le monde dans toute sa vérité, quitte à montrer « la fange » comme le dit Stendhal ; l'autre aime les romans qui font rêver et s'éloignent de la réalité. Imaginez leur dialogue.

4 RÉFUTER UN ARGUMENT ✲✲

a. Comment Maupassant réfute-t-il l'argument de M. de Moltke (procédés, exemples, etc.) dans le texte suivant ?
b. À votre tour, sur le modèle de Maupassant, réfutez l'argument suivant : « La solitude ramène en partie l'homme au bonheur naturel, en éloignant de lui le malheur social. » (Bernardin de Saint-Pierre)

Un artiste habile en cette partie, un massacreur de génie, M. de Moltke, a répondu un jour, aux délégués de la paix, les étranges paroles que voici : « La guerre est sainte, d'institution divine ; c'est une des lois sacrées du monde ; elle entretient chez les hommes tous les grands, les nobles sentiments : l'honneur, le désintéressement, la vertu, le courage, et les empêche en un mot de tomber dans le plus hideux matérialisme. »

Ainsi, se réunir en troupeaux de quatre cent mille hommes, marcher jour et nuit sans repos, ne penser à rien, ni rien étudier ni rien apprendre, ne rien lire, n'être utile à personne, pourrir de saleté, coucher dans la fange, vivre comme les brutes dans un hébétement continu, piller les villes, brûler les villages, ruiner les peuples, puis rencontrer une autre agglomération de viande humaine, se ruer dessus, faire des lacs de sang, des plaines de chair pilée mêlée à la terre boueuse et rougie, des monceaux de cadavres, avoir les bras ou les jambes emportés, la cervelle écrabouillée sans profit pour personne, et crever au coin d'un champ, tandis que vos vieux parents, votre femme et vos enfants meurent de faim ; voilà ce qu'on appelle ne pas tomber dans le plus hideux matérialisme.

MAUPASSANT, « La Guerre », *Gil Blas*, 11 décembre 1883.

5 RÉDIGER UN TEXTE ARGUMENTATIF ✲✲✲

a. Lisez le sujet suivant.

Sujet 8 Vous devez rédiger la préface d'une anthologie de poèmes d'amour. Vous expliquez pourquoi poésie et évocation des sentiments sont pour vous indissociables.

b. Voici des débuts de devoirs possibles. Indiquez ceux qui peuvent convenir et ceux qui ne le peuvent pas. Justifiez votre réponse.

Débuts de devoirs

1. « Pourquoi lire des poèmes d'amour ? C'est la question que je me suis posée lorsque l'on m'a demandé de composer cette anthologie. »
2. « En sortant de la maison d'édition, le jeune auteur semblait satisfait. Son anthologie était maintenant achevée et il était fier des poèmes qu'il avait réunis. Il devait maintenant écrire la préface. »
3. « J'ai choisi ces poèmes comme on associe des fleurs pour former un bouquet. Tous s'harmonisent, tous parlent d'amour. Chacun m'est précieux, chacun me rappelle un souvenir. À mes yeux, poésie et évocation des sentiments sont indissociables. »
4. « Cher ami,
Je viens d'achever mon recueil de poèmes lyriques. C'était une demande de mon éditeur. J'ai un peu de temps pour t'écrire. T'ai-je dit quels poèmes j'ai choisis ? »

c. Recherchez des exemples pour illustrer les trois arguments suivants.

Arguments

1. « La poésie nous touche lorsqu'elle parle de sentiments sincères. Les poèmes de cette anthologie évoquent ainsi des moments intimes, ceux qui ont marqué la vie des poètes. »
2. « Mais ces poèmes ne racontent pas seulement les amours des poètes. Ils racontent l'amour. Le lecteur retrouve des sentiments qu'il a déjà éprouvés et sur lesquels le poète met des mots : "Ô insensé qui crois que je ne suis pas toi", disait Victor Hugo à son lecteur. »
3. « Le poète trouve les mots pour exprimer ce que le lecteur peine à formuler avec ses propres termes. La poésie "rémunère le défaut des langues" comme le disait Mallarmé. Elle compense les déficits et défauts de la langue commune en parvenant à dire l'indicible. »

d. En vous appuyant sur les questions b. et c., rédigez cette préface.

4. LIRE UN TEXTE

▸▸▸ÉTAPE 1 NOTER LES PREMIÈRES IMPRESSIONS

- Quels aspects du texte attirent particulièrement l'attention ?
- Quels sentiments la lecture du texte suscite-t-elle ?

▸▸▸ÉTAPE 2 FAIRE APPEL À SES CONNAISSANCES

- Quel est le genre du texte ?
  Ex. : poésie, récit, théâtre, littérature d'idées.
- Qui est l'auteur ? Appartient-il à un mouvement littéraire particulier ?
  Ex. : classicisme, romantisme, réalisme...
- Quel est le contexte historique et social ?
- Quel est le contexte littéraire et artistique ?

▸▸▸ÉTAPE 3 REPÉRER LES CARACTÉRISTIQUES DU TEXTE

- Quel est le sujet du texte ? Quels thèmes sont évoqués ?
- Quelle est la situation d'énonciation ?
- Quelle est la forme de discours ?
  Ex. : narratif, descriptif, argumentatif.
- Quelle est l'organisation du texte ? On observe la progression narrative, thématique ou argumentative (« composition » du texte).
- Quelles sont les caractéristiques propres au genre du texte ?

– dans un récit, on observe le point de vue, les descriptions, les discours rapportés ;
– dans un poème, on observe les strophes, les vers, les rimes, les sonorités, le rythme et les images ;
– dans un texte de théâtre, on regarde la nature des répliques (tirade, monologue, aparté, stichomythie), la répartition de la parole entre les personnages ;
– dans un texte argumentatif, on repère la ou les thèses en présence, les arguments, les exemples, les procédés rhétoriques.

▸▸▸ ÉTAPE 4 FORMULER UN PROJET DE LECTURE

- On détermine en conséquence les enjeux du texte et ses spécificités (par rapport aux autres textes du même genre, ou traitant le même thème...).
- On formule une problématique à laquelle le projet de lecture va répondre.

5. ANALYSER LE TEXTE ET ÉLABORER LE PLAN DÉTAILLÉ

▸▸▸ÉTAPE 1 DÉTERMINER DES AXES DE LECTURE

• On détermine deux ou trois axes d'interprétation qui répondent au projet de lecture que l'on a formulé. On repère dans le texte tous les éléments qui les justifient.

▸▸▸ÉTAPE 2 CONSTRUIRE LE PLAN

• On construit le plan en hiérarchisant les axes d'interprétation :
– la première partie rassemble les éléments les plus apparents ;
– la seconde partie, les éléments moins évidents.
• On donne un titre à ces axes qui doit être une interprétation du texte (c'est-à-dire éclairant son effet, sa visée, son thème).
• À l'intérieur de chaque axe, on détermine deux ou trois arguments sur le sens du texte. Chaque argument est exprimé sous la forme d'une phrase.

Conseil
Éviter les titres vagues, les thèmes généraux
Ex. : « L'amour ».
Rechercher plutôt les titres qui formulent une interprétation précise du texte
Ex. : « L'amour est une source d'inspiration pour le poète ».

▸▸▸ÉTAPE 3 ILLUSTRER ET CARACTÉRISER LES CITATIONS

• Pour chaque argument, on relève les citations qui illustrent cette idée.
On observe ainsi les différents procédés stylistiques :
– les champs lexicaux dominants ;
– les figures de style significatives, etc.
• On analyse précisément chaque citation (procédés, effets, etc.).

Ex. : « Va, cours, vole et nous venge » (Corneille)
On repère la gradation. On explique ensuite son effet : la gradation montre l'urgence, la nécessité d'accomplir au plus tôt la vengeance pour laver l'honneur bafoué.

Ex. : « Paris est un véritable océan » (Balzac)
On explique l'effet de cette métaphore : Balzac montre l'étendue et le mystère de Paris qui est insondable comme l'océan.

DORINE. – Si…
MADAME PERNELLE. – Vous êtes, mamie, une fille suivante
Un peu trop forte en gueule, et fort impertinente ;
Vous vous mêlez sur tout de dire votre avis.
DAMIS. – Mais…
MADAME PERNELLE. – Vous êtes un sot en trois lettres, mon fils ;
C'est moi qui vous le dis, qui suis votre grand'mère ;
Et j'ai prédit cent fois à mon fils, votre père,
Que vous preniez tout l'air d'un méchant garnement,
Et ne lui donneriez jamais que du tourment.
MARIANE. – Je crois…
MADAME PERNELLE. – Mon Dieu, sa sœur, vous faites la discrète,
Et vous n'y touchez pas, tant vous semblez doucette ;
Mais il n'est, comme on dit, pire eau que l'eau qui dort,
Et vous menez sous chape un train que je hais fort.

MOLIÈRE, *Le Tartuffe*, Acte I, scène 1, 1669.

Caractéristiques principales

- Ce texte de théâtre appartient au genre de la comédie. Molière est un auteur de l'époque classique. Au XVIIe siècle, la comédie doit divertir et instruire.
- Le comportement de Madame Pernelle est le sujet de ce texte. Il est comique, caricatural.
- La progression du texte suit le dialogue de Madame Pernelle avec les trois membres de sa famille à qui elle adresse respectivement des reproches.
- La scène est organisée autour du personnage de Madame Pernelle, elle est au centre du dispositif comique.

Projet de lecture

La représentation caricaturale de Madame Pernelle a-t-elle seulement une visée comique ? Comment le comique vient-il servir la critique de comportements excessifs ?

Plan détaillé

I. Un personnage dominateur et comique

a. L'espace de la parole

- Monopolisé par Madame Pernelle, ce que souligne la répartition déséquilibrée des répliques.
- Réponses des autres personnages réduites à des monosyllabes : « si », « Mais » ou à deux mots : « Je crois ».

b. Un personnage autoritaire

- Elle domine les autres et ne cesse de les critiquer. Chacune de ses répliques débute par une insulte.

c. Une attitude comique

- Comique liée à la situation avec un personnage dominateur qui rabroue les autres de façon excessive.
- Comique de répétition dans les interruptions systématiques (points de suspension).
- Effet comique dû à son langage imagé, trivial (« Et vous n'y touchez pas tant vous semblez doucette. ») voire peu policé (« fort en gueule »).

II. Un « type » au service de la critique

a. Une version féminine du barbon

- Acariâtre, autoritaire, cinglante, Madame Pernelle correspond à un type hérité de la *commedia dell'arte* : personnage âgé, aigri et désagréable. La caricature alimente la critique.
- Phrases affirmatives et péremptoires.

b. Le conflit des générations

- Les statuts de chacun sont identifiés « mon fils » (pour mon petit-fils), « sa sœur ».
- Les esquisses sont rapides mais sans concession (répliques brèves, rythme saccadé).
- Les jugements sont définitifs : « méchant garnement », « un train que je hais fort. »

PHILOSOPHE. Les autres hommes sont emportés par leurs passions, sans que les actions qu'ils font soient précédées de la réflexion : ce sont des hommes qui marchent dans les ténèbres ; au lieu que le philosophe, dans ses passions mêmes, n'agit qu'après la réflexion ; il marche la nuit, mais il est précédé d'un flambeau.

La vérité n'est pas pour le philosophe une maîtresse qui corrompe son imagination, et qu'il croie trouver partout ; il se contente de la pouvoir démêler où il peut l'apercevoir. Il ne la confond point avec la vraisemblance ; il prend pour vrai ce qui est vrai, pour faux ce qui est faux, pour douteux ce qui est douteux, et pour vraisemblance ce qui n'est que vraisemblance. Il fait plus, et c'est ici une grande perfection du philosophe, c'est que lorsqu'il n'a point de motif pour juger, il sait demeurer indéterminé.

DUMARSAIS, article « Philosophe », *Encyclopédie* (1751-1772).

Caractéristiques principales

- Ce texte est un extrait de l'*Encyclopédie* (littérature d'idées). L'auteur est Dumarsais, un philosophe du XVIIIe siècle
- Le texte définit le rôle, les valeurs du philosophe.
- La progression du texte est la suivante :
  – deux types d'hommes sont opposés dans le premier paragraphe ;
  – les qualités du philosophe sont présentées dans le deuxième paragraphe.

Projet de lecture

Le philosophe n'est-il pas présenté, de manière élogieuse, comme un homme de la lumière ?

Plan détaillé

I. De la définition à l'éloge

a. Un extrait de l'*Encyclopédie*

- Un article issu d'un texte relevant du genre du dictionnaire comme le souligne l'entrée proposée « Philosophe ».
- Une définition formulée de façon impersonnelle. Le temps employé est le présent.

b. Une logique d'opposition

- Le philosophe défini par opposition avec les autres hommes comme le souligne l'emploi de la formule « au lieu que » et le passage du blâme à l'éloge.
- Des hommes présentés de façon négative en étant associés aux « passions ».
- Le philosophe est associé à la « réflexion ». Il se singularise de la masse et le texte souligne la nature de ses actions en les mettant systématiquement en relief en début de phrase : « il se contente », « il fait plus », etc.

c. Le rapport à la connaissance

- Deuxième paragraphe bâti sur l'énumération des qualités du philosophe.
- Des qualités liées à son rapport au savoir : il ne se contente pas de « l'imagination » mais place chaque chose où elle doit l'être. Le travail de répétition des termes souligne cet aspect.

II. L'homme de la lumière

a. Un homme qui doute

- L'indétermination est présentée comme une qualité : « il sait demeurer indéterminé. » ; le verbe « demeurer » implique une idée de durée, un temps d'acceptation. Vérité présentée comme une quête, un labeur nécessitant du temps.
- La pratique du doute fait « la grande perfection » du philosophe.

Terme mélioratif renforcé par l'emploi de l'adjectif.

b. La lumière contre l'obscurité

- Le philosophe partage avec les autres hommes le cheminement dans les ténèbres « ils marchent dans les ténèbres », « il marche la nuit ».
- Mais il porte un flambeau ; terme mis en relief à la fin du premier paragraphe : rapport à la lutte contre l'obscurantisme et les superstitions.

Termes péjoratifs : « vraisemblance », « imagination ».

Dans ce poème Victor Hugo imagine la création du monde. Un démon Iblis a défié Dieu et lui a demandé de créer quelque chose à partir d'une araignée.

Et Dieu prit l'araignée et la mit au milieu
Du gouffre qui n'était pas encor le ciel bleu;
Et l'esprit regarda la bête; sa prunelle,
Formidable, versait la lueur éternelle;
Le monstre, si petit qu'il semblait un point noir,
Grossit alors, et fut soudain énorme à voir;
Et Dieu le regardait de son regard tranquille;
Une aube étrange erra sur cette forme vile;
L'affreux ventre devint un globe lumineux;
Et les pattes, changeant en sphères d'or leurs nœuds,
S'allongèrent dans l'ombre en grands rayons de flamme.
Iblis leva les yeux; et tout à coup l'infâme,
Ébloui, se courba sous l'abîme vermeil;
Car Dieu, de l'araignée, avait fait le soleil.

Victor Hugo, « Puissance égale bonté », *La Légende des siècles*, 1883.

▶ Caractéristiques principales

- Ce texte est un poème de Victor Hugo, auteur romantique. Le texte décrit une métamorphose.
- Le poème montre une progression de l'araignée, être de l'ombre, à la lumière.

▶ Projet de lecture

Ce récit n'offre-t-il pas une vision positive de la création ?

▶ Plan détaillé

I. Un récit épique et merveilleux

a. C'est un récit de métamorphose

- Récit au passé simple et à l'imparfait.
- Un point de départ et un résultat : « Dieu prit », « Dieu [...] avait fait », enchaînement rapide des événements : « soudain », « tout à coup »

b. Cette métamorphose est comme un spectacle

- Un spectateur : le démon Iblis et le lexique de la vision qui domine dans les mots placés à la rime : « bleu », « noir », « voir », « lumineux ».

c. Une transformation étrange et fascinante

- Chute au dernier vers, accentuée par la césure qui oppose dans chaque hémistiche les deux pôles de la métamorphose : « l'araignée », « le soleil ».
- La chute est préparée : « un globe lumineux », « une aube », « rayons de flamme », « ébloui » (champ lexical de la lumière).

II. Une vision romantique de la vie

a. La métamorphose : de l'ombre à la lumière

- On passe de « l'affreux ventre » au « globe lumineux » ; les « pattes » deviennent « grands rayons de flamme », et l'« araignée » devient « soleil ». Le laid devient beau, le sombre devient clair.

b. Le pouvoir du regard

- Importance du champ lexical du regard : « regarda », « regardait », « voir », « regard », « prunelle ».
- La prunelle vers[e] une « lueur éternelle » ; elle est source de vie. L'association, à la rime, des deux termes, souligne la puissance propre au regard de Dieu.

c. Un thème romantique : les êtres vont vers un progrès

- La bonté divine est au cœur du poème : la « bête », la « forme vile » est arrachée à son état. Dieu lui offre une vie nouvelle, synonyme de lumière et de splendeur en opposition complète avec l'existence qui devait être la sienne. Il s'agit bien d'une « aube étrange ».
- À travers cette métamorphose, c'est le mouvement même de la vie qui est célébré, la foi dans le progrès (thématique de la lumière triomphante, lexique, place des termes à la rime, etc.)

MÉTHODE 6. CONSTRUIRE UN PARAGRAPHE DE COMMENTAIRE

▸▸▸ÉTAPE 1 PRÉSENTER L'ARGUMENT

Un paragraphe de commentaire commence par la formulation de l'argument, c'est-à-dire l'interprétation qui est défendue dans le paragraphe.

▸▸▸ÉTAPE 2 ILLUSTRER L'ARGUMENT PAR UN OU DES EXEMPLES

On développe ensuite cet argument en s'appuyant sur des exemples :
- les exemples sont des références variées au texte (composition, arguments utilisés, citations, etc.) ;
- les citations doivent être introduites par des guillemets ;
- chaque citation doit être analysée (figures de style, lexique, temps verbaux...).

▸▸▸ÉTAPE 3 CONCLURE LE PARAGRAPHE/FAIRE UNE TRANSITION

À la fin du paragraphe, il faut revenir sur l'argument ou annoncer l'argument suivant.

APPLICATION

Texte support : Victor HUGO, « Puissance égale bonté », *La Légende des siècles*, 1883.

Rédaction du paragraphe correspondant à l'argument :

I. Un récit épique et merveilleux

a. C'est un récit de métamorphose

(*rappel du plan détaillé* ▸ **p. 528**)

Hugo nous propose un récit de métamorphose épique et merveilleux. — **La présentation de l'argument**

Au cours de la transformation, il s'opère un renversement merveilleux, la créature noire et minuscule devient un astre immense. Cette transformation prend la forme d'un récit, comme le montrent les temps utilisés. Le passé simple évoque les actions de Dieu : « Dieu prit », « regarda » ; l'imparfait permet des descriptions d'arrière-plan : « était », « versait ». Dans ce récit de création, on a une progression dans la composition, on distingue un point de départ : « Dieu prit l'araignée » et un résultat : « Dieu [...] avait fait le soleil ». Par ailleurs, le récit a des accents épiques : les événements s'enchaînent rapidement : « soudain », « tout à coup » ; les personnages sont vus de façon manichéenne : d'un côté le Dieu « formidable », de l'autre « le monstre » et l'« infâme » Iblis.

Les exemples
- Les citations sont insérées dans des phrases, introduites par des guillemets.
- Elles sont et analysées.

Le poème renoue avec la tradition littéraire des récits de métamorphose, celle des textes fondateurs qui permettent d'expliquer le monde et sa création par des récits merveilleux et fascinants.

La conclusion de l'argument et la transition

1 • L'écriture d'invention
2• Le commentaire
3 • La dissertation
4 • L'oral

MÉTHODE 7. RÉDIGER L'INTRODUCTION

▶▶▶ÉTAPE 1 COMMENCER PAR UNE PHRASE D'AMMORCE

L'introduction commence par une phrase d'amorce qui peut porter sur le thème, l'auteur ou l'œuvre.

▶▶▶ÉTAPE 2 PRÉSENTER LE TEXTE

Il faut ensuite donner le titre du texte, le nom de l'auteur et présenter brièvement le texte.

▶▶▶ÉTAPE 3 FORMULER UN PROJET DE LECTURE

Le projet de lecture est ensuite formulé (en utilisant une interrogation directe ou indirecte).

▶▶▶ ÉTAPE 4 ANNONCER LE PLAN

Les axes qui vont être traités sont enfin énoncés.

Conseils

- Laisser un espace après l'introduction.
- Ne pas utiliser la 1re pers. du sing. Le « nous » de modestie ou le pronom « on » sont possibles.
- Faire attention aux fautes de syntaxe et aux confusions entre interrogation directe et indirecte pour le projet de lecture.
- Pour l'annonce du plan, éviter les annonces lourdes (« Dans une 1re partie… »), préférer l'utilisation de connecteurs logiques (« Certes », « Mais »…).
- Pour rendre le plan encore plus visible, consacrer une phrase pour chacune des parties.

APPLICATION

Texte support : Victor HUGO, « Puissance égale bonté », *La Légende des siècles*, 1883. ► p. 528

Dans *La Légende des siècles*, Victor Hugo retrace l'histoire de l'humanité et du monde de façon poétique et épique. Dans le poème « Puissance égale bonté », paru en 1859, le poète évoque un défi que le démon Iblis lance à Dieu. Il le met au défi de créer un être nouveau à partir d'une araignée. Contre toute attente, Dieu transforme la créature noire et hideuse en un soleil magnifique. N'est-ce pas une vision positive de la création ? Le poème montre une progression de l'araignée, être de l'ombre, à la lumière.

En effet, le texte montre une transformation merveilleuse. Il évoque aussi la vision romantique d'un monde placé sous le signe du progrès.

L'amorce
évocation du projet de retracer l'histoire de l'humanité

La présentation du texte
– citation du nom de l'auteur, du titre, de la date du texte
– présentation du sujet

Le projet de lecture
sous la forme d'une question

L'annonce du plan
– utilisation de connecteurs logiques : « En effet », « aussi »
– deux phrases pour un plan en deux parties

MÉTHODE 8. RÉDIGER LA CONCLUSION

▶▶▶ÉTAPE 1 FAIRE LE BILAN

Le bilan résume la démarche et répond au projet de lecture posé en introduction.

Conseils
- Laisser un espace avant la conclusion.

▶▶▶ÉTAPE 2 ÉLARGIR

- Il s'agit d'une ouverture vers une question que l'étude du texte permet de soulever.
- On peut élargir en évoquant :
– un autre texte de la même période ;
– un autre texte de l'auteur ;
– un texte traitant d'un sujet similaire ;
– un aspect du texte que le commentaire n'aurait pas développé.

APPLICATION

Texte support : Victor HUGO, « Puissance égale bonté », *La Légende des siècles*, 1883. ▶ p. 528

Ainsi, Hugo propose une évocation imaginaire et poétique d'un moment de la création. L'origine du soleil est expliquée de façon épique et merveilleuse ; la fin est surprenante pour le lecteur. Le poème nous livre un véritable récit. C'est une fable qui montre le pouvoir du Dieu, mais aussi la possibilité d'évolution de chaque être. L'araignée de Victor Hugo va de l'ombre à la lumière, de la laideur à la beauté, de la petitesse à la grandeur. Ce n'est pas le pouvoir de Dieu qu'Hugo célèbre, c'est le mouvement même de la vie qui est vu de façon résolument positive. Par-delà les talents de poète de Victor Hugo, apparaît l'engagement de l'homme romantique qui croit dans le progrès. C'est cet engagement, cette foi dans le progrès que l'on retrouve et dans ses plus grandes œuvres comme Les Misérables.

Le bilan
– reprise des grands axes du commentaire : présence du merveilleux, un vrai récit, une métamorphose positive.
– réponse au projet de lecture

L'ouverture
ouverture vers le reste de l'œuvre de Victor Hugo et le romantisme

1 FAIRE APPEL À SES CONNAISSANCES

a. **À quel mouvement littéraire du XVIIIe siècle Voltaire a-t-il participé ?**
b. **Que savez-vous des valeurs défendues par les auteurs et les philosophes de ce mouvement ?**
c. **En quoi la connaissance de l'auteur et du contexte aide-t-elle à comprendre le texte ?**
d. **Quel registre est utilisé dans ce texte ?**
e. **Parmi les remarques suivantes, lesquelles vous semblent pertinentes ? Lesquelles sont inexactes ? Justifiez vos réponses.**

Remarques

1. La thèse défendue dans ce texte est que la lecture représente un danger.
2. Voltaire condamne la censure.
3. Voltaire condamne l'invention de l'imprimerie.
4. Le texte explique les pouvoirs de la lecture : dissiper l'ignorance, se perfectionner, aider les ouvriers et les agriculteurs.
5. Le texte utilise l'ironie.

Texte 1 De l'horrible danger de la lecture

Nous Joussouf-Chéribi, par la grâce de Dieu mouphti[1] du Saint-Empire ottoman, lumière des lumières, élu entre les élus, à tous les fidèles qui ces présentes verront, sottise et bénédiction.

Comme ainsi soit que Saïd-Effendi, ci-devant ambassadeur de la Sublime-Porte[2] vers un petit État nommé Frankrom, situé entre l'Espagne et l'Italie, a rapporté parmi nous le pernicieux usage de l'imprimerie, ayant consulté sur cette nouveauté nos vénérables frères les cadis[3] et imans[4] de la ville impériale de Stamboul, et surtout les fakirs[5] connus par leur zèle contre l'esprit, il a semblé bon à Mahomet et à nous de condamner, proscrire, anathématiser[6] ladite infernale invention de l'imprimerie, pour les causes ci-dessous énoncées :

1. Cette facilité de communiquer ses pensées tend évidemment à dissiper l'ignorance, qui est la gardienne et la sauvegarde des États bien policés.

2. Il est à craindre que, parmi les livres apportés d'Occident, il ne s'en trouve quelques-uns sur l'agriculture et sur les moyens de perfectionner les arts mécaniques, lesquels ouvrages pourraient à la longue, ce qu'à Dieu ne plaise, réveiller le génie de nos cultivateurs et de nos manufacturiers, exciter leur industrie, augmenter leurs richesses, et leur inspirer un jour quelque élévation d'âme, quelque amour du bien public, sentiments absolument opposés à la sainte doctrine.

VOLTAIRE, *De l'horrible danger de la lecture*, 1765.

1. chef suprême de la religion ottomane. – 2. Empire ottoman. – 3. juge – 4. prêtre. – 5. moine. – 6. maudire.

2 ÉMETTRE DES HYPOTHÈSES DE LECTURE

D'après les informations suivantes sur l'auteur et le contexte, quelles hypothèses de lecture pouvez-vous faire à propos de ce poème d'Alfred de Musset ?

Contexte

– Alfred de Musset est né en 1810, il meurt en 1857.
– C'est un auteur romantique qui privilégie l'expression lyrique : l'amour, la mélancolie et la souffrance.

Texte 2 Tristesse

J'ai perdu ma force et ma vie,
Et mes amis et ma gaieté ;
J'ai perdu jusqu'à la fierté
Qui faisait croire à mon génie.

Quand j'ai connu la Vérité,
J'ai cru que c'était une amie ;
Quand je l'ai comprise et sentie,
J'en étais déjà dégoûté.

Et pourtant elle est éternelle,
Et ceux qui se sont passés d'elle
Ici-bas ont tout ignoré.

Dieu parle, il faut qu'on lui réponde.
Le seul bien qui me reste au monde
Est d'avoir quelquefois pleuré.

Alfred DE MUSSET, « Tristesse », *Poésies nouvelles*, 1840.

3 ANALYSER LES PROCÉDÉS D'ÉCRITURE ET LES FIGURES DE STYLE

a. **Dans le vers 1, quelle figure de style, mise en relief en fin de vers, repérez-vous ?**
b. **Quel type de phrase est utilisé de façon récurrente ? Que s'agit-il de souligner ?**
c. **Aux vers 7 à 10, quels sont les procédés employés ? Comment appuient-ils les reproches formulés par Clytemnestre ?**
d. **Élaborez le plan détaillé de l'axe d'étude suivant :** Clytemnestre exprime sa fureur et son incompréhension face à la décision d'Agamemnon.

Texte 3 *Un oracle a demandé le sacrifice de la fille de Clytemnestre et d'Agamemnon. Ce dernier a accepté. La mère laisse alors éclater sa fureur.*

CLYTEMNESTRE. – [...]
Barbare ! C'est donc là cet heureux sacrifice
Que vos soins préparaient avec tant d'artifice.
Quoi ! l'horreur de souscrire à cet ordre inhumain
N'a pas, en le traçant, arrêté votre main ?
Pourquoi feindre à nos yeux une fausse tristesse ?
Pensez-vous par des pleurs prouver votre tendresse ?
Où sont-ils, ces combats que vous avez rendus ?
Quels flots de sang pour elle avez-vous répandus ?
Quel débris parle ici de votre résistance ?
Quel champ couvert de morts me condamne au silence ?

Jean RACINE, *Iphigénie*, Acte IV scène 4, 1674.

4 ÉTUDIER LES CARACTÉRISTIQUES DU RÉCIT

a. Mme de Rênal sait-elle qui est Julien lorsqu'elle l'aperçoit ? Sait-on ce qu'elle imagine ?
b. Quel est le point de vue dans le dernier paragraphe ? Les deux personnages s'apprécient-ils ?
c. Que révèle cette phrase, au discours direct, de Mme de Rênal : « Que voulez-vous ici, mon enfant ? » ?
d. Observez la question de Mme de Rênal qui clôture l'extrait. Quels changements repérez-vous dans la façon de s'adresser à Julien ? Quel sentiment domine ?

Texte 4 *Julien Sorel vient se présenter chez Mme de Rênal après avoir été engagé par son mari, M. de Rênal, maire de la ville et homme brutal. Mme de Rênal a deux enfants et elle craint un précepteur rigide et sévère.*

Avec la vivacité et la grâce qui lui étaient naturelles quand elle était loin des regards des hommes, Mme de Rênal sortait par la porte-fenêtre du salon qui donnait sur le jardin, quand elle aperçut près de la porte d'entrée la figure d'un jeune paysan presque encore enfant, extrêmement pâle et qui venait de pleurer. [...]

Le teint de ce petit paysan était si blanc, ses yeux si doux, que l'esprit un peu romanesque de Mme de Rênal eut d'abord l'idée que ce pouvait être une jeune fille déguisée, qui venait demander quelque grâce à M. le maire. Elle eut pitié de cette pauvre créature, arrêtée à la porte d'entrée, et qui évidemment n'osait pas lever la main jusqu'à la sonnette. Mme de Rênal s'approcha, distraite un instant de l'amer chagrin que lui donnait l'arrivée du précepteur. Julien tourné vers la porte, ne la voyait pas s'avancer. Il tressaillit quand une voix douce lui dit tout près de l'oreille :

– Que voulez-vous ici, mon enfant ?

Julien se tourna vivement, et frappé du regard si rempli de grâce de Mme de Rênal, il oublia une partie de sa timidité. Bientôt, étonné de sa beauté, il oublia tout, même ce qu'il venait faire. Mme de Rénal avait répété sa question.

– Je viens pour être précepteur, madame, lui dit-il enfin, tout honteux de ses larmes qu'il essuyait de son mieux.

Mme de Rênal resta interdite ; ils étaient fort près l'un de l'autre à se regarder. Julien n'avait jamais vu un être aussi bien vêtu et surtout une femme avec un teint si éblouissant, lui parler d'un air doux. Mme de Rênal regardait les grosses larmes, qui s'étaient arrêtées sur les joues si pâles d'abord et maintenant si roses de ce jeune paysan. Bientôt elle se mit à rire, avec toute la gaieté folle d'une jeune fille ; [...]. Quoi, c'était là ce précepteur qu'elle s'était figuré comme un prêtre sale et mal vêtu, qui viendrait gronder et fouetter ses enfants !

– Quoi, monsieur, lui dit-elle enfin, vous savez le latin ?

STENDHAL, *Le Rouge et le Noir*, 1830.

5 CONSTRUIRE UN PLAN DETAILLÉ

À partir du texte de l'exercice 4 et des réponses précédentes, développez un plan détaillé pour l'axe d'étude suivant :

I. Une première rencontre entre équivoque et surprise.

6 FORMULER DES ARGUMENTS

On propose les deux axes d'étude pour le texte suivant :

I. Une relation entre fraternité et rivalité

II. Une situation tragique

a. Quelle proposition de sous-parties vous semble la plus adaptée à l'axe I ? Expliquez pourquoi les deux autres séries de titres ne conviennent pas.
b. Formulez les titres de deux arguments pour l'axe d'étude II.
c. Trouvez des exemples pour appuyer chaque argument (citations, analyse, étude des lexiques dominants, etc.).

Sous-parties, axe I

a. Un destin commun
b. Deux frères unis dans une relation fraternelle
c. Deux rivaux en amour

Sous-parties, axe I

a. Présence de parallélismes et stichomythies dans les répliques des personnages
b. Utilisation du lexique de l'amour
c. Les personnages s'opposent à travers des antithèses et des répliques courtes

Sous-parties, axe I

a. Le destin
b. Les frères
c. L'amour

Texte 5 *Antiochus et Seleceus sont deux frères. Ils viennent de se rendre compte qu'ils aiment la même femme Rodogune.*

SÉLEUCUS. –
Vous l'aimez donc, mon frère ?
ANTIOCHUS. –
Et vous l'aimez aussi !
C'est là tout mon malheur, c'est là tout mon souci.
[...]
Ah, déplorable prince !
SÉLEUCUS. – Ah, destin trop contraire !
ANTIOCHUS. –
Que ne ferais-je point contre un autre qu'un frère ?
SÉLEUCUS. –
Ô mon cher frère ! ô nom pour un rival trop doux !
Que ne ferais-je point contre un autre que vous ?
ANTIOCHUS. –
Où nous vas-tu réduire, amitié fraternelle ?
SÉLEUCUS. –
Amour, qui doit ici vaincre de vous ou d'elle ?

CORNEILLE, *Rodogune*, Acte I scène 3, 1644-1645.

7 CONSTRUIRE UN PARAGRAPHE

Pour chaque texte, mettez les éléments des paragraphes proposés dans l'ordre, en justifiant les choix opérés.

Paragraphe

1. Le terme « regardait » est employé deux fois (vers 2, 8) pour montrer l'impuissance de Napoléon : simple spectateur de la bataille, il ne peut rien faire.
2. Cette comparaison insiste sur l'immobilité forcée de l'empereur.
3. Hugo offre l'image tragique d'un empereur impuissant.
4. De plus, le sentiment d'impuissance est renforcé par l'image de l'arbre : « Il était comme un arbre ».
5. Ainsi, l'empereur est le spectateur impuissant de la défaite de son armée
6. L'image de l'arbre se poursuit en une métaphore filée : « il regardait tomber autour de lui ses branches » Le vers 8 évoque ainsi la mort des troupes de Napoléon. Le malheur est associé dans une métaphore à un « bûcheron sinistre ».

Texte 6 *Victor Hugo évoque la défaite de l'empereur Napoléon lors de la bataille de Waterloo.*

Toute une armée ainsi dans la nuit se perdait.
L'empereur était là, debout, qui regardait.
Il était comme un arbre en proie à la cognée.
Sur ce géant, grandeur jusqu'alors épargnée,
Le malheur, bûcheron sinistre, était monté ;
Et lui, chêne vivant, par la hache insulté,
Tressaillant sous le spectre aux lugubres revanches,
Il regardait tomber autour de lui ses branches.
Chefs, soldats, tous mouraient. Chacun avait son tour.

Victor HUGO, « L'Expiation », *Les Châtiments*, livre V, 1870.

Paragraphe

1. De plus, deux hémistiches sont formés par des phrases négatives qui soulignent l'impossibilité d'action.
2. L'interjection « Hélas » conclut cette prise de parole du personnage, qui n'est plus que l'ombre de lui-même.
3. Quant au dernier hémistiche, il fait de Phèdre l'objet de l'action, c'est elle qui subit.
4. Phèdre insiste, dès ses premiers mots, sur son épuisement comme le souligne le rythme des deux premiers vers dont la césure est fortement marquée.
5. Cette idée est reprise dans la suite de sa réplique. Ainsi, ses yeux sont « éblouis » et ses « genoux tremblants se dérobent sous [elle]. »

Texte 7 *Phèdre entre en scène en proie à un mal profond qui la ronge.*

PHÈDRE. –
N'allons point plus avant. Demeurons, chère Œnone.
Je ne me soutiens plus ; ma force m'abandonne.
Mes yeux sont éblouis du jour que je revois,
Et mes genoux tremblants se dérobent sous moi.
Hélas !

RACINE, *Phèdre*, Acte I, scène 3, 1677.

8 INSERÉR DES CITATIONS

Cherchez les citations appropriées dans le texte, puis recopiez le paragraphe suivant en veillant à les insérer correctement.

Paragraphe

Le texte décrit le moment de la prise de conscience de Pierre. Pierre trouve d'abord un indice prouvant que la mère a dû avoir une liaison avec Maréchal : c'est la ressemblance physique entre Jean et Maréchal. **...** Le point de vue interne permet au lecteur de découvrir avec quelle soudaineté et quelle évidence ce détail s'impose à Pierre. **...** Le discours direct permet ensuite de confirmer clairement ce que Pierre a compris. **...** La prise de conscience de Pierre est brutale et troublante. Ainsi, le point de vue interne et les paroles rapportées font plonger le lecteur dans l'esprit du personnage.

Texte 8 *Pierre et Jean sont deux frères. Un ancien voisin de la famille, M. Maréchal, laisse à sa mort toute sa fortune à l'un des deux frères, Jean. Cet héritage inattendu et surprenant bouleverse la famille. Pierre qui n'hérite de rien est particulièrement troublé.*

Et soudain un souvenir précis, terrible, traversa l'âme de Pierre. Maréchal avait été blond, blond comme Jean. Il se rappelait maintenant un petit portrait miniature vu autrefois, à Paris, sur la cheminée de leur salon, et disparu à présent. Où était-il ? Perdu, ou caché ! Oh ! s'il pouvait le tenir rien qu'une seconde ! Sa mère l'avait gardé peut-être dans le tiroir inconnu où l'on serre les reliques d'amour.

Sa détresse, à cette pensée, devint si déchirante qu'il poussa un gémissement, une de ces courtes plaintes arrachées à la gorge par les douleurs trop vives. Et soudain, comme si elle l'eût entendu, comme si elle l'eût compris et lui eût répondu, la sirène de la jetée hurla tout près de lui. Sa clameur de monstre surnaturel, plus retentissante que le tonnerre, rugissement sauvage et formidable fait pour dominer les voix du vent et des vagues, se répandit dans les ténèbres sur la mer invisible ensevelie sous les brouillards.

Alors, à travers la brume, proches ou lointains, des cris pareils s'élevèrent de nouveau dans la nuit. Ils étaient effrayants, ces appels poussés par les grands paquebots aveugles.

Puis tout se tut encore.

Pierre avait ouvert les yeux et regardait, surpris d'être là, réveillé de son cauchemar.

« Je suis fou, pensa-t-il, je soupçonne ma mère. »

Guy DE MAUPASSANT, *Pierre et Jean*, 1887.

9 RÉDIGER L'INTRODUCTION ET LA CONCLUSION

On propose ce projet de lecture pour le texte de Maupassant de l'exercice 8. Rédigez l'introduction et la conclusion.

Projet de lecture Cet extrait ne peint-il pas avec réalisme les pensées tourmentées de Pierre ?

10 RÉDIGER UNE PARTIE

Après avoir lu le plan de commentaire, rédigez l'axe I. Quelques pistes d'analyse sont proposées pour vous aider. Attention, il faut les compléter et chercher des citations dans le texte.

Plan

I. La Bruyère donne vie au personnage de Théodecte, à ses manières et à ses excès.

a. Un contexte précis et vivant sert de cadre à ce portrait (une scène de repas, des noms, des moments précis).

b. Théodecte se caractérise par son désir de se faire remarquer (exagération, motif du bruit, caricature du personnage).

II. Au-delà du simple portrait, La Bruyère est un fin observateur des relations humaines.

a. La dénonciation de l'égocentrisme.

b. La critique de ceux qui tolèrent le bavard.

c. La position du moraliste à l'écart du monde.

Texte 9 J'entends *Théodecte* de l'antichambre ; il grossit sa voix à mesure qu'il s'approche, le voilà entré ; il rit, il crie, il éclate, on bouche ses oreilles, c'est un tonnerre ; il n'est pas moins redoutable par les choses qu'il dit que par le ton dont il parle ; il ne s'apaise et il ne revient de ce grand fracas que pour bredouiller des vanités et des sottises : il a si peu d'égard au temps, aux personnes, aux bienséances, que chacun a son fait sans qu'il ait eu intention de le lui donner ; il n'est pas encore assis qu'il a à son insu désobligé toute l'assemblée. A-t-on servi, il se met le premier à table et dans la première place ; les femmes sont à sa droite et à sa gauche ; il mange, il boit, il conte, il plaisante, il interrompt tout à la fois : il n'a nul discernement des personnes, ni du maître, ni des conviés, il abuse de la folle déférence qu'on a pour lui, est-ce lui, est-ce *Euthydème* qui donne le repas ? il rappelle à soi toute l'autorité de la table, et il y a un moindre inconvénient à la lui laisser entière qu'à la lui disputer : le vin et les viandes n'ajoutent rien à son caractère. Si l'on joue, il gagne au jeu ; il veut railler celui qui perd, et il l'offense ; les rieurs sont pour lui, il n'y a sorte de fatuités qu'on ne lui passe. Je cède enfin et je disparais, incapable de souffrir plus longtemps Théodecte, et ceux qui le souffrent.

LA BRUYERE, *Les Caractères*, V, « De la Société et de la Conversation », 1696.

11 ANNONCER L'HYPOTHÈSE DE LECTURE ET LE PLAN

Un élève a rédigé une introduction au commentaire du texte de La Bruyère (exercice 10) qui comporte plusieurs maladresses dans la rédaction. Repérez les imperfections de cette introduction, puis recopiez-la en faisant les modifications nécessaires.

Au XVIIe siècle, les artistes s'attachent à la peinture des caractères et des mœurs. Dans son recueil Les Caractères, La Bruyère décrit et dénonce les comportements de ses semblables en une multitude de petits portraits. Le portrait de Théodecte est un exemple de ces peintures des caractères. Nous envisagerons dans ce commentaire l'hypothèse de lecture suivante : plus qu'un simple portrait, La Bruyère propose la critique d'un type de caractère. Dans un premier temps nous verrons que La Bruyère donne vie au personnage de Théodecte, à ses manières et ses excès. Dans une deuxième partie, nous montrerons que La Bruyère est un fin observateur des relations humaines.

La dissertation est un exercice qui demande, à partir d'un sujet, d'**organiser une réflexion** et de l'illustrer par l'analyse **d'exemples littéraires**.

►►►ÉTAPE 1 ANALYSER LES MOTS-CLÉS

► Repérer et définir les mots-clés

Il faut définir chaque terme de l'énoncé (utiliser le dictionnaire, chercher des synonymes, des notions proches ou au contraire opposées pour mieux cerner les enjeux du sujet).

► Identifier les relations logiques entre les mots-clés

Le sujet évoque-t-il une opposition entre deux notions ? Une relation de cause à effet ? Une équivalence ?

►►►ÉTAPE 2 COMPRENDRE LA DÉMARCHE ATTENDUE ET CHOISIR LE PLAN

► Le sujet se présente comme une question ouverte : plan thématique

• Le sujet demande d'explorer une notion et ses différents aspects à partir des connaissances concernant la notion.

Ex. : « Quelles sont pour vous les fonctions du comique ? » Le plan **thématique** consiste à construire deux ou trois parties organisées autour des différentes fonctions du comique que vous connaissez (fonction de divertissement, fonction satirique et critique, etc.).

► Le sujet invite à étayer une thèse précise : plan analytique

• Le sujet demande de trouver des arguments qui illustrent le bien-fondé de la thèse proposée.

Ex. : « Montrez que le spectateur ne peut pas totalement s'identifier au personnage de théâtre. » Le plan **analytique** consiste à construire deux ou trois parties autour de deux ou trois idées argumentées étayant la thèse :
I. Le personnage n'est pas une personne mais un être fictif.
II. Il illustre souvent un trait de caractère de manière hyperbolique.
III. Il est actant.

► Le sujet invite à discuter une thèse, une citation (ou à confronter deux thèses) : plan critique

• Le sujet peut présenter les **deux thèses** : « Quelle est la fonction essentielle de l'utopie : faire rêver ou faire réfléchir ? » Dans ce cas, on commence dans la 1re partie par étayer la thèse avec laquelle on est le moins d'accord, et on défend en 2e partie celle avec laquelle on est d'accord. On peut tenter, en 3e partie, de dépasser l'opposition.

• Le sujet peut aussi ne présenter **qu'une thèse** : « L'utopie a-t-elle pour fonction essentielle de faire rêver ? » La difficulté, dans ce cas, est de formuler la (ou les) thèse(s) implicite(s) avec laquelle (lesquelles) il faut confronter la thèse présente explicitement dans le sujet. On commence donc par analyser la pertinence de la thèse fournie par le sujet en 1re partie, puis on nuance : on envisage les limites, les failles de cette thèse en 2e partie. On peut aussi éventuellement tenter de dépasser l'opposition en 3e partie.

►►►ÉTAPE 3 REFORMULER LA PROBLÉMATIQUE

► S'approprier une problématique

Reformuler le sujet en termes personnels permet de vérifier si l'on a bien compris et de développer les idées contenues dans les mots-clés.

► Rendre explicites les enjeux d'un sujet

Il faut souvent poser plusieurs questions et proposer plusieurs reformulations pour cerner tous les enjeux d'un seul sujet et bien mettre en évidence les pistes à explorer.

APPLICATION

Discuter et porter unjugement — Établir une relation entre deux notions

Sujet support : « Le **théâtre** est-il **selon vous** une **bonne tribune pour défendre des idées** ? »

Mots-clés

▶▶▶ÉTAPE 1 ANALYSER LES MOTS-CLÉS

▶ **Les mots-clés du sujet**

- « Le théâtre » : genre qui se découvre de deux manières (lecture et scène), qui connaît de nombreux sous-genres (comédie, tragédie, etc.) et qui est né dans l'Antiquité. Peut-on répondre à la question posée par le sujet de la même manière pour le théâtre de toutes les époques ?
- « Tribune » : lieu qui permet d'exprimer publiquement ses opinions devant un auditoire. Le terme a une connotation politique.
- « Défendre des idées » : exprimer une opinion, défendre une cause, argumenter (convaincre et/ou persuader).

▶ **Le sujet établit un rapport d'équivalence entre « théâtre » et « tribune »**

- Il faut donc chercher les points communs entre les deux, réfléchir aux liens entre le théâtre et l'argumentation sous toutes ses formes, aux possibilités que le théâtre offre à un auteur engagé.

▶▶▶ÉTAPE 2 COMPRENDRE LA DÉMARCHE ATTENDUE ET CHOISIR LE PLAN

▶ **Le sujet invite à porter un jugement**

- « selon vous », « bonne tribune ».

▶ **Le sujet ne présente qu'une thèse mais invite à la discuter**

- Il s'agit de discuter une vision du théâtre, de porter un jugement à propos de la thèse affirmant que le théâtre est une bonne tribune pour défendre des idées. Il faut donc choisir un plan critique et trouver les thèses auxquelles confronter la thèse explicite, c'est-à-dire d'autres conceptions du théâtre.

Exemple de plan

I. Le théâtre est une bonne tribune pour défendre des idées, il permet à un auteur de s'engager.

II. Mais ne faire du théâtre qu'un lieu à valeur politique est réducteur : il a bien d'autres fonctions.

▶▶▶ÉTAPE 3 REFORMULER LA PROBLÉMATIQUE

▶ **1re reformulation :** Pourquoi le théâtre est-il un genre permettant à un auteur de défendre ses opinions ?

- Cette reformulation permet de bien mettre en évidence quelle thèse le sujet demande de discuter.

▶ **Reformulations complémentaires :** Le théâtre n'est-il qu'une bonne tribune pour défendre des idées ? N'a-t-il pas d'autres fonctions importantes elles aussi ? Le théâtre est-il le meilleur moyen pour un auteur de défendre ses idées ?

- Ces reformulations permettent de trouver des pistes pour discuter la thèse, de trouver les thèses implicites avec lesquelles confronter la thèse explicite.

10. ÉLABORER UN PLAN DÉTAILLÉ

La réflexion menée dans la dissertation doit être organisée. Il faut donc construire un plan en 2 ou 3 parties qui elles-mêmes doivent être organisées en 2, 3 ou 4 sous-parties. La réflexion doit présenter des arguments illustrés par l'analyse d'exemples.

▶▶▶ÉTAPE 1 CHERCHER DES ARGUMENTS ET DES EXEMPLES

▶ Où trouver les arguments et exemples ?

- Dans le corpus qui accompagne, au bac, le sujet de dissertation.
- Dans les œuvres étudiées durant l'année : un sujet est toujours relié à un des objets d'étude du programme.
- Dans sa culture personnelle : plus on lit, plus on est à même de comprendre les enjeux d'un sujet et d'illustrer son argumentation de manière pertinente et variée.

▶ Comment procéder ?

- Après avoir compris quelle démarche et quel type de plan sont suggérés par le sujet, il faut rassembler, au brouillon, des éléments permettant de mener la réflexion.
- Au cours de la réflexion, on doit noter les idées et les œuvres (titre, nom d'auteur) sur lesquelles l'argumentation peut s'appuyer, repérer dans les textes du corpus les citations qui peuvent alimenter la réflexion.
- Il est conseillé de prévoir plusieurs feuilles : une pour chaque partie du plan, de façon à classer dès le brouillon les arguments et exemples.

▶▶▶ÉTAPE 2 ÉLABORER UN PLAN DÉTAILLÉ

▶ Qu'est-ce qu'une sous-partie ?

- Une sous-partie est un paragraphe argumenté qui permet d'organiser sa réflexion dans chacune des grandes parties.
- Elle est composée d'un argument développé et illustré par un ou plusieurs exemples analysés et d'une ouverture qui permet de passer au paragraphe suivant.

► 11. Construire un paragraphe de dissertation, p. 540

▶ Comment procéder ?

Il faut organiser les sous-parties en présentant les arguments par ordre d'importance.
Cette hiérarchie est importante, elle permet de souligner le caractère progressif de la réflexion.

APPLICATION

Sujet support : « Le théâtre est-il selon vous une bonne tribune pour défendre des idées ? »

▶▶▶ÉTAPE 1 CHERCHER DES ARGUMENTS ET DES EXEMPLES

La thèse explicite doit être étayée (avant d'être discutée) :

- par les pièces où un auteur s'engage, ou qui présentent des personnages qui s'affrontent : par exemple *L'École des femmes* de Molière (éducation des filles, choix d'un époux), etc.
- en se posant les bonnes questions : comment un auteur valorise-t-il la thèse d'un personnage (personnage plus drôle, plus sympathique, temps de parole plus long, etc.) ?
- en recherchant les spécificités du genre théâtral qui en font « une bonne tribune » (présence d'un auditoire, contournement de la censure comme *Antigone* de Jean Anouilh, pièce jouée pendant l'occupation allemande).

Conseils
– chercher des exemples dans les œuvres étudiées pendant l'année (Molière) ;
– chercher des exemples dans sa culture personnelle (Antigone).

Procéder de même pour les autres thèses :

- on cherche d'autres fonctions du théâtre et des pièces qui illustrent ces fonctions : distraire, amuser (le théâtre de boulevard, la comédie, la farce, etc.), émouvoir, étudier le cœur humain (la tragédie, les pièces de Marivaux, etc.).

▶▶▶ÉTAPE 2 ÉLABORER UN PLAN DÉTAILLÉ

I. Le théâtre est une bonne tribune pour un auteur engagé

a. Le théâtre comme spectacle vivant

Le titre indique l'argument.

- Des spectateurs nombreux (ex. : la taille des théâtres antiques).
- La présence d'acteurs en chair et en os crée une magie, une écoute attentive.
- La double énonciation : l'auteur s'adresse, par l'intermédiaire de ses personnages, à des spectateurs qui réagissent par le rire, l'émotion : grand pouvoir de persuasion du théâtre.

b. Le théâtre comme lieu du débat libre

- Le dialogue entraîne échange, débat, confrontation d'idées. C'est par le dialogue que la philosophie commence (Platon), donc le théâtre est une excellente tribune pour défendre des idées car lien naturel entre dialogue et débat.
- Un bon nombre de pièces de théâtre est fondé sur le conflit (ex. : les comédies de Molière présentent souvent des jeunes gens en conflit avec un père tyrannique).
- Argumentation indirecte : un auteur peut s'exprimer en contournant la censure (Anouilh met en scène des personnages de la mythologie pour évoquer la question de la tyrannie en pleine occupation allemande grâce à son *Antigone*).

Deux exemples illustrent l'argument.

c. Des personnages soigneusement imaginés

- Personnage porte-parole de l'auteur : plus sympathique, plus amusant, plus convaincant (Figaro est plus débrouillard, plus drôle, plus spirituel que son maître).
- La distribution de la parole peut privilégier le porte-parole de l'auteur.

II. Mais le théâtre a bien d'autres fonctions

Choix d'un plan qui discute la thèse : la deuxième thèse vient nuancer la première.

a. Fonction de pur divertissement

- Plaisir procuré par les différents types de comique (vaudeville : le trio femme-mari-amant dans le placard est une valeur sûre, farce, comédie, etc.)
- Théâtre : loisir culturel comme cinéma, musée....

b. Exploration du cœur humain

La progression des arguments va du plus évident au plus subtil.

- Les tragédies classiques (Corneille, Racine) mettent en scène des passions (jalousie, ambition, etc.), des personnages pathétiques. Le théâtre de Marivaux (*Le Jeu de l'amour et du hasard*) ou de Musset (*On ne badine pas avec l'amour*) explore les relations amoureuses.

c. Fonction esthétique

- Magie des décors, costumes, jeu de lumières, enchantement par la beauté.

CONSTRUIRE UN PARAGRAPHE DE DISSERTATION

▸▸▸ÉTAPE 1 PRÉSENTER L'ARGUMENT

- Un paragraphe de dissertation s'ouvre par l'argument à défendre : il doit être énoncé clairement dans une phrase déclarative.
- L'argument est ensuite développé, explicité et précisé.

▸▸▸ÉTAPE 2 ILLUSTRER L'ARGUMENT PAR UN OU DES EXEMPLES

- Pour développer un argument, on doit s'appuyer sur un ou plusieurs exemples précis.
- Lorsqu'une œuvre est mentionnée, le nom de l'auteur et le titre de l'œuvre sont précisés. Si l'on cite exactement les termes d'un texte source, on introduit alors la citation par des guillemets.
- Citer une œuvre littéraire ne suffit pas : il faut expliquer en quoi l'exemple illustre bien l'argument et montrer sa pertinence.

Ex. : Argument : « Le théâtre met en scène les passions pour montrer leur danger. »
Ne pas dire simplement : « C'est le cas, par exemple, dans *Rodogune* de Corneille. »
Mais développer l'exemple : « C'est le cas par exemple dans *Rodogune* de Corneille. Le personnage de Cléopâtre est dominé par sa passion du pouvoir. Elle est par ailleurs jalouse. La pièce montre les dangers des passions, car Cléopâtre est prête à tous les excès pour garder le pouvoir. »

▸▸▸ÉTAPE 3 CONCLURE LE PARAGRAPHE/ FAIRE UNE TRANSITION

- À la fin du paragraphe, il faut revenir sur l'argument. Il est possible également de proposer une transition vers l'argument suivant.
- Si le paragraphe est le dernier de la partie, il ne faut pas oublier de faire une transition qui présente un bilan de la 1re partie et ouvre vers la 2e partie.

APPLICATION

Sujet support : « Le théâtre est-il selon vous une bonne tribune pour défendre des idées ? »

Rédaction du paragraphe correspondant à l'argument :
I. le théâtre est une bonne tribune pour un auteur engagé
b. Le théâtre comme lieu du débat libre
(*rappel du plan détaillé* ► p. 539)

En outre, parce qu'il est fondé sur le dialogue, le théâtre permet le débat. Le lien est naturel entre le théâtre et la confrontation d'idées. D'ailleurs, les premiers textes philosophiques sont écrits par Platon sous forme de dialogues mettant en scène Socrate et différents interlocuteurs. Il est donc indéniable que le théâtre est « une bonne tribune pour défendre des idées » puisque le dialogue est immédiatement lié à l'argumentation, à la contradiction, au débat d'idées. On peut d'ailleurs noter que de nombreuses pièces sont fondées sur le conflit : les comédies de Molière présentent souvent des jeunes gens en désaccord avec des pères tyranniques. On voit par exemple Agnès, dans L'École des femmes, argumenter face à Arnolphe, son tuteur, pour justifier son droit de choisir librement un époux. Molière défend ici le droit des jeunes gens à disposer d'eux-mêmes dans une société où tel n'est pas le cas. Le théâtre permet, par conséquent, une argumentation indirecte : le dramaturge peut s'exprimer en contournant la censure puisqu'il parle au travers de ses personnages. De la même manière, Anouilh met en scène des personnages de la mythologie dans Antigone pour évoquer la question de la tyrannie et de la désobéissance en pleine occupation allemande. Ces différents exemples montrent bien que le dialogue, au théâtre, est un prétexte et un moyen, pour le dramaturge, de défendre des causes et d'inviter les spectateurs à réfléchir.

Ainsi, un auteur imagine soigneusement ses personnages et son dialogue pour susciter l'adhésion aux idées qui lui sont chères.

La présentation de l'argument

Le paragraphe s'appuie sur plusieurs exemples.

Exemple 1 : *L'École des femmes*
L'exemple est développé sur plusieurs lignes.

Exemple 2 : *Antigone*

La conclusion de l'argument et la transition

L'introduction de l'argument suivant : connecteur : « ainsi »

MÉTHODE 12. RÉDIGER L'INTRODUCTION

▶▶▶ ÉTAPE 1 COMMENCER PAR UNE PHRASE D'AMORCE

L'introduction débute par une ou deux phrases d'amorce destinées à donner envie de lire la copie et amener le sujet.

▶▶▶ ÉTAPE 2 PRÉSENTER LE SUJET

Elle se poursuit par la présentation et l'analyse du sujet :
- si le sujet comporte une citation, elle doit être citée (elle peut être coupée si elle est trop longue) ;
- le sujet est ensuite analysé : il faut éclairer le sens des termes-clés et les questions qu'ils soulèvent.

▶▶▶ ÉTAPE 3 FORMULER LA PROBLÉMATIQUE

La problématique est ensuite formulée (en utilisant une interrogation directe ou indirecte).

▶▶▶ ÉTAPE 4 ANNONCER LE PLAN

Les axes qui vont être traités sont enfin énoncés.

Conseils
- Laisser un espace après l'introduction.
- Ne pas utiliser la 1re pers. du sing. Le « nous » de modestie ou le pronom « on » sont possibles.
- Faire attention aux fautes de syntaxe et aux confusions entre interrogation directe et indirecte pour la problématique.
- Pour l'annonce du plan, éviter les annonces lourdes (« Dans une 1re partie… »), préférer l'utilisation de connecteurs logiques (« Certes », « Mais »…).
- Pour rendre le plan encore plus visible, consacrer une phrase pour chacune des parties.
- Ne pas montrer les « coulisses » du devoir : les mots « dissertation », « plan », « parties », « problématique », etc., ne doivent pas apparaître.

APPLICATION

Sujet support : « Le théâtre est-il selon vous une bonne tribune pour défendre des idées ? »

Créateur mais aussi citoyen, l'écrivain se donne souvent pour mission d'influer sur la société dans laquelle il vit en défendant des opinions et des causes. [**L'amorce**] *C'est pourquoi il est légitime de se demander si le théâtre est une bonne tribune pour défendre des idées. Il s'agit d'étudier comment le dialogue qui fonde le genre et qui peut être lu ou écouté, et le dispositif mettant en présence des acteurs et des spectateurs, permettent à un auteur de s'engager et d'être entendu.* [**La présentation du sujet** : reprise des termes du sujet et analyse du sujet] *Mais il s'agit aussi de se demander si le théâtre est essentiellement destiné à accueillir les idées politiques ou sociales d'un auteur.* [**La problématique**]

En effet, le théâtre, parce le dialogue peut facilement devenir débat d'idées, offre indiscutablement un dispositif propice à l'engagement. Mais il n'en reste pas moins vrai que ne faire du théâtre qu'un espace politique est réducteur. [**L'annonce du plan** – utilisation de connecteurs logiques : « en effet », « mais » ; – deux phrases pour annoncer deux parties.]

MÉTHODE 13. RÉDIGER LA CONCLUSION

▶▶▶ÉTAPE 1 FAIRE LE BILAN

Il résume la démarche et répond à la problématique posée en introduction.

▶▶▶ÉTAPE 2 ÉLARGIR

- Il s'agit d'une ouverture vers une question que le traitement du sujet permet de soulever.
- Il est possible d'élargir la réflexion vers une autre époque, un autre sujet, un autre genre, un autre art.
- Il est également possible de faire référence à une citation, à un écrivain, à une œuvre. Dans ce cas, la référence ne doit pas avoir été utilisée auparavant et elle doit permettre d'ouvrir la réflexion.

APPLICATION

Sujet support : « Le théâtre est-il selon vous une bonne tribune pour défendre des idées ? »

Ainsi, le théâtre semble être un genre particulièrement apte à devenir une tribune pour défendre des idées, pour être caisse de résonance des débats qui préoccupent une société, voire pour susciter des controverses et faire progresser les mœurs, les idées politiques, sociales, etc. Cela dit, les dramaturges ne sont pas tous tournés vers l'engagement, ils peuvent souhaiter faire de l'espace théâtral le laboratoire d'expérimentations visuelles et sonores, le lieu d'analyse et d'expression des sentiments humains… Mais les nouveaux médias offrent à tout auteur qui souhaite défendre des causes et participer au débat citoyen des tribunes susceptibles de toucher un auditoire bien plus vaste que le public des théâtres. On peut d'ailleurs se demander quelle sera la place du théâtre dans les décennies à venir, puisqu'il est concurrencé et le sera de plus en plus par la prolifération de tribunes en tous genres et d'images dont les possibilités de nous étonner (effets spéciaux, 3D…), ne cessent de grandir.

Le bilan
– reprise des grands axes du devoir
– réponse à la problématique

L'ouverture
ouverture sur une période précise (époque contemporaine) et sur d'autres arts visuels

1 ANALYSER UN SUJET

a. Recopiez le sujet suivant et soulignez les mots-clés.

Sujet 1 Une argumentation vous semble-t-elle efficace quand elle prend la forme d'une histoire comme dans une fable, un apologue ou un conte ?

b. Parmi les critères d'efficacité suivants, précisez ceux qui sont vrais pour une argumentation sous la forme d'une histoire.

1. L'argumentation convainc le lecteur.
2. La thèse de l'auteur est comprise par le lecteur.
3. Les arguments sont exprimés clairement et directement.
4. Le lecteur a envie de lire le texte.
5. L'argumentation fait naître une réflexion.
6. Le texte fait s'interroger, se poser des questions.

c. D'après les réponses précédentes, quelles sont les limites d'une argumentation indirecte (c'est-à-dire qui s'appuie sur une histoire) ?

d. Quelle problématique pouvez-vous formuler pour ce sujet ?

2 FORMULER DES ARGUMENTS

Un élève a cherché des idées pour le sujet 2, mais certains arguments ne conviennent pas :
– ils s'écartent du sujet, ou au contraire, le restreignent ;
– ce ne sont pas de vrais arguments, mais des thèmes ou des exemples.
Dites quels arguments conviennent et précisez pourquoi les autres ne conviennent pas.

Sujet 2 Un roman peut-il mettre en scène des héros médiocres ?

Arguments

1. Le roman réaliste imite la réalité et les hommes réels, aussi médiocres soient-ils.
2. Le roman donne vie à des personnages variés : êtres héroïques ou maléfiques, hommes idéalisés ou ordinaires.
3. Un personnage va déplaire au lecteur.
4. La notion de héros.
5. Étudier des personnages médiocres, malsains, malveillants peut s'avérer passionnant pour un romancier désireux d'explorer l'âme humaine et ses ressorts.
6. Le lecteur doit pouvoir s'identifier au héros pour apprécier sa lecture.
7. Dans les comédies, on trouve souvent des personnages médiocres, ridicules, ordinaires.

3 RECHERCHER DES IDÉES

a. Repérez l'opposition présente dans la citation du sujet 3. Quelles valeurs la conjonction de coordination « et » peut-elle prendre ?
b. Comment expliquez-vous cette opposition apparente ? Pourquoi les mots ne sont-ils pas exactement les mêmes quand c'est un poète qui les utilise ?
c. Formulez une problématique pour ce sujet.
d. Pour chacune des remarques, précisez s'il s'agit d'un argument ou d'un exemple.

Sujet 3 Dans les *Cinq grandes odes*, le poète Paul Claudel s'exclame :
« Les mots que j'emploie,
Ce sont les mots de tous les jours, et ce ne sont point les mêmes ! »
Expliquez cette définition de la poésie en vous appuyant sur les poèmes étudiés en classe et sur votre culture personnelle.

Remarques

1. La poète joue avec les sonorités des mots, il crée une musicalité.
2. La poésie c'est avant tout la création, le mot « *poïen* » en grec signifie « créer ».
3. Les textes des poèmes sont souvent mystérieux.
4. Les poètes surréalistes associaient souvent des mots de façon étrange. Ils se livraient à des exercices d'écriture automatique ou d'écriture à plusieurs.
5. Le langage poétique est riche en images.
6. Verlaine déclare « De la musique avant toute chose » dans son poème « Art poétique », affirmant ainsi la proximité entre poésie et musicalité.
7. Les poètes explorent toutes les possibilités du langage.
8. Le langage poétique est plus élaboré, plus recherché que le langage de tous les jours.
9. Dans les textes surréalistes, la métaphore instaure une vision nouvelle du monde, comme le montre ce premier vers d'un poème d'Eluard : « La terre est bleue comme une orange ».
10. Le « Sonnet en yx » de Mallarmé recherche le mystère en employant des mots rares : le « Styx », l'« onyx », « lampadophore », une « nixe ».

4 CONSTRUIRE UN PLAN

a. Quels arguments permettent de justifier chacune des parties I et II proposées pour le sujet 4 ?
b. Pour chaque argument, donnez un exemple emprunté aux textes analysés en classe ou à votre culture personnelle.

Sujet 4 Le comique au théâtre ne sert-il qu'à faire rire ?

Plan proposé

I. Le comique rend le spectacle théâtral divertissant.
II. Le comique a aussi une fonction argumentative.

Arguments

1. Le théâtre doit faire naître des émotions, faire rire ou pleurer.
2. Le rire invite le spectateur à prendre ses distances avec certains comportements.
3. Le théâtre est un divertissement qui cherche le plaisir du spectateur.
4. Le rire entraîne la complicité du public.
5. Le rire permet de dénoncer, de se moquer.
6. Le rire permet de faire naître une réflexion sur notre société.

5 ILLUSTRER UN ARGUMENT PAR UN EXEMPLE ✪✪

Illustrez l'argument avec l'exemple du personnage de Laurent dans le texte de Zola ci-dessous. Prenez soin de procéder à une analyse précise des citations extraites du texte afin de nourrir votre propos.

Argument

Les personnages médiocres, malveillants ou obscurs sont des sujets d'analyse intéressants. Or le roman se plaît à étudier la psychologie des personnages. Les romanciers réalistes l'ont bien compris.

Laurent va souvent manger chez son ami Camille qui est marié à Thérèse. Il songe à embrasser Thérèse.

Laurent, qui était très prudent, roula ces pensées dans sa tête pendant une grande semaine. Il calcula tous les incidents possibles d'une liaison avec Thérèse ; il se décida seulement à tenter l'aventure, lorsqu'il se fut bien prouvé qu'il avait un réel intérêt à le faire.

Pour lui, Thérèse, il est vrai, était laide, et il ne l'aimait pas ; mais en somme, elle ne lui coûterait rien ; les femmes qu'il achetait à bas prix n'étaient, certes, ni plus belles ni plus aimées. L'économie lui conseillait déjà de prendre la femme de son ami. D'autre part, depuis longtemps il n'avait pas contenté ses appétits ; l'argent étant rare, il sevrait sa chair, et il ne voulait point laisser échapper l'occasion de la repaître un peu. Enfin, une pareille liaison, en bien réfléchissant, ne pouvait avoir de mauvaises suites : Thérèse aurait intérêt à tout cacher, il la planterait là aisément quand il voudrait ; en admettant même que Camille découvrît tout et se fâchât, il l'assommerait d'un coup de poing, s'il faisait le méchant. La question, de tous les côtés, se présentait à Laurent facile et engageante.

Émile Zola, *Thérèse Raquin*, 1867.

6 RECONNAÎTRE LES DIFFÉRENTS TYPES DE PLAN ✪✪

a. Parmi ces deux sujets, lequel appelle obligatoirement une discussion ?

Sujet 5 Par quels moyens les textes littéraires peuvent-ils se révéler puissants pour défendre une cause ?

Sujet 6 Dans quelle mesure les mots vous semblent-ils être des armes pour défendre une cause ?

b. Quel plan choisiriez-vous pour répondre au sujet 7 ? Justifiez votre réponse.

Sujet 7 Figaro, un personnage d'une comédie de Beaumarchais affirme : « Je me presse de rire de tout, de peur d'être obligé d'en pleurer. » Discutez cette affirmation en vous demandant si on peut rire de tout, même des sujets graves.

Plan 1 **I.** Le rire permet d'évoquer avec une certaine distance les sujets graves ou douloureux.
II. Le rire est aussi un moyen redoutable pour critiquer ou se moquer.

Plan 2 **I.** Le rire peut être le vecteur d'une critique.
II. Mais certains sujets appellent un traitement plus sérieux.

7 CONSTRUIRE UN PARAGRAPHE DE DISSERTATION ✪✪

a. Mettez les éléments de ce paragraphe dans l'ordre en justifiant votre choix.
b. Recopiez-les en ajoutant des connecteurs logiques.

Sujet 8 Le poète doit-il réagir à l'actualité et aux événements de son époque ?

Paragraphe

1. Victor Hugo rend compte du monde, de ses sursauts, de son actualité dans ses poèmes. Dans « Souvenir de la nuit du 4 », il évoque un fait divers, la mort injuste d'un enfant, abattu dans la rue, lors des jours agités qui suivent le coup d'état de Napoléon III.
2. Le poète a un rôle essentiel à jouer dans la société de son temps.
3. Comme le montrent ces exemples, mêmes les artistes attachés à l'expression des sentiments personnels, comme les romantiques, ou à la recherche d'une forme de beauté, comme les surréalistes, ont reconnu le rôle que le poète devait jouer dans la société.
4. Alors qu'ils étaient fort attachés à la dimension esthétique de la poésie, les écrivains surréalistes sont nombreux à avoir évoqué l'actualité une fois la guerre déclarée. Paul Eluard s'éloigne ainsi du pur surréalisme et défend une autre conception de la poésie quand il proclame dans un titre de poème que « La poésie doit avoir pour but la vérité pratique ».
5. L'écriture poétique n'est pas coupée du monde et peut donc puiser son inspiration dans la réalité.

8 CHOISIR UN PLAN

Pour chacun des sujets suivants, indiquez s'il invite à :
– explorer une notion en vue d'un plan thématique ;
– justifier une thèse en vue d'un plan analytique ;
– discuter une thèse en vue d'un plan critique.

Sujet 9 Comment peut-on expliquer l'intérêt constant porté par les lecteurs au genre romanesque depuis son apparition ?

Sujet 10 La poésie est-elle seulement l'expression de sentiments personnels ?

Sujet 11 « On ne doit parler, on ne doit écrire que pour l'instruction », écrit La Bruyère dans la préface des *Caractères* (1694). Vous discuterez ce point de vue.

Sujet 12 Qu'est-ce qu'une argumentation efficace ? Vous répondrez à cette question en vous appuyant sur les textes étudiés en classe et sur votre culture personnelle.

Sujet 13 « Un poème est un mystère dont le lecteur doit chercher la clef » affirme Mallarmé au XIXe siècle. Vous illustrerez cette affirmation en vous appuyant précisément sur les poèmes étudiés en classe et sur votre culture personnelle.

Sujet 14 Les aspects comiques d'une pièce de théâtre ne servent-ils qu'à faire rire ?

Sujet 15 Quel est l'intérêt de recourir à un regard étranger pour argumenter ?

9 RÉÉCRIRE

Voici deux annonces de plan qui présentent des lourdeurs d'expression. Réécrivez-les en effaçant les « nous », les formules maladroites et les répétitions.

Annonce 1 Dans une première partie, nous montrerons que le comique permet de faire rire le lecteur, de l'amuser. Ensuite nous verrons que le comique a aussi une fonction satirique (société ou défaut humain), puis nous verrons que le comique permet de dédramatiser une situation, de prendre du recul.

Annonce 2 Nous verrons dans une première partie que la poésie permet à l'auteur d'exprimer des émotions très variées, puis ensuite, dans une deuxième partie, nous verrons que la poésie permet aussi à un auteur de défendre des idées, de s'engager. En troisième partie, nous verrons que la poésie peut aussi être un jeu avec les mots et proposer une nouvelle manière de percevoir le langage.

10 FORMULER LE SUJET

À partir des différentes thèses présentées dans les plans suivants :
a. Indiquez de quel type de plan il s'agit et à quelle démarche il correspond.
b. Formulez le sujet qui a été posé.

Plan 1
I. La fable est un puissant moyen de distraction.
II. Mais elle permet aussi de faire réfléchir son lecteur.
III. En fait, les fables nous permettent de méditer sur les hommes et la société tout en nous divertissant.

Plan 2
I. L'efficacité argumentative des fables tient à la séduction du récit.
II. Cette efficacité tient aussi à la morale qui apporte une leçon à méditer.
III. Cette efficacité est renforcée par le fait que le lecteur doit développer sa capacité à lire entre les lignes, surtout quand la fable ne présente pas de morale explicite.

Plan 3
I. Le poète touche les lecteurs en livrant avec sincérité ses émotions personnelles.
II. De plus, la poésie évoque des thèmes universels dans lesquels chacun peut se reconnaître
III. C'est aussi par sa beauté que la poésie touche le lecteur.

Plan 4
I. La poésie permet d'exprimer des sentiments.
II. Elle est aussi un moyen efficace pour dénoncer les injustices d'une société.
III. Mais elle est aussi un jeu avec le langage.

11 CONSTRUIRE DES SOUS-PARTIES

À partir du Plan 1 de l'exercice 10, construisez, en les détaillant, deux sous-parties pour chacune des deux premières parties proposées.

12 PROBLÉMATISER ET CONSTRUIRE

Pour chacun des sujets suivants :
a. Repérez et définissez les mots-clés.
b. Reformulez le sujet de façon à le problématiser.
c. Proposez un plan.

Sujet 16 À partir des études menées en classe et de votre propre expérience de spectateur, vous vous demanderez si la représentation est indispensable pour apprécier pleinement une pièce de théâtre.

Sujet 17 « Mon héroïne est mienne et n'appartient qu'à moi », écrit Milan Kundera. Pensez-vous que le personnage de roman soit une création uniquement issue de l'imagination du romancier ?

13 RÉDIGER DEUX PARAGRAPHES ✪✪✪

a. Pour chaque argument, trouvez un exemple emprunté aux textes étudiés en classe.
b. Rédigez les deux paragraphes correspondant à ces deux arguments.

Sujet 18 Les intrigues de tragédie représentent souvent des conflits, des sentiments violents, des morts. La violence vous semble-t-elle inhérente à la tragédie ?

Thèse I. Même lorsqu'elle n'est pas montrée sur scène, la violence est présente dans la tragédie.

Argument 1 Il y a une violence dans les relations humaines au théâtre : la tragédie met en scène des conflits.

Argument 2 La violence est aussi dans les émotions des personnages qui sont souvent excessives et passionnées dans les tragédies.

14 RÉDIGER LA CONCLUSION ✪✪✪

Parmi les trois conclusions proposées pour le sujet 19, laquelle vous semble la plus complète ? Expliquez ce qui manque aux autres conclusions.

Sujet 19 « On ne doit parler, on ne doit écrire que pour l'instruction », écrit La Bruyère dans la préface des *Caractères* (1694). Vous discuterez ce point de vue.

Problématique La littérature n'a-t-elle pas d'autres buts que d'instruire le lecteur ?

Plan I. Les textes littéraires sont un formidable moyen de s'instruire.
II. Mais la littérature, comme toute œuvre d'art, a d'autres fonctions.

Conclusion 1 La littérature instruit, elle fait naître une réflexion. Même les histoires les plus fictives, les personnages les plus hors du commun amènent le lecteur à s'interroger sur le monde qui l'entoure. Mais réduire les textes littéraires à cette seule visée didactique serait une erreur. La littérature a d'autres fonctions. Elle fait rêver, elle fait voyager, elle fait naître des émotions. Et c'est par le voyage, le rêve, les émotions qu'elle « instruit » le lecteur. En fait, la littérature n'enseigne pas, elle ne délivre pas de message définitif, elle ouvre les yeux du lecteur, lui faisant voir le monde autrement, l'amenant à s'interroger. Cocteau décrivait ainsi le pouvoir de l'écrivain, celui de semer des points d'interrogation : « Un beau livre, c'est celui qui sème à foison les points d'interrogation. »

Conclusion 2 La Bruyère a bien raison de rappeler que la littérature permet de s'instruire. Lorsqu'on lit des livres, on découvre des connaissances sur le monde, on réfléchit à des idées nouvelles. Les livres sont donc un formidable moyen de progresser.

Conclusion 3 Nombreux sont les auteurs qui ont assigné une fonction didactique à la littérature : les fables, les romans, la poésie délivrent souvent une vision du monde particulière. La littérature instruit l'homme quand elle lui présente des faits qu'il ignorait, des idées auxquelles il n'avait pas songé, une réalité qu'il ne voulait pas voir. Mais on n'écrit pas seulement pour instruire, pas plus qu'on ne lit que pour s'instruire. On écrit pour évoquer ses sentiments, pour laisser libre cours à son imaginaire, pour rechercher la beauté. Et on lit pour partager ces moments d'émotion, d'imagination ou de grâce.

15 RÉDIGER LA DISSERTATION ✪✪✪

a. Dans la formulation du sujet 20, quels mots montrent qu'il faut discuter la thèse de Maupassant ?
b. Rédigez l'introduction en prenant soin de suivre les étapes : phrase d'amorce, présentation du sujet, problématique, annonce du plan.
c. Recopiez et complétez le paragraphe suivant en formulant l'argument qui se trouverait dans la partie I.
d. Rédigez la transition entre le I et le II.
e. Donnez le plan détaillé du II en formulant trois arguments que vous illustrerez par des exemples.
f. Rédigez la conclusion.

Sujet 20 Dans la préface de son roman *Pierre et Jean*, Maupassant explique quel est le rôle du romancier : « Son but n'est point de nous raconter une histoire, de nous amuser ou de nous attendrir, mais de nous forcer à penser, à comprendre le sens profond et caché des événements. » Dans quelle mesure ce jugement vous semble-t-il fondé ?

Plan I. Le roman nous fait réfléchir sur le monde et les hommes.
II. Mais un roman n'en reste pas moins un voyage dans une histoire, voyage toujours riche en émotions.

Argument
... Par exemple, Balzac concevait le travail du romancier comme un travail d'observation et d'analyse des hommes. Il avait élaboré un plan pour l'ensemble de ses romans, *La Comédie humaine*, faisant apparaître des « Études de mœurs », des « Études analytiques ». Comme l'indiquent les titres de ces Études, il s'agissait d'abord d'observer les hommes puis d'expliquer les raisons de leur comportement.

MÉTHODE 14. FAIRE DES RECHERCHES ET LES PRÉSENTER

Faire un exposé, c'est engager un processus de recherche et de collecte d'informations dans le but de proposer un compte-rendu organisé. La démarche doit donc être **méthodique** pour parvenir à une **restitution soignée** en classe.

▶▶▶ÉTAPE 1 TROUVER DES INFORMATIONS

Sélectionner les sources

- Il faut cerner les enjeux et limites du sujet afin de déterminer les informations dont on a réellement besoin.
- Il est également important de déduire de l'énoncé le(s) domaine(s) concernés : littérature, histoire, art, science, théâtre, cinéma, etc.
- Consultez des ouvrages informatifs (dictionnaires, encyclopédies, etc.), des ouvrages spécialisés (manuels, journaux, essais, etc.), des sources fiables, en particulier quand il s'agit d'Internet.
- Veillez à privilégier les sites développés par des institutions, des spécialistes (INA, Gallica, Europeana, etc.) et n'hésitez pas à consulter les sites des musées nationaux qui offrent des visites virtuelles et des parcours à visée pédagogique (Louvre, musée d'Orsay, etc.)

Mener une enquête

- Au C.D.I du lycée, vous pouvez consulter les dossiers élaborés par d'autres élèves ainsi que le logiciel de recherche documentaire du C.D.I.
- Vous pouvez étendre votre enquête au musée, au théâtre, à la médiathèque, auprès d'un auteur, d'un comédien, d'un historien, etc.

▶▶▶ÉTAPE 2 SÉLECTIONNER ET ORGANISER LES INFORMATIONS

Lire les informations et collecter l'essentiel

- **Première lecture : compréhension et sélection.**

Il faut s'assurer de comprendre ce que l'on lit pour savoir de quoi l'on va parler et choisir les éléments les plus importants en fonction des enjeux de l'exposé.

- **Seconde lecture : approfondissement et saisie.**

Surlignez au fil de la lecture les informations pertinentes.

- **Dernière lecture : analyse et classement des documents.**

Enfin, il faut prendre du recul, considérer les prises de position proposées, la nature des arguments, le contexte des sources utilisées (époque, courant culturel, etc.)

Classer les informations

- Servez-vous des documents sélectionnés pour construire progressivement le plan en veillant à la cohérence.
- Il faut hiérarchiser les sources pour aller du plus évident au plus complexe.

▶▶▶ÉTAPE 3 VALORISER LE PROPOS

- Quelle que soit la forme de l'exercice, le propos doit être organisé de manière claire et cohérente pour valoriser le contenu de votre réflexion.
- Le propos doit être **introduit**, **développé** de façon organisée et hiérarchisée, et mené vers un **bilan**. Les transitions sont à soigner, comme à l'écrit : elles mettent en relief la cohérence et la fluidité de la pensée, de l'argumentation (connecteurs logiques, etc.).
- Il ne faut pas rester dans l'abstraction pure : il faut ancrer le propos dans le(s) texte(s), s'appuyer sur les documents, les mettre en valeur, les faire vivre en privilégiant les exemples, la mise en relief des procédés (figures de style, raisonnements logiques adoptés, etc.), la spécificité de chacun d'eux (support visuel, auditif, etc.).

Prendre la parole pour présenter un exposé ou passer un examen ne s'improvise pas. Il s'agit d'un exercice de communication, mais aussi de persuasion qui mérite préparation.

▶▶▶ÉTAPE 1 SURMONTER LES DIFFICULTÉS DE L'EXERCICE

Un tel exercice peut être source d'anxiété. C'est là quelque chose de parfaitement normal qu'il faut cependant parvenir à maîtriser pour ne pas être paralysé par la situation.

▶ Canaliser le trac

- Il ne faut pas imaginer le pire : si l'anticipation est nécessaire, l'imagination peut jouer des tours (ne pas se laisser aller à forger des *scenarii* catastrophes : crainte du trou de mémoire, voix qui se bloque, etc.).
- Il faut s'occuper efficacement l'esprit : se replonger dans l'intégralité de ses notes au dernier moment est contre-productif (impression de confusion, d'oubli, etc.).
- À plusieurs, vous pouvez vérifier la répartition de la parole et des supports, l'ordre de passage, etc. Seul, vous pouvez vérifier l'ordre des documents, préparer le matériel, etc.

▶ Maîtriser sa voix

- Ne vous focalisez pas sur le tremblement initial qui peut se produire : avec le déploiement de la parole, la voix va progressivement s'affirmer.
- Pensez à respirer calmement pour poser votre voix : il ne faut pas la forcer, cela rendrait l'écoute désagréable.

▶ Savoir gagner du temps

- En cas de trou de mémoire, il ne faut pas paniquer. Une pause peut permettre de retrouver ses esprits.
- En cas de question déstabilisante, il est possible de gagner du temps en faisant répéter votre interlocuteur ou en la reformulant vous même.

▶▶▶ÉTAPE 2 CAPTER ET MAINTENIR L'ATTENTION

Si le ou les interlocuteurs doivent pouvoir comprendre le contenu de la présentation, il faut surtout parvenir à les intéresser et à capter leur attention tout au long de la prestation.

▶ Mobiliser le corps

- **Les ressources de la voix :**
  - être audible (puissance de la voix et articulation) ;
  - jouer des intonations, varier le débit pour ne pas être monotone ;
  - jouer des silences pour mettre en relief certains éléments et éveiller l'intérêt.
- **L'importance du regard :**
  - regarder le ou les interlocuteurs et ne pas s'immerger dans ses notes (qui doivent être rédigées de manière à éviter cet écueil – titres en gros, éléments clefs surlignés, etc.).
- **Le rôle des gestes :**
  - en situation d'exposé : prendre appui sur des supports au tableau, pointer les éléments essentiels par des gestes, interpeller les auditeurs, etc. ;
  - en situation d'examen : soigner l'attitude, ne pas s'avachir sur sa chaise, éviter les grands mouvements de bras, etc.
  - dans tous les cas : ne pas jouer avec ses stylos, ne pas pianoter sur la table, ne pas remettre ses cheveux en place en permanence, etc.

▶ Respecter le temps imparti

Le respect du temps qui vous est octroyé entre dans les critères d'évaluation. Développer de manière démesurée son propos, c'est manquer d'efficacité dans la synthèse. Faire trop court, c'est ne pas laisser à l'argumentation le temps de se déployer et de s'enrichir.

Glossaire

Alexandrin : vers de douze syllabes.
Allégorie : forme concrète et symbolique donnée à une idée, un concept, une abstraction.
Allitération : répétition d'une même consonne.
Analepse : retour en arrière.
Analogie : mise en relation, pour aider à la compréhension, d'objets, de phénomènes ou de situations appartenant à des domaines différents.
Anaphore : répétition d'un mot ou d'un groupe de mots au début de plusieurs vers ou phrases.
Antiphrase : procédé ironique qui consiste à énoncer le contraire de ce que l'on veut faire comprendre.
Antithèse : figure de style consistant à rapprocher dans une même phrase ou un même vers deux termes de sens opposé.
Aparté : de l'italien *a parte* : « à part ». Procédé par lequel un personnage feint de ne s'adresser qu'à lui-même, comme si ses parole passaient inaperçues des autres personnages présents sur scène.
Aphorisme : brève maxime.
Apologie : justification, éloge, d'une institution ou d'une personne.
Apologue : récit en vers ou en prose à visée argumentative et didactique.
Apostrophe : figure de style consistant à interpeller quelqu'un ou quelque chose. Dans la poésie lyrique, elle est introduite par « Ô ».
Assonance : répétition d'une même voyelle.

Blason : poème faisant l'éloge du corps féminin ou d'une partie de son corps.

Cabale : intrigue secrète organisée contre une personne pour nuire à sa réputation. Au XVIIe siècle, il s'agissait notamment de perturber une représentation théâtrale pour signer l'échec d'un acteur ou d'un dramaturge.
Catharsis : terme grec signifiant « purgation » que l'on emploie pour désigner le processus par lequel le spectateur se trouve « purgé », « purifié » de ses passions par le spectacle d'une destinée tragique.
Chiasme : figure de construction consistant à disposer les éléments d'une phrase de manière croisée.
Concession : étape de l'argumentation dans laquelle on admet les arguments de l'adversaire, souvent pour mieux les réfuter ensuite.
Connotation : sens implicite d'un mot, qui s'ajoute au sens propre (dénotation) en fonction du contexte.
Contre-rejet : effet de détachement à la rime du vers précédent d'un mot qui appartient syntaxiquement au vers suivant.
Controverse : débat.
Coryphée : chef du chœur dans la tragédie grecque antique.

Déduction : raisonnement qui, d'un enchaînement de propositions générales, dégage une conséquence logique sous forme de proposition particulière.
Didactique : qui vise à apporter un enseignement.
Didascalies : indications scéniques destinées au metteur en scène, aux comédiens, au décorateur et à l'imaginaire du lecteur.

Elégie : poème évoquant, sur le ton de la plainte, la perte, la séparation…
Ellipse : épisode passé sous silence.
Enjambement : procédé poétique consistant à rejeter un ensemble syntaxique au vers suivant, alors qu'il dépend du vers précédant du point de vue du sens.
Épidictique : qui concerne l'éloge ou le blâme.
Épisode : à l'origine, partie de la tragédie grecque qui en compte trois alternant avec les interventions du chœur. Par extension, action secondaire rattachée à l'intrigue principale.
Éponyme : adjectif qui qualifie un personnage qui donne son nom à l'œuvre.
Exorde : première partie d'un discours oratoire destiné à capter l'attention de l'auditoire.
Exposition : au théâtre, scène(s) ouvrant une pièce et donnant les informations nécessaires au spectateur pour qu'il comprenne l'action.

Farce : petite pièce bouffonne qui trouve son origine au Moyen Âge mettant en scène des personnages grotesques.

Gradation ou crescendo : intensification progressive, notamment par l'emploi de termes de plus en plus forts.

Hémistiche : ½ alexandrin.
Hybris (ou ubris) : démesure dont fait preuve le héros tragique par orgueil, en outrepassant sa condition d'homme et qui peut conduit le personnage à la gloire mais plus souvent à sa perte.
Hyperbole : procédé d'exagération, l'expression dit plus que le réel.
Hypotypose : figure de style qui consiste à décrire une scène avec des images frappantes de sorte que le lecteur ait l'impression de la voir se dérouler sous ses yeux.

Induction : raisonnement qui part d'une collection d'observations pour aboutir à une loi générale.
Ironie tragique : décalage entre les informations détenues par le spectateur et le propos vainement optimiste d'un personnage de tragédie.

Litote : atténuation d'une expression pour en renforcer le sens.
Lyrisme : expression musicale et poétique des sentiments personnels.

Métaphore : image par rapprochement d'un comparant et d'un comparé sans outil de comparaison ou par substitution du comparant au comparé.
Métonymie : figure qui consiste à désigner un élément par un terme proche d'un point de vue logique.
Monologue : tirade d'un personnage seul en scène.
Mythe : récit fondateur qui vise à expliquer l'origine, la place et le rôle de l'homme dans l'univers.

Néologisme : désigne la création d'un mot.

Octosyllabe : vers de huit syllabes.
Ode : poème lyrique faisant l'éloge de quelqu'un ou quelque chose.
Oratoire : qui caractérise l'art de l'éloquence.
Oxymore : alliance de termes inconciliables.

Pamphlet : écrit polémique et virulent.
Paratexte : indications qui accompagnent un texte ou une œuvre : couverture, préface, notes, dédicace, 4e de couverture...
Périphrase : remplacement d'un mot par une expression de sens équivalent composée de plusieurs éléments.
Parodie : imitation d'une œuvre ou d'un genre tournant le modèle en ridicule.
Péroraison : conclusion d'un discours oratoire.
Personnification : figure de style consistant à attribuer à une chose, un animal ou une entité abstraite des attributs humains.
Placet : écrit destiné à plaire à une personne de pouvoir pour lui demander justice, obtenir de lui sa protection ou une faveur.
Plaidoyer : discours visant à défendre avec conviction une personne ou une idée.
Poème en prose : poème sans vers et sans rimes, intégrant à la prose des effets musicaux (rythmes, sonorités) et des images poétiques.
Pointe (du sonnet) ou chute : désigne le 14e et dernier vers d'un sonnet qui doit apporter un point d'orgue au poème.
Polyphonie : superposition de voix ou lignes musicales indépendantes. En littérature : présence de plusieurs narrateurs, de plusieurs épistoliers...
Polysémie : capacité d'un terme à prendre plusieurs sens.
Prolepse : anticipation sur le récit.
Prologue : dans la tragédie grecque, partie qui précède l'entrée du chœur et qui expose le sujet de l'intrigue.
Protagoniste : acteur principal d'une tragédie grecque antique. Par extension, personnage principal d'une pièce de théâtre puis celui de toute œuvre littéraire.

Quatrain : strophe composée de quatre vers.

Réfutation : étape de l'argumentation qui consiste à infirmer la thèse adverse.
Rejet : procédé poétique consistant à rejeter un mot ou un bref ensemble syntaxique au début du vers suivant, alors qu'il dépend du vers précédant du point de vue du sens.
Réquisitoire : discours visant à condamner une personne ou une idée.
Rhétorique : concerne l'ensemble des techniques de l'argumentation.
Rime féminine : rime se terminant par un « e » muet.
Rime masculine : rime se terminant par toute autre lettre que le « e » muet.

Satire : œuvre dans laquelle l'auteur fait ouvertement la critique d'une époque, d'une politique, d'une société, d'une personne en tournant en dérision ses vices et défauts.
Scène : dans un récit épisode raconté en détail.
Sommaire : dans un récit, résumé d'un certain nombre d'événements.
Sonnet : forme poétique fixe composée de deux quatrains et deux tercets, et présentant un schéma de rimes imposé.
Sophisme : raisonnement à première vue logique mais en réalité erroné.
Stichomythie : au théâtre, dialogue rapide et vif dans lequel chaque réplique n'est formée que d'un temps de parole très bref.
Syllogisme : raisonnement déductif partant de deux propositions (appelées prémisses) pour en déduire une troisième.

Tercet : strophe composée de trois vers.
Thèse : opinion que l'on soutient à l'aide d'arguments et d'exemples dans une argumentation.
Tirade : longue réplique d'un personnage. Morceau de bravoure récurrent dans la plupart des tragédies et comédies du XVIIe siècle.
Topos : cliché, lieu commun, poncif.
Tragi-comédie : pièce de théâtre, en vogue au XVIIe siècle, qui présente des caractéristiques de la tragédie (situation sérieuse, personnages nobles) et de la comédie (éléments comiques, dénouement heureux).
Type : ensemble des traits caractéristiques (physiques, sociaux et moraux) qui définit une catégorie particulière de personnage.

Vers libre : vers sans mètre précis qui n'obéit pas forcément à la règle de la rime.

Biographies

Guillaume Apollinaire (1880-1918)

Sa jeunesse est marquée par l'errance, aux côtés de sa mère d'abord, seul ensuite. De retour en France après plusieurs années de voyage en Europe, il côtoie très vite l'avant-garde artistique et littéraire, publie des contes libertins, rédige des articles de critique d'art. En 1913, paraît son premier recueil poétique, *Alcools*, qui connaît immédiatement un grand succès. À la déclaration de guerre, il s'engage volontairement. Au front, il écrit les *Calligrammes* ainsi que les *Poèmes à Lou*. Démobilisé à cause d'une blessure à la tête, il rentre à Paris et écrit une pièce de théâtre, *Les Mamelles de Tirésias*, sous-titrée « drame surréaliste ». Il meurt en 1918 de la grippe espagnole.

Louis Aragon (1897-1982)

Il rencontre très tôt André Breton et Philippe Soupault, avec lesquels il fonde le groupe surréaliste. Entre 1924 et 1926, il publie des textes qui font office de manifestes pour le groupe (*Une vague de rêves*, *Le Paysan de Paris*). Cependant, sa rencontre avec Elsa Triolet, écrivain russe qui devient sa compagne, puis son adhésion au parti communiste, provoquent la rupture avec Breton. Les nombreux recueils poétiques qu'il publie par la suite (*Le Crève-cœur*, *Les Yeux d'Elsa*, *Le Fou d'Elsa*) sont inspirés par sa passion pour Elsa, et par son amour de la patrie, qu'il défend avec courage sous l'Occupation en s'engageant dans la Résistance.

Honoré de Balzac (1799-1850)

Après une enfance malheureuse à Tours et des études de droit, il se lance dans l'édition où il fait faillite : endetté à vie, il consacre ses nuits à écrire des œuvres publiées en feuilletons et réunies pour la plupart dans *La Comédie humaine*. Cette vaste fresque de 95 romans (*Les Chouans*, 1829 ; *La Peau de chagrin*, 1831 ; *Le Père Goriot*, 1835 ; *Le Lys dans la vallée*, 1836 ; *La Cousine Bette*, 1846, etc.) comportant plus de 3000 personnages – dont 600 réapparaissent d'une œuvre à l'autre – tend à « faire concurrence à l'État civil ». Considéré comme le pionnier du réalisme, Balzac cherche à découvrir les lois qui régissent la société : sur le modèle de la classification zoologique, il répertorie des « types » (vieil avare, jeune ambitieux, etc.) et étudie l'influence du milieu. Forcené de l'écriture, il meurt d'épuisement, après avoir épousé une grande admiratrice, Madame Hanska.

Charles Baudelaire (1821-1867)

Orphelin de père très jeune, solitaire et mélancolique, il voue une haine tenace à son beau-père, le général Aupick. En 1841, il fait un voyage à l'île Bourbon (la Réunion), qui l'éveille à la poésie de la mer et de l'exotisme. À son retour, il mène une vie de dandy, oisive et luxueuse, grâce à l'héritage paternel qu'il dilapide rapidement. C'est alors qu'il rencontre Jeanne Duval, qui restera sa compagne jusqu'à sa mort. Peu intéressé par la politique, il devient critique d'art, traduit l'écrivain américain Edgar Allan Poe, dont il salue le génie, et rencontre Apollonie Sabatier, à laquelle il voue une adoration platonique. En 1857, paraît le recueil *Les Fleurs du mal*, aussitôt censuré. Baudelaire est condamné pour immoralité. Bien qu'il soit miné par la maladie, il écrit encore, publie les *Poèmes en prose*, et meurt à l'âge de quarante-six ans terrassé par une attaque.

Pierre-Augustin Caron de Beaumarchais (1732-1799)

Il œuvre pour la reconnaissance du métier d'écrivain en fondant par exemple la Société des écrivains et en éditant de nombreux ouvrages. Avec sa trilogie *Le Barbier de Séville* (1775), *Le Mariage de Figaro* (1784) et *La Mère coupable* (1792), qui suit les aventures de Figaro, valet contestataire, il connaît le succès. Mais si ces deux premières œuvres font écho aux tumultes pré-révolutionnaires, la dernière s'essaie au genre dramatique sérieux, inauguré par Diderot, qu'il théorise dans son *Essai sur le genre dramatique sérieux* en 1767. Il voit dans le drame bourgeois une nouvelle voie qui impose ce genre comme l'intermédiaire entre le tragique et le comique. Ainsi la séparation classique entre les deux grands genres théâtraux s'efface.

Nicolas Boileau (1636-1711)

Orphelin de mère très jeune, de constitution fragile, il s'engage dans des études de droit. Il est reçu avocat en 1656. Mais très rapidement, il abandonne cette carrière pour privilégier la littérature. Il se fait connaître en rédigeant des satires mordantes. D'abord reconnu comme l'héritier des satiristes antiques (Horace et Juvénal), il privilégie ensuite d'autres genres, dont l'épître, tout en se consacrant à son *Art poétique* qui paraît en 1674. Cette œuvre, emblématique du classicisme, en fixe les règles. Il y loue la vraisemblance de la tragédie et y blâme certaines comédies de Molière – dont il est pourtant un admirateur – leur reprochant de céder à la vulgarité. L'influence de cet ouvrage est considérable au XVIIIe siècle. En revanche, à partir du XIXe siècle, en raison de la libération des codes revendiquée par le romantisme, Boileau fait figure de théoricien intransigeant.

André Breton (1896-1966)

Après des études de médecine, il se passionne pour la poésie, participe au mouvement Dada, puis fonde avec Aragon et Soupault le groupe surréaliste, dont il théorise les idées dans plusieurs textes-manifestes. Chef de file doué d'un grand charisme, il fédère le groupe autour de lui, communique sa fougue et son dynamisme. Cependant, cette aura n'est pas sans revers : exigeant et autoritaire, Breton bannit avec violence ceux qui, à ses yeux, s'éloignent de l'idéologie surréaliste, et s'isole progressivement. Extrêmement prolifique, il produit une œuvre d'une grande diversité : récits (*Nadja*, *L'Amour fou*, *Arcane 17*), recueils poétiques (*Clair de terre*, *Poisson soluble*) et écrits sur l'art.

François-René de Chateaubriand (1768-1848)

Jeune aristocrate mélancolique, il passe sa jeunesse dans le château de Combourg avec sa sœur bien-aimée Lucile. La Révolution l'oblige à quitter la France pour l'Amérique, puis il émigre en Angleterre où il vit pauvrement, tout en découvrant de grands auteurs anglais comme Shakespeare, Milton, Ossian. Plus tard, après un bref retour en France, il fuit le régime napoléonien et voyage en Orient. Avec le retour de la monarchie, il revient en France et mène une carrière politique brillante : ambassadeur en Suède, à Berlin, puis à Londres, ministre des Affaires étrangères, il joue un rôle prépondérant dans les relations de la France avec l'étranger. Après la révolution de 1830, il se retire de la vie politique et se consacre à la rédaction de ses Mémoires, publiés, selon sa volonté, après sa mort, sous le titre *Mémoires d'outre-tombe*.

Pierre Corneille (1606-1684)

Avocat de profession, il écrit d'abord des poèmes et des comédies : *Mélite ou les Fausses lettres* (1629), *La Place royale* (1634). C'est avec *Médée*, en 1635, qu'il acquiert une renommée certaine qui lui permet de faire partie des dramaturges protégés par Richelieu. La tragi-comédie du *Cid* (1637), ainsi que la célèbre querelle qui en découle font de Corneille un auteur célébré et critiqué. En 1640, il revient au devant de la scène avec *Horace*. Les pièces qui suivent sont des triomphes : *Cinna* (1641) ; *Polyeucte* (1642) ; etc. En 1647, il entre à l'Académie française. Sa pratique se double d'une réflexion critique (*Discours sur l'art dramatique*, 1660). On retrouve dans ses textes théoriques l'éloge du théâtre que constituait déjà, en 1636, *L'Illusion comique*, pièce la plus baroque de Corneille qui, par la suite, tout en gardant son originalité, se plia davantage au goût classique dominant.

Marceline Desbordes-Valmore (1786-1859)

D'abord comédienne, elle épouse en 1817 un acteur auquel elle donne quatre enfants. Toutefois, elle entretient une liaison passionnée avec l'écrivain Henri de Latouche, qu'elle avait rencontré avant son mariage, pendant une trentaine d'années. Elle publie son premier recueil poétique, *Élégies et romances*, en 1819. Suivent *Poésies* en 1830, *Les Pleurs* en 1833, *Pauvres fleurs* en 1839, œuvres lyriques, marquées notamment par les deuils douloureux que vit la poétesse romantique, puisqu'elle perd trois de ses quatre enfants. Son œuvre poétique est reconnue par ses pairs pour sa sincérité émotionnelle et sa grande simplicité.

Robert Desnos (1900-1945)

Il intègre le groupe surréaliste en 1922, et se distingue par son étonnante fécondité créatrice au cours des séances de sommeil hypnotique et d'écriture automatique, au point d'être surnommé « le dormeur éveillé ». Il publie en 1930 un recueil poétique intitulé *Corps et biens*, très imprégné par ce travail sur les associations verbales et l'exploration du monde du sommeil. Il rompt avec le groupe dans les années 30 et se consacre au journalisme et à la radio, tout en continuant à écrire. En 1944, il est arrêté par la Gestapo et déporté à cause de ses activités dans la Résistance. Il meurt en juin 1945 dans un camp en Tchécoslovaquie.

Denis Diderot (1713-1784)

Menant une vie de bohême durant la première période de sa vie, il fait figure de libre penseur, passionné et engagé. Il est emprisonné au Château de Vincennes en 1749 pour avoir exprimé son scepticisme et son matérialisme. La vie de Diderot est essentiellement marquée par la création de l'*Encyclopédie* dont la publication s'étend de 1751 à 1772, période durant laquelle le philosophe n'a pas cessé de rédiger des articles polémiques en déjouant la censure, toujours à la recherche de nouveaux auteurs pour collaborer à cet immense projet qu'il conduit avec D'Alembert. Diderot s'est illustré dans de nombreux domaines, il a notamment révolutionné le genre romanesque avec *Jacques le fataliste et son maître* en 1778.

Paul Eluard (1895-1952)

Il s'engage très tôt dans le mouvement Dada, puis intègre le groupe surréaliste et s'y montre particulièrement actif, participant notamment à la rédaction de recueils collectifs. Poète de l'amour, Éluard renouvelle le lyrisme amoureux par la liberté de son écriture et la richesse de ses images poétiques. Les recueils *Capitale de la douleur* (1926) et *L'Amour la poésie* (1929) en témoignent. Dans les années 30, il rompt avec Breton pour se rapprocher du parti communiste. Dès lors, il prône une poésie engagée dans la lutte contre le fascisme. Sous l'Occupation, comme Aragon et Desnos, il publie des poèmes de Résistance, parmi lesquels le célèbre poème « Liberté ».

Gustave Flaubert (1821-1880)

Fils de chirurgien, il allie sens aigu de l'observation et tempérament romantique exalté. Après avoir fréquenté les milieux littéraires parisiens et séjourné en Orient, il se retire près de Rouen. Le procès contre *Madame Bovary* le rend célèbre. Après le succès de *Salammbô* (1862), roman sur les guerres de Carthage puis l'échec de *L'Éducation sentimentale* (1869), il publie des œuvres brèves comme *Trois contes* (1877) et meurt d'épuisement, sans achever son « encyclopédie de la bêtise humaine » : *Bouvard et Pécuchet*. Dans ses romans ironiques où des héros ordinaires connaissent désillusions et échecs, Flaubert tend à l'objectivité impersonnelle, s'affirmant comme un maître du réalisme critique. Conduit par l'exigence du style, il teste la justesse de ses phrases dans son « gueuloir », rêvant d'un « livre sur rien ».

Edmond et Jules DE GONCOURT (1822-1896) et (1830-1870)

Grâce à l'héritage maternel, les deux frères se consacrent à l'art et à la littérature. À partir de l'étude documentée de cas sociaux ou pathologiques, ils rédigent ensemble des romans dénonçant hypocrisie sociale et souffrance du peuple. En 1865, *Germinie Lacerteux*, qui narre la déchéance d'une domestique hystérique et nymphomane, fait scandale ; ils revendiquent aussi une « écriture artiste ». Leur *Journal*, poursuivi après la mort de Jules, est un témoignage satirique sur la vie littéraire de l'époque. Edmond se lie à Zola, Daudet et Huysmans. À sa mort, la vente de son importante collection d'objets d'art permet de créer, selon ses vœux, une académie littéraire qui décerne le prix Goncourt pour récompenser la meilleure œuvre en prose de l'année.

Victor HUGO (1802-1885)

Après une « blonde enfance » passée aux Feuillantines, il affirme en 1816 : « Je veux être Chateaubriand ou rien ». En 1822, il se marie avec Adèle (dont il aura quatre enfants), publie son premier recueil poétique, *Odes*, son premier roman, *Han d'Islande*, et s'engage dans la voie du romantisme. En 1830, la bataille d'*Hernani* consacre le triomphe du drame romantique. Les succès s'enchaînent avec *Le Dernier jour d'un condamné* (1829), *Notre-Dame de Paris* (1831), quatre recueils poétiques, *Ruy Blas* (1838). Mais la mort de sa fille Léopoldine en 1843 marque un tournant dans sa vie. Après un deuil douloureux, il reprend l'écriture (*Les Contemplations*, 1856) et se lance dans l'action politique qui le mènera à s'opposer à Napoléon III. En exil (1851-1870), il poursuit son activité littéraire et politique, et reprend, dès son retour à Paris, ses fonctions de député puis de sénateur, incarnant ainsi, jusqu'à sa mort, les idéaux de la république.

Jean DE LA BRUYÈRE (1645-1696)

D'abord avocat, il est ensuite nommé précepteur du duc de Bourbon. Cette fonction lui permet de fréquenter et d'observer la cour, qu'il juge avec sévérité. De ses observations, il tire *Les Caractères*, réédités neuf fois de son vivant, qui lui donnent un pouvoir certain sur les idées du siècle. Mélange de portraits, parfois à clés, et de maximes lucides sur les mœurs de son temps, l'œuvre est d'abord la dénonciation de l'hypocrisie et la recherche de la vérité.

Jean DE LA FONTAINE (1621-1695)

Principalement connu pour ses *Fables*, il est aussi l'auteur de contes (*Contes et nouvelles en vers*, 1665, 1666 et 1671), de poèmes, de comédies, d'un roman et de livrets d'opéra. D'abord maître des Eaux et Forêts, il se tourne très vite vers la littérature. Il rencontre Molière, Madame de Sévigné et Racine. Les *Fables*, inspirées des auteurs grecs, latins et orientaux, sont publiées en 1668, en 1678 puis en 1693. En renouvelant le genre de la fable, La Fontaine a su faire preuve de diversité et d'efficacité. Il remporte un succès immédiat, mais il n'obtient pas les faveurs de Louis XIV qui retarde son entrée à l'Académie française jusqu'en 1684.

Alphonse DE LAMARTINE (1790-1869)

Il passe sa jeunesse dans le château familial de Milly, près de Mâcon, menant, en contact avec la nature, une vie d'aristocrate oisif et pieux, consacrée à la lecture et à l'écriture. En 1816, à Aix-les-Bains, près du lac du Bourget, il rencontre la jeune Julie Charles, dont la mort prématurée lui inspirera des poèmes dans lesquels il confie sa douleur (*Méditations poétiques*, 1820). Il connaît alors un succès immédiat. Puis il se marie avec une jeune anglaise, voyage beaucoup et poursuit son œuvre poétique (*Nouvelles Méditations*, 1823 ; *Harmonies*, 1830). Lors de la Révolution de 1830, il affirme ses idées libérales et devient député en 1833, fonction qu'il assume jusqu'en 1851, tout en continuant de publier. Il échoue cependant à l'élection présidentielle de 1848. Il vit alors dans sa propriété de Saint-Point et ne cesse d'écrire jusqu'à sa mort en 1869.

Pierre Carlet DE Chamblain DE MARIVAUX (1688-1763)

Journaliste, romancier et dramaturge, il n'est pas toujours compris de son époque. Il écrit pour la troupe des comédiens italiens de 1722 à 1740, exploitant à souhait les facéties du personnage d'Arlequin. On divise traditionnellement son œuvre théâtrale en deux types de pièces : les intrigues amoureuses d'un genre nouveau, *La Surprise de l'amour* (1722) ; *Le Jeu de l'amour et du hasard* (1730) ; *Les Fausses Confidences* (1737), etc. et les intrigues sociales qui reprennent les idées des Lumières : *L'Île des esclaves* (1725) ; *La Colonie* (1729), etc. Marivaux apporte au théâtre un nouveau langage d'une apparente légèreté, mais en réalité chargé de subtilités, de non-dits et de souffrances psychologiques, qui donne naissance au mot « marivaudage ».

Guy de MAUPASSANT (1850-1893)

D'origine normande, il est formé par Flaubert, ami de sa mère. Il participe aux soirées de Médan chez Zola, connaît un certain succès avec sa nouvelle réaliste « Boule de Suif » et mène une vie mondaine de dandy. Ses 300 contes : *La maison Tellier, Mademoiselle Fifi, Contes du jour et de la nuit* dont « La Parure » (1885) et ses 6 romans : *Une Vie* (1883) ; *Bel-ami* (1885) ; *Pierre et Jean* (1888) font la satire amère de l'hypocrisie des « honnêtes gens » ; le réalisme est, selon lui, l'art de « donner l'illusion complète du vrai » (*Le Roman*, 1880). Il écrit aussi des nouvelles fantastiques (*La Main*, 1883 ; *La Chevelure*, 1884 ; *Le Horla*, 1886, etc.) où les personnages, angoissés et hantés par l'idée de la mort, explorent les confins de la folie. Atteint lui-même de troubles mentaux, il meurt dans un asile.

Jean-Baptiste Poquelin, dit Molière (1622-1673)

Il fonde sa compagnie « l'Illustre Théâtre » et endosse dès lors toutes les fonctions que son métier lui impose : comédien, metteur en scène, dramaturge, régisseur. Après s'être essayé à la tragédie, c'est avec la comédie qu'il triomphe : *L'Étourdi*, (1655). De retour à Paris, le roi Louis XIV est séduit par ses pièces (*Les Précieuses ridicules*, 1659) et lui accorde sa protection à de nombreuses reprises (*L'Avare, Le Misanthrope*) car les critiques virulentes que Molière porte à l'égard de ses contemporains lui valent de nombreux soucis avec les autorités religieuses. Certaines pièces sont censurées (*Dom Juan*, 1665), d'autres interdites : *Tartuffe* en 1664 et 1669. Il s'éteint quelques heures après la quatrième représentation de sa pièce, *Le Malade imaginaire*.

Charles-Louis de Secondat, baron de Montesquieu (1689-1755)

Issu d'une famille noble de magistrats, il suit des études de droit puis il devient président du parlement de Bordeaux. Rendu célèbre par la publication des *Lettres persanes* en 1721, il est reçu à l'Académie française en 1727. Ses nombreux voyages en Europe ont nourri ses réflexions économiques, scientifiques et philosophiques qu'il présente essentiellement dans son essai *De l'esprit des lois* publié en 1748. Penseur politique, il a notamment contribué à l'élaboration du principe de séparation des trois pouvoirs.

Alfred de Musset (1810-1857)

Issu d'une famille aisée, il mène une vie de dandy débauché et hésite longtemps sur sa vocation, avant de se tourner vers l'écriture. Son premier recueil poétique, *Contes d'Espagne et d'Italie* (1829), le rend célèbre. Il subit cependant plusieurs déceptions au théâtre, et, s'il écrit encore des pièces : *Lorenzaccio* et *On ne badine pas avec l'amour*, il décide de ne plus les faire jouer. En 1833, il rencontre George Sand et vit avec elle une liaison passionnée qui dure deux années. Leur douloureuse rupture résonne longtemps dans ses œuvres ultérieures, comme *Les Nuits* ou *La Confession d'un enfant du siècle*. Élu à l'Académie française en 1852, et enfin reconnu au théâtre, Musset connaît la gloire, mais achève sa vie dans l'alcool et la mélancolie.

Gérard de Nerval (1808-1855)

Nerval se fait connaître en traduisant le *Faust* de Goethe en 1827. Il est accueilli dans le « cénacle » de Hugo où il côtoie les romantiques. En 1834 paraît son recueil poétique *Odelettes*. Après un long voyage qui le mène jusqu'à Beyrouth et Constantinople, il publie son *Voyage en Orient* en 1851. Il écrit ensuite plusieurs nouvelles inspirées de figures féminines, réunies sous le titre *Les Filles du feu* en 1854, ainsi qu'un recueil de poèmes intitulé *Les Chimères* (parmi lesquels le célèbre poème « El Desdichado »), publié la même année. Plusieurs fois interné pour des crises de folie au cours de sa vie, il est retrouvé pendu dans une ruelle de Paris en 1855.

Charles Perrault (1628-1703)

Avocat de formation, il fait une carrière exemplaire dans l'administration et entre au service de Colbert. Il participe à l'élaboration de la politique culturelle qui doit servir la glorification de Louis XIV. Auteur de quelques poèmes galants, il est élu à l'Académie française en 1671, essentiellement en raison de ses appuis politiques. Il y œuvre au mieux pour servir les intérêts du ministre, ce qui lui vaut d'avoir de nombreux détracteurs, parmi lesquels Boileau et Racine qui lui reprochent aussi d'être le chef de file des Modernes quand eux défendent, au nom des Classiques, l'idéal antique. À la mort de Colbert, sans soutien, critiqué, il se consacre alors à sa famille et à l'écriture. Ses *Contes*, publiés en 1697, s'inscrivent certes dans un genre traditionnel, celui du conte populaire, mais sont aussi un remarquable miroir de son époque et des luttes et jeux de pouvoir qui l'animent.

Jean Racine (1639-1699)

Issu d'une famille modeste et orphelin jeune, il suit une scolarité de grande qualité à l'abbaye de Port-Royal grâce à l'appui de sa grand-mère maternelle. En 1658, il rejoint Paris et, malgré l'opposition farouche de ses formateurs qui voient dans le théâtre un moyen de corruption, il côtoie la troupe de Molière. Son ascension mondaine est fulgurante. De 1667 à 1677, Racine écrit 9 pièces. Parmi elles figurent *Andromaque* (1667) ou encore *Britannicus* (1669). Après *Iphigénie* (1674), Racine est anobli et connaît encore de nombreux succès dont celui rencontré avec *Phèdre* (1677). Après une longue interruption, Racine revient au théâtre en 1688, à la demande de Mme de Maintenon, avec des tragédies bibliques : *Esther* (1689) et *Athalie* (1691). Au faîte de sa gloire, il a alors un appartement à Versailles. En 1699, se sachant mourant, il demande à être enterré à Port-Royal.

Arthur Rimbaud (1854-1891)

Adolescent prodige, il est un excellent élève, à Charleville, dans les Ardennes, et découvre grâce à son professeur les auteurs contemporains. Ce rebelle épris de liberté fugue en 1870, et rejoint Paris sur l'invitation de Verlaine, à qui il avait envoyé ses premiers poèmes. Il reprend son errance, entraînant Verlaine qui le surnomme « l'homme aux semelles de vent » tout en poursuivant son œuvre. Il se détache peu à peu de la tradition, invente une nouvelle langue poétique, crée le vers libre, écrit des poèmes en prose (qui sont publiés plus tard, en 1886, sous le titre *Les Illuminations*). Blessé par Verlaine lors d'une dispute (1873), bouleversé, il écrit *Une saison en enfer*, récit sur son expérience, puis renonce à sa carrière d'écrivain. Aventurier solitaire, il parcourt le monde, exerçant divers métiers, pendant que Verlaine s'occupe de faire connaître ses premiers poèmes.

François de La Rochefoucauld (1613-1680)

Fils de l'une des plus anciennes familles de France, il épouse d'abord une carrière militaire, comme la logique le veut à l'époque. Mais, dans le même temps, il complote contre Richelieu. Il est embastillé en 1637 et se voit contraint à l'exil. Il s'engage par la suite auprès des Frondeurs, mène de nombreux combats de 1650 à 1652 qui le conduisent à un nouvel exil, au Luxembourg. Il ne revient en France qu'en 1653 et se consacre désormais à une vie mondaine. Il fréquente les salons littéraires, en particulier celui de Mme de Sablé, y côtoie La Fontaine et Mme de Lafayette. De cette expérience naissent les *Maximes* qui offrent, dans un style concis et redoutablement efficace, un portrait sans concession de la société de son temps. Son pessimisme est à rattacher à la perte de ses idéaux héroïques et à l'influence du jansénisme.

Jean-Jacques Rousseau (1712-1778)

Autodidacte, il commence par gagner sa vie comme maître de musique, sous la protection de Mme de Warens, qui le sort d'une vie d'errance. Ami de Diderot, il collabore à l'*Encyclopédie*, puis se fait connaître comme défenseur de la vie simple et de la vertu avec le *Discours sur les Sciences et les Arts* puis le *Discours sur l'origine et les fondements de l'inégalité parmi les hommes*. Il y évoque la bonté naturelle de l'homme face aux injustices de la société. *L'Émile*, *Le Contrat Social*, *La Nouvelle Héloïse* reprennent son goût pour la nature. Un sentiment de persécution et diverses querelles le poussent à la fin de sa vie à écrire ses *Confessions* puis, replié sur lui-même les *Rêveries du promeneur solitaire*.

Madame de Sévigné (1626-1696)

Orpheline à l'âge de sept ans, elle est élevée par sa famille maternelle dans un milieu bourgeois qui se passionne pour les auteurs alors à la mode : Mlle de Scudéry, Corneille, Racine. Son époux, le marquis de Sévigné, est tué au cours d'un duel en 1651. Son statut de veuve lui offre alors, dans le contexte de l'époque, une certaine liberté. Son charme et sa vivacité d'esprit lui valent un authentique succès mondain. Sa correspondance, essentiellement composée des lettres échangées avec sa fille (726 sur les 1120 lettres connues), la comtesse de Grignan, dont elle déplore le départ en Provence, est de nature privée et n'est publiée qu'à titre posthume à partir de 1725. Elle constitue une authentique déclaration d'amour d'une mère à sa fille ainsi qu'une chronique vive et pertinente du siècle de Louis XIV.

Marie-Henri Beyle, dit Stendhal (1783-1842)

En rupture avec sa famille grenobloise bien-pensante, il s'engage en 1800 dans l'armée puis l'administration de Bonaparte qu'il admire. Menant une vie mondaine, il découvre l'Italie, la musique et l'amour. Il publie sous le nom de Stendhal des essais sur la « cristallisation amoureuse » (*De l'amour*, 1822) et sur la modernité du romantisme (*Racine et Shakespeare*, 1825). Auteur de récits autobiographiques (*Vie de Henry Brulard*, inachevé), il est surtout célèbre pour ses romans de formation, *Le Rouge et le Noir* (1830) et *La Chartreuse de Parme* (1839), dont les analyses politique, sociale et psychologique révèlent son ambition de constituer une fresque de son époque. Ses multiples intrusions d'auteur pour commenter, non sans tendresse ou ironie, l'attitude de ses personnages rendent son réalisme très subjectif.

Paul Verlaine (1844-1896)

Après une enfance sage à Metz, il s'installe à Paris où il fréquente les cafés littéraires et publie ses deux premiers recueils, *Poèmes saturniens* (1866) et *Fêtes galantes* (1869). En 1870, son troisième recueil, *La Bonne Chanson*, lui est inspiré par sa jeune épouse, Mathilde Mauté de Fleurville. Mais il la quitte rapidement pour vagabonder aux côtés du jeune Rimbaud, en Belgique et en Angleterre. Pendant cette vie de bohème, il publie *Romances sans paroles* (1874). Lors d'une dispute avec Rimbaud, il le blesse légèrement, ce qui lui vaudra deux ans de prison. Cette période l'amène à la méditation et il publie plus tard un recueil dont le titre laisse entrevoir son état d'esprit : *Sagesse* (1880), puis *Jadis et Naguère* (1884). Le succès arrive alors qu'il est ruiné physiquement, moralement et financièrement. Le « prince des poètes » meurt misérablement dans un hôpital.

François Marie Arouet, dit Voltaire (1694-1778)

Dramaturge, essayiste : *Traité sur la tolérance* (1763) ; *Dictionnaire philosophique* (1764), conteur : *Zadig* (1747) ; *Candide* (1759) et poète, il est sans doute le philosophe le plus redouté pour sa verve satirique et ironique. Embastillé puis exilé en Angleterre, il collabore à la rédaction de l'*Encyclopédie*, défend les opprimés et lutte toute sa vie contre l'intolérance, la torture et le fanatisme religieux. Après un séjour à Berlin et en Suisse, il s'installe à Ferney pour y poursuivre son combat contre « l'infâme ». Historiographe du roi Louis XV en 1745, élu à l'Académie française en 1746 et acclamé à quatre-vingt-quatre ans par la société parisienne, Voltaire est une figure incontournable des Lumières.

Émile Zola (1840-1902)

De père italien, il débute dans le journalisme à Paris, défendant les Républicains et les impressionnistes (dont Cézanne, son ami d'enfance aixois). En 1868 il entame *Les Rougon-Macquart*, « histoire naturelle et sociale d'une famille sous le Second Empire » (20 romans). Voulant rivaliser avec *La Comédie humaine*, il explore tous les milieux : petit et grand commerce (*Le Ventre de Paris*, 1873 ; *L'Assommoir*, 1877 ; *Au bonheur des Dames*, 1883), mineurs (*Germinal*, 1885), prostituées (*Nana*, 1880), etc. Après l'immense succès de *L'Assommoir*, il organise des soirées à Médan où il expose sa conception scientifique du naturalisme, sans jamais renoncer à la peinture épique et mythique des bouleversements de la société moderne. Écrivain engagé, il contribue à innocenter Dreyfus : lettre ouverte « J'accuse » en 1898. Conspué et condamné par la justice, il meurt asphyxié.

Index des auteurs et des œuvres

Cet index renvoie aux auteurs et aux œuvres étudiés.
Les numéros en couleur renvoient aux parties **Lecture**, **Langue**, **Outils d'analyse** et **Méthode** du manuel.

Édition : Mathilde Lahoute, assistée de Pauline Labbé
Conception graphique couverture : Nadia Oudanne
Conception graphique intérieur et mise en page : Aude Cotelli • www.entrelessignes.net
Iconographie : Geoffroy Mauzé
Infographie : Valérie Goncalves, Christel Parolini
Direction éditoriale : Marie Bourboulou
Dépôt légal : avril 2015
N° éditeur : 2015_0279
Achevé d'imprimer en avril 2015
par Mohr Media en Allemagne.

5, allée de la 2e D.B., 75015 Paris
www.magnard.fr
ISBN : 978-2-210-10472-3

Crédits iconographiques

Couverture : Luisa Ricciarini/Leemage ; p. 2 : (de haut en bas) Agnew's, London/Bridgeman Images ; Hervé Lewandowski/RMN-Grand Palais (musée d'Orsay) ; Patrice Schmidt/Musée d'Orsay, Dist. RMN-Grand Palais ; Luisa Ricciarini/Leemage ; p. 3 : (ht) Collection Christophe L © Film Par Film/DR ; (m) Agence Bulloz/RMN-Grand Palais ; (b) Bridgeman Images ; p. 4 : FineArtImages/Leemage ; p. 5 : (de haut en bas) Pascal Victor/Artcomart ; Gilles Mermet/La Collection ; Pascal Victor/ArtComArt ; Sotheby's/AKG-images ; p. 6 : (ht) AKG-Images/© Adagp, Paris 2015 ; (m) Lee/Leemage ; (b) Pascal Gely/CDDS Enguerand ; p. 7 : (ht) DeAgostini/Bridgeman Images ; (b) René-Gabriel Ojéda/RMN-Grand Palais ; p. 8 : (ht) Lee/Leemage ; (b) AKG-Images ; p. 9 : AKG-Images/© Adagp, Paris 2015 ; p. 10 : (ht) Sotheby's/AKG-Images ; (m) DeAgostini/Leemage ; (b) Gérard Blot/RMN-Grand Palais (musée du Louvre) ; p. 11 : (ht) Index/Bridgeman Images ; (m) Photo Josse/Leemage ; (b) Gérard Blot/RMN-Grand Palais ; p. 12 : (ht) Franck Raux/RMN-Grand Palais (Château de Versailles) ; (b) AKG-Images ; p. 13 : (ht) Museumslandschaft Hessen Kassel/Ute Brunzel/Bridgeman Images/© Adagp, Paris 2015 ; (b) AKG-Images/© Adagp, Paris 2015 ; p. 15 : Electa/Leemage/© Adagp, Paris 2015 ; p. 16 : Agnew's, London/Bridgeman Images ; p. 18 : Hervé Lewandowski/RMN-Grand Palais (musée d'Orsay) ; p. 19 : (de haut en bas) Patrice Schmidt/Musée d'Orsay, Dist. RMN-Grand Palais ; Luisa Ricciarini/Leemage ; Collection Christophe L © Film Par Film/DR ; Agence Bulloz/RMN-Grand Palais ; Bridgeman Images ; FineArtImages/Leemage ; p. 20 : (ht) Erich Lessing/AKG-Images ; (b) Charles Marville/Musée Carnavalet/Roger-Viollet ; p. 21 : Archives Charmet/Bridgeman Images ; p. 22 : Image SKD/BPK, Berlin, Dist. RMN-Grand Palais ; p. 23 : (ht) AKG-Images ; (m) Patrice Schmidt/Musée d'Orsay, Dist. RMN-Grand Palais ; (b) AKG-Images ; p. 24 : (g-d) AKG-Images ; p. 25 : Selva/Leemage ; p. 26 : Patrice Schmidt/Musée d'Orsay, Dist. RMN-Grand Palais , p. 27 : MP/Leemage ; p. 28 : Photo Josse/Leemage ; p. 29 (ht) MP/Leemage ; (b) Collection Dagli Orti/The Picture Desk ; p. 30 : MP/Leemage ; p. 31-33 : Prod DB © France 2/DR ; p. 34 : (g) Luisa Ricciarini/Leemage ; (d) Bridgeman Images ; p. 35 : DeAgostini/Leemage ; p. 36 : (ht) Kharbine-Tapabor ; (b) Arthotek/La Collection ; p. 37 : Prod DB © T. Valletoux - Incognito films – Europacorp/DR ; p. 38 : (ht) Kharbine-Tapabor ; (b) Superstock/Leemage ; p. 40 : Jean-Gilles Berizzi/RMN-Grand Palais (musée d'Orsay) ; p. 41 : Prod DB © MK2/DR ; p. 42 : (ht) MP/Leemage ; (b) DeAgostini/Leemage ; p. 44 : Kharbine-Tapabor ; p. 45 : DeAgostini/Leemage ; p. 46 : Kharbine-Tapabor ; p. 47 : Photo Josse/Leemage ; p. 48 : (ht) Salmakis/Leemage ; (bg-bd) Photo Josse/Leemage ; p. 49 : (ht-b) Photo Josse/Leemage ; p. 50 : Hervé Lewandowski/RMN-Grand Palais ; p. 51 : Bridgeman Images ; p. 52 : AKG-Images ; p. 53 : (ht) AKG-Images ; (b) Pascal Gély/Agence Bernand/CDDS ; p. 54 : (ht) René Saint-Paul/Rue des Archives ; (b) DeAgostini/Leemage/© Adagp, Paris 2015 ; p. 55 : (ht) Graziano Arici/Leemage ; (b) Prod DB © Renn Productions/DR ; p. 57 : Luisa Ricciarini/Leemage ; p. 58 : Collection Christophe L © Film Par Film/DR ; p. 59 : (ht) Leemage ; (b) Michel Urtado/RMN-Grand Palais ; p. 61 : Mary Evans/Photononstop ; p. 62 : Leemage ; p. 63 : © 1994 Studio Canal-TF1 Films Production-Orly Films-D.D. Productions ; p. 64 : (ht) Leemage ; (b) Maison de Balzac/Roger-Viollet ; p. 65 : René-Gabriel Ojéda/RMN-Grand Palais ; p. 66 : Aberdeen Art Gallery & museums collections ; p. 67 : (ht) AGF/Leemage ; (b) FineArtImages/Leemage ; p. 68-69 : © 1994 StudioCanal-TF1 Films Production-Orly Films-D.D. Productions ; p. 70 : Jean-Paul Dumontier/La Collection ; p. 71 : (g) Leemage ; (d) AKG-Images ; p. 72 : (ht) Leemage ; (b) Archives Charmet/Bridgeman Images ; p. 73 : (ht) Image BNF/BNF, Dist. Rmn-Grand Palais ; (b) Mathieu Rabeau/RMN-Grand Palais (Institut de France) ; p. 75 : Collection Christophe L © Film Par Film/DR ; p. 76 : (g) Agence Bulloz/RMN-Grand Palais ; (d) Bridgeman Images ; p. 77 : AKG-Images ; p. 78 : Kharbine-Tapabor ; p. 79 : Bridgeman Images ; p. 80 : PDVE/Rue des Archives ; p. 82 : Leemage ; p. 83 : (ht) Giraudon/Bridgeman Images ; (b) Photo Josse/Leemage ; p. 84 : MP/Leemage ; p. 85 : Prod DB © 19 Entertainment - Protagonist Pictures - Rai Cinema - Redwave Films/DR ; p. 86 : (ht) Kharbine-Tapabor ; (b) : Photo Josse/Leemage/© Adagp, Paris 2015 ; p. 88 : Kharbine-Tapabor ; p. 89 : AKG-Images ; p. 90 : (ht) Kharbine-Tapabor ; (b) Renn Productions/DR/Prod DB ; p. 92-93 : Erich Lessing/AKG-Images ; p. 94 : Effigie/Leemage ; p. 95 : Francis Demange/Gamma ; p. 96 : (g) Bridgeman Images ; (d) Kharbine-Tapabor ; p. 98 : (ht) Leemage ; (b) Archives Charmet/Bridgeman ; p. 99 : Electa/Leemage ; p. 100 : (ht) Kharbine-Tapabor ; (b) René-Gabriel Ojéda/RMN-Grand Palais ; p. 101 : BPK, Berlin, Dist. RMN-Grand Palais/Image BSTGS ; p. 103 : BNF, Dist. RMN-Grand Palais ; p. 104 : Kharbine-Tapabor ; p. 105 : Album/AKG-Images ; p. 106 : (ht) Adoc Photos ; (m) Roger-Viollet ; (b) SPL/AKG-Images ; p. 107 : (ht) PVDE/Rue des Archives ; (b) Adoc Photos ; p. 108 : (ht) BPK, Berlin, Dist. RMN-Grand Palais ; (b) Thierry Le Mage/RMN-Grand Palais (musée du Louvre) ; p. 109 : (ht) Gattoni/Leemage ; (b) AKG-Images/© Adagp, Paris 2015 ; p. 111 : Bridgeman Images ; p. 112 : (g) FineArtImages/Leemage ; (d) Kharbine-Tapabor ; p. 113 : (ht) The Metropolitan Museum of Art, Dist. RMN-Grand Palais/Image of the MMA ; (b) Bridgeman Images ; p. 114 : (g) Photo Josse/Leemage ; (d) Bridgeman Images ; p. 115 : (htg) Jean-Baptiste Le Gray/BHVP/Roger-Viollet ; (htd) Hervé Lewandowski/RMN-Grand Palais ; (m) SSPL/National Media Museum/Leemage ; (bg-bd) Bridgeman Images ; p. 116 : Kharbine-Tapabor ; p. 117 : Bridgeman Images ; p. 118 : (ht-b) BNF ; p. 119 : Photo Josse/Leemage ; p. 120 : (ht) Kharbine-Tapabor ; (b) Bridgeman Images ; p. 121 : Musée Carnavalet/Roger-Viollet ; p. 122 : (ht) Kharbine-Tapabor ; (b) Arnaud Loubry/Musée La Piscine (Roubaix), Dist.RMN-Grand Palais ; p. 123 : Bridgeman Images ; p. 124 : Kharbine-Tapabor ; p. 125 : Heritage Images/Leemage ; p. 128 : (ht) Archives Charmet/Bridgeman Images ; (b) BNF ; p. 129 : Stéphane Piera/Petit Palais/Roger-Viollet ; p. 130 : (ht-b) Robert Dosineau/Rapho ; p. 131 : AKG-Images/© The Andy Warhol Foundation for the Visual Arts, Inc./Adagp, Paris 2015 ; p. 132 : (ht) Louis Monier/Gamma-Rapho ; p. 133 : Fanny/REA ; p. 135 : FineArtImages/Leemage ; p. 136 : (ht) Bridgeman Images ; (b) Kharbine-Tapabor ; p. 137 : MP/Leemage ; p. 142 : Pascal Victor/Artcomart ; p. 143 : (de haut en bas) : Gilles Mermet/La Collection ; Pascal Victor/ArtComArt ; Sotheby's/AKG-images ; AKG-Images/© Adagp, Paris 2015 ; Lee/Leemage ; Pascal Gely/CDDS Enguerand ; p. 144-145 : Photo Josse/Leemage ; p. 146 : (ht) Aisa/Leemage ; (b) Photo Josse/Leemage ; p. 147 : (ht) Thomas Sagory/du-ciel.com ; (b) The Metropolitan Museum of Art, Dist. RMN-Grand Palais/Image of the MMA ; p. 148 : AKG-Images ; p. 149 : (de haut en bas) Heritage Images/Leemage ; DeAgostini/Leemage ; DeAgostini/Leemage ; Agence Bulloz/RMN-Grand Palais ; p. 150 : (g) Gilles Mermet/La Collection ; (d) MP/Leemage ; p. 151 : Thomas Journot/Compagnie des Gens ; p. 152 : Bridgeman Images ; p. 153 : Marc Enguerand/CDDS Enguerand ; p. 154 : MP/Leemage ; p. 155 : Dominique Chauvin ; p. 156 : Bridgeman Images ; p. 157 : Michel Pourny/Compagnie Catharó ; p. 158 : (htg) The British Museum, Londres, Dist. RMN-Grand Palais/The Trustees of the British Museum ; (htd) Electa/Leemage ; (b) Xinhua/Zuma/Rea ; p. 159 : (ht) AKG-Images/© Adagp, Paris 2015 ; (b) Javarman/Fotolia ; p. 160 : (ht) CNCS ; (mg) CNCS , (md) CNCS/© Adagp, Paris 2015 - Avec l'aimable autorisation de M. Pierre Bergé, président du Comité Jean Cocteau ; (b) Colette Masson/Roger-Viollet ; p. 162 : Agence Bulloz/RMN-Grand Palais ; p. 163 : Gilles Mermet/La Collection ; p. 164 : (g) Pascal Victor/ArtComArt ; (d) : MP/Leemage ; p. 165 : Ramon Senera/Agence Bernand/CDDS ; p. 166 : (ht) MP/Leemage ; (b) Photo Josse/Leemage ; p. 167 : Victor Tonelli/Artcomart ; p. 168-169 : Prod DB © Comédie-Française - Néria productions - France 3/DR ; p. 170 : (ht) Bridgeman Images ; (b) Tony Querrec/RMN-Grand Palais ; p. 171 : Enguerrand/CDDS ; p. 172 : Frédéric Souloy/Gamma ; p. 173 : Giovanni Cittadini Cesi ; p. 174 : Bridgeman Images ; p. 175 : Allied Artists/Album/AKG-Images ; p. 176 : Bridgeman Images ; p. 177 : Pascal Gely/Agence Bernand/CDDS ; p. 179 : Pascal Victor/ArtComArt ; p. 180 : (g) Sotheby's/AKG-Images ; (d) Bridgeman Images ; p. 181 : (ht) Bianchetti/Leemage ; (b) Leonard C. Hanna, Jr. Fund 1991.1/Bridgeman Images ; p. 182 : (ht-b) Paulo Correia ; p. 183 : (ht-b) Pascal Gely/CDDS Enguerand ; p. 184 : (ht) Bridgeman Images ; (b) Marc Enguerand/CDDS ; p. 185 : Selva/Leemage ; p. 186 : Bridgeman Images ; p. 187 : Philippe Gromelle ; p. 188 : (ht) Bridgeman Images ; (b) Pascal Victor/ArtComArt ; p. 189 : Marc Enguerand/CDDS ; p. 190 : (ht) DeAgostini/Leemage ; (b) Aisa/Leemage ; p. 191 : Buffetrille/Leemage ; p. 192 : Effigie/Leemage ; p. 193 : Jean-Paul Lozouet ; p. 194 : Gérard Julien/AFP ; p. 195 : Anne-Christine Poujoulat/AFP ; p. 197 : Sotheby's/AKG-Images ; p. 198 : (g) AKG-Images/© Adagp, Paris 2015 ; (d) Bridgeman Images ; p. 199 : Benoîte Fanton ; p. 200 : (ht) Bridgeman Images ; (b) Benoîte Fanton ; p. 201 : Château de Versailles, Dist. RMN-Grand Palais/Image château de Versailles ; p. 202 : (ht) Bridgeman Images ; (b) Musée Carnavalet/Roger-Viollet ; p. 203 : Bianchetti/Leemage ; p. 204 : (ht) Studio Lipnitzki/Roger-Viollet ; (b) Marc Enguerand/CDDS ; p. 205 : Agathe Poupeney/Divergence ; p. 206 : Bridgeman Images ; p. 207 : Agence Bulloz/RMN-Grand Palais ; p. 208 : (ht) DeAgostini/Leemage ; (b) Luisa Ricciarini/Leemage ; p. 209 : AKG-Images/© Adagp, Paris 2015 ; p. 210 : Lee/Leemage ; p. 211 : (ht) MP/Leemage ; (b) Ramon Senera/Agence Bernand/CDDS Enguerand ; p. 212 : Pascal Victor/Artcomart ; p. 213 : MP/Leemage ; p. 215 : (ht) MP/Leemage ; (b) Ramon Senera/Agence Bernant/CDDS Enguerand ; p. 217 : Lee/Leemage ; p. 218 : (g) Pascal Gely/CDDS Enguerand ; (d) Bridgeman Images ; p. 219 : René Mattes/Hemis.fr ; p. 220 : (ht) Fototeca/Leemage ; (b) Mary Evans/Rue des Archives ; p. 222 : (ht) Bridgeman Images ; (b) Ramon Senera/Agence Bernand/CDDS Enguerand ; p. 223 : (ht) Ulf Andersen/Gamma-Rapho ; (b) Mary Evans/Photononstop ; p. 224 Jacky Ley ; p. 225 : (ht) Bridgeman Images ; (b) Stapleton Collection/Corbis ; p. 226 : (ht) Bernard Michel Palazon/CDDS Enguerand ; (b) Gilles Taschet. Tous droits réservés ; p. 227 : Agathe Poupeney/Divergence ; p. 228 : Ramon Senera/Agence Bernand/CDDS Enguerand ; p. 229 : (ht-m-b) Éric Legrand ; p. 231 : (ht) Bridgeman Images ; (b) Emeline Godon ; p. 232 : Louis Monier/Rue des Archives ; p. 233 : Pascal Gely/CDDS Enguerand ; p. 234 : (ht) QA International ; (b) Kokkas/IMI/Hemis.fr ; p. 235 : BP Keiser/Herzog Anton Ulrich-Museum Braunschweig ; p. 236 : Museumfoto/AKG-Images ; p. 237 : (ht) Pascal Gély/Agence Bernand/CDDS ; (b) Alain Fonteray ; p. 238 : (ht-b) Bridgeman Images ; p. 239 : (ht) Mary Evans/Rue des Archives ; (b) Ulf Andersen/Gamma-Rapho ; p. 244 : DeAgostini/Bridgeman Images ; p. 245 : (de haut en bas) René-Gabriel Ojéda/RMN-Grand Palais ; Lee/Leemage ; AKG-Images ; AKG-Images/© Adagp, Paris 2015 ; p. 246 : Erich Lessing/AKG-Images ; p. 247 : Petit Palais/Roger-Viollet ; p. 248 : Costa/Leemage ; p. 249 : Photo Josse/Leemage ; p. 250 : Erich Lessing/AKG-Images ; p. 251 : (ht) Photo Josse/Leemage ; (b) AKG-Images ; p. 252 : (g) René-Gabriel Ojéda/RMN-Grand Palais ; (d) Bridgeman Images ; p. 253 : Ursula Gerstenberger/BPK, Berlin, Dist. RMN-Grand Palais ; p. 254 (de haut en bas) : Photo Scala, Florence ; Mimmo Jodice/Corbis ; Mimmo Jodice/Corbis ; David Commenchal/Musée des Beaux-Arts et de la Dentelle de Besançon ; p. 255 : DR/RMN-Grand Palais ; p. 256 : Bridgeman Images ; p. 257 : (ht) Photo Josse/Leemage ; (b) Erich Lessing/AKG-Images ; p. 258 : (ht) Kharbine-Tapabor ; (b) DeAgostini/Leemage ; p. 259 : (ht) Gusman/Leemage ; (b) Tate, Londres, Dist. RMN-Grand Palais/Tate Photography ; p. 261 : (ht) Kharbine-Tapabor ; (b) Agence Bulloz/RMN-Grand Palais ; p. 262 : MP/Leemage ; p. 263 : Kharbine-Tapabor ; p. 264 : (ht) Selva/Leemage ; (b) Whitford & Hugues, London, UK/Bridgeman Images/Caputo Ulisse/DR ; p. 265 : Musée de la Chartreuse, Douai, France/Giraudon/Bridgeman Images ; p. 266 : (ht) Photo Josse/Leemage ; (b) Gérard Blot/RMN-Grand Palais (Institut de France) ; p. 267 : Collection Christophe L ; p. 268 : (ht) Photo Josse/Leemage ; (b) Electa/Leemage ; p. 269 : (ht) Luisa Ricciarini/Leemage ; (b) Prod DB © BBC Films - UK Film Council/DR ; p. 271 : René-Gabriel Ojéda/RMN-Grand Palais ; p. 272 : (g) Lee/Leemage ; (d) Kharbine-Tapabor ; p. 273 : Bridgeman Images ; p. 274 : (ht) Kharbine-Tapabor ; (b) AKG-Images ; p. 275 : Selva/Leemage ; p. 276 : (ht) Kharbine-Tapabor ; (b) Aisa/Leemage ; p. 277 : Keystone-France/Gamma-Rapho ; p. 278 : Kharbine-Tapabor ; p. 279 : Roger-Viollet ; p. 280 : (ht) Kharbine-Tapabor ; (b) Maisons de Victor Hugo/Roger-Viollet ; p. 281 : (ht) Laurent Maous/Gamma-Rapho ; (b) Bridgeman Images/© The Andy Warhol Foundation for the Visual Arts, Inc./Adagp, Paris 2015 ; p. 282 : Bridgeman Images ; p. 283 : AKG-Images ; p. 284 : (ht) Kharbine-Tapabor ; (b) DeAgostini/Leemage ; p. 285 : Lee/Leemage ; p. 286 : AKG-Images ; p. 287 : DeAgostini/Leemage ; p. 288 : Superstock/Leemage ; p. 289 : Bridgeman Images ; p. 290 : (g) Aisa/Leemage ; (d) Bridgeman Images ; p. 291 : (ht) AKG-Images ; (b) © BPK, Berlin, Dist. RMN-Grand Palais/Jürgen Karpinski ; p. 292 : (ht) Prod DB © UFA/DR ; (bg) Prod DB © Prana-Film/DR ; (bd) Prod DB © Universal/DR ; p. 293 : (ht) Prod DB © Paramount/DR ; (bg) Prod DB © Warner Bros./Zanuck Company/Village Roadshow/DR ; (bd) Prod DB © Warner Bros./DR ; p. 294 : Hervé Lewandowski/RMN-Grand Palais (musée d'Orsay) ; p. 295 : (ht) Leemage ; (b) Electa/Leemage ; p. 296 : Jean-François Rauzier ; p. 297 : (ht) Gusman/Leemage ; (b) Jean-François Rauzier ; p. 298 : (ht) Gusman/Leemage ; (b) Bridgeman Images ; p. 300 : (ht) Selva/Leemage ; (b) Superstock/Agefotostock ; p. 302 : Roger-Viollet ; p. 303 : FineArtImages/Leemage/© Salvador Dalí, Fundació Gala-Salvador Dalí/Adagp, Paris 2015 ; p. 305 : AKG-Images ; p. 306 : Archives Charmet/Bridgeman Images ; p. 307 : (ht) Telimage/© Man Ray Trust/Adagp, Paris 2015 ; (b) Bridgeman Images/© Adagp, Paris 2015 ; p. 308 : DACS/Bridgeman Images/© Adagp, Paris 2015 ; p. 309 : (ht) FineArtImages/Leemage/© Salvador Dalí, Fundació Gala-Salvador Dalí/Adagp, Paris 2015 ; (b) Telimage/© Man Ray Trust/Adagp, Paris 2015 ; p. 310 : (g) AKG-Images/© Adagp, Paris 2015 ; (d) Bridgeman Images ; p. 311 : (ht) Bridgeman Images ; (b) © Man Ray Trust/Adagp, Paris 2015/Cliché Telimage/Banque d'images de l'Adagp ; p. 312 : (ht) Coll. Georges Pompidou/Georges Meguerditchian/RMN (distr.) ; (b) AKG-Images/© Adagp, Paris 2015 ; p. 313 : Luisa Ricciarini/Leemage/© Salvador Dalí, Fundació Gala-Salvador Dalí/Adagp, Paris 2015 ; p. 314 : Bridgeman Images ; p. 315 : © Photothèque René Magritte/BI, Adagp, Paris 2015 ; p. 316 : Roger-Viollet ; p. 317 : Gérard Blot/RMN-Grand Palais (musée Marc Chagall)/© Adagp, Paris 2015 ; p. 318 : (ht) Coll. Georges Pompidou/Georges Meguerditchian/RMN (distr.) ; (b) Coll. Centre Pompidou/Image Centre Pompidou/RMN (distr.) ; p. 319 : (ht) Henri Martinie/Roger-Viollet ; (b) AKG-Images/© Adagp, Paris 2015 ; p. 320 : Coll. Centre Pompidou/Philippe Migeat/RMN (distr.)/© Adagp, Paris 2015 ; p. 321 : Philippe Migeat/Centre Pompidou, MNAM-CCI, Dist. RMN-Grand Palais/© Adagp, Paris 2015 ; p. 322 : (ht) Bridgeman Images ; (b) Ulf Andersen/Gamma-Rapho ; p. 323 : (ht) Photo Josse/Leemage ; (m) Leemage ; (b) Louis Monier/Rue des Archives ; p. 328 : Sotheby's/AKG-Images ; p. 329 : (de haut en bas) DeAgostini/Leemage ; Gérard Blot/RMN-Grand Palais (musée du Louvre) ; Index/Bridgeman Images ; Photo Josse/Leemage ; Gérard Blot/RMN-Grand Palais ; Franck Raux/RMN-Grand Palais (Château de Versailles) ; AKG Images ; p. 330 : (ht-b) Photo Josse/Leemage ; p. 331 : (ht) Photo Josse/Leemage ; (b) Luisa Ricciarini/Leemage ; p. 332 : AKG-Images ; p. 333 : Photo Josse/Leemage ; p. 334 : (g) DeAgostini/Leemage ; (d) Photo Josse/Leemage ; p. 335 : Cine-Tamaris/Rue des Archives ; p. 336 : Giraudon/Bridgeman Images ; p. 337 : Photo Josse/Leemage ; p. 338 : Giraudon/Bridgeman Images ; p. 339 : (ht) MP/Leemage ; (b) Selva/Leemage ; p. 340-341 : Prod DB © Les Films des Tournelles/Pathé/Appaloosa Developpement/France 2 Cinéma/DR ; p. 342 : (ht) Bridgeman Images ; (b) Pascal Gely/CDDS Enguerand ; p. 343 : (g) Bridgeman Images ; (d) BCA/Rue des Archives ; p. 344 : (g-d) Photo Josse/Leemage ; p. 345 : Musée Carnavalet/Roger-Viollet ; p. 346 : (ht) Lee/Leemage ; (b) Photo Josse/Leemage ; p. 347 : DeAgostini/Leemage ; p. 348 : (g) Gérard Blot/RMN-Grand Palais (musée du Louvre) ; (d) Fototeca/Leemage ; p. 349 : (ht) Martine Franck/Magnum Photos ; (b) Photo Josse/Leemage ; p. 350 : (ht) Fototeca/Leemage ; (b) Duvallon/Leemage ; p. 351 : Photo Josse/Leemage ; p. 352 : (ht) Fototeca/Leemage ; (b) Duvallon/Leemage ; p. 353 : Tony Querrec/RMN-Grand Palais (musée du Louvre) ; p. 354 : Photo Josse/Leemage ; p. 355 : (ht) Fototeca/Leemage ; (b) Liszt Collection/Bridgeman Images ; p. 356 : (ht) Fototeca/Leemage ; (b) Famille Aractingi ; p. 357 : Gérard Blot/RMN-Grand Palais (musée du Louvre) ; p. 358 : (g) Index/Bridgeman Images ; (d) Erich Lessing/AKG-Images ; p. 359 : Philippe Fuzeau/RMN-Grand Palais (musée du Louvre) ; p. 360 : Agence Bulloz/RMN-Grand Palais ; p. 361 : Erich Lessing/AKG-Images ; p. 363 : (ht) Erich Lessing/AKG-Images ; (b) Gérard Blot/RMN-Grand Palais (Château de Versailles) ; p. 364 : Erich Lessing/AKG-Images ; p. 365 : Photo Josse/Leemage ; p. 367 : Index/Bridgeman Images ; p. 368 : (g) Photo Josse/Leemage ; (d) Tallandier/Rue des Archives ; p. 369 : Maurice-Louis Branger/Roger-Viollet ; p. 370 : (ht) Bridgeman Images ; (b) Raymond Delalande/Sipa ; p. 371 : Bridgeman Images ; p. 372 : Bridgeman Images ; p. 373 : Aisa/Leemage ; p. 374 : (ht) Sborisov/Fotolia ; (b) Peter Connoly/AKG-Images ; p. 375 : (ht-bg-bd) Laurent Lecat/AKG-Images ; (m) Yvan Travert/Photononstop ; p. 376 : (ht) Gilles Rolle/REA ; (bg) Laurent Lecat/AKG-Images ; (bd) Ludovic/REA ; p. 377 : Prod DB © Lucasfilm/DR ; p. 378 : The Granger Collection NYC/Rue des Archives ; p. 379 : Bridgeman Images ; p. 380 : Mondadori Portfolio/AKG-Images ; p. 381 : (g) Succession Willy Ronis/Diffusion Agence Rapho ; (d) Jean-Claude Francolon/Gamma ; p. 383 : Photo Josse/Leemage ; p. 384 : (g) Gérard Blot/RMN-Grand Palais ; (d) Erich Lessing/AKG-Images ; p. 385 : Bridgeman Images ; p. 386 : (ht) Erich Lessing/AKG-Images ; (b) Prod DB © Plan B - Regency Enterprises - Fox Searchlight Pictures - River Road – Film4/DR ; p. 387 : AKG-Images ; p. 389 : DR/RMN ; p. 390 : (ht) Museum national d'Histoire naturelle, Dist. RMN-Grand Palais/Image du MNHN, bibliothèque centrale ; (b) FineArtImages/Leemage ; p. 391 : (ht) Bridgeman Images ; (b) National Maritime Museum/Leemage ; p. 392 : (ht) Bridgeman Images ; (b) Mary Evans/Rue des Archives ; p. 393 : Henri Martinie/Roger-Viollet ; p. 394 : (ht) Bridgeman Images ; (b) Pascal Gely/Agence Bernand/CDDS ; p. 395 : Jean-Louis Fernandez ; p. 396 : Paulo Correia ; p. 397 : De Agostini/Leemage ; p. 398-399 : © The Alfred Beit Foundation, Russborough ; p. 400 : Jean-Loup Gautreau/AFP ; p. 401 : Photo Josse/Leemage ; p. 403 : Gérard Blot/RMN-Grand Palais ; p. 404 : (g) Franck Raux/RMN-Grand Palais (Château de Versailles) ; (d) Bridgeman Images ; p. 405 : Bridgeman Images ; p. 406 : Archives Charmet/Bridgeman Images ; p. 407 : Bridgeman Images ; p. 408 : De Agostini Picture Library/G. Dagli Orti/Bridgeman Images ; p. 409 : (ht) Bridgeman Images ; (b) DeAgostini/Leemage ; p. 410 : (ht) Bridgeman Images ; (b) Thierry Le Mage/RMN-Grand Palais (musée du Louvre) ; p. 411 : Franck Raux/RMN-Grand Palais (Château de Versailles) ; p. 412 : (g) AKG-Images ; (d) DeAgostini/Leemage ; p. 413 : Prod DB © Renn Productions - Degeto – Nef/DR ; p. 414 : (ht) Fototeca/Leemage ; (b) Bridgeman Images/© Adagp, Paris 2015 ; p. 415 : Aisa/Leemage ; p. 416 : Bridgeman Images ; p. 417 : Aisa/Leemage/© Salvador Dalí, Fundació Gala-Salvador Dalí/Adagp, Paris 2015 ; p. 418-419-420 : Erich Lessing/AKG-Images ; p. 421 : Prod DB © Amblin - Paramount – Dreamworks/DR ; p. 422 : (ht) Patrick Gérin/RMN-Grand Palais (musée Picasso de Vallauris)/© Succession Picasso 2015 ; (b) Oronoz/Album/AKG-Images/© Succession Picasso 2015 ; p. 423 : Jean-Loup Gautreau/AFP ; p. 424-425 : Prod DB © Zoetrope Studios/DR ; p. 427 : AKG-Images ; p. 428 : (ht) Leemage ; (b) Mary Evans/Rue des Archives ; p. 429 : Joel Saget/AFP ; p. 434 : Museumslandschaft Hessen Kassel/Ute Brunzel/Bridgeman Images/© Adagp, Paris 2015 ; p. 452-453 : AKG-Images/© Adagp, Paris 2015 ; p. 457 : The British Library Board/Leemage ; p. 495 : Nick Ut/AP/SIPA ; p. 500 : Photo Josse/Leemage ; p. 502 : (ht) Mladen Antonov/EPA/AFP ; (b) Electa/Leemage ; p. 507 : (htg) Photo Josse/Leemage ; (bg) Giraudon/Bridgeman Images ; (htd) Wikimedia ; (bd) Paris - Musée de l'Armée, Dist. RMN-Grand Palais/Image musée de l'Armée ; p. 508 : (htg) Chappatte dans «Le Temps», Genève ; (bg) Electa/Leemage ; (htd) Luisa Ricciarini/Leemage ; (bd) Bridgeman Images ; p. 509 : (htg) Henri Cartier-Bresson/Magnum Photos ; (bg) BCA/Rue des Archives ; (htd) Prod DB © Paramount Pictures - Phoenix Pictures/DR ; (bd) © The Estate of Jean-Michel Bascuiat/Adagp, BI Paris 2015 ; p. 510 : Electa/Leemage/© Adagp, Paris 2015